Kommentar zum Transfusionsgesetz (TFG) und den Hämotherapie-Richtlinien

Springer

Berlin
Heidelberg
New York
Barcelona
Hongkong
London
Mailand
Paris
Tokio

Hans-Dieter Lippert
Willy A. Flegel

Kommentar zum Transfusionsgesetz (TFG) und den Hämotherapie-Richtlinien

Unter Mitarbeit von
Rudolf Ratzel und Kerstin Anker

 Springer

Dr. iur. Hans-Dieter Lippert
Universitätsklinikum Ulm
Abteilung Rechtsmedizin
Albert-Einstein-Allee 47
89081 Ulm
Deutschland

Dr. med. Willy A. Flegel
Priv.-Dozent
Universitätsklinikum Ulm
Abt. Transfusionsmedizin
Helmholtzstraße 10
89081 Ulm
Deutschland

Dr. iur. Rudolf Ratzel
Rechtsanwalt
Königinstr. 23/III
80539 München
Deutschland

Kerstin Anker
Rechtsanwältin
KNORR Rechtsanwälte AG
Tal 12
80333 München
Deutschland

ISBN 3-540-41816-4 Springer-Verlag Berlin Heidelberg New York

Die Deutsche Bibliothek – CIP-Einheitsaufnahme
Lippert, Hans-Dieter: Kommentar zum Transfusionsgesetz (TFG) und den Hämotherapie-Richtlinien / Hans-Dieter Lippert; Willy A. Flegel. Unter Mitarb. von K. Anker; R. Ratzel. – Berlin; Heidelberg; New York; Barcelona; Hongkong; London; Mailand; Paris; Tokio: Springer, 2002
     ISBN 3-540-41816-4

Springer-Verlag Berlin Heidelberg New York
ein Unternehmen der BertelsmannSpringer Science+Business Media GmbH

http://www.springer.de

© Springer-Verlag Berlin Heidelberg 2002
Printed in Germany

SPIN 10833308   64/2202-5 4 3 2 1 0 – Gedruckt auf säurefreiem Papier

Vorwort

Der Bundestag hat dem Auftrag seines 3. Untersuchungsausschusses entsprechend im Jahr 1998 ein Transfusionsgesetz (TFG) beschlossen. Es regelt die Gewinnung von Blut und Blutbestandteilen sowie die Anwendung von Blut und Blutprodukten. Die zwischen Gewinnung und Anwendung liegende Herstellung von Blutprodukten wird jedoch ausschließlich durch die entsprechenden Vorschriften des Arzneimittelgesetzes geregelt. Zusätzlich müssen bei der Umsetzung des Transfusionsgesetzes in der medizinischen Praxis die umfangreichen einschlägigen Richtlinien beachtet werden. Das Transfusionsgesetz ist insgesamt ein nicht einfach anzuwendendes Gesetz.

Dem Anwender des Transfusionsgesetzes kann die Systematik der verschiedenen einschlägigen Gesetze und Richtlinien sowie das Verhältnis dieser anzuwendenden Normen zueinander in der täglichen Praxis Probleme bereiten. Dieser Umstand wirkt sich dementsprechend auch auf den Umfang der Kommentierung aus. Die Autoren haben daher Zusammengehöriges (auch aus anderen Gesetzen und Regelungswerken) zusammengefasst und gemeinsam kommentiert.

Um die Verständlichkeit weiter zu erleichtern, haben die Autoren es auch nicht bei der Kommentierung des Transfusionsgesetzes allein belassen, sondern die zu den jeweiligen Paragrafen einschlägigen Kapitel der Hämotherapie-Richtlinien angefügt und - wo es notwendig war - zum Teil umfangreich kommentiert. Zusätzlich sind dem Kommentar zum Transfusionsgesetz kurze Einführungen in die medizinischen Grundlagen der Transfusionsmedizin sowie in das Arzneimittelgesetz vorangestellt. Schließlich findet sich in einem Anhang zu § 12 die Kommentierung der für das Transfusionsgesetz bedeutsamen Vorschriften des Arzneimittelgesetzes in Bezug auf Herstellung von Blutprodukten.

Den Schwerpunkt der Kommentierung des Gesetzes bildet die Anwendung von Blut und Blutprodukten in den Einrichtungen der Krankenversorgung. Unsere Intention war es, eine Handreichung zu geben für die vielen Transfusionsverantwortlichen, Transfusionsbeauftragten und transfundierenden Ärztinnen und Ärzte. Dieser Kommentar soll ihnen eine zuverlässige Orientierungshilfe zu den einschlägigen Vorschriften in der Transfusionsmedizin sein, und den Praktikern fundiertes Wissen vermitteln. Auch die jüngste Änderung der Hämotherapie-Richtlinien vom November 2001 wurde bereits berücksichtigt, was die Aktualität der vorliegenden Kommentierung gewährleistet.

Jeder Autor hat seine Kommentierungen in eigener Verantwortung verfasst. Gleichwohl haben sich die Autoren aber auch inhaltlich abgestimmt, um eine Einheitlichkeit des Stils zu erreichen und die Lesbarkeit zu erleichtern. Anregungen und Verbesserungsvorschläge nehmen wir gerne entgegen.

Ulm, im Februar 2002

H.-D. Lippert   W. A. Flegel

Inhaltsverzeichnis

Synopsis des Transfusionsgesetzes, der weiteren gesetzlichen Vorschriften und der zugehörigen Richtlinien

1. Transfusionsgesetz (TFG)

§ 1 Zweck des Gesetzes
Hämotherapie-Richtlinien: keine Fundstelle

§ 2 Begriffsbestimmungen
Kapitel 5 Glossar

§ 3 Versorgungsauftrag
Vorwort zu Hämotherapie-Richtlinien

§ 4 Anforderungen an die Spendeeinrichtungen
Kapitel 1.4 Qualitätsmanagement (QM)
Kapitel 1.5 Einrichtungen, Verantwortung und Zuständigkeit
Kapitel 2.7 Eigenblutentnahme

§ 5 Auswahl der spendenden Personen
Kapitel 2.1 Allgemeine Spenderauswahl
Kapitel 2.2 Ausschluss von der Blutspende
Kapitel 2.4 Vollblutspende
Kapitel 2.7 Eigenblutentnahme

§ 6 Aufklärung, Einwilligung
Kapitel 2.1.2 Aufklärung und Einwilligung
Kapitel 2.7.4 Aufklärung und Einwilligung des Patienten

§ 7 Anforderungen zur Entnahme der Spende
Kapitel 2.1.3 Spendererfassung
Kapitel 2.3 Blutentnahme

§ 8 Spenderimmunisierung
Richtlinien für die Herstellung von Plasma für besondere Zwecke
(Hyperimmunplasma)
Hämotherapie-Richtlinien: keine Fundstelle

§ 9 Vorbehandlung zur Blutstammzellseparation
Richtlinien zur Transplantation peripherer Blutstammzellen
Hämotherapie-Richtlinien:
Kapitel 2.6 Präparative Hämapherese

Kapitel 4.5 Unerwünschte Wirkungen nach Anwendung von Blutprodukten
Kapitel 4.6.2 Unerwünschte Wirkungen

§ 17 Nicht angewendete Blutprodukte
Kapitel 4.3.11 Entsorgung der nicht angewendeten Blutprodukte
Kapitel 4.6.4 Nicht verwendete Eigenblutprodukte

§ 18 Stand der medizinischen Wissenschaft und Technik
zur Anwendung von Blutprodukten
Kapitel 1.4.1.3 Qualitätssicherung bei der Anwendung
Kapitel 1.5 Einrichtungen, Verantwortung und Zuständigkeit
Kapitel 4 Anwendung von Blutprodukten

§ 19 Verfahren
Kapitel 4.3.4 Aufgaben des transfundierenden Arztes
Kapitel 4.5.8 Dokumentation, Meldewege, Rückverfolgung (Look back)

§ 20 bis § 39
Hämotherapie-Richtlinien: keine Fundstelle

**2. Arzneimittelgesetzes (AMG) und
Betriebsverordnung für pharmazeutische Unternehmer (PharmBetrV)**
Anhang zu § 12: Einschlägige Vorschriften des Arzneimittelgesetzes
(AMG) und die Betriebsverordnung für pharmazeutische Unternehmer
(PharmBetrV)
Kapitel 3 Herstellung, Lagerung und Transport von Blutprodukten

**3. Gesetz über technische Assistenten in der Medizin (MTA-Gesetz –
MTAG)**
Anhang zu § 18: Einschlägige Vorschriften des Gesetzes
über technische Assistenten in der Medizin (MTA-Gesetz – MTAG)
Kapitel 4 Anwendung von Blutprodukten

Literaturverzeichnis

I. Medizinisch-wissenschaftliche Literatur

K. C. Anderson, P. M. Ness (1999) Scientific Basis of Transfusion Medicine, 2nd Edtition, W B Saunders, Philadelphia

H. B. Anstall, R. C. Blaylock (1996) Practical Aspects of the Transfusion Service, American Society of Clinical Pathologists, Chicago

N. J. Bryant (1994) Introduction to Immunohematology, 3rd Edition, W B Saunders, Philadelphia

Council of Europe (2001) Guide to the preparation, use and quality assurance of blood components, 7th Edition, Council of Europe, Strasbourg

G. Daniels (1995) Human Blood Groups, Blackwell Science, Cambridge

R. Dörner (2000) Muster-Qualitätsmanagmenthandbuch für die Klinische Anwendung von Blutkomponenten und Plasmaderivaten, Berufsverband der Deutschen Transfusionsmediziner, Köln

J. S. Dzieczkowski, K. C. Anderson (2001) Transfusion biology and therapy, In: E. Braunwald, A. Fauci, D. Kasper, Harrison's Principles of Internal Medicine, 15th Edition, McGraw-Hill, New York

R. Eckstein (1997) Immunhämatologie und Transfusionsmedizin, 3. Auflage, Gustav Fischer, Stuttgart

W. A. Flegel (1998) Transfusion, Chapter 662. In: P.J. Delves, I.M. Roitt (Eds.) Encyclopedia of Immunology, 2nd Edition, Academic Press, San Diego

P. J. Hagen (1993) Blood transfusion in Europe: a „white paper", Council of Europe Press, Strasbourg

D. M. Harmening (1999) Modern Blood Banking and Transfusion Practices, 4th Edition, F. A. Davies, Philadelphia

C. Hillyer, L. Jefferies (2000) Handbook of Transfusion Medicine, Academic Press, San Diego

V. Kretschmer, H.-H. Sonneborn (1998) Blutgruppenantigene und -antikörper, In: L. Thomas, Labor und Diagnose, Kapital 33, Seiten 896 - 955, 5. Auflage, TH-Books, Frankfurt

B. McClelland (1996) Handbook of Transfusion Medicine, 2nd Edition, HMSO, London

J. McCullough (1998) Transfusion Medicine, McGraw-Hill, New York

B. Kubanek, F. Wagner (1997) Substitutionstherapie bei onkologischen Erkrankungen. In: P. C. Ostendorf, S. Seeber, Hämatologie, Onkologie, Urban & Schwarzenberg, München

P. D. Issitt, D. J. Anstee (1998) Applied Blood Group Serology, 4th Edition, Montgomery, Durham

H. Kohl (1997) Qualitätsmanagement und Umweltmanagement in medizinischen Einrichtungen, Springer, Berlin

T. A. Lane (1996) Blood Transfusion Therapy, 5th Edition, American Association of Blood Banks, Bethesda

P. L. Mollison, C. P. Engelfriet, M. Contreras (1997) Blood Transfusion in Clinical Medicine, 10th Edition, Blackwell Science, Oxford

C. Müller-Eckhardt (1996) Transfusionsmedizin, 2. Auflage, Springer, Heidelberg

J. A. F. Napier (1995) Handbook of Blood Transfusion Therapy, 2nd Edition, John Wiley, New York

D. H. Pamphilon (1995) Modern Transfusion Medicine, CRC Press, Baco Raton

L. D. Petz, S. N. Swisher, S. Kleinman, R. Strauss, R. Spence (1995) Clinical Practice of Transfusion Medicine, 3rd Edition, Churchill Livingstone, New York

M. E. Reid, C. Lomas-Francis (1997) The Blood Group Antigen Facts Book, Academic Press, San Diego

M. E. Reid, S. J. Nance (1998) Red Cell Transfusion, Humana Press, Totowa

E. C. Rossi, T. L. Simon, G. S. Moss, S. A. Gould (1996) Principles of Transfusion Medicine, 2nd Edition, Williams & Wilkins, Baltimore

S. V. Rudmann (1994) Textbook of Blood Banking and Transfusion Medicine, W B Saunders, Philadelphia

H. Schenkel-Brunner (2000) Human Blood Groups, 2nd Edition, Springer, Wien

D. J. Triulzi (1999) A Guide to Blood Component Administration, American Association of Blood Banks, Bethesda

United Kingdom Blood Transfusion Service (2001) Guidelines for the Blood Transfusion Services in the United Kingdom, 5th Edition, The Stationery Office, London

II. Rechtswissenschaftliche Literatur

E. Ankermann, H. J. Kullmann, Arzthaftpflicht-Rechtsprechung (AHRS), Rechtsprechung zur gesamten Arzthaftpflicht, Stand: 2001

K. O. Bergmann, H. F. Kienzle (1997) Krankenhaushaftung

A. Kloesel, W. Cyran, Arzneimittelgesetz, Kommentar, Loseblattsammlung, Stand: 2000

E. Deutsch (1999) Medizinrecht, 4. Auflage

E. Deutsch, A. W. Bender, R. Eckstein, R. Zimmermann (2001a) Transfusionsrecht

E. Deutsch, H.-D. Lippert, (1998) Ethikkommission und klinische Prüfung

E. Deutsch, H.-D. Lippert, R. Ratzel, K. Anker (2001b) Kommentar zum Arzneimittelgesetz

K. Feiden (1998) Betriebsverordnung für pharmazeutische Unternehmer, 5. Auflage

D. Giesen (1981) Arzthaftungsrecht

D. Giesen (1983,1984) Wandlungen des Arzthaftungsrechts

B.-R. Kern, A. Laufs (1983) Die Ärztliche Aufklärungspflicht

Th. Kleinknecht, L. Meyer-Goßner (1999) Strafprozeßordnung, Kommentar, 44. Auflage

W. Korff, L. Beck, P. Mikat (Hrsg.) (1998) Lexikon der Bioethik

A. Laufs (1993) Arztrecht, 5. Auflage

A. Laufs, W. Uhlenbruck (Hrsg.) (1999) Handbuch des Arztrechts, 2. Auflage

H.-D. Lippert, B.-R. Kern (1993) Arbeits- und Dienstrecht der Krankenhausärzte von A-Z, 2. Auflage

K. Miserok (2001) Transplantationsrecht des Bundes und der Länder – mit Transfusionsgesetz –. Kommentar

H. Narr (1977) Ärztliches Berufsrecht, 2. Auflage, Stand: 2000

O. Palandt (1999) Bürgerliches Gesetzbuch, 58. Auflage

R. Ratzel, H.-D. Lippert (1998) Musterberufsordnung der Deutschen Ärzte, 2. Auflage

H.-J. Rieger (1984) Lexikon des Arztrechts

A. Sander, E. Koebner, A. Epp (1977) Arzneimittelgesetz, Kommentar, Loseblattsammlung, Stand: 2001

P. Schiwy, G. Harmony, R. Jakubowsky, G. Dalichau (1987) Deutsches Arztrecht, Sammlung des gesamten Medizinalrechts des Bundes und der Länder mit Kommentar (Stand: 1989)

A. Schönke, H. Schröder (2001) Strafgesetzbuch, 26. Auflage

P. Stelkens, H. J. Bonk, M. Sachs (1998) Verwaltungsverfahrensgesetz, 5. Auflage

H. C. Taschner, E. Frietsch (1990) Produkthaftungsgesetz und EG Produkthaftungsrichtlinie, 2. Auflage

H. Tröndle, T. Fischer (2001) Strafgesetzbuch, Kommentar, 50. Auflage

K. Ulsenheimer (1998) Arztstrafrecht in der Praxis, 2. Auflage

F. von Auer, R. Seitz (1998) Gesetz zur Regelung des Transfusionswesens (Transfusionsgesetz), Kommentar und Vorschriftensammlung, Loseblattsammlung, Stand 2001

F. Graf von Westphalen (1997 und 1999) Produkthaftungshandbuch, 2 Bände, 2. Auflage

III. Richtlinien, Leitlinien, amtliche Verlautbarungen

Bundesärztekammer (2000) Leitlinien zur Therapie mit Blutkomponenten und Plasmaderivaten, 2. überarbeitete Auflage, Deutscher Ärzte-Verlag, Köln

Bundesärztekammer, Richtlinien der Bundesärztekammer zur Qualitätssicherung in der Immunhämatologie, Dt. Ärzteblatt 89(1992)B338 - B341

Bundesärztekammer, Paul-Ehrlich-Institut (1996) Richtlinien zur Blutgruppenbestimmung und Bluttransfusion (Hämotherapie), Deutscher Ärzte-Verlag, Köln

Bundesärztekammer, Paul-Ehrlich-Institut (2000) Richtlinien zur Gewinnung von Blut und Blutbestandteilen und zur Anwendung von Blutprodukten (Hämotherapie), Deutscher Ärzte-Verlag, Köln

Bundesärztekammer, Paul-Ehrlich-Institut (2000) Richtlinien für die Herstellung von Plasma für besondere Zwecke (Hyperimmunplasma), 1. Überarbeitete Fassung, Dt. Ärzteblatt 97(2000)A-2876 – 2884

Bundesinstitut für Arzneimittel und Medizinprodukte, Paul-Ehrlich-Institut (1996) 3. Bekanntmachung zur Anzeige von Nebenwirkungen, Wechselwirkungen mit anderen Mitteln und Arzneimittelmißbrauch nach § 29 Abs. 1 Satz 2 bis 8 AMG, Bundesanzeiger Nr. 97 vom 25. Mai 1996

Wissenschaftlicher Beirat der Bundesärztekammer, Paul-Ehrlich-Institut, Richtlinien zur Transplantation peripherer Blutstammzellen, Dt. Ärzteblatt 94(1997)A-1584 – 1592

IV. Im Internet verfügbare Informationsquellen[1]

American Association of Blood Banks (AABB), Arlington, MD
    http://www.aabb.org/
Arbeitsgemeinschaft der Wissenschaftlichen Medizinischen Fachgesellschaften (AWMF), Frankfurt a. M.
    http://www.awmf-online.de/
Arbeitskreis Blut, Berlin
    http://www.rki.de/GESUND/AKBLUT/BLUT.HTM
Arzneimittelkommission der deutschen Ärzteschaft (AKdÄ), Köln
    http://www.akdae.de/
Berufsverband der Deutschen Transfusionsmediziner (BDT), Köln
    http://www.bdtev.de/
Bundesgesetzblatt
    http://www.bundesgesetzblatt.de/
Bundesärztekammer, Köln
    http://www.baek.de/
Bundesinstitut für Arzneimittel und Medizinprodukte (BfArM), Bonn
    http://www.bfarm.de/
Bundesministerium für Gesundheit (BMG), Berlin
    http://www.bmgesundheit.de/
Bundesinstitut für gesundheitlichen Verbraucherschutz und Veterinärmedizin (BgVV), Berlin
    http://www.bgvv.de/
Bundeszentrale für gesundheitliche Aufklärung (BZgA), Bonn
    http://www.blutplasma.de/
Centers for Disease Control and Prevention (CDC), Atlanta GA, USA
    http://www.cdc.gov/
Deutsches Ärzteblatt
    http://www.aerzteblatt.de/
Deutsche Gesellschaft für Qualität (DGQ), Frankfurt
    http://www.dgq.de/
Deutsche Gesellschaft für Transfusionsmedizin und Immunhämatologie (DGTI)
    http://www.dgti.de/

---

[1] Alle hier aufgeführten URL finden sich online als Verknüpfung unter
    http://www.springer.de/cgi-bin/search_book.pl?isbn=3-540-41816-4&cookie=done

Deutsches Rotes Kreuz (DRK), Bonn
    http://www.drk.de/
Deutsches Institut für Medizinische Dokumentation und Information (DIMDI),
    Köln
    http://www.dimdi.de/
DRK Blutspendedienst Baden-Württemberg, Institute Baden-Baden, Mannheim,
    Ulm
    http://www.blutspende.de/
European Frozen Blood Bank (Council of Europe), Amsterdam
    http://www.clb.nl/inter-clb/inter_afd09.nsf?OpenDatabase
[U. S.] Food and Drug Administration (FDA), Rockville MD, USA
    http://www.fda.gov/
Institut National de la Transfusion Sanguine (INTS), Paris
    http://www.ints.fr/
International Panel of Rare Blood Donors, Bristol
    https://www.bloodnet.nbs.nhs.uk/ibgrl/IRDP_Info.htm
International Society of Blood Transfusion (ISBT), Amsterdam
    http://www.iccbba.com/page19.htm
National Blood Service of England and North Wales, London
    http://www.blood.co.uk/welcome.htm
Paul-Ehrlich-Institut (PEI), Langen
    http://www.pei.de/
Robert-Koch-Institut (RKI), Berlin
    http://www.rki.de/UEBER/UEBER.HTM
SCARF International Immunohematological Exchange Group, Philadelphia PA,
    USA
    http://jove.prohosting.com/~scarfex/
Universitätsklinikum Ulm, Abteilung Transfusionsmedizin, Ulm
    http://www.uni-ulm.de/klinik/medklinik/tfm/
Universitätsklinikum Ulm, Institut für Pathologie und Rechtsmedizin,
    Abteilung Rechtsmedizin, Ulm
    http://www.uni-ulm.de/klinik/rechtsmedizin/
Verzeichnis der wichtigsten medizinisch-biologischen Originalarbeiten
    http://www.ncbi.nlm.nih.gov/entrez/

V. Wichtige Adressen

Arzneimittelkommission der deutschen Ärzteschaft
Postfach 41 01 25, 50861 Köln
Telefon 0221/4004-0, Fax 0221/4004-539

Bundesinstitut für Arzneimittel und Medizinprodukte
Friedrich-Ebert-Allee 38, 53113 Bonn
Telefon 0228/207-30, Fax 0228/207-5207

Paul-Ehrlich-Institut
Referat Arzneimittelsicherheit
Paul-Ehrlich-Straße 51 – 59, 63225 Langen
Telefon 06103/77-0, Fax 06103/77-123

Abkürzungsverzeichnis

a. A.	anderer Ansicht
a. F.	alte Fassung
AABB	American Association of Blood Banks
aaO	am angegebenen Ort
ABl	Amtsblatt (der EU)
Abk.	Abkürzung
Abs.	Absatz
Abschn.	Abschnitt
AKdÄ	Arzneimittelkommission der deutschen Ärzteschaft
a. F.	alte Fassung
AG	Amtsgericht
AGBG	Gesetz zur Regelung des Rechts der Allgemeinen Geschäftsbedingungen
AIDS	Acquired Immune Deficiency Syndrome (vgl. – HIV)
AIP	Arzt im Praktikum/Ärztin im Praktikum
ALT	Alanine Aminotransferase (dt. – GPT)
AMG	Arzneimittelgesetz
Anm.	Anmerkung
AO	Abgabenordnung
AOÄ	Approbationsordnung für Ärzte
ApBetrO	Apothekenbetriebsverordnung
ApoG	Apothekengesetz
ARGE	Arbeitsgemeinschaft der Ärzte staatlicher und kommunaler Blutspendedienste
Art.	Artikel
ArznBetrV	Betriebsverordnung für Arzneimittelgroßhandelsbetriebe
ArztR	Arztrecht (Zeitschrift)
AS	Additive Solution (dt. – Nährlösung als Zusatz zu zellulären Blutpräparaten)
AVB	Allgemeine Vertragsbedingungen
AVO	Ausführungsverordnung
AWMF	Arbeitsgemeinschaft der Wissenschaftlichen Medizinischen Fachgesellschaften
BAG	Bundesarbeitsgericht
BAGE	Entscheidungen des Bundesarbeitsgerichts
BAnz	Bundesanzeiger
BÄO	Bundesärzteordnung
Bd.	Band
BDSG	Bundesdatenschutzgesetz
BDT	Berufsverband der Deutschen Transfusionsmediziner
BfArM	Bundesinstitut für Arzneimittel und Medizinprodukte

BG	Berufsgericht
BGB	Bürgerliches Gesetzbuch
BGBl	Bundesgesetzblatt
BgesBl	Bundesgesundheitsblatt
BGH	Bundesgerichtshof
BGHSt	Entscheidungen des Bundesgerichtshofs in Strafsachen
BGHZ	Entscheidungen des Bundesgerichtshofs in Zivilsachen
BgVV	Bundesinstitut für gesundheitlichen Verbraucherschutz und Veterinärmedizin
BMG	Bundesministerium für Gesundheit, Berlin
BMV-Ä	Bundesmantelvertrag-Ärzte
BO	Berufsordnung
BSA	Bovine Serum Albumin (dt. – Rinderalbumin)
BSD	Blutspendedienst
BSE	Bovine Spongiform Encephalopathy (dt. – „Rinderwahnsinn")
BSG	Bundessozialgericht
BSGE	Entscheidungen des Bundessozialgerichts
BTDrS	Bundestagsdrucksache
BVerfG	Bundesverfassungsgericht
BVerfGE	Entscheidungen des Bundesverfassungsgerichts
BVerwG	Bundesverwaltungsgericht
BVerwGE	Entscheidungen des Bundesverwaltungsgerichts
BZgA	Bundeszentrale für gesundheitliche Aufklärung
bzw.	beziehungsweise
CDC	Center for Disease Control and Prevention
CJD	Creutzfeldt-Jakob Disease (dt. – Creutzfeldt-Jakob-Erkrankung; vgl. – vCJD)
CMV	Cytomegalovirus
CUE	Confidential Unit Exclusion (dt. – vertraulicher Selbstausschluss)
DÄ	Deutsches Ärzteblatt
DAB	Deutsches Arzneibuch
DAG-KBT	Deutsche Arbeitsgemeinschaft für Knochenmark- und Blutstammzelltransplantation
DGHM	Deutsche Gesellschaft für Hygiene und Mikrobiologie
DGHO	Deutsche Gesellschaft für Hämatologie und Onkologie
DGMR	Deutsche Gesellschaft für Medizinrecht
DGQ	Deutsche Gesellschaft für Qualität
DGTI	Deutsche Gesellschaft für Transfusionsmedizin und Immunhämatologie
DIC	Disseminated Intravascular Coagulation (dt. – DIG)
DIG	Disseminierte intravasale Gerinnung (engl. – DIC)
DIMDI	Deutsches Institut für Medizinische Dokumentation und Information
DMW	Deutsche Medizinische Wochenschrift (Zeitschrift)
DRK	Deutsches Rotes Kreuz

dt.	deutsch
EBM	Einheitlicher Bewertungsmaßstab (vgl. – GOÄ)
EBMT	European Group for Blood and Marrow Transplantation
engl.	englisch
EU	Europäische Union
EWG	Europäische Wirtschaftsgemeinschaft
EWR	Europäischer Wirtschaftsraum
	(EU und Norwegen, Island, Liechtenstein)
FDA	Food and Drug Administration
FFP	Fresh Frozen Plasma (vgl. – GFP)
FS	Festschrift
FSME	Frühsommer-Meningoenzephalitis
GCSF	Granulocyte Colony Stimulating Factor
GCP	Good Clinical Practice
GFP	Gefrorenes Frischplasma (vgl. – FFP)
GG	Grundgesetz für die Bundesrepublik Deutschland
ggf.	gegebenenfalls
GLP	Good Laboratory Practice
GmbH	Gesellschaft mit beschränkter Haftung
GMP	Good Manufacturing Practice
GOÄ	Gebührenordnung für Ärzte
GPT	Glutamat-Pyruvat-Transaminase (engl. – ALT)
GvHD	Graft-versus-Host Disease (dt. – Graft-versus-Host-Reaktion)
Hb	Hämoglobin (vgl. – Hk)
HBcAg	Hepatitis B core Antigen
HBsAg	Hepatitis B surface Antigen (früher Australia-Antigen)
HBV	Hepatitis B Virus
HCV	Hepatitis C Virus
Hdb.	Handbuch
HDN	Hemolytic Disease of the Newborn (dt. – MHN)
HIV	Human Immunodeficiency Virus (vgl. – AIDS; früher HTLV III)
Hk	Hämatokrit (vgl. – Hb)
HPC	Hematopoietic Progenitor Cells (dt. – Blutstammzellen)
Hrsg.	Herausgeber
hrsg.	herausgegeben
HTLV	Human T Leukemia Virus (früher HTLV I)
IBMTR	Interantional Bone Marrow Transplant Registry
i.d.F.v.	in der Fassung vom
i.d.R.	in der Reihenfolge
INTS	Institut National de la Transfusion Sanguine
ISBT	International Society of Blood Transfusion
IfSG	Infektionsschutzgesetz
i.V.m.	in Verbindung mit
JZ	Juristenzeitung (Zeitschrift)
KammerG	Kammergesetz

Kap.	Kapitel
KG	Kammergericht
Komm.	Kommentar
LBG	Landesbeamtengesetz
LBMG	Lebensmittel und Bedarfgegenständegesetz
LDSG	Landesdatenschutzgesetz
LG	Landgericht
LISS	Low Ionic Strength (Salt) Solution
LSG	Landessozialgericht
m.	mit
MBOÄ	Musterberufsordnung für die deutschen Ärzte
MedR	Medizinrecht (Zeitschrift)
MHN	Morbus haemolyticus neonatorum (engl. – HDN)
MittHV	Mitteilungen des Hochschullehrerverbandes (Zeitschrift)
MPBetreibV	„Medizinprodukte-Betreiberverordnung": Verordnung über das Errichten, Betreiben und Anwenden von Medizinprodukten
MPG	Medizinproduktegesetz
MPV	Medizinprodukteverordnung
MuWO	Musterweiterbildungsordnung
m. w. Nachw.	mit weiteren Nachweisen
MTA	Medizinisch-technische(r) Assistent(in)
Nachw.	Nachweis
n.F.	neue Fassung
NJW	Neue juristische Wochenschrift (Zeitschrift)
Nr.	Nummer
NStZ	Neue Zeitschrift für Strafrecht
NVwZ	Neue Zeitschrift für Verwaltungsrecht (Zeitschrift)
ÖGBT	Österreichische Gesellschaft für Blutgruppenserologie und Transfusionsmedizin
OLG	Oberlandesgericht
ÖstAMG	österreichisches Arzneimittelgesetz
ÖstblutSiG	österreichisches Blutsicherheitsgesetz
OwiG	Ordnungswidrigkeitengesetz
OVG	Oberverwaltungsgericht
PartGG	Partnerschaftsgesellschaftsgesetz
PBST	Periphere Blutstammzelltransplantation
PEI	Paul-Ehrlich-Institut
PharmBetrV	Betriebsverordnung für pharmazeutische Unternehmer
PharmaR	Pharmarecht (Zeitschrift)
PJ	Praktisches Jahr (letztes Jahr im Medizinstudium)
ProdHaftG	Produkthaftgesetz
PZN	Pharmazentralnummer
QM	Qualitätsmanagement
QS	Qualitätssicherung
RFLP	Restriktionsfragment-Längenpolymorphismus

RG	Reichsgericht
RGBl	Reichsgesetzblatt
RGZ	Entscheidungen des Reichsgerichts in Zivilsachen
RiLi	Richtlinien (der EU)
RöV	Röntgenverordnung
RPG	Recht und Politik im Gesundheitswesen (Zeitschrift)
RVO	Reichsversicherungsordnung
Rz.	Randziffer
s.	siehe
SG	Sozialgericht
SGB	Sozialgesetzbuch (Teile I, V, X)
SNP	Single Nucleotide Polymorphism
sog.	sogenannt
SOP	Standard Operation Procedure (dt. – Standardarbeitsanweisung)
StGB	Strafgesetzbuch
StPO	Strafprozessordnung
SVTM	Schweizerische Vereinigung für Transfusionsmedizin
TFG	Transfusionsgesetz
TPG	Transplantationsgesetz
TSE	Transmissible Spongiform Encephalopathies
u. a.	unter anderem
UAW	unerwünschte Arzneimittelwirkung
UrhG	Urheberrechtsgesetz
URL	Uniform Resource Locators (dt. – Internetadresse)
u. U.	unter Umständen
vCJD	Variante der Creutzfeldt-Jakob-Erkrankung (vgl. – CJD)
VersR	Versicherungsrecht (Zeitschrift)
VG	Verwaltungsgericht
VGH	Verwaltungsgerichtshof
vgl.	vergleiche
VO	Verordnung
VwVfG	Verwaltungsverfahrensgesetz (des Bundes)
w.	weiteren
WHO	World Health Organization (dt. – Weltgesundheitsorganisation)
z.B.	zum Beispiel
Ziff.	Ziffer
ZKRD	Zentrales Knochenmarkspender-Register Deutschland
ZPO	Zivilprozessordnung
z. Z.	zur Zeit

Glossar[1]

Absorption: Entfernung von Antikörpern aus dem Serum oder Plasma z. B. durch Bindung an Erythrozyten, die das korrespondierende Antigen in ihrer Oberfläche tragen.

* AB0-Identitätstest (Bedside-Test): Test zur Kontrolle der AB0-Blutgruppenmerkmale des Empfängers. Er ist unmittelbar am Krankenbett durchzuführen und dient in erster Linie der Identitätssicherung des Empfängers. Auch im Notfall vorgeschrieben vor jeder Transfusionsserie.

Adsorption: Anlagerung von Antikörpern an das korrespondierende Blutgruppenantigen z. B. auf der Erythrozytenoberfläche. Siehe: Elution.

Agglutination: Verklumpen von Erythrozyten zu Aggregaten in Folge einer Antigen-Antikörper-Bindung. Synonym: Hämagglutination.

Allel: Ausprägungsform eines bestimmten Gens, das in zwei oder mehr Varianten vorliegt, die sich z. B. durch einen einzelnen Nukleotidpolymorphismus unterscheiden.

Alloantikörper: Antikörper gegen ein Blutgruppenantigen, das ein Patient nicht besitzt. Unter der Voraussetzung, dass ein Alloantikörper obligat vorhanden ist, wird er gleichzeitig als Isoagglutinin bezeichnet (z. B. anti-A, anti-B, anti-AB).

Allogene Transfusion: Transfusion von Erythrozyten eines Blutspenders auf einen Patienten (= Fremdbluttransfusion). Synonym: homologe Transfusion (veraltet, international nicht mehr gebräuchlich).

** Antigen: Substanz, die vom Immunsystem als fremd erkannt wird und deswegen eine spezifische Immunantwort (unter anderem Bildung von spezifischen Antikörpern) auslöst. Es kann sich um Proteine oder Zucker handeln, die löslich vorliegen oder sich an der Oberfläche von Zellen, z. B. Erythrozyten, Leukozyten oder Thrombozyten, befinden.

---

[1] Einzelne Begriffe wurden den folgenden Veröffentlichungen entnommen und sind entsprechend gekennzeichnet:

    *   Richtlinien zur Gewinnung von Blut und Blutbestandteilen und zur Anwendung von Blutprodukten (Hämotherapie), 2000.

    **   Richtlinien für die Herstellung von Plasma für besondere Zwecke (Hyperimmunplasma), 2000.

    ***   Guide to the preparation, use and quality assurance of blood components (Appendix 1), 2001 [dt. Übersetzung durch Verfasser].

    **** Paul-Ehrlich-Institut, Glossar zur Meldung nach § 21 TFG, 2000 <http://www.pei.de/downloads/glossar_2000.pdf>.

    ***** Deutsch, Lippert, Ratzel, Anker, Kommentar zum AMG, 2001.

** **Antikörper:** Proteine (Immunglobuline, Gammaglobuline), die im Immunsystem unter dem Einfluss von Antigenen gebildet werden und die Fähigkeit besitzen, sich an Antigene zu binden und auf diese Weise Toxine und Viren zu neutralisieren, unspezifische Abwehrfunktionen zu verstärken oder die Immunantwort zu modulieren.

** **Antikörper, spezifische:** Antikörper, die gegen ein bestimmtes Antigen, zum Beispiel gegen einen bestimmten Krankheitserreger, gerichtet sind.

Antiglobulintest: Siehe: Coombstest.

Apherese: Maschinelles Verfahren mit extrakorporalem Kreislauf zur Gewinnung von bestimmten, zellulären Blutkomponenten, wie Thrombozyten (Thrombozyt-Apherese), Granulozyten (Granulozyt-Apherese) und Blutstammzellen (Stammzell-Apherese), oder von Blutplasma (Plasma-Pherese). Siehe: Hämapherese.

Autoantikörper: Antikörper im Plasma eines Patienten gegen ein erythrozytäres Antigen, das der Patient selbst besitzt.

Autoimmunhämolytische Anämie: Anämie infolge der Bildung von Auto-Anti-körpern (häufig sogenannte inkomplette Wärme-Autoantikörper), die den Abbau der Patientenerythrozyten verursachen.

Autologe Transfusion: Transfusion von patienteneigenen Erythrozyten, die beim Patienten (Transfusionsempfänger) im zeitlichen Abstand vor der Transfusion abgenommen wurden.

*** **Blood:** Whole Blood collected from a single donor and processed either for transfusion or further manufacturing [Vollblut, das von einem einzelnen Spenders gewonnen und das entweder zur Transfusion oder zu einer weiteren Verarbeitung aufbereitet wurde].

*** **Blood component:** Therapeutic components of blood (red cells, white cells, platelets, plasma) that can be prepared by centrifugation, filtration, and freezing using conventional blood bank methodology [Ein therapeutischer Bestandteil des Blutes (rote Zellen, weiße Zellen, Plättchen, Plasma), der aufbereitet wird durch Zentrifugation, Filtration und Gefrieren unter Gebrauch der üblichen Methoden einer Blutzentrale].

*** **Blood product:** Any therapeutic product derived from human blood or plasma [Jedes therapeutische Produkt, das aus menschlichem Blut oder Plasma stammt].

* **Blut (Vollblut):** Sämtliche nativen Bestandteile enthaltendes Blut nach einer Blutspende.

* **Blutbestandteile:** Blutbestandteile können aus Vollblut durch manuelle oder maschinelle Auftrennungsverfahren gewonnen werden.

* **Blutdepot:** Einrichtung der Krankenversorgung, von der Blutkomponenten und/oder Plasmaderivate gelagert und abgegeben werden.

Blutgruppe: Eine Gruppe zusammengehöriger Antigene, auch als Blutgruppensystem bezeichnet, die auf der Oberfläche von Erythrozyten u. a. durch Agglutination nachweisbar sind. „Die Blutgruppe" bezeichnet die AB0-Blutgruppe. Ein anderes Beispiel ist die Rhesus-Blutgruppe. Im Jahr 2001 sind 26 Blutgruppensysteme definiert, bei denen zumeist auch die molekularbiologische Grundlage bekannt sind, 5 Blutgruppen-Kollektionen und je eine Serie von Antigenen mit hoher bzw. niedriger Frequenz (häufigem bzw. seltenem Vorkommen in der Bevölkerung).

* Blutkomponenten: Zelluläre Blutprodukte wie Erythrozytenkonzentrate, Thrombozytenkonzentrate, Granulozytenkonzentrate, Stammzellpräparate und therapeutisches Frischplasma.

* Blutprodukte: Blutzubereitungen im Sinne des § 4 Abs. 2 des Arzneimittelgesetzes, Sera aus menschlichem Blut im Sinne des § 4 Abs. 3 des Arzneimittelgesetzes oder Plasma zur Fraktionierung (Begriff des Transfusionsgesetzes nach § 2 Satz 3 TFG).

* Blutzubereitungen: Arzneimittel, die aus Blut gewonnene Blut-, Plasma- oder Serumkonserven, Blutbestandteile oder Zubereitungen aus Blutbestandteilen sind oder als arzneilich wirksame Bestandteile enthalten (Begriff des Arzneimittelgesetzes nach § 4 Abs. 2 AMG).

Buffy coat: Leukozyten-haltige Zwischenschicht, die sich bei der Zentrifugation von Vollblut zwischen dem Blutplasma und der Erythrozytenmasse ablagert.

Charge: Charge ist die jeweils in einem einheitlichen Herstellungsgang erzeugte Menge eines Arzneimittels (Begriff des Arzneimittelgesetzes nach § 4 Abs. 16 AMG).

Codon: Ein aus drei Nukleotiden bestehendes „Triplett", das im Rahmen der Translation für dem Einbau einer bestimmten Aminosäure in das sich bildende Protein oder den Translationsstop („Stopkodon"; Abbruch der Proteinsynthese) verantwortlich ist. Dt.: Kodon.

Complementary DNA (cDNA): Ein DNA-Stück mit einer bestimmten Nukleotidsequenz, das mittels einer reversen Transkriptase aus einer messenger DNA (mRNA) kopiert wird. Dt.: komplementäre DNA.

Confidential unit exclusion (CUE): Siehe: vertraulicher Selbstausschluss.

Coombsserum: Antiserum (Antihumanglobulin), das eine Agglutination von Erythrozyten bewirkt, die mit Antikörpern und/oder Komplement beladen sind. Siehe: Coombstest, direkt und Coombstest, indirekt.

Coombstest, direkt: Nachweismethode für die in vivo-Beladung von Erythrozyten mit Immunglobulinen und/oder Komplementfaktoren (z. B. zum Nachweis von Autoantikörpern bei autoimmunhämolytischen Anämien).

Coombstest, indirekt: Nachweismethode für die in vitro-Beladung von Erythrozyten mit Immunglobulinen und/oder Komplementfaktoren (z. B. zum Nachweis von Antikörper im Serum bei der Verträglichkeitsprobe).

Cytomegalievirus (CMV):[2] Typisches Herpes-Virus. Lineare Doppelstrang DNA mit einem der größten Virus-Genome von ca. 24.000 Nukleotiden. Verursacht geringe akute Krankheitssymptome. Nach überstandener Infektion keine bleibende Schäden, jedoch chronische Persistenz in Lymphozyten. Lebensgefährliche Infektion bei bestimmten immuninkompetenten Patientengruppen mit angeborener und erworbener Immunschwäche, z. B. vorübergehend nach Stammzelltransplantation. Prävalenz in der Bevölkerung einschließlich Erst- und Mehrfachblutspender ca. 50%. In Deutschland wird bei Blutspendern der spezifische Nachweis mittels anti-CMV-Antikörper nur für Sonderindikationen durchgeführt.

Diaplazentare Übertragung: Austausch von Gewebe zwischen Mutter und Fötus (z. B. IgG-Antikörper, jedoch nicht IgM-Antikörper).

Disseminierte intravasale Gerinnung (DIG): Verbrauch von vorwiegend plasmatischen Gerinnungsfaktoren (Gerinnungseiweiße) mit der Folge einer Blutungsneigung. Relative Kontraindikation für Thrombozytentransfusionen. Engl.: disseminated intravasal coagulation (DIC).

*** Donor [Spender]: A person in normal health with a good medical history who voluntarily gives blood or plasma for therapeutic use [Eine gesunde Person mit unauffälliger Krankengeschichte, die freiwillig Blut oder Plasma für therapeutische Zwecke spendet].

*** Donor, first time [Erstspender]: Someone who has never donated either blood or plasma [Eine Person, die bisher noch nie Blut oder Plasma gespendet hat].

*** Donor, prospective [Erstspendewillige; spendewillige Person]: Someone who presents himself/herself at a blood or plasma collection establishment and states his/her wish to give blood or plasma [Eine Person, die sich bei einer Blut- oder Plasmaspende-Einrichtung vorstellt, um Blut oder Plasma zu spenden].

*** Donor, regular [Mehrfachspender]: Someone who routinely donates their blood or plasma (i.e. within the last two years), in accordance with minimum time intervals, in the same donation centre [Eine Person, die öfters, d. h. innerhalb der letzten beiden Jahre, an der Spendeeinrichtung Blut oder Plasma gespendet hat unter Beachtung der vorgesehenen Spendeintervalle].

*** Donor, repeat [Mehrfachspender]: Someone who has donated before but not within the last two years in the same donation centre [Eine Person, die bereits gespendet hat jedoch nicht innerhalb der letzten beiden Jahre an der Spendeeinrichtung].

*** Donor, replacement: Donors recruited by patients to enable them to undergo therapy which requires blood transfusion [Spender, der durch einen Patienten zum Spenden animiert wurde, um dem Patienten die Möglichkeit zur einer Behandlung zu eröffnen, die eine Bluttransfusion erfordert; Anm.: in Deutschland verboten].

---

[2] T. Stamminger, Zytomegalievirus-Infektionen nach Transplantationen: Klinische Problematik, Diagnostik und Therapie, DÄ 94(2001)A-168 – 173.

**** Eigenblut: Präoperative Eigenblutentnahmen. Maschinelle Autotransfusion sowie normovolämische Hämodilution werden bei der Meldung nach § 21 TFG nicht berücksichtigt. Blut, das zwischen 2 und 6 Wochen vor einer geplanten Operation einem Patienten abgenommen und zur Transfusion beim Patienten während oder nach der Operation gelagert wird.

Elution: Absprengung von Antikörpern, die an Erythrozyten gebunden sind.

Enteral: Aufnahme in den Körper durch den Verdauungstrakt (Gegenteil: parenteral).

Epitop: Antigen-Determinante: Bindungsstelle eines Antikörpers auf einem Antigen.

Epstein-Barr-Virus (EBV): Herpesvirus. Lineare Doppelstrang DNA mit einem Genome von ca. 170.000 Nukleotiden. Verursacht geringe akute Krankheitssymptome: Infektiöse Mononukleose („kissing disease"). Nach überstandener Infektion keine bleibenden Schäden und jedoch Persistenz in B-Lymphozyten. EBV kann an der Entstehung eines Burkitt-Lymphoms beteiligt sein. Prävalenz in der Bevölkerung einschließlich Erst- und Mehrfachblutspender über 50%. In Deutschland bei Blutspendern kein spezifischer Nachweis vorgeschrieben.

* Erstspender: Personen, die sich das erste Mal bei einer Spendeeinrichtung vorstellen. Dabei liegt der Spendeeinrichtung kein Laborbefund aus früheren Spendeuntersuchungen vor. Bei festgestellter Spendetauglichkeit durch Anamnese und ärztliche Untersuchung wird im Rahmen der Spende erstmals die Laboruntersuchung durchgeführt.

* Erstspendewillige: Personen, die sich das erste Mal bei der meldenden Spendeeinrichtung vorstellen. Der Spendeeinrichtung liegt hierbei kein Laborbefund aus früheren Spendeuntersuchungen vor, und es wird zunächst nur eine Laboruntersuchung und ggf. Anamnese mit ärztlicher Untersuchung durchgeführt. Die Spender werden erst nach einem angemessenen Intervall und bei negativen Befunden in dieser Vortestung zur Entnahme einer kompletten Spende zugelassen.

Erythrozyt: Rote Blutkörperchen. Quantativer Hauptbestandteil der Zellen im Blut. Sauerstofftransporter.

* Gefrorenes Frischplasma (GFP): Schockgefrorenes Plasma, bei dem gewährleistet ist, dass auch die labilen Gerinnungsfaktoren im funktionsfähigen Zustand erhalten bleiben. Engl.: fresh frozen plasma (FFP).

Genom: Die vollständige DNA Nukleotidsequenz eines Organismus.

Genotyp: Das Paar von Allelen (Varianten eines Gens), das eine Person für ein bestimmtes Gen besitzt. Siehe: Haplotyp.

* Gerichtete Spende: Spende, bei der die spendende Person angibt oder anderweitig vor der Blutspende bekannt ist, für welchen Empfänger die Blutkomponente verwendet werden soll.

Good Clinical Practice (GCP): „Gute klinische Praxis". Richtlinie über die gute Praxis bei der Durchführung klinische Prüfungen von Arzneimitteln.

Good Laboratory Practice (GLP): „Gute Laborpraxis". Analog zu den GMP-Regelwerken der Europäische Gemeinschaft.

Good Manufacturing Practice (GMP): Richtlinien über die gute Praxis der Herstellung („Gute Herstellungspraxis"). GMP ist formal nicht zwingend, stellt aber den de-facto Industriestandard dar und wird oft von den Aufsichtsbehörden zugrunde gelegt. Entwickelt von den Mitgliedern der Pharmazeutischen Inspektions Convention (PIC).

* Graft-versus-Host-Reaktion (GvHD): Bei Übertragung von allogenen immunkompetenten Zellen auf einen Empfänger mit mangelnder Immunabwehr eintretende Immunreaktion der übertragenen Zellen gegen den Empfänger.

Granulozyten: Immunkompetente Blutzellen, deren wesentliche Funktion ist die Phagozytose von Bakterien ist. Sie bilden zusammen mit den Lymphozyten den Leukozytenanteil des Blutes und werden nur bei besonderen Indikationen therapeutisch eingesetzt. Ihre Gewinnung erfolgt ausschließlich über Granulozyt-Apherese.

* Hämapherese: Entnahme von Blutbestandteilen aus dem zirkulierenden Blut mittels Separatoren. Synonym: Apherese.

Hämolyse: Abbau von Erythrozyten durch Zerstörung ihrer Zellmembran und Freisetzung von Hämoglobin.

Hämolysin: Antikörper, der in Gegenwart von Komplement eine Hämolyse von Erythrozyten bewirken kann.

* Hämotherapie: Anwendung von Blutkomponenten und Plasmaderivaten.

Hämotherapie-Richtlinien: Richtlinien zur Gewinnung von Blut und Blutbestandteilen und zur Anwendung von Blutprodukten (Hämotherapie), in der neu bearbeiteten Fassung 2000.

Haplotyp: Eine bestimmte Kombination von Allelen (Varianten eines Gens) oder Varianten einer Nukleotidsequenz, die auf demselben Chromosom eng beieinander liegen und deswegen meist zusammen vererbt werden. Siehe: Genotyp.

Hepatitis A (HAV): Picornavirus. Einzelstrang RNA mit einem Genom von ca. 7.500 Nukleotiden. Verursacht mehrwöchige, schwere Krankheitssymptome mit Mortalität bei 0,1%. Nach überstandener Infektion keine bleibenden Schäden und keine chronische Persistenz. Prävalenz in der Bevölkerung einschließlich Erst- und Mehrfachblutspender um 1%. Aktive Impfung möglich. In Deutschland bei Blutspendern keine spezifischer Nachweis vorgeschrieben.

Hepatitis B (HBV): Hepadnavirus. Lineare Doppelstrang DNA mit einem kleinen Genom von ca. 3.200 Nukleotiden. Verursacht mehrwöchige, schwere Krankheitssymptome mit Mortalität bei 1%. Nach überstandener akuter Infektion chronische Persistenz in 10% mit der möglichen Entwicklung bleibender Schäden wie Leberzirrhose und Leberzellkarzinom. Prävalenz in der Bevölkerung einschließlich Erst-blutspender bis zu 1%. Lebenslanger Ausschluss von Blutspende. Aktive Impfung möglich. Spezifischer Nachweis seit den 1970er Jahren möglich. In Deutschland HBsAg-Nachweis vorgeschrieben.

Hepatitis C (HCV):[3] Wesentliche Ursache der bis in die 1990er Jahre als non A-non B-Hepatitis häufiger beobachteten transfusionsassoziierten Hepatitis. Flavivi-rus. Einzelstrang RNA mit einem Genom von ca. 10.000 Nukleotiden. Verursacht mehrwöchige eher geringe Krankheitssymptome mit geringer Mortalität. Nach überstandener akuter Infektion in bis zu 50% chronisch persistierende Hepatitis mit der möglichen Entwicklung bleibender Schäden wie Leberzirrhose. Prävalenz in der Bevölkerung einschließlich Erstblutspender ca. 0,1%. Lebenslanger Ausschluss von Blutspende. Keine Impfung möglich. Spezifischer Nachweis frühestens seit 1990 möglich. In Deutschland anti-HCV- und HCV-RNA-Nachweis vorgeschrieben.

Herstellen: Herstellen ist das Gewinnen, das Anfertigen, das Zubereiten, das Be-oder Verarbeiten, das Umfüllen einschließlich Abfüllen, das Abpacken und das Kennzeichnen (Begriff des Arzneimittelgesetzes nach § 4 Abs. 14 AMG).

**** Herstellung: Prozess der Präparation von Blutprodukten einschließlich ihrer Freigabe, d. h. das Anfertigen, das Zubereiten, das Be- oder Verarbeiten, das Umfül-len einschließlich Abfüllen, das Abpacken und das Kennzeichnen von Blutproduk-ten einschließlich der damit verbundenen Inprozess- und Freigabeprüfungen. In der Meldung nach § 21 TFG ist unter Gewinnung/Herstellung die Summe aller herge-stellten Produkte, unabhängig von ihrer späteren Verwendung anzugeben; Verlust wie z. B. abgebrochene bzw. mängelbehaftete Präparationen, Verfall sowie Export sind als Teilmengen davon zu verstehen.

HIV – humanes Immunschwäche Virus: Retrovirus. Die Ursache von AIDS. Einzelstrang RNA mit einem Genom von ca. 9.000 Nukleotiden. Chronisch persis-tierend mit der obligaten Entwicklung einer Immunschwäche. Prävalenz in der Bevölkerung ca. 0,1%. Inzidenz unter Erstblutspender ca. 0,01%, unter Mehrfach-blutspendern ca. 0,001%. Lebenslanger Ausschluss von Blutspende. Keine Impfung möglich. Auftreten in Deutschland um 1982. Spezifischer Nachweis seit 1985 mög-lich. In Deutschland anti-HIV-Nachweis vorgeschrieben.

***** Homöopathie: Medikamentöses Therapieprinzip, mit dem Krankheits-erscheinungen dadurch behandelt werden, dass der Einsatz von Substanzen regel-mäßig in niedrigen Dosierungen erfolgt, die in hoher Dosis den Krankheitserschei-nungen ähnliche Symptome hervorrufen. Ergänzt wird die Behandlung durch Zuschreibung unter Berücksichtigung des Patienten und des Arzneimittels.

Homologe Transfusion: veraltet; siehe: allogene Transfusion.

---

[3] M. Manns, Europäischer Konsens zu Hepatitis C: Epidemiologie, Diagnose und Thera-pie, DÄ 96(1999)A-3252 – 3257.

** **Hyperimmunisierung:** Mehrfache Verabreichung von Impfstoffen oder anderen Antigenen zur verstärkten Bildung spezifischer Immunglobuline; bei der Anzahl der Impfstoffdosen, den Zeitabständen zwischen den Impfstoffgaben und der Art der Verabreichung kann von für Schutzimpfungen zugelassenen Impfschemata abgewichen werden.

* **Hyperimmunplasma:** Plasma mit hoher Konzentration spezifischer Immunglobuline [zur Herstellung spezifischer Immunglobuline], das von ausgewählten oder hyperimmunisierten Spendern gewonnen wird (internationale Bezeichnung: plasma for special purposes).

** **Immunglobuline:** Antikörperproteine in Plasma, Serum, Interstitium oder auf Zelloberflächen.

** **Immunglobuline, spezifische:** Immunglobulinpräparation mit gleich bleibend hoher, für das jeweilige Produkt festgelegter Antikörperkonzentration gegen einen bestimmten Krankheitserreger oder bestimmte Antigene. Sie werden Patienten zur Verhütung einer Erkrankung oder zwecks Blockierung einer aktiven Antikörperbildung, seltener auch mit therapeutischer Indikation, verabreicht.

** **Immunisierung, aktive:** Stimulation des Immunsystems durch Verabreichung von Impfstoffen aus abgeschwächten (Lebendvakzine) oder abgetöteten (Totvakzine) Krankheitserregern (meist in Form einer Schutzimpfung, wodurch eine spätere Erkrankung verhütet werden kann) oder definierten Antigenen (beispielsweise Erythrozyten, rekombinante Antigene).

** **Immunisierung, passive:** Gabe spezifischer Immunglobuline bei nicht aktiv immunisierten Personen, um nach Kontakt mit einem Erreger oder mit (potenziell) erregerhaltigem Material das Auftreten der betreffenden Erkrankung zu verhüten oder die Bildung bestimmter Antikörper nach Antigenexposition zu verhindern.

Immunisierung, primäre: Initiale, langsame Immunantwort auf ein fremdes Antigen. Dabei erfolgt zunächst die Bildung von Immunglobulinen des IgM-Typs.

Immunisierung, sekundäre: Schnelle Immunantwort (= Sekundärantwort, „Boosterung") mit Bildung von Antikörpern des IgG-Typs als Reaktion auf eine zweite oder weitere Stimulierung durch ein fremdes Antigen.

Immunthrombozytopenische Purpura (ITP): Schweres Krankheitsbild, das durch kleinflächige Blutungen (Petechien) als Folge eines Abbaus der patienteneigenen Thrombozyten durch Autoantikörper gegen Thrombozyten gekennzeichnet ist. Thrombozytentransfusionen sind im Allgemeinen wirkungslos und relativ kontraindiziert. Synonym: Idiopathisch-thrombozytopenische Purpura.

Inverkehrbringen: Inverkehrbringen ist das Vorrätighalten zum Verkauf oder zu sonstiger Abgabe, das Feilhalten, das Feilbieten und die Abgabe an andere (Begriff des Arzneimittelgesetzes nach § 4 Abs. 17 AMG).

***** **Indikation:** Das Anwendungsgebiet eines Arzneimittels, nämlich die Voraussetzungen beim Patienten, die eine Anwendung des Arzneimittels angezeigt sein lassen.

Infusion: Parenterale, meist intravenöse Applikation von zellfreien Lösungen mit Ausnahme von Blutplasma. Siehe: Transfusion.

In vitro: Ausserhalb des lebenden Körpers, z. B. im Reagenzglas.

In vivo: Im lebenden Körper.

Isoagglutinin: Obligat auftretende Allo-Antikörper wie anti-A oder anti-B (fast immer vom IgM-Typ).
    Blutgruppe 0:   immer anti-A und anti-B
    Blutgruppe A: immer anti-B
    Blutgruppe B: immer anti-A
    Blutgruppe AB: keine Isoagglutinine

Kälteagglutinin: Antikörper, dessen Reaktionsoptimum bei + 4°C liegt und der bei + 37°C keine Agglutination verursacht. Tritt oft als Autoantikörper auf und kann Hämolyse verursachen.

Kodon: Siehe: Codon.

Kreuzprobe: Siehe: Verträglichkeitsprobe.

Leukozyten: Immunkompetente Blutzellen. Hauptbestandteile sind Lymphozyten und Granulozyten, zum ganz geringen Anteil auch Blutstammzellen. Während der Aufarbeitung von Vollblut finden sich die Leukozyten zusammen mit den Thrombozyten im sogenannten „Buffy coat".

**** Leukozytendepletiert: Zustand nach Entfernung von Leukozyten aus Blut und Blutprodukten durch den Hersteller (also vor der Lagerung). In Deutschland für Erythrozytenpräparate weitgehend vollständig eingeführt zum 1. April 2001, vom PEI vorgeschrieben für Erythrozyten- und Thrombozytenpräparate ab 1. Oktober 2001.

* Leukozytendepletion: Entfernung von Leukozyten unter einen bestimmten Schwellenwert, z.B. mittels spezieller Leukozytenadhäsionsfilter.

Lymphozyten: Immunkompetente Blutzellen, deren wesentliche Funktionen die Elimination von Viren bzw. die Produktion von Antikörpern ist. Man unterscheidet viele Unterformen, z. B. T-Lymphozyten und B-Lymphozyten. Sie bilden zusammen mit den Granulozyten den Leukozytenanteil des Blutes und für einzelne Unterformen der Lymphozyten gibt es einige wenige experimentelle therapeutische Indikationen. Ihre Gewinnung erfolgt nur experimentell evtl. im Rahmen von Zytapheresen. T-Lymphozyten können Viren eliminieren und fremdes Gewebe zerstören aber auch eine Transplantat-Abstoßung und eine transfusions-assoziierte GvHD verursachen. B-Lymphozyten, in der Form der Plasmazelle produzieren Antikörper.

Majorkreuzprobe: Verträglichkeitsprobe von Spendererythrozyten mit Empfängerserum zum Nachweis von Antikörpern im Empfängerserum (in den deutschsprachigen Ländern vor jeder Transfusion vorgeschrieben).

Minorkreuzprobe: Verträglichkeitsprobe von Spenderplasma oder -serum mit Empfängererythrozyten zum Nachweis von Alloantikörpern des Spenders (selten notwendig).

* Mehrfachspender: Spender, für den der Spendeeinrichtung eine Vorspende mit Laborbefund vorliegt.

Morbus hämolyticus neonatorum (MHN): Erkrankung bei Neugeborenen, bei der Erythrozyten durch mütterliche Alloantikörper hämolysiert werden. Synonym: Erythroblastose. Engl.: Hemolytic disease of the newborn (HDN).

* Nachuntersuchungsproben: Anlässlich einer Blutspende aufbewahrte Blutproben eines Spenders, die im Rahmen eines Rückverfolgungsverfahrens die Nachuntersuchung der Ausgangsspende auf Infektionsmarker ermöglichen.

messenger DNA (mDNA): Die DNA Nukleotidsequenz von Genen wird in eine RNA transkribiert. Gespleißte RNA, aus der Proteine translatiert werden, bezeichnet man als mRNA.

Mutation: Jede Veränderung der DNA Nukleotidsequenz gegenüber der üblichen DNA Nukleotidsequenz eines Genoms.

Nebenwirkung:[4] Bei bestimmungsgemäßem Gebrauch eines Arzneimittels auftretenden unerwünschten Begleiterscheinungen (Begriff des Arzneimittelgesetzes nach § 4 Abs. 13 AMG).

Non A-non B-Hepatitis: Wesentliche Ursache der bis in die 1990er Jahre als non A-non B-Hepatitis häufiger beobachteten transfusionsassoziierten Hepatitis war das Hepatitis C-Virus.

Parenteral: Aufnahme in den Körper unter Umgehung des Verdauungstraktes, z. B. durch intravenöse Infusion (Gegenteil: enteral).

Parvovirus B19:[5] Parvovirus. Einzelstrang DNA mit einem Genom von ca. 5.600 Nukleotiden. Viruskapsid ohne Hüllmembran, deswegen keine oder verminderte Inaktivierung durch gängige Virusabreicherungsverfahren. Verursacht keine oder geringe akute Krankheitssymptome: Ringelröteln (Erythema infectiosum). Nach überstandener Infektion keine bleibenden Schäden und keine Persistenz. Bei immuninkompetenten Patienten jedoch chronische Persistenz insbesondere in erythropoietischen Stammzellen mit der Folge einer chronischen Anämie möglich. Diaplazentare Übertragung beschrieben. Prävalenz in der Bevölkerung einschließlich Erst- und Mehrfachblutspender über 50%. In Deutschland bei Blutspendern kein spezifischer Nachweis vorgeschrieben.

Phänotyp: Die körperlichen Eigenschaften eines Organismus.

---

[4] Definitionen verwandter Begriffe im Zusammenhang mit unerwünschten Ereignissen finden sich im Kommentar zu § 16 insbesondere § 16 Rz. 7 bis 12.

[5] S. Modrow, Parvovirus B19: Ein Infektionserreger mit vielen Erkrankungsbildern, DÄ 98(2001)A-1620 – 1624.

***** **Pharmazeutische Regeln, anerkannte:** Anerkannt sind pharmazeutische Regeln, wenn sie von der Deutschen Arzneibuch Kommission oder der Europäischen Arzneibuch Kommission beschlossen und im Deutschen Arzneibuch oder dem Europäischen Arzneibuch enthalten sind (siehe § 55 AMG), ferner Regeln, die in den revidierten Grundregeln der Weltgesundheitsorganisation für die Herstellung von Arzneimitteln und die Sicherung ihrer Qualität enthalten sind (GMP Richtlinien, BAnz 1, 1978).

Pharmazeutischer Unternehmer: Pharmazeutischer Unternehmer ist, wer Arzneimittel unter seinem Namen in den Verkehr bringt (Begriff des Arzneimittelgesetzes nach § 4 Abs. 18 AMG).

***** **Pharmazie:** Wissenschaft der Arzneimittelherstellung.

***** **Phytotherapie:** Pflanzenheilkunde; zur Behandlung von Krankheiten werden Pflanzenbestandteile und die darin enthaltenen, meist mehreren Wirkstoffe eingesetzt.

Plasma: Blutflüssigkeit von ungeronnenem Blut. Siehe: gefrorenes Frischplasma (als therapeutisches Blutprodukt) und Serum.

** **Plasma für besondere Zwecke:** Plasma, das zur Herstellung von spezifischen Immunglobulinen geeignet ist.

* **Plasma zur Fraktionierung:** Plasma, aus dem Plasmaderivate hergestellt werden.

**** **Plasma, einem Verfahren zur Virusinaktivierung unterworfen:** z. B. mittels Solvent-Detergent-Verfahren behandeltes Plasma (im Gegensatz zu gefrorenem Frischplasma (GFP).

**** **Plasma zur Fraktionierung aus Vollblut/Apherese:** Plasma zur industriellen Weiterverarbeitung, ausgenommen Hyperimmunplasma.

* **Plasmaderivate:** Plasmaderivate werden aus Plasma durch Fraktionierung hergestellt, wie Faktorenkonzentrat, PPSB, Albumin. Ihre Herstellung erfolgt üblicherweise durch Plasmapools. Sie werden Verfahren zur Virusinaktivierung/-abreicherung unterzogen.

Polymorphismus: Jede Position der DNA Nukleotidsequenz des Genoms, die eine Variabilität innerhalb der Population aufweist.

Posttransfusionspurpura (PTP): Krankheitsbild, das durch großflächige Blutungen (Purpura) als Folge eines Abbaus transfundierter, allogener Thrombozyten durch Alloantikörper gegen Thrombozyten mit begleitendem Verbrauch der patienteneigenen Thrombozyten gekennzeichnet ist. Thrombozytentransfusionen sind im Allgemeinen wirkungslos und relativ kontraindiziert.

***** **Prüfplan:** Schriftlicher Plan zur Vorbereitung der klinischen Prüfung von Arzneimitteln. Der Plan soll Angaben zu den Punkten enthalten, die in den Grundsätzen für die ordnungsgemäße Durchführung der klinischen Prüfung von Arzneimitteln vom 9.12.1987 (BAnz S. 16617) enthalten sind, z. B. das Prüfdesign, die Zahl der Probanden mit Begründung, den Prüfungsablauf mit Untersuchungsterminen und die Kriterien für den Abbruch der Prüfung.

Qualität:[6] Qualität ist die Beschaffenheit eines Arzneimittels, die nach Identität, Gehalt, Reinheit, sonstigen chemischen, physikalischen, biologischen Eigenschaften oder durch das Herstellungsverfahren bestimmt wird (Begriff des Arzneimittelgesetzes nach § 4 Abs. 15 AMG).

Restriktionsenzym: Ein meist bakterielles Enzym, das eine DNA schneidet, wenn diese DNA eine bestimmte kurze DNA Nukleotidsequenz aufweist.

Restriktionsfragment-Längenpolymorphismus (RFLP): Variabilität der DNA Sequenz, die zum Schneiden bzw. nicht-Schneiden der DNA durch eine Restriktionsenzyms führt. Dies wird erkannt durch die unterschiedliche Größe der dadurch nachweisbaren DNA Fragmenten. Engl. Restriction Fragment Length Polymorphism.

* Rückverfolgungsverfahren (Look back): Verfahren zur Aufdeckung möglicher weiterer infektiöser Blutprodukte bzw. infizierter Empfänger, falls bei einem Spender oder bei einem Empfänger von Blutprodukten eine schwerwiegende Infektion festgestellt wird bzw. der begründete Verdacht einer Infektion besteht.

* Sera: Sera sind Arzneimittel, die aus Blut, Organen, Organteilen oder Organsekreten gesunder, kranker, krank gewesener oder immunisierend vorbehandelter Lebewesen gewonnen werden, spezifische Antikörper enthalten und die dazu bestimmt sind, wegen dieser Antikörper angewendet zu werden (Begriff des Arzneimittelgesetzes nach § 4 Abs. 3 Satz 1 AMG).

Serum: Blutflüssigkeit von geronnenem Blut. Siehe: Plasma.

Single nucleotide polymorphism (SNP): Variabilität einer DNA-Nukleotid-Sequenz infolge der Änderung eines einzelnen Nukleotids. Dt.: (einzelner) Nukleotid-Polymorphismus.

* Spende (Blutspende): Die Spende ist die einem Menschen entnommene Menge an Blut oder Blutbestandteilen, die Arzneimittel ist oder zur Herstellung von Arzneimitteln bestimmt ist (Begriff des Transfusionsgesetzes nach § 2 Satz 1).

Spendeeinrichtung: Einrichtungen, durch die Spenden entnommen werden (Begriff des Transfusionsgesetzes nach § 2 Satz 2). Vom Gesetzgeber gemeint ist wohl: Einrichtung, in der Spenden entnommen werden.

Standard Operation Procedure (SOP): Standardarbeitsanweisungen bzw. Dienstanweisungen stellen eine QM-Verfahrensanweisung dar, in denen der Zweck einer Tätigkeit bzw. Aufgabenstellung und deren Anwendungsbereich beschrieben wird. In ihnen wird festgelegt, was durch wen, wo und wie getan werden muss. Die

---

[6] Definitionen verwandter Begriffe im Zusammenhang mit Qualität finden sich im Kommentar zu § 15 insbesondere § 15 Rz. 13 bis 17.

benutzten Einrichtungen, Materialien und Hilfsmittel sowie die Überwachungs- und Dokumentationsmethoden müssen festgelegt werden.[7]

Testsera: Testsera sind Arzneimittel, die aus Blut, Organen, Organteilen oder Organsekreten gesunder, kranker, krank gewesener oder immunisierend vorbehandelter Lebewesen gewonnen werden, spezifische Antikörper enthalten und die dazu bestimmt sind, wegen dieser Antikörper verwendet zu werden, sowie die dazu gehörenden Kontrollsera (Begriff des Arzneimittelgesetzes nach § 4 Abs. 6 AMG).

Thrombozyten: Blutplättchen. Zellkernfreie gerinnungsaktive Blutzellen bzw. Zellfragmente. Während der Aufarbeitung von Vollblut finden sich die Thrombozyten zusammen mit den Leukozyten im sogenannten „Buffy coat".

**** Thrombozyten-Präparat (Pool-Thrombozytenkonzentrat): Aus mehreren, meist 4 bis 6 steril zusammengeführten Einzel-Thrombozytenkonzentraten oder „Buffy coat" aus Vollblutspenden hergestelltes Thrombozytenkonzentrat. Für die Meldung nach § 21 TFG zählen hierzu auch die leukozytendepletierten Thrombozytenkonzentrate (seit 1. Oktober 2001 in Deutschland vorgeschrieben), die als Teilmenge jedoch nochmals gesondert auszuweisen ist.

Thrombotisch-thrombozytopenische Purpura (TTP): Schweres Krankheitsbild, das durch kleinflächige Blutungen (Petechien) als Folge einer Thrombozytopenie bei gleichzeitiger Neigung zur Thrombose gekennzeichnet ist. Thrombozytentransfusionen sind wirkungslos und kontraindiziert. Synonym: Morbus Moschcowitz

***** Toxikologie: Lehre der schädlichen Wirkungen chemischer Substanzen auf lebende Organismen.

* Transfusion: Der international gebräuchliche Begriff „Transfusion" bedeutet die Übertragung von menschlichen Blutkomponenten auf einen Patienten (Transfusionsempfänger). Er wird in den Hämotherapie-Richtlinien synonym mit „Anwendung von Blutkomponenten" verwendet. Parenterale, fast immer intravenöse Applikation von Blutbestandteilen einschließlich Blutplasma. Siehe: Infusion.

* Transfusionsbeauftragte Person: In der Krankenversorgung tätige qualifizierte approbierte ärztliche Person, die in jeder Behandlungseinheit, in der Blutprodukte angewendet werden, bestellt wird und über transfusionsmedizinische Grundkenntnisse und Erfahrungen verfügt.

**** Transfusionseinheit: Aus einer Blut- bzw. Apheresespende gewonnene/hergestellte, zur Transfusion bestimmte Einzeldosis eines zellulären oder plasmatischen Blutprodukts.

* Transfusionskommission: Kommission für transfusionsmedizinische Angelegenheiten, die in Einrichtungen der Krankenversorgung mit einer Spendeeinrichtung oder mit einem Institut für Transfusionsmedizin oder in Einrichtungen der Krankenversorgung mit Akutversorgung zu bilden ist.

---

[7] Begriff der Hämotherapie-Richtlinien; siehe § 15 Rz. 16.

* Transfusionsverantwortliche Person: Qualifizierte approbierte ärztliche Person, die in Einrichtungen der Krankenversorgung, die Blutprodukte anwenden, bestellt wird und für die transfusionsmedizinischen Aufgaben verantwortlich ist. Sie ist mit den dafür erforderlichen Kompetenzen auszustatten.

Transkription: Das Kopieren bestimmter Abschnitte der DNA eines Genoms, z. B. die DNA eines Gens, in die RNA.

Translation: Die Synthese eines Proteins anhand der mRNA.

Transplantat: Zur Übertragung auf einen Patienten vorgesehenes, meist menschliches Gewebe, einschließlich Knochenmarksflüssigkeit und Blutstammzellen.

Transplantation: Übertragung von Geweben, im Allgemeinen von Organen, zum Beispiel aber auch von Knochenmarksflüssigkeit oder von Blutstammzellen.

**** Verfall: Als „verfallen" wird ein vom Hersteller zur Anwendung freigegebenes Arzneimittel aus Blut oder Blutbestandteilen bezeichnet, das nicht abgegeben/ verkauft wurde bzw. beim Abnehmer nicht zur Anwendung kam, z. B. wegen Überschreitung des Verfalldatums, unsachgemäßer Lagerung beim Anwender, Nicht-Einhalten der Kühlkette bzw. Agitation beim Anwender, Reklamation des Anwenders u. ä.

**** Verlust: Als „Verlust" wird die Nicht-Verwendbarkeit einer gewonnenen Spende oder eines aus Blut hergestellten Blutprodukts oder eines anderen aus Blut hergestellten Arzneimittels bezeichnet, wenn zwischen Entnahmebeginn und Freigabe Ereignissen auftreten, die den vorzeitigen Abbruch der Entnahme bedingen und/oder der Freigabe zur Verwendung aus arzneimittelrechtlichen Gründen entgegenstehen bzw. zum Rückruf einer/eines bereits freigegebenen Präparation/Präparats führen, z. B. durch Bruch, Belüftung, Laborbefunde, Prüfergebnisse, vertraulicher Selbstausschluss, nachträglich bekannt werdender medizinischer Ausschlussgrund, behördlicher Ausschluss, Qualitätsmängel bei Inspektion u. ä. Für die Meldung nach § 21 TFG zählen hierzu auch Produkte, die zur Durchführung von Qualitätskontrollen verwendet werden; die Angaben sind Teilmenge von „Gewinnung/Herstellung".

* Verträglichkeitsprobe: In-vitro-Untersuchung, bei der Empfängerserum und Spendererythrozyten (früher Majortest; siehe: Majorkreuzprobe) miteinander inkubiert werden. Hämolyse oder Agglutinationsphänomene deuten auf eine Unverträglichkeit. Synonym: Kreuzprobe.

Vertraulicher Selbstausschluss: Eine spendende Person macht, nachdem sie sich zunächst die Spende regulär entnehmen lies, von der Möglichkeit Gebrauch, die Spende nicht zur Transfusion freizugeben. Der vertrauliche Selbstausschluss dient dazu, die Gefahr einer Infektionsübertragung zu vermeiden, falls eine spendende Person z. B. aus persönlichen oder sozialen Gründen an einer Spendeentnahme teilnehmen will, obwohl sie bei sich ein mögliches Infektionsrisiko vermutet. Engl.: confidential unit exclusion.

Virusinaktivierung: Verschiedene Verfahren bei der Herstellung von Plasmaderivaten, die auch als Virusabreicherung bezeichnet werden und durch die Beseitigung oder wesentliche Verminderung der Infektiosität für bestimmte Viren validiert werden. Einige Viren werden nicht durch alle üblichen Verfahren verlässlich inaktiviert.

Wirkstoffe: Wirkstoffe sind Stoffe, die dazu bestimmt sind, bei der Herstellung von Arzneimitteln als arzneilich wirksame Bestandteile verwendet zu werden (Begriff des Arzneimittelgesetzes nach § 4 Abs. 19 AMG).

* Zeitweiliger Lebensmittelpunkt: Ein zeitweiliger Lebensmittelpunkt wird dann angenommen, wenn an diesem Ort ein ständiger Wohnsitz vorliegt bzw. eine längere berufliche Tätigkeit ausgeübt wird. Für Urlaubsreisende gilt diese Einordnung nicht, sofern ein Intimkontakt zur einheimischen Bevölkerung verneint wird.

Gesetz
zur Regelung des Transfusionswesens
(Transfusionsgesetz – TFG)

Vom 1. Juli 1998 (BGBl. S. 1752)

in der Fassung des Gesetzes vom 23. Oktober 2001 (BGBl. I S. 2702)

Der Bundestag hat mit Zustimmung des Bundesrates das folgende Gesetz beschlossen:

Erster Abschnitt
Zweck des Gesetzes, Begriffsbestimmungen

§ 1
Zweck des Gesetzes

Zweck dieses Gesetzes ist es, nach Maßgabe der nachfolgenden Vorschriften zur Gewinnung von Blut und Blutbestandteilen von Menschen und zur Anwendung von Blutprodukten für eine sichere Gewinnung von Blut und Blutbestandteilen und für eine gesicherte und sichere Versorgung der Bevölkerung mit Blutprodukten zu sorgen und deshalb die Selbstversorgung mit Blut und Plasma zu fördern.

§ 2
Begriffsbestimmungen

Im Sinne dieses Gesetzes

1. ist Spende die einem Menschen entnommene Menge an Blut oder Blutbestandteilen, die Arzneimittel ist oder zur Herstellung von Arzneimitteln bestimmt ist,

2. ist Spendeeinrichtung eine Einrichtung, durch die Spenden entnommen werden,

3. sind Blutprodukte Blutzubereitungen im Sinne des § 4 Abs. 2 des Arzneimittelgesetzes, Sera aus menschlichem Blut im Sinne des § 4 Abs. 3 des Arzneimittelgesetzes und Plasma zur Fraktionierung.

Zweiter Abschnitt
Gewinnung von Blut und Blutbestandteilen

§ 3
Versorgungsauftrag

(1) Die Spendeeinrichtungen haben die Aufgabe, Blut und Blutbestandteile zur Versorgung der Bevölkerung mit Blutprodukten zu gewinnen.

(2) Zur Erfüllung der Aufgabe gemäß Absatz 1 arbeiten die Spendeeinrichtungen zusammen. Sie unterstützen sich gegenseitig, insbesondere im Falle des Auftretens

von Versorgungsengpässen. Sie legen die Einzelheiten der Zusammenarbeit in einer Vereinbarung fest.

(3) Die spendenden Personen leisten einen wertvollen Dienst für die Gemeinschaft. Sie sind aus Gründen des Gesundheitsschutzes von den Spendeeinrichtungen besonders vertrauensvoll und verantwortungsvoll zu betreuen.

(4) Die nach Landesrecht zuständigen Stellen und die für die gesundheitliche Aufklärung zuständige Bundesoberbehörde sollen die Aufklärung der Bevölkerung über die Blut- und Plasmaspende fördern.

§ 4
Anforderungen an die Spendeeinrichtungen

Eine Spendeeinrichtung darf nur betrieben werden, wenn zur Durchführung von Spendeentnahmen

1. eine ausreichende personelle, bauliche, räumliche und technische Ausstattung vorhanden ist und

2. die leitende ärztliche Person eine approbierte Ärztin oder ein approbierter Arzt (approbierte ärztliche Person) ist und die erforderliche Sachkunde nach dem Stand der medizinischen Wissenschaft besitzt.

Der Schutz der Persönlichkeitssphäre der spendenden Personen, eine ordnungsgemäße Spendeentnahme und die Voraussetzungen für eine notfallmedizinische Versorgung der spendenden Personen sind sicherzustellen.

§ 5
Auswahl der spendenden Personen

(1) Es dürfen nur Personen zur Spendeentnahme zugelassen werden, die unter der Verantwortung einer approbierten ärztlichen Person nach dem Stand der medizinischen Wissenschaft und Technik für tauglich befunden worden sind und die Tauglichkeit durch eine approbierte ärztliche Person festgestellt worden ist. Die Zulassung zur Spendeentnahme soll nicht erfolgen, soweit und solange die spendewillige Person nach Richtlinien der Bundesärztekammer von der Spendeentnahme auszuschließen oder zurückzustellen ist.

(2) Bei der Gewinnung von Eigenblut, Blut zur Stammzellseparation und Plasma zur Fraktionierung ist die Tauglichkeit der spendenden Personen auch nach den Besonderheiten dieser Blutprodukte zu beurteilen.

(3) Die nach § 2 Abs. 2 Satz 1 der Betriebsverordnung für pharmazeutische Unternehmer bestimmte Person hat dafür zu sorgen, daß die spendende Person vor der Freigabe der Spende nach dem Stand der medizinischen Wissenschaft und Technik auf Infektionsmarker, mindestens auf Humanes Immundefekt Virus (HIV)-, Hepatitis B- und Hepatitis C-Virus-Infektionsmarker untersucht wird. Bei Eigenblutent-

nahmen sind diese Untersuchungen nach den Besonderheiten dieser Entnahmen durchzuführen. Anordnungen der zuständigen Bundesoberbehörde bleiben unberührt.

§ 6
Aufklärung, Einwilligung

(1) Eine Spendeentnahme darf nur durchgeführt werden, wenn die spendende Person vorher in einer für sie verständlichen Form über Wesen, Bedeutung und Durchführung der Spendeentnahme und der Untersuchungen sachkundig aufgeklärt worden ist und in die Spendeentnahme und die Untersuchungen eingewilligt hat. Aufklärung und Einwilligung sind von der spendenden Person schriftlich zu bestätigen. Sie muß mit der Einwilligung gleichzeitig erklären, daß die Spende verwendbar ist, sofern sie nicht vom vertraulichen Selbstausschluß Gebrauch macht.

(2) Die spendende Person ist über die mit der Spendeentnahme verbundene Erhebung, Verarbeitung und Nutzung personenbezogener Daten aufzuklären. Die Aufklärung ist von der spendenden Person schriftlich zu bestätigen.

§7
Anforderungen zur Entnahme der Spende

(1) Die anläßlich der Spendeentnahme vorzunehmende Feststellung der Identität der spendenden Person, die durchzuführenden Laboruntersuchungen und die Entnahme der Spende haben nach dem Stand der medizinischen Wissenschaft und Technik zu erfolgen.

(2) Die Entnahme der Spende darf nur durch eine ärztliche Person oder durch anderes qualifiziertes Personal unter der Verantwortung einer approbierten ärztlichen Person erfolgen.

§ 8
Spenderimmunisierung

(1) Eine für die Gewinnung von Plasma zur Herstellung von speziellen Immunglobulinen erforderliche Spenderimmunisierung darf nur durchgeführt werden, wenn und solange sie im Interesse einer ausreichenden Versorgung der Bevölkerung mit diesen Arzneimitteln geboten ist. Sie ist nach dem Stand der medizinischen Wissenschaft und Technik durchzuführen.

(2) Ein Immunisierungsprogramm darf nur durchgeführt werden, wenn und solange

1. die Risiken, die mit ihm für die Personen verbunden sind, bei denen es durchgeführt werden soll, ärztlich vertretbar sind,

2. die Personen, bei denen es durchgeführt werden soll, ihre schriftliche Einwilligung hierzu erteilt haben, nachdem sie durch eine approbierte ärztliche Person

über Wesen, Bedeutung und Risiken der Immunisierung sowie die damit verbundene Erhebung, Verarbeitung und Nutzung personenbezogener Daten aufgeklärt worden sind und dies schriftlich bestätigt haben,

3. seine Durchführung von einer approbierten ärztlichen Person, die nach dem Stand der medizinischen Wissenschaft sachkundig ist, geleitet wird,

4. ein dem Stand der medizinischen Wissenschaft entsprechender Immunisierungsplan vorliegt,

5. die ärztliche Kontrolle des Gesundheitszustandes der spendenden Person während der Immunisierungsphase gewährleistet ist,

6. der zuständigen Behörde die Durchführung des Immunisierungsprogramms angezeigt worden ist und

7. das zustimmende Votum einer nach Landesrecht gebildeten und für die ärztliche Person nach Satz 1 Nr. 3 zuständigen und unabhängigen Ethik-Kommission vorliegt.

Mit der Anzeige an die zuständige Behörde und der Einholung des Votums der Ethik-Kommission nach Nummern 6 und 7 dürfen keine personenbezogenen Daten übermittelt werden. Zur Immunisierung sollen zugelassene Arzneimittel angewendet werden.

(3) Von der Durchführung des Immunisierungsprogramms ist auf der Grundlage des Immunisierungsplanes ein Protokoll anzufertigen (Immunisierungsprotokoll). Für das Immunisierungsprotokoll gilt § 11 entsprechend. Dies muß Aufzeichnungen über alle Ereignisse enthalten, die im Zusammenhang mit der Durchführung des Immunisierungsprogramms auftreten und die Gesundheit der spendenden Person oder den gewünschten Erfolg des Immunisierungsprogramms beeinträchtigen können. Zur Immunisierung angewendete Erythrozytenpräparate sind zu dokumentieren und der immunisierten Person zu bescheinigen.

(4) Die in Absatz 3 Satz 3 genannten Ereignisse sind von der die Durchführung des Immunisierungsprogramms leitenden ärztlichen Person der Ethik-Kommission, der zuständigen Behörde und dem pharmazeutischen Unternehmer des zur Immunisierung verwendeten Arzneimittels unverzüglich mitzuteilen. Von betroffenen immunisierten Personen werden das Geburtsdatum und die Angabe des Geschlechtes übermittelt.

§ 9
Vorbehandlung zur Blutstammzellseparation

Die für die Separation von Blutstammzellen und anderen Blutbestandteilen erforderliche Vorbehandlung der spendenden Personen ist nach dem Stand der medizinischen Wissenschaft durchzuführen. § 8 Abs. 2 bis 4 gilt entsprechend.

§10

Aufwandsentschädigung

Die Spendeentnahme soll unentgeltlich erfolgen. Der spendenden Person kann eine Aufwandsentschädigung gewährt werden.

§ 11

Spenderdokumentation, Datenschutz

(1) Jede Spendeentnahme und die damit verbundenen Maßnahmen sind unbeschadet ärztlicher Dokumentationspflichten für die in diesem Gesetz geregelten Zwecke, für Zwecke der ärztlichen Behandlung der spendenden Person und für Zwecke der Risikoerfassung nach dem Arzneimittelgesetz zu protokollieren. Die Aufzeichnungen sind mindestens fünfzehn Jahre und im Falle der §§ 8 und 9 mindestens zwanzig Jahre lang aufzubewahren und zu vernichten oder zu löschen, wenn die Aufbewahrung nicht mehr erforderlich ist. Sie müssen so geordnet sein, daß ein unverzüglicher Zugriff möglich ist. Werden die Aufzeichnungen länger als dreißig Jahre nach der letzten bei der Spendeeinrichtung dokumentierten Spende desselben Spenders aufbewahrt, sind sie zu anonymisieren.

(2) Die Spendeeinrichtungen dürfen personenbezogene Daten der spendenden Personen erheben, verarbeiten und nutzen, soweit das für die in Absatz 1 genannten Zwecke erforderlich ist. Sie übermitteln die protokollierten Daten den zuständigen Behörden und der zuständigen Bundesoberbehörde, soweit dies zur Erfüllung der Überwachungsaufgaben nach dem Arzneimittelgesetz oder zur Verfolgung von Straftaten oder Ordnungswidrigkeiten, die im engen Zusammenhang mit der Spendeentnahme stehen, erforderlich ist. Zur Risikoerfassung nach dem Arzneimittelgesetz sind das Geburtsdatum und das Geschlecht der spendenden Person anzugeben.

§12

Stand der medizinischen Wissenschaft und
Technik zur Gewinnung von Blut und Blutbestandteilen

(1) Die Bundesärztekammer stellt im Einvernehmen mit der zuständigen Bundesoberbehörde und nach Anhörung von Sachverständigen unter Berücksichtigung der Empfehlungen der Europäischen Union, des Europarates und der Weltgesundheitsorganisation zu Blut und Blutbestandteilen in Richtlinien den allgemein anerkannten Stand der medizinischen Wissenschaft und Technik insbesondere für

1. die Sachkenntnis des Personals der Spendeeinrichtung,

2. die Auswahl der spendenden Personen und die Durchführung der Auswahl,

3. die Identifizierung und Testung der spendenden Personen,

4. die durchzuführenden Laboruntersuchungen,

5. die ordnungsgemäße Entnahme der Spenden,

6. die Eigenblutentnahme,

7. die Gewinnung von Plasma für die Herstellung spezieller Immunglobuline, insbesondere die Spenderimmunisierung,

8. die Separation von Blutstammzellen und anderen Blutbestandteilen, insbesondere die Vorbehandlung der spendenden Personen, und

9. die Dokumentation der Spendeentnahme

fest. Bei der Anhörung ist die angemessene Beteiligung von Sachverständigen der Fach- und Verkehrskreise, insbesondere der Träger der Spendeeinrichtungen, der Plasmaprodukte herstellenden pharmazeutischen Unternehmer, der Spitzenverbände der Krankenkassen, der Deutschen Krankenhausgesellschaft sowie der zuständigen Behörden von Bund und Ländern sicherzustellen.

(2) Es wird vermutet, daß der allgemein anerkannte Stand der medizinischen Wissenschaft und Technik zu den Anforderungen nach diesem Abschnitt eingehalten worden ist, wenn und soweit die Richtlinien der Bundesärztekammer nach Absatz 1 beachtet worden sind.

Dritter Abschnitt
Anwendung von Blutprodukten

§ 13

Anforderungen an die Durchführung

(1) Blutprodukte sind nach dem Stand der medizinischen Wissenschaft und Technik anzuwenden. Es müssen die Anforderungen an die Identitätssicherung, die vorbereitenden Untersuchungen, einschließlich der vorgesehenen Testung auf Infektionsmarker und die Rückstellproben, die Technik der Anwendung sowie die Aufklärung und Einwilligung beachtet werden. Ärztliche Personen, die im Zusammenhang mit der Anwendung von Blutprodukten Laboruntersuchungen durchfuhren oder anfordern, müssen für diese Tätigkeiten besonders sachkundig sein. Die Anwendung von Eigenblut richtet sich auch nach den Besonderheiten dieser Blutprodukte. Die zu behandelnden Personen sind, soweit es nach dem Stand der medizinischen Wissenschaft vorgesehen ist, über die Möglichkeit der Anwendung von Eigenblut aufzuklären.

(2) Die ärztlichen Personen, die eigenverantwortlich Blutprodukte anwenden, müssen ausreichende Erfahrung in dieser Tätigkeit besitzen.

§ 14

Dokumentation, Datenschutz

(1) Die behandelnde ärztliche Person hat jede Anwendung von Blutprodukten und von gentechnisch hergestellten Plasmaproteinen zur Behandlung von Hämostasestörungen für die in diesem Gesetz geregelten Zwecke, für Zwecke der ärztlichen

Behandlung der von der Anwendung betroffenen Personen und für Zwecke der Risikoerfassung nach dem Arzneimittelgesetz zu dokumentieren oder dokumentieren zu lassen. Die Dokumentation hat die Aufklärung und die Einwilligungserklärungen, das Ergebnis der Blutgruppenbestimmung, soweit die Blutprodukte blutgruppenspezifisch angewendet werden, die durchgeführten Untersuchungen sowie die Darstellung von Wirkungen und unerwünschten Ereignissen zu umfassen.

(2) Angewendete Blutprodukte und Plasmaproteine im Sinne von Absatz 1 sind von der behandelnden ärztlichen Person oder unter ihrer Verantwortung mit folgenden Angaben unverzüglich zu dokumentieren:

1. Patientenidentifikationsnummer oder entsprechende eindeutige Angaben zu der zu behandelnden Person, wie Name, Vorname, Geburtsdatum und Adresse,

2. Chargenbezeichnung,

3. Pharmazentralnummer oder
   - Bezeichnung des Präparates
   - Name oder Firma des pharmazeutischen Unternehmers
   - Menge und Stärke,

4. Datum, und Uhrzeit der Anwendung.

Bei Eigenblut sind diese Vorschriften sinngemäß anzuwenden. Die Einrichtung der Krankenversorgung (Krankenhaus, andere ärztliche Einrichtung, die Personen behandelt) hat sicherzustellen, daß die Daten der Dokumentation patienten- und produktbezogen genutzt werden können.

(3) Die Aufzeichnungen, einschließlich der EDV-erfaßten Daten, müssen mindestens fünfzehn Jahre lang aufbewahrt werden. Sie müssen zu Zwecken der Rückverfolgung unverzüglich verfügbar sein. Die Aufzeichnungen sind zu vernichten oder zu löschen, wenn eine Aufbewahrung nicht mehr erforderlich ist. Werden die Aufzeichnungen länger als dreißig Jahre aufbewahrt, sind sie zu anonymisieren.

(4) Die Einrichtungen der Krankenversorgung dürfen personenbezogene Daten der zu behandelnden Personen erheben, verarbeiten und nutzen, soweit das für die in Absatz 1 genannten Zwecke erforderlich ist. Sie übermitteln die dokumentierten Daten den zuständigen Behörden, soweit dies zur Verfolgung von Straftaten, die im engen Zusammenhang mit der Anwendung von Blutprodukten stehen, erforderlich ist. Zur Risikoerfassung nach dem Arzneimittelgesetz sind das Geburtsdatum und das Geschlecht der zu behandelnden Person anzugeben.

§ 15

Qualitätssicherung

(1) Einrichtungen der Krankenversorgung, die Blutprodukte anwenden, haben ein System der Qualitätssicherung für die Anwendung von Blutprodukten nach dem Stand der medizinischen Wissenschaft und Technik einzurichten. Sie haben eine approbierte ärztliche Person zu bestellen, die für die transfusionsmedizinischen

Aufgaben verantwortlich und mit den dafür erforderlichen Kompetenzen ausgestattet ist (transfusionsverantwortliche Person). Sie haben zusätzlich für jede Behandlungseinheit, in der Blutprodukte angewendet werden, eine approbierte ärztliche Person zu bestellen, die in der Krankenversorgung tätig ist und über transfusionsmedizinische Grundkenntnisse und Erfahrungen verfügt (transfusionsbeauftragte Person). Hat die Einrichtung der Krankenversorgung eine Spendeeinrichtung oder ein Institut für Transfusionsmedizin oder handelt es sich um eine Einrichtung der Krankenversorgung mit Akutversorgung, so ist zusätzlich eine Kommission für transfusionsmedizinische Angelegenheiten (Transfusionskommission) zu bilden.

(2) Im Rahmen des Qualitätssicherungssystems sind die Qualifikation und die Aufgaben der Personen, die im engen Zusammenhang mit der Anwendung von Blutprodukten tätig sind, festzulegen. Zusätzlich sind die Grundsätze für die patientenbezogene Qualitätssicherung der Anwendung von Blutprodukten, insbesondere der Dokumentation und des fachübergreifenden Informationsaustausches, die Überwachung der Anwendung, die anwendungsbezogenen Wirkungen und Nebenwirkungen und zusätzlich erforderliche therapeutische Maßnahmen festzulegen.

§16
Unterrichtungspflichten

(1) Treten im Zusammenhang mit der Anwendung von Blutprodukten und gentechnisch hergestellten Plasmaproteinen zur Behandlung von Hämostasestörungen unerwünschte Ereignisse auf, hat die behandelnde ärztliche Person unverzüglich die notwendigen Maßnahmen zu ergreifen. Sie unterrichtet die transfusionsbeauftragte und die transfusionsverantwortliche Person oder die sonst nach dem Qualitätssicherungssystem der Einrichtung der Krankenversorgung zu unterrichtenden Personen.

(2) Im Falle des Verdachts der Nebenwirkung eines Blutproduktes ist unverzüglich der pharmazeutische Unternehmer und im Falle des Verdachts einer schwerwiegenden Nebenwirkung eines Blutproduktes und eines Plasmaproteinpräparates im Sinne von Absatz 1 zusätzlich die zuständige Bundesoberbehörde zu unterrichten. Die Unterrichtung muß alle notwendigen Angaben wie Bezeichnung des Produktes, Name oder Firma des pharmazeutischen Unternehmers und die Chargenbezeichnung enthalten. Von der Person, bei der der Verdacht auf die Nebenwirkungen aufgetreten ist, sind das Geburtsdatum und das Geschlecht anzugeben.

(3) Die berufsrechtlichen Mitteilungspflichten bleiben unberührt.

§ 17
Nicht angewendete Blutprodukte

(1) Nicht angewendete Blutprodukte sind innerhalb der Einrichtungen der Krankenversorgung sachgerecht zu lagern, zu transportieren, abzugeben oder zu entsorgen. Transport und Abgabe von Blutprodukten aus zellulären Blutbestandteilen und

Frischplasma dürfen nur nach einem im Rahmen des Qualitätssicherungssystems schriftlich festgelegten Verfahren erfolgen. Nicht angewendete Eigenblutentnahmen dürfen nicht an anderen Personen angewendet werden.

(2) Der Verbleib nicht angewendeter Blutprodukte ist zu dokumentieren.

§ 18
Stand der medizinischen Wissenschaft und Technik zur Anwendung von Blutprodukten

(1) Die Bundesärztekammer stellt im Einvernehmen mit der zuständigen Bundesoberbehörde und nach Anhörung von Sachverständigen unter Berücksichtigung der Empfehlungen der Europäischen Union, des Europarates und der Weltgesundheitsorganisation zu Blut und Blutbestandteilen in Richtlinien den allgemein anerkannten Stand der medizinischen Wissenschaft und Technik insbesondere für

1. die Anwendung von Blutprodukten, die Testung auf Infektionsmarker der zu behandelnden Personen anläßlich der Anwendung von Blutprodukten und die Anforderungen an die Rückstellproben,

2. die Qualitätssicherung der Anwendung von Blutprodukten in den Einrichtungen der Krankenversorgung und ihre Überwachung durch die Ärzteschaft,

3. die Qualifikation und die Aufgaben der im engen Zusammenhang mit der Anwendung von Blutprodukten tätigen Personen,

4. den Umgang mit nicht angewendeten Blutprodukten in den Einrichtungen der Krankenversorgung

fest. Bei der Anhörung ist die angemessene Beteiligung von Sachverständigen der betroffenen Fach- und Verkehrskreise, insbesondere der Träger der Spendeeinrichtungen, der Spitzenverbände der Krankenkassen, der Deutschen Krankenhausgesellschaft, der Kassenärztlichen Bundesvereinigung sowie der zuständigen Behörden von Bund und Ländern sicherzustellen.

(2) Es wird vermutet, daß der allgemein anerkannte Stand der medizinischen Wissenschaft und Technik zu den Anforderungen nach diesem Abschnitt eingehalten worden ist, wenn und soweit die Richtlinien der Bundesärztekammer nach Absatz 1 beachtet worden sind.

Vierter Abschnitt
Rückverfolgung

§ 19
Verfahren

(1) Wird von einer Spendeeinrichtung festgestellt oder hat sie begründeten Verdacht, daß eine spendende Person mit HIV, mit Hepatitis-Viren oder anderen Erregern, die zu schwerwiegenden Krankheitsverläufen führen können, infiziert ist, ist die entnommene Spende auszusondern und dem Verbleib vorangegangener Spenden nachzugehen. Das Verfahren zur Überprüfung des Verdachts und zur Rückverfolgung richtet sich nach dem Stand der wissenschaftlichen Erkenntnisse. Es sind insbesondere folgende Sorgfaltspflichten zu beachten:

1. der Rückverfolgungszeitraum für vorangegangene Spenden zum Schutz vor den jeweiligen Übertragungsrisiken muß angemessen sein,

2. eine als infektiös verdächtige Spende muß gesperrt werden, bis durch Wiederholungs- oder Bestätigungstestergebnisse über das weitere Vorgehen entschieden worden ist,

3. es muß unverzüglich Klarheit über den Infektionsstatus der spendenden Person und über ihre infektionsverdächtigen Spenden gewonnen werden,

4. eine nachweislich infektiöse Spende muß sicher ausgesondert werden,

5. die notwendigen Informationsverfahren müssen eingehalten werden, wobei § 16 Abs. 2 Satz 3 entsprechend gilt, und

6. die Einleitung des Rückverfolgungsverfahrens ist unverzüglich der zuständigen Behörde anzuzeigen, wenn die Bestätigungstestergebnisse die Infektiosität bestätigen, fraglich sind oder eine Nachtestung nicht möglich ist; § 16 Abs. 2 Satz 3 gilt entsprechend.

Die verantwortliche ärztliche Person der Spendeeinrichtung hat die spendende Person unverzüglich über den anläßlich der Spende gesichert festgestellten Infektionsstatus zu unterrichten. Sie hat die spendende Person eingehend aufzuklären und zu beraten. Sind Blutprodukte, bei denen der begründete Verdacht besteht, daß sie Infektionserreger übertragen, angewendet worden, so sind die Einrichtungen der Krankenversorgung verpflichtet, die behandelten Personen unverzüglich zu unterrichten und ihnen eine Testung zu empfehlen. Vor der Testung ist die schriftliche Einwilligung der behandelten Person einzuholen. Die behandelte Person ist eingehend zu beraten.

(2) Wird in einer Einrichtung der Krankenversorgung bei einer zu behandelnden oder behandelten Person festgestellt oder besteht der begründete Verdacht, daß sie durch ein Blutprodukt gemäß Absatz 1 Satz 1 infiziert worden ist, muß die Einrichtung der Krankenversorgung der Ursache der Infektion unverzüglich nachgehen. Sie hat das für die Infektion oder den Verdacht in Betracht kommende Blutprodukt

zu ermitteln und die Unterrichtungen entsprechend § 16 Abs. 2 vorzunehmen. Der pharmazeutische Unternehmer hat zu veranlassen, daß die spendende Person ermittelt und eine Nachuntersuchung empfohlen wird. Absatz 1 Satz 8 gilt entsprechend. Wird die Infektiosität der spendenden Person bei der Nachuntersuchung bestätigt oder nicht ausgeschlossen oder ist eine Nachuntersuchung nicht durchführbar, so findet das Verfahren nach Absatz 1 entsprechend Anwendung.

(3) Die Einrichtungen der Krankenversorgung, die Spendeeinrichtungen und die pharmazeutischen Unternehmer haben mit den zuständigen Behörden des Bundes und der Länder zusammenzuarbeiten, um die Ursache der Infektion nach Absatz 2 zu ermitteln. Sie sind insbesondere verpflichtet, die für diesen Zweck erforderlichen Auskünfte zu erteilen. § 16 Abs. 2 Satz 3 gilt entsprechend.

(4) Die nach Absatz 1 bis 3 durchgeführten Maßnahmen sind für Zwecke weiterer Rückverfolgungsverfahren und der Risikoerfassung nach dem Arzneimittelgesetz zu dokumentieren.

§ 20
Verordnungsermächtigung

Das Bundesministerium für Gesundheit wird ermächtigt, nach Anhörung von Sachverständigen eine Rechtsverordnung mit Zustimmung des Bundesrates zur Regelung der Einzelheiten des Verfahrens der Rückverfolgung zu erlassen, sofern dies zur Abwehr von Gefahren für die Gesundheit von Menschen oder zur Risikovorsorge erforderlich ist. Mit der Verordnung können insbesondere Regelungen zu einer gesicherten Erkennung des Infektionsstatus der spendenden und der zu behandelnden Personen, zur- Dokumentation und Übermittlung von Daten zu Zwecken der Rückverfolgung, zum Zeitraum der Rückverfolgung sowie zu Sperrung und Lagerung von Blutprodukten erlassen werden.

Fünfter Abschnitt
Meldewesen

§ 21
Koordiniertes Meldeweisen

(1) Die Träger der Spendeeinrichtungen, die pharmazeutischen Unternehmer und die Einrichtungen der Krankenversorgung haben jährlich die Zahlen zu dem Umfang der Gewinnung von Blut und Blutbestandteilen, der Herstellung, des Imports und Exports und des Verbrauchs von Blutprodukten und Plasmaproteinen im Sinne von § 14 Abs. 1 sowie die Anzahl der behandelten Personen mit angeborenen Hämostasestörungen der zuständigen Bundesoberbehörde zu melden. Die Meldungen haben nach Abschluß des Kalenderjahres, spätestens zum 1. März des folgenden Jahres, zu erfolgen.

(2) Die zuständige Bundesoberbehörde stellt die gemeldeten Daten anonymisiert in einem Bericht zusammen und macht diesen bekannt. Sie hat spenderbezogene Daten streng vertraulich zu behandeln.

§ 22

Epidemiologische Daten

(1) Die Spendeeinrichtungen erstellen vierteljährlich unter Angabe der Gesamtzahl der getesteten Personen eine Liste über die Anzahl der spendenden Personen, die auf einen Infektionsmarker bestätigt positiv getestet worden sind. Personen, denen Eigenblut entnommen worden ist, sind ausgenommen. Die Zahlenangaben sind nach den verschiedenen Infektionsmarkern, auf die getestet wird, nach Erstspendewilligen, Erst- und Wiederholungsspendern, nach Geschlecht und Alter zu differenzieren. Die Liste ist quartalsweise der für die Epidemiologie zuständigen Bundesoberbehörde zuzuleiten.

(2) Die für die Epidemiologie zuständige Bundesoberbehörde stellt die Angaben in anonymisierter Form übersichtlich zusammen und übersendet eine jährliche Gesamtübersicht bis zum 15. März des folgenden Jahres an die zuständige Bundesoberbehörde. Diese nimmt die Statistik in den Bericht nach § 21 Abs. 2 auf. Melderbezogene Daten sind streng vertraulich zu behandeln.

§ 23

Verordnungsermächtigung

Das Bundesministerium für Gesundheit wird ermächtigt, nach Anhörung von Sachverständigen eine Rechtsverordnung mit Zustimmung des Bundesrates zur Regelung von Art, Umfang und Darstellungsweise der Angaben nach diesem Abschnitt zu erlassen.

Sechster Abschnitt
Sachverständige

§ 24

Arbeitskreis Blut

Das Bundesministerium für Gesundheit richtet einen Arbeitskreis von Sachverständigen für Blutprodukte und das Blutspende- und Transfusionswesen ein (Arbeitskreis Blut). Der Arbeitskreis berät die zuständigen Behörden des Bundes und der Länder. Er nimmt die nach diesem Gesetz vorgesehenen Anhörungen von Sachverständigen bei Erlaß von Verordnungen wahr. Das Bundesministerium für Gesundheit beruft die Mitglieder des Arbeitskreises auf Vorschlag der Berufs- und Fachgesellschaften, Standesorganisationen der Ärzteschaft, der Fachverbände der pharmazeutischen Unternehmer, einschließlich der staatlichen und kommunalen Bluttransfusionsdienste, der Arbeitsgemeinschaft Plasmapherese und der Blutspendedienste des Deutschen Roten Kreuzes, überregionaler Patientenverbände, insbesondere der Hämophilieverbände, des Bundesministeriums der Verteidigung und der Länder. Der Arbeitskreis gibt sich im Einvernehmen mit dem Bundesministerium für Gesundheit eine Geschäftsordnung. Das Bundesministerium für Gesundheit bestimmt und beruft die leitende Person des Arbeitskreises. Es kann eine Bundesoberbehörde mit der Geschäftsführung des Arbeitskreises beauftragen.

Siebter Abschnitt
Pflichten der Behörden

§ 25
Mitteilungspflichten der Behörden

Die für die Durchführung des Gesetzes zuständigen Behörden des Bundes und der Länder teilen sich für die in diesem Gesetz geregelten Zwecke gegenseitig ihnen bekanntgewordene Verdachtsfälle schwerwiegender Nebenwirkungen von Blutprodukten unverzüglich mit. § 16 Abs. 2 Satz 3 gilt entsprechend.

Achter Abschnitt
Sondervorschriften

§ 26
Bundeswehr

(1) Die Vorschriften dieses Gesetzes finden auf Einrichtungen der Bundeswehr entsprechende Anwendung.

(2) Im Geschäftsbereich des Bundesministeriums der Verteidigung obliegt der Vollzug dieses Gesetzes bei der Überwachung den zuständigen Stellen und Sachverständigen der Bundeswehr.

(3) Das Bundesministerium der Verteidigung kann für seinen Geschäftsbereich im Einvernehmen mit dem Bundesministerium für Gesundheit in Einzelfällen Ausnahmen von diesem Gesetz und aufgrund dieses Gesetzes erlassenen Rechtsverordnungen zulassen, wenn dies zur Durchführung der besonderen Aufgaben gerechtfertigt ist und der Schutz der Gesundheit gewahrt bleibt.

Neunter Abschnitt
Bestimmung der zuständigen Bundesoberbehörden und sonstige Bestimmungen

§ 27
Zuständige Bundesoberbehörden

(1) Zuständige Bundesoberbehörde ist das Paul-Ehrlich-Institut.

(2) Die für die Epidemiologie zuständige Bundesoberbehörde ist das Robert Koch-Institut.

(3) Die für die gesundheitliche Aufklärung zuständige Bundesoberbehörde ist die Bundeszentrale für gesundheitliche Aufklärung.

§ 28
Ausnahmen vom Anwendungsbereich

Dieses Gesetz findet auf homöopathische Eigenblutprodukte und auf Eigenblutprodukte zur Immuntherapie keine Anwendung.

§ 29
Verhältnis zu anderen Rechtsbereichen

Die Vorschriften des Arzneimittelrechts, des Medizinprodukterechts und des Seuchenrechts bleiben unberührt, soweit in diesem Gesetz nicht etwas anderes vorgeschrieben ist. Das Transplantationsrecht findet keine Anwendung.

§ 30
Angleichung an Gemeinschaftsrecht

(1) Rechtsverordnungen nach diesem Gesetz können auch zum Zwecke der Angleichung der Rechtsvorschriften der Mitgliedstaaten der Europäischen Union erlassen werden, soweit dies zur Durchführung von Verordnungen oder zur Umsetzung von Richtlinien oder Entscheidungen des Rates der Europäischen Union oder der Kommission der Europäischen Gemeinschaften, die Sachbereiche dieses Gesetzes betreffen, erforderlich ist.

(2) Rechtsverordnungen nach diesem Gesetz, die ausschließlich der Umsetzung von Richtlinien oder Entscheidungen des Rates der Europäischen Union oder der Kommission der Europäischen Gemeinschaften in nationales Recht dienen, bedürfen nicht der Zustimmung des Bundesrates.

Zehnter Abschnitt
Straf- und Bußgeldvorschriften

§ 31
Strafvorschriften

Mit Freiheitsstrafe bis zu einem Jahr oder mit Geldstrafe wird bestraft, wer entgegen § 5 Abs. 3 Satz 1 nicht dafür sorgt, daß die spendende Person vor der Freigabe der Spende auf die dort genannten Infektionsmarker untersucht wird.

§ 32
Bußgeldvorschriften

(1) Ordnungswidrig handelt, wer eine in § 31 bezeichnete Handlung fahrlässig begeht.

(2) Ordnungswidrig handelt, wer vorsätzlich oder fahrlässig

1. entgegen § 4 Satz 1 Nr. 2 eine Spendeeinrichtung betreibt oder

2. entgegen § 8 Abs. 2 Satz 1 Nr. 4 oder 6, jeweils auch in Verbindung mit § 9 Satz 2, ein Immunisierungsprogramm oder eine Vorbehandlung durchführt.

(3) Die Ordnungswidrigkeit kann im Falle des Absatzes 1 mit einer Geldbuße bis zu fünfundzwanzigzigtausend Euro und in den Fällen des Absatzes 2 mit einer Geldbuße bis zu zehntausend Euro geahndet werden.

Elfter Abschnitt
Übergangsvorschriften

§ 33

Wer bei Inkrafttreten dieses Gesetzes die Tätigkeit der Anwendung von Blutprodukten ausübt und die Voraussetzungen der in diesem Zeitpunkt geltenden Vorschriften erfüllt, darf diese Tätigkeit weiter ausüben.

Zwölfter Abschnitt
Schlußvorschriften

§ 34
Änderung des Arzneimittelgesetzes

Das Arzneimittelgesetz in der Fassung der Bekanntmachung vom 19. Oktober 1994 (BGBl. I S. 3018), zuletzt geändert durch das Gesetz vom 25. Februar 1998 (BGBl. I S. 374), wird wie folgt geändert:

1. Dem § 10 Abs. 8 wird folgender Satz angefügt:

   „Bei Frischplasmazubereitungen und Zubereitungen aus Blutzellen müssen mindestens die Angaben nach Absatz 1 Nr. 1 bis 4, 6, 7 und 9 gemacht sowie die Blutgruppe und bei Zubereitungen aus roten Blutkörperchen zusätzlich die Rhesusformel angegeben werden."

2. In § 11 Abs. 1 wird nach Nummer 14 folgende Nummer 14a eingefügt:

   „14a. bei Arzneimitteln aus humanem Blutplasma zur Fraktionierung die Angabe des Herkunftslandes des Blutplasmas,".

3. In § 11a Abs. 1 Satz 2 wird nach Nummer 17 folgende Nummer 17a eingefügt:

„17a. bei Arzneimitteln aus humanem Blutplasma zur Fraktionierung die Angabe des Herkunftslandes des Blutplasmas,".

4. In § 14 Abs. 1 werden das Wort „oder" nach Nummer 5a durch ein Komma ersetzt und folgende Nummern 5b und 5c eingefügt:

„5b. der Arzt, in dessen Verantwortung eine Vorbehandlung der spendenden Person zur Separation von Blutstammzellen oder anderen Blutbestandteilen durchgeführt wird, nicht die erforderliche Sachkenntnis besitzt,

5c. entgegen § 4 Satz 1 Nr. 2 des Transfusionsgesetzes keine leitende ärztliche Person bestellt worden ist, diese Person keine approbierte Ärztin oder kein approbierter Arzt ist oder nicht die erforderliche Sachkunde nach dem Stand der medizinischen Wissenschaft besitzt oder".

5. Dem § 14 Abs. 2 werden folgende Sätze 3 und 4 angefügt:

„Die leitende ärztliche Person nach § 4 Satz 1 Nr. 2 des Transfusionsgesetzes kann zugleich Herstellungs- oder Kontrolleiter sein. Werden ausschließlich autologe Blutzubereitungen hergestellt und geprüft und finden Herstellung, Prüfung und Anwendung im Verantwortungsbereich einer Abteilung eines Krankenhauses oder einer anderen ärztlichen Einrichtung statt, kann der Herstellungsleiter zugleich Kontrolleiter sein."

6. In § 15 Abs. 3 wird Satz 2 durch die folgenden Sätze 2 bis 4 ersetzt:

„An Stelle der praktischen Tätigkeit nach Absatz 1 muß eine mindestens dreijährige Tätigkeit auf dem Gebiet der medizinischen Serologie oder medizinischen Mikrobiologie nachgewiesen werden. Abweichend von Satz 2 müssen anstelle der praktischen Tätigkeit nach Absatz 1

1. für Blutzubereitungen aus Blutplasma zur Fraktionierung eine mindestens dreijährige Tätigkeit in der Herstellung oder Prüfung in plasmaverarbeitenden Betrieben mit Herstellungserlaubnis und zusätzlich eine mindestens sechsmonatige Erfahrung in der Transfusionsmedizin oder der medizinischen Mikrobiologie, Virologie, Hygiene oder Analytik,

2. für Blutzubereitungen aus Blutzellen, Zubereitungen aus Frischplasma und für Wirkstoffe zur Herstellung von Blutzubereitungen eine mindestens zweijährige transfusionsmedizinische Erfahrung, die sich auf alle Bereiche der Herstellung und Prüfung erstreckt, oder im Falle eines Kontrolleiters, der Arzt für Laboratoriumsmedizin oder Facharzt für Mikrobiologie und Infektionsepidemiologie ist, eine mindestens sechsmonatige transfusionsmedizinische Erfahrung,

3. für autologe Blutzubereitungen eine mindestens sechsmonatige transfusionsmedizinische Erfahrung oder eine einjährige Tätigkeit in der Herstellung autologer Blutzubereitungen,

4. für Blutstammzellzubereitungen zusätzlich zu ausreichenden Kenntnissen mindestens ein Jahr Erfahrungen in dieser Tätigkeit, insbesondere in der zugrunde liegenden Technik,

nachgewiesen werden. Zur Vorbehandlung von Personen zur Separation von Blutstammzellen oder anderen Blutbestandteilen muß die verantwortliche ärztliche Person ausreichende Kenntnisse und eine mindestens zweijährige Erfahrung in dieser Tätigkeit nachweisen."

Der bisherige Satz 3 wird Satz 5.

7. In § 47 Abs. 1 Nr. 2 Buchstabe a wird folgender Halbsatz angefügt:

„die, soweit es sich um Gerinnungsfaktorenzubereitungen handelt, von dem hämostaseologisch qualifizierten Arzt im Rahmen der ärztlich kontrollierten Selbstbehandlung von Blutern an seine Patienten abgegeben werden dürfen,".

8. Nach § 133 wird folgende Zwischenüberschrift angefügt:

„Sechster Unterabschnitt
Übergangsvorschriften
aus Anlaß des Transfusionsgesetzes".

9. Es wird folgender § 134 angefügt:

„§ 134

Wer bei Inkrafttreten des Transfusionsgesetzes vom 1. Juli 1998 (BGBl. I S. 1752) die Tätigkeit als Herstellungsleiter für die Herstellung oder als Kontrolleiter für die Prüfung von Blutzubereitungen oder Sera aus menschlichem Blut ausübt und die Voraussetzungen des § 15 Abs. 3 in der bis zu dem genannten Zeitpunkt geltenden Fassung erfüllt, darf diese Tätigkeit weiter ausüben. Wer zu dem in Satz 1 genannten Zeitpunkt die Tätigkeit der Vorbehandlung von Personen zur Separation von Blutstammzellen oder anderen Blutbestandteilen nach dem Stand von Wissenschaft und Technik ausübt, darf diese Tätigkeit weiter ausüben."

§ 35
Änderung der Betriebsverordnung für pharmazeutische Unternehmer

Die Betriebsverordnung für pharmazeutische Unternehmer vom 8. März 1985 (BGBl. I S. 546), die zuletzt durch Artikel 2 des Gesetzes vom 25. Februar 1998 (BGBl. I S. 374) geändert worden ist, wird wie folgt geändert:

1. In § 5 Abs. 4 wird nach Satz 2 folgender Satz 3 eingefügt:

„Es können Personen gleicher Qualifikation zu ihrer Stellvertretung bestellt werden."

2. In § 15 wird nach Absatz 1 folgender Absatz 1a eingefügt:

„(1a) Bei Blutzubereitungen, Sera aus menschlichem Blut und gentechnisch hergestellten Plasmaproteinen zur Behandlung von Hämostasestörungen sind zusätzlich zum Zwecke der Rückverfolgung die Bezeichnung des Arzneimittels, die Chargenbezeichnung, das Datum der Abgabe und der Name oder die Firma des Empfängers aufzuzeichnen. Die Aufzeichnungen sind mindestens fünfzehn Jahre aufzubewahren oder zu speichern und müssen gelöscht werden, wenn die Aufbe-

wahrung oder Speicherung nicht mehr erforderlich ist. Werden die Aufzeichnungen
länger als dreißig Jahre aufbewahrt oder gespeichert, sind sie zu anonymisieren."

3. In § 17 Abs. 1 Nr. 5 wird in Buchstabe e das Wort „oder" am Ende gestrichen, in
    Buchstabe f der Punkt am Ende durch das Wort „oder" ersetzt und folgender
    Buchstabe g angefügt:

    „g) entgegen § 15 Abs. 1a Satz 2 eine Aufzeichnung nicht oder nicht mindestens
    fünfzehn Jahre aufbewahrt und nicht oder nicht mindestens fünfzehn Jahre spei-
    chert."

§ 36
Änderung der Apothekenbetriebsordnung

Die Apothekenbetriebsordnung in der Fassung der Bekanntmachung vom 26. September 1995 (BGBl. I S. 1195), zuletzt geändert durch Artikel 6 des Gesetzes vom
30. Juli 1996 (BGBl. I S. 1186), wird wie folgt geändert:

1. In § 17 wird nach Absatz 6 folgender Absatz 6a eingefügt:

    „(6a) Bei dem Erwerb und der Abgabe von Blutzubereitungen, Sera aus mensch-
    lichem Blut und gentechnisch hergestellten Plasmaproteinen zur Behandlung
    von Hämostasestörungen sind zum Zwecke der Rückverfolgung folgende Anga-
    ben aufzuzeichnen:

    1. die Bezeichnung des Arzneimittels,

    2. die Chargenbezeichnung,

    3. das Datum der Abgabe,

    4. Name und Anschrift des verschreibenden Arztes und

    5. Name, Vorname, Geburtsdatum und Adresse des Patienten oder bei der für
        die Arztpraxis bestimmten Abgabe der Name und die Anschrift des ver-
        schreibenden Arztes."

2. In § 22 wird nach Absatz 3 folgender Absatz 4 angefügt:

    „(4) Abweichend von Absatz 1 sind die Aufzeichnungen nach § 17 Abs. 6a min-
    destens fünfzehn Jahre aufzubewahren oder zu speichern und zu vernichten oder
    zu löschen, wenn die Aufbewahrung oder Speicherung nicht mehr erforderlich
    ist. Werden die Aufzeichnungen länger als dreißig Jahre aufbewahrt oder gespei-
    chert, sind sie zu anonymisieren."

3. In § 31 Abs. 4 wird nach der Angabe „Satz 2 und 3" die Angabe „und Absatz 6a"
    eingefügt.

4. In § 34 Nr. 3 wird in Buchstabe j das Wort „oder" am Ende durch ein Komma
    ersetzt und folgender Buchstabe k angefügt:

    „k) entgegen § 22 Abs. 4 Satz 1 eine Aufzeichnung nicht oder nicht mindestens
    fünfzehn Jahre aufbewahrt und nicht oder nicht mindestens fünfzehn Jahre spei-
    chert oder".

§ 37
Änderung der Betriebsverordnung für Arzneimittelgroßhandelsbetriebe

Die Betriebsverordnung für Arzneimittelgroßhandelsbetriebe vom 10. November 1987 (BGBl. I S. 2370), zuletzt geändert durch die Verordnung vom 16. Juli 1996 (BGBl. I S.1003), wird wie folgt geändert:

1 . In § 7 wird nach Absatz 1 folgender Absatz 1a eingefügt:

„(1a) Bei Blutzubereitungen, Sera aus menschlichem Blut und gentechnisch hergestellten Blutbestandteilen, die fehlende Blutbestandteile ersetzen, ist zusätzlich zu den Angaben nach Absatz 1 zum Zwecke der Rückverfolgung die Chargenbezeichnung und das Datum der Abgabe aufzuzeichnen. Die Aufzeichnung ist mindestens fünfzehn Jahre aufzubewahren oder zu speichern. Sie ist zu vernichten oder zu löschen, wenn die Aufbewahrung oder Speicherung nicht mehr erforderlich ist. Werden die Aufzeichnungen länger als dreißig Jahre aufbewahrt oder gespeichert, sind sie zu anonymisieren."

2. In § 10 Nr. 2 wird in Buchstabe d das Wort „oder" am Ende durch ein Komma ersetzt und ein neuer Buchstabe e eingefügt:

„e) entgegen § 7 Abs. 1a Satz 2 eine Aufzeichnung nicht oder nicht mindestens fünfzehn Jahre aufbewahrt und nicht oder nicht mindestens fünfzehn Jahre speichert oder".

Der bisherige Buchstabe e wird zum neuen Buchstaben f.

§ 38
Rückkehr zum einheitlichen Verordnungsrang

Die auf den §§ 35 bis 37 beruhenden Teile der dort geänderten Rechtsverordnungen können aufgrund der jeweils einschlägigen Ermächtigung durch Rechtsverordnung geändert werden.

§ 39
Inkrafttreten

(1) Dieses Gesetz tritt am Tage nach der Verkündung in Kraft.

(2) Abweichend von Absatz 1 tritt § 15 am ersten Tage des dritten, § 22 am ersten Tage des zweiten auf den Tag der Verkündung folgenden Jahres in Kraft.

Richtlinien zur Gewinnung von Blut und Blutbestandteilen und zur Anwendung von Blutprodukten (Hämotherapie)

Mit der Veröffentlichung in dieser Ausgabe des Bundesgesundheitsblattes* werden die bisherigen „Richtlinien zur Blutgruppenbestimmung und Bluttransfusion (Hämotherapie)" (veröffentlicht im Bundesgesundheitsbl. 39, 12 (1996) 468–489) ungültig.

1 Allgemeines

Alle Ärzte[1] sind verpflichtet, den aktuellen Stand des Wissens zu beachten, ihren Beruf nach ihrem Gewissen und den Geboten der ärztlichen Ethik und der Menschlichkeit auszuüben und sich über die für die Berufsausübung geltenden Vorschriften unterrichtet zu halten.

1.1 Geltungsbereich der Richtlinien

Diese Richtlinien gelten für alle Ärzte, die mit dem

- Gewinnen, Herstellen, Lagern, Abgeben oder in Verkehr bringen von Blut, Blutbestandteilen oder Blutprodukten,
- der Durchführung von blutgruppenserologischen und anderen transfusionsrelevanten Untersuchungen,
- der Anwendung von Blutprodukten und der entsprechenden Nachsorge befasst sind.

Soweit für die Durchführung bestimmter Leistungen andere Personen verantwortlich sind, gelten die Richtlinien auch für diese Personen.

Sie gelten nicht für forensische blutgruppenserologische Untersuchungen.

Gemäß §28 TFG finden diese Richtlinien keine Anwendung auf homöopathische Eigenblutprodukte und Eigenblutprodukte zur Immuntherapie.

1.2 Aufgaben der Richtlinien

Diese Richtlinien stellen gemäß §§ 12 und 18 Transfusionsgesetz TFG den allgemein anerkannten Stand der medizinischen Wissenschaft und Technik zur Gewinnung von Blut und Blutbestandteilen und zur Anwendung von Blutprodukten fest. Sie sollen den Ärzten die notwendige Handlungsgrundlage geben und die erforderlichen Voraussetzungen beschreiben,

- um den Spender vor Schaden zu bewahren und
- um die Anwendung von Blutprodukten einschließlich Eigenblut für den Empfänger so gefahrlos und wirksam wie möglich zu gestalten.

---

* veröffentlicht BgesBl 43(2000) 555 - 589 am 5. Juli 2000.
[1] Arzt heißt immer auch Ärztin.

1.3 Themen der Richtlinien

Diesen Aufgaben entsprechend befassen sich die Richtlinien mit

- allgemeinen Grundsätzen der Hämotherapie, Fragen ihrer Organisation, der notwendigen Qualifikation der Ärzte, der Zuständigkeit sowie haftungsrechtlichen Fragen (Kap. 1),
- der umfassenden Qualitätssicherung einschließlich der Dokumentation und des Datenschutzes (Kap. 1),
- der Spendetauglichkeit des Blutspenders, der Blutentnahme einschließlich der blutgruppenserologischen und infektionsserologischen Untersuchungen sowie der Eigenblutentnahme (Kap. 2),
- den bei der Herstellung, Lagerung und dem Transport von Blutprodukten durchzuführenden und zu beachtenden Qualitäts- und Sicherheitsstandards (Kap. 3),
- den vom zuständigen Arzt zu beachtenden organisatorischen Vorschriften vor und während der Anwendung von Blutprodukten, den durchzuführenden blutgruppenserologischen Untersuchungen, der Erfassung und Dokumentation unerwünschter Wirkungen (Kap. 4) sowie
- der Vorgehensweise und den Verfahrensschritten im Bereich der perinatalen Transfusionsmedizin und den therapeutischen Besonderheiten, wie z.B. Hämapherese (Kap. 4).

Die für den Bereich der Transfusionsmedizin geltenden Gesetze, Verordnungen, Richtlinien sowie Leitlinien und Empfehlungen sind im Anhang aufgeführt.

1.4 Qualitätsmanagement (QM)

Einrichtungen, durch die Blut oder Blutbestandteile entnommen werden (Spendeeinrichtungen) und Einrichtungen, die Blutprodukte anwenden (Einrichtungen der Krankenversorgung), müssen ein System der Qualitätssicherung betreiben. Sofern in der Einrichtung der Krankenversorgung bereits ein Qualitätsmanagementsystem existiert, ist das System der Qualitätssicherung gemäß diesen Richtlinien in das bestehende Qualitätsmanagement zu integrieren.

Qualitätsmanagement ist Aufgabe der Leitung der jeweiligen Einrichtung, die mit Hilfe eines QM-Systems die Zuständigkeiten und Verantwortlichkeiten festlegt, die erforderliche Qualitätssicherung inhaltlich definiert und geeignete Maßnahmen zur Verwirklichung und Prüfung veranlasst. Die Voraussetzungen sind durch den Träger zu schaffen.

Jede Einrichtung legt die Ziele auf der Grundlage dieser Richtlinien fest.

Das Erreichen der Qualitätsziele auf der Grundlage dieser Richtlinien und deren Einhaltung muss durch regelmäßiges Überprüfen aller Abläufe, Leistungen und Produkte anhand von definierten Qualitätskriterien kontrolliert und mit Hilfe geeigneter Steuerungsmaßnahmen sichergestellt werden.

Zur Beschreibung und zur Dokumentation des funktionierenden QM-Systems ist ein den Aufgaben entsprechendes Qualitätsmanagementhandbuch zu erstellen, das

sowohl für die klinische als auch die transfusionsmedizinische Einrichtung Qualitätsmerkmale und Qualitätssicherungsmaßnahmen zusammenfasst. Einzelheiten
zur Erstellung des Qualitätsmanagementhandbuches finden sich in Kap. 4.

Das Qualitätsmanagementhandbuch muss für alle Mitarbeiter in dem für ihre Arbeit
relevanten Umfang zugänglich sein. Die dort in Form von Standardarbeitsanweisungen bzw. Dienstanweisungen festgelegten organisatorischen Regelungen und
Verfahren sind als Standard verbindlich. Das Handbuch ist den neuen Erfordernissen, Entwicklungen und Änderungen anzupassen. Seine Funktionsfähigkeit ist
durch regelmäßigen Soll-/Ist-Abgleich im Rahmen von Selbstinspektionen sicherzustellen. Dazu ist ein funktionsfähiges Selbstinspektionsprogramm zu erarbeiten
und umzusetzen. Als zentraler Teil der Qualitätssicherung ist die diesbezügliche
Verfahrensweise im Qualitätsmanagementhandbuch niederzulegen.

1.4.1 Qualitätssicherung (QS)

1.4.1.1 Ziele und Aufgaben

Sowohl Einrichtungen, die Blut und Blutbestandteile gewinnen als auch Einrichtungen, in denen Blutprodukte angewendet werden, müssen funktionierende Qualitätssicherungssysteme entsprechend Art und Umfang der durchgeführten Tätigkeiten
betreiben, damit alle Produkte und Leistungen den Erwartungen der Anwender und
Empfänger in bezug auf größtmögliche Sicherheit und Nutzen entsprechen. Die
Qualitätssicherungssysteme müssen die aktive Beteiligung der Leitung der Einrichtung und des Personals der betroffenen Bereiche vorsehen.

1.4.1.2 Qualitätssicherung bei der Gewinnung

Für Betriebe und Einrichtungen, die Blutbestandteile gewinnen, Blutprodukte herstellen, lagern und/oder abgeben, ist das Qualitätssicherungssystem durch § 1a der
Betriebsverordnung für pharmazeutische Unternehmer (PharmBetrV) vorgeschrieben. Die formulierten Grundsätze zur Qualitätssicherung in der PharmBetrV sind
Mindestanforderungen und auch in den Regelwerken zur ‚Guten Herstellungspraxis‘ (GMP) und zur ‚Guten Laborpraxis‘ (GLP) der Europäischen Gemeinschaft
festgeschrieben. Träger von Einrichtungen, durch die Blutspenden entnommen werden, haben eine angemessene personelle, bauliche, räumliche und technische Ausstattung sicherzustellen.

1.4.1.3 Qualitätssicherung bei der Anwendung

Einrichtungen der Krankenversorgung, die Blutprodukte anwenden, sind durch § 15
Transfusionsgesetz TFG gesetzlich zur Einrichtung eines Systems der Qualitätssicherung verpflichtet. Qualitätssicherung umfasst die Gesamtheit der personellen,
organisatorischen, technischen und normativen Maßnahmen, die geeignet sind, die
Qualität der Versorgung der Patienten zu sichern, zu verbessern und gemäß dem
medizinisch-wissenschaftlichen Kenntnisstand weiter zu entwickeln (s. auch
§§ 112, 136 und 137 des Sozialgesetzbuches Band V (SGB V)). Für eine Hämo-

therapie sind die notwendigen Qualitätsmerkmale für die erforderlichen Untersuchungen und die Anwendung von Blutprodukten zu definieren. Im Rahmen des Qualitätssicherungssystems sind die Qualifikationen und die Aufgaben der verantwortlichen Personen festzulegen. Für Einrichtungen mit Akutversorgung ist eine Kommission für transfusionsmedizinische Angelegenheiten (**Transfusionskommission**) zu bilden. Gesetzlich vorgeschrieben für alle Einrichtungen, die Blutprodukte anwenden, ist die Bestellung eines **Transfusionsverantwortlichen,** der für die transfusionsmedizinischen Aufgaben verantwortlich und mit den dafür erforderlichen Kompetenzen ausgestattet ist, zusätzlich für jede Behandlungseinheit ein **Transfusionsbeauftragter.** Externer Sachverstand sollte – soweit notwendig – herangezogen werden. Einzelheiten der Qualitätssicherung finden sich in Kapitel 4.

1.4.1.3.1 Transfusionsverantwortlicher

Der Transfusionsverantwortliche ist eine approbierte ärztliche Person und muss eine den Aufgaben entsprechende Qualifikation und Kompetenz besitzen. Er muss transfusionsmedizinisch qualifiziert sein und sollte über hämostaseologische Grundkenntnisse verfügen. Seine Aufgabe ist es, die Einhaltung der einschlägigen Gesetze, Verordnungen, Richtlinien, Leitlinien und Empfehlungen sicherzustellen und eine einheitliche Organisation bei der Vorbereitung und Durchführung von hämotherapeutischen Maßnahmen zu gewährleisten sowie das Qualitätssicherungssystem fortzuentwickeln. Er sorgt für die qualitätsgesicherte Bereitstellung der Blutprodukte, ist konsiliarisch bei der Behandlung der Patienten mit Blutprodukten tätig und leitet ggf. die Transfusionskommission. Der Transfusionsverantwortliche muss eine der folgenden Qualifikationen oder Voraussetzungen besitzen:

a) Facharzt für Transfusionsmedizin,
b) Facharzt mit Zusatzbezeichnung „Bluttransfusionswesen",
c) Facharzt eines transfundierenden Fachgebietes mit theoretischer Fortbildung (16 Stunden) einer Landesärztekammer und vierwöchiger Hospitation in einer zur Weiterbildung für Transfusionsmedizin befugten Einrichtung,
d) Tätigkeit als Transfusionsverantwortlicher bei Inkrafttreten dieser Richtlinien auf der Grundlage der Richtlinien von 1996.
e) Werden in einer Einrichtung nur Plasmaderivate angewendet, sind für die Qualifikation als Transfusionsverantwortlicher 8 Stunden theoretische Fortbildung einer Landesärztekammer Voraussetzung. Eine Hospitation kann entfallen.
f) Nach Inkrafttreten dieser Richtlinien kann die Tätigkeit des Transfusionsverantwortlichen, soweit die Voraussetzungen von a) bis e) nicht gegeben sind, durch Heranziehung externen, entsprechend qualifizierten Sachverstandes (Qualifikation nach a) oder b)) entsprechend § 15 TFG ergänzend gewährleistet werden.

1.4.1.3.2 Transfusionsbeauftragter

Für jede Behandlungseinheit (klinische Abteilung) ist eine approbierte ärztliche Person als Transfusionsbeauftragter zu bestellen, der in der Krankenversorgung tätig und transfusionsmedizinisch qualifiziert ist. Er muss über eine entsprechende

Erfahrung und sollte über hämostaseologische Grundkenntnisse verfügen. Der Transfusionsbeauftragte stellt in Zusammenarbeit mit dem Transfusionsverantwortlichen bzw. der Transfusionskommission der Einrichtung die Durchführung der festgelegten Maßnahmen in der Abteilung sicher:

Er berät in Fragen der Indikation, Qualitätssicherung, Organisation und Dokumentation der Hämotherapie, sorgt für den ordnungsgemäßen Umgang mit den Blutprodukten, regelt die Unterrichtung nach § 16 Abs.1 Satz 2 TFG und beteiligt sich an den Ermittlungen in Rückverfolgungsverfahren nach § 19 Abs. 2 TFG. Der Transfusionsbeauftragte muss eine der folgenden Qualifikationen oder Voraussetzungen besitzen:

a) Facharzt für Transfusionsmedizin.
b) Facharzt mit Zusatzbezeichnung „Bluttransfusionswesen".
c) Facharzt mit theoretischer Fortbildung (16 Stunden) einer Landesärztekammer.
d) Tätigkeit als Transfusionsbeauftragter bei Inkrafttreten dieser Richtlinien auf der Grundlage der Richtlinien von 1996.
e) Werden in einer Einrichtung nur Plasmaderivate angewendet, sind für die Qualifikation als Transfusionsbeauftragter 8 Stunden theoretische Fortbildung einer Landesärztekammer Voraussetzung.

1.4.1.3.3 Transfusionskommission

Der Transfusionskommission sollen der Transfusionsverantwortliche, Transfusionsbeauftragte sowie unter Berücksichtigung der Gegebenheiten ggf. der ärztliche Leiter der Spendeeinrichtung, der Krankenhausapotheker sowie die Krankenpflegeleitung, die Krankenhausleitung und die Leitung des medizinisch-technischen Dienstes angehören.

Aufgabe der Transfusionskommission ist die Erarbeitung von Vorgaben für die Sicherstellung der Einhaltung und Durchführung von Gesetzen, Verordnungen, Richt- und Leitlinien sowie Empfehlungen für die Qualitätssicherung. Sie soll den Krankenhausvorstand/die Klinikleitung bei der Etablierung und Fortentwicklung der Qualitätssicherung beraten, Vorschläge für entsprechende Dienstanweisungen erarbeiten und den organisatorischen Umgang mit Blut und Blutprodukten regeln. Die Transfusionskommission hat dafür zu sorgen, dass einrichtungs- und fachspezifische Regelungen zur Anwendung von Blut- und Blutprodukten auf dem Boden der *Leitlinien der Bundesärztekammer zur Therapie mit Blutkomponenten und Plasmaderivaten* in der jeweils gültigen Fassung und dieser Richtlinien der Bundesärztekammer erstellt werden. Weiterhin gehört auch die Erstellung von Verbrauchsstatistiken sowie die Fortbildung im ärztlichen und pflegerischen Bereich sowie für medizinisch-technische Assistenten/innen auf dem Gebiet der Hämotherapie zu ihrem Aufgabenbereich. Eine Koordination mit der Arzneimittelkommission des Krankenhauses ist anzustreben.

1.4.1.3.4 Arbeitskreis für Hämotherapie

Regional können Arbeitskreise für Hämotherapie eingerichtet werden, die der regionalen Zusammenarbeit und dem regelmäßigen Informationsaustausch auf dem Gebiet der Transfusionsmedizin dienen.

1.4.1.3.5 Der transfundierende Arzt

Jeder hämotherapeutische Maßnahmen durchführende Arzt muss die dafür erforderlichen Kenntnisse und ausreichende Erfahrung besitzen. Die Indikationsstellung ist integraler Bestandteil des jeweiligen ärztlichen Behandlungsplanes. Die *Leitlinien der Bundesärztekammer zur Therapie mit Blutkomponenten und Plasmaderivaten* in der jeweils gültigen Fassung sind zu beachten.

1.5 Einrichtungen, Verantwortung und Zuständigkeit

1.5.1 Einrichtungen

Einrichtungen der Krankenversorgung[2], in denen die unter 1.3 genannten transfusionsmedizinischen Aufgaben und Tätigkeiten ausgeführt werden, sind unter 1.5.1.1 bis 1.5.1.6 aufgeführt.

1.5.1.1 Einrichtungen ohne Blutdepot und ohne blutgruppenserologisches Laboratorium

In diesen Einrichtungen ist bei mehreren Ärzten ein verantwortlicher Arzt zu benennen, wenn Hämotherapie durchgeführt wird. In Einrichtungen mit nur einem Arzt ist dieser verantwortlich. Er ist dann zugleich behandelnder, transfusionsverantwortlicher und transfusionsbeauftragter Arzt. Qualifikationen und Voraussetzungen entsprechend 1.4.1.3.1.

1.5.1.2 Einrichtungen mit Blutdepot

Für die Leitung eines Blutdepots ist ein Facharzt eines transfundierenden Fachgebietes mit mindestens vierwöchiger Hospitation in einer zur Weiterbildung für Transfusionsmedizin befugten Einrichtung und theoretischer Fortbildung entsprechend 1.4.1.3.1 c) zu benennen. Die theoretische Fortbildung kann entfallen, wenn eine Qualifikation nach 1.4.1.3.1 a) oder b) besteht.

1.5.1.3 Einrichtungen mit blutgruppenserologischem Laboratorium

Der verantwortliche Arzt muss die Qualifikationen und Voraussetzungen entsprechend 1.4.1.3.1 a) bis c), mit einer sechsmonatigen Fortbildung in einer zur Weiterbildung für Transfusionsmedizin befugten Einrichtung oder als Facharzt für Laboratoriumsmedizin besitzen.

---

[2] Einrichtungen der Krankenversorgung werden im folgenden Text „Einrichtungen" genannt.

1.5.1.4 Einrichtungen mit Spendeeinrichtung

Diese Einrichtungen sind definiert durch Gewinnung von Blut und Blutbestandteilen, Herstellung und Anwendung von Blutprodukten. Voraussetzung für die ärztliche Leitung der Spendeeinrichtung ist neben den gesetzlich festgelegten Vorgaben die Facharztanerkennung für Transfusionsmedizin.

Der ärztliche Leiter der Spendeeinrichtung in Krankenhäusern mit Spendeeinrichtung wird in der Regel als Transfusionsverantwortlicher bestellt.

1.5.1.5 Einrichtungen mit Spendeeinrichtung ausschließlich zur autologen Hämotherapie

Als Qualifikation für den verantwortlichen Arzt gelten die unter 2.7.5 genannten Voraussetzungen.

1.5.1.6 Spendeeinrichtungen ohne Anbindung an eine Einrichtung der Krankenversorgung

Als Qualifikation für den verantwortlichen Arzt gelten die unter 1.5.1.4 genannten Voraussetzungen.

Die unter 1.5.1.1 bis 1.5.1.6 beschriebenen Funktionen können auch von einem Arzt wahrgenommen werden, der diese Tätigkeiten bei Inkrafttreten der Richtlinien mindestens seit 31.12.1993 ausgeübt hat. Falls die Bedingungen unter 1.5.1.1 bis 1.5.1.3 nicht erfüllt sind, ist in Ausnahmefällen die Heranziehung von externem, entsprechend qualifiziertem Sachverstand (Qualifikation nach 1.4.1.3.1 a) oder b), möglich.

1.6 Überwachung des Qualitätssicherungssystems

Die Qualitätssicherung in Einrichtungen, welche Blutprodukte anwenden, ist nach den Vorgaben dieser Richtlinien durchzuführen.

Der Ärzteschaft obliegt die Überwachung des Qualitätssicherungssystems bei der Anwendung von Blutprodukten. Dazu setzen die Einrichtungen der Krankenversorgung, die Blutkomponenten anwenden, eine approbierte ärztliche Person als *Qualitätsbeauftragten* ein, die in dieser Funktion weisungsunabhängig ist und eine der Aufgabe entsprechende Kompetenz und Qualifikation besitzt, wie sie z.B. durch den Besuch eines Kurses nach den Vorgaben des Curriculums Qualitätssicherung/ Ärztliches Qualitätsmanagement der Bundesärztekammer nachgewiesen werden kann.

Der Qualitätsbeauftragte darf nicht gleichzeitig Transfusionsverantwortlicher oder Transfusionsbeauftragter der Einrichtung sein, eine Ausnahme hiervon bilden Einrichtungen der ambulanten Krankenversorgung.

Sofern in der Einrichtung der Krankenversorgung bereits ein Qualitätsmanagementsystem existiert, welches über die Anwendung von Blutprodukten hinausgeht, ist die Funktion des Qualitätsbeauftragten in das bestehende System des Qualitäts-managements zu integrieren.

In einjährigem Abstand, erstmals bis spätestens 31.12.2001, hat der Qualitätsbeauf-tragte der Einrichtung, in der Blutkomponenten angewendet werden, der zuständi-gen Landesärztekammer z.B. durch Vorlage des Qualitätssicherungshandbuches nachzuweisen, dass das Qualitätssicherungssystem der Anwendung von Blutpro-dukten den Vorgaben dieser Richtlinien entspricht.

1.7 Meldewesen

Auf die Mitteilungs- und Meldepflichten nach §§ 16, 21 und 22 des Transfusions-gesetzes und § 29 des Arzneimittelgesetzes (AMG) wird verwiesen. Einzelheiten sind in einer Dienstanweisung zu regeln (vgl. 4.5.8).

2 Gewinnung von Blut und Blutbestandteilen

2.1 Allgemeine Spenderauswahl

2.1.1 Blutspender

Blutspender erbringen freiwillig eine wichtige Leistung für die Gemeinschaft. Die Sorge um das Wohl der Spender ist eine der vordringlichsten Aufgaben der Trans-fusionsmedizin.

Jeder Blutspender muss sich nach ärztlicher Beurteilung in einem gesundheitlichen Zustand befinden, der eine Blutspende ohne Bedenken zulässt. Dies gilt sowohl im Hinblick auf den Gesundheitsschutz des Spenders als auch für die Herstellung von möglichst risikoarmen Blutkomponenten und Plasmaderivaten.

Gerichtete Spenden sind Fremdblutspenden, sie sollten nur in begründeten Ausnah-mefällen entnommen werden. Daher gelten auch für diese alle Vorschriften dieses Kapitels ohne Einschränkung.

2.1.2 Aufklärung und Einwilligung

Vor der ersten Blutspende ist der Spendewillige über Wesen, Bedeutung und Durch-führung dieses Eingriffs und dessen mögliche Nebenwirkungen bei ihm selbst sowie über Risiken für den Empfänger sachkundig und in einer für ihn verständlichen Form aufzuklären. Aufklärung und Einwilligung zur Spende sind von den Spendewilligen/Spendern schriftlich zu bestätigen. Mit der Einwilligung muss eine Erklärung ver-bunden sein, dass die entnehmende Einrichtung über die Spende verfügen kann. Die Aufklärung muss die mit der Spende verbundene Erhebung, Verarbeitung und Nut-zung personengebundener Daten einschließen. Die Einwilligung hierzu sollte insbe-sondere bei der Ersterhebung von Daten auf einem separaten Formular erfolgen.

Der Spendewillige/Spender muss die Möglichkeit erhalten, die Blutspendeeinrich-tung in einem vertraulichen Rücktrittsverfahren (vertraulicher Selbstausschluss) zu bitten, die Spende nicht zu verwenden.

Die Aufklärung muss insbesondere folgende Inhalte umfassen:

* allgemeinverständliche Informationen über wesentliche Eigenschaften des Blutes, die daraus gewonnenen Produkte und die Bedeutung für die Patienten,
* Erklärung der Notwendigkeit der Anamnese, körperlichen Untersuchung und der Untersuchungen des Blutes,
* Informationen über das Risiko der Übertragung von Infektionskrankheiten auf Empfänger von Blutprodukten, Anzeichen und Symptome von HIV/AIDS und Hepatitis,
* Gründe, die wegen eines besonderen Risikos für Empfänger von Blutprodukten gegen eine Spende sprechen, z.B. risikobehaftetes Sexualverhalten, HIV/AIDS, Hepatitis, Drogenabhängigkeit sowie Einnahme von Arzneimitteln,
* Informationen über die Bedeutung der Begriffe „Einwilligung nach vorheriger Aufklärung, Rücktritt, Rückstellung oder Ausschluss von der Spende",
* Gründe, die wegen möglicher negativer Auswirkungen auf die Gesundheit des Spenders gegen eine Spende sprechen,
* Informationen darüber, dass der Spendewillige/Spender zu jedem Zeitpunkt des Spendeablaufes von der Spende Abstand nehmen und jederzeit Fragen stellen kann,
* spezielle Informationen über besondere Spendeverfahren und die damit verbundenen Risiken,
* Zusicherung der Vertraulichkeit aller mit Spendewilligen/Spendern geführten Gespräche,
* Zusicherung, nach einem vertraulichen Rücktrittsverfahren die Spende nicht zu verwenden,
* Information über die Wahrung der Vertraulichkeit aller gesundheitsbezogenen Angaben, der Ergebnisse der Spendenuntersuchungen sowie der späteren Rückverfolgbarkeit der Spende.

2.1.3 Spendererfassung

Anlässlich jeder Spende ist die Identität des Spenders zuverlässig zu sichern (z.B. gültiges amtliches Personaldokument mit Lichtbild, Spenderpass, Unterschriftenvergleich). Name, Vorname, Geburtsdatum, Wohnort und Blutgruppe (falls vorhanden) des Spenders sind zu erfassen. Alle Spenderdaten unterliegen der ärztlichen Schweigepflicht und den Bestimmungen des Datenschutzes.

2.1.4 Untersuchung zur Eignung als Spender und zur Feststellung der Spendetauglichkeit

Vor Aufnahme der Spendetätigkeit ist die Eignung als Spender durch eine gründliche Anamnese, eine gerichtete körperliche Untersuchung sowie Laboratoriumsuntersuchungen (für Apheresespenden entsprechend Tabelle 2.6.4 sowie Besonderheiten für einzelne Apheresetechniken) nach dem Stand der medizinischen Wissenschaft und Technik durch einen approbierten Arzt festzustellen.

Vor jeder Spendeentnahme ist unter der Verantwortung eines approbierten Arztes die Spendetauglichkeit durch Anamnese (s. Abschnitt 2.1.5), durch eine orientierende körperliche Untersuchung und Laboratoriumsuntersuchungen zu prüfen (s. Tabelle 2.4.2, unter zusätzlicher Berücksichtigung von Besonderheiten für einzelne Apheresetechniken). Die Spendetauglichkeit ist durch einen approbierten Arzt festzustellen. Aufgrund dieser ärztlichen Beurteilung wird festgelegt, ob der Spender zur Blutspende zugelassen werden kann, oder vorübergehend zurückgestellt, oder ausgeschlossen werden muss.

2.1.5 Anamnese

Der Spender muss bei jeder Spende nach Organ-, Infektions- und Suchtkrankheiten befragt werden. Dabei müssen die unter 2.2 aufgeführten Ausschlussgründe vollständig berücksichtigt werden. Wichtige Anhaltspunkte zur Anamnese geben die Empfehlungen des Rates der Europäischen Gemeinschaften[3] sowie die Empfehlungen des Europarates[4] und der Weltgesundheitsorganisation[5]. Soweit Plasma zur Fraktionierung gewonnen wird, müssen die Anforderungen in der Monographie „Plasma vom Menschen (Humanplasma) zur Fraktionierung" des Europäischen Arzneibuches in der jeweils gültigen Fassung erfüllt sein. Der Spender muss die Richtigkeit seiner anamnestischen Angaben durch Unterschrift bestätigen.

2.2 Ausschluss von der Blutspende

Vor jeder Spende ist zu prüfen, ob eines der nachfolgenden Ausschlusskriterien vorliegt.

2.2.1 Als Blutspender auf Dauer auszuschließen sind Personen,

- bei denen eine HCV- oder HIV-Infektion nachgewiesen wurde, unabhängig davon, ob Krankheitserscheinungen aufgetreten sind,
- die einer Gruppe mit einem gegenüber der Allgemeinbevölkerung deutlich erhöhten Risiko für eine HBV-, HCV- oder HIV-Infektion angehören oder dieser zugeordnet werden müssen[6],
- die an einer infektiösen Hepatitis unklarer Ätiologie erkrankt sind oder waren,
- bei denen eine HTLV-I/-II-Infektion nachgewiesen wurde, unabhängig davon, ob Krankheitserscheinungen aufgetreten sind,

---

[3]   Empfehlungen des Rates vom 29.6.98 über die Eignung von Blut- und Plasmaspendern und das Screening von Blutspenden in der Europäischen Gemeinschaft (98/463/EG).

[4]   Bekanntmachung der Empfehlungen des Europarates (Recommendation No R (95) 15: Guide to the preparation, use and quality assurance of blood components, in der jeweils gültigen Fassung.

[5]   43rd Report of the WHO Expert Committee on Biological Standardisation (Technical Report Series 840, 1994).

[6]   zum Beispiel homo- und bisexuelle Männer, Drogenabhängige, männliche und weibliche Prostituierte, Häftlinge.

- die an einer Protozoonose: Babesiose, Trypanosomiasis (Chagas- oder Schlafkrankheit), Leishmaniasis oder an Malaria erkrankt sind oder waren,
- die an Syphilis, Brucellose, Rickettsiose, Lepra, Rückfallfieber oder Tularämie erkrankt sind oder waren,
- nach Osteomyelitis,
- die bekannte Dauerausscheider von Salmonellen (Typhus- und Paratyphus-Erreger) sind,
- die jemals mit Hypophysenhormonen (z.B. Wachstumshormon) humanen Ursprungs behandelt worden sind,
- die an der Creutzfeldt-Jakob-Erkrankung oder an der Variante der Creutzfeldt-Jakob-Erkrankung leiden, oder bei denen der Verdacht auf diese Erkrankungen besteht,
- in deren Familie bei einem oder mehreren Blutsverwandten die Creutzfeldt-Jakob-Erkrankung aufgetreten ist,
- die Dura mater- bzw. Korneatransplantate erhalten haben,
- die Xenotransplantate erhalten haben,
- die an bösartigen Neoplasien leiden oder litten (Ausnahmen: ausgeheilte Plattenepithelkarzinome der Haut und Basaliome),
- die an anderen chronischen Krankheiten leiden oder litten, bei denen die Blutspende eine Gefährdung des Spenders oder des Empfängers nach sich ziehen kann,
- die alkoholkrank, medikamentenabhängig oder rauschgiftsüchtig oder dessen begründet verdächtig sind,
- die *ständig* mit Arzneimitteln behandelt werden, nach individueller Entscheidung durch den Arzt, insbesondere bei Behandlung mit teratogenen Arzneimitteln wie Retinoiden.

2.2.2 Von der Blutspende zeitlich begrenzt zurückzustellen sind Personen,

- bei denen eine HBV-Infektion nachgewiesen wurde bzw. die eine Hepatitis B durchgemacht haben für *fünf Jahre*; solche Personen sind nur geeignet, wenn virologische Kriterien (z.B. Nachweis von Anti-HBs mit einem Titer von ≥ 100 E/l und negatives Ergebnis eines Tests auf HBV-Genom mittels einer empfindlichen Nukleinsäure-Amplifikationstechnik) für eine erloschene Kontagiosität sprechen,
- wegen möglicher Exposition gegenüber Malaria:
  - die in einem Malaria-Endemiegebiet geboren oder aufgewachsen sind für *drei Jahre* nach dem letzten Aufenthalt; solche Personen sind nur dann für eine Blutspende geeignet, wenn seitdem keine ungeklärten Fieberschübe aufgetreten sind und ein Test auf Plasmodien-Antikörper negativ ausfällt,
  - nach Besuch von Malaria-Endemiegebieten und anschließendem Auftreten von ungeklärten Fieberschüben; solche Personen sind nur dann für eine Blutspende geeignet, wenn *zwölf Monate* keine Fieberschübe mehr aufgetreten sind und ein Test auf Plasmodien-Antikörpern negativ ausfällt,
  - nach Besuch von Malaria-Endemiegebieten für mindestens *sechs Monate*, wenn während und nach dem Aufenthalt keine Fieberschübe aufgetreten oder sonstige Hinweise für eine Malaria beobachtet worden sind,

- nach Tuberkulose für *zwei Jahre* nach Heilung,
- die intimen Kontakt mit Personen hatten, die einer Gruppe mit erhöhtem Infektionsrisiko für HBV, HCV und/oder HIV angehören (s. Fußnote 6), für *zwölf Monate*,
- die aus einem Gebiet eingereist sind, in dem sie ihren zeitweiligen Lebensmittelpunkt hatten und in dem sich HBV-, HCV-, HIV- oder HTLV-I/-II-Infektionen vergleichsweise stark ausgebreitet haben: z.b. Afrika südlich der Sahara, Karibik, Südostasien, Südamerika, für *zwölf Monate* nach dem letzten Aufenthalt; Zulassung zur Spende nach kurzen Aufenthalten kann nach ärztlicher Beurteilung erfolgen,
- die intimen Kontakt mit o.g. Personen nach Einreise aus einem Endemiegebiet hatten für *zwölf Monate*,
- nach Operationen in der Entscheidung des Arztes,
- nach Endoskopien/Biopsien mit flexiblem Instrument (z.b. Magen-Darmtrakt, Bronchialsystem) für *sechs Monate*; nach anderen Endoskopien in der Entscheidung des Arztes,
- nach Empfangen eines Transplantates humanen Ursprungs (außer Kornea und Dura mater), für *sechs Monate*,
- nach Empfang von Blutkomponenten oder Plasmaderivaten (ausgenommen Eigenblut und Humanalbumin), für *sechs Monate*,
- nach unbeabsichtigter invasiver Exposition gegenüber Blut bzw. Verletzungen mit durch Blut kontaminierten Injektionsnadeln oder Instrumenten, für *sechs Monate*,
- die sich einer Akupunktur unterzogen haben falls diese nicht unter aseptischen Bedingungen (mit Einmalnadeln) durchgeführt wurde, für *sechs Monate*,
- die sich Tätowierungen unterzogen haben, oder bei denen Durchbohrungen der Haut zur Befestigung von Schmuck durchgeführt wurden, soweit nicht glaubhaft nachgewiesen werden kann, dass aseptische Bedingungen eingehalten wurden, für *sechs Monate*,
- nach Impfung gegen Tollwut (als Prophylaxe nach Exposition), für *zwölf Monate*,
- nach Verabreichung von Sera tierischen Ursprungs für *zwölf Monate*,
- *während und sechs Monate* nach Schwangerschaft, Ausnahme z.b. bei FAIT/NAIT (s. Abschnitt 4.4.1.6.),
- nach Hepatitis-B-Impfung für *drei Wochen*,
- nach fieberhaften Erkrankungen und/oder Durchfallerkrankungen unklarer Ursache, für *vier Wochen*,
- nach Verabreichung von Lebendimpfstoffen (z.b. gegen Poliomyelitis, Gelbfieber, Röteln, Masern, Mumps, Typhus, Cholera) für *vier Wochen*,
- nach anderen als den oben erwähnten Infektionskrankheiten (mit Ausnahme unkomplizierter Infekte) für *mindestens vier Wochen* nach Abklingen der Symptome,
- nach einem unkomplizierten Infekt für *eine Woche*,
- nach einem kleinen operativen Eingriff oder einer Zahnextraktion für *eine Woche*.

Über die Zulassung von Allergikern als Spender entscheidet ein approbierter Arzt.

Nach Applikation von Tot- bzw. Toxoidimpfstoffen oder gentechnisch hergestellten Impfstoffen (z.B. Poliomyelitis inaktiviert, Typhus inaktiviert, Fleckfieber, Diphtherie, Influenza, Cholera inaktiviert, Tetanus, FSME, Hepatitis A) ist keine Rückstellung erforderlich, wenn der Spender ohne klinische Symptome und bei Wohlbefinden ist.

2.2.3 Ausnahmen von den Spenderauswahlkriterien

Bei Spendern, die ausschließlich Plasma zur Fraktionierung spenden, können folgende Untersuchungen bzw. Auswahlkriterien unberücksichtigt bleiben:

- Ausschluss wegen Chagas- oder Schlafkrankheit, Leishmaniasis sowie Rickettsiose, Rückfallfieber, Brucellose, Babesiose, Tularämie,
- zeitliche Rückstellung wegen Aufenthaltes in Malaria-Endemiegebieten ohne Erkrankung bzw. Auftreten von Fieberschüben.

Bei Eigenblutentnahmen kann nach Entscheidung eines approbierten Arztes von Voraussetzungen zur Spende (2.1.4) und von Ausschluss- und Rückstellungskriterien (2.2.1 und 2.2.2) abgewichen werden (vgl. 2.7.1.1 und 2.7.1.2).

Ausnahmen von den Ausschluss- und Rückstellungsgründen (2.2.1 und 2.2.2) können ferner zulässig sein, um Blut- und Plasmaspenden mit besonderen Bestandteilen zu gewinnen. Diese Spenden sind gesondert zu dokumentieren, wobei nicht berücksichtigte Ausschluss- oder Rückstellungsgründe anzugeben sind. Die Entnahmebehältnisse sind vor der Abnahme mit dem Hinweis „Nicht zur Transfusion geeignet" zu versehen (Ausnahme s. Abschnitt 4.6). Die Abnahme derartiger Blut- und Plasmaspenden ist vor Beginn dieser Tätigkeit der zuständigen Behörde anzuzeigen.

2.3 Blutentnahme

2.3.1 Durchführung

Die Blutentnahme wird durch einen Arzt oder unter der Verantwortung eines approbierten Arztes vorgenommen und ist entsprechend zu dokumentieren.

Für die Venenpunktion ist eine gesunde, wirksam desinfizierbare Hautstelle auszuwählen. Die Punktionsstelle ist so vorzubereiten, dass einer Kontamination des entnommenen Blutes weitestgehend vorgebeugt wird. Eine geeignete Methode ist, zunächst mit einem alkoholischen Desinfektionsmittel[7] und einem sterilisierten Tupfer gründlich zu reinigen. Danach wird das gleiche Desinfektionsmittel erneut

---

[7]   Desinfektionsmittel-Kommission der Deutschen Gesellschaft für Hygiene und Mikrobiologie (DGHM) (Hrsg.): Liste der nach den „Richtlinien für die Prüfung chemischer Desinfektionsmittel" geprüften und von der Deutschen Gesellschaft für Hygiene und Mikrobiologie als wirksam befundenen Desinfektionsverfahren in der jeweils gültigen Fassung.

aufgetragen. Die Gesamteinwirkungszeit richtet sich nach den Angaben des Herstellers. Nach der Hautdesinfektion darf die Punktionsstelle nicht mehr palpiert werden.

Für eine ausreichende Händedesinfektion des Personals ist Sorge zu tragen.

2.3.2 Verhalten nach der Blutspende

Nach der Blutspende ist dem Spender eine angemessene Ruhemöglichkeit unter Aufsicht anzubieten. Er ist darauf hinzuweisen, dass er frühestens 30 Minuten nach der Spende am öffentlichen Straßenverkehr teilnehmen kann. Für bestimmte Berufe oder Betätigungen mit erhöhtem Risiko (z.b. im Rahmen der Personenbeförderung) können längere Wartezeiten erforderlich sein.

2.3.3 Spenderreaktionen

Ärzte und nachgeordnetes Personal sind auf die Möglichkeit von Spenderreaktionen hinzuweisen und über deren Vermeidung, Prodromi, Symptome, Diagnose, Verlauf und Behandlung zu unterrichten. Anweisungen für Notfallmaßnahmen, entsprechendes Gerät, Material und Medikamente sind vorzuhalten und die Mitarbeiter in deren Gebrauch zu unterweisen. Fehlpunktionen und Nebenreaktionen, Behandlungsmaßnahmen und ihre abschließende Beurteilung sind zu dokumentieren.

2.3.4 Nachuntersuchungsproben

Für die Rückverfolgungsverfahren sind die Hersteller von Blutkomponenten (außer Eigenblut) verpflichtet, ein Jahr über die Laufzeit der Präparate hinaus Plasma-/Serumproben für die Nachuntersuchung der Spender auf Infektionsmarker in ausreichender Menge und unter geeigneten Lagerbedingungen aufzubewahren. Hinweise hierzu geben Voten des Arbeitskreises Blut[8]. Im Fall von Plasma zur Fraktionierung werden Rückstellproben vom Plasmapool durch den fraktionierenden Betrieb gezogen und gemäß PharmBetrV aufbewahrt.

2.3.5 Dokumentation

Jede Spendeentnahme und die damit verbundenen Maßnahmen sind für die im Transfusionsgesetz geregelten Zwecke, für Zwecke der ärztlichen Behandlung der spendenden Person und für Zwecke der Risikoerfassung nach dem Arzneimittelgesetz zu protokollieren. Die Aufzeichnungen sind mindestens fünfzehn Jahre aufzubewahren (§ 11 TFG).

---

[8] Voten des Arbeitskreises Blut Nr. 21 BgesBl 11/99, S. 888-892; Nr. 17 BgesBl 11/97, S. 452-456; Nr. 14 BgesBl 9/96, S. 358-359; Nr. 13 BgesBl 7/96, S. 276-277; Nr. 6 BgesBl 12/94, S. 512-515.

2.4 Vollblutspende

2.4.1 Häufigkeit und Menge der Blutspenden

Die Einzelspende soll ein Volumen von 500 ml Vollblut (zuzüglich Untersuchungsproben) nicht überschreiten. Der Zeitraum zwischen zwei Blutspenden soll im Regelfall zwölf Wochen, mindestens aber acht Wochen betragen. Die jährlich entnommene Blutmenge darf 2000 ml bei Frauen und 3000 ml bei Männern nicht überschreiten.

Bei mehrfachen Blutspenden pro Jahr ist insbesondere bei Frauen die Entwicklung eines Eisenmangels zu beachten und ggf. eine Eisensubstitution durchzuführen.

2.4.2 Spenderuntersuchungen

Prüfung der Spendetauglichkeit

Kriterium	Anforderungen
Hämoglobin oder Hämatokrit im Spenderblut	Frauen: ≥ 125 g/l oder ≥ 0,38 l/l, Männer: ≥ 135 g/l oder ≥ 0,40 l/l
Alter	18–68 Jahre*
Körpergewicht	mindestens 50 kg
Blutdruck	systolisch: 100 – 180 mm Hg diastolisch: unter 100 mm Hg
Puls	unauffällig, Frequenz 50–110/min. Potentielle Spender, die intensiv Sport betreiben und einen Puls von weniger als 50/min haben, können zugelassen werden.
Temperaturmessung	kein Fieber
Gesamteindruck	keine erkennbaren Krankheitszeichen
Haut an der Punktionsstelle	frei von Läsionen

Erstspender: unter 60 Jahre.

2.4.3 Laboruntersuchungen vor Freigabe der Spende

Spenden, die nicht den Anforderungen der Tabelle 2.4.3 entsprechen bzw. die daraus hergestellten Blutprodukte sind zu entsorgen, sofern sie nicht für wissenschaftliche Zwecke und/oder für Zwecke der Qualitätskontrolle verwendet werden. Eine Abgabe an andere zu diesen Zwecken ist zulässig. Die Person, an die eine Spende oder ein Blutprodukt mit von der Tabelle 2.4.3 abweichenden Befunden abgegeben wird, muss Arzt oder Apotheker sein oder ggf. über eine Umgangsgenehmigung für infektiöses Material verfügen. Der Verbleib aller solcher Spenden/Blutprodukte ist zu dokumentieren.

Parameter	Anforderungen
Blutgruppenbestimmung: AB0, Rhesusformel*	bestimmt
Anti-HIV1/2-Antikörper	negativ
Anti-HCV-Antikörper	negativ
HBs-Antigen	negativ
HCV-Genom (NAT)*	negativ
Antikörper gegen Treponema pallidum*	negativ
ALT (optimierte Standardmethode von 1972, +25° C)**	Frauen ≤45 U/l, Männer ≤68 U/l
Antikörpersuchtest*/***	keine klinisch relevanten Antikörper nachweisbar

*   *Die Austestung der Rh-Formel, der Antikörpersuchtest und die Testung auf Antikörper gegen Treponema pallidum und HCV-Genom (NAT) können entfallen bei Spenden, bei denen ausschließlich Plasma zur Fraktionierung gewonnen wird.*
**   *Bei Messung bei 37°C ist eine entsprechende Umrechnung der Werte erforderlich.*
*** *Bei Blutspendern ist der Antikörpersuchtest bei der Eignungsuntersuchung und danach alle zwei Jahre sowie nach Schwangerschaften und Bluttransfusionen durchzuführen.*

2.5 Blutgruppenserologische Untersuchungen bei Blutspendern

Bei Erst- und Zweitspendern muss die Blutgruppe vollständig bestimmt werden (AB0-Blutgruppenmerkmale, Serumeigenschaften, Rh-Formel [C, c, D, E, e], K-Merkmal). Bei Erstspendern ist eine zusätzliche Bestimmung der AB- und D-Merkmale aus einer weiteren Probe durchzuführen (z.b. Inhaltskontrolle aus dem Segment). Bei Mehrfachspendern, bei denen die Blutgruppenformel zuverlässig dokumentiert ist, genügt die Kontrolle der AB- und D-Merkmale, vorausgesetzt, dass die erhobenen Befunde mit den Befunden der Erst- und Zweitspende übereinstimmen; bei Plasmaspendern kann auf die Kontrolle des Merkmals D verzichtet werden.

Das Rh-Merkmal D tritt in unterschiedlichen Ausprägungsformen auf (s. Abschnitt 4.2.5.5).

Die Untersuchung des Rh-Merkmals D erfolgt mit mindestens zwei verschiedenen Testreagenzien. Bei Blutspendern muss auch jedes schwach oder nur partiell ausgeprägte Rhesus-Antigen D zuverlässig erfasst werden. Dies kann beispielsweise durch Einsatz geeigneter polyklonaler oder oligoklonaler Reagenzien gegen das Rh-D-Merkmal im indirekten Antihumanglobulintest (AHG-Test) erreicht werden. Um Fehlbestimmungen zu vermeiden, sind regelmäßig positive und negative Kontrollen mit D-positiven und D-negativen Testerythrozyten sowie jeweils Eigenkontrollen (Prüfung auf Autoagglutination) mitzuführen. Blutspender, die ein schwach oder partiell ausgeprägtes Rh-Antigen D besitzen, sollten als Rh-positiv (z.B. weak D-positiv) deklariert werden. Bei negativem Ergebnis aller Testansätze gelten Blutspender als Rh (D) negativ. Bei übereinstimmend positivem Ergebnis und bei diskrepantem oder schwach positivem Ergebnis gilt der Blutspender als Rh (D) positiv.

2.6 Präparative Hämapherese

2.6.1 Definition

Die präparative Hämapherese ermöglicht die Auftrennung von Blut in verschiedene Bestandteile unmittelbar am Spender; die nicht benötigten Blutbestandteile werden dem Spender sofort wieder zugeführt. Die präparative Hämapherese unterscheidet sich von der Vollblutspende durch die Anwendung von Zellseparatoren mit extrakorporalem Kreislauf. Mit Hilfe verschiedener Separationsverfahren können einzelne Blutbestandteile (z.B. Plasma, Thrombozyten, Erythrozyten, Granulozyten, Lymphozyten bzw. periphere Stammzellen) mit unterschiedlicher Selektivität gewonnen werden.

2.6.2 Besondere Voraussetzungen für Hämapheresen

Das an der Hämapherese beteiligte Personal muss zusätzlich zu ausreichenden Kenntnissen in Notfallmaßnahmen (s. Abschnitt 2.3.3) eine ausreichende Erfahrung mit extrakorporalen Systemen besitzen. Insbesondere muss das Personal am Zellseparator des verwendeten Typs ausführlich eingewiesen werden und in der Lage sein, alle Störungen rasch zu erkennen und diese entsprechend seinem Aufgaben- bzw. Verantwortungsbereich zu beheben.

Zellseparatoren müssen den Vorschriften des Medizinproduktegesetzes (MPG) entsprechen. Sie dürfen nur mit Einmalsystemen bestückt und gemäß der Medizinproduktebetreiberverordnung (MPBetreibV) gehandhabt werden.

Die Vorbereitung der Geräte muss schriftlich dokumentiert werden, die Sicherheitsprüfung ist von einer sachkundigen Person anhand einer Prüfliste zu bestätigen.

Die sachgerechte Bedienung und Überwachung des eingesetzten Apheresesystems und die Betreuung des Spenders während der Hämapherese sind sicherzustellen. Über Vorbereitung, Sicherheitsprüfung und Ablauf der Hämapherese ist ein Protokoll anzufertigen.

Die Spenderaufklärung (s. Abschnitt 2.1.2) muss die Besonderheiten der Hämapherese einschließen.

2.6.3 Häufigkeit und Menge der Hämapheresespenden

Das extrakorporale Blutvolumen sollte 15% des Intravasalvolumens des Spenders nicht überschreiten. Das maximale Entnahmevolumen pro Apherese für Plasma oder Plasma und Thrombozyten beträgt 650 ml (ohne Antikoagulans gerechnet). Das maximale Entnahmevolumen pro Apherese für Erythrozyten beträgt (auch für zwei Erythrozytenkonzentrate) 500 ml (ohne Antikoagulans gerechnet), das maximale Entnahmevolumen pro Apherese für ein Erythrozytenkonzentrat und Plasma beträgt 650 ml.

Wenn angezeigt, muss eine Volumensubstitution vorgenommen werden. Alternierende Spendearten sind erlaubt:

- Der zeitliche Abstand zwischen einer Blutspende und einer Thrombozytapherese/ Plasmapherese sollte mindestens 14 Tage betragen.
- Nach Entnahme eines Erythrozytenkonzentrates sollen im Regelfall zwölf Wochen, mindestens aber acht Wochen Pause bis zur nächsten Vollblutspende eingehalten werden, nach gleichzeitiger Entnahme von zwei Erythrozytenkonzentraten sind 16 Wochen Pause erforderlich.
- Der zeitliche Abstand zwischen zwei Plasmapheresen und zwischen einer Plasmapherese und einer anderen präparativen Hämapherese sollte mindestens 48 Stunden betragen. Das Gesamtspendevolumen darf einschließlich des bei anderen Spendearten gewonnenen Plasmas 25 Liter (ohne Antikoagulans gerechnet) im Jahr nicht überschreiten.
- Pro Jahr ist die Entnahme von bis zu 1000 ml Erythrozyten (entspr. 4 EK) bei Frauen und bis zu 1500 ml (entspr. 6 EK) bei Männern möglich.
- Pro Jahr sind bis zu 26 Thrombozytapheresen möglich; es können auch Zyklen von täglichen Thrombozytapheresen ohne gleichzeitige Plasmapheresen über bis zu fünf Tage durchgeführt werden. Nach einem Fünftage-Zyklus ist bis zur nächsten Einzelspende ein Abstand von 14 Tagen einzuhalten. Ein erneuter Fünftage-Zyklus ist unter besonderer Beachtung der Thrombozyten-Werte frühestens nach drei Monaten möglich.
- Bei Verwendung von Sedimentationsbeschleunigern sind pro Jahr maximal vier Granulozytapheresen möglich, die auch an aufeinanderfolgenden Tagen durchgeführt werden können. Ohne Sedimentationsbeschleuniger richtet sich die Spendefrequenz nach dem Erythrozytenverlust pro Granulozytapherese; dieser sollte das Erythrozytenvolumen einer Vollblutspende nicht überschreiten.
- Bei abweichenden Separationsbedingungen ist die Spendefrequenz entsprechend anzupassen.

2.6.4 Spenderuntersuchungen

Zusätzlich zu den für Vollblutspenden genannten Parametern (Tabellen in Abschnitten 2.4.2 und 2.4.3) sind zu testen:

Eignungsuntersuchung (vgl. Abschn. 2.1.4)

Parameter	Anforderungen
Leukozyten, Erythrozyten, Thrombozyten, MCV	normal
Gesamteiweiß im Serum	≥60 g/l

2.6.5 Besonderheiten der einzelnen Apheresetechniken

2.6.5.1 Präparative Plasmapherese

Zusätzlich zu den in Abschnitt 2.6.4 genannten Untersuchungen ist bei der Eignungsuntersuchung die Serum IgG-Konzentration zu bestimmen; der Wert muss ≥5,8 g/l betragen. Die Eignungsuntersuchung vor der ersten Plasmapherese sollte in der Regel nicht länger als vier Wochen zurückliegen. Die Eignungsuntersuchung ist nach jeder 15. Plasmapherese, spätestens nach zwei Jahren zu wiederholen.

Bei der Prüfung der Spendetauglichkeit ist zusätzlich zu den in Abschnitt 2.4.2. genannten Untersuchungen das Gesamteiweiß im Serum zu bestimmen; der Wert muss ≥60 g/l betragen.

Bei Frauen, die als Kontrazeptivum ein niedrig dosiertes Gestagenmonopräparat (sog. Minipille) einnehmen, ist nach Anamnese sicherzustellen, dass zwischen der Einnahme und dem Beginn der Plasmapherese mindestens drei Stunden vergangen sind.

Bei Spendern von Plasma zur Fraktionierung sind in Abschnitt 2.2.3 Ausnahmen von bestimmten Auswahlkriterien festgelegt.

Für die Gewinnung von Plasma zur Herstellung einer Reihe von spezifischen Immunglobulinen, wie z.B. Anti-D-Immunglobulin, Anti-Tetanus-Immunglobulin, Anti-FSME-Immunglobulin, Anti-Hepatitis-B-Immunglobulin und Anti-Tollwut-Immunglobulin, wird auf die aktuelle Fassung „Richtlinien für die Herstellung von Plasma für besondere Zwecke (Hyperimmunplasma)" des Wissenschaftlichen Beirates der Bundesärztekammer und des Paul-Ehrlich-Institutes verwiesen.

Wenn der Spendeabstand mindestens vier Wochen beträgt, kann aufgrund ärztlicher Entscheidung bei Frauen eine Plasmapherese auch bei 120 g/l Hämoglobin durchgeführt werden.

2.6.5.2 Präparative Thrombozytapherese

Die Eignungsuntersuchung vor der ersten Thrombozytapherese sollte in der Regel nicht länger als vier Wochen zurückliegen. Die Eignungsuntersuchung ist nach jeder zehnten Thrombozytapherese, spätestens nach zwei Jahren zu wiederholen.

Bei der Spenderauswahl ist anhand der Anamnese besonders darauf zu achten, dass die Thrombozyten des Spenders nicht durch Medikamente (z.B. Acetylsalicylsäure, Indometacin) in ihrer Funktion beeinträchtigt sind. Die Thrombozytenzahl des Spenders, bestimmt vor bzw. innerhalb von 15 min nach Beginn der Apherese, muss mehr als 140 000/µl betragen.

2.6.5.3 Präparative Granulozytapherese

Die Spenderaufklärung (s. Abschnitt 2.1.2) muss die Besonderheiten der Granulozytapheresespende einschließen, besonders im Hinblick auf die Anwendung von Zytokinen und/oder Steroiden, aber auch auf die Anwendung von Sedimentationsbeschleunigern. Vor Granulozytapheresen sollte die unter 2.6.4 angeführte Eignungsuntersuchung nicht länger als eine Woche zurückliegen. Beim Einsatz von Steroiden sollte vor Mobilisierung eine Blutzuckerbestimmung durchgeführt werden.

Bei Anwendung von Zytokinen sind zum Spenderschutz die Voraussetzungen nach § 9 Transfusionsgesetz einzuhalten. Eine Behandlung des Spenders mit G-CSF zur Mobilisierung und Gewinnung von Granulozyten ist nur im Rahmen von klinischen Studien möglich (§ 40 AMG). Eine Langzeitbeobachtung solcher Spender muss ge-

währleistet sein. Vor medikamentöser Mobilisierung soll die Leukozytenzahl nicht
unter 3000/µl und nicht über 13 000/µl liegen. Nach der Mobilisierung sollte die
Leukozytenzahl 70 000/µl nicht überschreiten.

2.6.5.4 Präparative Erythrozytapherese

Die Spenderaufklärung (s. Abschnitt 2.1.2) muss die Besonderheiten der Erythrozytapherese einschließen, besonders bei gleichzeitiger Entnahme von zwei Erythrozytenkonzentraten die Möglichkeit der Entwicklung eines Eisenmangels. Werden bei
einer Spende zwei Erythrozytenkonzentrate gewonnen, soll auch bei Frauen der
Wert für Hb ≥135 g/l bzw. für den Hkt ≥0,40 l/l betragen. Die in Abschnitt 2.6.3 festgelegten Höchstmengen und Mindestabstände und das maximale extrakorporale
Blutvolumen sind einzuhalten.

2.6.5.5 Präparative Multikomponenten-Apheresespenden

Mit der Weiterentwicklung der Apheresetechniken werden auch Mehrfachspenden
von verschiedenen Kombinationen von Blutbestandteilen möglich. Die Spenderaufklärung (s. Abschnitt 2.1.2) muss die Besonderheiten der Multikomponentenapheresespende einschließen, besonders die Unterschiede in der Durchführung und
in den pro Spende entnommenen Mengen im Vergleich zu den jeweiligen Einzelkomponentenspenden. Bei der Durchführung und Überwachung der Multikomponentenapheresespende ist besonderes Augenmerk auf die Vermeidung einer übermäßigen Belastung und nachteiliger Folgen für die Spender zu richten. Die in
Abschnitt 2.6.3 festgelegten Höchstmengen und Mindestabstände und das maximale extrakorporale Blutvolumen sind einzuhalten.

Die Auswahl der Spender, Frequenz und Umfang der Eignungsuntersuchungen und
die bei der Tauglichkeitsprüfung durchzuführenden Untersuchungen müssen den
entnommenen Blutbestandteilen entsprechend gewählt werden.

2.6.5.6 Präparative Apherese von allogenen Blutstammzellen

2.6.5.6.1 Definition

Als Blutstammzellapherese wird die gerichtete Entnahme von hämatopoetischen
Vorläuferzellen aus der Zirkulation des Spenders mittels eines Zellseparators bezeichnet. Dabei wird von einem geeigneten Spender mit einer oder mehreren
Stammzellapheresen mindestens die Menge an Blutstammzellen entnommen, die
bei einer allogenen Transplantation eines bestimmten Patienten eine rasche Rekonstitution der Hämatopoese erwarten lässt.

Die Gewinnung und Herstellung von allogenen Blutstammzellen ist Arzneimittelherstellung. Sie unterliegt den Vorschriften des AMG (§ 13 u.a.) und des Transfusionsgesetzes. Die „Richtlinien zur Transplantation peripherer Blutstammzellen" des
Wissenschaftlichen Beirats der Bundesärztekammer und des Paul-Ehrlich-Institutes
(Dt. Ärztebl. 1997; 94: A-1584–1592) sind zu beachten. Auf die „Empfehlungen
zur Blutstammzellapherese" der DGTI (Infusionsther. Transfusionsmed. 1998; 25:
325–335) wird hingewiesen.

2.6.5.6.2 Spenderuntersuchung und -auswahl

Der Spender ist dem für die Zytapherese zuständigen Arzt rechtzeitig vor Beginn der Konditionierung des Patienten (z.B. Ganzkörperbestrahlung) vorzustellen. Die Eignung als Spender muss von einem approbierten Arzt festgestellt werden, der unabhängig von der Transplantationseinheit tätig ist. Neben den Kriterien der Spendereignung nach 2.1.4 sind die Voraussetzungen zur Stammzellmobilisation zu gewährleisten.

Aufgrund ärztlicher Entscheidung kann nach individueller Risikoabwägung von einzelnen Voraussetzungen der Spendereignung abgewichen werden. Die Abweichungen sind schriftlich zu begründen und zu dokumentieren.

2.6.5.6.3 Spenderaufklärung

Es gelten die Ausführungen zu 2.1.2. Dabei ist der Spender insbesondere über die Problematik der medikamentösen Stammzellmobilisierung und die Entnahme ausführlich und schriftlich aufzuklären und die Einwilligung hierzu zu dokumentieren.

2.6.5.6.4 Häufigkeit und Menge der Stammzellapheresen

Das bei der Stammzellapherese prozessierte Blutvolumen sollte das Vierfache des Spenderblutvolumens nicht überschreiten. Die Separationsdauer für ein Verfahren sollte nicht mehr als fünf Stunden betragen. Pro Tag sollte das Entnahmevolumen 15% des Körperblutvolumens (ca. 500 ml bei Erwachsenen) nicht übersteigen. Das insgesamt entnommene Volumen sollte auch bei mehrfachen Apheresen maximal 30% des Körperblutvolumens betragen. Innerhalb von 14 Tagen sind höchstens fünf Separationen zulässig, die auch an aufeinanderfolgenden Tagen durchgeführt werden können. Bei Entlassung nach Apherese sollte die Thrombozytenzahl des Spenders nicht unter 80 000/µl liegen. Ggf. ist eine Retransfusion der Thrombozyten durchzuführen. Bei der Abschätzung der zu entnehmenden Menge ist zu berücksichtigen, dass bei einer allogenen Transplantation nach dem derzeitigen Wissensstand eine Mindestdosis von 4×10^6 CD34-positiven Zellen/kg Körpergewicht des Empfängers übertragen werden sollte.

2.6.5.7 Dokumentation

Über jede Apherese sowie über anschließende Präparationen (z.B. Thrombozytenabtrennung, Selektion von Blutstammzellen etc.) ist ein Protokoll zu fertigen, das die Angaben über das Verfahren, Art, Menge und Chargenbezeichnung der verwendeten Materialien und ggf. die Ergebnisse der Qualitätskontrollen enthält.

2.7 Eigenblutentnahme

Bei der autologen Hämotherapie werden dem Patienten eigenes Blut bzw. Blutkomponenten, welche für einen geplanten medizinischen Eingriff präoperativ entnommen oder perioperativ gesammelt wurden, retransfundiert. Für geplante Eingriffe kommen überwiegend präoperative bzw. perioperative Verfahren in Betracht, im

Rahmen von Notfallbehandlungen ist vorwiegend die intra- bzw. postoperative Herstellung angezeigt.

Für die Organisation sowie Herstellung, Lagerung und Transfusion von Eigenblutkomponenten gelten grundsätzlich die in diesen Richtlinien niedergelegten Vorschriften über Fremdblutprodukte. Abweichungen von diesen Vorschriften ergeben sich durch patientenspezifische Besonderheiten und sich daraus ableitende Eigenheiten dieser Blutprodukte. Da jede autologe Hämotherapie Bestandteil der medizinischen Behandlung ist, bedarf sie der ärztlichen Indikation.

Folgende Verfahren werden derzeit eingesetzt:

- präoperative Eigenblut- oder Eigenblutkomponentenherstellung,
- präoperative normovolämische Hämodilution,
- Retransfusion von intra- und/oder postoperativ gewonnenem Wund-/Drainageblut.

2.7.1 Präoperative Entnahme von Eigenblut oder Eigenblutbestandteilen

Vollblut bzw. Blutbestandteile werden vor einer Operation entnommen und nach Lagerung bei Bedarf retransfundiert.

Rechtzeitig vor planbaren Eingriffen ist vom behandelnden Arzt zu prüfen, ob bei einem regelhaften Operationsverlauf eine Transfusion ernsthaft in Betracht kommt (Transfusionswahrscheinlichkeit von mindestens 10%). Die zu behandelnde Person ist dann über die Möglichkeit der Anwendung von Eigenblut aufzuklären. Die Transfusionswahrscheinlichkeit und der Regelbedarf sind dabei auf der Grundlage krankenhauseigener Bedarfslisten zu ermitteln. Die Bereitstellung von Eigenblut und/oder Eigenblutprodukten ist unter Berücksichtigung des so bezifferten Transfusionsbedarfs, des zur Verfügung stehenden Spendezeitraums und der vorgesehenen Verfahren für den einzelnen Patienten zu planen.

Für die Möglichkeit, dass der tatsächliche Blutbedarf den Regelbedarf überschreitet und nicht mit Eigenblut gedeckt werden kann, muss die Versorgung mit homologen Blutprodukten sichergestellt sein.

Der organisatorische Ablauf ist hinsichtlich Zuständigkeit und Aufgabenverteilung schriftlich festzulegen. Im Krankenhaus übernimmt die Transfusionskommission oder der Transfusionsverantwortliche in Zusammenarbeit mit dem Transfusionsbeauftragten der betreffenden Abteilung die Koordination.

Die Eigenblutentnahme gilt als Arzneimittelherstellung und unterliegt den Vorschriften des AMG und des Transfusionsgesetzes (vgl. 2.7.5). Daher ist auch bei Durchführung im Krankenhaus GMP-gerecht zu arbeiten, d.h., es müssen u.a. geeignete Räume und Einrichtungen sowie entsprechend geschultes Personal vorhanden sein.

Der Transfusionstermin muss grundsätzlich vorhersehbar sein und mit zeitlich ausreichendem Vorlauf verbindlich festgelegt werden.

2.7.1.1 Eignung zur Eigenblutentnahme

Vor der ersten präoperativen Eigenblutentnahme ist die Eignung gemäß 2.1.4 festzustellen. Bei der ärztlichen Entscheidung über die Eignung des Patienten zur Eigenblutentnahme ist auch nach den Besonderheiten dieser Blutprodukte zu urteilen. So kann nach individueller Risikoabwägung von bestimmten Spenderauswahlkriterien gemäß 2.2.3 sowie von den Regelungen über die Häufigkeit und Menge der Entnahme gemäß 2.4.1 bzw. 2.6.3 abgewichen werden.

Feste Altersgrenzen sind nicht vorgegeben, bei Kindern mit einem Gewicht unter 10 kg sollte keine präoperative Eigenblutentnahme erfolgen, bei Kindern zwischen 10 und 20 kg nur unter gleichzeitiger, adäquater Volumensubstitution. Auch bei Schwangeren und bei Patienten mit Tumorleiden bedarf es wegen der besonderen Risiken einer sorgfältigen Abwägung, ob im Einzelfall die Eigenblutherstellung in Betracht kommt.

2.7.1.2 Kontraindikationen

Als Kontraindikationen gelten unter Wertung des Einzelfalls akute Infektionen mit der Möglichkeit einer hämatogenen Streuung, Verdacht auf infektiöse Magen-Darm-Erkrankungen, akute Erkrankungen ungeklärter Genese, frischer Herzinfarkt ($\leq$drei Monate), instabile Angina pectoris, Hauptstammstenose der Koronararterien, klinisch wirksame Aortenstenose, dekompensierte Herzinsuffizienz sowie Synkopen unklarer Genese. Ebenso sollte bei Verdacht auf fokale Infektionen keine Eigenblutentnahme erfolgen.

2.7.1.3 Laboratoriumsuntersuchungen

Vor oder anlässlich der ersten präoperativen Eigenblutentnahme ist mindestens auf humanes Immundefektvirus (HIV 1/2), Hepatitis B- und Hepatitis C-Virus-Infektionsmarker zu untersuchen. Bei Ablehnung dieser Untersuchungen durch den Patienten oder bei positiven Ergebnissen ist nach Risikoabwägung über Eigenblutentnahme und Retransfusion erneut zu entscheiden; die nähere Abklärung dieser Befunde obliegt dem überweisenden bzw. behandelnden Arzt. Die verantwortliche ärztliche Person der Einrichtung hat den Patienten und nach Einwilligung dessen transfundierenden Arzt unverzüglich über den anlässlich der Entnahme gesichert festgestellten Infektionsstatus zu unterrichten. Der Patient ist eingehend aufzuklären und zu beraten.

Abweichend von den Tabellen 2.4.2 und 2.4.3 bzw. 2.6.4 sind anlässlich jeder Blutentnahme mindestens die Temperatur sowie Hämoglobin- oder Hämatokritwert zu bestimmen.

2.7.1.4 Eigenblutentnahme (Gewinnung)

Der Aufwand zur Sicherheit und Überwachung des Patienten bei der Eigenblutentnahme (Monitoring, Volumenersatz) richtet sich nach der ärztlichen Einschätzung des individuellen Entnahmerisikos und der Tatsache, dass diese Patienten relevante

Begleiterkrankungen aufweisen können. Die personellen und sachlichen Voraussetzungen zur unverzüglichen Einleitung einer notfallmedizinischen Behandlung müssen bestehen. Die Entnahme des Eigenblutes darf nur durch einen Arzt oder unter der Verantwortung eines approbierten Arztes erfolgen. Die verantwortliche Leitung eines derartigen Bereichs bedarf eines qualifizierten approbierten Arztes.

Die Häufigkeit der Eigenblutentnahme in dem zur Verfügung stehenden Zeitraum ist abhängig von der Eignung des Patienten und der Verträglichkeit der jeweiligen Eigenblutentnahme. Mögliche Auswirkungen der Eigenblutentnahme auf den geplanten Eingriff sind ebenfalls zu berücksichtigen.

Bei bestehendem Eisenmangel ist eine Eisensubstitution angezeigt.

2.7.1.5 Kennzeichnung des Eigenblutes

Auf Eigenblutprodukten sind Name und Anschrift des Herstellers, Entnahme- und Verfalldatum, genaue Bezeichnung der Blutkomponente, Name, Vorname und Geburtsdatum des Patienten sowie die Bezeichnung „Eigenblut" dauerhaft anzubringen. Die Angabe der Blutgruppenmerkmale (AB0, Rh-System) kann entfallen. Die Unterschrift des Patienten auf dem Etikett kann zur Vermeidung von Verwechslungen beitragen. Auf diese Weise kann auch intraoperativ bei anästhesierten Patienten durch den Vergleich mit anderen vom Patienten unterzeichneten Dokumenten eine weitere Identitätskontrolle vorgenommen werden.

2.7.1.6. Lagerung

Eigenblut kann als leukozytendepletiertes Vollblut oder in Blutkomponenten aufgetrennt, letztere auch tiefgekühlt, gelagert werden. Die Auftrennung in Blutkomponenten verlängert die mögliche Lagerungszeit. Eigenblut ist getrennt von homologen Blutprodukten zu lagern. Eigenblut von noch nicht abschließend untersuchten Patienten und solches mit positiven Infektionsmarkern ist von allen anderen Blutprodukten so deutlich getrennt zu lagern, dass eine Verwechslung ausgeschlossen werden kann.

2.7.1.7 Qualitätskontrollen

Bei Eigenblut sind bezüglich der Erythrozytenzahl und des Hämatokrits bzw. Hämoglobingehalts durch die kurzen Spendeintervalle andere Grenzwerte möglich als bei homologen Produkten (Fertigarzneimitteln). Alle Eigenblutpräparationen sind einer visuellen Kontrolle (z.B. Unversehrtheit, Hämolyse, Anzeichen für mikrobielle Kontamination) zu unterziehen. Weitergehende Qualitätskontrollen müssen regelmäßig an wenigstens 1% aller hergestellten Blutprodukte, mindestens jedoch an vier Blutkomponenten pro Monat durchgeführt werden. Zu untersuchende Parameter sind für Erythrozytenkonzentrate bzw. Vollblut die Hämolyserate (<0,8%), für alle Arten von Komponenten die Sterilität.

Nicht benötigte Blutprodukte am Ende ihrer Laufzeit eignen sich hierfür besonders, da somit auch eine Aussage über die Qualität der Lagerungsbedingungen möglich ist.

2.7.2 Präoperative normovolämische Hämodilution

Vollblut wird unmittelbar vor einer Operation unter gleichzeitiger, adäquater Substitution des Blutvolumens entnommen und intra- oder postoperativ retransfundiert.

2.7.3 Retransfusion von intra- und/oder postoperativ gewonnenem Wund-/Drainageblut

- Autologe Direkt-Retransfusion: intra- und/oder postoperativ gesammeltes Wund-/ Drainageblut wird gesammelt und ohne weitere Aufarbeitung über einen Transfusionsfilter retransfundiert. Bei dieser Form der Retransfusion von postoperativ gesammeltem Drainageblut besteht abhängig vom transfundierten Volumen die Gefahr einer massiven Gerinnungsaktivierung und Bakteriämie,
- maschinelle Autotransfusion: intra- und/oder postoperativ gesammeltes Wundblut wird als gewaschene Erythrozytensuspension innerhalb von sechs Stunden retransfundiert.

Die Wahl und Kombination der genannten Verfahren richtet sich nach der Indikationsstellung unter Berücksichtigung der personellen, räumlichen und apparativen Voraussetzungen des Krankenhauses.

2.7.4 Aufklärung und Einwilligung des Patienten

Der Patient ist über die vorgesehenen autologen Hämotherapieverfahren sowie deren mögliche unerwünschte Wirkungen vom zuständigen Arzt aufzuklären. Diese Aufklärung ist ebenso zu dokumentieren wie der Hinweis, dass trotz Einsatzes autologer Hämotherapieverfahren die Notwendigkeit einer Fremdbluttransfusion nicht ausgeschlossen werden kann und dass nicht benötigte Eigenblutkomponenten spätestens, falls nicht anders vereinbart, mit Ablauf der Lagerungszeit der Erythrozytenpräparate entsorgt bzw. zur Verwendung für Zwecke der Qualitätskontrolle oder der wissenschaftlichen Forschung ausgesondert werden (s. Abschnitt 2.4.3). Die Einwilligung des Patienten zur Anwendung autologer Hämotherapieverfahren ist schriftlich einzuholen.

2.7.5 Rechtliche Rahmenbedingungen

Die Eigenblutherstellung ist gemäß § 67 AMG der zuständigen Landesbehörde vor Aufnahme der Tätigkeit anzuzeigen. Auf die Erfordernis einer Herstellungserlaubnis gemäß §§ 13 ff. AMG wird hingewiesen. Die erlaubnisfreie Gewinnung bzw. Herstellung ist nur zulässig, wenn der entnehmende Arzt mit dem transfundierenden Arzt personenidentisch ist.

Die verantwortlichen Ärzte müssen eine mindestens sechsmonatige transfusionsmedizinische Erfahrung oder eine einjährige Tätigkeit in der Herstellung autologer Blutzubereitungen nachweisen (§ 15 (3) AMG). Werden ausschließlich autologe Blutzubereitungen hergestellt und geprüft, und finden Herstellung, Prüfung und Anwendung im Verantwortungsbereich einer Abteilung oder einer anderen ärztlichen Einrichtung statt, kann der Herstellungsleiter zugleich die Funktion des Kontrolleiters wahrnehmen („kleine Herstellungserlaubnis" § 14 (2) AMG). Die Anwendung muss nicht in derselben Abteilung erfolgen, in der hergestellt und geprüft wird, aber im Verantwortungsbereich des für die Herstellung und Prüfung verantwortlichen Arztes liegen. Erfolgt eine Abgabe an Dritte außerhalb dieses Verantwortungsbereiches, so müssen ein Herstellungsleiter und zusätzlich ein Kontrolleiter benannt werden.

Medizinisches Assistenzpersonal ist für die Durchführung autologer Hämotherapieverfahren und in Bezug auf Notfallmaßnahmen besonders zu schulen.

2.7.6 Dokumentation

Jede Entnahme von Eigenblut und die damit verbundenen Maßnahmen sind für die im Transfusionsgesetz geregelten Zwecke, für Zwecke der ärztlichen Behandlung des Patienten und für Zwecke der Risikoerfassung nach dem Arzneimittelgesetz zu protokollieren. Die Aufzeichnungen sind mindestens 15 Jahre aufzubewahren (§ 11 TFG).

2.7.7 Autologe Blutstammzellapherese

Blutstammzellkonzentrate für eine autologe Transplantation können ähnlich wie allogene Stammzellkonzentrate (s. Abschnitt 2.6.5.6) mittels Zytapherese gewonnen werden. Die entsprechenden Vorschriften gelten sinngemäß. Zur autologen Transplantation werden derzeit mindestens 2×10^6 CD34-positive Zellen/kg Körpergewicht empfohlen.

Durch Zytapherese gewonnene Stammzellpräparate können bei +4°C ± 2°C bis zu maximal 72 Stunden ohne spezielle Konservierungszusätze gelagert werden. Für eine längere Lagerung ist eine Kryokonservierung in Stickstoff mit einer geeigneten Gefrierschutzlösung notwendig. Bei der Übertragung sind mögliche Nebenwirkungen der Gefrierschutzlösung zu beachten.

Stammzellpräparate dürfen nicht bestrahlt werden.

Bei der Beschriftung sind zusätzlich zu den bei Eigenblutprodukten erforderlichen Angaben (2.7.1.5) die Bezeichnung „autologe Blutstammzellen", im Fall von kryokonservierten Präparaten darüber hinaus die Bezeichnung und Menge des Kryokonservierungsmittels dauerhaft auf dem primären Behältnis anzubringen. Die im Produkt vorhandene Zellzahl ist auf einem Begleitschein zu vermerken. Der Transport der Blutstammzellpräparate erfolgt in einem geeigneten Behältnis durch einen entsprechend instruierten Kurier. Beim Transport wird der primäre Behälter mit dem nicht kryokonservierten Stammzellkonzentrat in Folie versiegelt und in einem Isolier-Transportkoffer mit Kühlelementen bei +4°C verpackt. Kryokonservierte Präparate sind in geeigneten Stickstofftransportbehältern oder mit Trockeneis zu versenden. Der Transportbehälter muss Name, Adresse und Telefonnummer des Absenders und Empfängers einschließlich Name der Kontaktperson sowie deutlich sichtbar den Vermerk „Menschliche Zellen für die Transplantation. Nicht bestrahlen! Unverzüglich weitergeben!" tragen.

2.8 Haftung

Der Blutspender ist durch eine „allgemeine Unfall- und Wegeversicherung" gegen Schädigungen im Zusammenhang mit der Blutspendetätigkeit versichert. Dies gilt auch im Zusammenhang mit der Spenderimmunisierung, der Gewinnung von Plasma und der Separation von Blutstammzellen sowie anderen Blutbestandteilen einschließlich erforderlicher Vorbehandlungen entsprechend §§ 8 und 9 des Transfusionsgesetzes.

Auf die bestehende gesetzliche Unfallversicherung nach § 2 Abs. 1 Nr. 13b SGB VII (BGBl.I 1996 S. 1254, 1259) wird hingewiesen. Schadensfälle sind unverzüglich über einen Durchgangsarzt dem jeweiligen Gemeindeunfallversicherungsverband des Landes zu melden.

Für Eigenblutentnahmen treffen diese haftungsrechtlichen Regelungen nicht zu.

3 Herstellung, Lagerung und Transport von Blutprodukten

Blutprodukte sind Arzneimittel im Sinne von § 2 (1) AMG i.V. mit § 2 Nr. 3 TFG und unterliegen den Vorschriften des Arzneimittelrechtes. Die Entwicklung, Herstellung oder klinische Prüfung von Blutzubereitungen ist gemäß AMG vor Aufnahme der Tätigkeit der zuständigen Landesbehörde anzuzeigen. Werden Blutzubereitungen zum Zwecke der Abgabe an andere hergestellt, ist nach § 13 AMG eine Herstellungserlaubnis erforderlich. Eine Abgabe an andere liegt vor, wenn die Person, die das Arzneimittel herstellt, eine andere ist als die, die es anwendet.

Die Herstellungserlaubnis muss bei der zuständigen Landesbehörde beantragt werden. Die Voraussetzungen für die Erteilung einer Herstellungserlaubnis sind in den §§ 14, 15 AMG geregelt. Personen mit der nach AMG erforderlichen Sachkenntnis müssen als leitende ärztliche Person, Herstellungsleiter, Kontrolleiter bzw. Vertriebsleiter benannt werden. Bei der Herstellung von Blutprodukten sind die Betriebsverordnung für pharmazeutische Unternehmer (PharmBetrV) und der Leitfaden einer guten Herstellungspraxis für Arzneimittel (GMP) zu berücksichtigen.

Werden Blutprodukte im voraus hergestellt und in einer zur Abgabe an den Verbraucher bestimmten Packung in den Verkehr gebracht, handelt es sich um Fertigarzneimittel, für die eine Zulassung nach §§ 21 ff. AMG durch die zuständige Bundesoberbehörde (Paul-Ehrlich-Institut) erforderlich ist. In diesem Fall ist ein Informationsbeauftragter (§ 74a AMG) und ein Stufenplanbeauftragter (§ 63a AMG) zu benennen. Die Blutzubereitungen müssen gemäß §10 AMG gekennzeichnet sein und gemäß §§ 11, 11a AMG mit einer Gebrauchs- und Fachinformation in Verkehr gebracht werden.

Das AMG regelt ebenfalls die vor der Zulassung der Blutzubereitungen notwendige klinische Prüfung. Die Voraussetzungen für eine klinische Prüfung sind in den §§ 40 ff. AMG geregelt (z.B. Ethikkommission, Versicherung).

Die Herstellung von Blutkomponenten ist transfusionsmedizinischer Standard. Die Gewinnung ist möglich über Vollblutspende oder durch Apherese.

Bei der Vollblutspende werden 450 ml oder 500 ml (zuzüglich Untersuchungsproben) entnommen und in ein geschlossenes Beutelsystem überführt. Die gebräuchlichsten Stabilisatoren sind CPD (Citrat, Phosphat, Dextrose) und CPDA-1 (CPD mit Zusatz von Adenin). Nach Zentrifugation des Vollblutes werden Buffy coat (Leukozyten und Thrombozyten) und Plasma durch einfache physikalische Verfahren von den Erythrozyten im geschlossenen System oder unter aseptischen Bedingungen abgetrennt.

Die Auftrennung des Vollblutes in Blutkomponenten soll schnell erfolgen und innerhalb von 24 Stunden abgeschlossen sein. Für die Blutkomponenten gelten unterschiedliche Lagertemperaturen vor der Auftrennung. Wenn sechs Stunden bis zur Auftrennung überschritten werden, sollte die Umgebungstemperatur unter +24°C liegen. Die Umgebungstemperatur ist zu dokumentieren.

Die Herstellung von Blutprodukten mittels Apherese erlaubt die selektive Entnahme von Plasma, Thrombozytenkonzentraten, Erythrozytenkonzentraten und weiteren Zellen mittels geschlossener Entnahmesysteme. Die Entnahme mehrerer verschiedener Blutbestandteile wird als Multikomponentenspende bezeichnet. Im Gegensatz zur Vollblutspende wird der Stabilisator (z.B. Citrat, CPD-50 oder ACD-A) während der Entnahme dosiert über einen Sterilfilter zugesetzt.

Einzelheiten und die maximalen Entnahmevolumina für die verschiedenen Arten der Apherese sind in Abschn. 2.6.3 aufgeführt.

Es sind regelmäßig Qualitätskontrollen aus der laufenden Herstellung durchzuführen. Einzelheiten zu den Qualitätsprüfungen sind in den jeweiligen Abschnitten in Tabellen aufgeführt.

3.1 Blutkomponenten

3.1.1 Erythrozytenkonzentrate[9]

3.1.1.1 Erythrozytenkonzentrat Buffy coat-frei in Additivlösung

Das Buffy coat-freie Erythrozytenkonzentrat in additiver Lösung enthält den größten Teil der Erythrozyten einer einzelnen Blutspende.

Die Herstellung kann

a) nach Vollblutentnahme durch Zentrifugation, anschließender Entfernung von Buffy coat und Plasma und Resuspension der Erythrozyten in Additivlösung oder

b) durch Apherese mit anschließender Suspension der Erythrozyten in Additivlösung erfolgen.

Lagerungstemperatur: + 4°C ± 2°C

Lagerungszeit entsprechend den Angaben des Herstellers.

---

[9] Die aus einer einzelnen Blutspende hergestellten Erythrozytenkonzentrate werden nachfolgend als Einheit bezeichnet.

Die monatliche Prüfhäufigkeit der Qualitätskontrollen beträgt 1% der hergestellten Einheiten, mindestens aber vier Einheiten; ausgenommen ist die Sterilitätstestung mit $0,4 \times \sqrt{n}$ (n = Zahl der hergestellten Einheiten pro Monat).

Tabelle 3.1.1.1. Qualitätskontrollen

Prüfparameter	Prüfkriterium	Prüfzeitpunkt
Volumen	nach Festlegung, abhängig vom Entnahmevolumen	nach Herstellung
Hämatokrit	0,50 bis 0,70 l/l	nach Herstellung und am Ende der ermittelten Haltbarkeit
Gesamt-Hb	≥43 g/Einheit	nach Herstellung und am Ende der ermittelten Haltbarkeit
% Hämolyse	<0,8% der Erythrozytenmasse	am Ende der ermittelten Haltbarkeit
Restleukozyten	$<1,2 \times 10^9$ /Einheit*	nach Herstellung
Visuelle Kontrolle	Beutel unversehrt, keine sichtbare Hämolyse	nach Herstellung und am Ende der ermittelten Haltbarkeit
Sterilität	steril	am Ende der ermittelten Haltbarkeit

* Diese Anforderung sollen 75% der geprüften Einheiten erfüllen

3.1.1.2 Leukozytendepletiertes Erythrozytenkonzentrat Buffy coat-frei in Additivlösung

Die Leukozytendepletion kann an verschiedenen Stellen des Herstellungsprozesses in-line bzw. im funktionell geschlossenen System erfolgen:

a) Vollblut wird zentrifugiert, Plasma und Buffy coat werden abgetrennt. Anschließend erfolgt die Leukozytendepletion der Erythrozyten und deren Resuspension in Additivlösung.
b) Vollblut wird leukozytendepletiert, anschließend zentrifugiert. Nach Abtrennung des Plasmas erfolgt die Resuspension der Erythrozyten in Additivlösung.
c) Durch Apherese gewonnene Erythrozyten werden leukozytendepletiert und in Additivlösung resuspendiert.
d) Leukozytendepletion des Erythrozytenkonzentrates Buffy coat-frei in Additivlösung, z.B. mittels kontaminationssicherer Schlauchverbindungen (SCD-Verfahren).

Die frühzeitige Leukozytendepletion erhöht die Qualität der Konserven.

Lagerungstemperatur nach Leukozytendepletion: + 4°C ± 2°C.

Lagerungszeit entsprechend den Angaben des Herstellers.

Die monatliche Prüffrequenz der Qualitätskontrollen beträgt 1% der hergestellten Einheiten, mindestens aber vier Einheiten; ausgenommen ist die Sterilitätstestung mit $0,4 \times \sqrt{n}$ (n = Zahl der hergestellten Einheiten pro Monat).

Tabelle 3.1.1.2. Qualitätskontrollen

Prüfparameter	Prüfkriterium	Prüfzeitpunkt
Volumen	nach Festlegung, abhängig vom Entnahmevolumen	nach Herstellung
Hämatokrit	0,50 bis 0,70 l/l	nach Herstellung und am Ende der ermittelten Haltbarkeit
Gesamt-Hb	≥40 g/Einheit	nach Herstellung und am Ende der ermittelten Haltbarkeit
% Hämolyse	<0,8% der Erythrozytenmasse	am Ende der ermittelten Haltbarkeit
Restleukozyten	$<1 \times 10^6$ /Einheit*	nach Herstellung
Visuelle Kontrolle	Beutel unversehrt, keine sichtbare Hämolyse	nach Herstellung und am Ende der ermittelten Haltbarkeit
Sterilität	steril	am Ende der ermittelten Haltbarkeit

* Diese Anforderung sollen 90% der geprüften Einheiten erfüllen.

3.1.1.3 Kryokonserviertes Erythrozytenkonzentrat

Zur Herstellung von kryokonservierten Erythrozytenkonzentraten können die unter 3.1.1.1 und 3.1.1.2 aufgeführten Erythrozytenkonzentrate verwendet werden. Leukozytendepletierte Erythrozytenkonzentrate sind vorzuziehen, da hierdurch das Risiko der Übertragung zellständiger Viren stark vermindert werden kann.

Das Erythrozytenkonzentrat wird innerhalb von sieben Tagen nach der Spende unter Zugabe eines geeigneten Kryokonservierungsmittels tiefgefroren und danach bei Temperaturen unter −80°C gelagert.

Die Haltbarkeit des kryokonservierten Erythrozytenkonzentrates ist abhängig von der Lagertemperatur. Ausgewählte kryokonservierte Erythrozytenkonzentrate mit seltenen Blutgruppenmerkmalen werden in wenigen nationalen und internationalen Blutbanken vorrätig gehalten. Sie können unter geeigneten Bedingungen länger als zehn Jahre gelagert werden.

Vor der Anwendung werden die Erythrozytenkonzentrate aufgetaut, mit einer geeigneten Lösung gewaschen und resuspendiert. Kryokonservierte Erythrozytenkonzentrate sind nach Rekonditionierung zur unverzüglichen Transfusion bestimmt; bis dahin sollen sie bei +4°C ±2°C aufbewahrt werden.

Alle hergestellten Einheiten werden auf Sterilität geprüft. Die Bestimmung von freiem Hb, Osmolarität und Sterilität kann aus dem letzten Waschüberstand erfolgen. Die in Tabelle 3.1.1.3 aufgeführten Untersuchungen werden an 1% der Präparate durchgeführt.

Tabelle 3.1.1.3. Qualitätskontrollen

Prüfparameter	Prüfkriterium	Prüfzeitpunkt
Volumen	nach Festlegung, abhängig vom Entnahmevolumen	nach Rekonditionierung
Hämatokrit	0,50 bis 0,75 l/l	nach Rekonditionierung
Gesamt-Hb	≤36 g/Einheit	nach Rekonditionierung
Freies Hb (Überstand)	<0,2 g/Einheit	nach Rekonditionierung
Osmolarität	<340 mOsm/l	nach Rekonditionierung
Visuelle Kontrolle	Beutel unversehrt, keine deutlich sichtbare Hämolyse	nach Herstellung und nach Rekonditionierung
Sterilität	steril	nach Rekonditionierung

3.1.1.4 Gewaschenes Erythrozytenkonzentrat

Zur Herstellung von gewaschenen Erythrozytenkonzentraten können die unter 3.1.1.1 und 3.1.1.2 aufgeführten Erythrozytenkonzentrate verwendet werden.

Zur Entfernung der Plasmaproteine werden fertige Erythrozytenkonzentrate mit isotonischer Lösung im funktionell geschlossenen System oder unter Anwendung aseptischer Bedingungen mehrmals gewaschen und anschließend in isotonischer Kochsalz- oder Additivlösung resuspendiert.

Lagerungstemperatur: + 4°C ± 2°C.

Lagerungszeit: Entsprechend den Angaben des Herstellers.

Die Indikation für ein gewaschenes Erythrozytenkonzentrat ist sehr streng zu stellen (s. *Leitlinien der Bundesärztekammer zur Therapie mit Blutkomponenten und Plasmaderivaten*).

Die jährliche Prüffrequenz der Qualitätskontrollen beträgt 1% der hergestellten Einheiten, mindestens aber vier Einheiten. Alle hergestellten Einheiten werden auf Sterilität geprüft.

Die Bestimmung von freiem Hb, Proteingehalt und Sterilität kann aus dem letzten Waschüberstand erfolgen.

Tabelle 3.1.1.4. Qualitätskontrollen

Prüfparameter	Prüfkriterium	Prüfzeitpunkt
Volumen	nach Festlegung, abhängig vom Entnahmevolumen	nach Rekonditionierung
Hämatokrit	0,50 bis 0,75 l/l	nach Rekonditionierung
Gesamt-Hb	≥43 g/Einheit bei Ausgangsprodukt EK Buffy coat-frei in Additivlösung, ≥40 g/Einheit bei Ausgangsprodukt leukozytendepletiertes EK	nach Rekonditionierung
% Hämolyse	<0,8% der Erythrozytenmasse	nach Rekonditionierung
Proteingehalt	<1,5 g/l	nach Rekonditionierung
Visuelle Kontrolle	Beutel unversehrt, keine sichtbare Hämolyse	nach Rekonditionierung
Sterilität	steril	nach Rekonditionierung

3.1.1.5 Bestrahltes Erythrozytenkonzentrat

Vorzugsweise sollten leukozytendepletierte Erythrozytenkonzentrate bestrahlt werden, welche die oben aufgeführten Spezifikationen aufweisen.

Die Bestrahlung erfolgt mit einer mittleren Dosis von 30 Gy und darf an keiner Stelle des Präparates die Dosis von 25 Gy unterschreiten.

Lagerungstemperatur: + 4°C ± 2°C.

Lagerungszeit entsprechend der ermittelten Haltbarkeit.

3.1.2 Thrombozytenkonzentrate

3.1.2.1 Einzelspender-Thrombozytenkonzentrat

Die Herstellung erfolgt nach Vollblutentnahme durch Zentrifugation, anschließender Abtrennung von Plasma und Erythrozyten und erneuter Zentrifugation des Buffy coats. Die Thrombozyten werden danach entweder in autologem Plasma oder in einem Gemisch von Plasma und Additivlösung für Thrombozyten resuspendiert. Eine Herstellung aus plättchenreichem Plasma ist möglich.

Lagerungstemperatur: + 22°C ± 2°C unter ständiger Agitation.

Lagerungszeit möglichst kurz, maximal fünf Tage nach der Spende, abhängig vom Herstellungsverfahren und den verwendeten Lagerbeuteln.

Die monatliche Prüffrequenz der Qualitätskontrollen beträgt 1% der hergestellten Einheiten, mindestens aber vier Einheiten; ausgenommen ist die Sterilitätstestung mit $0,4 \times \sqrt{n}$ (n = Zahl der hergestellten Einheiten pro Monat).

Tabelle 3.1.2.1. Qualitätskontrollen

Prüfparameter	Prüfkriterium	Prüfzeitpunkt
Volumen	>40 ml nach Festlegung	nach Herstellung
Thrombozytenzahl	$>60 \times 10^9$ /Einheit*	nach Herstellung
Restleukozyten	$<0,5 \times 10^8$ /Einheit*	nach Herstellung
Resterythrozyten	$<0,5 \times 10^9$ /Einheit	nach Herstellung
pH-Wert	6,5 bis 7,4	am Ende der Haltbarkeit
Visuelle Kontrolle	Beutel unversehrt, „swirling"	am Ende der Haltbarkeit
Sterilität	steril	am Ende der Haltbarkeit

* Diese Anforderung sollen 75% der geprüften Einheiten erfüllen.

3.1.2.2 Pool-Thrombozytenkonzentrat

Zum Erreichen einer therapeutischen Standarddosis für Erwachsene werden im funktionell geschlossenen System in der Regel vier bis sechs AB0-blutgruppengleiche Buffy coats oder fertige Einzelspender-Thrombozytenkonzentrate zu Pool-Thrombozytenkonzentrat zusammengeführt.

Lagerungstemperatur: + 22°C ± 2°C unter ständiger Agitation.

Lagerungszeit möglichst kurz, maximal fünf Tage nach der Spende, abhängig vom Herstellungsverfahren und den verwendeten Lagerbeuteln.

Die monatliche Häufigkeit der Qualitätskontrollen beträgt 1% der hergestellten Einheiten an Pool-Thrombozytenkonzentraten, mindestens aber vier Einheiten; ausgenommen ist die Sterilitätstestung mit $0,4 \times \sqrt{n}$ (n = Zahl der hergestellten Einheiten pro Monat).

3.1.2.3 Leukozytendepletiertes Pool-Thrombozytenkonzentrat

Leukozytendepletierte Pool-Thrombozytenkonzentrate werden durch Filtration im funktionell geschlossenen System hergestellt.

Lagerungstemperatur: + 22°C ± 2°C unter ständiger Agitation.

Lagerungszeit möglichst kurz, maximal fünf Tage nach der Spende, abhängig vom Herstellungsverfahren und den verwendeten Lagerbeuteln.

Die monatliche Prüffrequenz der Qualitätskontrollen beträgt 1% der hergestellten Einheiten, mindestens aber vier Einheiten; ausgenommen ist die Sterilitätstestung mit $0,4 \times \sqrt{n}$ (n = Zahl der hergestellten Einheiten pro Monat).

Der Gehalt an Thrombozyten soll dem der Apherese-Thrombozytenkonzentrate entsprechen.

Tabelle 3.1.2.3. Qualitätskontrollen

Prüfparameter	Prüfkriterium	Prüfzeitpunkt
Volumen	>40 ml in Abhängigkeit von der Anzahl der gepoolten Einheiten	nach Herstellung
Thrombozytenzahl	$>60 \times 10^9$ in Abhängigkeit von der Anzahl der gepoolten Einheiten*	nach Herstellung
Restleukozyten	$<1 \times 10^6$ in der gepoolten Einheit*	nach Herstellung
Resterythrozyten	$<0,5 \times 10^9$ in Abhängigkeit von der Anzahl der gepoolten Einheiten	nach Herstellung
pH-Wert	6,5 bis 7,4	am Ende der Haltbarkeit
visuelle Kontrolle	Beutel unversehrt, „swirling"	am Ende der Haltbarkeit
Sterilität	steril	am Ende der Haltbarkeit

* Diese Anforderung sollen 90% der geprüften Einheiten erfüllen.

3.1.2.4 Apherese-Thrombozytenkonzentrat

Die Herstellung erfolgt durch Apherese, entweder durch Thrombozytapherese oder durch Multikomponentenspende.

Lagerungstemperatur: + 22°C ± 2°C unter ständiger Agitation.

Lagerungszeit möglichst kurz, maximal fünf Tage nach der Spende, abhängig vom Herstellungsverfahren und den verwendeten Lagerbeuteln.

Die monatliche Prüffrequenz der Qualitätskontrollen beträgt 1% der hergestellten Einheiten, mindestens aber vier Einheiten; ausgenommen ist die Sterilitätstestung mit $0,4 \times \sqrt{n}$ (n = Zahl der hergestellten Einheiten pro Monat).

Tabelle 3.1.2.4. Qualitätskontrollen

Prüfparameter	Prüfkriterium	Prüfzeitpunkt
Volumen	>200 ml	nach Herstellung
Thrombozytengehalt	$>200 \times 10^9$/Einheit	nach Herstellung
Thrombozyten/ml	nach Festlegung, ermittelt abhängig von Lagerbedingungen	nach Herstellung
Restleukozyten	$<1 \times 10^9$/Einheit*	nach Herstellung
Resterythrozyten	$<3 \times 10^9$/Einheit	nach Herstellung
pH-Wert	6,5 bis 7,4	am Ende der Haltbarkeit
Visuelle Kontrolle	Beutel unversehrt, „swirling"	am Ende der Haltbarkeit
Sterilität	steril	am Ende der Haltbarkeit

* Diese Anforderung sollen 75% der geprüften Einheiten erfüllen.

3.1.2.5 Leukozytendepletiertes Apherese-Thrombozytenkonzentrat

Die Herstellung erfolgt durch Apherese mit anschließender Leukozytendepletion oder durch ein Aphereseverfahren mit integrierter Leukozytendepletion.

Lagerungstemperatur: $+ 22°C \pm 2°C$ unter ständiger Agitation.

Lagerungszeit möglichst kurz, maximal fünf Tage nach der Spende, abhängig vom Herstellungsverfahren und den verwendeten Lagerbeuteln.

Die monatliche Prüffrequenz der Qualitätskontrollen beträgt 1% der hergestellten Einheiten, mindestens aber vier Einheiten; ausgenommen ist die Sterilitätstestung mit $0,4 \times \sqrt{n}$ (n = Zahl der hergestellten Einheiten pro Monat).

Tabelle 3.1.2.5. Qualitätskontrollen

Prüfparameter	Prüfkriterium	Prüfzeitpunkt
Volumen	>200 ml	nach Herstellung
Thrombozytengehalt	$>200 \times 10^9$/Einheit	nach Herstellung
Thrombozyten/ml	nach Festlegung, ermittelt abhängig von Lagerbedingungen	nach Herstellung
Restleukozyten	$<1 \times 10^6$/Einheit*	nach Herstellung
Resterythrozyten	$<3 \times 10^9$/Einheit	nach Herstellung
pH-Wert	6,5 bis 7,4	am Ende der Haltbarkeit
Visuelle Kontrolle	Beutel unversehrt, „swirling"	am Ende der Haltbarkeit
Sterilität	steril	am Ende der Haltbarkeit

* Diese Anforderung sollen 90% der geprüften Einheiten erfüllen.

3.1.2.6 Bestrahltes Thrombozytenkonzentrat

Vorzugsweise sollen leukozytendepletierte Thrombozytenkonzentrate bestrahlt werden, die abhängig von der Herstellung jeweils die Spezifikationen der unbestrahlten Präparate aufweisen. Die Bestrahlung erfolgt mit einer mittleren Dosis von 30 Gy und darf an keiner Stelle des Präparates die Dosis von 25 Gy unterschreiten.

Lagerungstemperatur: + 22°C ± 2°C unter ständiger Agitation.

Lagerungszeit möglichst kurz, maximal fünf Tage nach der Spende, abhängig vom Herstellungsverfahren und den verwendeten Lagerbeuteln.

3.1.3 Granulozytenkonzentrate

Die Gewinnung von Granulozyten in therapeutisch wirksamen Dosen ist durch Apherese unter Zusatz eines Sedimentationsbeschleunigers und vorausgegangener medikamentöser Konditionierung des Spenders möglich. Die Granulozyten werden in autologem Spenderplasma resuspendiert. Granulozytenkonzentrate sind zur unverzüglichen Transfusion bestimmt; bis dahin sollen sie bei +20 bis + 24°C aufbewahrt werden.

Granulozyten müssen vor der Anwendung bestrahlt werden. Die Bestrahlung erfolgt mit einer mittleren Dosis von 30 Gy und darf an keiner Stelle des Präparates die Dosis von 25 Gy unterschreiten.

Tabelle 3.1.3. Qualitätskontrollen

Parameter	Prüfkriterium	Prüfzeitpunkt
Volumen	<500 ml	nach Herstellung
Granulo-Zyten	>10 × 10^9 pro Einheit	nach Herstellung

3.1.4 Plasma

3.1.4.1 Gefrorenes Frischplasma (GFP)

Die Herstellung erfolgt

a) aus Vollblut nach Zentrifugation und anschließendem Abtrennen der Erythrozyten und des Buffy coats,
b) aus der Apherese-Plasmapherese oder Multikomponentenspende,
c) Plasma, das aus leukozytendepletiertem Vollblut nach Zentrifugation und Abtrennen der Erythrozyten gewonnen wird, bezeichnet man als leukozytendepletiertes Plasma. Die Herstellung von leukozytendepletiertem Plasma kann auch durch Plasmafiltration erfolgen.

Nach Blutentnahme soll Frischplasma so schnell wie möglich, vorzugsweise innerhalb von sechs bis acht Stunden, jedoch nicht später als 24 Stunden, eingefroren werden. Die Einfriertechnik soll das vollständige Gefrieren des Plasmas innerhalb einer Stunde auf eine Temperatur unterhalb −30°C gewährleisten.

Nach sechs Monaten Quarantänelagerung kann das gefrorene Frischplasma nur dann therapeutisch eingesetzt werden, wenn bei einer nachfolgenden Blutspende oder Blutprobe die Virusmarker Anti-HIV 1/2, HBs-Antigen und Anti-HCV nicht nachweisbar waren. Die Prüfung auf Hepatitis-C-Viren ist mit einer geeigneten Nukleinsäure-Amplifikationstechnik durchzuführen. Das Ergebnis muss negativ sein. Hinsichtlich der ALT-Bestimmung ist das Votum des Arbeitskreises Blut Nr. 21 vom 30./31. August 1999 zu beachten.

Plasma kann bei −30 bis −40°C (Toleranz +3 °C) über die ermittelte Haltbarkeitsdauer gelagert werden.

Die monatliche Prüffrequenz der Qualitätskontrollen beträgt 1% der hergestellten Einheiten, mindestens aber vier Einheiten; ausgenommen ist die Sterilitätstestung mit $0,4 \times \sqrt{n}$. Abweichend davon beträgt die monatliche Prüffrequenz für den Gerinnungsfaktor VIII 0,5% der hergestellten Einheiten, mindestens aber zwei Einheiten jeweils im ersten Lagermonat und nach Ende der ermittelten Haltbarkeit. Die Testung kann entweder an blutgruppengemischten Pool- oder Einzelproben erfolgen.

Tabelle 3.1.4.1. Qualitätskontrollen

Parameter	Prüfkriterium	Prüfzeitpunkt
Volumen	Wie festgelegt	nach Herstellung
Faktor VIII-Gehalt	≥0.7 U/ml (Pooltestung), ≥70% des Ausgangswertes (Testung von Einzelproben)	im ersten Monat nach Herstellung und am Ende der ermittelten Haltbarkeit
Restleukozyten	<0,5 x 10 9 /l	nach Herstellung
Restthrombozyten	<20 x 10 9 /l	nach Herstellung
Resterythrozyten	<6 x 10 9 /l	nach Herstellung
Visuelle Kontrolle	unversehrt, keine sichtbaren Ausfällungen	nach Herstellung und am Ende der ermittelten Haltbarkeit
Sterilität	steril	nach Herstellung oder während oder am Ende der Lagerung

3.1.4.2 Bestrahltes gefrorenes Frischplasma

Die Bestrahlung erfolgt mit einer mittleren Dosis von 30 Gy und darf an keiner Stelle des Präparates die Dosis von 25 Gy unterschreiten.

3.1.4.3 Zur Virusinaktivierung behandeltes Plasma

Zur Herstellung von Solvent/Detergent-Plasma (SD-Plasma) wird blutgruppenkompatibel gepooltes Plasma verwendet.

Wie bei allen Verfahren zur Virusinaktivierung muss eine gewisse Reduktion der Hämostasefaktoren in Kauf genommen werden. Da nicht umhüllte Viren wie z.B. Parvovirus B19 oder Hepatitis A-Virus mit diesem Verfahren nicht inaktiviert werden, besteht ein geringes Risiko der Übertragung solcher Viren.

Lagerungstemperatur und Lagerungszeit nach Angaben des Herstellers.

3.2 Plasmaderivate

Plasmaderivate werden durch Fraktionierung aus Plasmapools hergestellt, die üblicherweise ein Volumen von einigen Tausend Litern haben. Dieses Plasma unterliegt den Anforderungskriterien der Europäischen Pharmakopoe. Jeder Plasmapool wird auf Infektionsmarker getestet. Alle in Deutschland zugelassenen Plasmaderivate werden Verfahren zur Virusinaktivierung/-abreicherung unterzogen.

Die wichtigsten Plasmaderivate sind Albumin, Immunglobuline, Gerinnungspräparate – Faktor VIII, Faktor IX, Prothrombinkomplex/PPSB, Fibrinkleber, Präparate zur Gerinnungshemmung – Antithrombin, auch Protein C und S, Fibrinolytika.

Bezüglich weiterer Inhaltsstoffe, z.B. Heparin, wird auf die Packungsbeilage (Gebrauchsinformationen) verwiesen.

3.3 Transport und Lagerung

Beim Transport von Blutprodukten vom Hersteller zu der Einrichtung der Krankenversorgung unter der Verantwortung des Herstellers muss sichergestellt sein, dass die für die jeweiligen Blutprodukte vorgegebenen Temperaturen aufrechterhalten bleiben (s. Tabelle in 4.1). Dies gilt auch beim Transport unter Verantwortung der Einrichtung der Krankenversorgung und ist im Rahmen des jeweiligen Qualitätssicherungssystems schriftlich festzulegen.

Die Lagerung von Blutprodukten muss in entsprechend geeigneten Kühl- bzw. Lagereinrichtungen erfolgen (z.B. Blutkonservenkühlraum, Blutkonserven-Lagerschrank, Tiefkühlschrank und -lagertruhe, Thrombozyteninkubator mit Thrombozytenagitator) die mit geeigneten Temperaturmess-, -registrierungs- und -alarmeinrichtungen ausgerüstet sein müssen.

Eine gemeinsame Lagerung von Blutprodukten mit anderen Arzneimitteln, Lebensmitteln oder sonstigen Materialien ist nicht zulässig.

Die Lagerungstemperaturen sind zu dokumentieren.

4 Anwendung von Blutprodukten

Die Grundzüge eines Qualitätssicherungssystems für die Anwendung* von Blutprodukten sind im 3. Abschnitt des Transfusionsgesetzes geregelt und werden in diesen Richtlinien berücksichtigt. Sie betreffen:

• Organisationsabläufe,
• Räumlichkeiten,
• Geräte und Reagenzien sowie
• alle Mitarbeiter,

die in mittelbarem oder unmittelbarem Zusammenhang mit Lagerung, Transport und Anwendung von Blutprodukten und deren Übertragung stehen. Die organisato-

---

* Der Begriff „Transfusion" ist nicht durchgängig durch den Begriff „Anwendung" zu ersetzten, da es sich um einen historisch und international gebräuchlichen Begriff handelt.

rischen Abläufe und die Verantwortlichkeiten für die Lagerung, den Transport und die Übertragung von Blutprodukten einschließlich deren Anforderung durch den zuständigen Arzt sind zu beschreiben und in einem Organigramm darzustellen. Die Einhaltung der Anweisungen (z.b. Temperatur der Lagerhaltung, Transportzeiten, Handhabung der Blutprodukte durch das Pflegepersonal bei der Transfusionsvorbereitung) ist regelmäßig zu kontrollieren. Diese Kontrollen sind zu dokumentieren.

Die Anforderungen an das mit der Lagerung, Transport und Übertragung von Blutprodukten befasste Personal (Hilfskräfte, Verwaltungskräfte, Pflegepersonal, technisches Personal, ärztliches Personal) sind zu definieren und schriftlich festzulegen.

Die benutzten Räumlichkeiten und Geräte (z.b. zum Lagern und Auftauen von GFP) sind zu beschreiben. Die Funktionsfähigkeit der Geräte ist regelmäßig zu überprüfen, und die Ergebnisse sind zu dokumentieren. Gesetzliche Vorschriften wie das Medizinproduktegesetz sind zu beachten.

Im Labor- und Depotbereich sind die transfusionssichernden Untersuchungsabläufe wie z.b. Bestimmungen von Blutgruppen, Verträglichkeitsproben und andere immunhämatologische Untersuchungen einschließlich der Probenannahme und Präparateausgabe zu beschreiben und die Verantwortlichkeiten schriftlich festzulegen. Arbeitsplatzbeschreibungen und Arbeitsanweisungen für jeden Arbeitsplatz sind zu erstellen. Ein Hygieneplan für den Labor- und Depotbereich ist zu erstellen. Benutzte Geräte werden nach einem Plan regelmäßig auf ihre Funktionstüchtigkeit kontrolliert, und die Ergebnisse werden dokumentiert (z.B. Kühlschränke, Wasserbäder, Zentrifugen). Interne und externe Qualitätskontrollen der benutzten Reagenzien und Systeme sind im Laborbereich gemäß den Richtlinien der Bundesärztekammer bzw. den Empfehlungen der Fachgesellschaften durchzuführen.

Ein Hygieneplan für alle mit der Lagerung, dem Transport und der Übertragung von Blutprodukten verbundenen Abläufe ist zu erstellen. Die Einhaltung des Hygieneplanes ist zu dokumentieren.

Arbeitsvorschriften zur Anwendung entsprechend den *Leitlinien der Bundesärztekammer zur Therapie mit Blutkomponenten und Plasmaderivaten* sind zu erstellen. Die anwendungsbezogenen Wirkungen sind zu erfassen und zu dokumentieren.

Unerwünschte Transfusionsreaktionen sind zu erfassen, auszuwerten und soweit wie möglich in ihrer Ursache aufzuklären. Eine entsprechende Anweisung zur Erfassung und Dokumentation ist zu erstellen (**Hämovigilanz**).

Ein Programm zur regelmäßigen Selbstinspektion ist zu erstellen. Die Selbstinspektionen müssen durchgeführt, und festgestellte Mängel müssen dokumentiert und behoben werden.

Ein fachübergreifender Informationsaustausch zwischen den verschiedenen Fachdisziplinen, die in der Hämotherapie tätig sind, ist zu gewährleisten (§ 15 Abs. 2 Satz 2 TFG).

Diese Inhalte sind in den Krankenversorgungseinrichtungen durch eine schriftliche Dienstanweisung in Einzelheiten zu regeln.

Die einschlägigen Arbeitsschutzbestimmungen sind einzuhalten.

4.1 Transport und Lagerung in der Einrichtung der Krankenversorgung

Grundsätzlich werden Blutprodukte im Blutdepot gelagert (*s. Abschnitt 3.3*). Plasmaderivate können auch in der Apotheke der Einrichtung gelagert werden. Die Vorratshaltung beim Anwender ist auf ein definiertes Minimum zu beschränken, da die Präparate im Regelfall zur unmittelbaren Anwendung am Patienten bestimmt sind.

Der Transport von Blutprodukten hat unter den entsprechenden kontrollierten Bedingungen zu erfolgen und ist durch eine schriftliche Anweisung zu regeln (s. Abschnitt 3.3). Während des Transports der Blutprodukte ist bis zur Übergabe in den Verantwortungsbereich des Anwenders dafür Sorge zu tragen, dass kein Unbefugter Zugriff zu den Blutprodukten hat und die Qualität der Blutprodukte nicht beeinträchtigt wird. Die Lagerung von Blutpräparaten beim Anwender muss *in geeigneten Kühleinrichtungen* erfolgen. *Blutprodukte dürfen nicht zusammen mit Lebensmitteln gelagert werden*.

Eine Rücknahme von nicht angewendeten Blutpräparaten ist nur bei Einhaltung der entsprechenden Lagerungs- und Transportbedingungen möglich (s. Tabelle 4.1).

Der Verbleib nicht angewendeter Blutprodukte ist zu dokumentieren, und ihre ordnungsgemäße Entsorgung sollte über die ausgebende Stelle der Einrichtung erfolgen (4.3.11).

Tabelle 4.1

Kategorie	Lagerung	Transport
Erythrozyten	+4°C ± 2°C	+1 bis +10°C
Thrombozyten	+22°C ± 2°C	Raumtemperatur
	Unter ständiger Agitation	
gefrorenes Frischplasma	–30°C bis –40°C	tiefgefroren
	(Toleranz + 3°C)	
gefrorenes Frischplasma aufgetaut	zur sofortigen Transfusion	Raumtemperatur

4.2 Blutgruppenserologische Untersuchungen in der Einrichtung der Krankenversorgung

4.2.1 Verantwortung und Zuständigkeit

Die Festlegung des Untersuchungsganges, die Durchführung der blutgruppenserologischen Untersuchungen sowie die Auswertung der Untersuchungsergebnisse fallen in den Verantwortungsbereich des zuständigen Arztes, der eine Qualifikation gemäß 1.5.1.3 besitzen muss. Die Untersuchungen können insgesamt oder teilweise an externe, entsprechend qualifizierte Labors delegiert werden. Die Zuständigkeiten sind schriftlich festzulegen.

4.2.2 Untersuchungsumfang

Blutgruppenserologische Untersuchungen umfassen:

- Bestimmung der Blutgruppen im AB0- und im Rh-System,
- den Antikörpersuchtest,
- ggf. die Bestimmung weiterer Merkmale und deren Antikörper,
- die serologische Verträglichkeitsprobe (Kreuzprobe) und
- ggf. weitere immunhämatologische Untersuchungen.

Im Regelfall müssen vor allen invasiven und operativen Eingriffen, bei denen die Möglichkeit eines transfusionsbedürftigen Blutverlustes besteht (z.B. definiert durch hauseigene Daten), ein gültiger Befund der Blutgruppenbestimmung und ein Ergebnis des Antikörpersuchtests des zuständigen Laboratoriums vorliegen. Bei positivem Antikörpersuchtest ist die Spezifität des/der Antikörper unverzüglich festzustellen. Patienten mit vorhersehbar langzeitiger Transfusionsbehandlung oder nachgewiesenen Auto- bzw. irregulären Allo-Antikörpern sollten nach Möglichkeit Rh-Formel- und Kell-ausgewählt bzw. – übereinstimmend transfundiert werden. Für Patienten mit transfusionsrelevanten irregulären Antikörpern gegen Erythrozyten ist die Spezifität der Antikörper zu berücksichtigen. Für den bei operativen/ invasiven Eingriffen zu erwartenden Transfusionsbedarf ist rechtzeitig eine entsprechende Anzahl – auch unter Berücksichtigung evtl. Komplikationen – kompatibler Blutprodukte bereitzustellen.

Untersuchungsumfang bei Notfällen s. Abschnitt 4.2.5.10.

4.2.3 Identitätssicherung

Verwechslungen kommen häufiger vor als Fehlbestimmungen. Sie sind möglich bei der Blutentnahme, der Untersuchung, der Erstellung des Befundberichtes, der Ausfertigung eines Ausweises, dem Transport der Blutprodukte und/oder der Einleitung der Transfusion.

Es ist daher unerlässlich, Verwechslungen auszuschließen.

Jedes Probengefäß ist vor Entnahme eindeutig zu kennzeichnen (Name, Vorname, Geburtsdatum bzw. auch in codierter Form). Der Untersuchungsauftrag muss vollständig einschließlich Entnahmedatum ausgefüllt und von der abnehmenden Person unterschrieben sein (s. auch Abschnitt 4.3). Der Einsender muss auf dem Untersuchungsantrag eindeutig ausgewiesen sein. Der anfordernde Arzt ist für die Identität der Blutprobe verantwortlich.

Erwecken die Kennzeichnung des Probengefäßes oder der Inhalt der Begleitpapiere Zweifel, so ist dies zu überprüfen und das Ergebnis zu protokollieren. Verbleiben Zweifel, ist eine neue Blutprobe anzufordern.

4.2.4 Untersuchungsmaterial

Für blutgruppenserologische Untersuchungen ist eine nur für diesen Zweck bestimmte und geeignete Blutprobe erforderlich. Nach Abschluss der Untersuchungen ist das Probengefäß (Originalröhrchen) mindestens eine Woche gekühlt (+4 bis +8° C) aufzubewahren.

Bestimmte, dem Empfänger verabreichte Medikamente (z.B. Plasmaexpander, Heparin in hoher Dosierung) können Fehlbestimmungen verursachen. Dies muss bei der Abnahme berücksichtigt und der untersuchenden Stelle mitgeteilt werden. Nabelschnurblut von Neugeborenen muss als solches gekennzeichnet werden. Auf vorangegangene Knochenmark-/Blutstammzelltransplantationen und/oder Bluttransfusionen sowie Schwangerschaften ist hinzuweisen (s. Abschnitt 4.3.1).

4.2.5 Untersuchungsverfahren

4.2.5.1 Wahl der Untersuchungsmethoden

Die Wahl der Untersuchungsmethoden ist unter Berücksichtigung des aktuellen Wissensstandes zu treffen. Bei manueller Bestimmung von blutgruppenserologischen Befunden sind diese im Regelfall durch eine Zweitablesung einer anderen qualifizierten Person zu kontrollieren. Bei maschineller Bestimmung sind vergleichbare Sicherheitsvorkehrungen zu gewährleisten. Bei allen unklaren Befunden ist der Verantwortliche für die Blutgruppenserologie heranzuziehen. Die Eignung der durchgeführten Verfahren muss durch entsprechende Qualitätssicherungsmaßnahmen regelmäßig dokumentiert werden (s. Abschnitt 4.2.5.3).

4.2.5.2 Testreagenzien

Für die Bestimmung der AB0- und D-Blutgruppenmerkmale sind zugelassene Testreagenzien zu verwenden. Alle übrigen Bestimmungen müssen mit gleichwertigen Testreagenzien durchgeführt werden. Die beigefügten Gebrauchsanleitungen sind zu beachten. Testreagenzien dürfen grundsätzlich nicht über ihre Laufzeit hinaus verwendet werden. Für den Fall, dass mit zwei verschiedenen Reagenzien getestet werden soll (z.B. 4.2.5.5), ist bei der Verwendung monoklonaler Testreagenzien darauf zu achten, dass Reagenzien unterschiedlicher Klone verwendet werden.

4.2.5.3 Qualitätssicherung

Jedes Laboratorium, in dem blutgruppenserologische Untersuchungen durchgeführt werden, muss im Rahmen eines Qualitätssicherungssystems regelmäßig interne und externe Qualitätskontrollen gemäß den „Richtlinien der Bundesärztekammer zur Qualitätssicherung in der Immunhämatologie", 1992, durchführen. Die Untersuchungsabläufe sind zu beschreiben und die Verantwortlichkeiten schriftlich festzulegen (s. Abschnitt 1.4).

4.2.5.4 Bestimmung der AB0-Blutgruppenmerkmale

Die AB0-Blutgruppenmerkmale sollten mit monoklonalen Testreagenzien Anti-A und Anti-B bestimmt und durch den Nachweis der Serumeigenschaften (Anti A- und/oder Anti-B) mit Testerythrozyten A(1), A(2), B und 0 abgesichert werden. Die Bestimmung ist nur vollständig, wenn sowohl die Erythrozytenmerkmale als auch die Serumeigenschaften untersucht worden sind.

Wenn die Serumeigenschaften den Erythrozytenmerkmalen nicht entsprechen, ist die Ursache zu klären. Von der Regel abweichende Untersuchungsergebnisse bei Neugeborenen und Säuglingen sind keine endgültigen Ergebnisse und als solche zu kennzeichnen.

4.2.5.5 Bestimmung des Rh-Merkmals D

Das Rh-Merkmal D tritt in unterschiedlichen Ausprägungsformen auf:

* als ein voll ausgeprägtes Merkmal, welches typisch ist für Rh positiv (D positiv),
* als ein abgeschwächtes und/oder in seiner Ausprägung verändertes Merkmal: entweder als schwach ausgeprägtes Antigen D (weak D) oder als qualitativ deutlich verändertes D-Antigen (partial D), welches gleichzeitig auch schwach ausgeprägt sein kann (z.B. D-Kategorie VI = D^{VI}). Träger mit einem qualitativ deutlich veränderten D-Antigen können durch ein voll ausgeprägtes Rh-Merkmal D immunisiert werden, besonders Träger der Kategorie D^{VI}.

Die Bestimmung des Rh-Merkmales D erfolgt bei Patienten und bei Blutspendern auf unterschiedliche Weise (s. Abschnitt 2.5).

Bei Patienten, Schwangeren und Neugeborenen erfolgt die Untersuchung des Rh-Merkmals D mit mindestens zwei Testreagenzien. Für diese Untersuchung wird die Anwendung zweier monoklonaler Antikörper der IgM-Klasse, die die Kategorie D^{VI} nicht erfassen, empfohlen.

Eine Kontrolle zur Prüfung auf Autoagglutination muss bei jeder Bestimmung des Rh-Merkmals D mitgeführt werden und eindeutig negativ sein.

Bei negativem Ergebnis aller Testansätze gelten potentielle Empfänger von Blut, einschließlich Schwangeren und Neugeborenen, als Rh negativ (D negativ).

Bei übereinstimmend positivem Ergebnis und auch bei unzweifelhaft schwach positivem Ergebnis ist der Patient Rh positiv (D positiv).

Bei diskrepanten oder fraglich positiven Ergebnissen der Testansätze mit monoklonalem IgM-Anti-D ist der Patient als „Empfänger Rh negativ (D negativ)" zu deklarieren. Eine weitere Klärung sollte angestrebt werden.

4.2.5.6 Bestimmung weiterer Blutgruppenmerkmale

Die Bestimmung weiterer Rh-Merkmale und/oder anderer Blutgruppenmerkmale soll grundsätzlich mit jeweils zwei verschiedenen Testreagenzien unter Mitführung von Kontrollen (gemäß den *Richtlinien der Bundesärztekammer zur Qualitätssiche-*

rung in der Immunhämatologie) erfolgen. Die positive Kontrolle sollte das Merkmal schwach ausgeprägt aufweisen (heterozygote Erbanlage für das Allel).

4.2.5.7 Antikörpersuchtest

Der Antikörpersuchtest ist Bestandteil der Blutgruppenbestimmung. Er wird anlässlich jeder Verträglichkeitsprobe wiederholt, sofern die Entnahme der Blutprobe, aus welcher der letzte Antikörpersuchtest durchgeführt wurde, länger als drei Tage zurückliegt.

Die Testzellen sollen folgende Merkmale aufweisen:

C, C^w, c, D, E, e, K, k, Fy (a), Fy (b), Jk (a), Jk (b), S, s, M, N, P (1), Le (a), Le (b).

Es wird empfohlen, dass folgende Merkmale in hoher Antigendichte (homozygote Erbanlage für das Allel) auf den Testzellen vorhanden sind:

D, c, Fy (a), Fy (b), Jk (a), Jk (b), S, s.

4.2.5.7.1 Indirekter Antihumanglobulintest (AHG-Test)

Eine empfindliche Methode zum Nachweis von Antikörpern gegen Erythrozytenantigene ist der indirekte AHG-Test (Coombs-Test). Weitere Testverfahren, die nach dem jeweiligen Stand des Wissens eine vergleichbare Sensitivität und Spezifität aufweisen, können angewandt werden. Zum Ausschluss bzw. Nachweis von Antikörpern gegen Erythrozytenantigene müssen mindestens zwei Testerythrozytenpräparationen verwendet werden, die sich in ihrem Antigenmuster ergänzen. Negative AHG-Tests sind bei Durchführung im Röhrchentest mit antikörperbeladenen Testerythrozyten zu überprüfen.

4.2.5.7.2 Direkter AHG-Test

Der direkte AHG-Test dient dem Nachweis von Antikörpern und Komplementfaktoren, die sich in vivo an die Probanden-Erythrozyten gebunden haben (z.B. Autoantikörper, Antikörper der Mutter bei Morbus haemolyticus neonatorum, Alloantikörper gegen Erythrozyten bei Transfusionsreaktionen). Der direkte AHG-Test sollte mit mindestens zwei verschiedenen polyspezifischen AHG-Reagenzien durchgeführt werden. Bei positivem Ausfall sind weitere Untersuchungen zur Klärung vorzunehmen.

4.2.5.8 Antikörperidentifizierung

Die Antikörperidentifizierung dient der Klärung der Spezifität von Antikörpern gegen Erythrozytenantigene. Werden im Serum/Plasma irreguläre Antikörper oder Autoantikörper festgestellt, so soll versucht werden, deren Spezifität und klinische Bedeutung zu klären. Bei Vorliegen von klinisch relevanten Antikörpern ist der betreffenden Person ein Notfallpass mit dem Befund auszustellen (s. Abschnitt 4.2.5.11).

4.2.5.9 Serologische Verträglichkeitsprobe (Kreuzprobe)

Die serologische Verträglichkeitsprobe ist die unerlässlich notwendige Sicherung der Verträglichkeit vor jeder Transfusion von Erythrozytenpräparaten. Sie dient der Erkennung blutgruppenserologischer Unverträglichkeiten zwischen Spender und Empfänger durch Überprüfung der Verträglichkeit zwischen Empfängerserum und Spendererythrozyten (früher Majortest). Der indirekte AHG-Test (s. Abschnitt 4.2.5.7.1) ist Bestandteil der serologischen Verträglichkeitsprobe.

Durch die serologische Verträglichkeitsprobe sollen auch Verwechslungen und Fehlbestimmungen aufgedeckt werden. Aus jeder neu abgenommenen Patienten-blutprobe ist eine Kontrolle der AB0-Blutgruppenmerkmale durchzuführen.

Die Entnahme einer Blutprobe unter Eröffnung des Blutbeutels ist nicht zulässig.

Auf die Gefahr der Missdeutung („falsch negativ") bei Hämolyse im Testansatz wird hingewiesen.

Um transfusionsrelevante Antikörper durch Booster-Effekte nach Transfusionen und Schwangerschaften innerhalb der letzten sechs Monate (auch bei einer fragli-chen Transfusions- und Schwangerschaftsanamnese) zu erfassen, ist die serologi-sche Verträglichkeitsuntersuchung für weitere Transfusionen nach spätestens drei Tagen mit einer frisch entnommenen Empfängerprobe erneut durchzuführen. Dies gilt auch für vorher bereits verträglich befundete Erythrozytenkonzentrate.

Das Ergebnis der Verträglichkeitsprobe ist zu dokumentieren. Eine verwechslungsfreie Zuordnung zum Präparat bis zur Transfusion ist sicherzustellen (s. Abschnitt 4.3.2).

Zu den Besonderheiten bei prä- und perinataler Transfusion wird auf 4.4.2 verwie-sen.

4.2.5.10 Notfälle

In Notfällen kann von den Richtlinien abgewichen werden, soweit dies in der gege-benen Situation zur Abwendung von Lebensgefahr oder eines ernsten Schadens für den Empfänger notwendig ist. In diesen Fällen ist besonders auf die Gefahr von Verwechslungen und Fehlbestimmungen zu achten. Notfälle und die Abweichung von den Richtlinien sind schriftlich zu dokumentieren.

Die AB0-Blutgruppen- und Rh-Bestimmung sowie die serologische Verträglich-keitsprobe müssen auch dann vollständig durchgeführt werden, wenn die Transfu-sion aus vitaler Indikation bereits vorher erfolgen muss. Schnelltests zur Verträg-lichkeitsuntersuchung können für Notfälle herangezogen werden; das Ergebnis muss grundsätzlich durch das Regelverfahren bestätigt werden.

Transfusionen aus vitaler Indikation ohne regelhaft abgeschlossene Voruntersu-chung sind durch den transfundierenden Arzt als solche zu dokumentieren. Das Transfusionsrisiko ist erhöht. Die Risikoabwägung trifft der transfundierende Arzt. Das Ergebnis der serologischen Verträglichkeitsprobe (Kreuzprobe) und des Anti-körpersuchtests ist dem transfundierenden Arzt unverzüglich mitzuteilen.

4.2.5.11 Dokumentation der blutgruppenserologischen Befunde

Hersteller und Chargenbezeichnung aller Testreagenzien sind zu dokumentieren. Alle blutgruppenserologischen Untersuchungen einschließlich Reaktionsausfall und Kontrollen sind vollständig zu protokollieren. Eintragungen von Blutgruppen- und Antikörperbefunden in Ausweise müssen von dem Verantwortlichen für die Blutgruppenserologie überprüft und durch seine Unterschrift bestätigt werden. Die Befund-Interpretation obliegt einem transfusionsmedizinisch fort- oder weitergebildeten Arzt. Die Eintragungen müssen Untersuchungsstelle, Protokollnummer und Datum erkennen lassen. Blutgruppenbefunde einer anderen Untersuchungsstelle (z.B. in Blutspenderpässen) sollen zur Bestätigung herangezogen werden, dürfen aber (außer im Katastrophenfall) nicht allein einer Erythrozytentransfusion zugrunde gelegt werden. Frühere, im eigenen Laboratorium erhobene Blutgruppenbefunde können als Grundlage einer Erythrozytentransfusion dienen, wenn die Identität gesichert ist und das Ergebnis durch eine Bestimmung aus einer zweiten Blutentnahme bestätigt wurde. Bereits vorliegende Blutgruppendokumente (einschließlich Mutterpass) sollen herangezogen werden, um früher nachgewiesene, klinisch relevante Antikörper zu berücksichtigen, selbst wenn diese aktuell nicht festgestellt werden können.

Ergeben spätere Untersuchungen Abweichungen von früheren Befunden, so hat der Untersucher nach Klärung für die Richtigstellung bzw. Ergänzung zu sorgen. Dies gilt auch für Blutgruppenbefunde bei Neugeborenen und Säuglingen (s. Abschnitt 4.2.5.4, 4.4.1.3).

4.2.5.12 Datensicherung

Die Eingabe von Blutgruppenbefunden in eine EDV-Anlage muss kontrolliert und diese Kontrolle dokumentiert werden. Nach Befundfreigabe muss das EDV-Programm gewährleisten, dass die gespeicherten Daten und Blutgruppeneigenschaften nur autorisiert und erkennbar korrigiert werden können. Die Eingabeprotokolle sind als Dokumente zu behandeln und über einen Zeitraum von mindestens 15 Jahren zu speichern, soweit nicht weitergehende Vorschriften Anwendung finden.

4.2.5.13 Schreibweise der Befunde

Die nachfolgende Schreibweise sollte einheitlich verwandt werden, um Missverständnisse zu vermeiden:

Erythrozytenmerkmale:
AB0-System: A
                B
                0
                AB

Untergruppen des AB0-Systems:
Die Untergruppen werden durch Zusätze gekennzeichnet, z.B. A(1), A(2), A(1)B, A(2)B.

Rh-System (Rh):
Im Rh-System existieren mehrere Nomenklaturen. Im folgenden wird eine Schreibweise beispielhaft empfohlen, der transfusionsmedizinische Aspekte zugrunde liegen:

Rh positiv (D positiv) und Rh positiv (weak D positiv)
CcD.ee
CCD.ee
CcD.Ee
ccD.EE
ccD.ee

Rh negativ (D negativ) sind Personen mit folgenden Merkmalen im Rh-System:
ccddee
Ccddee
ccddEe
CcddEe
usw.

sowie mit entsprechenden Formeln mit Cw und anderen Rh-Merkmalen.

Sonstige Blutgruppenmerkmale der Erythrozyten:
Die Schreibweise richtet sich nach der international üblichen Nomenklatur.

Bei handschriftlichen Befundeintragungen sollen zur Vermeidung von Verwechslungen Blutgruppenbezeichnungen mit Kleinbuchstaben grundsätzlich mit einem Querstrich über dem Buchstaben versehen werden.

Befundmitteilung bei Antikörpern gegen Erythrozytenantigene:
Zum vollständigen Befund gehört die Angabe des Untersuchungsverfahrens, der Spezifität, ggf. des Titers und der klinischen Beurteilung. Eintragungen der Befunde sind in der Art der angegebenen Beispiele vorzunehmen:
Anti-D Titer 32 (indirekter AHG)

Anti-Le(a) schwach pos. (NaCl), nicht ursächlich für Morbus haemolyticus neonatorum. Anti-k Titer 16 (indirekter AHG), 99,8% der möglichen Erythrozytenpräparate unverträglich, sehr schwierige Blutversorgung, autologe Hämotherapie ist zu bedenken.

4.3 Anwendung von Blutkomponenten und Plasmaderivaten

Blutkomponenten und Plasmaderivate sind verschreibungspflichtige Arzneimittel und dürfen nur auf ärztliche Anordnung abgegeben werden. Die Indikation ist streng zu stellen. Auf die *Leitlinien zur Therapie mit Blutkomponenten und Plasmaderivaten* der Bundesärztekammer wird hingewiesen.

Besteht bei planbaren Eingriffen die Wahrscheinlichkeit von mindestens 10% für die Notwendigkeit einer Transfusion, ist der Patient über das Risiko allogener Bluttransfusionen aufzuklären und rechtzeitig auf die Möglichkeit der Anwendung autologer Hämotherapieverfahren hinzuweisen (s. Abschnitt 4.6).

Die Organisationsabläufe werden vom Transfusionsverantwortlichen bzw. von der Transfusionskommission erarbeitet. Sie sind in einer schriftlichen Dienstanweisung von der Leitung der Einrichtung verbindlich anzuordnen.

4.3.1 Blutanforderung

Die Anforderung von Blutkomponenten und Plasmaderivaten erfolgt für jeden Empfänger schriftlich unter Angabe der Diagnose, von Transfusionen, Schwangerschaften, Medikamenten, welche die Verträglichkeitsprobe beeinträchtigen, der blutgruppenserologischen Untersuchungsergebnisse, der zeitlichen Dringlichkeit sowie des vorgesehenen Transfusionstermins durch den anfordernden Arzt. Stehen Eigenblutpräparate bereit, muss durch organisatorische Maßnahmen gewährleistet sein, dass diese zuerst transfundiert werden.

4.3.2 Identitätssicherung und vorbereitende Kontrollen

Alle Blutproben, die zur transfusionsserologischen Untersuchung erforderlich sind, müssen stets – auch im Notfall – eindeutig beschriftet und bezüglich ihrer Herkunft gesichert sein (Einzelheiten s. Abschnitt 4.2.3, 4.2.5.10).

Nach der Durchführung der serologischen Verträglichkeitsprobe (Kreuzprobe) wird jeder Blutkomponente ein Begleitschein beigefügt, der zumindest Namen, Vornamen, Geburtstag des Patienten sowie die Nummer des Blutproduktes enthält. Eine verwechslungsfreie Zuordnung zum Präparat ist sicherzustellen.

Vor Beginn der Transfusion hat der transfundierende Arzt am Patienten persönlich zu überprüfen, ob das Präparat für den betreffenden Empfänger bestimmt ist, die Blutgruppe des Präparats (Präparate-Etikett) dem Blutgruppenbefund des Empfängers entspricht bzw. mit diesem kompatibel ist und die Präparatenummer mit den Angaben im Begleitschein übereinstimmt.

Darüber hinaus müssen das Verfalldatum, die Unversehrtheit des Blutbehältnisses und die Gültigkeit der Verträglichkeitsprobe überprüft werden (s. Abschnitt 4.2.5.9).

Bei Empfängern, die namentlich nicht identifiziert werden können, müssen die Personalien durch andere Angaben ersetzt werden, die eine eindeutige Identifikation erlauben.

Der Einsatz einer EDV ist zur Verbesserung der Identitätssicherung anzustreben.

Für Eigenblutpräparate wird auf Abschnitt 4.6 verwiesen.

4.3.2.1 AB0-Identitätstest

Unmittelbar vor der Transfusion von Erythrozytenkonzentraten ist vom transfundierenden Arzt oder unter seiner direkten Aufsicht der AB0-Identitätstest (Bedside-Test) am Empfänger vorzunehmen (z.B. auf Testkarten). Er dient der Bestätigung der zuvor bestimmten AB0-Blutgruppenmerkmale des Empfängers. Der AB0-Identitätstest kann auch zusätzlich aus dem zu transfundierenden Erythrozytenkonzentrat durchgeführt werden. Das Ergebnis ist schriftlich zu dokumentieren. Bei Unstimmigkeiten ist das Laboratorium bzw. die transfusionsmedizinische Einrichtung umgehend zu benachrichtigen.

Wegen abweichender Vorschriften bei der Eigenbluttransfusion wird auf Abschnitt 4.6.1 verwiesen.

4.3.3 Technik der Bluttransfusion

Die Transfusion aller Blutkomponenten erfolgt in der Regel über ein Transfusionsgerät mit Standardfilter (DIN 58360, Porengröße 170–230 μm), möglichst über einen eigenen venösen Zugang. Über ein Transfusionsgerät, das maximal 6 Stunden gebraucht werden darf, können mehrere Blutkomponenten verabreicht werden.

Eröffnete („angestochene") Blutkomponenten sind innerhalb von sechs Stunden zu transfundieren. Die Entnahme von Blutproben aus verschlossenen Blutbeuteln zu Untersuchungszwecken ist nicht erlaubt.

Blutprodukten dürfen vom Anwender keine Medikamente bzw. Infusionslösungen beigefügt werden. Das Anwärmen von Blutkomponenten (max. +37 °C) beschränkt sich auf spezielle Indikationen (Massivtransfusionen, Transfusionen bei Neugeborenen, Transfusionen bei Patienten mit Kälteantikörpern). Die Funktionsfähigkeit der Geräte ist regelmäßig zu überprüfen und zu dokumentieren. Behelfsmäßige Maßnahmen zum Auftauen und Anwärmen von Blutkomponenten (Wasserbad o.ä.) sind nicht statthaft.

Alle verwendeten Instrumente, Apparate und Vorrichtungen müssen den Vorschriften des MPG entsprechen.

4.3.4 Aufgaben des transfundierenden Arztes

Die Einleitung der Transfusion von Blutkomponenten erfolgt nach Aufklärung und Einwilligungserklärung des Patienten durch den zuständigen Arzt. Die Einleitung der Transfusion erfolgt durch den Arzt, bei mehreren zeitlich unmittelbar nacheinander transfundierten Blutkomponenten werden die Einzelheiten im Qualitätssicherungssystem unter Beachtung von 4.3.2 und 4.3.2.1 festgelegt. Während und nach der Transfusion ist für eine geeignete Überwachung des Patienten zu sorgen. Eine generelle Testung des Empfängers auf Infektionsmarker (Hepatitis B, Hepatitis C und HIV) vor der Transfusion oder eine Asservierung von entsprechenden Untersuchungsproben ist nach dem derzeitigen Stand der Wissenschaft und Technik nicht erforderlich. Nach Beendigung der Transfusion ist das Behältnis mit dem Restblut und dem Transfusionsbesteck steril abzuklemmen und 24 Stunden bei +4 °C ± 2 °C aufzubewahren.

Bevor ein ambulanter Empfänger entlassen wird, ist sorgfältig auf Symptome zu achten, die auf eine unerwünschte Reaktion hinweisen können. Der Empfänger ist über mögliche später eintretende Symptome aufzuklären.

4.3.5 Transfusion von Erythrozytenkonzentraten

Erythrozytenkonzentrate werden AB0-gleich transfundiert. In Ausnahmefällen können bei Verwendung von plasma-armen Erythrozytenkonzentraten (s. Kap. 2) auch AB0-ungleiche, sog. „majorkompatible" Präparate transfundiert werden (s. Tabelle 4.3.5). Die Ausnahmen sind zu dokumentieren.

Tabelle 4.3.5. AB0-kompatible Erythrozytentransfusion

Patient	Kompatible EK
A	A oder 0
B	B oder 0
AB	AB, A, B oder 0
0	0

Wegen des Mangels an Rh negativem (D negativ) Blut lässt sich die Übertragung von Rh positiven (D positiv) Erythrozytenpräparaten an Rh negative (D negativ), nicht immunisierte Patienten nicht immer vermeiden. Eine solche Übertragung sollte jedoch nur in Betracht gezogen werden, wenn die Transfusion lebenswichtig ist (z.B. bei Massivtransfusionen) und Rh negative (D negativ) Erythrozytenpräparate nicht zeitgerecht beschafft werden können und wenn es sich um Frauen im nicht mehr gebärfähigen Alter oder um Männer handelt. Rh negative (D negativ) Erythrozyten können Rh positiven (D positiv) Empfängern übertragen werden, wenn keine Unverträglichkeit infolge von Rh-Antikörpern besteht.

Bei Rh negativen (D negativ) Kindern sowie Rh negativen (D negativ) Frauen im gebärfähigen Alter ist die Transfusion von Rh positiven (D positiv) Erythrozytenkonzentraten (mit Ausnahme von lebensbedrohlichen Situationen) unbedingt zu vermeiden. Die Dringlichkeit der Indikation, für die der transfundierende Arzt die Verantwortung trägt, ist genau zu dokumentieren.

Bei einer Transfusion von Rh positiven (D positiv) Präparaten auf Rh negative (D negativ) Patienten ist dem weiterbehandelnden Arzt eine serologische Untersuchung 2–4 Monate nach Transfusion zur Feststellung eventuell gebildeter Antikörper zu empfehlen. Bei Nachweis entsprechender Antikörper hat eine Aufklärung und Beratung der Betroffenen zu erfolgen.

Mädchen sowie Frauen im gebärfähigen Alter sollten keine Erythrozytenkonzentrate erhalten, die zu einer Immunisierung gegen Antigene des Rh-Systems oder den Kell-Faktor führen können.

4.3.6 Transfusion von Thrombozytenkonzentraten

Die Transfusion von Thrombozytenkonzentraten (TK) erfolgt unverzüglich nach Auslieferung. Thrombozytenkonzentrate sind in der Regel AB0-kompatibel zu übertragen. Das Merkmal D soll wegen der Möglichkeit einer Immunisierung berücksichtigt werden. Bei D-negativen Frauen im gebärfähigen Alter sollte, wenn die

Gabe von D-positiven Thrombozytenpräparaten unvermeidlich ist, eine Prophylaxe mit Anti-D i.v. durchgeführt werden (Blutungsgefahr bei intramuskulärer Injektion). Eine serologische Verträglichkeitsprobe mit Spendererythrozyten (s. Abschnitt 4.2.5.9) ist wegen des geringen Erythrozytengehalts nicht erforderlich. Die Wirkung von passiv übertragenen Alloantikörpern im Plasma ist in Einzelfällen zu bedenken. Leukozytendepletierte Thrombozytenkonzentrate sind dann zu transfundieren, wenn eine längerdauernde Substitutionstherapie mit Blutkomponenten wahrscheinlich ist. Bei Alloimmunisierung gegen HLA- und/oder plättchenspezifische Antigene, verbunden mit einem unzureichenden Substitutionseffekt, sollten Apherese-TK von Einzelspendern, die nach ihrem Antigenmuster ausgewählt werden, transfundiert werden. Die Auswahl kann durch eine Thrombozytenverträglichkeitsprobe unterstützt werden. Besteht das Risiko einer CMV-Erkrankung, sollten die Präparate von CMV-negativen Spendern stammen oder leukozytendepletiert sein (s. Abschnitt 4.5.7). Bei einem Risiko einer Graft-versus-Host-Reaktion (Transplantat-gegen-Wirt-Reaktion) sind die Blutkomponenten entsprechend 4.5.6 zu bestrahlen.

4.3.7 Transfusion von Granulozytenkonzentraten

Granulozytenkonzentrate müssen AB0-kompatibel übertragen werden. Die Indikation zur Granulozytentransfusion ist aufgrund möglicher schwerer Nebenreaktionen strikt zu stellen. Pro Transfusion sollten mindestens 1×10^{10} Granulozyten pro m^2 Körperoberfläche (KO) übertragen werden. Für die Übertragung empfiehlt sich eine Geschwindigkeit von 1×10^{10} Zellen/m^2 KO und Stunde. Die Verträglichkeit ist mittels serologischer Verträglichkeitsproben mit Spendererythrozyten und -leukozyten zu prüfen (s. Abschnitt 4.2.5.9).

Die Transfusion hat über Standardfilter zu erfolgen (DIN 58360, Porengröße 170–230 µm). Die Möglichkeit einer Rh-Sensibilisierung ist zu bedenken. Die Auswahl der Spender sollte nach HLA-Merkmalen und ggf. Granulozytenmerkmalen erfolgen, hängt jedoch von der klinischen Situation und der Vorimmunisierung des Empfängers ab. Besteht das Risiko einer CMV-Erkrankung, sind CMV-negative Spender auszuwählen. Da die Gefahr einer GvH-Reaktion bei Granulozytenpräparaten besonders hoch ist, müssen diese Präparate entsprechend 3.1.3 bestrahlt werden. Interferenzen der Granulozytentransfusion mit Amphotericin B sind zu beachten.

4.3.8 Plasmatransfusion

Frischplasmen für therapeutische Zwecke werden AB0-gleich transfundiert. In Ausnahmefällen können sie AB0-kompatibel transfundiert werden. Eine serologische Verträglichkeitsprobe (s. Abschnitt 4.2.5.9) entfällt (Tabelle 4.3.8).

Tabelle 4.3.8. AB0-kompatible Plasma-Transfusion

Patient	Kompatibles Plasma
A	A oder AB
B	B oder AB
AB	AB
0	0, A, B oder AB

4.3.9 Notfalltransfusion

Eine Notfalltransfusion setzt eine vitale Gefährdung des Patienten voraus, die eine sofortige Transfusion ohne die sonst notwendigen Voruntersuchungen bedingt. Das erhöhte Transfusionsrisiko ist zu beachten (s. Abschnitt 4.2.5.10). Hinsichtlich der Identitätssicherung für Blutproben und Begleitpapiere wird auf Abschnitt 4.3.2 verwiesen.

Auch im Notfall ist der AB0-Identitätstest durchzuführen (s. Abschnitt 4.3.2.1).

Bei Massivtransfusionen und bei Neugeborenen sollten Blutkomponenten warm (maximal +37 °C) transfundiert werden.

Solange das Ergebnis der AB0-Blutgruppenbestimmung des Empfängers nicht vorliegt, sind zur Erstversorgung Erythrozytenkonzentrate der Blutgruppe 0, möglichst Rh negativ (D negativ), zu verwenden.

4.3.10 Dokumentation

Die Annahme nach Transport, die Transfusion sowie die anwendungsbezogenen Wirkungen und Nebenwirkungen der Blutprodukte sind lückenlos zu dokumentieren, ebenso die nicht angewendeten Blutprodukte und deren ordnungsgemäße Entsorgung. Die Einrichtung der Krankenversorgung hat sicherzustellen, dass die Daten der Dokumentation patienten- und produktbezogen genutzt werden können (§ 14 Abs. 2 TFG). Die Aufzeichnungen sind mindestens fünfzehn Jahre aufzubewahren (§ 14 Abs. 3 TFG).

Die Dokumentation bei jeder Transfusion von Blutprodukten in den Patientenakten umfasst

- die Aufklärung des Patienten über die Transfusion und die Einwilligungserklärung,
- das Ergebnis der Blutgruppenbestimmung und des Antikörpersuchtests,
- das Anforderungsformular,
- bei zellulären Blutprodukten die Produktbezeichnung/Präparatenummer, den Hersteller (pharmazeutischen Unternehmer), die Blutgruppenzugehörigkeit und bei Erythrozytenpräparaten und ggf. bei Granulozytenpräparaten das Ergebnis der serologischen Verträglichkeitsprobe (Kreuzprobe) sowie das Ergebnis des AB0-Identitätstests,
- bei Plasma (z.B. GFP, VIP) die notwendigen Angaben über Blutgruppenzugehörigkeit, den Hersteller (pharmazeutischer Unternehmer), die Produktbezeich-

nung/Präparatenummer, die Packungsgröße und Anzahl der verwendeten Packungen,

- bei Plasmaderivaten und bei gentechnisch hergestellten Plasmaproteinen zur Behandlung von Hämostasestörungen die notwendigen Angaben über Hersteller (pharmazeutischen Unternehmer), Produktbezeichnung, Chargennummer, Packungsgröße und Anzahl der verwendeten Packungen,
- Datum und Uhrzeit der Verabreichung der Blutprodukte,
- die anwendungsbezogenen Wirkungen sind durch geeignete Parameter (z.B. Hämatokrit, Thrombozytenzählung) zu dokumentieren,
- unerwünschte Wirkungen sind mit Datum und Angabe der Uhrzeit im Krankenblatt zu dokumentieren. Die Meldung unerwünschter Wirkungen ist nach geltenden Vorschriften vorzunehmen.

Es wird auf das Votum des Arbeitskreises Blut zur chargenbezogenen Dokumentation verwiesen.

4.3.11 Entsorgung der nicht angewendeten Blutprodukte

Die ordnungsgemäße Entsorgung von nicht verwendeten Blutprodukten ist zu dokumentieren (siehe 4.1). Hierfür ist eine Dienstanweisung im Rahmen des Qualitätssicherungssystems zu erstellen (vgl. § 17 Abs. 1 Satz 2 TFG).

Hinsichtlich der Dokumentationspflicht für Laboratoriumsbefunde wird auf Abschnitt 4.2.5.11 verwiesen.

4.4 Perinatale Transfusionsmedizin

Die perinatale Transfusionsmedizin umfasst die Diagnostik fetomaternaler Inkompatibilitäten und ggf. deren Prophylaxe sowie die in diesem Lebensabschnitt erforderliche transfusionsmedizinische Behandlung mit Blutprodukten.

4.4.1 Diagnostik, Behandlung und Prophylaxe fetomaternaler Inkompatibilitäten

Vorbedingungen für das Auftreten aller fetomaternalen Inkompatibilitäten (FMI) sind,

- dass eine für ein bestimmtes Erbmerkmal auf Blutzellen negative Mutter gegen dieses Antigen immunisiert wird und spezifische Antikörper der Klasse IgG bildet,
- dass diese Antikörper diaplazentar in die Zirkulation des Kindes übertreten
- und dass das Kind dieses Erbmerkmal (das es von seinem Vater geerbt hat) besitzt.

Die Mutter kann durch Antigene des Feten während derselben oder vorausgegangener Schwangerschaften und/oder durch vorausgegangenen Kontakt mit Blutzellen (z.B. durch Transfusionen oder Transplantationen) immunisiert worden sein. Ein pränatal bei der Mutter nachgewiesener sog. „irregulärer" Alloantikörper gegen Blutgruppenmerkmale kann nur dann Bedeutung für das Kind haben, wenn das korrespondierende Antigen bei der Mutter fehlt und beim Kindesvater nachzuweisen ist. Ggf. müssen deshalb auch die Blutzellen des Kindesvaters und der Mutter zur Bestimmung von Blutgruppenmerkmalen in die Untersuchung einbezogen werden. Selten können auch Autoantikörper der Mutter eine fetomaternale Inkompatibilität hervorrufen, wenn diese Autoantikörper auch bei der Mutter pathogen wirksam sind.

Die medizinisch bedeutsamsten FMI sind der Morbus haemolyticus fetalis/neonatorum und die fetale/neonatale Alloimmunthrombozytopenie. Die fetale/neonatale Alloimmungranulozytopenie ist von untergeordneter Bedeutung.

4.4.1.1 Blutgruppenserologische Untersuchungen vor der Geburt

Bei jeder Frau sind nach Feststellung einer Schwangerschaft zu einem möglichst frühen Zeitpunkt die Blutgruppenmerkmale AB0 und das Rh-Merkmal D zu bestimmen. Außerdem ist ein Antikörpersuchtest zum Nachweis irregulärer Blutgruppenantikörper durchzuführen (s. Abschnitt 4.2.5.7). Die „Mutterschafts-Richtlinien" des Bundesausschusses der Ärzte und Krankenkassen in der gültigen Fassung sind zu beachten.

Fällt der Antikörpersuchtest positiv aus, sind eine Spezifizierung des Antikörpers und ggf. eine Titration möglichst aus derselben Blutprobe erforderlich. Bei positivem Antikörpersuchtest sind weitere blutgruppenserologische Untersuchungen erforderlich, ggf. muss die weitere Betreuung der Schwangeren in Kooperation mit einem Zentrum, das besondere Erfahrungen in der Behandlung von Erkrankungen durch FMI besitzt, erfolgen. Die Verlaufskontrollen von Antikörpertitern sollten im Vergleich zur aufbewahrten Vorprobe erfolgen.

Bei negativem Antikörperbefund in der Frühschwangerschaft ist bei allen Schwangeren (Rh positiv und Rh negativ) ein weiterer Antikörpersuchtest in der 24.-27. Schwangerschaftswoche durchzuführen.

4.4.1.2 Morbus haemolyticus fetalis/neonatorum (MHF/MHN)

Ein klinisch bedeutsamer MHF/MHN wird am häufigsten durch Anti-D hervorgerufen, seltener durch andere Antikörper (z.B. Anti-c, Anti-E, Anti-Kell u.a.). Bei der AB0-Unverträglichkeit durch Anti-A und/oder Anti-B tritt pränatal keine stärkere Anämie auf, so dass sich diagnostische und therapeutische Maßnahmen vor der Geburt erübrigen.

4.4.1.3 Blutgruppenserologische Untersuchungen bei Neugeborenen

Bei jedem Kind einer Rh-negativen Mutter ist unmittelbar nach der Geburt der Rhesus-Faktor D unter Beachtung der Ergebnisse des direkten AHG-Tests zu bestimmen. Ist das Kind Rh-positiv (D-positiv oder weak D-positiv), so ist aus derselben Blutprobe auch die Blutgruppe des Kindes (AB0- und Rh-Phänotyp) zu bestimmen (vgl. auch die Vorgaben der Mutterschafts-Richtlinien gemäß SGB V).

Ein positiver direkter AHG-Test mit Erythrozyten des Kindes spricht für einen MHN und erfordert umgehend weitere Untersuchungen auch aus dem Blut der Mutter. Auf die Möglichkeit eines schwach positiven direkten AHG-Tests durch präpartale Anti-D-Gabe an eine D negative Mutter (s. Anti-D-Prophylaxe) oder bei 0A-(bzw. 0B-) Konstellation von Mutter und Kind vor allem bei Verwendung sensitiver Tests wird hingewiesen.

4.4.1.4 Pränatale und postnatale Therapie

Ist eine intrauterine Substitution mit Erythrozytenkonzentrat beim Feten notwendig, sollten hierfür nicht länger als 7 Tage gelagerte CMV-Antikörper-negative und leukozytendepletierte und bestrahlte Erythrozytenkonzentrate in additiver Lösung (s. Abschnitt 3.1.1) verwendet werden.

Bei der Auswahl des Blutes ist darauf zu achten, dass das zu dem Antikörper der Mutter korrespondierende Antigen auf den Spendererythrozyten nicht vorhanden ist und die Spendererythrozyten mit dem Serum der Mutter in der serologischen Verträglichkeitsprobe nicht reagieren.

Nach der Geburt können Transfusionen oder Blutaustauschtransfusionen erforderlich werden. Hierfür sollten nach den oben erwähnten Kriterien ausgewählte Erythrozytenkonzentrate verwendet werden. Für eine Austauschtransfusion müssen diese mit GFP der Blutgruppe des Kindes oder der Blutgruppe AB auf einen Hämatokrit von etwa 60% eingestellt werden.

4.4.1.5 Anti-D-Prophylaxe bei Rh negativen (D negativ) Frauen

Wird bei D negativen Schwangeren in der 24. bis 27. Schwangerschaftswoche kein für eine Sensibilisierung beweisendes Anti-D nachgewiesen, soll in der 28. bis 30. Schwangerschaftswoche eine Standarddosis Anti-D-Immunglobulin (300 μg) injiziert werden, um bis zur Geburt eine Sensibilisierung der Schwangeren möglichst zu verhindern. Das Datum der präpartalen Anti-D-Prophylaxe ist im Mutterpass einzutragen.

D negative Frauen müssen nach jeder Geburt eines D positiven Kindes, nach Früh- und Fehlgeburten, extrauteriner Gravidität, Schwangerschaftsabbruch, Amniozentese, Nabelschnurpunktionen, nach Wendungsoperationen, Chorionzottenpunktion und anderen Eingriffen, die eine Einschwemmung von Erythrozyten des Feten in den Kreislauf der Mutter bewirken können, zur Verhütung einer Anti-D-Sensibilisierung möglichst innerhalb von 72 Stunden eine Standarddosis Anti-D-Immunglobulin erhalten. Anti-D-Immunglobulin muss selbst dann appliziert werden, wenn nach der Geburt schwach reagierende Anti-D-Antikörper bei der Mutter gefunden worden sind und/oder der direkte AHG beim Kind schwach positiv ist, da diese Befunde durch die präpartale Anti-D-Prophylaxe bedingt sein können.

In seltenen Fällen mit Verdacht auf den Übertritt größerer Mengen Erythrozyten des Kindes in die Mutter (fetomaternale Makrotransfusion) schützt die Standarddosis Anti-D (300 μg) möglicherweise nicht ausreichend. In diesen Fällen, die z.B. über eine Bestimmung der HbF-Zellen im Blut der Mutter nachgewiesen werden, sind weitere Gaben von Anti-D-Immunglobulin erforderlich.

Auch nach Ablauf von 72 Stunden soll auf eine Anti-D-Gabe nicht verzichtet werden.

Auf die geltenden Mutterschafts-Richtlinien gemäß SGB V wird hingewiesen.

4.4.1.6 Fetale/neonatale Alloimmunthrombozytopenie (FAIT/NAIT)

Die FAIT/NAIT ist eine seltene fetomaternale Inkompatibilität, die durch plättchenspezifische Antikörper der Mutter gegen thrombozytäre Alloantigene des Feten verursacht wird. Sie tritt häufig bereits in der ersten Schwangerschaft auf und führt in 10 bis 20% der betroffenen Kinder zu intrazerebralen Blutungen mit möglicherweise tödlichem Ausgang oder lebenslangen neurologischen Schäden.

Bei anamnestischen Hinweisen (Symptome erhöhter Blutungsbereitschaft, Thrombozytopenie) bei vorangeborenen Kindern oder nachgewiesener Immunisierung der Mutter muss rechtzeitig eine pränatale Diagnostik mit eventuell erforderlicher Therapie eingeleitet werden.

Nach der Geburt muss bei geringsten Zeichen einer Blutungsneigung umgehend die Thrombozytenzahl des Kindes bestimmt werden. Ist diese vermindert und sind andere Ursachen einer Thrombozytopenie (insbesondere Sepsis) ausgeschlossen, ist bei einer gesunden Mutter eine NAIT anzunehmen. Bei Gefahr intrazerebraler Blutungen muss das Kind, mit oder ohne immunhämatologische Bestätigung, sofort mit kompatiblen Thrombozyten (in der Regel Thrombozyten von der Mutter) behandelt werden.

Die immunhämatologische Diagnostik erfordert spezielle Methoden und sollte deshalb mit diesen Techniken vertrauten Laboratorien vorbehalten bleiben. Notwendig ist eine Untersuchung nicht nur beim Kind, sondern auch bei der Mutter und oft auch beim Vater. Die Thrombozyten der Eltern müssen auf die in Frage kommenden Antigene getestet und der entsprechende Antikörper im Serum der Mutter nachgewiesen werden.

Wegen des nicht unerheblichen Risikos für das Kind durch die pränatale Diagnostik und der Besonderheiten der prä- und postnatalen Therapie sollten Schwangere mit an FAIT/NAIT leidenden Kindern als Risikoschwangerschaften angesehen und nur in perinatologischen Zentren mit besonderer Erfahrung oder in Einrichtungen mit vergleichbarem Leistungsspektrum behandelt werden.

4.4.1.7 FMI im granulozytären System fetale/neonatale Immungranulozytopenie/ Neutropenie (NIN)

Die fetale/neonatale Alloimmungranulozytopenie wird ebenso wie alle anderen fetomaternalen Inkompatibilitäten im granulozytären System durch Antikörper der Mutter gegen fetale, vom Vater geerbte granulozytäre Antigene verursacht. Die Erkrankung ist selten. Krankheitssymptome treten in utero nicht auf, so dass sich eine pränatale Diagnostik und Therapie erübrigen. Die immunhämatologische Diagnostik erfordert spezielle Methoden und sollte deshalb mit diesen Techniken vertrauten Laboratorien vorbehalten bleiben. Notwendig ist eine Untersuchung nicht nur beim Kind, sondern auch bei der Mutter und oft auch beim Vater. Die Granulozyten der Eltern müssen auf die in Frage kommenden Antigene getestet und der entsprechende Antikörper im Serum der Mutter nachgewiesen werden. Der Verlauf in der Neugeborenenphase ist gutartig, sofern die Granulozytopenie frühzeitig erkannt wird und ggf. entsprechende Maßnahmen (Infektionsprophylaxe mit Antibiotika, ggf. G–CSF) ergriffen werden.

4.4.2 Besonderheiten der perinatalen Transfusionstherapie

Neugeborene, vor allem aber Frühgeborene, sind besonders blutungs- und infektionsgefährdet.

Folgende transfusionsmedizinische Besonderheiten sind zu beachten:

- Blutentnahmen für Untersuchungen sind auf ein Mindestmaß zu beschränken, um eine iatrogene Anämie zu vermeiden.
- Antikörpersuchtest und serologische Verträglichkeitsprobe vor Erythrozytentransfusionen können unter Beachtung der AB0-Blutgruppen mit dem Serum der Mutter durchgeführt werden.
- Früh- und Neugeborene, die wiederholt transfundiert werden müssen, sollten Erythrozytenkonzentrate von möglichst wenigen Spendern erhalten. Es sollten daher mehrere kleine Erythrozyteneinheiten (sog. Baby-EK-Präparate) bereitgestellt werden, die durch Aufteilung eines Erythrozytenkonzentrates in mehrere kleine Erythrozyteneinheiten erreicht werden.
- Früh- und Neugeborene sollten frische, in der Regel nicht länger als sieben, höchstens 28 Tage gelagerte CMV-Antikörper-negative oder leukozytendepletierte Erythrozytenkonzentrate erhalten. Erythrozytenkonzentrate, welche bestrahlt werden, sollten in diesem Fall höchstens 14 Tage gelagert worden sein.
- Bei intrauterinen Transfusionen, bei Transfusionen von Frühgeborenen vor Beginn der 37. Schwangerschaftswoche sowie bei Neugeborenen mit Verdacht auf Immundefizienz sind die Blutkomponenten zur Vermeidung von Graft-versus-Host-Reaktionen mit ionisierender Strahlung (empfohlene Dosis 30 Gy) zu behandeln (s. Abschnitt 4.5.6).
- Austauschtransfusionen sowie Erythrozytensubstitution bei extrakorporalem Kreislauf sind zur Verbesserung des Hämostasepotentials mit möglichst frischen, nicht länger als sieben Tage gelagerten, mit Frischplasma auf einen Hämatokrit von etwa 0,6 l/l eingestellten Erythrozytenkonzentraten durchzuführen. Die Gefahr einer Thrombozytopenie bei Austauschvolumina > 1,5fache des Blutvolumens ist dringend zu beachten. Hierbei sollten CMV-Antikörper-negative oder leukozytendepletierte, bestrahlte (s. Abschnitt 4.5.7) Erythrozytenkonzentrate verabreicht werden.

4.5 Unerwünschte Wirkungen nach Anwendung von Blutprodukten

Die Zeichen unerwünschter Wirkungen nach Anwendung von Blutprodukten sind vielgestaltig und oft uncharakteristisch. Sie erfordern eine differenzierte Diagnostik, Ursachenermittlung und ggf. Therapie. In jedem Falle ist auch der gesamte organisatorische Ablauf zu überprüfen (vgl. Abschnitt 1.4.1.3).

4.5.1 Organisatorische Maßnahmen

Treten während der Transfusion unerwünschte Wirkungen auf (s. Abschnitt 4.5.2, 4.5.3), so muss die Transfusion je nach Schwere und Art der Symptome unterbrochen bzw. abgebrochen und der transfundierende Arzt sofort benachrichtigt werden. Er entscheidet in Absprache mit dem Transfusionsbeauftragten (zu den Vorgaben einer Dienstanweisung vgl. 4.5.8) über alle weiteren Maßnahmen in Zusammenarbeit mit dem zuständigen Laboratorium.

Der venöse Zugang ist für eine möglicherweise erforderlich werdende Therapie offenzuhalten.

Der Patient bedarf bis zum Abklingen der Symptome der kontinuierlichen Überwachung. Die Voraussetzungen zur sofortigen Einleitung von notfalltherapeutischen Maßnahmen sind sicherzustellen.

Das Restblut im Präparat einschließlich des Transfusionsbesteckes sowie eine frisch entnommene Blutprobe des Empfängers sind an das zuständige Laboratorium mit einer schriftlichen Information weiterzuleiten. Hinsichtlich der Diagnostik wird auf 4.5.4 verwiesen.

Alle für eine vollständige Untersuchung erforderlichen Blutproben des Empfängers und das Behältnis mit dem restlichen Inhalt sind kontaminationssicher zu verschließen, aufzubewahren und ggf. für die Untersuchung heranzuziehen.

4.5.2 Unerwünschte Wirkungen

Unerwünschte Wirkungen lassen sich in akute und chronische unerwünschte Wirkungen einteilen. *Auf die Leitlinien zur Therapie mit Blutkomponenten und Plasmaderivaten* der Bundesärztekammer in der jeweils gültigen Fassung wird hingewiesen.

4.5.2.1 Akute unerwünschte Wirkungen

Am häufigsten treten febrile, nichthämolytische Transfusionsreaktionen auf, die in unmittelbarem zeitlichem Zusammenhang mit der Transfusion stehen. Häufige Ursachen sind die Übertragung von freigesetzten leukozytären und/oder thrombozytären Inhaltsstoffen (z.B. Zytokine) und präformierte Antikörper des Empfängers gegen Leukozyten, Thrombozyten oder Plasmaproteine.

Akute Transfusionsreaktionen können auch durch mikrobiell kontaminierte Blutprodukte verursacht werden. Ihre Symptome sind meist nicht von Reaktionen anderer Ursache zu unterscheiden. In abnehmender Rangfolge sind Thrombozytenkonzentrate, Erythrozytenkonzentrate und Plasmen betroffen.

Seltener sind urtikarielle Hautreaktionen oder eine posttransfusionelle Purpura, sehr selten eine transfusionsinduzierte akute Lungeninsuffizienz (TRALI-Syndrom), Graft-versus-Host-Reaktionen bei immunsupprimierten Patienten und bei Blutsverwandten nach Übertragung proliferationsfähiger Lymphozyten sowie anaphylaktische Reaktionen bei Empfängern mit angeborenem IgA-Mangel.

4.5.2.2 Besonderheiten unerwünschter Wirkungen

Hämolytische Transfusionsreaktionen können als hämolytische Sofortreaktionen während oder kurz nach der Transfusion von Erythrozytenkonzentraten auftreten. Häufigste Ursache lebensbedrohlicher hämolytischer Transfusionsreaktionen ist eine AB0-Inkompatibilität infolge von Verwechslungen!

Verzögerte hämolytische Reaktionen treten nach Ablauf mehrerer Tage bis zu zwei Wochen nach zunächst unauffälliger Erythrozytentransfusion auf. Ursachen sind niedrig-titrige anti-erythrozytäre Alloantikörper, die zum Zeitpunkt der Transfusion nicht nachgewiesen werden konnten (negativer Antikörpersuchtest bzw. negative serologische Verträglichkeitsprobe) und nach Transfusion vermehrt gebildet werden (Boosterung).

Die „Citrat-Intoxikation" bei Gabe von GFP spielt nur bei Früh- und Neugeborenen, bei Patienten mit ausgeprägter Leberfunktionsstörung und bei Notfall- und Massivtransfusionen eine Rolle (s. *Leitlinien der Bundesärztekammer zur Therapie mit Blutkomponenten und Plasmaderivaten*).

Eine *transfusionsbedingte Hyperkaliämie* ist nur bei Frühgeborenen, anurischen Empfängern und nach Notfall- und Massivtransfusionen von Bedeutung. Eine transfusionsinduzierte *Hypothermie* bei Massivtransfusionen kann durch vorheriges Erwärmen der Blutkomponenten auf maximal +37 °C verhindert werden.

4.5.2.3 Sonstige unerwünschte Wirkungen

Mit Blutprodukten können Erreger von Infektionskrankheiten übertragen werden. Das betrifft bereits im Spenderblut enthaltene Viren wie HBV, HCV, CMV oder HIV. Ebenso können Protozoen (z.B. Malaria-Erreger) oder Bakterien (wie Yersinia enterocolitica oder Treponema pallidum) unerkannt mit dem Spenderblut in die Blutprodukte gelangen. Auch Hautkeime (z.B. Staphylococcus epidermidis) können Blutprodukte kontaminieren. Im Gegensatz zu Viren können sich Bakterien grundsätzlich in Blutprodukten (auch bei Kühllagerung) vermehren sowie bakterielle Toxine in hohen Konzentrationen bilden (s. *auch Leitlinien der Bundesärztekammer zur Therapie mit Blutkomponenten und Plasmaderivaten*).

Transfusionsreaktionen durch kontaminierende Bakterien können akut und bis zu einigen Stunden nach Abschluss einer Transfusion auftreten. Eine Sepsis kann auch mit Verzögerung entstehen.

Die Ursache anaphylaktoider Frühreaktionen nach Übertragung von Plasma (GFP, VIP) und Plasmaderivaten bleibt meist unklar (s. *Leitlinien der Bundesärztekammer zur Therapie mit Blutkomponenten und Plasmaderivaten*). Anaphylaktische Spätreaktionen einschließlich anaphylaktischer Reaktionen bei Empfängern mit angeborenem IgA-Mangel sind sehr selten. Eine Immunhämolyse kann auch durch passiv übertragene Antikörper gegen Erythrozyten in plasmahaltigen Präparaten, sehr selten auch durch Iv/Ig-Präparate, hervorgerufen werden.

Eine sekundäre Hämosiderose ist bei Langzeitsubstitution mit Erythrozytenkonzentraten möglich (*Leitlinien der Bundesärztekammer zur Therapie mit Blutkomponenten und Plasmaderivaten*).

4.5.3 Symptome unerwünschter Wirkungen

Einzeln oder kombiniert können Kreuz- und Lendenschmerzen, Engegefühl (Atemnot), Unruhe, Hitzegefühl, Frösteln, Blässe, Juckreiz, kalter Schweiß, Übelkeit auftreten. Entsprechend dem Schweregrad finden sich Temperaturanstieg, Schüttelfrost, urtikarielle Exantheme, Bronchospasmus, Tachykardie, Schocksymptome.

Besonders bei der **hämolytischen Sofortreaktion** kann es in schweren Fällen zur Ausbildung eines Schocks, einer disseminierten intravasalen Gerinnung und eines Nierenversagens kommen, die zum Tode führen können.

Die häufigsten Symptome einer Transfusionsreaktion durch kontaminierende Bakterien sind Fieber, Schüttelfrost, Blutdruckabfall und Tachykardie. In Abhängigkeit von der Spezies und der Keimzahl können Schock und disseminierte intravasale Gerinnung auftreten. Mögliche Begleitsymptome sind Atemnot, Übelkeit und Erbrechen, Diarrhöe, Schmerzen im Bauch- bzw. Lendenbereich, Schwindel, Oligurie und Blutungen. Die hochgradige Kontamination von Blutprodukten mit gramnegativen Bakterien (z.B. Yersinia enterocolitica) kann zum lebensbedrohlichen Endotoxinschock führen.

Während der Narkose fehlen die allgemeinen Symptome; Exantheme und Zeichen des Schocks können abgeschwächt auftreten. Eine Blutungsneigung während oder nach der Operation kann das auffallendste Symptom bei hämolytischen Reaktionen sein.

4.5.4 Diagnostik

Jede unerwünschte Transfusionsreaktion bedarf der Klärung. Der Hersteller ist frühzeitig einzubeziehen. Vorrangig ist der Nachweis bzw. Ausschluss einer intravasalen Hämolyse.

Besteht Anhalt für eine hämolytische Transfusionsreaktion, ist eine Verwechslung von Patienten oder Blutprodukten auszuschließen. Bei Verdacht auf Verwechslung sind die weiteren möglicherweise in Frage kommenden Patienten zu identifizieren. Ergeben sich Hinweise auf organisatorische Mängel, so sind diese durch entsprechende Dienstanweisungen zu beseitigen (vgl. 1.4.1.3).

In allen Problemfällen sollte ein transfusionsmedizinisch erfahrenes Laboratorium in die Untersuchung eingeschaltet werden. Einzelheiten regelt das Qualitätssicherungssystem der Einrichtung.

4.5.4.1 Hämolysenachweis

Das Vorliegen einer intravasalen Hämolyse kann durch den sofortigen Nachweis freien Hämoglobins im Plasma bzw. Urin objektiviert werden. Vorrangig sind folgende immunhämatologische Untersuchungen: direkter AHG-Test (Empfänger-blut), AB0- und Rh-Kontrolle von Blutpräparat und Empfänger, Verträglichkeits-proben (ggf. unter Einbeziehung des Minortests) und Antikörpersuchtest mit prä- und posttransfusionellen Blutproben des Empfängers. Als weitere Parameter zum Ausschluss einer Hämolyse dienen die Bestimmungen von LDH, Haptoglobin und Bilirubin im Serum sowie das Blutbild.

Ergeben sich Hinweise für eine Hämolyse ohne Antikörpernachweis, so sollte die Möglichkeit des Antikörpernachweises durch spätere Wiederholung der Untersuchung (Nachweis freier Antikörper nach Boosterung) in Betracht gezogen werden.

4.5.4.2 Erregerbedingte unerwünschte Wirkungen

Bei Verdacht auf erregerbedingte Nebenwirkungen ist eine mikrobielle Untersuchung des Empfängers (Blutkultur) und des in Frage kommenden Präparates zu veranlassen. Die Zuständigkeiten für die Untersuchung, die Lagerung der verwendeten Bestecke und Behältnisse und die unverzügliche Meldung sind in einer Dienstanweisung zu regeln (s. Abschnitt 1.4.1.3). Alle weiteren Schritte zur Abklärung einer Transfusionsreaktion anderer Ursache sind gleichzeitig einzuleiten, da sich die Symptome einer kontaminationsbedingten Transfusionsreaktion in der Regel nicht von Nebenwirkungen anderer Ursache abgrenzen lassen (s. Abschnitt 4.5.3).

4.5.4.3 Andere unerwünschte Wirkungen

Bei unerwünschten Wirkungen, die durch die in 4.5.4.1 und 4.5.4.2 genannten Untersuchungen nicht geklärt werden konnten (z.B. bei Verdacht auf Immunreaktionen gegen Thrombozyten oder Leukozyten bzw. gegen Plasmaproteine), sind immunhämatologische Spezialuntersuchungen in Zusammenarbeit mit der zuständigen transfusionsmedizinischen Einrichtung durchzuführen.

4.5.5 Therapeutische Maßnahmen

Die Behandlung schwerer Transfusionszwischenfälle entspricht der Therapie schwerer Schockzustände anderer Genese. Bei intravasaler Hämolyse kann das Krankheitsbild durch die frühzeitige Entwicklung einer disseminierten intravasalen Gerinnung gekennzeichnet sein. Gegebenenalls sind eine intensivmedizinische Behandlung und/oder eine Dialysebehandlung zu erwägen.

Bei Transfusion von Rh positiven (D positiven) Erythrozyten auf einen Rh negativen (D negativen) Empfänger kann in Einzelfällen (z.B. Rh positive (D positiv)-inkompatible Transfusion bei jungen Frauen) zur Verhinderung einer Immunisierung des Empfängers im Rh-System Anti-D-Immunglobulin injiziert werden (s. *Leitlinien der Bundesärztekammer zur Therapie mit Blutkomponenten und Plasmaderivaten*).

4.5.6 Vermeidung einer Graft-versus-Host-Reaktion

Zur Vermeidung von Graft-versus-Host-Reaktionen bei besonders gefährdeten Empfängern sollten alle Blutkomponenten mit ionisierenden Strahlen (empfohlene Dosis: 30 Gy) behandelt werden. Indikationen für bestrahlte Erythrozyten- und Thrombozytenkonzentrate sowie GFP sind in Tabelle 4.5.6. aufgeführt (s. auch *Leitlinien der Bundesärztekammer zur Therapie mit Blutkomponenten und Plasmaderivaten*).

Übersicht 4.5.6. Indikationen für die Bestrahlung von Blutkomponenten

- Transfusion bei Stammzell/Knochenmarktransplantation,
- Transfusion vor autologer Blutstammzellentnahme,
- Transfusion bei schwerem Immundefektsyndrom,
- Intrauterine Transfusion*,
- Austauschtransfusion,
- Transfusion bei Hochdosis- Chemotherapie mit oder ohne Ganzkörperbestrahlung bei Leukämien, malignen Lymphomen und soliden Tumoren*,
- Transfusion bei M. Hogkin,
- Transfusion bei Frühgeborenen (weniger als 37 Schwangerschaftswochen),
- Transfusion bei Neugeborenen bei Verdacht auf Immundefizienz,
- bei allen gerichteten Blutspenden von Blutsverwandten.

* nicht gesicherte Indikationen.

4.5.7 Vermeidung von CMV-Infektionen

Bei Empfängern mit erhöhtem Risiko einer CMV-Infektion sollten CMV-Antikörper-negative oder leukozytendepletierte zelluläre Blutpräparate transfundiert werden.

Besonders gefährdete Patienten:

- CMV-negative schwangere Frauen,
- Empfänger eines hämatopoetischen Stammzelltransplantats,
- Frühgeborene,
- Empfänger von Organtransplantaten,
- CMV-negative, HIV-infizierte Patienten,
- Patienten mit Immundefekt,
- Feten (intrauterine Transfusion).

4.5.8 Dokumentation, Meldewege, Rückverfolgung (Look back)

Alle unerwünschten Wirkungen durch Transfusion sind patientenbezogen mit Datum und Angabe der Uhrzeit vollständig zu dokumentieren (4.3.10). Die Aufzeichnungen sind 15 Jahre aufzubewahren. Unerwünschte Wirkungen, die sich einem Blutprodukt zuordnen lassen, sind vom behandelnden Arzt unverzüglich zu melden. Näheres ist in einer Dienstanweisung zu regeln, die insbesondere auch festlegt, wer Nebenwirkungen von Blutprodukten an den pharmazeutischen Unternehmer und an die zuständige Bundesoberbehörde meldet. Im Falle eines Verdachts einer

Nebenwirkung ist unverzüglich der pharmazeutische Unternehmer und im Falle des Verdachts einer schwerwiegenden Nebenwirkung zusätzlich die zuständige Bundesoberbehörde, d. h. das Paul-Ehrlich-Institut, zu unterrichten. Die Meldungen sind so abzufassen, dass mögliche Ursachen sowie die durchgeführten Maßnahmen nachvollziehbar sind, und müssen Angaben über das Blutprodukt, den Hersteller und die Präparatenummer oder Chargenbezeichnung, das Geschlecht und das Geburtsdatum des Empfängers enthalten. Gleichzeitig sollte eine Meldung an die Arzneimittelkommission der Deutschen Ärzteschaft erfolgen (§ 30 Abs. 7 der Berufsordnung für Deutsche Ärzte*). Die gesetzlichen Meldepflichten bleiben hiervon unberührt.

Besteht der begründete Verdacht, dass Empfänger von Blutprodukten mit HI-, HC- oder HB-Viren oder anderen Erregern, die zu schwerwiegenden Krankheitsverläufen führen können, durch ein Blutprodukt infiziert wurden, ist eine Rückverfolgung möglicherweise mitbetroffener Empfänger bzw. dem in Frage kommenden Spender zu veranlassen (§ 19 Abs. 2 TFG). Auf die Meldepflicht an die zuständige Landesbehörde durch den Hersteller wird hingewiesen (§ 19 Abs. 1 Nr. 6 TFG). Dieses Rückverfolgungsverfahren (Look back) ist entsprechend den „Empfehlungen des Arbeitskreises Blut" durchzuführen (vgl. Abschnitt 2.3.4, Fußnote 8).

4.6 Autologe Hämotherapie

Die Transfusion von Eigenblutprodukten bedarf, wie jede andere Bluttransfusion, der ärztlichen Indikation. Die Durchführung der Transfusion autologer Präparate erfolgt gemäß Abschnitt 4.3. unter Berücksichtigung der folgenden Ergänzungen.

4.6.1 Identitätssicherung

Unmittelbar vor der Eigenbluttransfusion ist vom transfundierenden Arzt die Identität durch Vergleich der Personalien des Empfängers mit der Kennzeichnung des Eigenblutproduktes zu sichern. Der AB0-Identitätstest gemäß Abschnitt 4.3.2.1 ist in jedem Fall mit dem Blut des Empfängers, im Falle von erythrozytenhaltigen Präparaten auch mit dem des autologen Blutprodukts vorzunehmen. Die serologische Verträglichkeitsprobe (Kreuzprobe) kann entfallen.

4.6.2 Unerwünschte Wirkungen

Treten bei der Transfusion von Eigenblut unerwünschte Wirkungen auf, sind diese entsprechend Abschnitt 4.5 zu klären. Dabei sind insbesondere Verwechslung, mikrobielle Verunreinigung sowie präparative oder lagerungsbedingte Schäden der Eigenblutpräparate auszuschließen.

4.6.3 Eigenblutprodukte mit positiven Infektionsmarkern

Bei der Ausgabe der betreffenden Produkte ist der transfundierende Arzt über den infektiösen Status schriftlich zu informieren. Die Transfusion infektiöser Blutpro-

---

* Redaktionsversehen: die Vorschrift lautet richtig § 6 MBOÄ.

dukte, einschließlich aller vorbereitenden Maßnahmen, ist vom Arzt persönlich durchzuführen.

4.6.4 Nicht verwendete Eigenblutprodukte

Nicht benötigte Eigenblutprodukte dürfen aus Gründen der Sicherheit weder zur homologen Bluttransfusion noch als Ausgangsmaterial für andere Blutprodukte verwendet werden. Nicht verwendete infektiöse Eigenblutprodukte sind speziell zu entsorgen. Eine Abgabe an Ärzte für wissenschaftliche Zwecke ist möglich. Der Verbleib aller autologen Blutprodukte ist zu dokumentieren. Hierzu ist im Rahmen des Qualitätssicherungssystems eine Dienstanweisung zu erstellen (§ 17 Abs. 1 Satz 2 TFG).

4.6.5 Perioperativ hergestellte Blutpräparationen

Perioperativ hergestellte Blutpräparationen (s. Kap. 2) sind mit Namen, Vornamen, Geburtsdatum des Patienten sowie Datum und Uhrzeit des Beginns der Entnahme zu kennzeichnen. Sie sind nicht lagerungsfähig und grundsätzlich innerhalb von sechs Stunden nach Beginn der Entnahme zu transfundieren.

Für perioperativ gewonnene Eigenblutpräparationen kann auf den AB0-Identitätstest verzichtet werden, wenn diese Präparate unmittelbar am Patienten verbleiben und zwischen Entnahme und Rückgabe weder ein räumlicher noch ein personeller Wechsel stattgefunden hat.

4.6.6 Dokumentation

Angewendete Eigenblutprodukte sind von der behandelnden ärztlichen Person oder unter deren Verantwortung im Sinne von § 14 Abs. 2 TFG unverzüglich zu dokumentieren.

Die Vorgaben nach Abschnitt 4.3.10 gelten hierbei sinngemäß.

4.7 Anwendung von autologen Blutstammzellen

Die autologe Transfusion peripherer Blutstammzellen wird an speziell qualifizierten Zentren (Konzertierte Aktion Stammzelltransplantation) im Rahmen klinischer Studien zur Behandlung hämatologischer und onkologischer Erkrankungen durchgeführt. Für die Apherese, Herstellung und Lagerung von Blutstammzellpräparaten gelten die Ausführungen unter Kapitel 2 und 3 mit den erforderlichen Abweichungen zur Berücksichtigung der autologen Situation.

Weitere Einzelheiten bezüglich Patientenauswahl, Aufklärung, Durchführung und Dokumentation sind den „Richtlinien zur Transplantation peripherer Blutstammzellen" des Wissenschaftlichen Beirates der Bundesärztekammer (1997) und den Empfehlungen zur Blutstammzellapherese der DGTI (1998) zu entnehmen.

Autologe Blutstammzellpräparate müssen grundsätzlich mit Namen, Vornamen und Geburtsdatum des Patienten beschriftet sein und den Hinweis „Nur zur *autologen* Transfusion!" tragen.

4.8 Therapeutische Zytapherese

Als Erythrozytapherese bezeichnet man die gezielte Entnahme von Erythrozyten. Bei der maschinellen Erythrozytenaustauschbehandlung werden die entnommenen Erythrozyten vollständig oder teilweise ersetzt. Für die Erythrozytensubstitution gelten die Vorschriften des Kapitels 4. Therapeutische Leukozyt- und Thrombozytapheresen dienen der Reduktion von Leukozyten und Thrombozyten und stellen symptomatische Behandlungsformen dar. Für die Durchführung dieser therapeutischen Hämapheresen gilt sinngemäß 2.6.

4.9 Therapeutische Plasmapherese und Plasmadifferentialtrennung

Die therapeutische Plasmapherese ist ein Plasmaaustauschverfahren. Sie ist generell mittels Zentrifugation oder Filtration durchführbar. Bei der Plasmaaustauschbehandlung wird das entnommene Plasma verworfen und durch eine geeignete Lösung ersetzt. Ist eine spezifische Elimination von Plasmabestandteilen vorgesehen, muss ein weiterer Verfahrensschritt (z.B. Präzipitation, Filtration, selektive oder spezifische Adsorption) folgen, mit dem nach der Plasmaseparation das Plasma selektiv aufbereitet und dem Patienten anschließend wieder zugeführt wird*.

4.9.1 Organisation, Dokumentation und Ausstattung

Es gelten sinngemäß die Empfehlungen nach Kapitel 1. Auf eine ausreichende klinische, bei gefährdeten Patienten ggf. intensivmedizinische, Überwachung und Betreuung ist zu achten. Zu den Vorgaben an die Dokumentation siehe Abschnitt 2.6.5.7.

Die personelle, räumliche und gerätetechnische Ausstattung muss der besonderen Situation der Patientenbetreuung Rechnung tragen und alle erforderlichen Maßnahmen zur Sicherheit der Patienten sowie der Präparatequalität gewährleisten.

5 Glossar

AB0-Identitätstest (Bedside-Test): Test zur Kontrolle der AB0-Blutgruppenmerkmale des Empfängers. Er ist unmittelbar am Krankenbett durchzuführen und dient in erster Linie der Identitätssicherung des Empfängers.

Blut (Vollblut): Sämtliche nativen Bestandteile enthaltendes Blut nach einer Blutspende.

Blutbestandteile: Blutbestandteile können aus Vollblut durch manuelle oder maschinelle Auftrennungsverfahren gewonnen werden.

Blutdepot: Einrichtung der Krankenversorgung, von der Blutkomponenten und/oder Plasmaderivate gelagert und abgegeben werden.

Blutkomponenten: Zelluläre Blutprodukte wie Erythrozytenkonzentrate, Thrombozytenkonzentrate, Granulozytenkonzentrate, Stammzellpräparate und therapeutisches Frischplasma.

---

* Mitteilungen der DGTI in: Infusionsther. Transfusionsmed. 22: 51–62 (1995).

Blutprodukte (Begriff des Transfusionsgesetzes): Blutzubereitungen im Sinne des § 4 Abs. 2 des Arzneimittelgesetzes, Sera aus menschlichem Blut im Sinne des § 4 Abs. 3 des Arzneimittelgesetzes oder Plasma zur Fraktionierung.

Blutzubereitungen (Begriff des Arzneimittelgesetzes): Arzneimittel, die aus Blut gewonnene Blut-, Plasma- oder Serumkonserven, Blutbestandteile oder Zubereitungen aus Blutbestandteilen sind oder als arzneilich wirksame Bestandteile enthalten.

Erstspender: Personen, die sich das erste Mal bei einer Spendeeinrichtung vorstellen. Dabei liegt der Spendeeinrichtung kein Laborbefund aus früheren Spendeuntersuchungen vor. Bei festgestellter Spendetauglichkeit durch Anamnese und ärztliche Untersuchung wird im Rahmen der Spende erstmals die Laboruntersuchung durchgeführt.

Erstspendewillige: Personen, die sich das erste Mal bei der meldenden Spendeeinrichtung vorstellen. Der Spendeeinrichtung liegt hierbei kein Laborbefund aus früheren Spendeuntersuchungen vor, und es wird zunächst nur eine Laboruntersuchung und ggf. Anamnese mit ärztlicher Untersuchung durchgeführt. Die Spender werden erst nach einem angemessenen Intervall und bei negativen Befunden in dieser Vortestung zur Entnahme einer kompletten Spende zugelassen.

Gefrorenes Frischplasma (GFP): Schockgefrorenes Plasma, bei dem gewährleistet ist, dass auch die labilen Gerinnungsfaktoren im funktionsfähigen Zustand erhalten bleiben.

Gerichtete Spende: Spende, bei der die spendende Person angibt, für welchen Empfänger die Blutkomponente verwendet werden soll.

Graft-versus-Host-Reaktion: Bei Übertragung von allogenen immunkompetenten Zellen auf einen Empfänger mit mangelnder Immunabwehr eintretende Immunreaktion der übertragenen Zellen gegen den Empfänger.

Hämapherese: Entnahme von Blutbestandteilen aus dem zirkulierenden Blut mittels Separatoren.

Hämotherapie: Anwendung von Blutkomponenten und Plasmaderivaten.

Hyperimmunplasma: Plasma mit hoher Konzentration spezifischer Immunglobuline, das von ausgewählten oder hyperimmunisierten Spendern gewonnen wird (internationale Bezeichnung: plasma for special purposes).

Leukozytendepletion: Entfernung von Leukozyten unter einen bestimmten Schwellenwert, z.B. mittels spezieller Leukozytenadhäsionsfilter.

Mehrfachspender: Spender, für die der Spendeeinrichtung eine Vorspende mit Laborbefund vorliegt.

Nachuntersuchungsproben: Anlässlich einer Blutspende aufbewahrte Blutproben eines Spenders, die im Rahmen eines Rückverfolgungsverfahrens die Nachuntersuchung der Ausgangsspende auf Infektionsmarker ermöglichen.

Plasma zur Fraktionierung: Plasma, aus dem Plasmaderivate hergestellt werden.

Plasmaderivate: Plasmaderivate werden aus Plasma durch Fraktionierung herge-stellt, wie Faktorenkonzentrat, PPSB, Albumin. Ihre Herstellung erfolgt üblicher-weise durch Plasmapools. Sie werden Verfahren zur Virusinaktivierung/-abreiche-rung unterzogen.

Rückverfolgungsverfahren (Lookback): Verfahren zur Aufdeckung möglicher weiterer infizierter Blutprodukte bzw. Empfänger, falls bei einem Spender oder bei einem Empfänger von Blutprodukten eine schwerwiegende Infektion festgestellt wird bzw. der begründete Verdacht einer Infektion besteht.

Sera (Begriff des Arzneimittelgesetzes): Sera sind Arzneimittel, die aus Blut, Or-ganen, Organteilen oder Organsekreten gesunder, kranker, krank gewesener oder immunisatorisch vorbehandelter Lebewesen gewonnen werden, spezifische Anti-körper enthalten und die dazu bestimmt sind, wegen dieser Antikörper angewendet zu werden.

Spende (Blutspende): Die Spende ist die einem Menschen entnommene Menge an Blut oder Blutbestandteilen, die Arzneimittel ist oder zur Herstellung von Arznei-mitteln bestimmt ist.

Transfusion: Der international gebräuchliche Begriff „Transfusion" bedeutet die Übertragung von Blutkomponenten. Er wird in diesen Richtlinien synonym mit „Anwendung von Blutkomponenten" verwendet.

Transfusionsbeauftragte Person: In der Krankenversorgung tätige qualifizierte approbierte ärztliche Person, die in jeder Behandlungseinheit, in der Blutprodukte angewendet werden, bestellt wird und über transfusionsmedizinische Grundkennt-nisse und Erfahrungen verfügt.

Transfusionskommission: Kommission für transfusionsmedizinische Angelegen-heiten, die in Einrichtungen der Krankenversorgung mit einer Spendeeinrichtung oder mit einem Institut für Transfusionsmedizin oder in Einrichtungen der Kranken-versorgung mit Akutversorgung zu bilden ist.

Transfusionsverantwortliche Person: Qualifizierte approbierte ärztliche Person, die in Einrichtungen der Krankenversorgung, die Blutprodukte anwenden, bestellt wird und für die transfusionsmedizinischen Aufgaben verantwortlich ist. Sie ist mit den dafür erforderlichen Kompetenzen auszustatten.

Verträglichkeitsprobe: In-vitro-Untersuchung, bei der Empfängerserum und Spendererythrozyten (früher Majortest) miteinander inkubiert werden. Hämolyse oder Agglutinationsphänomene deuten auf eine Unverträglichkeit.

Zeitweiliger Lebensmittelpunkt: Ein zeitweiliger Lebensmittelpunkt wird dann angenommen, wenn an diesem Ort ein ständiger Wohnsitz vorliegt bzw. eine län-gere berufliche Tätigkeit ausgeübt wird. Für Urlaubsreisende gilt diese Einordnung nicht, sofern ein Intimkontakt zur einheimischen Bevölkerung verneint wird.

Teil 1

Medizinisch-naturwissenschaftliche Grundlagen

Das klinische Fachgebiet Transfusionsmedizin[1]

Literatur

K. C. Anderson und P. M. Ness, Immune effects of transfusion (section IX), in: Scientific Basis of Transfusion Medicine, W. B. Saunders, Philadelphia 1994; S. H. Butch, Blood Irradiation: A User's Guide, American Association of Blood Banks, Bethesda 1996; O. R. C. Busch et al., Blood transfusion and prognosis in colorectal cancer, N. Engl. J. Med. 328(1993)1372 - 1376; R. L. Comenzo und E. M. Berkman, Hematopoietic stem and progenitor cells from blood: emerging uses for new components for transfusion, Transfusion 35(1995)335 - 345; G. L. Daniels et al., Blood group terminology 1995, Vox Sang. 69(1995)265 - 279; W. A. Flegel, K. Koerner, B. Kubanek, Zehn Jahre HIV-Testung in den Blutspendediensten, Dt. Ärzteblatt 1996(93)816 – 821; W. A. Flegel, B. Kubanek, Vorbereitende Maßnahmen und Dokumentation einer Bluttransfusion, Dt. Ärzteblatt 1995(92)3244 - 3252; W. A. Flegel, B. Kubanek, H. Northoff, Abklärung einer Transfusionsreaktion, Dt. Ärzteblatt 1990(87)1175 - 1180; G. Garratty, Applications of Molecular Biology to Blood Transfusion Medicine, American Association of Blood Banks, Bethesda 1997; H. Klüter et al., Cytokines in platelet concentrates prepared from pooled buffy coats, Vox Sang. 69(1995)38 - 43; S. Nowak-Harnau, F. F. Wagner, W. A. Flegel WA. Completely converting a national blood supply to the use of safer plasma. Transfusion 41(2001)1172; C. T. Smit Sibinga, H. J. Alter, Risk Managment in Blood Transfusion: The Virtue of Reality, Kluwer, Dordrecht 1999; E. C. Vamvakas und M. A. Blajchman, Deleterious clinical effects of transfusion-associated immunomodulation: fact or fiction? Blood 97(2001)1180 - 1195; E. C. Vamvakas und M. A. Blajchman, Universal WBC reduction: the case for and against, Transfusion 41(2001)691 - 712; F. F. Wagner und W. A. Flegel, Transfusion-associated graft-versus-host disease: risk due to homozygous HLA haplotypes, Transfusion 35(1995)284 - 291.

1. Einleitung

1   Die Transfusionsmedizin befasst sich mit der Substitutionstherapie durch menschliches Blut und Blutkomponenten bei Patienten mit Zytopenien (Blutbildungsstörungen), Proteinmangel und Blutverlust durch Unfall oder infolge chirurgischer Eingriffe. Das Sammeln (Gewinnung) von Blutzellen des peripheren Blutes und von Blutplasma, deren Aufarbeitung und Lagerung, die Testung auf Verträglichkeit für und die Übertragung auf den Patienten (Transfusion) werden heutzutage im großen Maßstab in Blutzentralen und Krankenhäusern durchgeführt. Zu Beginn war das Vorliegen oder die Bildung von Abwehrstoffen (Alloimmunisierung) beim Patienten das größte Problem für die Übertragung von Fremdblut (allogene Transfusion). Dieses Problem wurde überwunden durch die Entdeckung der Blutgruppen auf roten Blutzellen (Erythrozyten) sowie durch die Entwicklung der modernen Blutgruppenserologie und Immunhämatologie, die die klinischen Aspekte von Allo- und Auto-

---

[1]   Bearbeitete und erweiterte Übersetzung aus „Transfusion", Willy A. Flegel in: Encyclopaedia of Immunology, herausgegeben von P. J. Delves und I. N. Roitt, Seiten 2399 – 2404, 2. Auflage 1998 mit Erlaubnis durch den Verlag Academic Press London.

antikörpern betreffen. Später wurden durch Blut übertragbare Viren als das vorherrschende Risiko einer Transfusion eingestuft. In den letzten 15 Jahren wurde die Übertragung von Viren durch dramatische Fortschritte ganz wesentlich vermindert. Heute sind die möglichen immunologischen Nebenwirkungen der Transfusion ein wesentliches und in weiten Bereichen ungeklärtes Problem der Transfusionsmedizin.

2. Blutprodukte

Das Vollblut einer Spende wird innerhalb einiger Stunden nach der Blutspende in seine unterschiedlichen zellulären Bestandteile und Blutplasma aufgetrennt. Die Aufarbeitungsverfahren werden fortlaufend verbessert, um den Anteil kontaminierender Zellen bzw. Plasma in den verschiedenen Blutprodukten zu vermindern. Dazu werden eine ganze Reihe von Verarbeitungsschritten angewandt, die Einfluss auf die Reinheit, mögliche Nebenwirkungen, Lagerzeit usw. nehmen. Wegen der erheblichen Nachteile, die die Transfusion von Vollblut aufwies, wurde dessen Anwendung seit langem verlassen. Blutprodukte werden angewandt, um den Anteil im Blut des Patienten gezielt zu substituieren, der unter einen minimal tolerablen Schwellenwert fällt. Dies geschieht häufig aufgrund von Erfahrungswerten, weil kaum klinische Studien zur Überprüfung (Validierung – „evidence based medicine") der Indikationsschwellen („trigger factors") vorliegen. Nach Blutungen oder Hämolyse muss zunächst die Sauerstoff-Transportkapazität der Erythrozyten ersetzt werden zusätzlich zu dem in den Gefäßen fehlenden Blutvolumen. Nach weitergehendem Blutverlust kann die Substitution von Blutflüssigkeit (Plasma) und Blutplättchen (Thrombozyten) erforderlich werden, um die plasmatische und thrombozytäre Blutgerinnung zu ersetzen (Tabelle 1).

Tabelle 1. Gegenwärtig im deutsch-sprachigen Raum gebräuchliche Blutprodukte in der Transfusionsmedizin einschließlich Stammzelltransplantation

---

Blutprodukte zur Substitutionstherapie

Erythrozyten
    Leukozyten- und thrombozyten-arm (gefiltert) (Standard)
        zusätzlich gewaschen (selten indiziert)
        zusätzlich tiefgefroren gelagert auf flüssigem Stickstoff (selten indiziert)
    „Buffy coat"-frei mit additiver Lösung (seit 2001 nicht mehr zulässig) *
    „Buffy coat"-frei (bis ca. 1995, nicht mehr zugelassen)
Plasma
    Quarantäne-gelagert (Standard)
    Virus-inaktiviert mittels Solvent/Detergent- (SD-) Verfahren (alternativer Standard)
    Virus-inaktiviert mittels Methylenblau-Verfahren (seit 1998 nicht mehr zulässig)
    Gefrorenes Frisch-Plasma (GFP; fresh frozen plasma, FFP; seit 1995 nicht mehr zulässig)
    Lyophilisiert und Virus-inaktiviert (nicht mehr gebräuchlich)
Plättchen (Thrombozyten)
    Leukozyten-arm aus „Buffy coat" *, oft aus zwei bis sechs Spenden hergestellt (Standard)

Tabelle 1. *(Fortsetzung)*

Leukozyten-armes Thrombozyt-Apherese-Präparat aus einer einzelnen Spende (alternativer Standard)
    zusätzlich HLA-typisiert (nach individueller Indikation)
    aus „Buffy coat" hergestellt (seit 2001 nicht mehr zulässig)
    Plättchen-reiches Plasma (bis ca. 1990, nicht mehr zugelassen)
Granulozyten
    HLA-typisiertes Granulozyt-Apherese-Präparat aus einer einzelnen Spende
Vollblut (vereinzelt bis Anfang der 1990er Jahre, nicht mehr zugelassen)
    Frischblut
    Warmblut
    „Pure Blood"

Hämatopoetisch wirksames Gewebe zur Stammzell- und Knochenmarkstransplantation

Stammzell-Präparationen (CD34$^+$ Zellen)
    Periphere Blutstammzellen nach Stimulation mit Wachstumsfaktoren (G-CSF)
    Stammzellen aufgereinigt aus Knochenmark mit/ohne T-Zell-Abreicherung
Knochenmarksgewebe
    Ohne weitere Aufarbeitung
    T-Zell abgereichert
    Gereinigt von malignen Zellen (bei autologer Transplantation)

---

* „Buffy coat" ist eine Leukozyten-haltige Zwischenschicht, die sich bei der Zentrifugation von Vollblut zwischen dem Blutplasma und der Erythrozytenmasse ablagert.

---

3. Hämatopoetische Stammzelltherapie

3   Nach geeigneter Stimulation durch biologisch aktive Mediatoren (Zytokine), wie zum Beispiel dem „granulocyte colony-stimulating factor" (G-CSF), können hämatopoetische Blutstammzellen aus dem peripheren Blut durch Zytapherese in so großer Menge gewonnen werden, dass damit eine Stammzelltransplantation durchgeführt werden kann. Dieses Verfahren ersetzt bereits für viele klinische Anwendung die früher übliche Gewinnung von Stammzellen aus dem Knochenmark. Als Anwendungen kommen die autologe Stammzelltransplantation nach intensiver Chemo- und Strahlentherapie in Betracht, um eine schnelle Erholung der Patienten-eigenen Blutbildung zu erreichen, und die allogene Stammzelltransplantation bei Knochenmarksversagen (aplastische Anämie) und bei Blutkrebs (Leukämie).

4. Eigenblut (autologes Blut)

4   Der Begriff „allogene Bluttransfusion" bezeichnet die Blut-Übertragung vom Spender auf einen Empfänger, der nicht mit dem Spender identisch ist. Allerdings kann auch das Patienten-eigene (autologe) Blut vor einem vorherzusehenden Blutbedarf gesammelt werden, um es zum Beispiel bei oder nach einer geplanten Operation dem Patienten selbst wieder zurückzugeben. Durch diese Transfusionsstrategie können manche aber nicht alle immunologischen Probleme im Zusammenhang mit einer Transfusion vermieden werden. Endogene und exogene Stoffe im autologen Blut können trotzdem unerwünschte Arzneimittelwirkungen verursachen. Es ist generell akzeptiert, dass Eigenblut bei allen Patienten- und Indikationsgruppen ange-

wendet werden soll, für die ein klinischer Vorteil und die Kosteneffizienz erwiesen ist. Andere Möglichkeiten, eine allogene Transfusion zu vermeiden, sind die perioperative Blutrückgewinnung, die Steigerung der Patienten-eigenen Blutbildung durch Gabe von Hormonen (Erythropoetin) und die Minderung des Blutverlustes durch geeignete chirurgische und anästhesiologische Verfahren.

5. Untersuchung auf Infektionserreger

Seit den 1970er Jahren werden Blutspender auf das Hepatitis B Virus und den Syphilis-Erreger untersucht. Ein Leberenzym (GPT) wird nach wie vor als Surrogat-Marker für eine beginnende Hepatitis A, B und C sowie die non A-non B-non C-Hepatitis getestet. Ganz wesentliche Fortschritte ergaben sich durch die Einführung eines Test für das humane Immunschwäche-Virus (HIV) im Jahr 1985 und für das Hepatitis C-Virus (HCV) im Jahr 1990, was dazu führte, dass die Blutversorgung heute sicherer denn je ist. Der Anteil infektiöser Blutprodukte in der Blutversorgung kann erheblich variieren zwischen unterschiedlichen Bevölkerungen und im zeitlichen Verlauf innerhalb einer Bevölkerung. Der Anteil hängt ab von den in der Bevölkerung vorkommenden Infektionserregern, den Auswahlverfahren für geeignete Blutspender und deren Erkrankungen, was fortlaufend überwacht werden muss. Sowohl das Neuauftreten (Inzidenz) als auch das allgemeine Vorkommen (Prävalenz) von Infektionen sind wichtige Maßstäbe, weil infektiöse Blutspender während des „diagnostischen Fensters" übersehen werden können. Auch die Entfernung von weißen Blutzellen (Leukozyten), durch die manche Viren übertragen werden, kann die Infektionsrate vermindern. Plasma wird oft für 6 Monate in Quarantäne gehalten bis der Blutspender nochmals getestet wurde, nachdem das diagnostische Fenster für eine frische Virusinfektion vorübergegangen ist (Tabelle 2).

Tabelle 2. Untersuchung auf Infektionserreger

In Deutschland vorgeschrieben	
HIV-1/HIV-2	HIV-spezifische Antikörper
Hepatitis B-Virus (HBV)	HBsAg
Hepatitis C-Virus (HCV)	HCV-spezifische Antikörper HCV-NAT*
Syphilis	*Treponema pallidum*-spezifische Antikörper (TPHA)
GPT	Enzymatische Aktivität
In einigen Länder zusätzlich vorgeschrieben	
HIV	p24-Antigen
HBV	HBc-spezifische Antikörper
HTLV-1	HTLV-1-spezifische Antikörper
Andere Infektionserreger und Krankheiten, die durch Blut übertragbar sind	

Cytomegalie-Virus (CMV); Parvovirus B19; Epstein Barr-Virus (EBV); Gelbfieber; Malaria; Chagas-Krankheit; Toxoplasmose; Leishmaniose; Onchocercose;

* NAT, nucleic acid testing (Virusgenom-Nachweis)
** HTLV-1, humanes T-Zell Lymphom Virus

6. Immunhämatologie

6 Wegen der erheblichen klinischen Relevanz werden die Moleküle der Erythrozyten-membran mit großem Aufwand wissenschaftlich untersucht. Weit mehr als 200 Antigenvarianten dieser Moleküle wurden durch Serologie und molekulare Methoden charakterisiert. Ein erheblicher Teil des Verständnisses wurde erst seit der Mitte der 1990er Jahre gewonnen. Die meisten dieser Moleküle sind molekular definiert, d. h. „kloniert", worden und können unterschiedlichen Funktionen zugeordnet werden, wie Membrantransportern, Komplementregulatoren, Adhäsionsmolekülen und Ektoenzymen. Molekulare und funktionale Untersuchungen von Blutgruppenantigenen tragen erheblich zum Verständnis der Biologie der Erythrozytenmembran und genetischer Polymorphismen des Menschen bei bzw. stellen eine unabdingbare Grundlage für eine kosteneffiziente Transfusionsmedizin dar.

7 Eine AB0-inkompatible Transfusion ist ausgeschlossen wegen dem natürlichen Auftreten und dem lebenslangen Vorkommen von Alloantikörpern (Isoagglutininen) gegen die AB0-Blutgruppenantigene. Aus diesem Grund wurden Transfusionen überhaupt erst möglich, nachdem im Jahre 1900 das AB0-Blutgruppensystem durch die Anwendung der Erythrozyten-Verklumpung (Agglutination) entdeckt wurden. Klinisch relevante Alloantikörper gegen die meisten anderen Blutgruppenantigene treten erst nach einer Immunisierung infolge von Transfusion oder Schwangerschaft auf. Neben AB0 werden einige wenige andere Antigen, wie zum Beispiel das Rhesus-Antigen D und das Antigen Kell, immer bei der Transfusion berücksichtigt wegen ihrem relativ häufigem Vorkommen und ihrer Eigenschaft, eine Antikörperbildung (Immunisierung) beim Empfänger auszulösen. Diese Eigenschaft wird ermittelt durch den Vergleich der Häufigkeit der korrespondierenden Alloantikörper mit der errechneten Wahrscheinlichkeit, dass eine Immunisierung überhaupt auftreten kann. Die Gene fast aller Blutgruppen-Systeme wurden bereits bestimmt, was die exakte Charakterisierung ihrer Allele ermöglicht.

8 Kürzlich wurden die gesicherten Blutgruppen-Antigene in vier Klassifikationen eingeteilt basierend auf ihrer genetischen Grundlage: Blutgruppen-Systeme, -Kollektionen, niedrigfrequente Antigene („700 Serie") und hochfrequente Antigene („901 Serie"). Es wurde eine numerische Terminologie entwickelt. Systeme sind genetisch unterschiedlich voneinander und setzen sich aus Antigenen zusammen, die von einem einzigen Gen oder von mehreren eng verbundenen ähnlichen (homologen) Genen gebildet werden. Kollektionen umfassen Antigene, die eng miteinander verwandt sind aber (noch) nicht den Kriterien eines Systems entsprechen. Niedrig- und hochfrequente Antigene, die (noch) nicht zu Systemen oder Kollektionen gehören, werden in Serien aufgelistet. Die Struktur der Antigene wird im allgemeinen entweder durch Zucker oder durch Proteine gebildet (Tabelle 3).

Tabelle 3. Blutgruppen-Systeme, Gene, Struktur und Antigene

Name	ISBT Nomenklatur*	Gen-Name	Null-Allele	Chromosomale Position	Wichtige Antigene**	Jahr der Entdeckung
Kohlenhydrate						
AB0	001	*AB0*	*O*	9q34.1-2	A A_1 B	1900
P	003	*P1*		22q11.2-ter	P_1	1927
Lewis	007	*FUT3*	*le*	19p13.3	Le(a) Le(b)	1946
H	018	*FUT1*	*h*	19q13.3	H	1952
Proteine						
MNSs	002	*GYPA, GYPB*		4q28-31	M N S s	1927
Rhesus	004	*RHD, RHCE*		1p34-36.2	C c D E e	1939
Lutheran	005	*LU*		19q13.2	Lu(a) Lu(b)	1945
Kell	006	*KEL*		7q33	K k Kp(b) Js(b)	1946
Duffy	008	*FY*		1q22-23	Fy(a) Fy(b) Fy6	1950
Kidd	009	*JK*		18q11-12	Jk(a) Jk(b)	1951

* Auf der genetischen Grundlage basierende numerische Nomenklatur (ISBT, International Society of Blood Transfusion).

** Beispiele für die Rezeptorfunktion von Blutgruppenantigene: Le(b) – *Helicobacter pylori*; Fy6 – *Plasmodium vivax*, interleukin 8; P – parvovirus B19 (ISBT 209 GLOBO Blutgruppen-Kollektion); AnWj – *Haemophilus influenzae* (ISBT 901 Serie der hochfrequenten Antigene). Mit der Ausnahme der Lewis-Antigene sind alle Antigene auch auf fetalen Erythrozyten ausgeprägt, obwohl einigen Antigene dort mit einer verminderten Zahl von Antigenen pro Zelle auftreten können.

Seit ungefähr 1960 wird der Antihumanglobulin- (Coombs-) Test allgemein als **9** empfindliche Methode zum Nachweis von Antikörpern und zur Verträglichkeitsprobe zwischen Spender und Empfänger (Kreuzprobe) angewendet. Eine serologische Unverträglichkeit, die eine sofortige oder verzögerte hämolytische Transfusionsreaktion verursachen kann, stellt heute nur noch selten eine ernste Gefahr dar. Die Einführung von Matrix- (Gel-) und Festphasen-Teste seit 1990 erhöhte die Empfindlichkeit des Antikörpernachweises und kann zur weiteren Standardisierung und Automatisierung der Verfahren beitragen.

7. Transfusionsreaktionen

Transfusionsreaktionen können durch jeden Bestandteil des transfundierten Blutes **10** ausgelöst werden. Sofern es sich um den für die Therapie erforderlichen Anteil handelt, wird man die Gefahr einer mögliche Nebenwirkung abwägen müssen. Nebenwirkungen durch unnötige, kontamierende Bestandteile eines Blutprodukts können am Besten vermieden werden, indem das Blutprodukt gut aufgereinigt wird, um die kontaminierenden Bestandteile und die daraus resultierenden Transfusionsreaktionen auf ein Minimum zu reduzieren. Es können unterschiedliche Nebenwirkungen bzw. Transfusionsreaktionen auftreten, die für die jeweils auslösenden Blutbestandteile typisch sind (Tabelle 4).

Tabelle 4. Bestandteile eines Blutprodukts und mögliche typische Nebenwirkung

Bestandteil	Nebenwirkung	Maßnahme zur Vermeidung
Erythrozyten	Akute oder verzögerte Hämolyse	Verträgliche Erythrozyten
Thrombozyten	Febrile oder allergische Reaktion	Thrombozytenarme Blutprodukte Verträglich für HLA- oder Thrombozyten-Antigene
Lymphozyten	Febrile oder allergische Reaktion	Leukozytenarme Blutprodukte Verträglich für HLA-Antigene
Granulozyten	Pulmonale Reaktion (TRALI*)	Leukozytenarme Blutprodukte
T-Zellen**	TA-GvHD***	Bestrahlung
Plasma	Allergische Reaktion	Gewaschene Erythrozytenpräparate

*   TRALI – „transfusion associated acute lung injury"
**   T-Zellen: Teil der Lymphozyten
*** TA-GvHD – Transfusionsassoziierte „Graft-versus-Host"-Erkrankung

8. Immunmodulatorische Effekte der Transfusion

11 Es bestehen indirekte Hinweise, dass eine geringe Immunsuppression durch die Transfusion der verschiedenen Blutprodukte ausgelöst werden kann (Tabelle 5). Transfusion von Vollblut führte früher zu einem verbessertem Überleben einer transplantierten Niere und zu einer verminderten Rückfallrate bei einer Autoimmunerkrankung des Dickdarms (Morbus Crohn). In Untersuchungen an Mäusen wurde ein erhöhtes Tumorwachstum und vermehrte bakterielle Infektionen nach der Transfusion von frischem allogenem Vollblut beschrieben, was jedoch nach der Transfusion von Leukozyten-armem, vor der Lagerung gefiltertem Blut nicht beobachtet wurde. Am Menschen wurde über ganz erhebliche Kurz- und Langfristfolgen der allogenen Transfusion in vielen Beobachtungs- (retrospektiven) Studien berichtet, von denen allerdings bekannt sind, dass man etliche wesentliche Nebeneinflüsse nicht beachten bzw. nicht ausschließen konnte. Die Zusammenfassung aller prospektiven, randomisierten und kontrollierten klinischen Studien, die bisher durchgeführt wurden (Meta-Analysen), belegen keinen wesentlichen Einfluss auf die Anzahl der Tumor-Rezidive oder der Infektionen nach einer Operation.

Tabelle 5. Einflussgrößen für mögliche immunologische Folgen einer Transfusion

Technik der Präparation von Blutprodukten
   Anteil der therapeutisch gewünschten zellulären und plasmatischen Bestandteile
   Erythrozyten, Thrombozyten, Granulozyten und Plasma
   Kontamination durch Bestandteile, die nicht für die Therapie erforderlich sind
   Leukozyten (in allen Blutprodukten)
   Plasma (in allen zellulären Blutprodukten)
   Erythrozyten (in Plättchen- und Plasma-Präparaten)

Menge und Lebensfähigkeit der Spender-seitigen Leukozyten
   Präparationstechnik
   Lagerbedingungen (Zeit und Temperatur)
   Gamma- oder Ultraviolett-Bestrahlung
   Menge von Stammzellen und von T-Zellen

Tabelle 5. *(Fortsetzung)*

Immunkompetenz des Empfängers
Alter des Patienten (Fetus, Neugeborenes, älterer Mensch)
Grunderkrankung (Lymphom, Immunschwäche-Erkrankung)
Begleittherapien (Chemotherapie, Knochenmarkdepletion, immunsuppressive Therapien)

HLA-Unterschied zwischen Spender und Empfänger
Zufällige Ähnlichkeit in Abhängigkeit von ethnischer Zugehörigkeit
Beabsichtigte Übereinstimmung bei Organtransplantationen, die mit Leukozyten kontaminiert sind, und bei HLA-typisierten Blutprodukten

Immunhämatologische Unterschiede zwischen Spender und Empfänger
Grad der Blutgruppen-Übereinstimmung
Allo- und Autoantikörper im Plasma

Endogene Substanzen, die nach der Blutspende gebildet und freigesetzt werden
Zytokine (IL-1, IL-6, IL-8, TNF usw.) aus Leukozyten
Proteolytische Enzyme (Elastase, Kathepsin usw.) aus Leukozyten
Metabolische Produkte aus Erythrozyten und Plättchen
Zell-Bruchstücke von Erythrozyten, Plättchen und Leukozyten

Exogene Substanzen, Verarbeitungsschritte
Bakterielle und virale Kontamination
Stabilisatoren, Antikoagulantien und Konservierungsstoffe (Adenin, Glukose, Natriumzitrat, Natriumdihydrogenphosphat, Zitronensäure, Mannitol)
Auswaschung von Weichmachern aus den Plastikbeuteln
Chemikalien zur Virusinaktivierung

Während die erheblichen Effekte, die in vielen retrospektiven Studien beschrieben wurden, sicher nicht zutreffen, kann andererseits ein kleiner klinischer Effekt nicht ausgeschlossen werden, der – wenn er bestünde – dennoch eine erhebliche Bedeutung für die Gesundheitsvorsorge hätte. In diesen kontrollierten Studien wurden überwiegend Erythrozyten-Präparate, „buffy coat"-frei (ohne leukozyten-haltige Zwischenschicht) verwendet, von denen man annehmen kann, dass sie weniger immunsuppressive Wirkungen ausweisen als Vollblut. Nachteilige Transfusionswirkungen könnten allerdings auch übersehen werden, wenn sie gleich häufig durch allogene und autologe Blutprodukte ausgelöst würden, weil sie sich in Bezug auf unerwünschte Bestandteile wie Zellbruchstück oder Zytokine durchaus nicht unterscheiden müssen. **12**

9. Mikrochimerismus durch mononukleäre Zellen

Das Schicksal der transfundierten Leukozyten wird im wesentlichen durch den relativen Einfluss von drei Faktoren bestimmt: Die Menge der allogenen Leukozyten, die Immunkompetenz des Empfängers und die Unterschiede in den Antigenen des Spenders und des Empfänger, die weitgehend durch die fehlende Übereinstimmung der humanen Leukozyten-Antigene (HLA) beeinflusst wird. Im allgemeinen werden die mit den Erythrozyten-Präparaten transfundierten Leukozyten schnell aus **13** dem Blutkreislauf entfernt, sodass spätestens nach einer Woche keine allogenen Leukozyten mehr nachweisbar sind, vorausgesetzt bei Spender und Empfänger besteht keine HLA-Übereinstimmung. Eine Immunisierung gegen HLA tritt meist nur nach wiederholter Exposition mit Leukozyten oder nach einer hohen Leukozyten-Menge auf. Allerdings können Leukozyten fetalen Ursprungs in der Mutter über Monate und mütterliche Leukozyten im Kind über Jahre nach der Geburt zirkulieren. Empfänger von HLA-kompatiblen Organtransplantaten können einen lang bestehenden Mikro-Chimerismus und eine Spender-spezifische HLA-Toleranz entwickeln. Die Charakterisierung des mononukleären Mikrochimerismus wird zum Verständnis der peripheren Toleranzinduktion beitragen. Bei immunsupprimierten Patienten kann ein Leukozyten-Chimerismus vor allem dann mit der Folge einer lebensbedrohlichen „Graft versus host"-Erkrankung (GvHD) auftreten, wenn Spender und Empfänger in Bezug auf HLA weitgehend übereinstimmen.

10. Transfusions-assoziierte „Graft versus Host"-Erkrankung

14 Eine Transfusions-assoziierte GvHD (TA-GvHD) kann bei immunkompetenten Empfängern auftreten, wenn Blut eines HLA-homozygoten Spenders auf einen HLA-heterozygoten Empfänger transfundiert wird, wenn ein (heterozygoter) HLA-Haplotyp des Empfängers mit den beiden (homozygoten) HLA-Haplotypen des Spenders identisch ist. Die Häufigkeit von HLA-Kombinationen, die für eine TA-GvHD prädestinieren, hängen von den bekannten HLA-Haplotyp-Frequenzen ab und schwanken erheblich zwischen verschiedenen Bevölkerungen. Bei Transfusionen zwischen Blutsverwandten ist die Gefahr einer TA-GvHD wesentliche erhöht (Tabelle 6). Deshalb ist für „gerichtete" Transfusionen, d. h. wenn Blut zur Transfusion für einen bestimmten vorher bekannten Empfänger, wie zum Beispiel einem Blutsverwandten, gespendet wird, die Bestrahlung mit einer Strahlendosis von 30 Gray (Gy, früher 3.000 rad) für alle Blutprodukte vorgeschrieben.

Tabelle 6. Frequenz von HLA-Konstellationen, die das Risiko einer TA-GvHD aufweisen

Bevölkerung	Schätzung der Frequenz*		Relativer Anstieg bei gerichteter Transfusion**
	minimal	maximal	
USA (Weiße)	1 : 39.034	1 : 17.682	21fach
Spanien	1 : 175.296	1 : 10.595	23fach
Frankreich	1 : 68.742	1 : 6.365	17fach
Deutschland	1 : 48.583	1 : 6.903	18fach
Japan	1 : 7.981	1 : 1.612	11fach

*   bei nicht-gerichteter Transfusion (Die klinisch beobachteten Frequenzen sind wesentlich niedriger.)
** zwischen Eltern und Kindern im Vergleich zur nicht-gerichteten Transfusion

11. Mediatoren in Blutprodukten

15 Biologisch aktive Mediatoren (Zytokine) werden während der Lagerung von Blutprodukten gebildet und freigesetzt. Klinisch relevante Mengen von fieber-auslösenden Zytokinen (Interleukin 1 [IL-1], IL-6 und Tumornekrosefaktor [TNF]) oder Histamin können auftreten. Diese Zytokine – und nicht wie man zunächst vermutete die Leukozyten selbst – verursachten die häufigen fieberhaften (febrilen) Transfusionsreaktionen bei der Anwendung von Plättchen-reichem Plasma. In anderen Blutprodukten ist die Bildung von Mediatoren weniger relevant, wegen deren geringerem Leukozytengehalt und den niedrigeren Lagertemperaturen. Bisher fehlt der Nachweis der klinischen Wirksamkeit für die Mengen an Mediatoren, die üblicherweise in den meisten Blutprodukten nachweisbar sind. Aufgrund der heute üblichen umfangreichen Aufarbeitung des gespendeten Blutes verursachen Mediatoren kaum noch Transfusionsreaktionen.

12. Künstliches Blut

Die Wirksamkeit synthetischer Blutersatzstoffe als Sauerstoffträger ist seit den 1960er Jahren hinlänglich bekannt. Wegen ihrer schweren Nebenwirkungen war die Verbesserung der Bio-Verträglichkeit wichtiger als die Erhöhung der Sauerstoff-Transportkapazität. Die pharmakologischen Anforderungen betreffen die Bindung und Freisetzung von Sauerstoff und Kohlendioxid unter physiologischen Bedingungen, die onkotische, osmotische, rheologische und immunologische Verträglichkeit, das Fehlen von zellulärer und Gewebegiftigkeit (Toxizität), die begrenzte Aufnahme durch das retikulo-endotheliale System, eine fehlende Wirkung auf die Blutbildung sowie eine ausreichend lange aber nicht unbegrenzte Verweildauer im intravasalen (Gefäß-) Volumen. **16**

Perfluorkarbone lösen Sauerstoff und Kohlendioxid physikalisch und sind biologisch ungefährliche, da inerte, fluorierte Kohlenstoff-Verbindungen, die problemlos über die Lunge ausgeschieden werden. Da es sich um ölige Substanzen handelt, müssen sie immer durch Tenside emulgiert werden, die wiederum verantwortlich sind für die erheblichen Nebenwirkungen dieser Art von Blutersatz. Weil andererseits freies Hämoglobin toxisch ist, wurde eine ganze Reihe von Modifikationen durch Polymerisation, Konjugation, Mikro-Verkapselung und S-Nitrosylierung entwickelt, um diese Hämoglobin-Derivate therapeutisch nutzen zu können. **17**

Trotz zunächst vielversprechender Studien ist die klinische Verfügbarkeit beider Arten von künstlichem Blut (Perfluorkarbone und Hämoglobin-Derivate) weiterhin nicht absehbar. Falls die Bio-Verträglichkeit von künstlichem Blut ausreichend verbessert werden kann, wird es für solche Anwendungen sehr nützlich sein, für die die üblichen Bluttransfusionen nicht geeignet sind. **18**

13. Ausblick

13.1 Immunmodulation und Qualität der Blutprodukte

Trotz der sehr umfangreichen Anwendung der Substitutionstherapien mit Blutprodukten seit über 40 Jahren, sind die immunologischen Folgen einer allogenen Transfusion keineswegs vollständig verstanden. Verbesserungen in der Transfusionsmedizin werden erreicht durch verfeinerte Präparationstechniken, die reinere **19**

Aufbereitung von Blutprodukten, die Vermeidung von Verunreinigungen durch Zytokine und Leukozyten sowie durch die Berücksichtigung immunologischer Verträglichkeit von Spender und Empfänger. Diese Entwicklungen erfordern die besondere Beachtung der Qualitätssicherung und der Transfusionsstrategie, was eine bessere Festlegung der Indikationen für verschiedene Blutprodukte und deren Indikationsschwellen erlauben wird. So wie sich unser Verständnis der Wirkung einer Transfusion auf des Immunsystem erweitert, wird die Bedeutung einer Therapie mit noch genauer definierten Blutprodukten klar werden.

13.2 Stammzellen

20 Wesentliche Fortschritte werden zur Zeit auf dem Gebiet der hämatopoetischen Stammzelltherapie gemacht. Die Zellgewinnung durch Zytapherese, die Stammzell-Verarbeitung und -Vermehrung sowie die Handhabung und Lagerung werden gegenwärtig untersucht und betreffen Aspekte im Umgang mit zellulären Blutprodukten, für die in der Transfusionsmedizin bereits viel Erfahrung vorhanden ist.

13.3 Infektionssicherheit der Transfusion

21 Fortschritte in der Sicherheit der Blutversorgung sind zu erwarten durch weiter verbesserte Untersuchungsmethoden – wie zum Beispiel die Polymerase-Kettenreaktion (PCR) – für Infektionserreger, und durch die Beschreibung weiterer Hepatitis-Viren. Die Inaktivierung von Viren und Bakterien in zellulären Blutprodukten wird ebenso untersucht.

13.4 Genotypisierung und Gentechnik

22 Die Genotypisierung von Blutgruppen wird bereits in der vorgeburtlichen (Pränatal-) Diagnostik angewendet und wird in Zukunft sicher eine noch breitere Anwendung finden. Ethische und rechtliche Probleme sind hier erwiesenermaßen nicht zu erwarten – dies im Unterschied zur Typisierung vieler anderer Gene. Gentechnisch hergestellte Blutgruppen-Proteine könnten zu verbesserten Nachweisverfahren für Antikörper beitragen. Die großen Datenbestände von Blutgruppen bieten sich für die molekulargenetische Analyse von Nullmutationen, stillen Mutationen und Genhybridisierungen an, was zum Verständnis der genetischen Vielfalt von Allelen in natürlichen Populationen beitragen wird.

Teil 2

Überblick über das Arzneimittelrecht

Literatur
E. Deutsch, H.-D. Lippert, K. Anker, R. Ratzel, (2000), Kommentar zum Arzneimittelgesetz, Kloesel, W. Cyran, Kommentar zum Arzneimittelgesetz, Loseblattsammlung, Stand: 2000; W. Rehmann (1999), AMG, Kommentar; A. Sander, B. Koebner (1977) Arzneimittelgesetz, Kommentar, Loseblattsammlung, Stand: 2000.

1. Einleitung

1   Das Transfusionsgesetz regelt zum einen die Gewinnung von Blut und zum anderen die Anwendung der daraus gewonnenen Blutprodukte. Auf alle Vorgänge zwischen Gewinnung und Anwendung sind in vollem Umfang die Vorschriften des Arzneimittelgesetzes (AMG) anzuwenden. Das Transfusionsgesetz ist ein Spezialgesetz zweiter Generation. Es ist Spezialgesetz in erster Linie zum Arzneimittelgesetz, wohl auch zum Medizinproduktegesetz (sofern dies überhaupt betroffen sein kann). Das Arzneimittelgesetz wiederum ist Spezialgesetz für den Verkehr mit Arzneimitteln und geht somit den allgemeinen Gesetzen vor, die aber gelten, soweit nicht das Arzneimittelgesetz und das Transfusionsgesetz Sonderregelungen vorsehen.

Deshalb erscheint es für das bessere Verständnis auch des Transfusionsgesetzes (TFG) gerechtfertigt, an dieser Stelle einen kurzen Überblick über das AMG zu geben

2. Zweck des Gesetzes und Abgrenzung zu anderen Gesetzen

2   Hauptquelle des nationalen Rechts ist das AMG von 1976, das am 1.1.1978 in Kraft getreten ist. Als Bundesgesetz hat es seine Rechtsgrundlage in Artikel 72 Nr. 19 Grundgesetz (GG). Danach steht dem Bund die konkurrierende Gesetzgebungsbefugnis für den Verkehr mit Arzneimitteln zu. Zweck des Gesetzes ist die Herstellung der Sicherheit im Verkehr mit Arzneimitteln und das Interesse an einer ordnungsgemäßen Versorgung von Mensch und Tier mit Arzneimitteln. Sein Ziel ist, eine optimale Arzneimittelversorgung zu verwirklichen. Zu diesem Zwecke sollen alle Arzneimittel, die erforderliche Qualität, Wirksamkeit und Unbedenklichkeit aufweisen. So sieht das AMG im Gegensatz zu seinem Vorgänger die Prüfung neuer Medikamente vor sowie eine objektive Haftung zugunsten der durch Arzneimittel Geschädigten. Inzwischen ist das AMG in immer schnellerer zeitlicher Reihenfolge, bisher insgesamt zehn Mal, novelliert worden. Die Nachbesserungen betrafen u.a. die Zweitanmelderproblematik, die Prüfung der Betriebe, den Abbau des Zulassungsstaus, die Nachzulassung, die Übernahme von europäischen Direktiven, die Verankerung von Ethikkommissionen im AMG und das Doping im Sport.

3   Das Gesetz kommt aber auch zugleich der Pflicht der Bundesrepublik Deutschland zur Umsetzung der einschlägigen Richtlinien der Europäischen Union nach, vor allem der Richtlinien 65/65 EWG vom 26.01.1965 (ABl Nr. 22 vom 09.02.1965 S. 369). In den Erwägungsgründen dieser Richtlinie sind im Grunde genommen bereits die zwei wesentlichen Ziele vorgegeben, denen ein Gesetz wie das Arzneimittelgesetz zu genügen hat: Zum einen müssen die Vorschriften dem Schutz der öffentlichen Gesundheit dienen. Zum anderen müssen die Vorschriften dies erreichen, ohne Hemmnisse für die Entwicklung und den Handel mit pharmazeutischen Erzeugnissen aufzubauen. Um einen EG-Binnenmarkt auch im Bereich des Arzneimittelwesens zu schaffen, sind seit geraumer Zeit weitere Richtlinien des Rates erlassen worden, die eine Harmonisierung des Arzneimittelrechts herbeiführen sollen.

Den Arzneimitteln gleich gestellt sind fiktive Arzneimittel, die wie Arzneimittel   **4**
nach dem Arzneimittelgesetz behandelt werden sollen. Keine Arzneimittel sind Medizinprodukte im Sinne von § 3 MPG sowie deren Zubehör. Die Abgrenzung zu Arzneimitteln hat hier besondere Bedeutung, weil Medizinprodukte, die fiktive Arzneimittel im Sinne von § 2 Abs. 2 AMG waren, nach der Übergangsvorschrift des § 48 MPG noch bis zum 14. Juni 1998 nach den beim Inkrafttreten des MPG geltenden Vorschriften in den Verkehr gebracht werden durften und nun nach der Änderung des Medizinproduktegesetzes noch bis zum 30. Juni 2001 abverkauft werden dürfen. Für diese Medizinprodukte gilt also noch das alte Recht fort.

Eine eher überflüssige Klarstellung enthält nun Absatz 3, Nr. 8 AMG. Herz, Niere,   **5**
Leber, Lunge, Bauchspeicheldrüse und Darm, Organe die nach § 9 TPG nur in zugelassenen Transplantationszentren auf den Menschen übertragen werden dürfen, sind keine Arzneimittel im Sinne des Arzneimittelgesetzes. Hier glaubte der Gesetzgeber wohl die Notbremse ziehen zu müssen, nach dem im juristischen Schrifttum ernsthaft die Auffassung vertreten worden war, diese Organe seien Arzneimittel und derjenige, der sie explantiert und transplantiert bedürfe hierzu einer Herstellungserlaubnis nach § 13 AMG.

Das Transfusionsgesetz hat – im Gegensatz zum Transplantationgesetz – zu keinem   **6**
grundlegenden Eingriff in das AMG, insbesondere nicht zu einer Änderung des § 2 AMG (sowie des § 4 AMG) geführt. Es bleibt dabei: Blutzubereitungen sind und bleiben Arzneimittel nach § 4 Absatz 2 AMG. Lediglich bezüglich der Betriebsabläufe in Betrieben und Einrichtungen, die Blutzubereitungen gewinnen und herstellen, hat das TFG Änderungen und Ergänzungen des AMG zur Folge gehabt.

3. Anforderungen an Arzneimittel

Der 2. Abschnitt des AMG regelt die Anforderungen, die an die Arzneimittel zu   **7**
stellen sind. Es besteht ein absolutes Verbot bedenklicher oder täuschender Arzneimittel; im übrigen gilt ein Verbot mit Erlaubnisvorbehalt, wonach zugelassene oder bei homöopathischen Arzneimitteln registrierte Medikamente in Verkehr gebracht werden können. Die Ordnung und Zusammenstellung der Bestimmungen des zweiten Abschnitts erschließt sich jedenfalls nicht auf den ersten Blick. Die §§ 5-8 stecken den Verbotsbereich ab. § 9 regelt die persönliche Verantwortlichkeit. Die §§ 10-12 befassen sich in unendlicher Genauigkeit mit der Kennzeichnung der Fertigarzneimittel, der Packungsbeilage, der Fachinformation und der damit verbundenen Ermächtigungen. Beide Bereiche haben miteinander wenig zu tun und scheinen eher zufällig gemischt worden zu sein.

4. Herstellung von Arzneimitteln

8 Während sich der 4. Abschnitt des AMG mit der Verkehrsfähigkeit des Produkts befasst, geht es im 3. Abschnitt um die Lizenz zur Herstellung. Deshalb steht hier nicht die Produktqualität, sondern die Produzentenqualität im Vordergrund. Durch die Ausweitung des Herstellungsbegriffs in § 4 Abs. 14 ist auch die Frage der Erlaubnispflicht auf deutlich mehr Lebenssachverhalte ausgedehnt worden, als dies früher der Fall war. Neben der formalen Erlaubniserteilung geht es darüber hinaus um innerbetriebliche Zuständigkeits- und Verantwortungsbereiche.

9 Nachdem es sich sowohl bei menschlichem als auch tierischem Blut um einen Stoff im Sinne von § 3 Nr. 3 handelt, sind Blutspendeeinrichtungen oder Plasmapherese-Stationen gem. § 13 erlaubnispflichtig. Hinsichtlich der Betriebsabläufe und der verantwortlichen Personen sind neben dem AMG die Vorschriften des neuen Transfusionsgesetzes[1] zu beachten. Keiner Erlaubnispflicht unterliegen hingegen die sogenannte „Eigenblutprärarate"[2], sofern ihre Gewinnung und Anwendung unter Verantwortung derselben Person erfolgt, was in der Regel dann zu gewährleisten ist, wenn sowohl die Entnahme als auch Aufbereitung im selben Krankenhaus/Einrichtung erfolgt. Eine Herstellungserlaubnis ist aber sicher auch bei Eigenblut immer dann erforderlich, wenn ein Krankenhaus/Einrichtung für ein anderes Haus die Herstellung von Eigenblutpräparaten übernimmt. In diesem Fall ist nicht mehr von einem einheitlichen Verantwortungsbereich auszugehen, so dass eine Erlaubnis gem. § 13 einzuholen ist. Ob dies auch dann schon der Fall ist, wenn Abnahme und Verabreichung von unterschiedlichen Abteilungen eines Hauses vorgenommen werden[3], überzeugt jedenfalls dann nicht, wenn für derartige Abläufe von der Krankenhausleitung ein Organisationsstatut festgelegt worden ist, in dem die jeweiligen Verantwortlichkeiten festgehalten sind und sich daher der Betriebsablauf nicht von der Abnahme und Verwendung in einer einzigen Abteilung unterscheidet. Wer allerdings Eigenblutzubereitungen berufsmäßig herstellt, um sie danach dem Spender zur Selbstanwendung oder zur Injizierung durch den Hausarzt zu überlassen, bedarf einer Erlaubnis nach § 13 Abs. 1[4] AMG.

5. Zulassung von Arzneimitteln

10 Das Erfordernis der Zulassung gilt für ein Fertigarzneimittel gemäß § 2 Abs. 1 oder Abs. 2 Nr. 1 i.V.m. § 4 Abs. 1. Die Zulassungspflicht gilt zwingend für Fertigarzneimittel mit neuen Stoffen, neue Zubereitungen mit bekannten Stoffen, Arzneimit-

---

[1] Gesetz vom 01.07.1998, BGBl I S. 1752.

[2] H.-D. Lippert, Die Eigenblutspende, Medizin, Organisation, Recht, VersR 1992, 790; Zur Aufklärungsproblematik BGH, VersR 1992, 314; zur Problematik der Herstellung von Mischinfusionen ohne Beteiligung der Krankenhausapotheke Fresenius, Krankenhauspharmazie 1988, 56 ff.

[3] So A. Kloesel, W. Cyran, § 13 Rz. 17.

[4] BVerwG, NJW 1999, 882; OVG Münster, NJW 1995, 802 für die gewerbsmäßige Herstellung von Blutsera; LSG Berlin, NZS 1999, 248 Eigenblutprodukte für die ATC-Therapie nach Klehr.

tel mit neuen Kombinationen arzneilich wirksamer Stoffe und für Fertigarzneimittel mit bekannten Stoffen. Durch Rechtsverordnung ist es dem Bund nach § 35 Abs. 1 Nr. 2 erlaubt, die Zulassungspflicht auf andere Arzneimittel auszudehnen, soweit dies geboten ist, um eine unmittelbare oder mittelbare Gefährdung der Gesundheit von Mensch und Tier zu verhüten. Das zuständige Bundesgesundheitsministerium hat von seiner Befugnis zur Erweiterung des zulassungspflichtigen Kreises bisher in zwei Fällen Gebrauch gemacht.

Die Zulassungspflicht bedeutet, daß jeder, der ein unter § 21 fallendes Arzneimittel **11** in den Verkehr bringen möchte, dieses zuvor bei der zuständigen Bundesoberbehörde beantragen muß. Liegen die Voraussetzungen der §§ 21 ff. vor, so wird die Zulassung nach § 25 erteilt. Liegen sie nicht vor, ist der Vertrieb untersagt. Bei diesem Verfahren handelt es sich damit um ein Verbot mit Erlaubnisvorbehalt, wobei der pharmazeutische Unternehmer einen Anspruch auf Erteilung hat, wenn keiner der in § 25 enthaltenen abschließenden Versagungsgründe gegeben ist.

Für die Gattung Arzneimittel, die der europäische Gesetzgeber als technologisch hochwertig einstuft, insbesondere für solche aus der Biotechnologie, wurde durch die RiLi 87/22/EWG zunächst ein Konzertierungsverfahren eingeführt.

Die RiLi 87/22/EWG wurde durch die VO (EWG) Nr. 2309/93 des Rates vom **12** 02.07.1993 abgelöst. Mit dieser VO wurde das zentrale Zulassungsverfahren über die Europäische Zulassungsagentur in London (European Agency for the Evaluation of Medicines, kurz: EMEA) zum 01.01.1995 eingeführt. Die VO enthält unter anderem Vorschriften über die Genehmigung und Überwachung von Humanarzneimitteln.

Die VO 2309/93 ist in allen ihren Teilen zwingend und gilt unmittelbar in jedem Mitgliedstaat. Sie geht den nationalen Vorschriften vor. Die vereinzelten Hinweise auf das zentrale Zulassungsverfahren im AMG haben daher nur deklaratorischen Charakter.

6. Klinische Prüfung und Erprobung von Arzneimitteln

Die klinische Prüfung von Medikamenten dient der Feststellung der Wirksamkeit **13** und Sicherheit des Arzneimittels. Zwar soll die klinische Forschung gefördert werden, zugleich aber auch unwirksame und gefährliche Arzneimittel vom Markt ferngehalten werden. So ist die ausreichende klinische Prüfung die Voraussetzung für die Zulassung des Medikaments, § 25 Abs. 2 Nr. 2.

7. Abgabe von Arzneimitteln

Die Verantwortung für die Abgabe von Arzneimitteln/Tierarzneimitteln an den **14** Endverbraucher ist mit Ausnahmen dem Apotheker übertragen. Kraft seiner Kenntnisse und Fähigkeiten soll er im Bereich der Vermarktung von Fertigarzneimitteln sicherstellen, daß der Zweck des Gesetzes auch noch beim Verbraucher umgesetzt werden kann und Mißbräuchen bei der Verwendung von Arzneimitteln vorgebeugt werden kann.

15   Der Gesetzgeber hält ihn jedenfalls für fähig, diese Aufgabe zu erfüllen. Im Gegen-
zug erhält der Apotheker vom Gesetzgeber das Monopol übertragen, die Bevölkerung mit apotheken- und verschreibungspflichtigen Arzneimitteln/Tierarzneimit-
teln zu versorgen. In § 43 AMG regelt das Gesetz diesen Grundsatz der
Apothekenpflicht, in §§ 44 und 45 AMG die Ausnahmen davon.

16   In § 44 AMG hat es der pharmazeutische Unternehmer selbst in der Hand, abweichend von der Regel des objektiven Arzneimittelbegriffes zu § 2 AMG bei seinem
von ihm hergestellten Stoff den Heilzweck und damit die Apothekenpflicht entfallen zu lassen. Nach § 45 AMG kann die Exekutive durch Rechtsverordnung weitere
Stoffe für den Verkehr außerhalb von Apotheken freigeben. Dies ist mit der Verordnung über apothekenpflichtige und frei verkäufliche Arzneimittel geschehen.

17   § 46 AMG geht in die andere Richtung, da er eine unter bestimmten weiteren Voraussetzungen eine Ausweitung der Apothekenpflicht für Arzneimittel ermöglicht.
Dies ist durch die bereits angesprochene Verordnung über apothekenpflichtige und
frei verkäufliche Arzneimittel geschehen.

18   Verschreibungspflichtige Arzneimittel sind zugleich auch apothekenpflichtige Arzneimittel. Durch die Verschreibung soll sichergestellt werden, daß für die Abgabe
des verschreibungspflichtigen Arzneimittels auch eine ärztliche, zahn- oder tierärztliche Indikation besteht. Auf diese Weise wird bei der Abgabe von Arzneimitteln/
Tierarzneimitteln an den Verbraucher so etwas wie das vier-Augen-Prinzip eingeführt und umgesetzt. Soll der Apotheker das Monopol bei der sicheren Versorgung
der Bevölkerung mit Arzneimitteln/Tierarzneimitteln und der Beratung der Verbraucher darüber haben, so bedeutet dies auch, daß er von diesem Monopol leben
können muß. Daher gilt es, den Vertriebsweg von Arzneimitteln vom pharmazeutischen Unternehmer bis zum Verbraucher zu kanalisieren und gegen Umgehungen
zu sichern. Diesen Komplex regelt § 47 AMG. Blutprodukte darf der pharmazeutische Hersteller ausnahmsweise direkt an Krankenhäuser aber auch an Ärzte abgeben, die Bluter behandeln. Ergänzend hierzu werden bestimmte Vertriebsformen für
die Abgaben von Arzneimitteln/Tierarzneimitteln an Verbraucher, wie etwa die
Selbstbedienung, die Abgabe im Reisegewerbe, als Vertriebsweg ausgeschlossen.

19   Diese Vertriebsformen vertragen sich nicht mit der Beratungspflicht des Apothe-
kers. Selbst beim Einzelhandel, mit außerhalb der Apotheke frei verkäuflichen Arz-
neimitteln/Tierarzneimitteln, sieht der Gesetzgeber eine Sachkunde des verkaufen-
den Personals vor. Nur unter dieser Prämisse ist die Abgabe frei verkäuflicher
Arzneimittel an Verbraucher außerhalb der Apotheke zu rechtfertigen.

8. Qualitätskontrolle

20   Arzneimittel/Tierarzneimittel sollen auf ein qualitativ möglichst hohes Niveau entwickelt, hergestellt, geprüft, gelagert, verpackt und in den Verkehr gebracht werden.
Ein Gesetz, welches nicht auch auf die Sicherung der erforderlichen Qualität und
ihre Kontrolle Wert legt, wäre wohl unvollständig.

Das AMG macht in mehrfacher Weise Vorgaben für Betriebe und Einrichtungen, in denen die genannten Produktionsschritte stattfinden. Der Verordnungsgeber hat bisher drei Rechtsverordnungen erlassen und zwar die für pharmazeutische Unternehmer, die für Arzneimittel-Großhandelsbetriebe und diejenige über tierärztliche Hausapotheken.

Neben diesen eher formalen Anforderungen, treten die an die Qualität bei der Herstellung von Arzneimitteln zu stellenden inhaltlichen Qualitätsanforderungen. Das Arzneibuch, das deutsche wie das europäische, soll als Sammlung anerkannter pharmazeutischer Regeln der Qualitätssicherung im Pharmabereich dienen. Das Arzneibuch hat nicht die Form einer Rechtsnorm gefunden, sondern soll Kraft seiner inhaltlichen Autorität Beachtung finden.   **21**

Betriebsverordnungen

§ 54 AMG dient als Rechtsgrundlage für den Erlass von Rechtsverordnungen, die   **22** dafür sorgen sollen, daß in Betrieben und Einrichtungen, in denen Arzneimittel entwickelt, hergestellt, geprüft, gelagert, verpackt und in den Verkehr gebracht werden, ein ordnungsgemäßer Betrieb und eine möglichst gleichbleibende Qualität der Arzneimittel gesichert ist. Damit wird nicht nur die Richtlinie 91/356 EWG vom 13.6.1991 umgesetzt, sondern auch der Richtlinie der WHO über die Grundregeln für die Herstellung von Arzneimitteln v. 1. 12. 1977 Rechnung getragen.

Inhalt der Betriebsverordnungen

Bisher sind aufgrund der Ermächtigung des § 54 AMG drei Betriebsverordnungen   **23** erlassen worden; zum einen die Betriebsverordnung für pharmazeutische Unternehmer, (PharmBetrV) zum anderen die für Arzneimittel-Großhandelsbetriebe und drittens die Verordnung für die tierärztlichen Hausapotheken. Die Verordnungen treffen bisher unter anderem Regelungen über das Qualitätssicherungssystem, die Anforderungen, die an die Qualifikation der eingesetzten Mitarbeiter zu stellen sind, sowie die Anforderungen die an die Betriebsräume, die Hygiene, die Verpackungen und ihre Kennzeichnung zu stellen sind, sowie die Rückstellung von Chargen und Proben. Insbesondere die PharmBetrV ist Grundlage für eine Vielzahl von Verfahrensabläufen in den Spendeeinrichtungen, die sich aus §§ 2 - 12 TFG ergeben.

Geltungsbereich der Betriebsverordnungen

Nach § 54 Absatz 1 AMG sollen die zu erlassenden Betriebsverordnungen für Be-   **24** triebe und Einrichtungen gelten, die Arzneimittel oder Wirkstoffe in den Geltungsbereich des AMG verbringen, in denen Arzneimittel oder Wirkstoffe entwickelt, hergestellt, geprüft, gelagert, verpackt oder in den Verkehr gebracht werden.

Betrieb ist dabei eine von der Rechtsform unabhängige, planmäßig, nicht nur vorü-   **25** bergehend zusammengefügte Einheit von Personen, Räumen und Sachmitteln unter einheitlicher Leitung mit dem arbeitstechnischen Zweck, bestimmte Leistungen hervorzubringen oder zur Verfügung zu stellen.

Einrichtungen sind alle Organisationen auf die die für den Betrieb genannten Kriterien nicht oder nicht vollständig zutreffen und in denen die vom Gesetz genannten Tätigkeiten ausgeübt werden.

26   Die Verordnungen richten sich an pharmazeutische Unternehmen, an Arzneimittel-Großhandelsbetriebe und an tierärztliche Hausapotheken. Nicht erfasst werden Apotheken. Für sie gelten das Apothekengesetz und die Apothekenbetriebsordnung als Sondervorschriften. Bedürfen Apotheken für die Herstellung von Arzneimitteln einer Erlaubnis nach § 13 AMG, so fallen sie ebenfalls unter § 54 und die entsprechenden Betriebsverordnungen.

Um keine Regelungslücke auftreten zu lassen, gilt § 54 AMG samt den hierzu erlassenen Rechtsverordnungen auch für Einzelpersonen, sofern sie eine, der in Absatz 1 aufgeführten Tätigkeiten berufsmäßig ausüben.

9. Arzneimittelrisiken

27   Die zuständige Bundesoberbehörde, das Bundesinstitut für Arzneimittel und Medizinprodukte (BfArM) hat gegen unmittelbare oder mittelbare Gefährdung der Gesundheit von Mensch und Tier durch Arzneimittelrisiken einzuschreiten und Maßnahmen zu koordinieren. Die Gefährdung besteht insbesondere in Nebenwirkungen, Wechselwirkungen mit anderen Mitteln, Gegenanzeigen und Verfälschungen. Dazu gehört auch der zu erwartende Fehlgebrauch. Die genannten Nebenwirkungen beziehen sich auf den bestimmungswidrigen Gebrauch; § 62 erfasst jedoch jede unmittelbare oder mittelbare Gefährdung. Die Maßnahmen des BfArM bestehen in der zentralen Erfassung, Auswertung und der Koordinierung der zu ergreifenden Maßnahmen, etwa im Zusammenhang mit der Überwachung nach § 64.

Koordinierung

28   Die Koordinierung der Gefahrabwehrmaßnahmen geschieht im Zusammenwirken mit den Dienststellen der WHO, der Arzneimittelbehörden anderer Länder, den Gesundheits- und Veterinärbehörden der Bundesländer, den Arzneimittelkommissionen der Kammern, der Heilberufe sowie mit anderen Stellen, die bei der Durchführung ihrer Aufgabe Arzneimittelrisiken erfassen. Unter anderen Stellen sind auch die von den Pharmafirmen bzw. von Stiftungen geführten Sammlungen über solche Gefährdungen, insbesondere Nebenwirkungen, gemeint. Schließlich gibt es auch international eine von der WHO inaugurierte Überwachung.

10. Arzneimittelüberwachung

29   Der Gesetzgeber sieht in der Sicherheit im Verkehr mit Arzneimitteln ein hohes Rechtsgut. Daher wird der Verkehr mit Arzneimitteln, einschließlich der Produktionsprozesse, bis hin zur Werbung von Arzneimitteln, staatlicher Überwachung unterworfen, die auch an den Grenzen von EWR und EU nicht haltmachen. Dabei strebt das AMG, jedenfalls auf dem Papier, eine möglichst umfassende persönliche wie sachliche Kontrolle der Entwicklung, der Herstellung und des Vertriebs von

Fertigarznei- und Tierarzneimitteln, also letztlich der Einhaltung der Vorschriften des AMG an. Während die Erteilung der Herstellererlaubnis und die Zulassung bzw. Registrierung von Arzneimitteln eher punktuelle Maßnahmen staatlicher Kontrolle darstellen, soll durch die Überwachung eine kontinuierliche staatliche Kontrolle des Verkehrs mit Arzneimitteln ermöglicht werden. Der Überwachung durch staatliche Behörden des Bundes und der Länder unterliegen Betriebe und Einrichtungen, in denen Arzneimittel hergestellt, geprüft, gelagert und dann in den Verkehr gebracht werden, aber auch Personen, die in diesen Bereichen tätig sind.

Die Überwachungsbehörden können zu Zwecken der Überwachung Grundstücke **30** und Betriebseinrichtungen betreten, dort beschäftigte Personen um Auskünfte ersuchen, sie zur Mitwirkung bei diesen Maßnahmen auffordern und deren Duldung verlangen, sowie Proben von Stoffen und Arzneimitteln nehmen. Die Duldungs- und Mitwirkungspflicht hat dort ihre Grenzen, wo sich Personen, auf die sich die Überwachung erstreckt, durch ihre Auskünfte oder die Mitwirkung einer strafbaren Handlung oder einer Ordnungswidrigkeit bezichtigen müssten.

Überwachungsmaßnahmen sollen zum frühestmöglichen Zeitpunkt erfolgen kön- **31** nen. Deshalb sind Betriebe und Einrichtungen sowie Personen, die am Verkehr mit Arzneimitteln beteiligt sind oder sich daran beteiligen wollen, verpflichtet, die Aufnahme dieser Tätigkeiten vor der Aufnahme anzuzeigen.

Die Überwachungsbehörden können streng am Grundsatz der Verhältnismäßigkeit von Mittel und Zweck orientierte Maßnahmen zum Schutz des Verbrauchers ergreifen, bis hin zur Betriebsschließung. Auch vorläufige Maßnahmen sind denkbar, sogar die öffentliche Warnung vor Arzneimitteln, wenn der begründete Verdacht besteht, daß Arzneimittel bei bestimmungsgemäßem Gebrauch schädliche Wirkungen haben.

Zuständige Bundesoberbehörde ist das Paul-Ehrlich-Institut, Bundesamt für Sera **32** und Impfstoffe, in Langen. Das PEI ist verantwortlich für die Arzneimittelsicherheit (immun)biologischer Präparate im Human- und Veterinärbereich. Diese Aufgabe umfaßt die Zulassung und regelmäßige Überprüfung (Chargenprüfung) von Impfstoffen, Sera, Immundiagnostika und Blutprodukten sowie die damit verbundene prüfungsbegleitende Forschung. Auch Grundlagenforschung und angewandte Forschung sind ein Anliegen des PEI, dazu zählen u.a. die Aids-Forschung und die Entwicklung von Alternativen zum Tierversuch.

11. Arzneimittelhaftung

Für Arzneimittelunfälle hat der Gesetzgeber eine Gefährdungshaftung angeordnet, **33** welche das Entwicklungsrisiko einschließt. Die Kausalität muss wenigstens anscheinsweise bewiesen werden, es handelt sich nicht um eine Verdachtshaftung, die wohl auch verfassungswidrig wäre. § 84 enthält eine Sonderregelung gegenüber dem Produkthaftungsgesetz (ProdhaftG); parallele Haftungsbestimmungen sind nicht in das MPG, TFG und TPG übernommen worden. Die Arzneimittelhaftung gilt nur für Nebenwirkungen und Wechselwirkungen. Für die Wirksamkeit des Arzneimittels wird nicht eingestanden.

Haftung des Herstellers

34   Haftbar ist nur der pharmazeutische Unternehmer, der das Arzneimittel im Geltungsbereich dieses Gesetzes in Verkehr gebracht hat. Nicht haftbar ist der Hersteller des Packmittels. Der gegenständliche Schutzbereich umfasst Leben, Körper und Gesundheit des Menschen, nicht aber etwa den Unterhalt für ein Kind, das aus einer ungewollt eintretenden Schwangerschaft entstanden ist.

Dass die Verletzung „nicht unerheblich" gewesen sein muss, bringt die Sozialadäquanz ins Spiel. Dabei ist die Erheblichkeit nicht nur quantitativ, sondern auch qualitativ zu bestimmen. Leichtes Unwohlsein oder belanglose, vorübergehende allergische Reaktionen sind unerheblich.

35   Im persönlichen Schutzbereich des § 84 befinden sich Patienten, denen das Arzneimittel zugeführt wurde, einschließlich des Foetus und des nondum conceptus. Das entspricht der Einordnung als Norm des Verbraucherschutzes.

Es muss sich weiter um ein zum Gebrauch beim Menschen bestimmtes Arzneimittel handeln, das in Deutschland an den Verbraucher abgegeben wurde und der Pflicht zur Zulassung unterliegt. Damit sind homöopathische Arzneimittel ausgeschlossen.

36   Es muss ein Kausalzusammenhang zwischen der Verletzung und der Einnahme des Arzneimittels sowie Verwirklichung der Gefahr bestehen. Tötung, Körper- oder Gesundheitsverletzung müssen als Folge der Anwendung des Medikaments eingetreten sein. Dieses hat also Bedingung des Erfolges zu sein. Nicht erforderlich ist, da es sich um eine Gefährdungshaftung handelt, die sog. adäquate Kausalität, also die allgemeine Vorhersehbarkeit des Erfolges.

§ 84 S. 1 verlangt nicht, dass das Arzneimittel „bei bestimmungsgemäßem Gebrauch" eingenommen wurde.

Ursachenhaftung im Bereich der Entwicklung und der Herstellung

37   § 84 S. 2 Nr. 1 betrifft die Gefährdungshaftung wegen Nebenwirkungen und Wechselwirkungen des Medikaments. Dazu ist erforderlich, dass das Arzneimittel bei bestimmungsgemäßem Gebrauch schädliche Wirkungen hat, die über ein nach den Erkenntnissen der medizinischen Wissenschaft vertretbares Maß hinausgehen.

Das Medikament muss darüber hinaus schädliche Wirkungen haben, die über ein nach den Erkenntnissen der medizinischen Wissenschaft vertretbares Maß hinausgehen. Damit ist an die Definition des bedenklichen Arzneimittels in § 5 angeschlossen. Da es verboten ist, solche Arzneimittel in den Verkehr zu bringen, ist eine Gefährdungshaftung angebracht. Die medizinische Vertretbarkeit wird aufgrund einer Abwägung festgestellt, wonach der therapeutische Wert die möglichen schädlichen Wirkungen des Arzneimittels überwiegt. Schädliche Neben- und Wechselwirkungen werden also grundsätzlich in Kauf genommen.

Die schädlichen Wirkungen müssen ihre Ursache im Bereich der Entwicklung oder der Herstellung haben. Damit wird eine Ursachenhaftung statuiert, da das Wort „Fehler" nicht erwähnt wird. Regelmäßig wird jedoch ein Fehler gegeben sein, was die Kausalitätsbeziehung herzustellen erleichtert. Ungenügende Pharmakologie oder Toxikologie, nicht ausreichende Prüfung, Übersehen angegebener Kontraindikationen sind hier zu nennen. Allerdings gehört auch das Entwicklungsrisiko zu den Haftungsgründen, also eine Wirkung, deren Auftreten oder Unvertretbarkeit erst später deutlich geworden ist.

Haftung wegen Arzneimittelinformation, § 84 S. 2 Nr. 2

Dem Instruktionsfehler bei der Produzentenhaftung entsprechend ist es ein Haftungsgrund, wenn eine nicht den Erkenntnissen der medizinischen Wissenschaft entsprechende Kennzeichnung, Fachinformation oder Gebrauchsinformation vorgelegen hat und darauf der Schaden beruht. Die Information kann in der Kennzeichnung, der Fachinformation oder der Gebrauchsinformation enthalten sein. Damit wird auf die §§ 10ff. AMG zurückverwiesen. Die Kennzeichnung umfasst die Zulassungsnummer, die Chargenbezeichnung, die Darreichungsform, den Inhalt nach Art, Gewicht, Rauminhalt und Stückzahl, die Art der Anwendung, die wirksamen Bestandteile nach Art und Menge sowie das Verfalldatum. Ist also etwa das Arzneimittel falsch bezeichnet worden (unrichtige Aufkleber), ist hierin schon ein Haftungsgrund gegeben. In der Fachinformation und der Packungsbeilage sind darüber hinaus die wirksamen Bestandteile, die Anwendungsgebiete, die Gegenanzeigen, die Nebenwirkungen, die Wechselwirkungen, die Dosierungsanleitung, die Dauer der Anwendung sowie Warnhinweise anzubringen. Zur Information gehören auch die Gebrauchshinweise, in denen der Rahmen der bestimmten Verwendung angegeben ist **38**

Der Inhalt der Information richtet sich nach dem letzten Stand der medizinischen Wissenschaft beim Inverkehrbringen des Arzneimittels. Damit gerät die Informationshaftung in die Nähe der Verschuldenshaftung: Wer den gegenwärtigen Stand der Wissenschaft bei der Kennzeichnung außer acht lässt, handelt nicht mit der erforderlichen Sorgfalt. Die Verletzung und der Schaden müssen infolge der fehlerhaften Information eingetreten sein. **39**

Beweislast

Die Voraussetzungen des § 84 sind Anspruchsgrundlagen, die vom Patienten zu beweisen sind, wobei ihm nicht selten der Anscheinsbeweis zu Hilfe kommt. Allerdings ist der Patient nur zur Darlegung und zum Beweis der tatsächlichen Grundlagen verpflichtet. Aus dieser Beweislastverteilung ergibt sich eine für den Patienten nicht leicht zu überwindende Haftungsschwelle. Zur Haftung kommt es also nur, wenn ein bestimmter Arzneimittelhersteller wegen seines Arzneimittels in Anspruch genommen wird. Eine gewisse Erleichterung verschafft § 830 Abs. 1 S. 2 **40**

BGB, der für den Fall der interferierenden Kausalität mehrerer Arzneimittel (der Patient hat etwa Faktor VIII von mehreren Arzneimittelherstellern genommen) eine Gesamtschuld statuiert[5].

12. Arzneimittelstraf- und Bußgeldvorschriften

41 Die §§ 95 und 96 AMG enthalten die für ein Gesetz wie das AMG typischen Strafbewehrungen, sofern gegen einzelne Pflichten aus dem AMG verstoßen wird. § 95 AMG unterscheidet sich dabei von § 96 AMG nur im angedrohten Strafrahmen. Der Gesetzgeber bringt mit diesen Normen zum Ausdruck, dass er die Verletzung gegen die darin genannten Pflichten aus Einzelvorschriften des AMG als kriminelles Unrecht werten und den Täter entsprechend bestraft sehen will.

42 § 96 Abs. 3 AMG verschärft den Strafrahmen. Bestimmte Merkmale, wie die Gefährdung der Gesundheit einer Vielzahl von Menschen oder die Gefahr des Todes oder der schweren Schädigung des Körpers oder der Gesundheit, des groben Eigennutzes oder des Doping bei Minderjährigen lassen den Straftatbestand nach Abs. 1 zu einem besonders schweren Fall werden. Es handelt sich bei den Tatbeständen der §§ 95 und 96 AMG um Vergehen. Bei den Vergehen nach §§ 95 AMG ist in Abs. 2 der Vorschrift klargestellt, dass auch der Versuch strafbar sein soll (§ 12 StGB).

Das Verhältnis von AMG zum StGB

43 Bei den Straftatbeständen der §§ 95, 96 AMG handelt es sich nicht um solche des Kernstrafrechts, sondern um typische Strafbestände des Nebenstrafrechts. Teilweise handelt es sich auch um Blankettstrafnormen, weil die Umschreibung strafbaren Handelns gar nicht im AMG selbst, sondern erst in einer Rechtsverordnung zu einer Norm des AMG enthalten ist (vgl. z.B. § 95 Abs. 1 Nr. 2, 96 Abs. 1 Nr. 1).

Das TFG enthält seinerseits in § 31 Strafvorschriften, auf die das soeben für die nebenstrafrechtlichen Normen des AMG Gesagte analog gilt. Je nach Sachverhalt können Verstöße daher Straftaten sowohl nach dem AMG als auch nach dem TFG darstellen.

Wird durch ein Arzneimittel ein Mensch verletzt oder getötet, so verbleibt es bei der Bestrafung nach den hierfür einschlägigen Tatbeständen des Strafgesetzbuches (§§ 211, 223 ff. StGB).

Die Straftaten nach §§ 95 und 96 AMG

44 Auch Straftaten aus dem Bereich des Nebenstrafrechts müssen grundsätzlich den allgemeinen Vorschriften entsprechen, wie sie für Straftaten des Kernstrafrechts nach dem Strafgesetzbuch erfüllt sein müssen.

---

[5] Zum Zeitpunkt der Drucklegung dieser Zeilen ist das Inkrafttreten des Zweiten Gesetzes zur Reform der Schadensersatzrechte nicht abzusehen. Es wird voraussichtliche Veränderungen in Beweisrecht sowie einen Schmerzensgeldanspruch und Auskunftsansprüche vorsehen.

Eine Straftat liegt nur dann vor, wenn die Strafbarkeit gesetzlich bestimmt war, ehe die Straftat begangen wurde. Diesem Grundsatz werden die Straftatbestände der §§ 95 und 96 AMG auch insoweit gerecht, als sie Blankettstraftaten normieren.

Das Strafrecht geht von den Grundsätzen aus, dass sowohl der Tatbestand der Straf-   **45** tat wie auch die Rechtsfolge ihrer Verletzung hinreichend bestimmt sein müssen, weil der Täter wissen können muss, wann er sich strafbar macht und sich dementsprechend verhalten kann.

Bei den Tatbeständen des Nebenstrafrechts scheinen diese Grundsätze mehr und mehr in Vergessenheit zu geraten. Auch ist die Inflationierung der Straftatbestände zu beklagen. Das AMG enthält rund 90 relevante Paragraphen. 30 davon sind strafbewehrt (hinzu kommen noch 57 Tatbestände von Ordnungswidrigkeiten) so dass nahezu kein Paragraph ohne Straf- oder Bußgeldandrohung verbleibt.

Was soll denn der Normadressat mit einem Straftatbestand anfangen in dem das In-   **46** verkehrbringen bedenklicher Arzneimittel, (§ 5) mit Strafe bedroht ist, wenn kein Mensch exakt zu sagen vermag, was eigentlich ein bedenkliches Arzneimittel sein soll.

Derartigen Straftatbeständen fehlt jede Bestimmtheit auch wenn das BVerfG dies für § 5 anders sieht. Eine Rückbesinnung darauf, was Aufgabe des Strafrechts zu sein hat, scheint im Bereich des Nebenstrafrechts mehr als überfällig: weniger ist im Zweifelsfall mehr.

Ordnungswidrigkeiten

Ergänzt und abgerundet wird der Kreis der Strafvorschriften des AMG durch die   **47** Ordnungswidrigkeiten. Sanktioniert wird durch sie ein Verstoß gegen Pflichten aus dem Arzneimittelgesetz, die kein kriminalstrafrechtliches Verhalten darstellen. Normtechnisch erklärt § 97 Abs. 1 AMG zunächst alle Straftatbestände des § 96 AMG, wenn diese fahrlässig begangen worden sind, zu Ordnungswidrigkeiten. § 32 TFG enthält eine dem AMG analoge Regelung. Wird gegen Verwaltungsvorschriften des TFG und spezifische des AMG verstoßen, so können die Ordnungswidrigkeiten neben einander vorliegen und auch parallel geahndet werden.

Die Ordnungswidrigkeiten nach § 97 AMG

Bei den Tatbeständen von Ordnungswidrigkeiten nach § 97 AMG handelt es sich   **48** um Sondervorschriften zum Ordnungswidrigkeitengesetz (OwiG). Ordnungswidrig ist eine rechtswidrige und vorwerfbare Handlung, die den Tatbestand einer Ordnungswidrigkeit nach dem OwiG oder einem anderen, gesetzlich bestimmten Tatbestand einer Ordnungswidrigkeit verwirklicht und der die Ahndung mit Geldbusse zulässt. Eine Handlung ist tatbestandsmäßig, wenn sie der abstrakten Beschreibung einer Vorschrift des AMG entspricht. Unter der Handlung ist nicht nur jedes aktive Tun, sondern auch jedes Unterlassen zu verstehen. Ordnungswidrig handelt allerdings nur derjenige, der ein aktives Tun unterlässt, wenn er zum aktiven Handeln verpflichtet ist, dafür einzutreten, dass ein vom Gesetz missbilligter Erfolg nicht eintritt. Das Unterlassen muss nach § 8 OwiG dem aktiven Tun entsprechen.

49 Wer durch eine Handlung den Tatbestand einer Bußgeldvorschrift verwirklicht, handelt rechtswidrig, wenn ihm kein Rechtfertigungsgrund zur Seite steht. Dies können wie bei der Straftat etwa die Notwehr oder der rechtfertigende Notstand sein. Die Einwilligung des durch das AMG Geschützten ist im Regelfall unbeachtlich, weil die entsprechenden Schutznormen und Rechtsgüter öffentlich-rechtliche Pflichten normieren, die nicht dessen Dispositionsbefugnis unterliegen. Gegen eine Bußgeldvorschrift kann normalerweise nur vorsätzlich verstoßen werden. Fahrlässige Verstöße werden nur geahndet, sofern das Gesetz dies ausdrücklich vorsieht.

13. Apothekenrechtliche Bestimmungen

50 Das Apothekengesetz (ApoG) selbst gibt keine Definition dessen, was eine Apotheke ist. Der Begriff wird wohl als bekannt vorausgesetzt. Die Zuständigkeit des Bundes zum Erlass des Gesetzes folgt aus Art. 74 Abs. 1 Nr. 19 GG (Verkehr mit Arznei-, Heil- und Betäubungsmitteln und Giften).

Das Gesetz regelt im ersten Abschnitt die Voraussetzungen, unter denen eine Apotheke betrieben werden darf und wie sie ausgestattet und eingerichtet sein muss, sowie unter welchen weiteren Voraussetzungen die Arzneimittelversorgung über eine Krankenhausapotheke erfolgen darf.

51 Der zweite Abschnitt enthält die Spezialvorschriften für die zweite Säule der Arzneimittelversorgung des Menschen, nämlich die durch Krankenhausapotheken. Mit der Auflösung der strengen Teilung von stationärer und ambulanter Versorgung der Patienten ergeben sich auch Notwendigkeiten, die Vorschriften über die Arzneimittelversorgung durch Apotheken den veränderten Gegebenheiten anzupassen.

52 Der dritte Abschnitt enthält die Ermächtigung zum Erlass der Apothekenbetriebsordnung, und regelt die Unanwendbarkeit des Gesetzes für Einrichtungen zur Versorgung der Angehörigen des Bundesgrenzschutzes und der Bundeswehr mit Arzneimitteln. Die aufgehobenen §§ 18 – 20 ApoG enthielten die Regelungen der Apothekenaufsicht und –überwachung.

53 § 23 enthält die für ein Gesetz wie das ApoG typischen Strafbewehrungen, sofern gegen einzelne Pflichten aus dem ApoG verstoßen wird. Der Gesetzgeber bringt mit dieser Norm zum Ausdruck, dass er die Verletzung gegen die darin genannten Pflichten aus Einzelvorschriften des ApoG als kriminelles Unrecht werten und den Täter entsprechend bestraft sehen will.

54 Ergänzt und abgerundet wird die Strafvorschrift des ApoG durch die Ordnungswidrigkeiten des § 25 ApoG. Sanktioniert wird durch sie ein Verstoß gegen Pflichten aus dem Apothekengesetz, die zwar kein kriminalstrafrechtliches Verhalten darstellen.

Mit der Sanktionierung als Ordnungswidrigkeiten will der Gesetzgeber den Normadressaten aber dazu anhalten, auch Verwaltungsvorschriften nach dem ApoG einzuhalten und Verstöße hiergegen mittels Androhung von Bußgeld geahndet wissen.

Der fünfte und letzte Abschnitt des Apothekengesetzes enthält die für die Praxis bedeutsamen Bestandsschutz- und Übergangsvorschriften. Diese regeln, was mit denjenigen Sachverhalten geschehen soll, die schon vorhanden waren, als das neue Gesetz in Kraft trat.   **55**

Abbildung 1

Die Stellung des Transfusionsgesetzes im Normensystem (Schema)

Europarecht	**Richtlinien der Europäischen Union**
	65/65 EWG vom 26.1.1965 Richtlinie des Rates zur Angleichung der Rechts- und Verwaltungsvorschriften über Arzneimittel **75/139 EWG vom 20.5.1975** 2. Richtlinie des Rates zur Angleichung der Rechts- und Verwaltungsvorschriften über Arzneispezialitäten **75/318 EWG vom 20. 5.1975** Richtlinie zur Angleichung der Rechts- und Verwaltungsvorschriften der Mitgliedsstaaten über die analytischen, toxikologisch- pharmakologischen, ärztlichen oder klinischen Vorschriften und Nachweise über Versuche mit Arzneimitteln

Nationales Bundesrecht

StGB, BGB etc.   **Arzneimittelgesetz vom 24.8.1976 (BGBl I S. 2445)**

Ausnahmen (§ 2 Abs. 3 AMG)   Spezialregelungen (§ 80 AMG)

Lebensmittel (LMBG)   TierseuchenG   Ges. über d.
Tabakerzeugnisse   v. 28.3.1980   künstliche Be-
Kosmetische Mittel   (BGBl I S. 386)   samung bei Tieren
Medizinprodukte (MPG)   v. 8.9. 1971
Transplantate (TPG)   (BGBl I S. 1537)

                    Transplan-   TransfusionsG   ApothekenG
                    tationsgesetz   v. 1.7.1998   v. 15.10.1980
                    v. 5.4.1997   (BGBl I S. 1752)   (BGBl I S. 1993)
                    (BGBl I S. 2631)

Landesrecht

Krankenhausgesetz
Rettungsdienstgesetz
Kammergesetz

Teil 3

Kommentierung des Transfusionsgesetzes und der zugehörigen Richtlinien

ERSTER ABSCHNITT
ZWECK DES GESETZES, BEGRIFFSBESTIMMUNGEN

§ 1
Zweck des Gesetzes

Zweck dieses Gesetzes ist es, nach Maßgabe der nachfolgenden Vorschriften zur Gewinnung von Blut und Blutbestandteilen von Menschen und zur Anwendung von Blutprodukten für eine sichere Gewinnung von Blut und Blutbestandteilen und für eine gesicherte und sichere Versorgung der Bevölkerung mit Blutprodukten zu sorgen und deshalb die Selbstversorgung mit Blut und Plasma zu fördern.

Literatur

F. v. Auer, Transfusionsgesetz: Mehr Sicherheit bei Blut und Blutprodukten, DÄ 95(1998)A-1827; M. P. Busch, A. M. Couroucé, Relative sensitivity of United States and European assays for screening blood donors for antibodies to human immunodeficiency viruses, Transfusion 37(1997)352 - 353; W. A. Flegel, K. Koerner, F. F. Wagner, B. Kubanek, Zehn Jahre HIV-Testung in den Blutspendediensten, DÄ 93(1996)A-816 – 821; P. J. Hagen, Blood transfusion in Europe: a „white paper", Council of Europe Press 1993; W. Uhlenbruck, Das Transfusionsgesetz 1998, ArztR (1998)311.

I. Die Bedeutung der Norm

1   § 1 ist Programmnorm und legt die Intentionen des Gesetzgebers dar. Der Bundestag hat im Anschluss an die Ergebnisse des 3. Untersuchungsausschusses (HIV- Infektionen durch Blut und Blutprodukte) am 20. Januar 1995 als Konsequenz aus den Vorgängen um HIV-verseuchte Blutprodukte eine gesetzliche Regelung des Transfusionswesens gefordert und 1998 das TFG beschlossen. Die Zuständigkeit des Bundes für den Erlass des Gesetzes folgt aus Art. 74 Abs. 1 Nr. 26 GG. Nach dem Willen den Verfassungsgesetzgebers umfasst die Formulierung „Regelung zur Transplantation ..." auch die Bluttransfusion.

II. Der Zweck des Gesetzes

Zweck des Gesetzes ist es einmal, eine gesicherte und sichere Versorgung der Be-   **2**
völkerung mit Blutprodukten zu schaffen, zum anderen die Selbstversorgung mit
Blut und Plasma zu fördern. Ziel des Gesetzes ist es, größtmögliche Sicherheit für
die Versorgung der Bevölkerung mit Blutprodukten zu erreichen. Dieses Ziel
glaubte der Gesetzgeber durch eine gesetzliche Regelung zu erreichen, welche die
bisherigen nicht gesetzlichen Regelungen ersetzen soll.

Die rechtlichen Grundlagen des Blut- und Plasmaspende- sowie des Transfusions-   **3**
wesens waren vor Erlass des TFG über mehrere Regelungsebenen von unterschiedlicher Verbindlichkeit und Normqualität verteilt. Neben internationalen und supra-
nationalen Empfehlungen der WHO[1] und des Europarates[2], Europarechtiche
Richtlinien[3] und dem AMG kamen auch Richtlinien der Bundesärztekammer zur
Anwendung[4].

Nur wenn eine umfassende gesetzliche Regelung bevorzugt wird, konnten insbe-   **4**
sondere die Regelungen für Blutprodukte im AMG lückenhaft erscheinen, weil das
AMG im Wesentlichen die Herstellung und das Inverkehrbringen von Blutprodukten regelt, nicht dagegen aber die Blutentnahme und die Anwendung von Blutprodukten. Diese vom Gesetz bisher nicht regulierte „Lücke" schließt nunmehr das
TFG, wenn auch nicht ganz. Denn die Festlegung der fachlich-inhaltlichen Anforderungen, insbesondere die Festlegung des Standes der medizinischen Wissenschaft
und Technik ist der Bundesärztekammer und der zuständigen Bundesoberbehörde
(PEI) überantwortet. Sie haben diesen Stand der medizinischen Wissenschaft und
Technik in Richtlinien festzulegen[5].

Im Übrigen scheint die Verrechtlichung des Bereichs einem internationalen Trend   **5**
zu folgen. So hat sich kürzlich Österreich mit dem Blutsicherheitsgesetz 1999 eine
derartige Regelung gegeben. In den Ländern des britischen Commonwealth und in
Frankreich ist allein durch deren weitgehend staatliche Gesundheitssysteme eine
starke Lenkung durch die staatliche Verwaltung gegeben. In den USA wird seit langem durch die Food and Drug Administration (FDA) eine staatliche Aufsicht, eine

---

[1] Anforderungen an die Entnahme, Verarbeitung und Qualitätskontrolle von Blut, Blutbestandteilen und Plasmafraktionen, WHO, 1992; WHO Technical Series No. 840, 1994.
[2] Leitfaden für die Zubereitung, Anwendung, Qualitässicherung von Blutbestandteilen,
Anhang zur Empfehlung R 95 v. 12.10.1995, 4. Aufl.
[3] EG-Richtlinie 89/381/EWG (ABl Nr. L 181 vom 28.6.1989), Europäisches Übereinkom-
men vom 15.12.1958 über den Austausch therapeutische Substanzen menschlichen
Ursprungs, BGBl II 1962, 1442, um nur einige zu nennen.
[4] Richtlinien zur Gewinnung von Blut und Blutbestandteilen und zur Anwendung von
Blutprodukten (Hämotherapie) BgesBl 2000, 555 - 589, die die vorher gültigen Richtlinien von 1996 (BgesBl 1996, 468ff.) ablösen.
[5] Uhlenbruck, ArtzR 1998, 311 vertrat die Auffassung, die Hämatotherapie-Richtlinien
seien durch das TFG außer Kraft gesetzt worden.

oft sehr detaillierte Regelung und eine bisweilen als bürokratisch beurteilte Überwachung betrieben, die nicht notwendigerweise kosteneffizient und in Teilaspekten
sogar als nachteilig für die Sicherheit der Patientenversorgung dokumentiert sind[6].

III. Die Gewinnung von Blut und Blutbestandteilen

6   Der zweite Abschnitt des Gesetzes schafft für alle Einrichtungen, die im Bereich der
Gewinnung von Blutprodukten tätig sind, einheitliche Anforderungen, auch was die
Qualifikation des in der Gewinnung tätigen Personals angeht. Im Zentrum steht der
Blut- oder Plasmaspender, seine Einwilligung und Auswahl und die Untersuchung
der Spende auf Infektionsmarker nach dem jeweiligen Stand der medizinischen
Wissenschaft und Technik. Damit soll die Sicherheit der gewonnenen Blutprodukte
gewährleistet werden. Besondere Voraussetzungen sind bei der Gewinnung von
Plasma zur Herstellung spezieller Immunglobuline nach Immunisierung des Spen-
ders zu erfüllen, bis hin zur Einschaltung einer Ethikkommission. Wesentliche
Bedeutung kommt der Dokumentation der Spenden zu, weil mit ihrer Hilfe eine
Rückverfolgung des Weges der Spende über den Anwender und den Blutprodukte-
hersteller bis zurück zum Spender möglich ist. Dabei ist das Verfahren im Grundsatz seit langem etabliert und wurde jetzt lediglich gesetzlich fixiert.

IV. Die Anwendung von Blutprodukten

7   Die Anwendung von Blutprodukten war auch vor 1998 in Richtlinien der Bundesärztekammer geregelt. Sie werden in ihrer im Jahr 2000 neu bearbeiteten Fassung
als Regeln angesehen, die den Stand der medizinischen Wissenschaft und Technik
wiedergeben. Die Regelungen des dritten Abschnittes des TFG geben die Rahmenbedingungen vor, nach denen sich die Anwendung zu vollziehen hat. Ein Kernstück
ist dabei das Qualitätssicherungssystem, welches die Einrichtungen der Krankenversorgung, die Blutprodukte anwenden, vorzuhalten haben. Die Vorschriften zur
Anwendung von Blutprodukten nur durch ausreichend qualifiziertes Personal, zur
Einsetzung von Transfusionsverantwortlichen und Transfusionsbeauftragten sowie
zur Bildung von Transfusionskommissionen dienen dem Ziel der Anwendungssi-
cherheit. Durch diese organisatorischen Maßnahmen soll rasch und effektiv auf das
Auftreten unerwünschter Ereignisse bei der Anwendung von Blutprodukten am Patienten reagiert und Schaden abgewendet werden.

8   Funktioniert das gesamte System einmal von der Spendenentnahme bis zur Rückverfolgung nach den Vorschriften des TFG und dem Stand der medizinischen Wissenschaft und Technik, dann kann jedenfalls formal von einer geordneten und sicheren Versorgung der Bevölkerung mit Blutprodukten gesprochen werden.

---

[6]   M.P. Busch, A.M. Couroucé 1997 und Antwort von J. S. Epstein (FDA), G. C. Schochet-
man (CDC), Transfusion 37(1997)353 - 354.

V. Die gesicherte und sichere Versorgung

Der Anspruch dieser Regelung wird deutlich, wenn man sich die Zahlen vor Augen   **9**
hält, die in der Begründung zum Gesetz offengelegt wurden[7]. Danach werden in der
Bundesrepublik Deutschland jährlich von 2 Mio. Spendern 4 Mio. Blutspenden und
zusätzlich 400.000 1 Plasma durch Plasmaspenden entnommen. Organisatorisch
ruht das System der Versorgung mit Blutprodukten in der Bundesrepublik Deutschland auf drei Säulen: Zum einen auf den Blutspendediensten des Deutschen Roten
Kreuzes, zum anderen auf den Blut- und Plasmaspendediensten der Länder und der
Gebietskörperschaften, sowie drittens auf den Plasmapheresezentren der pharmazeutischen Unternehmen. Hinzu kommen die Blutspendedienste der Bundeswehr
und privater Institute. Insgesamt sind in diesem Bereich rund 150 Einrichtungen tätig.

Die gesicherte Versorgung steht immer in gewisser Konkurrenz zu einer sicheren   **10**
Versorgung mit Blutprodukten. Die Transfusion von Blutprodukten ist wie jede medizinische Maßnahme inhärent gefahrbelastet. Tritt ein Nachteil für einen Patienten
ein, kann ein fahrlässiges oder gar schuldhaftes Handeln nicht vorausgesetzt werden, zumal wenn erhebliche externe Zwänge zur Kostenminderung belegbar sind.
Da eine absolut sichere Blutversorgung nicht erreichbar ist, bleibt als Ziel ein im
internationalen Vergleich sehr hoher, vorab festgelegter und qualitätsüberwachter
Sicherheitsstandard.

Die Gefahr einer Infektionsübertragung durch die bekannten Viren wurde in den
letzten 15 Jahren nachweislich wesentlich vermindert. Seit den 1980er Jahren ist
auch ein Trend erkennbar, dass die Empfindlichkeit gegenüber den Gefahren der
Bluttransfusion und somit die Einschätzung dieser Gefahren als Risiko sich verändert hat.[8] Deshalb muss die erreichte Sicherheit bei Bluttransfusionen in der Öffentlichkeit wie auch dem Patienten gegenüber bewusst gemacht werden.[9]

Zum Zeitpunkt des „HIV-Skandals" im Herbst 1993[10] bestand keine zeitliche   **11**
Dringlichkeit und auch keine technische Möglichkeit, die Sicherheit der Versorgung z.B. in Bezug auf HIV zu erhöhen. Die große Mehrzahl aller HIV-Infektionen
durch Bluttransfusionen wurden vor dem Herbst 1985[11] bzw. überwiegend durch
ausländische Plasmaderivate, wie Gerinnungsfaktoren, verursacht. Trotzdem war
dieser „HIV-Skandal" für den Bundestag Anlass zur Einsetzung des 3. Untersuchungsausschusses (HIV-Infektionen durch Blut und Blutprodukte[12]).

---

[7]   Vgl. BTDrS 13/9594, 13ff.
[8]   W.A. Flegel et al. 1996 mit Diskussion DÄ 93(1996)A-1970.
[9]   Vgl. § 3 Abs. 4 TFG zur Aufklärung der Bevölkerung über Blut- und Plasmaspenden.
[10] Blut vom Drogen-Kiez, Der Spiegel 1993 (Ausgabe 36), 240 - 242.
[11] Es hat klick gemacht, Der Spiegel 1993 (Ausgabe 41), 24 - 37.
[12] Dessen zweiter Schlussbericht ist in BTDrS 12/8591 abgedruckt.

VI. Die Selbstversorgung mit Blut und Plasma

12   Eine Bedarfsdeckung durch das eigene Spendenaufkommen ist nur bei zellulären Blutprodukten (Erythrozyten- und Thrombozytenpräparaten) sowie Plasmapräparaten von Einzelspenden erreicht. Demgegenüber werden z.B. Hyperimmunglobuline gegen Tetanus, FSME, Hepatitis A oder zur Anti-D-Prophylaxe ganz überwiegend aus den USA importiert. Auch ist bei uns anders als im benachbarten Ausland die Versorgung mit Erythrozytenpräparaten seltener Blutgruppen – ein vergleichsweise kleines logistisches Problem – nicht immer gesichert.

13   Es ist ernüchternd festzustellen, dass auch 18 Jahre nach der umfangreichen Einfuhr von HIV-verseuchten Gerinnungsfaktoren (Plasmaderivaten) und 8 Jahre nach dem „HIV-Skandal", z.B. die Versorgung der Bevölkerung in Deutschland mit Gerinnungsfaktoren immer noch überwiegend aus dem Ausland erfolgt und somit keine grundsätzliche Verbesserung der Selbstversorgung erreicht ist.

14   Während in den weiteren Abschnitten des TFG mit Detailtreue Regeln zur sicheren Versorgung formuliert werden, sind kaum Bemühungen erkennbar, die den Ärzten in den Blutspendediensten die gesicherte Versorgung erleichtern oder etwa eine Selbstversorgung mit Plasmaderivaten erreichbar machen. Hervorzuheben bleibt allerdings, dass zum Beispiel durch § 8 TFG in dem begrenzten Bereich der Spenderimmunisierung wichtige rechtliche Rahmenbedingungen gewährleistet werden.

§ 2
Begriffsbestimmungen

Im Sinne dieses Gesetzes

1. ist Spende die einem Menschen entnommene Menge an Blut oder Blutbestandteilen, die Arzneimittel ist oder zur Herstellung von Arzneimitteln bestimmt ist,

2. ist Spendeeinrichtung eine Einrichtung, durch die Spenden entnommen werden,

3. sind Blutprodukte Blutzubereitungen im Sinne des § 4 Abs. 2 des Arzneimittelgesetzes, Sera aus menschlichem Blut im Sinne des § 4 Abs. 3 des Arzneimittelgesetzes und Plasma zur Fraktionierung.

Zugehörige Richtlinien:

5 Glossar

Blut (Vollblut): Sämtliche nativen Bestandteile enthaltendes Blut nach einer Blutspende.

Blutbestandteile: Blutbestandteile können aus Vollblut durch manuelle oder maschinelle Auftrennungsverfahren gewonnen werden.

Blutdepot: Einrichtung der Krankenversorgung, von der Blutkomponenten und/oder Plasmaderivate gelagert und abgegeben werden.

Blutkomponenten: Zelluläre Blutprodukte wie Erythrozytenkonzentrate, Thrombozytenkonzentrate, Granulozytenkonzentrate, Stammzellpräparate und therapeutisches Frischplasma.

Blutprodukte (Begriff des Transfusionsgesetzes): Blutzubereitungen im Sinne des § 4 Abs. 2 des Arzneimittelgesetzes, Sera aus menschlichem Blut im Sinne des § 4 Abs. 3 des Arzneimittelgesetzes oder Plasma zur Fraktionierung.

Blutzubereitungen (Begriff des Arzneimittelgesetzes): Arzneimittel, die aus Blut gewonnene Blut-, Plasma- oder Serumkonserven, Blutbestandteile oder Zubereitungen aus Blutbestandteilen sind oder als arzneilich wirksame Bestandteile enthalten.

Gefrorenes Frischplasma (GFP): Schockgefrorenes Plasma, bei dem gewährleistet ist, dass auch die labilen Gerinnungsfaktoren im funktionsfähigen Zustand erhalten bleiben.

Gerichtete Spende: Spende, bei der die spendende Person angibt, für welchen Empfänger die Blutkomponente verwendet werden soll.

Hyperimmunplasma: Plasma mit hoher Konzentration spezifischer Immunglobuline, das von ausgewählten oder hyperimmunisierten Spendern gewonnen wird (internationale Bezeichnung: plasma for special purposes).

Plasma zur Fraktionierung: Plasma, aus dem Plasmaderivate hergestellt werden.

Plasmaderivate: Plasmaderivate werden aus Plasma durch Fraktionierung hergestellt, wie Faktorenkonzentrat, PPSB, Albumin. Ihre Herstellung erfolgt üblicherweise durch Plasmapools. Sie werden Verfahren zur Virusinaktivierung/-abreicherung unterzogen.

Sera (Begriff des AMG): Sera sind Arzneimittel, die aus Blut, Organen, Organteilen oder Organsekreten gesunder, kranker, krank gewesener oder immunisatorisch vorbehandelter Lebewesen gewonnen werden, spezifische Antikörper enthalten und die dazu bestimmt sind, wegen dieser Antikörper angewendet zu werden.

Spende (Blutspende): Die Spende ist die einem Menschen entnommene Menge an Blut oder Blutbestandteilen, die Arzneimittel ist oder zur Herstellung von Arzneimitteln bestimmt ist.

Transfusion: Der international gebräuchliche Begriff „Transfusion" bedeutet die Übertragung von Blutkomponenten. Er wird in diesen Richtlinien synonym mit „Anwendung von Blutkomponenten" verwendet.

Literatur

H. Forkel, Verfügungen über Teile des menschlichen Körpers, JZ 1974, 593; W. Gareis, Das Recht am menschlichen Körper, Festgabe für Schirmer, 1900, 61ff.; H.-J. Kaatsch, Eigentumsrechte an menschlichen Körpermaterialien insbesondere an Patientenuntersuchungsmaterial, Rechtsmedizin 1994, 132ff.; W. Nixdorf, Zur ärztlichen Haftung hinsichtlich entnommener Körpersubstanzen: Körper, Persönlichkeit, Totenfürsorge, VersR 1995, 740ff.; M. Schröder, J. Taupitz, Menschliches Blut: verwertbar nach Belieben?, 1991, 35ff.; J. Taupitz, Privatrechtliche Rechtspositionen um die Genomanalyse: Eigentum, Persönlichkeit, Leistung, JZ 1992, 1089; D. G. Woodfield, Autologous blood donation is a contradiction in terms, Transfusion 34(1994)455f.

I. Die Bedeutung der Norm

1   § 2 enthält die in heutigen Gesetzen üblicherweise vorgeschalteten Begriffsbestimmungen. Diese beziehen sich auf den Zweck des TFG, also die Gewinnung von Blutprodukten und die Versorgung der Bevölkerung mit Blutprodukten. Soweit Blutprodukte Arzneimittel im Sinne des AMG sind, sind die Definitionen in § 4 AMG einschlägig und zu beachten.

II. Die Spende

2   Mit der in § 2 Ziff. 1 gegebenen Definition der Spende ist klargestellt, dass eine solche nur vorliegt, wenn die Blutmenge entweder selbst bereits Arzneimittel im Sinne von § 4 Abs. 2 AMG ist oder sie zur Herstellung von Arzneimitteln herangezogen werden soll. Spende ist also das Ergebnis der Blutentnahme beim Spender, nicht der Vorgang selbst, so die Begründung zum Gesetz[1].

3   Durch diese Definition soll die Sache „Spende" von dem Vorgang der Blutspende offensichtlich sprachlich abgegrenzt werden. Es ist gerade dieser Abgrenzung nicht dienlich, wenn im Glossar der Hämotherapie-Richtlinien „Spende" und „Blutspende" als Synonyme angegeben werden. Diese Konfusion manifestiert sich auch

---

[1]   Vgl. hierzu E. Deutsch et al. 2001, Rz. 200ff. m. w. Nachw.

im Falle der „gerichteten Spende", die entsprechend der Definition im Glossar sicher als „gerichtete Blutspende" zu bezeichnen wäre, um den Widerspruch zur Begriffsbestimmung im TFG zu vermeiden. Dementsprechend wird im Vorwort der Hämotherapie-Richtlinien die „Blutspende" als Dienst bezeichnet, also gerade nicht im Sinne der Spende als einer Sache.

Eine Spende im Sinne des TFG kann sowohl zur allogenen als auch zur autologen   **4**
Anwendung gewonnen werden. Von einer Blutspende sollte demgegenüber nur gesprochen werden, wenn ein Blutprodukt zur allogenen Anwendung vorgesehen ist.
Das TFG und die Richtlinien verzichten auf den veralteten Begriff der „Eigenblutspende", da ein Patient sein eigenes Blut kaum sich selber „spenden" kann; diese
Abgrenzung ist auch international üblich[2]. In den Hämotherapie-Richtlinien werden hierfür durchgängig die Begriffe Eigenblutentnahme, Eigenblutherstellung, Eigenblutpräparation, Eigenblutprodukt, Eigenblutbestandteil, Eigenblutkomponente
und Eigenbluttransfusion verwendet.

Euphemistisch verwendet das Gesetz (wie im Übrigen auch das Transplantationsge-   **5**
setz) den Begriff der Spende, um damit das altruistische Element, das mit der Gabe
der Blutmenge zum Ausdruck kommen soll, zu beschreiben. Blut soll gleichsam zur
res extra commercium werden.

Dabei gibt es keinen Grund, den Vorgang der Entnahme von Blut zur Transfusion
oder zur Herstellung von Arzneimitteln oder Blutprodukten nicht mit den Institutionen des Zivilrechts zu bewerten. So spricht z.B. wenig dagegen, die Spende von
Blut im Sinne von § 2 zivilrechtlich als Schenkung zu qualifizieren. Die Unentgeltlichkeit, die § 516 Abs. 1 BGB voraussetzt, wird durch eine Aufwandsentschädigung nach § 10 TFG nicht in Frage gestellt. Ebenso wenig streitig dürfte es sein,
dass entnommenes Blut Sache im Sinne von § 90 ff. BGB ist. Mit abgeschlossener
Entnahme aus dem Körper des ehemaligen Trägers wird das Blut eigentumsfähig[3].

Hierüber besteht trotz unterschiedlicher Begründung im Detail unter den Autoren,   **6**
die sich mit diesem Komplex befassen, Einigkeit. Die einen[4] vertreten die Auffassung, der Eigentumserwerb trete sofort mit der Trennung des Bluts vom menschlichen Körper ein, die anderen[5] billigen dem Menschen, dem das Blut entnommen
wurde, ein Aneignungsrecht an dem zunächst herrenlos gewordenen Blut zu. Eine
dritte Auffassung[6] bejaht ebenfalls den sofortigen Eigentumserwerb des Betroffe-

---

[2] Woodfield 1994.
[3] Vgl. Gareis 1900.
[4] Wie hier: G. Holch, Münchener Kommentar Rz. 3; Forkel 1974; O. Palandt, H. Heinrichs,
     § 90 Rz.2; J. v. Staudinger, W. Dilcher, § 90 Rz. 16; Schröder, Taupitz 1991; H.-J. Rieger,
     Rz. 973ff. m. w. Nachw.; so schon Planck, Kommentar zum BGB, 1913, vor § 90, 2.
[5] Vgl. J. v. Staudinger, H. Coing, BGB, § 90 Rz. 4; vgl. auch zum ganzen: A. Laufs, Rz.
     277ff. m. w. Nachw.
[6] Vgl. M. Schröder, J. Taupitz 1991 m. w. Nachw.; W. Nixdorf 1995 m. w. Nachw.; so auch
     der BGH seit BGHZ 124, 52 (55).

nen, sieht aber in dem Blut eine Sache, auf die sich nach der Trennung auch noch das Persönlichkeitsrecht des ehemaligen Trägers erstreckt, und zwar um so intensiver, je eher aus dem Material Rückschlüsse auf die Person des ehemaligen Trägers möglich sind[7]. Der persönlichkeitsrechtliche Ansatz wird heute überwiegend in Rechtsprechung und Schrifttum nicht mehr in Abrede gestellt, aber auch nicht mehr bei der Leiche[8].

7   Eigentümer wird also zunächst die spendende Person, neuer Eigentümer der Träger der Spendeeinrichtung, und zwar durch Übereignung. Der Eigentumserwerb von dem ehemaligen Träger des Blutes auf den neuen Eigentümer tritt nicht automatisch ein, sondern erfordert eine gesonderte Übereignung des Blutes, oder sofern sich der Eigentumserwerb (etwa bei Blutprodukten) nach § 950 BGB vollzieht, eine Verarbeitung des Materials. Gegen einen automatischen Eigentumserwerb durch den Träger der Spendeeinrichtung spricht vor allem, dass die spendende Person darüber aufgeklärt werden muss, was mit ihrer Spende geschehen soll.

8   Als Spende scheiden nach der Definition alle Blutentnahmen zu diagnostischen oder therapeutischen Zwecken im Rahmen einer ärztlichen Behandlung aus, aber auch solche zur Feststellung der Vaterschaft. So deutlich bringt dies § 2 ÖstblutSiG 1999 zum Ausdruck.

9   Im übrigen kennt das österreichische Blutsicherheitsgesetz (ÖstblutSiG 1999) keine entsprechende Definition einer „Spende". Dagegen definiert es den Blutbegriff, den der Gewinnung und den der Entnahme von Blut.

III. Spendeeinrichtung

10   Die Definition ist sprachlich misslungen. Es ist nicht die Einrichtung, die die Spende entnimmt, sondern die darin tätigen Mitarbeiter tun es. Es kommt nach der Definition nicht darauf an, in welcher Rechtsform die Einrichtung betrieben wird. Es ist auch unerheblich, ob die Spende im Betrieb einer Spendeeinrichtung entnommen wird oder anlässlich eines ambulanten Blutspendetermins. Wichtiger ist, dass die Entnahme nach dem Stand der medizinischen Wissenschaft und Technik durchgeführt wird.

11   Blutspendeeinrichtungen im Sinne des ÖstblutSiG 1999 ist jede Organisationseinheit zur Gewinnung (also zur Entnahme gemäß § 3 Abs. 3 ÖstblutSiG) von Blut oder Blutbestandteilen (§ 5 ÖstblutSiG). Diese bedarf zu ihrem Betrieb einer Bewilligung nach § 14 ÖstblutSiG.

---

[7]   Vgl. hierzu W. Nixdorf 1995 m. w. Nachw.; J. Taupitz 1992; H.-J. Kaatsch 1994, der eine stillschweigende Einwilligung teilweise zu akzeptieren scheint.
[8]   Vgl. hierzu W. Nixdorf 1995, 742 m. w. Nachw.

IV. Blutprodukte

Der Begriff des Blutprodukts umfasst neben den Blutzubereitungen im Sinne von §   **12**
4 Abs. 2 AMG auch Sera aus menschlichem Blut im Sinne von § 4 Abs. 3 AMG sowie Plasma zur Fraktionierung. Blutzubereitungen sind Arzneimittel im Sinne von
§ 2 Abs. 1 Ziff. 3 AMG die aus Blut gewonnene Blut-, Plasma- oder Serum-„Konserven", Blutbestandteile oder Zubereitungen aus Blutbestandteilen sind oder als
arzneilich wirksame Bestandteile enthalten (§ 4 Abs. 2 AMG). Nicht als arzneilich
wirksame Bestandteile einsetzbare Substanzen wie Hilfsstoffe unterfallen demnach
nicht der Definition des Blutproduktes, weil sie auch der Definition der Blutzubereitung nicht unterfallen.

Bei Abfassung des AMG wurde noch der veraltete Begriff der „Konserve" benutzt.   **13**
Dieser Begriff wurde im TFG vollständig und in den Hämotherapie-Richtlinien bis
auf einen Lapsus (Kapitel 3.1.1.2 und 3.3) durchgängig vermieden. Im § 2 bzw. im
Glossar der Hämotherapie-Richtlinien wurde dieser Begriff durch die geeigneten
zeitgemäßen Begriffe ersetzt, die man ausschließlich verwenden sollte.

Das ÖstblutSiG 1999 wählt eine etwas andere Definition. Es definiert Blut als dem   **14**
Spender entnommene Körperflüssigkeit, die aus Blutplasma und korpuskulären Bestandteilen zusammengesetzt ist (§ 3 Abs. 1 ÖstblutSiG). Blutbestandteile sind das
durch Auftrennung gewonnene Plasma sowie die durch Auftrennung gewonnene
korpuskulären Anteile (§ 3 Abs. 2 ÖstblutSiG). Blut ist nach dem österreichischen
Arzneimittelgesetz ebenfalls Arzneimittel (§ 2 Abs. 7 Nr. 3 ÖstAMG).

ZWEITER ABSCHNITT
GEWINNUNG VON BLUT UND BLUTBESTANDTEILEN

Vorbemerkungen vor §§ 3 ff.

1   Zweck des Transfusionsgesetzes ist es zum einen, die sichere Gewinnung von Blut und Blutbestandteilen von Menschen zu fördern, zum anderen, für eine sichere und gesicherte Versorgung der Bevölkerung mit Blutprodukten zu sorgen[1]. Der zweite Abschnitt des Gesetzes enthält die hierzu erforderlichen Kernvorschriften, soweit sie die Gewinnung von Blut und Blutbestandteilen betreffen. In § 3 TFG wird der Versorgungsauftrag der Spendeeinrichtungen vorgegeben, sodann die an sie zu stellenden Anforderungen festgelegt (§ 4 TFG).

2   Die §§ 5 bis 7 TFG befassen sich mit der Auswahl des Spenders, seiner Aufklärung über die Spende, deren Verarbeitung und Nutzung und die Einwilligung hierzu sowie seine Identifizierung. Die §§ 8 und 9 TFG regeln die Sonderfälle der Spenderimmunisierung zur Gewinnung spezieller Immunglobuline sowie die Vorbehandlung zur Blutstammzellseparation.

Das Verbot, für die Blutspende ein Entgelt zu zahlen, findet sich in § 10 TFG.

3   In § 11 TFG wird der Datenschutz für Zwecke der Blutentnahme und der damit verbundenen Maßnahmen (Untersuchungen) geregelt. Es wird erlaubt, Daten für diese Zwecke zu erheben, und die Verpflichtung zu deren Dokumentation festgelegt.

4   § 12 TFG regelt, dass die Bundesärztekammer nach angemessener Beteiligung der bestimmter Fachkreise in Richtlinien festlegt, was der allgemein anerkannte Stand der medizinischen Wissenschaft und Technik im Bereich der Gewinnung von Blut und Blutbestandteilen sein soll. Diese Richtlinien haben die Empfehlungen des Europarates, der Europäischen Union und der WHO zu Blut und Blutbestandteilen zu berücksichtigen[2]. Die korrespondierende Vorschrift für die Anwendung von Blutprodukten findet sich in § 18 TFG.

5   In mehreren Paragrafen dieses Abschnitts wird bei bestimmten Maßnahmen der Gewinnung von Blut und Blutprodukten, wie etwa die Beurteilung der Tauglichkeit der Spender (§ 5 Abs. 1 Satz 1 TFG), die Spenderimmunisierung und ihre Durchführung (§ 8 Abs. 1 Satz 2 und Abs. 2 Ziff. 3 TFG) und die Blutstammzellseparation (§ 9 TFG), explizit darauf hingewiesen, dass diese Maßnahmen entsprechend dem jeweils aktuell gültigen Stand der medizinischen Wissenschaft und Technik durchzuführen sind.

---

[1] Vgl. § 1 TFG.
[2] § 12 Abs. 1 Satz 1 TFG.

§ 3
Versorgungsauftrag

(1) Die Spendeeinrichtungen haben die Aufgabe, Blut und Blutbestandteile zur Versorgung der Bevölkerung mit Blutprodukten zu gewinnen.

(2) Zur Erfüllung der Aufgabe gemäß Absatz 1 arbeiten die Spendeeinrichtungen zusammen. Sie unterstützen sich gegenseitig, insbesondere im Falle des Auftretens von Versorgungsengpässen. Sie legen die Einzelheiten der Zusammenarbeit in einer Vereinbarung fest.

(3) Die spendenden Personen leisten einen wertvollen Dienst für die Gemeinschaft. Sie sind aus Gründen des Gesundheitsschutzes von den Spendeeinrichtungen besonders vertrauensvoll und verantwortungsvoll zu betreuen.

(4) Die nach Landesrecht zuständigen Stellen und die für die gesundheitliche Aufklärung zuständige Bundesoberbehörde sollen die Aufklärung der Bevölkerung über die Blut- und Plasmaspende fördern.

Zugehörige Richtlinien:

Vorwort

Die Blutspende ist ein unschätzbarer Dienst, mit dem Blutspender – teilweise über viele Jahre hin – dazu beigetragen haben, schwerstkranken Patienten zur Gesundung zu verhelfen oder Leben zu ermöglichen. Der Dank der Ärzteschaft sowie die Anerkennung für eine solche uneigennützige Hilfestellung seien an dieser Stelle öffentlich ausgesprochen.

Literatur

P. J. Hagen, Non-profit-services and the plasma industry (Kapitel 5), in: Blood transfusion in Europe, Council of Europe Press 1993.

I. Die Bedeutung der Norm

Die Norm umschreibt den Versorgungsauftrag, den die Spendeeinrichtungen bei der Gewinnung von Blut und Blutbestandteilen und bei der Versorgung der Bevölkerung mit Blutprodukten hat.   **1**

II. Die Spendeeinrichtung

Spendeeinrichtungen sind Einrichtungen, einerlei in welcher Rechtsform sie betrieben werden, in denen Spenden entnommen werden. Der Betrieb einer Spendeeinrichtung bedarf keiner Erlaubnis.[1]   **2**

---

[1] Einige allgemeine Rahmenbedingungen zu den Anforderungen an die Spendeeinrichtungen werden in § 4 TFG festgelegt.

3   Anderes kann auch aus § 14 Abs. 1 Nr. 5 c AMG nicht entnommen werden. Denn § 14 AMG bezieht sich seiner systematischen Stellung im Gesetz nach auf die Herstellung von Arzneimitteln (Blutprodukten), nicht auf Vorbereitungshandlungen wie die Gewinnung von Grundstoffen und hebt nur auf die Qualifikation des Leiters der Spendeeinrichtung und ihres Vorhandenseins ab. Arzneimittel- und haftungsrechtlich kann gegen eine Spendeneinrichtung, die ausschließlich Spenden entnimmt und die den Anforderungen nicht gerecht wird, nicht vorgegangen werden, wohl aber letztlich nach den allgemeinen polizeirechtlichen Vorschriften.

III. Der Versorgungsauftrag

4   § 3 auferlegt den Spendeeinrichtungen einen Versorgungsauftrag, der allerdings kein alleiniger Auftrag sein kann. Ebenso wenig begründet der Versorgungsauftrag Rechte des einzelnen Transfusionsempfängers auf Versorgung mit Blut und Blutprodukten. Da Blut Arzneimittel im Sinne des AMG ist, gilt auch hier der europarechtliche Grundsatz des freien Warenverkehrs innerhalb der Gemeinschaft. § 3 darf also nicht so ausgelegt werden, dass er zum Handelshemmnis für den Verkehr mit Blut und Blutprodukten in der EU wird[2].

5   Es werden jedoch hier dieselben Überlegungen gelten müssen, die schon bei §§ 43 ff. AMG und dem Apothekengesetz Pate gestanden haben: die Versorgung der Bevölkerung mit sicherem Blut und sicheren Blutprodukten ist ein herausragendes Rechtsgut, so dass ein Zusammenschluss der deutschen Spendeeinrichtungen zu Lasten ausländischer Lieferanten als Einfuhrbeschränkung zulässig sein könnte[3].

IV. Blutspender

6   Ob es unbedingt der Aufnahme von Abs. 3 Satz 1 bedurft hätte, mag aus der Sicht des puristisch denkenden Juristen zu verneinen sein, weil Gesetze nur Normen enthalten sollen, die Rechte und Pflichten der Normadressaten begründen.

Andererseits ist es ein international beobachtetes Phänomen[4], dass Bevölkerungsgruppen mit günstiger Infektionsepidemiologie vor allem dann zum Blutspenden motiviert werden, wenn das Blutspenden zwar unentgeltlich erwartet, aber als erhebliche soziale Leistung anerkannt und im jeweiligen sozialen Umfeld eines Blutspenders mit positiven Merkmalen assoziiert wird. Will man dieses Prinzip beachten, sollte bei allen entsprechenden Gelegenheiten, einschließlich einem ein-

---

[2] Vgl. hierzu E. Deutsch et al. 2001, Rz. 151 ff.

[3] Vgl. hierzu H.-D. Lippert in: E. Deutsch, H.-D. Lippert, R. Ratzel, K. Anker, § 43 Rz. 1, ApoG erster Abschnitt Rz. 3 ff. m.w. Nachw.

[4] P. Callero & J.A. Piliavin, Developing a commitment to blood donation: the impact of one's first experience, J Appl Soc Psychol, 13(1983)1 - 16; W.A. Flegel, W. Besenfelder, F.F. Wagner, Predicting a donor's likelihood of donating within a preselected time interval. Transfus. Med. 10(2000)181 - 192; D.J. Mayo, Evaluating donor recruitment strategies, Transfusion 32(1992)797 - 799; J.A. Piliavin, Why do they give the gift of life? A review of research on blood donors since 1977, Transfusion 30(1990)444 - 459.

schlägigen Gesetz, der geleistete Dienst an der Gemeinschaft positiv gewürdigt werden.

Der wichtige Aspekt des besonders vertrauensvollen und verantwortungsvollen **7** Umgangs mit Blutspendern manifestiert sich in allen verbleibenden Paragrafen dieses Abschnitts und den umfangreichen einschlägigen Richtlinien.

V. Kooperation der Spendeeinrichtungen

Die Spendeeinrichtungen werden vom Gesetz zur Kooperation verpflichtet, damit **8** der Versorgungsauftrag auch tatsächlich erfüllt werden kann. Die gegenseitige Unterstützung im Falle von Versorgungsengpässen ist in § 3 Abs. 2 nur beispielhaft genannt und keineswegs abschließend gemeint. Die Kooperation umfasst regelmäßig den gesamten Tätigkeitsbereich der Einrichtungen. Wes Inhalts die zu diesem Zweck zu schließende Vereinbarung sein soll, ergibt sich aus der Begründung zum Gesetz: Danach sollen die Dachverbände der Einrichtungen mit Wirkung für ihre Mitgliedseinrichtungen Vereinbarungen über Inhalt und Umfang der Zusammenarbeit abschließen.

Dieser Anspruch auf gegenseitige Unterstützung wird nicht leicht zu erfüllen sein in **9** einem Umfeld, das maximale Wirtschaftlichkeit einfordert und sie mit marktwirtschaftlichen Mitteln zu erreichen sucht. Gleichzeitig soll eine gerade Engpässe vermeidende Versorgung gewährleistet werden. Zudem soll nach § 1 TFG die Selbstversorgung gefördert werden. Zweifellos stehen Spendeeinrichtungen im Geltungsbereich dieses Gesetzes auch in wirtschaftlicher Konkurrenz zueinander, die um so schärfer wird, je weniger Engpässe zu befürchten wären.

VI. Informationsverpflichtung

In § 3 Abs. 4 hat der Gesetzgeber eine Verpflichtung zur Information über die Blut- **10** und Plasmaspende ins Gesetz aufgenommen. Angesprochen sind darin Landes- und Bundesstellen. Bzgl. des Bundes wird in § 27 Abs. 3 TFG die Bundeszentrale für gesundheitliche Aufklärung als für diese Aufgabe zuständige Bundesoberbehörde benannt. Eine ähnliche, wenngleich detailliertere Vorschrift dieser Art findet sich in § 2 Abs. 1 Transplantationsgesetz (TPG), wo über die Organspende zu informieren ist.

§ 4
Anforderungen an die Spendeeinrichtungen

Eine Spendeeinrichtung darf nur betrieben werden, wenn zur Durchführung von Spendeentnahmen

1. **eine ausreichende personelle, bauliche, räumliche und technische Ausstattung vorhanden ist und**
2. **die leitende ärztliche Person eine approbierte Ärztin oder ein approbierter Arzt (approbierte ärztliche Person) ist und die erforderliche Sachkunde nach dem Stand der medizinischen Wissenschaft besitzt.**

Der Schutz der Persönlichkeitssphäre der spendenden Personen, eine ordnungsgemäße Spendeentnahme und die Voraussetzungen für eine notfallmedizinische Versorgung der spendenden Personen sind sicherzustellen.

Zugehörige Richtlinien:

1.4 Qualitätsmanagement (QM)

Einrichtungen, durch die Blut oder Blutbestandteile entnommen werden (Spendeeinrichtungen) und Einrichtungen, die Blutprodukte anwenden (Einrichtungen der Krankenversorgung), müssen ein System der Qualitätssicherung betreiben. Sofern in der Einrichtung der Krankenversorgung bereits ein Qualitätsmanagementsystem existiert, ist das System der Qualitätssicherung gemäß diesen Richtlinien in das bestehende Qualitätsmanagement zu integrieren.

Qualitätsmanagement ist Aufgabe der Leitung der jeweiligen Einrichtung, die mit Hilfe eines QM-Systems die Zuständigkeiten und Verantwortlichkeiten festlegt, die erforderliche Qualitätssicherung inhaltlich definiert und geeignete Maßnahmen zur Verwirklichung und Prüfung veranlasst. Die Voraussetzungen sind durch den Träger zu schaffen.

Jede Einrichtung legt die Ziele auf der Grundlage dieser Richtlinien fest.

[...]

1.4.1 Qualitätssicherung (QS)

[...]

1.4.1.2 Qualitätssicherung bei der Gewinnung

Für Betriebe und Einrichtungen, die Blutbestandteile gewinnen, Blutprodukte herstellen, lagern und/oder abgeben, ist das Qualitätssicherungssystem durch § 1a der Betriebsverordnung für pharmazeutische Unternehmer (PharmBetrV) vorgeschrieben. Die formulierten Grundsätze zur Qualitätssicherung in der PharmBetrV sind Mindestanforderungen und auch in den Regelwerken zur ‚Guten Herstellungspraxis‘ (GMP) und zur ‚Guten Laborpraxis‘ (GLP) der Europäischen Gemeinschaft festgeschrieben. Träger von Einrichtungen, durch die Blutspenden entnommen wer-

Flegel

den, haben eine angemessene personelle, bauliche, räumliche und technische Ausstattung sicherzustellen.

1.5 Einrichtungen, Verantwortung und Zuständigkeit

1.5.1 Einrichtungen

[...]

1.5.1.4 Einrichtungen mit Spendeeinrichtung

Diese Einrichtungen sind definiert durch Gewinnung von Blut und Blutbestandteilen, Herstellung und Anwendung von Blutprodukten. Voraussetzung für die ärztliche Leitung der Spendeeinrichtung ist neben den gesetzlich festgelegten Vorgaben die Facharztanerkennung für Transfusionsmedizin.

Der ärztliche Leiter der Spendeeinrichtung in Krankenhäusern mit Spendeeinrichtung wird in der Regel als Transfusionsverantwortlicher bestellt.

1.5.1.5 Einrichtungen mit Spendeeinrichtung ausschließlich zur autologen Hämotherapie

Als Qualifikation für den verantwortlichen Arzt gelten die unter 2.7.5 genannten Voraussetzungen.

1.5.1.6 Spendeeinrichtung ohne Anbindung an eine Einrichtung der Krankenversorgung

Als Qualifikation für den verantwortlichen Arzt gelten die unter 1.5.1.4 genannten Voraussetzungen.

Die unter 1.5.1.1 bis 1.5.1.6 beschriebenen Funktionen können auch von einem Arzt wahrgenommen werden, der diese Tätigkeiten bei Inkrafttreten der Richtlinien mindestens seit 31.12.1993 ausgeübt hat. Falls die Bedingungen unter 1.5.1.1 bis 1.5.1.3 nicht erfüllt sind, ist in Ausnahmefällen die Heranziehung von externem, entsprechend qualifiziertem Sachverstand (Qualifikation nach 1.4.1.3.1 a) oder b)) möglich.

2.7 Eigenblutentnahme

[...]

2.7.5 Rechtliche Rahmenbedingungen

Die Eigenblutherstellung ist gemäß § 67 AMG der zuständigen Landesbehörde vor Aufnahme der Tätigkeit anzuzeigen. Auf die Erfordernis einer Herstellungserlaubnis gemäß §§ 13 ff. AMG wird hingewiesen. Die erlaubnisfreie Gewinnung bzw. Herstellung ist nur zulässig, wenn der entnehmende Arzt mit dem transfundierenden Arzt personenidentisch ist.

Die verantwortlichen Ärzte müssen eine mindestens sechsmonatige transfusionsmedizinische Erfahrung oder eine einjährige Tätigkeit in der Herstellung autologer Blutzubereitungen nachweisen (§ 15 (3) AMG). Werden ausschließlich autologe Blutzubereitungen hergestellt und geprüft, und finden Herstellung, Prüfung und Anwendung im Verantwortungsbereich einer Abteilung oder einer anderen ärztlichen Einrichtung statt, kann der Herstellungsleiter zugleich die Funktion des Kontrolleiters wahrnehmen („kleine Herstellungserlaubnis" § 14 (2) AMG). Die Anwendung muss nicht in derselben Abteilung erfolgen, in der hergestellt und geprüft wird, aber im Verantwortungsbereich des für die Herstellung und Prüfung verantwortlichen Arztes liegen. Erfolgt eine Abgabe an Dritte außerhalb dieses Verantwortungsbereiches, so müssen ein Herstellungsleiter und zusätzlich ein Kontrolleiter benannt werden.

Medizinisches Assistenzpersonal ist für die Durchführung autologer Hämotherapieverfahren und in Bezug auf Notfallmaßnahmen besonders zu schulen.

Literatur

Council of Europe, Personnel and organisation (Seite 20–21), und: Premises, equipment and material (Seite 21–22), in: Guide to the preparation, use and quality assurance of blood components, Recommendation No. R(95)15, 7th Edition, Council of Europe Press 2001; R. Dörner, Räumlichkeiten und Geräte (Seite 21 und 27), und: Geräteliste (Anlage 17), in: Muster-Qualitätsmanagmenthandbuch für die Klinische Anwendung von Blutkomponenten und Plasmaderivaten, Berufsverband der Deutschen Transfusionsmediziner, Köln 2000.

I. Die Bedeutung der Norm

1   In § 4 sind die grundlegenden Anforderungen niedergelegt, die gegeben sein müssen, damit eine Spendeeinrichtung betrieben werden kann. Der Schwerpunkt der Vorschrift liegt auf der Prävention. Blutspender und darin arbeitende Mitarbeiter sollen durch den Betrieb der Spendeeinrichtung nicht zu Schaden kommen[1].

---

[1]   Vgl. hierzu Deutsch et al. 2001, Rz. 157ff.

II. Anforderungen an Spendeeinrichtungen

Das Gesetz verzichtet anders etwa als das Apothekengesetz darauf, für den Betrieb   **2**
einer Spendeeinrichtung eine oder mehrere Rechtsformen vorzuschreiben. Eine
derartige Vorgabe wäre wohl auch mit Art. 12 GG nicht zu vereinbaren. Es ist im
Übrigen kein besonders wichtiges Rechtsgut ersichtlich, dessen besonderem Schutz
eine Einschränkung der möglichen Rechtsformen dienen könnte. Spendeeinrichtungen können also in allen Rechtsformen betrieben werden, die unsere Rechtsordnung
zur Verfügung stellt.

Natürliche wie juristische Personen sind keine Spendeeinrichtungen, sondern sie   **3**
sind dessen Betreiber. Juristische Personen sind regelmäßig Träger einer Spendeeinrichtung. Insoweit spricht das Gesetz nur an einer Stelle korrekt vom Träger einer Spendeeinrichtung, nämlich in § 22 TFG, ansonsten trifft es die Differenzierung
nicht.

Das Transfusionsgesetz beschränkt sich darauf, die unmittelbar mit der Entnahme   **4**
oder Gewinnung von Blut zusammenhängenden Maßnahmen wie Spenderauswahl
und Sicherheit der Entnahme zu regeln. Die weiteren Herstellungsschritte unterfallen in vollem Umfang den Vorschriften des Arzneimittelgesetzes.

Wer eine Einrichtung betreibt, egal in welcher Rechtsform, in welcher nur Blut-   **5**
spenden entnommen werden sollen, bedarf hierzu keiner Erlaubnis. Anderes kann
auch aus § 14 Abs. 1 Nr. 5 c AMG nicht entnommen werden. Denn § 14 AMG bezieht sich seiner systematischen Stellung im Gesetz nach auf die Herstellung von
Arzneimitteln (Blutprodukten), nicht auf Vorbereitungshandlungen wie die Gewinnung von Grundstoffen und hebt nur auf die Qualifikation des Leiters der Spendeeinrichtung und ihres Vorhandenseins ab. Arzneimittel- und haftungsrechtlich kann
gegen eine Spendeneinrichtung, die ausschließlich Spenden entnimmt und die den
Anforderungen nicht gerecht wird, nicht vorgegangen werden, wohl aber letztlich
nach den allgemeinen polizeirechtlichen Vorschriften.

III. Rechtliche Anforderungen an Einrichtungen zur Herstellung von Blutprodukten

Sollen in der Einrichtung aber auch Blut und Blutprodukte als Arzneimittel im   **6**
Sinne von § 2 Abs. 1 Nr. 3, § 4 Abs. 2 AMG hergestellt werden, dann ist diese Tätigkeit nicht nur anzeigepflichtig nach § 64 AMG, sondern der Inhaber der Einrichtung bedarf auch einer Erlaubnis zu deren Herstellung, §§ 13 ff. AMG. Auf Verstöße
gegen arzneimittelrechtliche Vorschriften kann mit aufsichtsrechtlichen Maßnahmen bis hin zum Ruhen der Herstellungserlaubnis oder gar deren Widerruf (§ 18
AMG) reagiert werden.

IV. Technische Anforderungen an Spendeeinrichtungen

Die baulichen, räumlichen und technischen Voraussetzungen bestimmen sich nach   **7**
der Betriebsverordnung für pharmazeutische Unternehmer (PharmBetrV), die ih-

rerseits letztlich auf die Grundregeln der WHO (GMP) zurückgeführt werden kann. Im Gegensatz zum Transfusionsgesetz koppelt das ÖstblutSiG 1999 in § 6 Abs. 3 die Ausstattung der Blutspendeeinrichtung auch an den Stand der medizinischen Wissenschaft und Technik.

V. Personelle Anforderungen an Spendeeinrichtungen

8   Die personellen Voraussetzungen bestimmt die PharmBetrV, die sich ihrerseits letztlich auf die Grundregeln der WHO (GMP) zurückführen lassen. Das TFG koppelt die personellen Voraussetzungen an den Stand der medizinischen Wissenschaft und Technik.[2]

VI. Leiter einer Spendeeinrichtung

9   Leiter einer Spendeeinrichtung kann nur ein Arzt sein, der über die Approbation zur Ausübung des ärztlichen Berufes verfügt. Dass nicht der Arzt im Praktikum (AiP) gemeint sein kann, ergibt sich aus der Klammerdefinition: Der AiP verfügt nur über eine Erlaubnis zur Berufsausübung, nicht aber über die Approbation. Die für die Leitung einer Spendeeinrichtung erforderliche Sachkunde nach dem Stand der medizinischen Wissenschaft und Technik kann nur in einer zugelassenen Einrichtung nach den Vorschriften der jeweiligen Weiterbildungsordnung der zuständigen Ärztekammer erworben werden.

10   Für Personen, die beim Inkrafttreten des Transfusionsgesetzes bereits Leiter einer Spendeeinrichtung waren, sieht das Gesetz keine Übergangsvorschrift vor. Wohl aber die Hämotherapie-Richtlinien in Kapitel 1.5.1.6. Wer also diese Tätigkeit seit dem 31.12.1993 ausgeübt hat, darf dies auch in Zukunft tun. Wer die Tätigkeit heute übernimmt, muss die im TFG vorgeschriebenen Kenntnisse und Fähigkeiten nachweisen können. Ob die Hämotherapie-Richtlinien eine solche Übergangsregelung wirksam vorsehen können, mag bezweifelt werden. Der Gesetzgeber hat möglicherweise auch versäumt, eine solche Übergangsregelung in § 33 TFG zu treffen.

§ 7 Abs. 2 ÖstblutSiG 1999 schreibt für den Leiter einer Blutspendeeinrichtung dieselben Voraussetzungen fest. In Österreich muss aber auch der Stellvertreter des Leiters diese Qualifikation erfüllen.

VII. Anforderungen an die Eigenblutentnahme

11   Die personellen und rechtlichen Voraussetzungen zur Eigenblutherstellung einschließlich der Eigenblutentnahme werden in den Kapiteln 1.5.1.5 und 2.7.5 der Hämotherapie-Richtlinien festgelegt. Durch den Bezug auf die „kleine Herstellungserlaubnis" nach § 14 Abs. 2 AMG werden auch die Belange der Eigenbluttransfusion berührt.

Eine erlaubnisfreie Eigenblutgewinnung setzt voraus, dass der entnehmende Arzt mit dem transfundierenden Arzt personenidentisch ist.

---

[2]   Vgl. § 12 Abs. 1 Ziff. 1 TFG.

Die kleine Herstellungserlaubnis ist ausreichend, wenn die Gewinnung und Anwen-   **12**
dung im Verantwortungsbereich des verantwortlichen Arztes liegt. Da dieser Arzt
neben der Herstellung auch für die Prüfung verantworten muss, darf die Prüfung
(Laboruntersuchung) nicht in einer anderen Abteilung durchgeführt werden. Wird
die Prüfung in einer anderen Abteilung (z.B. Labor) durchgeführt, reicht eine kleine
Herstellungserlaubnis nur aus, wenn in einer Vereinbarung zwischen den Abteilungen zumindest die Verantwortung für die Prüfung schriftlich dem verantwortlichen
Arzt nach Kapitel 1.5.1.5 übertragen wurde.

VIII. Zusätzliche Anforderungen

§ 4 Satz 2 legt weitere Anforderungen fest, die beim Betrieb einer Spendeeinrich-   **13**
tung erfüllt werden müssen. Es handelt sich dabei um eine mehr oder weniger wahl-
los zusammengestellte Aufzählung. Der Schutz der Persönlichkeitssphäre (gemeint
ist wohl das Persönlichkeitsrecht des Spenders) ergibt sich bereits als Nebenpflicht
aus dem Spendervertrag. Die Einhaltung der ärztlichen Schweigepflicht ist davon
(obgleich nicht ausdrücklich genannt) natürlich mit umfasst.

Wenn eine ordnungsgemäße Spendeentnahme nicht gewährleistet ist, darf die zu-   **14**
ständige Behörde die Aufnahme der Spendeentnahme gar nicht erst zulassen (sie ist
hier nämlich nach §§ 64 ff. AMG vor der Aufnahme der Tätigkeit anzuzeigen), und
müsste, sollte die ordnungsgemäße Spendeentnahme nicht mehr vorliegen, letztlich
die Schließung verfügen, sofern weniger einschneidende Maßnahmen nicht wirken.

IX. Notfallmedizinische Versorgung

Für eine ggf. auch notfallmedizinische Versorgung der Spender Vorsorge zu tragen,   **15**
ist wiederum Nebenpflicht aus der Spendervereinbarung und eine reine Selbstverständlichkeit.

Gerade die notfallmedizinische Versorgung, obwohl nicht ausdrücklich erwähnt,
wird Bestandteil des QM-Systems der Spendeeinrichtung sein müssen. Eine ausreichende, z. B. jährliche Einweisung des an der Blutspende beteiligten Personals in
die Notfallmaßnahmen muss vorgenommen und personenbezogen dokumentiert
werden. Die diesbezügliche ausreichende technische Ausstattung würde z. B. einen
Notfallkoffer mit Intubationsmöglichkeit und Sauerstoffflasche umfassen.

Eine entsprechende Regelung findet sich in § 6 Abs. 3 ÖstblutSiG. Offenbar wird   **16**
dort die notfallmedizinische Erstversorgung nicht als zum Stand von medizinischer
Wissenschaft und Technik für den Betrieb einer Blutspendeeinrichtung gehörig angesehen, sonst würde ihre Gewährleistung nicht in Abs. 3 ausdrücklich angesprochen. Ein rein deklaratorischer Hinweis kann damit aber sicher nicht gemeint sein.

X. Qualitätssicherung bei der Gewinnung

17   Die zugehörigen Hämotherapie-Richtlinien verweisen im Kapitel 1.4.1.2 zu Recht
darauf, dass Einrichtungen, die Blutprodukte gewinnen, herstellen, lagern oder abgeben, sich als pharamazeutische Unternehmer an die Regeln der PharmaBetrV für
pharmazeutische Unternehmer zu halten haben. Dass sie sich auch an untergesetz-
liche Richtlinien halten müssen, ist gleichfalls ein eher deklaratorischer Hinweis.

18   Die umfangreichen Vorgaben zum Qualitätsmanagement-System (QM-System) in
den Spendeeinrichtungen ergeben sich nicht aus dem TFG. Offensichtlich wurde
beabsichtigt, die Regelung des QM-Systems in den Spendeeinrichtungen den jeweils zuständigen Landesbehörden zu überlassen, sofern sie nicht wie z.B. für den
eigentlichen Herstellungsvorgang ohnehin bereits durch das AMG geregelt sind.
Auch § 12 TFG koppelt das QM-System von Spendeeinrichtungen nicht an den
Stand der Technik und überträgt dessen Festlegung nicht der Bundesärztekammer
bzw. der Überwachung durch die Ärzteschaft; dies in deutlichem Unterschied zur
Qualitätssicherung bei der Anwendung von Blutprodukten.[3]

19   Dennoch wurde von der Bundesärztekammer und dem PEI durch die Hämotherapie-Richtlinien Kapitel 1.4 ein QM-System auch in den Spendeeinrichtungen vorgeschrieben. Die Maßnahmen werden vielerorts analog den Vorgaben nach § 15
TFG durchgeführt werden[4], obwohl diese formal nur für den Bereich der Anwendung von Blutprodukten gelten.

XI. Rechtsfolgen

Im Zivilrecht:

20   § 4 ist Schutzgesetz im Sinne von § 823 Abs. 2 BGB.

Im Ordnungswidrigkeitenrecht:

21   Wer eine Spendeeinrichtung ohne die ärztliche Approbation und die erforderliche
Sachkunde betreibt, begeht eine Ordnungswidrigkeit nach § 32 Abs. 2 Ziff. 2 TFG.
Gleiches gilt im österreichischen Recht (§ 22 Abs. 2 Nr. 4 ÖstblutSiG).

---

[3] Vgl. § 18 Abs. 1 Ziff. 2 TFG.

[4] Vgl. zur Durchführung des QM-Systems die umfangreichen Ausführungen zum § 15
TFG.

§ 5
Auswahl der spendenden Personen

(1) Es dürfen nur Personen zur Spendeentnahme zugelassen werden, die unter der Verantwortung einer approbierten ärztlichen Person nach dem Stand der medizinischen Wissenschaft und Technik für tauglich befunden worden sind und die Tauglichkeit durch eine approbierte ärztliche Person festgestellt worden ist. Die Zulassung zur Spendeentnahme soll nicht erfolgen, soweit und solange die spendewillige Person nach Richtlinien der Bundesärztekammer von der Spendeentnahme auszuschließen oder zurückzustellen ist.

(2) Bei der Gewinnung von Eigenblut, Blut zur Stammzellseparation und Plasma zur Fraktionierung ist die Tauglichkeit der spendenden Personen auch nach den Besonderheiten dieser Blutprodukte zu beurteilen.

(3) Die nach § 2 Abs. 2 Satz 1 der Betriebsverordnung für pharmazeutische Unternehmer bestimmte Person hat dafür zu sorgen, daß die spendende Person vor der Freigabe der Spende nach dem Stand der medizinischen Wissenschaft und Technik auf Infektionsmarker, mindestens auf Humanes Immundefekt Virus (HIV)-, Hepatitis B- und Hepatitis C-Virus-Infektionsmarker untersucht wird. Bei Eigenblutentnahmen sind diese Untersuchungen nach den Besonderheiten dieser Entnahmen durchzuführen. Anordnungen der zuständigen Bundesoberbehörde bleiben unberührt.

Zugehörige Richtlinien:

Zu § 5 Abs. 1:

2 Gewinnung von Blut und Blutbestandteilen

2.1 Allgemeine Spenderauswahl

2.1.1 Blutspender

Blutspender erbringen freiwillig eine wichtige Leistung für die Gemeinschaft. Die Sorge um das Wohl der Spender ist eine der vordringlichsten Aufgaben der Transfusionsmedizin.

Jeder Blutspender muss sich nach ärztlicher Beurteilung in einem gesundheitlichen Zustand befinden, der eine Blutspende ohne Bedenken zulässt. Dies gilt sowohl im Hinblick auf den Gesundheitsschutz des Spenders als auch für die Herstellung von möglichst risikoarmen Blutkomponenten und Plasmaderivaten.

Gerichtete Spenden sind Fremdblutspenden, sie sollten nur in begründeten Ausnahmefällen entnommen werden. Daher gelten auch für diese alle Vorschriften dieses Kapitels ohne Einschränkung.

[...]

2.1.4 Untersuchung zur Eignung als Spender und zur Feststellung der Spendetauglichkeit

Vor Aufnahme der Spendetätigkeit ist die Eignung als Spender durch eine gründliche Anamnese, eine gerichtete körperliche Untersuchung sowie Laboratoriumsuntersuchungen (für Apheresespenden entsprechend Tabelle 2.6.4 sowie Besonderheiten für einzelne Apheresetechniken) nach dem Stand der medizinischen Wissenschaft und Technik durch einen approbierten Arzt festzustellen.

Vor jeder Spendeentnahme ist unter der Verantwortung eines approbierten Arztes die Spendetauglichkeit durch Anamnese (s. Abschnitt 2.1.5), durch eine orientierende körperliche Untersuchung und Laboratoriumsuntersuchungen zu prüfen (s. Tabelle 2.4.2, unter zusätzlicher Berücksichtigung von Besonderheiten für einzelne Apheresetechniken). Die Spendetauglichkeit ist durch einen approbierten Arzt festzustellen. Aufgrund dieser ärztlichen Beurteilung wird festgelegt, ob der Spender zur Blutspende zugelassen werden kann, oder vorübergehend zurückgestellt, oder ausgeschlossen werden muss.

2.1.5 Anamnese

Der Spender muss bei jeder Spende nach Organ-, Infektions- und Suchtkrankheiten befragt werden. Dabei müssen die unter 2.2 aufgeführten Ausschlussgründe vollständig berücksichtigt werden. Wichtige Anhaltspunkte zur Anamnese geben die Empfehlungen des Rates der Europäischen Gemeinschaften[1] sowie die Empfehlungen des Europarates[2] und der Weltgesundheitsorganisation[3]. Soweit Plasma zur Fraktionierung gewonnen wird, müssen die Anforderungen in der Monographie „Plasma vom Menschen (Humanplasma) zur Fraktionierung" des Europäischen Arzneibuches in der jeweils gültigen Fassung erfüllt sein. Der Spender muss die Richtigkeit seiner anamnestischen Angaben durch Unterschrift bestätigen.

2.2 Ausschluss von der Blutspende

Vor jeder Spende ist zu prüfen, ob eines der nachfolgenden Ausschlusskriterien vorliegt.

2.2.1 Als Blutspender auf Dauer auszuschließen sind Personen,

• bei denen eine HCV- oder HIV-Infektion nachgewiesen wurde, unabhängig davon, ob Krankheitserscheinungen aufgetreten sind,

---

[1] Empfehlungen des Rates vom 29.6.98 über die Eignung von Blut- und Plasmaspendern und das Screening von Blutspenden in der Europäischen Gemeinschaft (98/463/EG).

[2] Bekanntmachung der Empfehlungen des Europarates (Recommendation No R (95) 15: Guide to the preparation, use and quality assurance of blood components, in der jeweils gültigen Fassung.

[3] 43rd Report of the WHO Expert Committee on Biological Standardisation (Technical Report Series 840, 1994).

- die einer Gruppe mit einem gegenüber der Allgemeinbevölkerung deutlich erhöhten Risiko für eine HBV-, HCV- oder HIV-Infektion angehören oder dieser zugeordnet werden müssen[4],
- die an einer infektiösen Hepatitis unklarer Ätiologie erkrankt sind oder waren,
- bei denen eine HTLV-I/-II-Infektion nachgewiesen wurde, unabhängig davon, ob Krankheitserscheinungen aufgetreten sind,
- die an einer Protozoonose: Babesiose, Trypanosomiasis (Chagas- oder Schlafkrankheit), Leishmaniasis oder an Malaria erkrankt sind oder waren,
- die an Syphilis, Brucellose, Rickettsiose, Lepra, Rückfallfieber oder Tularämie erkrankt sind oder waren,
- nach Osteomyelitis,
- die bekannte Dauerausscheider von Salmonellen (Typhus- und Paratyphus-Erreger) sind,
- die jemals mit Hypophysenhormonen (z.B. Wachstumshormon) humanen Usprungs behandelt worden sind,
- die an der Creutzfeldt-Jakob-Erkrankung oder an der Variante der Creutzfeldt-Jakob-Erkrankung leiden, oder bei denen der Verdacht auf diese Erkrankungen besteht,
- in deren Familie bei einem oder mehreren Blutsverwandten die Creutzfeldt-Jakob-Erkrankung aufgetreten ist,
- die Dura mater- bzw. Korneatransplantate erhalten haben,
- die Xenotransplantate erhalten haben,
- die an bösartigen Neoplasien leiden oder litten (Ausnahmen: ausgeheilte Plattenepithelkarzinome der Haut und Basaliome),
- die an anderen chronischen Krankheiten leiden oder litten, bei denen die Blutspende eine Gefährdung des Spenders oder des Empfängers nach sich ziehen kann,
- die alkoholkrank, medikamentenabhängig oder rauschgiftsüchtig oder dessen begründet verdächtig sind,
- die **ständig** mit Arzneimitteln behandelt werden, nach individueller Entscheidung durch den Arzt, insbesondere bei Behandlung mit teratogenen Arzneimitteln wie Retinoiden.

2.2.2 Von der Blutspende zeitlich begrenzt zurückzustellen sind Personen,

- bei denen eine HBV-Infektion nachgewiesen wurde bzw. die eine Hepatitis B durchgemacht haben, für **fünf Jahre**; solche Personen sind nur geeignet, wenn virologische Kriterien (z.B. Nachweis von Anti-HBs mit einem Titer von ≥ 100 E/l und negatives Ergebnis eines Tests auf HBV-Genom mittels einer empfindlichen Nukleinsäure-Amplifikationstechnik) für eine erloschene Kontagiosität sprechen,
- wegen möglicher Exposition gegenüber Malaria:
- die in einem Malaria-Endemiegebiet geboren oder aufgewachsen sind, für **drei Jahre** nach dem letzten Aufenthalt; solche Personen sind nur dann für eine Blut-

---

[4] zum Beispiel homo- und bisexuelle Männer, Drogenabhängige, männliche und weibliche Prostituierte, Häftlinge.

spende geeignet, wenn seitdem keine ungeklärten Fieberschübe aufgetreten sind und ein Test auf Plasmodien-Antikörper negativ ausfällt,

- nach Besuch von Malaria-Endemiegebieten und anschließendem Auftreten von ungeklärten Fieberschüben; solche Personen sind nur dann für eine Blutspende geeignet, wenn **zwölf Monate** keine Fieberschübe mehr aufgetreten sind und ein Test auf Plasmodien-Antikörpern negativ ausfällt,
- nach Besuch von Malaria-Endemiegebieten für mindestens **sechs Monate**, wenn während und nach dem Aufenthalt keine Fieberschübe aufgetreten oder sonstige Hinweise für eine Malaria beobachtet worden sind,
- nach Tuberkulose für **zwei Jahre** nach Heilung,
- die intimen Kontakt mit Personen hatten, die einer Gruppe mit erhöhtem Infektionsrisiko für HBV, HCV und/oder HIV angehören (s. Fußnote 6), für **zwölf Monate**,
- die aus einem Gebiet eingereist sind, in dem sie ihren zeitweiligen Lebensmittelpunkt hatten und in dem sich HBV-, HCV-, HIV- oder HTLV-I/-II-Infektionen vergleichsweise stark ausgebreitet haben: z.B. Afrika südlich der Sahara, Karibik, Südostasien, Südamerika, für **zwölf Monate** nach dem letzten Aufenthalt; Zulassung zur Spende nach kurzen Aufenthalten kann nach ärztlicher Beurteilung erfolgen,
- die intimen Kontakt mit o.g. Personen nach Einreise aus einem Endemiegebiet hatten, für **zwölf Monate**,
- nach Operationen in der Entscheidung des Arztes,
- nach Endoskopien/Biopsien mit flexiblem Instrument (z.B. Magen-Darmtrakt, Bronchialsystem) für **sechs Monate**; nach anderen Endoskopien in der Entscheidung des Arztes,
- nach Empfangen eines Transplantates humanen Ursprungs (außer Kornea und Dura mater) für **sechs Monate**,
- nach Empfang von Blutkomponenten oder Plasmaderivaten (ausgenommen Eigenblut und Humanalbumin) für **sechs Monate**,
- nach unbeabsichtigter invasiver Exposition gegenüber Blut bzw. Verletzungen mit durch Blut kontaminierten Injektionsnadeln oder Instrumenten für **sechs Monate**,
- die sich einer Akupunktur unterzogen haben, falls diese nicht unter aseptischen Bedingungen (mit Einmalnadeln) durchgeführt wurde, für **sechs Monate**,
- die sich Tätowierungen unterzogen haben, oder bei denen Durchbohrungen der Haut zur Befestigung von Schmuck durchgeführt wurden, soweit nicht glaubhaft nachgewiesen werden kann, dass aseptische Bedingungen eingehalten wurden, für **sechs Monate**,
- nach Impfung gegen Tollwut (als Prophylaxe nach Exposition) für **zwölf Monate**,
- nach Verabreichung von Sera tierischen Ursprungs für **zwölf Monate**,
- während und **sechs Monate** nach Schwangerschaft, Ausnahme z.B. bei FAIT/NAIT (s. Abschnitt 4.4.1.6.),
- nach Hepatitis-B-Impfung für **drei Wochen**,
- nach fieberhaften Erkrankungen und/oder Durchfallerkrankungen unklarer Ursache für **vier Wochen**,

- nach Verabreichung von Lebendimpfstoffen (z.B. gegen Poliomyelitis, Gelbfieber, Röteln, Masern, Mumps, Typhus, Cholera), für **vier Wochen**,
- nach anderen als den oben erwähnten Infektionskrankheiten (mit Ausnahme unkomplizierter Infekte) für mindestens **vier Wochen** nach Abklingen der Symptome,
- nach einem unkomplizierten Infekt für **eine Woche**,
- nach einem kleinen operativen Eingriff oder einer Zahnextraktion für **eine Woche**.

Über die Zulassung von Allergikern als Spender entscheidet ein approbierter Arzt.

Nach Applikation von Tot- bzw. Toxoidimpfstoffen oder gentechnisch hergestellten Impfstoffen (z.B. Poliomyelitis inaktiviert, Typhus inaktiviert, Fleckfieber, Diphtherie, Influenza, Cholera inaktiviert, Tetanus, FSME, Hepatitis A) ist keine Rückstellung erforderlich, wenn der Spender ohne klinische Symptome und bei Wohlbefinden ist.

2.2.3 Ausnahmen von den Spenderauswahlkriterien

Bei Spendern, die ausschließlich Plasma zur Fraktionierung spenden, können folgende Untersuchungen bzw. Auswahlkriterien unberücksichtigt bleiben:
- Ausschluss wegen Chagas- oder Schlafkrankheit, Leishmaniasis sowie Rickettsiose, Rückfallfieber, Brucellose, Babesiose, Tularämie,
- zeitliche Rückstellung wegen Aufenthaltes in Malaria-Endemiegebieten ohne Erkrankung bzw. Auftreten von Fieberschüben.

Bei Eigenblutentnahmen kann nach Entscheidung eines approbierten Arztes von Voraussetzungen zur Spende (2.1.4) und von Ausschluss- und Rückstellungskriterien (2.2.1 und 2.2.2) abgewichen werden (vgl. 2.7.1.1 und 2.7.1.2).

Ausnahmen von den Ausschluss- und Rückstellungsgründen (2.2.1 und 2.2.2) können ferner zulässig sein, um Blut- und Plasmaspenden mit besonderen Bestandteilen zu gewinnen. Diese Spenden sind gesondert zu dokumentieren, wobei nicht berücksichtigte Ausschluss- oder Rückstellungsgründe anzugeben sind. Die Entnahmebehältnisse sind vor der Abnahme mit dem Hinweis „Nicht zur Transfusion geeignet" zu versehen (Ausnahme s. Abschnitt 4.6.). Die Abnahme derartiger Blut- und Plasmaspenden ist vor Beginn dieser Tätigkeit der zuständigen Behörde anzuzeigen.

Zu § 5 Abs. 2:

2.7 Eigenblutentnahme

Bei der autologen Hämotherapie werden dem Patienten eigenes Blut bzw. Blutkomponenten, welche für einen geplanten medizinischen Eingriff präoperativ entnommen oder perioperativ gesammelt wurden, retransfundiert. Für geplante Eingriffe kommen überwiegend präoperative bzw. perioperative Verfahren in Betracht, im Rahmen von Notfallbehandlungen ist vorwiegend die intra- bzw. postoperative Herstellung angezeigt.

Für die Organisation sowie Herstellung, Lagerung und Transfusion von Eigenblutkomponenten gelten grundsätzlich die in diesen Richtlinien niedergelegten Vorschriften über Fremdblutprodukte. Abweichungen von diesen Vorschriften ergeben sich durch patientenspezifische Besonderheiten und sich daraus ableitende Eigenheiten dieser Blutprodukte. Da jede autologe Hämotherapie Bestandteil der medizinischen Behandlung ist, bedarf sie der ärztlichen Indikation.

Folgende Verfahren werden derzeit eingesetzt:
- präoperative Eigenblut- oder Eigenblutkomponentenherstellung,
- präoperative normovolämische Hämodilution,
- Retransfusion von intra- und/oder postoperativ gewonnenem Wund-/Drainageblut.

2.7.1 Präoperative Entnahme von Eigenblut oder Eigenblutbestandteilen

Vollblut bzw. Blutbestandteile werden vor einer Operation entnommen und nach Lagerung bei Bedarf retransfundiert.

Rechtzeitig vor planbaren Eingriffen ist vom behandelnden Arzt zu prüfen, ob bei einem regelhaften Operationsverlauf eine Transfusion ernsthaft in Betracht kommt (Transfusionswahrscheinlichkeit von mindestens 10%). Die zu behandelnde Person ist dann über die Möglichkeit der Anwendung von Eigenblut aufzuklären. Die Transfusionswahrscheinlichkeit und der Regelbedarf sind dabei auf der Grundlage krankenhauseigener Bedarfslisten zu ermitteln. Die Bereitstellung von Eigenblut und/oder Eigenblutprodukten ist unter Berücksichtigung des so bezifferten Transfusionsbedarfs, des zur Verfügung stehenden Spendezeitraums und der vorgesehenen Verfahren für den einzelnen Patienten zu planen.

Für die Möglichkeit, dass der tatsächliche Blutbedarf den Regelbedarf überschreitet und nicht mit Eigenblut gedeckt werden kann, muss die Versorgung mit homologen Blutprodukten sichergestellt sein.

Der organisatorische Ablauf ist hinsichtlich Zuständigkeit und Aufgabenverteilung schriftlich festzulegen. Im Krankenhaus übernimmt die Transfusionskommission oder der Transfusionsverantwortliche in Zusammenarbeit mit dem Transfusionsbeauftragten der betreffenden Abteilung die Koordination.

Die Eigenblutentnahme gilt als Arzneimittelherstellung und unterliegt den Vorschriften des AMG und des Transfusionsgesetzes (vgl. 2.7.5). Daher ist auch bei Durchführung im Krankenhaus GMP-gerecht zu arbeiten, d.h., es müssen u.a. geeignete Räume und Einrichtungen sowie entsprechend geschultes Personal vorhanden sein.

Der Transfusionstermin muss grundsätzlich vorhersehbar sein und mit zeitlich ausreichendem Vorlauf verbindlich festgelegt werden.

2.7.1.1 Eignung zur Eigenblutentnahme

Vor der ersten präoperativen Eigenblutentnahme ist die Eignung gemäß 2.1.4 festzustellen. Bei der ärztlichen Entscheidung über die Eignung des Patienten zur Eigenblutentnahme ist auch nach den Besonderheiten dieser Blutprodukte zu urteilen.

So kann nach individueller Risikoabwägung von bestimmten Spenderauswahlkriterien gemäß 2.2.3 sowie von den Regelungen über die Häufigkeit und Menge der Entnahme gemäß 2.4.1 bzw. 2.6.3 abgewichen werden.

Feste Altersgrenzen sind nicht vorgegeben, bei Kindern mit einem Gewicht unter 10 kg sollte keine präoperative Eigenblutentnahme erfolgen, bei Kindern zwischen 10 und 20 kg nur unter gleichzeitiger, adäquater Volumensubstitution. Auch bei Schwangeren und bei Patienten mit Tumorleiden bedarf es wegen der besonderen Risiken einer sorgfältigen Abwägung, ob im Einzelfall die Eigenblutherstellung in Betracht kommt.

2.7.1.2 Kontraindikationen

Als Kontraindikationen gelten unter Wertung des Einzelfalls akute Infektionen mit der Möglichkeit einer hämatogenen Streuung, Verdacht auf infektiöse Magen-Darm-Erkrankungen, akute Erkrankungen ungeklärter Genese, frischer Herzinfarkt ($\leq$ drei Monate), instabile Angina pectoris, Hauptstammstenose der Koronararterien, klinisch wirksame Aortenstenose, dekompensierte Herzinsuffizienz sowie Synkopen unklarer Genese. Ebenso sollte bei Verdacht auf fokale Infektionen keine Eigenblutentnahme erfolgen.

2.7.1.3 Laboratoriumsuntersuchungen

Vor oder anlässlich der ersten präoperativen Eigenblutentnahme ist mindestens auf humanes Immundefektvirus (HIV 1/2), Hepatitis B- und Hepatitis C-Virus-Infektionsmarker zu untersuchen. Bei Ablehnung dieser Untersuchungen durch den Patienten oder bei positiven Ergebnissen ist nach Risikoabwägung über Eigenblutentnahme und Retransfusion erneut zu entscheiden; die nähere Abklärung dieser Befunde obliegt dem überweisenden bzw. behandelnden Arzt. Die verantwortliche ärztliche Person der Einrichtung hat den Patienten und nach Einwilligung dessen transfundierenden Arzt unverzüglich über den anlässlich der Entnahme gesichert festgestellten Infektionsstatus zu unterrichten. Der Patient ist eingehend aufzuklären und zu beraten.

Abweichend von den Tabellen 2.4.2 und 2.4.3 bzw. 2.6.4 sind anlässlich jeder Blutentnahme mindestens die Temperatur sowie Hämoglobin- oder Hämatokritwert zu bestimmen.

2.7.1.4 Eigenblutentnahme (Gewinnung)

Der Aufwand zur Sicherheit und Überwachung des Patienten bei der Eigenblutentnahme (Monitoring, Volumenersatz) richtet sich nach der ärztlichen Einschätzung des individuellen Entnahmerisikos und der Tatsache, dass diese Patienten relevante Begleiterkrankungen aufweisen können. Die personellen und sachlichen Voraussetzungen zur unverzüglichen Einleitung einer notfallmedizinischen Behandlung müssen bestehen. Die Entnahme des Eigenblutes darf nur durch einen Arzt oder unter der Verantwortung eines approbierten Arztes erfolgen. Die verantwortliche Leitung eines derartigen Bereichs bedarf eines qualifizierten approbierten Arztes.

Die Häufigkeit der Eigenblutentnahme in dem zur Verfügung stehenden Zeitraum ist abhängig von der Eignung des Patienten und der Verträglichkeit der jeweiligen Eigenblutentnahme. Mögliche Auswirkungen der Eigenblutentnahme auf den geplanten Eingriff sind ebenfalls zu berücksichtigen.

Bei bestehendem Eisenmangel ist eine Eisensubstitution angezeigt.

Zu § 5 Abs. 3:

2.4 Vollblutspende

2.4.1 Häufigkeit und Menge der Blutspenden

Die Einzelspende soll ein Volumen von 500 ml Vollblut (zuzüglich Untersuchungsproben) nicht überschreiten. Der Zeitraum zwischen zwei Blutspenden soll im Regelfall zwölf Wochen, mindestens aber acht Wochen betragen. Die jährlich entnommene Blutmenge darf 2000 ml bei Frauen und 3000 ml bei Männern nicht überschreiten.

Bei mehrfachen Blutspenden pro Jahr ist insbesondere bei Frauen die Entwicklung eines Eisenmangels zu beachten und ggf. eine Eisensubstitution durchzuführen.

2.4.2 Spenderuntersuchungen

Prüfung der Spendetauglichkeit

Kriterium	Anforderungen
Hämoglobin oder Hämatokrit im Spenderblut	Frauen: ≥ 125 g/l oder ≥ 0,38 l/l, Männer: ≥ 135 g/l oder ≥ 0,40 l/l
Alter	18–68 Jahre*
Körpergewicht	mindestens 50 kg
Blutdruck	systolisch: 100–180 mm Hg diastolisch: unter 100 mm Hg
Puls	unauffällig, Frequenz 50–110/min. Potentielle Spender, die intensiv Sport betreiben und einen Puls von weniger als 50/min haben, können zugelassen werden.
Temperaturmessung	kein Fieber
Gesamteindruck	keine erkennbaren Krankheitszeichen
Haut an der Punktionsstelle	frei von Läsionen

Erstspender: unter 60 Jahre.

2.4.3 Laboruntersuchungen vor Freigabe der Spende

Spenden, die nicht den Anforderungen der Tabelle 2.4.3 entsprechen bzw. die daraus hergestellten Blutprodukte sind zu entsorgen, sofern sie nicht für wissenschaftliche Zwecke und/oder für Zwecke der Qualitätskontrolle verwendet werden. Eine Abgabe an andere zu diesen Zwecken ist zulässig. Die Person, an die eine Spende oder ein Blutprodukt mit von der Tabelle 2.4.3 abweichenden Befunden abgegeben wird, muss Arzt oder Apotheker sein oder ggf. über eine Umgangsgenehmigung für infektiöses Material verfügen. Der Verbleib aller solcher Spenden/Blutprodukte ist zu dokumentieren.

Parameter	Anforderungen
Blutgruppenbestimmung: AB0, Rhesusformel*	bestimmt
Anti-HIV1/2-Antikörper	negativ
Anti-HCV-Antikörper	negativ
HBs-Antigen	negativ
HCV-Genom (NAT)*	negativ
Antikörper gegen Treponema pallidum*	negativ
ALT (optimierte Standardmethode von 1972, +25° C)**	Frauen ≤45 U/l, Männer ≤68 U/l
Antikörpersuchtest*/***	keine klinisch relevanten Antikörper nachweisbar

*   *Die Austestung der Rh-Formel, der Antikörpersuchtest und die Testung auf Antikörper gegen Treponema pallidum und HCV-Genom (NAT) können entfallen bei Spenden, bei denen ausschließlich Plasma zur Fraktionierung gewonnen wird.*
**   *Bei Messung bei 37°C ist eine entsprechende Umrechnung der Werte erforderlich.*
*** *Bei Blutspendern ist der Antikörpersuchtest bei der Eignungsuntersuchung und danach alle zwei Jahre sowie nach Schwangerschaften und Bluttransfusionen durchzuführen.*

Literatur

Council of Europe, Selection of donors (Chapter 1, Seite 29 - 47), in: Guide to the preparation, use and quality assurance of blood components, Recommendation No. R(95)15, 7th Edition, Council of Europe Press 2001.

I. Die Bedeutung der Norm

Von zentraler Bedeutung für die Gewinnung von Blut und die sichere Versorgung   **1** der Bevölkerung mit Blutprodukten ist die geeignete und zuverlässige Auswahl der spendenden Personen. Dies gilt auch für die Auswahl der spendenden Person zur Spenderimmunisierung nach § 8 TFG und zur Blutstammzellseparation nach § 9 TFG.

II. Blutspender

2   Das Gesetz hat (im Gegensatz zu § 4 ÖstblutSiG 1999) in § 2 TFG keine Begriffs-bestimmung für die spendende Person aufgenommen. Als spendewillige Person wird jede Person angesehen, die ihren Willen zur Spendeentnahme (= Blutspende) gegenüber einer Spendeeinrichtung bzw. ihrem Personal bekundet.

III. Zulassung zur Spendeentnahme

3   Zur Spendeentnahme zugelassen werden darf nur eine hierzu taugliche spendewil-lige Person. Der Ausschluss von einer Spendeentnahme kann vorübergehend oder endgültig sein. Grundsätzlich kann aber auch eine endgültig ausgeschlossene Per-son wieder zur Spende zugelassen werden, wenn der Ausschlussgrund aufgrund der Entwicklung der medizinischen Wissenschaft entfallen ist.

IV. Die Spendertauglichkeit

4   Ob eine spendewillige Person auch tatsächlich spenden darf, entscheidet sich daran, ob die Person als zur Spende für tauglich befunden wird. Dies ist Aufgabe einer ap-probierten ärztlichen Person. Weder der Arzt im Praktikum noch nachgeordnetes medizinisches, nichtärztliches Personal kann diese Aufgabe erfüllen.

Bei der Aufnahme der Spendetätigkeit ist aufgrund des nach den Hämotherapie-Richtlinien geforderten Umfangs der Eignungsuntersuchung die persönliche Unter-suchung durch den Arzt zwingend erforderlich.

5   Bei jeder weiteren Spendeentnahme kann zumindest nach dem jetzigen Stand der medizinischen Technik der persönliche Kontakt mit einem Arzt im Ermessen des verantwortlichen Arztes unterbleiben. Die Spendetauglichkeit kann allein aufgrund von Angaben des medizinischen Personals und geeigneter Unterlagen festgestellt werden. Die Vorgehensweisen in den verschiedenen Spendeeinrichtungen weichen an diesem Punkt weit voneinander ab.

Die Spendertauglichkeit ist anhand des Standes der medizinischen Wissenschaft und Technik festzustellen, der nach dem in § 12 Abs. 1 Ziff. 2 TFG vorgesehenen Verfahren festgelegt wird.

V. Ausschluss von der Spende

6   Spendewillige Personen, die als nicht zur Spende tauglich befunden wurden, sind von der Spende auszuschließen. Es sind dies in erster Linie Personen, die an akuten Infektionen leiden, aber auch solche, die eine Infektion überstanden haben und bei denen die Gefahr besteht, dass sie noch infektiös sein könnten. Ausgeschlossen werden auch Personen, die Bevölkerungsgruppen mit einem erhöhten Risiko für eine HBV-, HCV- oder HIV-Infektion angehören.

7   Von der Spende ausgeschlossen sind auch Personen, die alkoholkrank, medikamen-tenabhängig oder rauschgiftsüchtig sind oder bei denen der Verdacht darauf besteht, ferner Personen, die im zeitlichen Zusammenhang mit dem Spendetermin oder ständig mit bestimmten Arzneimitteln behandelt werden. Aufenthalt in bestimmten Ländern und Regionen, die eine Exposition (Kontakt) mit bestimmten dort endemischen Krankheitserregern bedingen kann, führt nicht selten zu vorübergehenden Ausschlüssen.[5]

Eine Entscheidung muss der Arzt im Einzelfall treffen. Um dem verantwortlichen Arzt Entscheidungshilfen an die Hand zu geben, werden in vielen Spendeeinrichtungen umfangreiche Listen erstellt und Kriterien detailliert festgelegt. Diese Listen betreffen zum Beispiel Krankheiten, Medikamente, Impfungen und Malariagebiete sowie die davon abhängige Dauer des Ausschlusses von der Spende.[6] Diese Dokumente müssen den Anforderungen nach Gesetz und Richtlinien entsprechen und legen mit diesen zusammen für die betreffende Spendeeinrichtung den Stand der Technik verbindlich fest, sobald und solange die Dokumente gültig sind.   **8**

Solche Unterlagen müssen als Bestandteil des QM-Systems mindestens 15 Jahre dokumentiert werden,[7] um den in der Spendeeinrichtung zum Zeitpunkt der Auswahl einer spendenden Person festgelegten Stand der Technik nachvollziehbar zu machen.

VI. Regelung bei besonderen Spenden

Für die Gewinnung von Eigenblut, Blut zur Stammzellseparation und Plasma zur Fraktionierung gelten teilweise andere Tauglichkeitskriterien. Diese müssen aufgrund der Besonderheiten dieser Produkte festgelegt werden.   **9**

So wird z.B. Eigenblut gegebenenfalls bei kranken Personen entnommen. In den Hämotherapie-Richtlinien werden die Voraussetzungen hierfür in Kapitel 2.7.1.1 und die Kontraindikationen in Kapitel 2.7.1.2 festgelegt.   **10**

---

[5]   Eine bemerkenswerte Entwicklung ergab sich im Gefolge der BSE-Epidemie in England. Seit 1999 werden spendewillige Personen in den USA von der Blutspende ausgeschlossen, wenn sie sich länger als insgesamt 6 Monate zwischen 1980 und 1997 im Vereinigten Königreich aufgehalten hatten (S. Gottlieb, FDA bans blood donation by people who have lived in UK, Br Med J 319(1999)535). Diesem Beispiel folgend gab der Arbeitskreis Blut am 13.11.2000 eine Stellungnahme ab („Zusätzliche Risikovorsorge bei Blutspenden: Beschleunigte Einführung der Leukozytendepletion und Spenderausschluss bei mehr als 6-monatigem Aufenthalt im Vereinigten Königreich"), der wenige Tage später in den Spendeeinrichtungen Folge geleistet wurde. Spender werden bis auf weiteres dauernd ausgeschlossen, wenn ihre Aufenthaltsdauer zwischen 1980 und 1996 in der Summe 6 Monate überschritt.

[6]   Als ausgesprochen innovativ ist die Präsentation dieser Kriterien über elektronische Medien anzusehen, z.B. siehe <http://www.blutspende.de/spenden.html> bzw. <http://www.blutspende.de/>. Dies gibt spendewilligen Personen wesentliche Vorabinformation zu ihrer Spendetauglichkeit, bevor sie den Weg zu einem Blutspendetermin auf sich nehmen. Verbindlichkeit hat natürlich nur die Entscheidung des für die Auswahl der spendenden Person verantworlichen Arztes. Bezüglich der Dokumentation der allgemein zugrundegelegten Kriterien wird die Schriftform vorläufig meist bevorzugt werden, bis die Datensicherheit der elektronischen Speicherung besser geklärt ist.

[7]   Näheres regelt § 11 TFG.

Die Besonderheiten für die Gewinnung von Blut zur Stammzellseparation sind in einem eigenen Paragrafen des TFG und in speziellen Richtlinien geregelt.[8]

VII. Untersuchung auf Infektionsmarker

11 Die Spenden sind auf die in § 5 Abs. 3 Satz 1 genannten Infektionsmarker zu untersuchen. Erfolgt – aus welchen Gründen auch immer – keine Freigabe der Spende, dürfen die Untersuchungen unterbleiben. Von dieser Möglichkeit sollte nur begründet Gebrauch gemacht werden, sonst könnten die epidemiologischen Daten zu den spendenden Personen verfälscht werden. Durch Auflagen nach § 28 Abs. 3c AMG kann die zuständige Bundesoberbehörde anordnen, dass bestimmte Maßnahmen und Verfahren angewendet werden müssen, soweit sie zur Gewährleistung angemessener Qualität und zur Risikovorsorge geboten sind. Diese Auflagen müssen als Stand der medizinischen Wissenschaft und Technik angesehen werden und sind bei Missachtung, sofern sie Infektionsmarker betreffen, nach §§ 31 und 32 TFG sanktioniert.

Normadressat ist die nach § 2 Abs. 2 Satz 1 PharmBetrV bestimmte Person.[9]

VIII. Infektionsmarker bei Eigenblut

12 Die Besonderheiten der Eigenblutentnahmen werden nach § 12 Abs. 1 Ziff. 7 TFG durch den Stand der medizinischen Wissenschaft und Technik festgestellt. Die Bestimmung der Infektionsmarker muss nur anlässlich der ersten Eigenblutentnahme durchgeführt werden entsprechend den Hämotherapie-Richtlinien Kapitel 2.7.1.3. Aus einem Unterlassen folgen nicht die Sanktionen nach §§ 31 und 32 TFG. Würde jedoch ein anderer Patient oder medizinisches Personal geschädigt, weil die Infektiosität des Eigenblutprodukts mangels Untersuchung der Infektionsmarker zunächst unerkannt blieb, könnte dies für den verantwortlichen Arzt bzw. die Einrichtung der Krankenversorgung zivilrechtliche Konsequenzen haben.

IX. Zuständige Bundesoberbehörde

13 Die zuständige Bundesoberbehörde ist das Paul-Ehrlich-Institut nach § 27 Abs. 1 TFG in Übereinstimmung mit § 77 Abs. 2 AMG.

X. Gerichtete Blutspende

14 Bereits 1994 wies der Arbeitskreis Blut auf die besonderen Risiken der gerichteten

---

[8] § 9 TFG (Vorbehandlung zur Blutstammzellseparation) und Bundesärztekammer, Paul-Ehrlich-Institut (PEI), Richtlinien zur Transplantation peripherer Blutstammzellen, Dt. Ärzteblatt 94(1997)A-1584 - 1592. Einzelheiten für die allogene bzw. autologe Blutstammzellapherese finden sich auch in den Hämotherapie-Richtlinien Kapitel 2.6.5.6 bzw. 2.7.7.

[9] § 2 Abs. 2 PharmBetrV: „Die Verantwortungsbereiche sind nach Maßgabe der §§ 19 und 63a des Arzneimittelgesetzes schriftlich festzulegen. Darüber hinaus müssen die Aufgaben des Personals in leitender oder verantwortlicher Stellung in Arbeitsplatzbeschreibungen festgelegt werden. [...]"

Blutspende hin.[10] International sind letztlich nur vier allesamt recht seltene Indikationen anerkannt (Tabelle 5.1).[11]

Tabelle 5.1. Gesicherte Indikationen für gerichtete Blutspende *

1. Kompatible Spende bei refraktärer Thrombozytopenie
2. Kompatible Spende bei seltenen Blutgruppenkonstellationen
3. Spende der Mutter für das Neugeborene bei Allo-Immunthrombozytopenie
4. Blutkomponenten des Knochenmarkspenders für den Knochenmarkempfänger nach erfolgter Knochenmarktransplantation

* *Bei anderen Indikationen sollte von einer gerichteten Blutspende bzw. gerichteten Transfusion abgeraten werden.*

Bei allen anderen Indikationen sollten die behandelnden Ärzte aktiv von einer gerichteten Spende abraten, da kein Hinweis besteht, dass die gerichtete Spende sicherer sei als die Transfusion von allogenen Spenden.

Gerichtete Spenden unterliegen allen Vorschriften des TFG und der Hämotherapie-Richtlinien in genau dem gleichen Maße wie allogene Spenden. Auf das nachweislich deutlich erhöhte Risiko einer transfusionsassoziierten Graft versus Host-Erkrankung (TA-GvHD)[12] und die daraus resultierende dringende Indikation zur Bestrahlung aller gerichteten Blutspenden von Blutsverwandten mit einer empfohlenen Dosis von 30 Gray (Gy, früher 3.000 rad) sei hingewiesen.[13]

XI. Sanktionen

Im Zivilrecht:

a) aus Vertrag   **15**

Die „Spende von Blut" ist rechtlich als Schenkung zu qualifizieren[14]. Aus dieser

---

[10] Arbeitskreis Blut, Votum 3 (V3), Stellungnahme zur gerichteten Blutspende und Verwandtenspende, Bundesgesundheitsblatt 4/1994, Seite 176: „An Spendedienste und Transfusionsabteilungen wird oft der Wunsch nach einer gerichteten Blutspende oder einer Verwandtenspende herangetragen, mit der Vorstellung, daß auf diese Weise das Risiko einer Infektionsübertragung ausgeschlossen wird. Hierbei wird jedoch übersehen, daß gerade der gerichteten Spende und der Verwandtenspende eine Reihe von besonderen Risiken innewohnen. Nach Auffassung des Arbeitskreises Blut existieren weder Daten noch überzeugende Argumente, daß eine gerichtete Spende bzw. eine Verwandtenspende sicherere oder auch nur gleichwertige Alternativen sind zur Substitution mit Blutprodukten von gut charakterisierten, vorselektierten Mehrfachspendern. Der Arbeitskreis Blut spricht sich daher gegen eine gerichtete Spende oder Verwandtenspende aus."
[11] Sitzung der Sektion HLA der DGTI im Dezember 1993. Veröffentlicht in Infusionsther Transfusionsmed 21[S2](1994)60-61.
[12] F. F. Wagner und W. A. Flegel, Transfusion-associated graft-versus-host disease: risk due to homozygous HLA haplotypes, Transfusion 35(1995)284 - 291.
[13] Hämotherapie-Richtlinien, Tabelle 4.5.6: Indikationen für die Bestrahlung von Blutkomponenten.
[14] Vgl. Kommentierung zu § 2 Ziff. 1 TFG.

Schenkungsvereinbarung haftet der Schenker dem Beschenkten, sofern ihm vorsätzliches oder grob fahrlässiges Handeln vorzuwerfen ist; denkbar ist dies im Zusammenhang mit der Erklärung, dass die Spende verwendbar sei[15]. Würde zum Beispiel aufgrund solchen Handelns ein Rückruf von um Umlauf befindlichen Blutprodukten oder ein Rückverfolgungsverfahren erforderlich werden, so könnte eine zivilrechtliche Haftung der spendenden Person gegenüber der Spendeeinrichtung für die entstehenden Kosten eintreten.

16   b) aus unerlaubter Handlung

Wird durch eine infektiöse Blutspende ein Spendeempfänger in seiner Gesundheit geschädigt, so haftet ihm der Lieferant/Produzent im Grundsatz nach § 823 Abs. 1 BGB wegen Verletzung des Körpers und/oder der Gesundheit. Lässt sich die Ursächlichkeit einer bestimmten Spende nachweisen, so kann die spendende Person auf Ersatz dieses Schadens in Anspruch genommen werden, wenn die Erklärung der Verwendbarkeit der Spende vorsätzlich oder fahrlässig unrichtig abgegeben wurde.

17   Auch die Spendeeinrichtung kann beim Spender Ersatzansprüche geltend machen, die etwa daraus resultieren, dass aus der Spende hergestellte oder durch Bestandteile der Spende Blutprodukte kontaminiert und damit unbrauchbar geworden oder zurückzurufen sind. Hier entsteht der Spendeeinrichtung und/oder dem Hersteller des Blutprodukts ein Vermögensschaden, der nach § 823 Abs. 1 BGB zu ersetzen ist.

18   c) Produkthaftung nach dem Produkthaftungsgesetz (ProdHaftG)

Eine Haftung des Spenders nach dem Produkthaftungsgesetz wird überwiegend abgelehnt, wobei sich die Begründungen erheblich unterscheiden. Ein Teil der Literatur verneint bereits die Eigenschaft von Blut als Produkt im Sinne von § 1 ProdHaftG, andere die Herstellereigenschaft des Spenders oder das gespendete Blut wird, solange es noch nicht verarbeitet ist, den Naturprodukten zugerechnet (§ 2 Satz 2 ProdHaftG analog).

19   d) aus § 84 AMG

Eine Haftung der spendenden Person nach § 84 AMG scheidet aus, da der Spender kein pharmazeutischer Unternehmer ist.

Im Strafrecht:

20   Nach § 31 TFG macht sich strafbar, wer es unterlässt, dass die spendende Person vor der Freigabe der Spende auf die in § 5 Abs. 3 Satz 1 genannten Infektionsmarker untersucht wird. Normadressat kann nur ein Mitarbeiter der Spendeeinrichtung sein, nicht die spendende Person.

---

[15]   Die spendewillige Person muss bei der Einwilligung zur Spendeentnahme gleichzeitig erklären, dass die Spende verwendbar ist. Vgl. § 6 Abs. 1 Satz 3 TFG.

§ 6
Aufklärung, Einwilligung

(1) Eine Spendeentnahme darf nur durchgeführt werden, wenn die spendende Person vorher in einer für sie verständlichen Form über Wesen, Bedeutung und Durchführung der Spendeentnahme und der Untersuchungen sachkundig aufgeklärt worden ist und in die Spendeentnahme und die Untersuchungen eingewilligt hat. Aufklärung und Einwilligung sind von der spendenden Person schriftlich zu bestätigen. Sie muß mit der Einwilligung gleichzeitig erklären, daß die Spende verwendbar ist, sofern sie nicht vom vertraulichen Selbstausschluß Gebrauch macht.

(2) Die spendende Person ist über die mit der Spendeentnahme verbundene Erhebung, Verarbeitung und Nutzung personenbezogener Daten aufzuklären. Die Aufklärung ist von der spendenden Person schriftlich zu bestätigen.

Zugehörige Richtlinien:

2.1.2 Aufklärung und Einwilligung

Vor der ersten Blutspende ist der Spendewillige über Wesen, Bedeutung und Durchführung dieses Eingriffs und dessen mögliche Nebenwirkungen bei ihm selbst sowie über Risiken für den Empfänger sachkundig und in einer für ihn verständlichen Form aufzuklären. Aufklärung und Einwilligung zur Spende sind von den Spendewilligen/ Spendern schriftlich zu bestätigen. Mit der Einwilligung muss eine Erklärung verbunden sein, dass die entnehmende Einrichtung über die Spende verfügen kann. Die Aufklärung muss die mit der Spende verbundene Erhebung, Verarbeitung und Nutzung personengebundener Daten einschließen. Die Einwilligung hierzu sollte insbesondere bei der Ersterhebung von Daten auf einem separaten Formular erfolgen.

Der Spendewillige/Spender muss die Möglichkeit erhalten, die Blutspendeeinrichtung in einem vertraulichen Rücktrittsverfahren (vertraulicher Selbstausschluss) zu bitten, die Spende nicht zu verwenden.

Die Aufklärung muss insbesondere folgende Inhalte umfassen:
*   allgemeinverständliche Informationen über wesentliche Eigenschaften des Blutes, die daraus gewonnenen Produkte und die Bedeutung für die Patienten,
*   Erklärung der Notwendigkeit der Anamnese, körperlichen Untersuchung und der Untersuchungen des Blutes,
*   Informationen über das Risiko der Übertragung von Infektionskrankheiten auf Empfänger von Blutprodukten, Anzeichen und Symptome von HIV/AIDS und Hepatitis,
*   Gründe, die wegen eines besonderen Risikos für Empfänger von Blutprodukten gegen eine Spende sprechen, z.B. risikobehaftetes Sexualverhalten, HIV/AIDS, Hepatitis, Drogenabhängigkeit sowie Einnahme von Arzneimitteln,
*   Informationen über die Bedeutung der Begriffe „Einwilligung nach vorheriger Aufklärung, Rücktritt, Rückstellung oder Ausschluss von der Spende",

- Gründe, die wegen möglicher negativer Auswirkungen auf die Gesundheit des Spenders gegen eine Spende sprechen,
- Informationen darüber, dass der Spendewillige/Spender zu jedem Zeitpunkt des Spendeablaufes von der Spende Abstand nehmen und jederzeit Fragen stellen kann,
- spezielle Informationen über besondere Spendeverfahren und die damit verbundenen Risiken,
- Zusicherung der Vertraulichkeit aller mit Spendewilligen/Spendern geführten Gespräche,
- Zusicherung, nach einem vertraulichen Rücktrittsverfahren die Spende nicht zu verwenden,
- Information über die Wahrung der Vertraulichkeit aller gesundheitsbezogenen Angaben, der Ergebnisse der Spendenuntersuchungen sowie der späteren Rückverfolgbarkeit der Spende.

2.7.4 Aufklärung und Einwilligung des Patienten

Der Patient ist über die vorgesehenen autologen Hämotherapieverfahren sowie deren mögliche unerwünschte Wirkungen vom zuständigen Arzt aufzuklären. Diese Aufklärung ist ebenso zu dokumentieren wie der Hinweis, dass trotz Einsatzes autologer Hämotherapieverfahren die Notwendigkeit einer Fremdbluttransfusion nicht ausgeschlossen werden kann und dass nicht benötigte Eigenblutkomponenten spätestens, falls nicht anders vereinbart, mit Ablauf der Lagerungszeit der Erythrozytenpräparate entsorgt bzw. zur Verwendung für Zwecke der Qualitätskontrolle oder der wissenschaftlichen Forschung ausgesondert werden (s. Abschnitt 2.4.3). Die Einwilligung des Patienten zur Anwendung autologer Hämotherapieverfahren ist schriftlich einzuholen.

Literatur

Die Literatur zu Aufklärung und Einwilligung ist unübersehbar und nicht mehr mit Anspruch auf Vollständigkeit zu bibliographieren. Das Standardwerk zum Thema: B.-R. Kern, A. Laufs, Die ärztliche Aufklärungspflicht unter besonderer Berücksichtigung der richterlichen Spruchpraxis, 1983. Weitere Literatur in den im Hauptliteraturverzeichnis aufgeführten Standardwerken des Medizinrechts. H. Forkel, Verfügungen über Teile des menschlichen Körpers, JZ 1974, 593; B.-R. Kern, Die Bedeutung des Betreuungsgesetzes für das Arztrecht MedR 1991, 66; H.-D. Lippert, Wie lange reanimieren?, Notfallmedizin 1982, 998; ders., Der Wille des Patienten als Behandlungsgrenze in der Notfallmedizin, Notfallmedizin 1989, 423; ders., Das Betreuungsgesetz und seine Umsetzung in die Krankenhauspraxis, DMW 1992, 880; ders., Die Einwilligung in der medizinischen Forschung und ihr Widerruf, DMW 1997, 912; J. Röver, Einflußmöglichkeiten des Patienten im Vorfeld einer medizinischen Behandlung, 1997; M. Schröder, J. Taupitz, Menschliches Blut: verwendbar nach Belieben des Arztes?, 1991, 69; W. Uhlenbruck, Der Patientenbrief – eine privatautonome Gestaltung des Rechts auf einen menschenwürdigen Tod, NJW 1978, 566; ders., Vorab-Einwilligung und Stellvertretung bei der Einwilligung in einen Heileingriff, MedR 1992, 134; ders., Zur Rechtsverbindlichkeit des Patiententestaments, MedR 1983, 16; ders., Die Altersvorsorge-Vollmacht als Alternative zum Patiententestament und zur Betreuungsverfügung, NJW 1996, 1583; K. Ulsenheimer, Grenzen der Behandlungspflicht, Behandlungseinschränkung, Behandlungsabbruch, Anästhesiologische Intensivmedizin, Notfallmedizin, Schmerztherapie 1996, 543.

Council of Europe, Selection of donors (Chapter 1, Seite 29–47), in: Guide to the preparation, use and quality assurance of blood components, Recommendation No. R(95)15, 7th Edition, Council of Europe Press 2001; W. A. Flegel, K. Koerner, F. F. Wagner, B. Kubanek, Zehn Jahre HIV-Testung in den Blutspendediensten, DÄ 1996, H. A-816 - 821.

Wissenschaftliche Untersuchungen zum Selbstausschluss finden sich bei M.T. Brennan, P. E. Hewitt, C. Moore, G. Hall, J. A. Barbara, Confidential unit exclusion: the North London Blood Transfusion Centre's experience, Transfus Med 5(1995)51 - 56; K. Koerner, G. Peichl-Hoffmann, B. Kubanek, Vertraulicher Spenderselbstausschluß zur Erhöhung der Sicherheit von Blutpräparaten, DMW 115(1990)8 - 11; L. R. Petersen, E. Lackritz, W. F. Lewis, D. S. Smith, G. Herrera, V. Raimondi, J. Aberle-Grasse, R. Y. Dodd, The effectiveness of the confidential unit exclusion option, Transfusion 34(1994)865 - 869 und A. E. Williams, R. A. Thomson, G. B. Schreiber, K. Watanabe, J. Bethel, A. Lo, S. H. Kleinman, C. G. Hollingsworth, G. J. Nemo, Estimates of infectious disease risk factors in US blood donors, JAMA 277(1997)967 - 972.

I. Die Bedeutung der Norm

§ 6 ist eine gesetzliche Regelung von Aufklärung und Einwilligung, und zwar der Selbstbestimmungs- (Eingriffs-) Aufklärung. Sie ist wiederum eine von vielen punktuellen gesetzlichen Regelungen[1]. Eine allgemeine für den gesamten Bereich   **1**

---

[1] Vgl. hierzu etwa §§ 40 Abs.1 Nr. 2, 41 Nr. 5 AMG, §§ 17 Abs. 1 Nr. 2, 18 Nr. 3 MPG, § 3 Abs. 1 KastG, § 3 TPG um nur einige zu nennen. Das Menschenrechtsabkommen zu Biomedizin (Bioethikkonvention), welches in Deutschland noch nicht in Kraft ist, enthält in Art. 5 f. Regelungen für Aufklärung und Einwilligung.

des Heileingriffs geltende gesetzliche Regelung gibt es nicht[2]. § 8 MBOÄ, der für Ärzte verbindlich als Berufspflicht Aufklärung und Einwilligung vorschreibt, ist eine standesrechtliche und keine gesetzliche Regelung[3].

2 Richtigerweise billigt Rechtsprechung und Literatur dem Selbstbestimmungsrecht des Menschen (auch als Patienten), das im Bereich der ärztlichen Behandlung durch Einwilligung nach Aufklärung ausgeübt wird, Verfassungsrang zu, und führt es auf Art. 2 Abs. 2 GG zurück[4]. Eine gesetzliche Regelung von Aufklärung und Einwilligung bietet sich aber bereits deshalb an, weil es sich bei der Blutspende (abgesehen vielleicht von der Eigenblutabnahme im Rahmen eines ärztlichen Eingriffes) eigentlich um keinen Heileingriff handelt, wohl aber um einen Eingriff in die körperliche Integrität eines gesunden Menschen.

Die Norm spricht vom vertraulichen Selbstausschluss, schreibt die Anwendung dieses Verfahrens jedoch nicht vor.

II. Umfang der Aufklärung

3 § 6 macht klare Vorgaben, was den Umfang der Aufklärung angeht, der bei normalem ärztlichen Heileingriff mehr als umstritten ist[5]. Die Empfehlungen des Europarats stellen letztlich nur fest, dass eine Aufklärung und Einwilligung einer spendewilligen Person erfolgen muss[6]. Darüber gehen die vorliegende Norm und die Hämotherapie-Richtlinien weit hinaus.

4 Der Blutspender ist in verständlicher Form über Wesen, Bedeutung und Durchführung der Spendenentnahme und der Untersuchungen sachkundig aufzuklären. Problematisch ist dabei, anders als beim ärztlichen Heileingriff, nie die Frage, ob der Spender spenden will oder nicht. Will er nicht spenden, wird er normalerweise gar keine Spendeeinrichtung aufsuchen. Immerhin hat er noch die Möglichkeit, sich nach durchgeführter Aufklärung anders zu entscheiden.

5 Der Spender ist vor allem auch über die an seinem Blut durchzuführenden Untersuchungen aufzuklären. § 6 spricht in diesem Zusammenhang nur von Untersuchungen. § 7 TFG scheint dies zu präzisieren, denn hier ist von Laboruntersuchungen die Rede. Es geht also um die Laboruntersuchung des gespendeten Blutes etwa auf HIV und andere Infektionserreger wie Hepatitis. Dass dies gemeint sein muss, ergibt sich aus dem Zusammenhang mit anderen Normen des Gesetzes, wo die Kenntnis dieser Umstände Bedeutung erlangen. Zu denken ist vor allem an das Rückverfolgungsverfahren nach §§ 19 f. TFG, wo es darum geht, infizierte Spender zu identifizieren

[2] Vgl. hierzu Kern, Laufs 1983, 7 ff. m.w.N.
[3] Vgl. hierzu Ratzel, Lippert 1998, § 8.
[4] Vgl. Kern, Laufs 1983, 9f. m.w.N.; Uhlenbruck 1992, 134; A. Laufs in: Laufs, Uhlenbruck 1999, § 61 Rz. 13 ff.; BVerfG NJW 1979, 1925.
[5] Vgl. die Einzelheiten und zur Rechtsprechung in Laufs, Uhlenbruck 1999, § 61 m.w.N.
[6] Council of Europe, Recommendation No. R(95)15.

und zu unterrichten. Dies gilt vor allem für den begründeten Verdacht, dass der Spender mit HIV, Hepatitisviren oder anderen Erregern infiziert ist, die zu schwerwiegenden Krankheitsverläufen führen können.

Das Verfahren der Entnahme des Blutes selbst birgt wenige Risiken (Hämatome **6** etc.). Darum wird der Schwerpunkt der Aufklärung sich darauf richten, dem Spender mitzuteilen, was mit seinem Blut (außer der Untersuchung auf Infektionsmarker) geschehen soll. Hierbei sollte auch darüber aufgeklärt werden, wenn genetische Untersuchungen und Entwicklung genetischer Tests durchgeführt werden, die für die sichere Versorgung im Sinne § 1 TFG notwendig sind. Es kann sich z.b. um die Entwicklung von Verfahren zum molekularbiologischen Nachweis von Infektionserregern oder von klinisch relevanten immunologischen bzw. immunhämatologischen Polymorphismen handeln.

Man wird die Spendeeinrichtung auch für verpflichtet ansehen können, dem Spender **7** zu sagen, was in keinem Fall mit seinem Blut und dessen Bestandteilen geschehen wird: Genetische Untersuchungen und Entwicklung genetischer Tests, die nicht im Zusammenhang mit den originären Aufgaben der Spendeeinrichtungen nach dem TFG und den Hämotherapie-Richtlinien stehen. Da solche Untersuchungen dennoch für die wissenschaftliche Forschung in Deutschland von großer Bedeutung sein können, ist eine Unterstützung solcher Forschung durch die Spendeeinrichtungen sehr zu begrüßen. Jedoch müsste dafür vorab eine schriftliche Zustimmung der spendenden Person z.B. mit dem Aufklärungs- bzw. Einwilligungsformular eingeholt werden. Ausgeschlossen ist selbstverständlich die kommerzielle Verwertung des Blutes und seiner Bestandteile.

In Kapitel 2.1.2 machen die Hämotherapie-Richtlinien recht detaillierte und um- **8** fangreiche Vorgaben zum Inhalt der Aufklärung, die in der Praxis wohl häufig nicht erfüllt werden können, vor allem wenn unter dem Gesichtspunkt der Kostenbegrenzung nicht genügend Personal und Zeit für eine so detaillierte Aufklärung zur Verfügung steht. Es muss aber unbedingt gewährleistet sein, dass Fragen der spendewilligen Person zu den genannten Punkten erschöpfend beantwortet werden.

III. Zeitpunkt und Schriftform

Die Aufklärung ist vor jeder Spende und bei jeder Spende erneut durchzuführen. Dass **9** die Aufklärung (zusammen mit der Einwilligung) schriftlich zu bestätigen ist, ist ein überflüssiger, wenngleich Gesetz gewordener Formalismus. Wichtiger scheint zu sein, dass die Aufklärung erfolgt und wes Inhalts sie ist. Anders als beim ärztlichen Heileingriff ist damit eine Verwendung von Formularen vorgezeichnet. Wie hier ist die Verständlichkeit ihres Inhalts oberstes Gebot[7]. Zu berücksichtigen ist bei der Verwendung von Aufklärungsformularen, dass der wissenschaftliche Fortschritt erheblich ist und dass von daher die verwendeten Formulare laufend zu aktualisieren sein werden.

---

[7]   Vgl. zur Verwendung von Formblättern der Stufenaufklärung nach W. Weissauer, BGH, NJW 1994, 793: sie dürfen nicht verharmlosen und müssen zutreffend sein.

IV. Aufklärende Person

10   Bedeutsam ist in diesem Zusammenhang auch, wer die Aufklärung durchzuführen hat. Im Gegensatz zu den Formalien, die das Gesetz detailliert regelt, bleibt es hier – auch in der Begründung – vage. Beim ärztlichen Heileingriff ist die Lage klar: Der Arzt will behandeln, also braucht er die Einwilligung und daher muss er den Patienten aufklären. Nun ist die Entnahme von Blut im Rahmen einer Blutspende kein Heileingriff (vgl. oben). Von daher läge es nahe, auch die Aufklärung durch eine nichtärztliche Person zuzulassen. Das Gesetz schweigt hierzu, nicht dagegen die Begründung. Sie scheint die Möglichkeit, dass die Aufklärung auch von einer sachkundigen Person durchgeführt werden kann, die nicht Arzt zu sein braucht, für zulässig zu halten.

11   Dem ist entgegenzuhalten, dass bei der Eigenblutentnahme im Rahmen eines operativen Eingriffes die Aufklärung selbstverständlich gerade und in diesem Bereich von einem Arzt durchzuführen ist[8]. An einer ärztlichen Aufklärung sollte schon um einer einheitlichen Handhabung willen festgehalten werden. Vorstellbar ist auch eine mehrstufige Aufklärung durch Formulare, durch eine sachkundige untersuchende Person und auch bei der Fremdblutspende durch eine ärztliche Person, insbesondere wenn die spendewillige Person Fragen in Bezug auf die Aufklärung stellt.

V. Einwilligung

12   Erst die Einwilligung nach erfolgter Aufklärung rechtfertigt die Blutentnahme zum Zwecke der Blutspende.

Die Einwilligung ist keine Willenserklärung im Sinne des Bürgerlichen Gesetzbuches. Sie setzt also (anders als etwa im AMG oder MPG) keine Geschäftsfähigkeit des Erklärenden voraus[9]. Voraussetzung für die Wirksamkeit der Erklärung ist, dass der Spender die natürliche Einsichts- und Urteilsfähigkeit besitzt, zu verstehen, was mit der Blutspende beabsichtigt wird und dementsprechend zu entscheiden. Das Vorliegen dieser natürlichen Einsichts- und Urteilsfähigkeit muss der aufklärende Arzt im Gespräch mit dem Spender feststellen.

13   Problematisch ist, ob Spender, die jünger als 16 Jahre sind, in die Spende wirksam einwilligen können. Sie können es dann, wenn die Einwilligungsfähigkeit vorliegt. Fraglich ist auch, ob Eltern als gesetzliche Vertreter von Kindern, die nicht einwilligungsfähig sind, wirksam in die Spende ihres nicht einwilligungsfähigen Kindes einwilligen können, da die Spende nicht dem Wohl des Kindes dient. Dieselbe Problematik ergibt sich im Übrigen beim Betreuten. Auch der Betreuer kann wirksam nur in Maßnahmen einwilligen, die dem des Betreuten dienen. Dies wird man von einer Blutspende nicht sagen können[10].

---

[8]   Vgl. Hämotherapie-Richtlinien Kapitel 2.7.4.

[9]   BGHZ 29,33; BGHSt 12, 389; Zum Meinungsstand vgl. Röver 1997, 86 mit der Darstellung der unterschiedlichen Standpunkte. Wie hier A. Laufs, Rz. 222f.; D. Giesen, Lexikon der Bioethik, 540, Deutsch et al. 2001, Rz. 237 ff. m.w.Nachw.

[10]   Wie hier bereits Lippert 1992, 880 und Kern 1991, 66 m.w.N.

VI. Übereignung der Spende

Weitgehend unbestritten in der juristischen Literatur ist die Auffassung, dass die **14** Spende mit Trennung vom Körper eigentumsfähig wird und in das Eigentum des ehemaligen Trägers (Spenders) übergeht[11].

Was dann passiert, folgt völlig unproblematisch den Regeln des Bürgerlichen Ge- **15** setzbuches aus dem Schuldrecht bzw. dem Sachenrecht. Es wird ein Vertrag ge- schlossen zwischen dem Spender und der Spendeeinrichtung und die Spende Blutentnahme wird dieser übereignet. Es bleibt unerfindlich, warum das Gesetz (auch in der Begründung) diese schlichte juristische Tatsache leugnet und euphe- mistisch damit zu umschreiben versucht, die Spende sei verwendbar. So großer Ver- leugnung der Grundsätze des Bürgerlichen Gesetzbuches hätte es nicht bedurft. Dass der Spender im Übrigen (jetzt wieder ernsthaft vertragsrechtlich argumentiert) keine Garantie für die Verwendbarkeit seines Blutes abgeben will und kann, ist klar: Er muss nicht um irgendwelche Infektionsquellen wissen, die in seinem Blut enthal- ten sein können. Sie herauszufinden, ist Aufgabe der Spendeeinrichtung, die sich dabei auf Informationen des Spenders stützen kann. Weiß der Spender von Risiken, dann muss er sie offenbaren, mehr aber nicht.[12]

VII. Der Selbstausschluss

Beim vertraulichen Selbstausschluss[13] lässt sich die spendende Person zunächst die **16** Spende regulär entnehmen, macht aber dann von der Möglichkeit, die man ihr eröff- nen muss, Gebrauch, die Spende nicht zur Transfusion zu verwenden. Mit diesem Verfahren will man eine offene Diskriminierung ungeeigneter Spender vermeiden, wenn etwa bestimmte Personengruppen aus einer überschaubaren Population en bloc an einer Blutspendeaktion teilnehmen. Es dient dazu, die Gefahr einer Infekti- onsübertragung zu vermeiden, falls eine spendende Person z.B. aus persönlichen oder sozialen Gründen an einer Spendeentnahme teilnehmen will, obwohl sie bei sich ein mögliches Infektionsrisiko vermutet.[14]

---

[11] Vgl. hierzu W. Gareis, Das Recht am menschlichen Körper, Festgabe für Schirmer, 1900, 61 ff.; wie hier: G. Holch, Münchener Kommentar, Rz. 3; Forkel 1974, 593; O. Palandt, H. Heinrichs, § 90 Rz. 2; J. v. Staudinger, W. Dilcher, § 90 Rz. 16; Schröder, Taupitz 1991 (o. Anm. 3), 35 ff.; H.-J. Rieger, Rz. 973 ff. m.w.Nachw.; so schon Planck, Kom- mentar zum BGB, 1913, vor § 90, 2; vgl. auch J. v. Staudinger, H. Coing, BGB, § 90 Rz. 4; vgl. auch zum ganzen: A. Laufs, Rz. 277 ff. m.w.Nachw.

[12] Bei Zuwiderhandlung: vgl. das zu den Sanktionen im § 5 TFG Gesagte.

[13] Interessant ist ein Vergleich des deutschen und englischen Sprachgebrauchs. Im Deut- schen wird vom vertraulichen Selbstausschluss gesprochen, was sinngemäß als „confi- dential self deferral" zu übersetzen wäre. Im Englischen hat sich jedoch der Begriff „confidential unit exclusion [CUE]" durchgesetzt, was die tatsächlichen Verhältnisse bes- ser wiedergibt und dem Spender mehr Respekt zollt. Denn das Verfahren bedeutet eben nicht, dass der Patient „sich selber ausschließt", vielmehr schließt er lediglich einmalig die Verwendung einer einzelnen Spende aus.

[14] W. A. Flegel et al. 1996.

17   In den Hämotherapie-Richtlinien wird der vertrauliche Selbstausschluss vorgeschrieben, nachdem diese Richtlinien i.d.F. von 1996 noch keine entsprechende
Vorschrift vorsahen.[15] Ca. 0,4% aller Spender schließen so die Verwendung ihrer
Spende aus; etwa 0,2% dadurch, dass sie den Ausschluss aktiv erklären, die anderen
dadurch, dass sie die notwendige Erklärung zur Verwendbarkeit aus welchen Gründen auch immer unterlassen. Diese Verhältnisse sind in den verschiedenen Spendeeinrichtungen und während der 1990er Jahre weitgehend konstant geblieben.[16] In
der Praxis bedeutet dies, dass pro Jahr in Deutschland ca. 16.000 Spenden allein wegen des vertraulichen Selbstausschlusses nicht transfundiert werden dürfen.

18   Nachdem das Verfahren anfangs wegen vermeintlich hoher Kosten recht umstritten
war, ist es jetzt ein anerkannter Bestandteil der Qualitätssicherung, an dessen prin-
zipiellem wenn auch geringem Nutzen[17] international nicht gezweifelt wird.[18] Da
die nicht zur Transfusion verwendbaren Spenden in vollem Umfang für die ohnehin
vorgeschriebenen qualitätssichernden Kontrolluntersuchungen verwendbar bleiben
(für die ca. 1% aller Spenden verwendet werden müssen), entstehen weder wesentlich höhere Kosten noch werden mehr Spenden als ohnehin vorgeschrieben der
Transfusion entzogen.

19   Es versteht sich, dass bei Eigenblutentnahmen kein Selbstausschluss möglich bzw.
sinnvoll ist.

Sonderregelungen für spezielle Spendeentnahmen wurden in den Hämotherapie-
Richtlinien nicht festgelegt. Dennoch ist es wohl zu vertreten, dass im Zusammenhang mit Hämapheresen ein vertraulicher Selbstausschluss vor der Spendeentnahme getroffen wird, um die kostenaufwendige und für den Spender invasive, zeit-
aufwendige und nicht völlig risikolose Maßnahme der Hämapherese ggf. zu
vermeiden. Es ist immer möglich, einen Hämapherese-Termin so festzulegen, dass
ein Spender alleine erscheint und ein sozialer Druck zur Hämapherese ausgeschlossen wird.

---

[15] Das Verfahren wird seit Mitte 1987 in deutschen Spendeeinrichtungen angewandt, nachdem es vorher in einzelnen Spendeeinrichtungen in den USA und dem UK eingeführt
wurde. Der vertrauliche Selbstausschluss wurde vom damaligen Bundesgesundheitsamt
durch Änderung der Arzneimittelzulassung zum 1.4.1988 angeordnet.

[16] K. Koerner et al. 1990 und persönliche Mitteilung im März 2001.

[17] L. R. Petersen et al. 1994: „Although donors who confidentially exclude their blood from
transfusion are 21 times more likely to have HIV antibody, the rarity of window-period
donors and the infrequency of confidential exclusion by window-period donors cause the
CUE [confidential unit exclusion] option to have minimal impact on transfusion safety."

[18] M. T. Brennan et al. 1995: „We have found the questionnaire to be well accepted by
donors. It is a useful adjunct to routine donor selection and microbiological testing of
donations in our efforts to minimize transfusion-transmitted infection."

VIII. Datenschutzregelung

Bereits geltendem Datenschutzrecht entspricht die Regelung in § 6 Abs. 2. Entspre-   **20**
chend § 4 BDSG und den entsprechenden landesrechtlichen Datenschutzgesetzen
darf die Erklärung über die EDV-mäßige Verarbeitung personenbezogener Daten
nicht in einem einheitlichen Formblatt erfolgen, weil der Träger der Daten auf die
besondere Folge seiner Erklärung hingewiesen werden soll. Daher ist eine weitere
Unterschrift unter die Einwilligung erforderlich, die auch die EDV-mäßige Verarbeitung der personenbezogenen Daten des Spenders zulässt. Voraussetzung ist, dass
dem Spender zuvor mitgeteilt wird, wozu seine Daten verwendet werden können.
Hierzu gehört auch die Information über das Verfahren der Rückverfolgung und der
sonstigen Weitergabe seiner Daten an Dritte. Die entsprechenden Vorschriften verweisen allesamt auf den Schutz der Daten (vgl. §§ 11 und 14 TFG).

IX. Zugehörige Richtlinien

Von den zugehörigen Hämotherapie-Richtlinien regelt Kapitel 2.1.2 generell den   **21**
Umgang mit Aufklärung und Einwilligung, Kapitel 2.6.5.6.3 die spezielle Aufklärung und Einwilligung bei der medizinischen Stammzellmobilisierung und Kapitel
2.7.4 die bei der autologen Hämotherapie.

Kapitel 2.1.2 Hämotherapie-Richtlinien gibt nähere Hinweise darauf, was auf der   **22**
Grundlage von § 6 Abs.1 Satz 1 Inhalt des zu führenden Aufklärungsgespräches
sein soll. Kapitel 2.6.5.6.3 nimmt dabei voll inhaltlich Bezug auf Kapitel 2.1.2,
ohne weitergehende Regelungen vorzusehen.

Anders dagegen in Kapitel 2.7.4. Bei der autologen Hämotherapie sehen die Hämotherapie-Richtlinien eine erweiterte Aufklärung des Patienten auch über den Umstand vor, dass durch die Eigenblutentnahme eine Fremdbluttransfusion nicht ausgeschlossen sei, dass nicht benötigte Eigenblutprodukte nach Ablauf der Lagerzeit
für Erythrozytenpräparate entweder entsorgt oder für Zwecke der Qualitätskontrolle oder der Forschung ausgesondert werden. In beiden Fällen soll auch eine Weitergabe an eine andere als die entnehmende und lagernde Spendeeinrichtung möglich sein.

Schränkt der Spender bei der autologen Bluttransfusion seine Einwilligung dahin-   **23**
gehend ein, dass er in eine Verwendung des nicht benötigten Blutes zu Zwecken der
Qualitätskontrolle oder zur Verwendung in der Wissenschaft nicht einwillige, oder
dies nur in der entnehmenden Spendeeinrichtung zulasse, so hat die Spendeeinrichtung diese Einschränkung zu beachten. Die Einschränkung ist im Übrigen dann
auch Inhalt des Spendevertrages. Wegen einer solchen Einschränkung kann aber die
Spendeeinrichtung wiederum eine Eigenblutentnahme ablehnen.

X. Rechtsfolgen

Im Zivilrecht:

Unterlässt es die Spendeeinrichtung, den Spender aufzuklären und seine Einwilli-   **24**
gung einzuholen oder bleiben Aufklärung und Einwilligung hinter der vorgenom-

menen Handlung zurück, so erfüllt der Eingriff den Tatbestand einer unerlaubten Handlung im Sinne von § 123 Abs. 1 BGB (Körperverletzung) oder § 823 Abs. 2 BGB in Verbindung mit § 6 TFG, welcher Schutzgesetz zu Gunsten des Blutspenders ist. Für den Eingriff in das Persönlichkeitsrecht des Spenders steht diesem ein Anspruch auf Schmerzensgeld zu. Erleidet er durch den nicht gerechtfertigten Eingriff einen Schaden, so steht ihm darüber hinaus aufgrund derselben Anspruchsgrundlagen ein Schadensersatzanspruch zu.

25   Sieht man in der Pflicht zur Aufklärung und zur Einholung der Einwilligung eine Nebenpflicht aus dem Spendevertrag, so kommt durch Verletzung dieser Pflicht auch ein Schadenersatzanspruch aus Vertragsverletzung in Betracht. Problematisch dürfte hier allerdings der Nachweis des Schadens werden.

Im Strafrecht:

26   Fehlen Aufklärung und Einwilligung oder decken sie nicht den Eingriff in vollem Umfang, so erfüllt die Blutentnahme den Tatbestand einer rechtswidrigen und schuldhaften Körperverletzung, die zur Strafbarkeit des Handelnden, aber auch der Verantwortlichen der Spendeeinrichtung führen kann.

Im Berufsrecht:

27   Hat ein Arzt die Aufklärung nicht oder nicht vollständig durchgeführt und demzufolge keine oder eine unvollständige Einwilligung in die Blutentnahme erhalten, so kann darin auch ein Verstoß gegen die Berufsordnung liegen, der durch die Berufsgerichtsbarkeit der zuständigen Ärztekammer geahndet werden kann, weil ein berufsrechtlicher Überhang in diesem Fall wohl zu bejahen ist (Verstoß gegen § 8 MBOÄ).

§ 7
Anforderungen zur Entnahme der Spende

(1) Die anläßlich der Spendeentnahme vorzunehmende Feststellung der Identität der spendenden Person, die durchzuführenden Laboruntersuchungen und die Entnahme der Spende haben nach dem Stand der medizinischen Wissenschaft und Technik zu erfolgen.

(2) Die Entnahme der Spende darf nur durch eine ärztliche Person oder durch anderes qualifiziertes Personal unter der Verantwortung einer approbierten ärztlichen Person erfolgen.

Zugehörige Richtlinien:

2.1.3 Spendererfassung

Anlässlich jeder Spende ist die Identität des Spenders zuverlässig zu sichern (z.B. gültiges amtliches Personaldokument mit Lichtbild, Spenderpass, Unterschriftenvergleich). Name, Vorname, Geburtsdatum, Wohnort und Blutgruppe (falls vorhanden) des Spenders sind zu erfassen. Alle Spenderdaten unterliegen der ärztlichen Schweigepflicht und den Bestimmungen des Datenschutzes.

2.3 Blutentnahme

2.3.1 Durchführung

Die Blutentnahme wird durch einen Arzt oder unter der Verantwortung eines approbierten Arztes vorgenommen und ist entsprechend zu dokumentieren.

Für die Venenpunktion ist eine gesunde, wirksam desinfizierbare Hautstelle auszuwählen. Die Punktionsstelle ist so vorzubereiten, dass einer Kontamination des entnommenen Blutes weitestgehend vorgebeugt wird. Eine geeignete Methode ist, zunächst mit einem alkoholischen Desinfektionsmittel[7] und einem sterilisierten Tupfer gründlich zu reinigen. Danach wird das gleiche Desinfektionsmittel erneut aufgetragen. Die Gesamteinwirkungszeit richtet sich nach den Angaben des Herstellers. Nach der Hautdesinfektion darf die Punktionsstelle nicht mehr palpiert werden.

Für eine ausreichende Händedesinfektion des Personals ist Sorge zu tragen.

2.3.2 Verhalten nach der Blutspende

Nach der Blutspende ist dem Spender eine angemessene Ruhemöglichkeit unter Aufsicht anzubieten. Er ist darauf hinzuweisen, dass er frühestens 30 Minuten nach

---

[7]   Desinfektionsmittel-Kommission der Deutschen Gesellschaft für Hygiene und Mikrobiologie (DGHM) (Hrsg.): Liste der nach den „Richtlinien für die Prüfung chemischer Desinfektionsmittel" geprüften und von der Deutschen Gesellschaft für Hygiene und Mikrobiologie als wirksam befundenen Desinfektionsverfahren in der jeweils gültigen Fassung.

der Spende am öffentlichen Straßenverkehr teilnehmen kann. Für bestimmte Berufe oder Betätigungen mit erhöhtem Risiko (z.B. im Rahmen der Personenbeförderung) können längere Wartezeiten erforderlich sein.

2.3.3 Spenderreaktionen

Ärzte und nachgeordnetes Personal sind auf die Möglichkeit von Spenderreaktionen hinzuweisen und über deren Vermeidung, Prodromi, Symptome, Diagnose, Verlauf und Behandlung zu unterrichten. Anweisungen für Notfallmaßnahmen, entsprechendes Gerät, Material und Medikamente sind vorzuhalten und die Mitarbeiter in deren Gebrauch zu unterweisen. Fehlpunktionen und Nebenreaktionen, Behandlungsmaßnahmen und ihre abschließende Beurteilung sind zu dokumentieren.

Literatur

Council of Europe, Blood collection (Chapter 2, Seite 49 - 53), in: Guide to the preparation, use and quality assurance of blood components, Recommendation No. R(95)15, 7th Edition, Council of Europe Press 2001.

I. Die Bedeutung der Norm

1   Die Vorschrift umschreibt zum einen die groben Anforderungen, die die Spendeeinrichtung bei der Spendeentnahme zu beachten hat, zum anderen legt sie die Qualifikation der die Spende entnehmenden Personen fest.

II. Anforderungen anlässlich der Spendeentnahme

2   § 7 Abs. 1 regelt drei Bereiche: einmal dass die Identität der spendenden Person festzustellen sei, dass Laboruntersuchungen durchzuführen seien und schließlich die Technik der Entnahme. Inhaltlich regelt das Gesetz diese Bereiche nicht näher, sondern verweist auf den Stand der medizinischen Wissenschaft und Technik. Dieser wiederum wird weder in § 7 noch in § 12 TFG inhaltlich umschrieben, sondern einer Regelung in Richtlinien der Bundesärztekammer vorbehalten.

III. Identitätssicherung

Anlässlich jeder Spende ist die Identität der spendenden Person zuverlässig festzu- **3**
stellen, z.B. durch ein gültiges amtliches Personaldokument mit Lichtbild. Dies
wird vor allen Dingen bei der Identitätsfeststellung anlässlich der ersten Blutspende
erfolgen müssen. Bei weiteren Blutspenden kommen die anderen Möglichkeiten
der Identitätssicherung in Betracht, die in Kapitel 2.1.3 der Hämotherapie-Richtlinien aufgezählt sind. Die Identifizierung der spendenden Person ist wichtiger
Bestandteil auch des Rückverfolgungsverfahrens nach § 19 TFG. Die spendende
Person muss die Einwilligung in die Spende schriftlich bestätigen[1] und zugleich die
Erklärung abgeben, dass die Spende verwertbar ist.[2]

Das Erfordernis einer raschen, sicheren Identifizierung der spendenden Person ist **4**
gegen deren berechtigte Interessen auf Achtung des Persönlichkeitsrechts abzuwä-
gen.[3] Der ärztlichen Schweigepflicht wie auch dem Schutz der personenbezogenen
Daten durch die bereichsspezifischen Datenschutzregelungen in §§ 6, 11 und 14
TFG und subsidiär die der Datenschutzgesetze des Bundes und der Länder ist in angemessener Weise Rechnung zu tragen.

Ist die Spendeeinrichtung zugleich die Stelle, die die Laboratoriumsuntersuchungen **5**
durchführt, und als pharmazeutischer Unternehmer Hersteller der Blutprodukte, so
sind auch die Betriebsverordnungen nach § 54 AMG und hier besonders die Pharm-
BetrV zu beachten und das dort vorgesehene Qualitätssicherungssystem zu etablieren.[4]

IV. Laboruntersuchungen

Im Gesetz werden „die durchzuführenden Laboruntersuchungen" genannt. Unklar **6**
bleibt, ob hier lediglich die labortechnischen Voruntersuchungen vor der Spendeentnahme gemeint sind oder auch solche Laboruntersuchungen, die nach der Spendeentnahme aber vor der Freigabe erfolgen sollen. Schließlich müssen neben den
Laboruntersuchungen ebenso klinische Parameter erhoben werden, um die Tauglichkeit der spendewilligen Person festzustellen. Da alle diese klinischen wie Laboruntersuchungen nach §§ 5, 7 und 12 TFG an den Stand der medizinischen Wissenschaft und Technik gebunden werden, erübrigt sich eine exakte Zuordnung der
entsprechenden Kapitel der Hämotherapie-Richtlinien. Aus Gründen der Systematik sei an dieser Stelle auf die klinischen wie Laboruntersuchungen vor der Spendeentnahme nach den Kapiteln 2.4.1 und 2.4.2 verwiesen.[5]

Die vorgeschriebenen Laboruntersuchungen vor Freigabe der Spende finden sich
unter § 12 TFG und werden im übrigen durch das AMG bzw. die Anordnungen der

---

[1] Vgl. § 6 Abs. 1 Satz 2 TFG.
[2] Vgl. § 6 Abs. 1 Satz 3 TFG.
[3] Vgl. § 4 Satz 2 TFG.
[4] Vgl. § 1a PharmBetrV.
[5] Vgl. § 5 TFG.

zuständigen Bundesoberbehörde[6] und ggf. der zuständigen Landesbehörden geregelt.

V. Durchführung der Spendeentnahme

7 Der exakten Durchführung der Spendeentnahme kommt größte Bedeutung für die Sicherheit der Hämotherapie zu. Bakterielle Kontaminationen stellen eine schwerwiegende und zur Zeit wohl die häufigste letale Komplikation der Bluttransfusion dar.[7] Hauptursache ist die Verschleppung von Keimen bei der Spendeentnahme, wobei Hautkeime einen wesentlichen Anteil haben.

8 Dieser Aspekt der möglichen bakteriellen Kontamination hat besonders große Bedeutung bei der Entnahme von Eigenblut, da die Entnahme bei Kranken mit noch größerer Sorgfalt erfolgen muss.

Für das technische Vorgehen bei der Spendeentnahme, insbesondere die anzuwendenden Desinfektionsverfahren, ist eine Dienstanweisung (SOP) zu erstellen, die Bestandteil des QM-Systems der Spendeeinrichtung sein muss.

VI. Fachliche Anforderungen an die entnehmende Person

9 Die Anforderungen nach § 7 Abs. 2 dienen dem Schutz der spendenden Person, der durch die Festlegung des ärztlichen Standards in der Spendeeinrichtung erreicht werden soll. Das Vorhandensein für die zur Entnahme der Spende erforderlichen Qualifikation wird bei einer ärztlichen Person vermutet; auch ein Arzt im Praktikum kann daher die Spende entnehmen. Die Auswahl und Einweisung der Person für die Spendeentnahme kann nur eine approbierte ärztliche Person übernehmen, jedoch nicht ein Arzt im Praktikum. Diese Festlegung der Qualifikation trägt dem Umstand Rechnung, dass die Entnahme von Blut eine grundsätzlich dem Arzt vorbehaltene Maßnahme und Ausübung der Heilkunde darstellt. Die Maßnahme der Spendeentnahme selbst kann aber auf ausreichend qualifiziertes nachgeordnetes Personal zur Durchführung übertragen werden.

10 Aus der Formulierung des Gesetzes ist zu folgern, dass nicht bei jeder Spendeentnahme ein Arzt persönlich anwesend zu sein hat. Der spendenden Person muss aber erforderlichenfalls bei der Spendeentnahme ärztliche Hilfe geleistet werden können. Wird die Entnahme auf hierzu befähigtes Personal delegiert, so muss folglich sichergestellt sein, dass ein Arzt unverzüglich herbeigerufen werden kann, sofern das die Spenden entnehmende Personal dies etwa beim Auftreten von Schwierigkeiten für erforderlich erachtet. Entsprechende Einweisungen sind nach Kapitel 2.3.3 Hämotherapie-Richtlinien durchzuführen und Dienstanweisungen (SOP) vor-

---

[6] Paul-Ehrlich-Institut (PEI), vgl. § 27 Abs. 1 TFG.
[7] C.P. Engelfriet, H.W. Reesink, M.A. Blajchman, L. Muylle, J. Kjeldsen-Kragh, R. Kekomaki, R. Yomtovian, P. Hocker, G. Stiegler, H.G. Klein, K. Soldan, J. Barbara, A. Slopecki, A. Robinson, H. Seyfried, Bacterial contamination of blood components, Vox Sang 78(2000)59 - 67.

zuhalten sowie im Rahmen des QM-Systems zu dokumentieren. Auch das nachgeordnete, ärztlich überwachte Personal muss in der Lage sein, lebensrettende Sofortmaßnahmen zu treffen, und über Fähigkeiten verfügen, die Vitalfunktionen der spendenden Person bis zum Eintreffen eines Arztes aufrecht zu erhalten.[8]

Vor der Entnahme der Spende selbst hat in einem vorgeschalteten Schritt eine approbierte ärztliche Person über die Zulassung der spendewilligen Person zur Spendeentnahme zu entscheiden. Diese Entscheidung ist eine ärztliche und nicht auf nachgeordnetes Personal übertragbare Tätigkeit.[9]   **11**

VII. Zugehörige Richtlinien

Kapitel 2.1.3 Hämotherapie-Richtlinien legt die Details der Spendererfassung fest   **12**
und macht dabei keinen Unterschied zwischen Erst- und Mehrfachspendern.

Kapitel 2.3 Hämotherapie-Richtlinien schreibt vor, wie beim Vorgang der eigentlichen Spendenentnahme zu verfahren ist, welches Verhalten nach der Spende angebracht ist, wie mit möglichen Spenderreaktionen umgegangen werden soll und wie der Vorgang zu dokumentieren ist.

VIII. Regelung in Österreich

Das ÖstblutSiG 1999 regelt die Entnahme und Auftrennung von Blut etwas anders.   **13**
Auch in Österreich muss die Gewinnung von Blut durch eine ärztliche Person erfolgen (§ 7 Abs. 6). Gemäß § 49 Abs. 3 ÄrzteG ist die ärztliche Person befugt, die Aufgabe auf Angehörige anderer Gesundheitsberufe zu übertragen, sofern die übertragenen Tätigkeiten zum Tätigkeitsbereich dessen gehört, auf den sie übertragen werden soll. Eine Übertragung der Gewinnung von Blut ist danach auf Angehörige der Gesundheits- und Krankenpflegeberufe (§ 15 Abs. 5 Ziff. 4 GUKG), Angehörige der gehobenen Medizinisch-Technischen Dienste (§ 4 Abs. 2 MTD-Gesetz) sowie auf Hebammen (§ 2 Abs. 2 Nr. 11 HebammenG) und auf Angehörige des Medizinisch Technischen Fachdienstes und der Sanitätshilfsdienste (§ 54 Abs. 4 MTF-SHD-G) möglich. Die Identitätsprüfung richtet sich nach § 1 Blutspendeverordnung (BSV).

IX. Rechtsfolgen

§ 7 Abs. 1 normiert eine Verkehrssicherungspflicht zu Gunsten des Spenders im   **14**
Sinne von § 823 Abs. 1 BGB. § 7 Abs. 2 ist Schutzgesetz im Sinne von § 823 Abs. 2 BGB zu Gunsten des Spenders.

---

[8]   Vgl. § 4 Satz 2 TFG.
[9]   Vgl. § 5 Abs. 1 TFG.

§ 8
Spenderimmunisierung

(1) Eine für die Gewinnung von Plasma zur Herstellung von speziellen Immunglobulinen erforderliche Spenderimmunisierung darf nur durchgeführt werden, wenn und solange sie im Interesse einer ausreichenden Versorgung der Bevölkerung mit diesen Arzneimitteln geboten ist. Sie ist nach dem Stand der medizinischen Wissenschaft und Technik durchzuführen.

(2) Ein lmmunisierungsprogramm darf nur durchgeführt werden, wenn und solange

1. die Risiken, die mit ihm für die Personen verbunden sind, bei denen es durchgeführt werden soll, ärztlich vertretbar sind,
2. die Personen, bei denen es durchgeführt werden soll, ihre schriftliche Einwilligung hierzu erteilt haben, nachdem sie durch eine approbierte ärztliche Person über Wesen, Bedeutung und Risiken der Immunisierung sowie die damit verbundene Erhebung, Verarbeitung und Nutzung personenbezogener Daten aufgeklärt worden sind und dies schriftlich bestätigt haben,
3. seine Durchführung von einer approbierten ärztlichen Person, die nach dem Stand der medizinischen Wissenschaft sachkundig ist, geleitet wird,
4. ein dem Stand der medizinischen Wissenschaft entsprechender Immunisierungsplan vorliegt,
5. die ärztliche Kontrolle des Gesundheitszustandes der spendenden Personen während der Immunisierungsphase gewährleistet ist,
6. der zuständigen Behörde die Durchführung des Immunisierungsprogramms angezeigt worden ist und
7. das zustimmende Votum einer nach Landesrecht gebildeten und für die ärztliche Person nach Satz 1 Nr. 3 zuständigen und unabhängigen Ethik-Kommission vorliegt.

Mit der Anzeige an die zuständige Behörde und der Einholung des Votums der Ethik-Kommission nach Nummern 6 und 7 dürfen keine personenbezogenen Daten übermittelt werden. Zur Immunisierung sollen zugelassene Arzneimittel angewendet werden.

(3) Von der Durchführung des Immunisierungsprogramms ist auf der Grundlage des Immunisierungsplanes ein Protokoll anzufertigen (Immunisierungsprotokoll). Für das Immunisierungsprotokoll gilt § 11 entsprechend. Dies muß Aufzeichnungen über alle Ereignisse enthalten, die im Zusammenhang mit der Durchführung des lmmunisierungsprogramms auftreten und die Gesundheit der spendenden Person oder den gewünschten Erfolg des Immunisierungsprogramms beeinträchtigen können. Zur Immunisierung angewendete Erythrozytenpräparate sind zu dokumentieren und der immunisierten Person zu bescheinigen.

(4) Die in Absatz 3 Satz 3 genannten Ereignisse sind von der die Durchführung des Immunisierungsprogramms leitenden ärztlichen Person der Ethik-Kommission, der zuständigen Behörde und dem pharmazeutischen Unternehmer

des zur Immunisierung verwendeten Arzneimittels unverzüglich mitzuteilen. Von betroffenen immunisierten Personen werden das Geburtsdatum und die Angabe des Geschlechtes übermittelt.

Zugehörige Richtlinien:

Die Richtlinien zur Gewinnung von Blut und Blutbestandteilen und zur Anwendung von Blutprodukten (Hämotherapie) i.d.F. von 2000 klammern den Bereich der Gewinnung von Hyperimmunplasma vollständig aus. Wegen der besonderen Belange dieses Bereichs wurden vielmehr eine spezielle Richtlinien[1] erstmals 1997 erstellt, die jetzt in der 1. überarbeiteten Fassung aus dem Jahr 2000 gültig ist (im weiteren als „Richtlinie für Hyperimmunplasma" bezeichnet).

Richtlinien für die Herstellung von Plasma für besondere Zwecke (Hyperimmunplasma) – 1. überarbeitete Fassung 2000[2]

Erarbeitet vom Wissenschaftlichen Beirat der Bundesärztekammer unter Mitwirkung des Paul-Ehrlich-Institutes (PEI)

Vorwort

Die Fortschreibung der Richtlinien hat, den in Kapitel 2.1. definierten Aufgaben folgend, zum Ziel, durch Ergänzung und Verbesserung einzelne Vorschriften in den Kapiteln 3 und 4 dem Stand der Wissenschaft und Technik anzupassen und dadurch die Sicherheit der Spender und Empfänger weiter zu erhöhen. Die Änderungen und Ergänzungen sind durch Fettdruck hervorgehoben.

Die jetzigen Änderungen beruhen auf einer Ausarbeitung der Arbeitsgruppe „Hyperimmunisierung" der Sektion 2 der Deutschen Gesellschaft für Transfusionsmedizin und Immunhämatologie, die sich unter wesentlicher Beteiligung der zukünftigen Hersteller mit Einzelheiten einer verbesserten Spender- und Empfängersicherheit befasst hat. Die Vorbereitungen für die Herstellung von Hyperimmunplasmen in Deutschland sind weitgehend abgeschlossen. Dabei zeichnet sich ab, dass mit der Herstellung von Anti-D-Ig in Deutschland ein erster wichtiger Beitrag zur Versorgung mit menschlichen Blutkomponenten und Plasmaderivaten nach diesen Sicherheitsstandards geleistet werden kann.

1. Ausgangssituation

Plasma für besondere Zwecke (Hyperimmunplasma) wird für die Herstellung spezifischer Immunglobuline benötigt. Als spezifische Immunglobuline werden polyklonale menschliche Immunglobulinpräparate bezeichnet, die Antikörper einer be-

---

[1] Wissenschaftlicher Beirat der Bundesärztekammer unter Mitwirkung des Paul-Ehrlich-Institutes (PEI), Richtlinien für die Herstellung von Plasma für besondere Zwecke (Hyperimmunplasma), DÄ 94(1997)A-3292 - 3300.

[2] Abgedruckt in DÄ 97(2000)A-2876 - 2884 und über die Internet-Seite des DÄ verfügbar. Der Fettdruck hebt die Änderungen gegenüber der Erstfassung von 1997 hervor.

stimmten Spezifität in besonders hoher und gleichbleibender Konzentration enthalten. Sie werden für wichtige prophylaktische, seltener auch für therapeutische Indikationen eingesetzt (siehe „Leitlinien zur Therapie mit Blutkomponenten und Plasmaderivaten", Kurzbezeichnung: „Leitlinien", Kapitel 9).

Von den zur Anwendung empfohlenen oder vorgeschriebenen spezifischen Immunglobulinen lassen sich Rubella-Ig (Röteln-Ig), Varizella-Zoster-Ig (VZ-Ig) sowie Zytomegalie-Ig (CMV-Ig) in der Regel heute durch Auswahl geeigneter Spenderplasmen herstellen. Dagegen müssen Plasmen für die Herstellung einer Reihe anderer spezifischer Immunglobuline durch Hyperimmunisierung gesunder Spender gewonnen werden, weil die Konzentration der betreffenden Antikörper in normalen Spenderplasmen zu gering ist oder die Antikörper zu selten vorkommen: Anti-D-Ig, Frühsommer-Meningo-Enzephalitis-Ig (FSME-Ig), Hepatitis B-Ig (HB-Ig), Rabies (Tollwut)-Ig (R-Ig), Tetanus (Wundstarrkrampf)-Ig (T-Ig) sowie in naher Zukunft Hepatitis A-Ig (HA-Ig). Entsprechend dem Fortschritt der Wissenschaft kann in Zukunft die Gewinnung von Plasmen für besondere Zwecke für weitere Antikörperspezifitäten erforderlich werden.

Bisher müssen mehr als 90 Prozent dieser Plasmen für besondere Zwecke importiert werden. Die **nach § 1 Transfusionsgesetz (TFG)** angestrebte **gesicherte und sichere Versorgung der Bevölkerung mit Blutprodukten** und die Selbstversorgung der Bundesrepublik Deutschland mit Blut und Plasma erfordert daher die alsbaldige Aufnahme der Spenderimmunisierung.

2. Allgemeines

2.1. Aufgaben der Richtlinien

Diese Richtlinien sollen den mit der Hyperimmunisierung von Spendern und mit der Gewinnung von Plasmen für besondere Zwecke befassten Ärzten und anderen Personen **gemäß § 12 Transfusionsgesetz (TFG)** die notwendigen Hinweise geben,
– um Hyperimmunisierung und Plasmagewinnung für den Spender so gefahrlos wie möglich zu gestalten und
– um Plasmen von erforderlicher Qualität und Sicherheit zu gewinnen.

2.2. Geltung der Richtlinien

Diese Richtlinien gelten für alle Ärzte,
– die Hyperimmunisierungen bei Spendern zur Gewinnung von Plasma für besondere Zwecke durchführen,
– die Erythrozytenkonzentrate zur Hyperimmunisierung **gewinnen**, lagern und abgeben,
– die Plasmen für besondere Zwecke (Hyperimmunplasmen) **gewinnen**, lagern und abgeben.

Soweit Ärzte im Rahmen der Hyperimmunisierung und der Herstellung von Plasma für besondere Zwecke Teilschritte des Verfahrens an Dritte delegieren, haben sie zu gewährleisten, dass die Ausführung nach diesen Richtlinien erfolgt.

2.3. Grundlegende Gesetze und Verordnungen

Die **Gewinnung**, Herstellung, Lagerung und Abgabe menschlicher Plasmen für besondere Zwecke unterliegt den Regelungen des **TFG**, des Arzneimittelgesetzes (AMG) und der Betriebsverordnung für pharmazeutische Unternehmer (PharmBetrV). Zu beachten sind weiter die Richtlinien der Bundesärztekammer zur Gewinnung von Blut und Blutbestandteilen und zur Anwendung von Blut und Blutprodukten (Hämotherapie) **in ihrer jeweils gültigen Fassung** (Kurzbezeichnung: „Richtlinien"), die Empfehlung des Rates vom 29. Juni 1998 über die Eignung von Blut- und Plasmaspendern und das Screening von Blutspenden in der Europäischen Gemeinschaft (98/463/EG), Amtsblatt der Europäischen Gemeinschaften in der jeweils gültigen Fassung (4), das Medizinproduktegesetz (MPG) **sowie Guide to the preparation, use and quality assurance of blood components. Council of Europe Publishing, in der jeweils gültigen Fassung.**

2.4. Einrichtungen

Träger von Einrichtungen, in denen Spender für die Gewinnung von Plasma für besondere Zwecke hyperimmunisiert und/oder von denen Plasmen für besondere Zwecke **gewonnen**, gelagert, abgegeben oder in Verkehr gebracht werden, **sind gemäß § 4 Nr. 1 TFG für eine ausreichende personelle, bauliche, räumliche und technische** Ausstattung verantwortlich. Dies gilt auch für Träger von Einrichtungen, in denen Erythrozytenkonzentrate für die Hyperimmunisierung hergestellt werden. Der Träger bestellt einen **leitenden approbierten** Arzt (**§ 4 Nr. 2 TFG**) und überträgt ihm die für die Spenderuntersuchung, -hyperimmunisierung und -versorgung sowie für die **Gewinnung** von Plasma für besondere Zwecke erforderlichen Kompetenzen. Hinsichtlich der Qualifikation wird auf die „Richtlinien" **und das AMG** verwiesen. Die Einrichtungen unterliegen vor Aufnahme der Tätigkeit einer allgemeinen Anzeigepflicht gemäß § 67 AMG und bedürfen einer Herstellungserlaubnis nach § 13 AMG.

Zu Einzelheiten der Anforderungen bezüglich Organisation, Ausstattung und ärztliche Verantwortung für die präparative Hämapherese wird auf die „Richtlinien" verwiesen.

2.5. Versicherungsschutz

Ärzte und Einrichtungen, die Aufgaben nach diesen Richtlinien wahrnehmen, haben für einen ausreichenden Versicherungsschutz für die Spender zu sorgen. Blut- und Plasmaspender sind durch eine „allgemeine Unfall- und Wegeversicherung" (wie Arbeitnehmer gegen Arbeitsunfälle), die auch vorbereitende Handlungen einschließt (wie Hyperimmunisierung), gegen Schädigungen im Zusammenhang mit der Spendetätigkeit versichert (Sozialgesetzbuch VII § 2 Abs. 1 Nr. 13b).

3. Gewinnung von Plasma für besondere Zwecke und Hyperimmunisierung

Die Spenderimmunisierung darf nur durchgeführt werden, wenn die Voraussetzungen des § 8 TFG erfüllt sind. Die Hyperimmunisierung von Spendern und die **Gewinnung** von Plasmen für besondere Zwecke dienen der Prophylaxe beziehungsweise Behandlung anderer. Daraus resultiert eine besondere Fürsorgepflicht für den Spender (siehe „Richtlinien"). **Die für die Durchführung des Immunisierungsprogramms verantwortliche ärztliche Person (Leiter der Spenderimmunisierung, § 8 [2] 3 TFG) muss die nach § 15 Abs. 3 Nr. 1 AMG erforderliche Qualifikation und zusätzlich ausreichende Impfpraxis besitzen.**

3.1. Der Plasmaspender

Für Spender von Plasmen für besondere Zwecke nach Hyperimmunisierung gelten alle in den „Richtlinien" aufgeführten Vorschriften. Als Spender kommen vorrangig Personen in Betracht, die bereits die entsprechenden Antikörper auf natürlichem Wege oder nach Schutzimpfung gebildet haben (zum Beispiel gegen FSME immunisiert worden sind). Der Spender sollte bereits eine regelmäßige Spendetätigkeit von mindestens sechs Monaten nachweisen können.

Wegen der Spendebedingungen wird auf die „Richtlinien" verwiesen. Besonderheiten bezüglich einzelner Spenderkriterien werden in den Kapiteln 2 und 3 beschrieben.

Alle Spenderdaten unterliegen der ärztlichen Schweigepflicht und dem Datenschutz.

3.1.1. Eignungsuntersuchung

Die Eignung als Spender für die Gewinnung von Plasmen für besondere Zwecke ist durch Anamnese und ärztliche Untersuchung einschließlich der erforderlichen Laboratoriumsuntersuchungen zu sichern (siehe „Richtlinien"). Dabei ist besonders auf anamnestische Hinweise einer allergischen Diathese des Spenders zu achten. Spender mit allergischer Diathese, das heißt mit einem breiten Spektrum nachgewiesener beziehungsweise bekannter Allergien, sind zur Hyperimmunisierung ungeeignet. Insbesondere müssen allergische Reaktionen gegen Konservierungsmittel[3] wie Merthiolat, Thimerfonat, Formaldehyd und Thiocyanat, Antibiotika[4] – insbesondere Neomycin und Framycetin – sowie Hühnereiweiß[5] beachtet werden. Die Venenverhältnisse sollen für mehrfache Plasmapheresen geeignet sein.

Folgende Voraussetzungen sollten erfüllt sein:
– Körpergewicht: mindestens 50 kg,
– Blutdruck: systolisch über 100 mm Hg und unter 180 mm Hg, diastolisch unter 100 mm Hg,

---

[3] Gilt nur, sofern diese Stoffe im Impfstoff enthalten sind.
[4] Gilt nur, sofern diese Stoffe im Impfstoff enthalten sind.
[5] Gilt nur für Impfstoffe, die auf Hühnerfibroblastenzellkulturen gezüchtet werden.

- Puls: regelmäßig, Frequenz zwischen 50 und 110/min,
- Temperaturmessung: kein Fieber.

Die Eignungsuntersuchung ist nach jeder 15. Plasmapherese, spätestens nach zwei Jahren zu wiederholen. Vor der ersten Plasmapherese sollte sie nicht länger als vier Wochen zurückliegen.

3.1.1.1. Laboratoriumsuntersuchungen

Folgende Laboratoriumsuntersuchungen sind bei der Eignungsuntersuchung erforderlich (siehe auch 3.4.):

Blutbild einschließlich Thrombozytenzahl, Gesamteiweiß-Konzentration im Serum, IgG-Konzentration im Serum, ALT sowie folgende Infektionsmarker: HBsAg, Antikörper gegen HIV 1/2 und HCV.

Alle Untersuchungsergebnisse müssen im Normalbereich liegen beziehungsweise negativ ausfallen. Bei der **ALT** darf der Grenzwert von 45 U/l bei Frauen und 68 U/l bei Männern nach der optimierten Standardmethode 1972 (+ 25° C) nicht überschritten werden (siehe „Richtlinien").

3.2. Spenderaufklärung

Vor Aufnahme in ein Spende- und/oder Hyperimmunisierungsprogramm ist der Spender über die Verfahren, über mögliche unerwünschte Wirkungen und Gefahren bei der Hyperimmunisierung und bei der Gewinnung von Plasma für besondere Zwecke schriftlich aufzuklären. Die Einwilligung des Spenders in die vorgesehenen Prozeduren und die durchgeführte Aufklärung sind schriftlich zu dokumentieren. Der Spender ist insbesondere darauf hinzuweisen, dass es sich bei der Hyperimmunisierung nicht um ein Impfprogramm zum Schutz vor Infektionskrankheiten handelt, sondern dass Dosis, Anzahl und Anwendung der Impfstoffe vom Vorgehen bei einer Schutzimpfung abweichen können, um Plasma mit hohen Antikörperkonzentrationen zu gewinnen. Der Spender soll wissen, dass Plasma für besondere Zwecke als Ausgangsmaterial für Arzneimittel, **die auf andere Weise nicht gewonnen werden können**, erforderlich ist.

Der Spender muss über die Art der möglichen lokalen und systemischen unerwünschten Wirkungen und deren zeitliches Auftreten (sofort und verzögert) informiert werden (siehe 5.3.). Er muss wissen, dass unerwünschte Wirkungen auftreten können. Bei der Anwendung von Erythrozyten zur Immunisierung ist der Spender über die besonderen unerwünschten Wirkungen und Risiken aufzuklären (siehe 4.2.6.). Es muss mitgeteilt werden, dass im Fall von schwerwiegenden gesundheitlichen Schäden, die auf unerwünschte Wirkungen zurückzuführen sind, Versicherungsschutz besteht (siehe 2.5.).

3.3. Hyperimmunisierung

Grundsätzlich soll die Zahl der Spender so gering wie möglich gehalten werden. Das wird erreicht durch vorrangige Berücksichtigung von Spendern mit bereits existierenden und ausreichend hohen Antikörperkonzentrationen, die ohne weitere oder nach wenigen zusätzlichen Impfstoffgaben als Spender von Plasma für besondere Zwecke herangezogen werden können.

Die Hyperimmunisierung erfolgt in der Regel mit zugelassenen Impfstoffen, für Anti-D-Ig mit humanen Erythrozyten. Hinweise der Hersteller zur eingeschränkten Anwendung von Impfstoffen bei bereits bekannter Unverträglichkeit sind zu beachten.

Die Impfstoffdosen, die Anzahl der voraussichtlich erforderlichen Impfstoffgaben und deren Abstände sollen vorab festgelegt werden. Bei der Hyperimmunisierung mit mehr als einem Impfstoff sind entsprechende Angaben über die Eignung und Verträglichkeit erforderlich. Das Hyperimmunisierungsprotokoll soll Angaben über Dosis und Anzahl der Impfstoffgaben, die geforderte Antikörperkonzentration, den Test zur Prüfung dieser Konzentration und Kriterien zur Ermittlung von Spendern als Non-Responder enthalten.

Ist aus den Daten des Impfstoff- **oder des Hyperimmunplasmaherstellers** erkennbar, dass die für die Herstellung von spezifischem Immunglobulin erforderlichen Antikörperkonzentrationen mit einem zugelassenen Impfschema nicht erreichbar sind, kann davon abgewichen und/oder andere Impfstoffdosen zur Hyperimmunisierung verwendet werden.

Die notwendige Antikörperkonzentration für Plasmen für besondere Zwecke ergibt sich aus den Anforderungen an das jeweilige Endprodukt. Wird die geforderte Antikörperkonzentration nicht erreicht, so ist die Hyperimmunisierung abzubrechen. Von der Fortführung der Hyperimmunisierung ist ebenfalls abzusehen, wenn sich die erreichte Antikörperkonzentration nicht mehr steigern lässt. Weitere Impfstoffgaben sollen nur erfolgen, wenn die Antikörperkonzentration signifikant abgefallen ist.

Mit der Hyperimmunisierung kann begonnen werden, wenn ein **zustimmendes** Votum der **für den Leiter der Spenderimmunisierung zuständigen und nach Landesrecht gebildeten** Ethikkommission vorliegt **und der zuständigen Landesbehörde die Durchführung des Immunisierungsprogramms angezeigt worden ist (§ 8 [2] TFG).** Gesundheitliche Spätschäden einer über längere Zeit wiederholten Hyperimmunisierung sind bisher nicht bekannt geworden.

3.3.1. Aufsicht, Impfreaktionen, Meldepflicht

Nach jeder Impfung verbleibt der Spender mindestens 30 Minuten unter ärztlicher Aufsicht. Bei Auftreten von schweren Impfreaktionen während der Hyperimmunisierung (siehe Kapitel 4.2.6., 5.3.) muss der Spender von der weiteren Hyperimmunisierung ausgeschlossen werden.

Im Zusammenhang mit der Hyperimmunisierung auftretende **Ereignisse, die die Gesundheit der spendenden Person oder den gewünschten Erfolg des Immunisierungsprogramms beeinträchtigen können, sind vom Leiter der Spenderimmunisierung unverzüglich der Ethikkommission, der zuständigen Behörde und dem pharmazeutischen Unternehmer des zur Immunisierung verwendeten Arzneimittels mitzuteilen (§ 8 [4] TFG).** Weitere gesetzliche Meldepflichten, zum Beispiel nach § 29 AMG samt hierzu veröffentlicher Bekanntmachung[6] bleiben unberührt.

3.4. Spendebedingungen

Wegen der Spendebedingungen wird auf 3.1. sowie die „Richtlinien" verwiesen.

Spender, die an den Eignungsuntersuchungen nicht teilnehmen, vorgeschriebene Untersuchungen verweigern oder bei der Überprüfung der Spendetauglichkeit oder der Spenderbefragung gemäß 5.3.3. keine sachgerechten Angaben machen, sind von der weiteren Tätigkeit als Spender von Plasma für besondere Zwecke auszuschließen.

Hinsichtlich der Kriterien, welche einen Ausschluss oder eine zeitlich begrenzte Rückstellung von der Plasmaspende bedingen, wird auf die „Richtlinien" verwiesen. Für die Gewinnung von Plasma für besondere Zwecke können gemäß den „Richtlinien" folgende Untersuchungen beziehungsweise Auswahlkriterien unberücksichtigt bleiben, wenn dadurch kein erhöhtes Spenderrisiko entsteht:
- Ausschluss wegen Trypanosomiasis (Chagas, Schlafkrankheit), Leishmaniasis sowie Rickettsiose, Rückfallfieber, Brucellose, **Babesiose und Tularämie**),
- zeitliche Rückstellung wegen Aufenthaltes in Malaria-Endemiegebieten ohne Erkrankung beziehungsweise ohne Auftreten von Fieberschüben,
- die Austestung der Rh-Formel und der Antikörpersuchtest (außer bei Spendern für Anti-D-Immunglobulin, siehe Kapitel 4.) sowie
- die Untersuchung auf Antikörper gegen Treponema pallidum (außer bei der Eignungsuntersuchung).

3.5. Durchführung der Plasmapherese

Vor Beginn der Plasmapherese hat sich der zuständige Arzt von der aktuellen Spendetauglichkeit des Spenders zu überzeugen. Die Plasmapherese ist auf Weisung des zuständigen Arztes vorzeitig zu beenden, wenn medizinische oder technische Gründe vorliegen. Nach Beendigung der Hämapherese bleibt der Spender mindestens eine halbe Stunde unter Aufsicht. Die Entlassung erfolgt durch den zuständigen Arzt oder einen von ihm bevollmächtigten Mitarbeiter.

Bei jeder Plasmapherese sind Hämoglobin beziehungsweise Hämatokrit, ALT, Gesamteiweiß-Konzentration, HBsAg, Antikörper gegen HIV 1/2 und HCV durchzuführen (siehe „Richtlinien").

Die Haut des Spenders an der Venenpunktionsstelle ist nach standardisierter Methode (14) so vorzubereiten, dass eine sterile Blutentnahme erwartet werden kann. Ebenso ist für eine hygienische Händedesinfektion des Personals Sorge zu tragen.

---

[6] Bekanntmachung zur Anzeige von Nebenwirkungen ... nach § 29 Abs. 1 Satz 2 bis 8 AMG, BAnz vom 25. Mai 1996, Nrn. 97, 48, 5929 ff.

3.5.1. Apparative Plasmapherese

Hinsichtlich der Anforderungen, weiterer Einzelheiten und Aufgaben des bei der Plasmapherese tätigen Personals wird auf die „Richtlinien" verwiesen.

3.5.2. Spenderreaktionen

Spenderreaktionen können systemischer oder lokaler Natur sein.

Lokale Reaktionen können sofort (Fehlpunktion, lokale Hämatombildung) oder verzögert (lokale venöse Thrombose, Thrombophlebitis, lokale Infektion, lokale Überempfindlichkeit gegen Hautdesinfektionsmittel) auftreten. Der Spender ist auf die Notwendigkeit einer ärztlichen Behandlung hinzuweisen (siehe auch 2.5.).

Systemische Reaktionen beruhen auf einem (relativen) intravasalen Volumenmangel oder – selten – auf einer vasovagalen Synkope mit konsekutiver leichter oder mäßiger Verminderung der zerebralen Durchblutung. Symptome sind Benommenheit, Schwindel, Sehstörungen; sie können durch Lagewechsel beeinflusst werden (orthostatische Kollapsneigung). Die sofortige Feststellung der Ursache durch einen Arzt ist stets erforderlich.

Spenderreaktionen, Behandlungsmaßnahmen und ihre abschließende Beurteilung sind zu dokumentieren.

Der verantwortliche Arzt hat ärztliche und nichtärztliche Mitarbeiter über mögliche unerwünschte Wirkungen, deren Vermeidung, Prodromi, Diagnose, Verlauf, Behandlung und Vermeidung zu unterweisen. Anweisungen für Notfallmaßnahmen, entsprechendes Gerät, Material und Medikamente sind vorzuhalten und die Mitarbeiter in deren Gebrauch zu unterweisen.

3.5.3. Spendefrequenz und Gesamtspendevolumen

Die Spendefrequenz ist so zu wählen, dass keine gesundheitliche Beeinträchtigung zu erwarten ist. Auf die „Richtlinien" wird verwiesen.

Das Gesamtspendevolumen soll nach den derzeitigen Vorschriften (siehe „Richtlinien") 25 l/Jahr nicht überschreiten[7].

3.6. Dokumentation

Die detaillierte Dokumentationspflicht **ist in § 11 TFG geregelt** und umfasst die gesundheitliche Überwachung des Plasmaspenders, das Immunisierungsprogramm und gemäß § 15 Pharm BetrV (1) alle Vorgänge der **Gewinnung**, Herstellung, Prüfung, Lagerung und des Inverkehrbringens der gewonnenen Hyperimmunplasmen. Zur Dokumentation gehört auch die systematische Erfassung und Bewertung von unerwünschten Wirkungen der Hyperimmunisierung; eine zentrale Auswertung ist anzustreben.

---

[7] Voraussetzung für eine zukünftige Erhöhung des Volumens der Einzelspende und/oder des Gesamtspendevolumens/Jahr ist der Nachweis der Unbedenklichkeit in einer prospektiven Verträglichkeitsstudie.

Der die Hyperimmunisierung durchführende Arzt muss gewährleisten, dass der Spender **einen Ausweis erhält, mit dem er sich jederzeit** als hyperimmunisiert ausweisen kann.

4. Plasma für besondere Zwecke zur Herstellung von ANTI-D-Ig

Abweichend von allen anderen Plasmen für besondere Zwecke müssen für die Hyperimmunisierung zur Gewinnung von Plasma für die Herstellung von Anti-D-Ig menschliche D-positive Erythrozyten als Antigen verwendet werden. Daraus resultieren die im Folgenden dargestellten Anforderungen an den Erythrozytenspender bezüglich seines Gesundheitszustandes, dessen Überwachung und der Antigenkomposition seiner Erythrozyten.

Für Einrichtungen, in denen entsprechende Erythrozytenpräparate hergestellt werden, gelten die Vorschriften in 2.4. Erythrozytenpräparate zur Hyperimmunisierung unterliegen der Zulassungspflicht nach § 21 AMG (6). **Die für die Durchführung des Immunisierungsprogramms für Erythrozyten verantwortliche ärztliche Person (Leiter der Spenderimmunisierung, § 8 [2] 3 TFG) muss die nach § 15 Abs. 3 Nr. 1 AMG erforderliche Qualifikation besitzen.**

4.1. Der Erythrozytenspender

Der Erythrozytenspender muss sich in einem gesundheitlichen Zustand befinden, der eine Blutspende und die Übertragung seiner Erythrozyten auf den Plasmaspender ohne Bedenken zulässt. Die Vorschriften für Blutspender (siehe „Richtlinien") gelten uneingeschränkt. Der Erythrozytenspender darf keine Bluttransfusionen oder Transplantate jedweder Art erhalten haben und sollte bereits regelmäßig mindestens ein Jahr Blut gespendet haben. **Falls keine Immunität gegen HAV und/oder HBV vorliegt, soll der Spender vor Beginn seiner Spendertätigkeit gegen HAV beziehungsweise HBV geimpft werden. Die Immunität beziehungsweise der Impferfolg sind durch den Nachweis der entsprechenden Schutztiter (Anti-HAV > 20 IU/l; Anti-HBs > 100 IU/l) zu belegen.**

4.1.1. Eignungsuntersuchung

Vor jeder Erythrozytenspende ist eine Eignungsuntersuchung durchzuführen; sie wird gemäß 3.1.1. durchgeführt.

4.1.1.1. Laboratoriumsuntersuchungen

Neben den Laboratoriumsuntersuchungen gemäß 3.1.1.1. sind Antikörper **gegen HBc-Antigen und Parvovirus B 19 sowie validierte Genomtests (z.B. NAT) für HBV, HIV und Parvovirus B 19 durchzuführen. Alle Untersuchungsergebnisse mit Ausnahme des Nachweises von Antikörpern gegen Parvovirus B 19 müssen negativ ausfallen.**

Nach abgeschlossener Impfung sind einmalig Antikörper gegen HAV und HBs zu untersuchen (siehe 4.1.). Diese Untersuchung muss alle zwei Jahre wieder-

holt werden; bei nachgewiesener Immunität erübrigt sich für diesen Zeitraum die Untersuchung von HAV- und HBV-bezogenen Infektionsmarkern.

4.1.1.2. Quarantänelagerung

Nach Eignungsuntersuchung und Herstellung des Erythrozytenpräparates ist eine Quarantänelagerung von sechs Monaten einzuhalten.

Bleiben nach sechs Monaten bei dem Erythrozytenspender alle Tests auf Infektionsmarker (siehe 4.1.1.1.) negativ, so kann diese Erythrozytenspende zur Immunisierung von Spendern für Anti-D-Plasma benutzt werden.

4.1.2. Antigenmuster der Erythrozyten

Die Erythrozyten des Erythrozytenspenders müssen auf folgende Blutgruppenmerkmale untersucht werden: AB0, Rhesus (C, C^w, c, D, E, e), Kell.

4.1.3. Gewinnung, Aufarbeitung und Lagerung der Erythrozyten

Spendererythrozyten werden aus frischem Blut einer Einzelspende als leukozytendepletiertes Humanerythrozytenkonzentrat (siehe „Richtlinien") unter aseptischen Bedingungen hergestellt und tiefgekühlt gelagert. Die Aufarbeitung und Aliquotierung in sterile, pyrogenfreie Behältnisse erfolgt nach PharmBetrV (1) und GMP-Richtlinien (9).

Die Tiefkühlkonservierung muss mit einer validierten Methode erfolgen.

4.1.4. Rückstellproben

Rückstellproben sind gemäß § 8 Abs. 3 der PharmBetrV aufzubewahren.

4.2. Der Plasmaspender

Bezüglich der Eignungsuntersuchung und anderer Vorschriften wird auf **3.1. – 3.5.** verwiesen. **Vor Beginn seiner Rh-Immunisierung soll der Spender, falls keine Immunität besteht, gegen HAV und HBV geimpft werden (Einzelheiten siehe 4.1., 4.1.1.1.).**

Die gemäß den „Richtlinien" für Blutspender vorgeschriebene sechsmonatige Zurückstellung von der Blutspende „nach Gabe von **Blutprodukten oder Plasmaderivaten**" betrifft bei diesem Personenkreis nicht die zur Hyperimmunisierung gemäß 4.2.3. verwendeten Erythrozytenpräparate. Frauen können nach schriftlicher Aufklärung als Spenderinnen infrage kommen, wenn künftige Schwangerschaften ausgeschlossen sind.

4.2.1. Antigenmuster der Erythrozyten und Antikörpersuchtest

Plasmaspender müssen auf folgende Blutgruppenmerkmale untersucht werden: AB0, Rhesus (C, C^w, c, D, E, e), S, s, Kell, Cellano, Fy(a), Fy(b), Jk(a), Jk(b), Vel, Lu(b) und Yt(a). Vorbestehende blutgruppenspezifische Antikörper – außer einem

IgG-Anti-D, -Anti-CD oder -Anti-DE – sind durch einen Antikörpersuchtest (siehe „Richtlinien") auszuschließen.

Zur Hyperimmunisierung verwendete Erythrozyten müssen im AB0- und Kell-System kompatibel sein. Die Blutgruppenmerkmale bei Spender und Empfänger sind so zu wählen, dass nur der gewünschte Antikörper induziert und die Bildung anderer Antikörper möglichst vermieden werden. In jedem Fall muss die Möglichkeit der Bildung von Antikörpern gegen Cellano, Vel, Lu(b) und Yt(a) ausgeschlossen werden.

4.2.2. Laboratoriumsuntersuchungen

Bei der Eignungsuntersuchung sind Laboratoriumsuntersuchungen gemäß 4.1.1.1. (Ausnahme: Parvovirus B 19 – NAT) durchzuführen. Danach kann mit der Hyperimmunisierung begonnen werden.

4.2.3. Hyperimmunisierung

Die Primärimmunisierung erfolgt in der Regel durch Injektionen von bis zu 5 ml Erythrozytensuspension in geeigneten Intervallen.

Es ist vorteilhaft für die Hyperimmunisierung, Spender auszuwählen, die bereits IgG-Anti-D gebildet haben, da sich bei ihnen meist innerhalb von vier Wochen nach weiterer Gabe geeigneter Erythrozyten ausreichend hohe IgG-Anti-D-Konzentrationen einstellen. Bei manchen Personen erreicht die Antikörperkonzentration innerhalb der ersten drei Wochen ihre maximale Höhe und steigt nach weiterer Hyperimmunisierung nicht mehr an. Bei anderen Personen kann die Antikörperkonzentration länger als zwölf Monate zunehmen, wenn Erythrozytensuspensionen in regelmäßigen Abständen weiter injiziert werden. Etwa 70 Prozent der hyperimmunisierten Personen bilden nach unterschiedlich langer Zeit IgG-Anti-D in einer Konzentration > 100 I.E./ml Serum.

Ein Antikörpersuchtest mit Differenzierung und Konzentrationsangabe des (der) Antikörper(s) ist vor der Hyperimmunisierung und regelmäßig 14 Tage nach jeder Gabe von Erythrozytensuspensionen erforderlich.

Wird die Antikörperkonzentration von mehr als 100 I.E./ml Serum nach mehreren Injektionen von Erythrozytensuspensionen nicht erreicht, sollte von der weiteren Hyperimmunisierung abgesehen werden. Fällt die Antikörperkonzentration nach Beendigung der ersten Hyperimmunisierung unter 100 I.E./ml Serum ab, so lässt sie sich durch eine oder wenige Folgeinjektionen von Erythrozytensuspensionen auf die vorherige Höhe bringen. Werden die Spender-Erythrozyteninjektionen ausgesetzt, so fällt die Antikörperkonzentration langsam innerhalb von sechs bis zwölf Monaten weiter ab.

4.2.4. Konzentration von IgG-Anti-D

Die Konzentration wird in Internationalen Einheiten (I.E., WHO-Standard) angegeben. Wegen methodischer Einzelheiten wird auf das **Europäische Arzneibuch (1997)** verwiesen.

4.2.5. Plasmaspende nach Erreichen der erforderlichen IgG-Anti-D-Konzentration

Bezüglich Frequenz und Gesamtmenge/Jahr wird auf 3.5.3. verwiesen.

4.2.6. Unerwünschte Wirkungen und Risiken der Immunisierung:

– Mit nicht inaktivierbaren Blutprodukten – hier Erythrozytenkonzentrat des Erythrozytenspenders – können Erreger von Infektionskrankheiten, zum Beispiel Viren (HBV, HCV, CMV, HIV), oder noch unbekannte Erreger übertragen werden. Durch die Spenderimpfung, die Quarantänelagerung, die erweiterte Testung der Erythrozytenspender auf Infektionsmarker und die Präparationsmethode kann diese Möglichkeit weitestgehend ausgeschlossen werden.
– Durch die Hyperimmunisierung kann es zur Produktion von nicht erwünschten Antikörpern gegen erythrozytäre Merkmale außer IgG-Anti-D kommen. Solche Antikörper, die für eventuell später notwendige Transfusionen von Bedeutung sein können, werden durch die regelmäßig wiederholten Antikörpersuchtests aufgedeckt. Eine entsprechende Dokumentation im Spenderausweis ist erforderlich.
– Fieberhafte Reaktionen im Sinne einer milden Transfusionsreaktion auf die verabfolgte Erythrozyteninjektion können auftreten.
– Im Übrigen wird wegen möglicher systemischer unerwünschter Wirkungen auf 5.3. und 5.3.2. verwiesen.

4.2.7. Spenderreaktionen bei der Plasmapherese

Hinsichtlich möglicher Spenderreaktionen wird auf 3.5.2. verwiesen.

4.3. Dokumentation, Rückverfolgung (look back) und Meldewege

Alle Unterlagen über die Erythrozytenspender, die Immunisierung der Plasmaspender und die Herstellung von Plasma für besondere Zwecke sind zu archivieren und mit wechselseitigen Verweisen zu versehen. Entsprechende Nachuntersuchungsproben (siehe „Richtlinien") sind aufzubewahren. Bezüglich der Dokumentation von unerwünschten Wirkungen wird auf die „Richtlinien" verwiesen.

5. Weitere Plasmen für besondere Zwecke zur Gewinnung von FSME-Ig, HAV-Ig, HBV-Ig, Tetanus-Ig und Tollwut-Ig[8]

5.1. Der Plasmaspender

Bezüglich der Eignungsuntersuchungen, der Spenderaufklärung, der Hyperimmunisierung und der Spendetauglichkeit sowie weiterer zu beachtender Regeln wird auf 3.1. bis 3.4. verwiesen. Eine detaillierte Dokumentation gemäß 3.6. ist laufend durchzuführen.

---

[8] Aufgrund von Änderungen im Vorkommen ausreichend hoher Antikörperkonzentrationen in normalen Spenderplasmen (siehe 1.) oder bei wissenschaftlich erwiesenen neuen Indikationen kann die Aufnahme weiterer Spezifitäten in diese Liste erforderlich werden.

5.2. Hyperimmunisierung

Allgemeine Regeln sind in 3.3. aufgeführt.

Bei Verwendung von zugelassenen Impfstoffen sind die Gebrauchsinformationen der Hersteller zu beachten.

5.2.1. Vorimmunisierte Spender

Vorimmunisierte Spender kommen gemäß 3.1. vorrangig als Spender für Plasmen für besondere Zwecke in Betracht.

Nach Feststellung der initialen Antikörperkonzentration ist zu entscheiden, ob mit den Plasmapheresen sofort begonnen werden kann oder ob eine Hyperimmunisierung erforderlich ist. Ziel des individuellen Hyperimmunisierungsprogramms ist es, die erreichte Antikörperkonzentration über längere Zeit zu stabilisieren und auf diese Weise die Zahl der Spender so gering wie möglich zu halten.

Eine Begrenzung der Impfstoffgaben nach Anzahl oder Zeitraum kann sich aus dem Auftreten unerwünschter Wirkungen ergeben (3.3.1.).

5.2.2. Nicht vorimmunisierte Spender

Nach Beendigung der ersten Impfserie nach einem für Schutzimpfungen vorgesehenen Schema und Untersuchung von Serum/Plasmaproben auf die erreichte Antikörperkonzentration kann mit den Plasmapheresen begonnen werden, falls nicht – bei nicht ausreichender Antikörperkonzentration – eine Hyperimmunisierung gemäß 5.2.1. erforderlich ist. Im Übrigen siehe 5.2.1.

5.2.3. Spender mit nicht ausreichender Immunantwort

Spender, die auch nach zwölfmonatiger Hyperimmunisierung mit dem gleichen Impfstoff keine ausreichenden oder steigenden Antikörperkonzentrationen im Plasma aufweisen, sollten von der weiteren Hyperimmunisierung mit dem jeweiligen spezifischen Impfstoff ausgeschlossen werden. Solche Spender können jedoch nach Hyperimmunisierung mit Impfstoffen anderer Spezifität hohe Antikörperkonzentrationen erreichen.

5.3. Unerwünschte Wirkungen bei der Anwendung von Impfstoffen

Nach WHO-Kriterien werden vier Gruppen von unerwünschten Wirkungen nach Impfungen unterschieden:
- durch die Impfung selbst verursachte unerwünschte Wirkungen, das heißt Reaktionen, die mit der Impfung kausal verknüpft sind,
- durch die Impfung ausgelöste unerwünschte Wirkungen, die sich auch bei anderen Gelegenheiten ergeben hätten, bei denen die Impfung jedoch den letzten Anstoß für das Auftreten der Symptomatik gegeben hat,
- unerwünschte Reaktionen beziehungsweise Erkrankungen, die durch fehlerhafte Produktion, fehlerhafte Dosierung oder fehlerhafte Anwendung des Impfstoffes eintreten, sowie

Flegel

– Erkrankungen, die rein zufällig mit der Impfung zusammentreffen und dieser irr-
tümlich zugeschrieben werden.

Allgemein kann zwischen lokalen und systemischen unerwünschten Wirkungen unterschieden werden. Bezüglich unerwünschter Wirkungen der einzelnen Impfstoffe
sind die Angaben der Hersteller und die vorliegende wissenschaftliche Literatur (als
Literaturverweis: U. Quast, W. Thilo, R. Fescharek: Impfreaktionen - Bewertung und
Differentialdiagnose. 2. Auflage, Hippokrates Verlag Stuttgart 1997) zu beachten.

5.3.1. Lokale unerwünschte Wirkungen

Einfache Lokalreaktionen mit typischen Zeichen der Entzündung können je nach
Art des Impfstoffes bei bis zu 30 Prozent der Impflinge innerhalb von 12 – 48 Stunden nach Impfung auftreten und sind meist von kurzer Dauer.

Verstärkte Lokalreaktionen kommen bei mit Tetanusvakzinen hyperimmunisierten
Personen häufiger vor als bei Erstimpflingen. Bei anderen Impfungen wurde dies
bisher nicht beobachtet. Bei modernen Impfstoffen (zum Beispiel FSME-Impfstof-
fen) zeigen sich oft bei der Erstimpfung stärkere Reaktionen als bei Mehrfachim-
munisierten. Verstärkte Lokalreaktionen können zur Modifikation des individuellen
Vorgehens bezüglich Impfstoffdosis und Häufigkeit der Applikation führen.

Hämatome, Granulome und sterile Abszesse, Spritzenabszesse sowie die Embolia
cutis medicamentosa treten bei korrekter Applikation der Impfstoffe selten auf.

Lokale allergische Reaktionen gegen im Impfstoff enthaltene Antigene entsprechen
in ihren Symptomen einfachen oder verstärkten Lokalreaktionen (siehe oben); sie
zeigen sich jedoch typischerweise schon innerhalb von 30 Minuten nach der Impfstoffgabe. In jedem Fall ist durch Verlängerung der Aufsichtsperiode (siehe 3.3.1.)
eine gleichzeitige oder anlaufende systemische allergische Reaktion (siehe unten)
auszuschließen. Eine allergologische Abklärung vor weiteren Impfungen ist erforderlich.

Eine nachgewiesene lokale allergische Reaktion kann Anlass zu Modifikationen
des individuellen Impfprogramms geben oder auch zum Ausschluss des Betreffenden aus dem vorgesehenen Impfprogramm führen.

In seltenen Fällen können auch andere Bestandteile des Impfstoffes (Konservierungsmittel, Antibiotika, Hühnereiweiß) Ursache lokaler allergischer Reaktionen
sein.

5.3.2. Systemische unerwünschte Wirkungen

Systemische unerwünschte Wirkungen treten insgesamt selten auf. Sie können in
akute, subakute und verzögerte Reaktionen eingeteilt werden.

5.3.2.1. Akute systemische unerwünschte Reaktionen

Akute anaphylaktische Reaktionen laufen unabhängig von der Natur des auslösenden Antigens nach einem wiederkehrenden Muster ab. Sie treten innerhalb von 30

Minuten nach Applikation des Impfstoffes auf. Symptome sind neben der lokalen allergischen Reaktion (siehe 5.3.1.) Exantheme, Flush, Unruhe, Rückenschmerzen, Nausea, Dyspnoe, Tachykardie und Blutdruckabfall bis hin zum anaphylaktischen Schock (sehr selten). In schweren Fällen ist eine sofortige Notfallbehandlung erforderlich (siehe auch „Richtlinien"). Auf die Grundsätze der Behandlung eines anaphylaktischen Schocks (Adrenalin, Volumen, systemische Nebennierenrindensteroide in dieser Reihenfolge) wird hingewiesen.

Das Auftreten einer systemischen, akuten, anaphylaktischen Reaktion muss stets Anlass zur allergologischen Abklärung und zum Ausschluss des Impflings von der weiteren Immunisierung mit dem betreffenden Impfstoff sein.

Anaphylaktoide Reaktionen sind nach Impfungen extrem selten. Sie können auch bei Erstimpflingen auftreten. Vasovagale Reaktionen können bei empfindlichen Personen durch lokalen Injektionsschmerz oder emotional ausgelöst werden. Symptome sind plötzliches Unwohlsein, Schwindel, Ohrensausen, Brechreiz, Kollapsneigung und Blutdruckabfall.

5.3.2.2. Subakute systemische unerwünschte Reaktionen

Zu den subakuten unerwünschten Wirkungen zählen Fieber, Ex- und Enantheme, Pruritus und regionale Lymphadenitis. Sie treten innerhalb einiger Stunden bis zu zwei Tagen nach Impfstoffgabe auf. Kurzzeitiges Auftreten von Fieber (bis + 38,5 °C) wird im Rahmen der normalen Immunreaktion insbesondere bei Mehrfachimpfung relativ häufig beobachtet.

Das Auftreten subakuter unerwünschter Reaktionen außer Fieber kann Anlass zur Modifikation des individuellen Hyperimmunisierungsprogramms oder zum Ausschluss des Betreffenden von der weiteren Hyperimmunisierung geben.

5.3.2.3. Verzögerte systemische unerwünschte Reaktionen

Verzögerte unerwünschte Wirkungen sind insgesamt sehr selten. Wegen des zeitlichen Abstandes von Tagen bis Wochen zwischen Impfstoffgabe und Auftreten der Symptome sind differenzialdiagnostisch stets andere Ursachen beziehungsweise von der Impfstoffgabe unabhängige Erkrankungen in Betracht zu ziehen (siehe 5.3.).

5.3.3. Spenderbefragung nach unerwünschten Wirkungen

Über die Spenderaufklärung hinaus (siehe 3.2.) muss der Spender nach jeder Impfstoffgabe bezüglich des Auftretens unerwünschter Wirkungen, insbesondere auch subakuter oder verzögerter Reaktionen, befragt werden. Alle Angaben sind zu dokumentieren.

5.4. Kontraindikationen gegen eine Hyperimmunisierung

Permanente Kontraindikationen gegen eine Hyperimmunisierung oder die Fortführung einer begonnenen Hyperimmunisierung ergeben sich aus den Vorschriften für

Spender (siehe „Richtlinien"). Im Einzelfall kann auch das Auftreten schwererer unerwünschter Wirkungen (siehe 5.3.), insbesondere solcher allergischer beziehungsweise anaphylaktischer Pathogenese, zur Beendigung der Hyperimmunisierung bei dem betreffenden Spender zwingen.

Vorübergehende Kontraindikationen sind neben den in den „Richtlinien" aufgeführten Punkten Schwangerschaft sowie akute fieberhafte Erkrankungen für die Dauer dieser Erkrankung.

Literatur

Arbeitskreis Blut Votum 11 (V11), Vorschläge zu Aufkommen und Verbrauch von Blutkomponenten und Plasmaderivaten mit dem Ziel der Selbstversorgung, und: Hyperimmunplasma (Plasma für besondere Zwecke) zur Herstellung von Hyperimmunglobulinen (speziellen Immunglobulinen), BgesBl 12/1995, 494 - 495; P. J. Hagen, Non-profit services and the plasma industry, in: Blood transfusion in Europe, Council of Europe Press 1993, 63 – 85.

I. Die Bedeutung der Norm

1   Die Norm legt die Bedingungen fest, unter denen Spenderimmunisierungen zur Gewinnung von Plasma durchzuführen sind. Es werden für diesen begrenzten Bereich wichtige rechtliche Rahmenbedingungen gewährleistet, die als Voraussetzung für die notwendigen umfangreichen Spenderimmunisierungsprogramme angesehen wurden. Dadurch kann das Ziel der gesicherten Versorgung in Bezug auf die Selbstversorgung mit Plasmaderivaten für besondere Zwecke erreichbar werden. Wegen der ähnlichen Zielrichtung und des gleichen Schutzzweckes wurde die Vorschrift analog zu denen der klinischen Prüfung von Arzneimitteln ausgeformt.

II. Die Versorgungssituation

Für die Herstellung spezifischer Immunglobuline ist eine Verfügbarkeit von mehr   **2**
als 100.000 l Plasma von entsprechend immunisierten Spendern erforderlich[9]. Im
Jahr 1995 standen in Deutschland lediglich ca. 5.000 l geeignetes Plasma von Spendern aus Deutschland zur Verfügung. Um das Ziel einer Selbstversorgung zu erreichen, ist die Gewinnung entsprechender Hyperimmunplasmen im Versorgungsge-
biet erforderlich. Der Arbeitskreis Blut stellte bereits 1995 fest, dass dies aufgrund
gesetzlicher Vorgaben und unterschiedlichen Spenderverhaltens unabdingbar mit
erhöhten Herstellungskosten gegenüber dem Import von Plasma aus den USA verbunden sei, woraus höhere Preise für die Endprodukte resultierten.

Allerdings könnte in vielen Fällen der Verbrauch an Hyperimmunplasmen einge-   **3**
schränkt werden, wenn deren Anwendung streng nach Indikation vorgenommen
und vor allem, wenn als prophylaktische Maßnahme Schutzimpfungen und Auffri-
schimpfungen in der Bevölkerung verstärkt durchgeführt würden.

III. Die medizinische Notwendigkeit zur Spenderimmunisierung

Plasma für besondere Zwecke kann aus Spenderplasmen gewonnen werden, die be-   **4**
reits spezielle Antikörper nach natürlicher Infektion oder nach Routineimpfung gebildet haben, oder durch Hyperimmunisierung von Spendern[10]. Soweit möglich,
wird die Auswahl von Antikörper-positivem Spenderplasma Vorrang vor der kontrollierten Immunsierung haben. Wird eine Spenderimmunisierung erforderlich, so
wird dies vorrangig bei bereits Antikörper-positiven Plasmaspender durchgeführt,
da diese weniger Immunisierungen benötigen als nicht sensibilisierte Spender.

Gerade bei klinisch besonders wichtigen und in großen Mengen erforderlichen Hy-   **5**
perimmunglobulinen ist jedoch eine kontrollierte Immunisierung von Spendern unverzichtbar, da diese Antikörper in der Bevölkerung entweder zu selten oder nicht
in ausreichender Konzentration vorhanden sind. Diese Situation ist vor allem gegeben für die Herstellung von Hyperimmunglobulinen der Spezifität anti-D (für die
Prophylaxe Rhesus-negativer Schwangere), anti-Tetanus (Passivimmunisierung
auch bei kleineren Wunden, wenn aktive Immunisierung fehlt), anti-FSME, anti-
Hepatitis-B bzw. anti-Hepatitis-A und anti-Tollwut (Passivimmunisierung bei Verdacht auf Exposition [Kontakt mit Erreger]).

IV. Stand der medizinischen Wissenschaft und Technik

Für den Normadressaten sind neben dem TFG selbst, das AMG und die Pharm-   **6**
BetrV verbindlich. Der Stand der medizinischen Wissenschaft und Technik wird

---

[9]   Arbeitskreis Blut Votum 11: Vorschläge zu Aufkommen und Verbrauch von Blutkompo-
      nenten und Plasmaderivaten mit dem Ziel der Selbstversorgung.
[10] Arbeitskreis Blut Votum 11: Hyperimmunplasma (Plasma für besondere Zwecke) zur
      Herstellung von Hyperimmunglobulinen (speziellen Immunglobulinen), und Vorwort zu
      den Richtlinien für Hyperimmunplasma.

durch die angegebenen Richtlinien für Hyperimmunplasma und soweit einschlägig durch die Hämotherapie-Richtlinien abschließend festgelegt.

Das MPG enthält keine Vorschriften, die über die sonst auch gültigen Normen bei Spendeeinrichtungen hinausgingen. Einzelne Regelungen aus anderen Regelwerken können Verbindlichkeit erlangen, wenn und soweit auf sie in den Richtlinien für Hyperimmunplasma ausdrücklich verwiesen wird[11].

7   Die im Abschnitt 2.3. der Richtlinien für Hyperimmunplasma genannten weiteren Regelwerke haben keine unmittelbar bindende Wirkung für z.B. die in der Spenderimmunisierung tätigen Ärzte. Ihre allgemeine Erwähnung im betreffenden Abschnitt könnte zur Unsicherheit beitragen, welche Regeln tatsächlich den Stand der medizinischen Wissenschaft und Technik wiedergeben. Wegen der Unbestimmtheit ihrer Erwähnung muss aber eine Verbindlichkeit der anderen Regelwerke im Sinne des § 8 Abs. 1 Satz 2 verneint werden.

8   Anders als für die übrigen Paragrafen des Zweiten Abschnitts des TFG, z.B. auch für § 9 TFG, hat der Europarat bzgl. Spenderimmunisierung bisher keine Empfehlungen abgegeben wohl aber in gewissem Umfang für die Aufarbeitung der so gewonnen Spenden[12]. Generell gilt für Empfehlungen des Europarats, dass sie als von einer zwischenstaatlichen Organisation ausgehend keine bindende Wirkung für z.B. die praktisch tätigen Ärzte haben, da der Normadressat der Empfehlungen des Europarats nur die Regierung eines Mitgliedsstaats sein kann.

Auch ist es problematisch innerhalb der Richtlinien auf einzelne Originalarbeiten zu verweisen[13], die wohl kaum als einzige verbindliche Quelle gelten können oder im Sinne der Richtlinien gelten sollen.

V. Einschaltung der Ethik-Kommission

9   Mit dem Immunisierungsprogramm darf erst begonnen werden, wenn die Voraussetzungen des § 8 Abs. 2 erfüllt sind, insbesondere das Votum einer nach Landesrecht gebildeten Ethikkommission vorgelegt werden kann (§ 8 Abs. 2 Ziff. 7). Die Vorschrift ist § 40 Abs. 1 Satz 2 AMG nachgebildet. Die Verpflichtung, sich bei einer Ethikkommission beraten zu lassen, gilt für die approbierte ärztliche Person, die das Immunisierungsprogramm durchführen will. Zuständige Ethikkommission ist für Ärzte an Spendeeinrichtungen, die in universitärer Trägerschaft stehen, die an der Universität gebildete Ethikkommission, ansonsten die der jeweiligen Ärztekammer, deren Mitglied die approbierte ärztliche Person ist. Die universitäre Ethikkom-

---

[11] Vgl. z.B. den Verweis auf methodische Einzelheiten im Europäischen Arzneibuch im Abschnitt 4.2.4. der Richtlinien für Hyperimmunplasma. Da hier ausdrücklich auf die Fassung von 1997 verwiesen wird, soll wohl eine Neufassungen des Europäischen Arzneibuchs diesbezüglich nicht automatisch Gültigkeit haben.

[12] Council of Europe, Guide to the preparation, use and quality assurance of blood components, Recommendation No. R(95)15, 7th Edition, Council of Europe Press 2001.

[13] Vgl. z.B. den Literaturverweis im Abschnitt 5.3. der Richtlinien für Hyperimmunplasma.

mission ist ebenfalls zuständig, sofern die leitende ärztliche Person der Spendeeinrichtung als Professor Mitglied der Universität ist. Die Zuständigkeit knüpft also an
der Mitgliedschaft an. Das Votum einer privaten Ethikkommission ist nicht ausreichend.[14].

Insbesondere wird die zuständige Ethikkommission den vorgesehenen Immunisie-   **10**
rungsplan prüfen. Unerwünschte Arzneimittelwirkungen sind wie sonst auch der
Ethikkommission unverzüglich zu melden. Diese wird auf die begründete Meldung
reagieren, was bis zum Widerruf des Votums gehen kann.

Bei der Spenderimmunisierung mit mehr als einem Impfstoff sind entsprechende   **11**
Angaben über die Eignung und Verträglichkeit erforderlich und von der Ethik-
Kommission zu prüfen.

Wegen der damit verbundenen gesundheitlichen Problematik für die spendende
Person wird die Ethikkommission auch das Maß der Aufwandsentschädigung zu
prüfen haben, die ohne Kenntnis und Zustimmung der Ethik-Kommission nicht erhöht oder durch nicht deklarierte Anreize ergänzt werden darf.

VI. Aufklärung und Einwilligung

§ 6 TFG gilt analog. Die sich aus der Spenderimmunisierung ergebenden Besonder-   **12**
heiten der Spenderaufklärung nach Abschnitt 3.2 und bezüglich möglicher unerwünschter Arzneimittelwirkungen nach den Abschnitten 3.5.2., 4.2.6. und 5.3 der
Richtlinien für Hyperimmunplasma müssen zusätzlich beachtet werden.

Schon nach dem Votum 11 des Arbeitskreises Blut war eine umfassende Aufklärung und eine schriftliche Einwilligung des zu immunisierenden Spenders gefordert. Diese Einwilligung der immunisierten Person muss jederzeit widerrufbar bleiben. In diesem Zusammenhang verdient die Aufwandsentschädigung besonderes
Augenmerk, die nicht geeignet sein darf, eine spendende Person gegen ihre gesundheitlichen Interessen zur Spende zu motivieren.

VII. Anforderung an die Immunisierung

Die Immunisierung darf nur in einer Einrichtung durchgeführt werden, die von ei-   **13**
ner approbierten ärztlichen Person geleitet wird. Es ist nicht näher geregelt, wie die
nach § 8 Abs. 2 Ziff. 3 geforderte Sachkunde des immunisierenden Arztes nachzuweisen wäre. Es überrascht, dass auch die einschlägigen Richtlinien für Hyperimmunplasma keine wesentlich detaillierteren Vorgaben machen. Grundsätzlich wird
man bei einem Arzt für Transfusionsmedizin die notwendige Sachkunde voraussetzen dürfen, jedoch werden auch Ärzte anderer Fachrichtungen im Einzelfall über
die notwendige Sachkunde verfügen können. Zusätzlich muss der „Leiter der Spenderimmunisierung" eine ausreichende Impfpraxis besitzen, die wiederum nicht näher quantifiziert ist.

---

[14] Vgl. hierzu E. Deutsch, H.-D. Lippert 1998, 40 ff.

14   Für die Spendeeinrichtung, in der die Spendeentnahme durchgeführt wird und die nicht mit der Einrichtung der Immunisierung identisch sein muss, gelten die Vorschriften nach § 4 TFG, die im Abschnitt 2.4 der Richtlinien für Hyperimmunplasma wiederholt und etwas weiter ausgeführt werden.

Nach dem Votum 11 des Arbeitskreises Blut war eine Immunisierung „ausschließlich mit zugelassenen Impfstoffen oder Produkten" gefordert. § 8 legt keine besonderen Anforderungen an die angewendeten Arzneimittel fest. In Bezug auf die Herstellung von anti-D-Ig ist zu beachten, dass im Abschnitt 4 der Richtlinien für Hyperimmunplasma umfangreiche weitergehende Vorschriften für die angewendeten Erythrozytenpräparate festgelegt werden.

VIII. Immunisierungsplan und Immunisierungsprotokoll

15   Jede Spenderimmunisierung muss nach § 8 Abs. 3 Satz 1 auf der Grundlage eines Immunisierungsplans durchgeführt werden. Nach Abschnitt 3 der Richtlinien für Hyperimmunplasma werden in diesem Immunisierungsplan vorab die Impfstoffdosen, die Anzahl der voraussichtlich erforderlichen Impfstoffgaben und deren Abstände festgelegt. Sicherlich müssen darin auch die geforderte Antikörperkonzentration, der Test zur Prüfung dieser Konzentration und die Kriterien zur Ermittlung von Spendern als „non-Responder" enthalten sein. Der Immunisierungsplan ist wesentlicher Bestandteil eines Antrags bei der Ethikkommission und kann nicht ohne deren Kenntnis und Zustimmung geändert werden.

16   Im Immunisierungsprotokoll müssen alle Angaben dokumentiert werden, die im Immunisierungsplan vorgesehen sind. Hierzu gehören auch die Ergebnisse der gesundheitlichen Überwachung und der Spenderkriterien der zu immunisierenden Person vor und während der Immunisierung.

17   Für eine im Arbeitskreis Blut Votum 11 noch geforderte Überwachung nach der Immunisierung finden sich keine detaillierten Regelungen. Zumindest solange der immunisierten Person regelmäßig Spenden entnommen werden, ist eine gesundheitliche Überwachung nach § 5 TFG und den etwas weitergehenden Vorschriften, insbesondere nach Abschnitt 3.1.1 der Richtlinien für Hyperimmunplasma, gewährleistet. Eine gesundheitliche Überwachung zwischen den Spenden und nach Beendigung der Spendetätigkeit ist nicht vorgeschrieben.

IX. Dokumentation

18   Die Spenderdokumentation ist entsprechend § 11 TFG durchzuführen. Es gilt jedoch eine auf mindestens 20 Jahre verlängerte Aufbewahrungszeit der angefertigten Dokumente insbesondere des Immunisierungsprotokolls. Neben der ohnehin selbstverständlichen Dokumentation der zur Spenderimmunisierung eingesetzten Blutprodukte bei der Spendeeinrichtung, sind die angewendeten Erythrozytenpräparate der immunisierten Person nach § 8 Abs. 3 Satz 3 zusätzlich zu bescheinigen. Dies gewährleistet, dass die immunisierte Person diese Bescheinigung in ihrem Ermessen über den vorgesehenen Zeitrahmen von 20 Jahren aufbewahren kann.

Die scheinbare Einschränkung des TFG, nach der Erythrozytenpräparate (jedoch **19** nicht andere angewendete Blutprodukte) zu bescheinigen sind, begründet sich aus dem Umstand, dass andere Blutprodukte praktisch nicht zur Spenderimmunisierung angewendet werden. Sollten andere Blutprodukte im Sinne § 2 Ziff. 3 TFG je zum Einsatz kommen, wären sie analog der Vorschrift für Erythrozytenpräparate der immunisierten Person zu bescheinigen.

Von dieser Pflicht zur Bescheinigung sind z.B. zugelassene Impfstoffe und andere Arzneimittel ausgenommen, die nicht unter die Begriffsbestimmung nach § 2 Ziff. 3 fallen.

Weiterhin muss der die Spenderimmunisierung durchführende Arzt gewährleisten, **20** dass der Spender einen Ausweis erhält, mit dem er sich jederzeit als hyperimmunisiert ausweisen kann.

X. Meldepflichten

Nach dem Votum 11 des Arbeitskreises Blut sind der zuständigen Behörde, also in **21** der Regel dem zuständigen Regierungspräsidium, nach deren Maßgabe sämtliche Unterlagen zur Anwendung von Impfstoffen oder Produkten außerhalb der zugelassenen Anwendung oder Dosierung zum Zwecke der Hyperimmunisierung vorzulegen und die Notwendigkeit zu erläutern. Unerwünschte Arzneimittelwirkungen (UAW) sind der Behörde anzuzeigen.

Alle im TFG festgelegten Verfahren für die Gewinnung von Blut, die Anwendung **22** von Blutprodukten und die Rückverfolgung gelten im vollen Umfang. Die sich aus der Spenderimmunisierung ergebenden Besonderheiten müssen jedoch zusätzlich beachtet werden. So muss nach § 8 Abs. 4 die das Immunisierungsprogramm durchführende leitende ärztliche Person alle Ereignisse melden, die die Gesundheit der immunisierten Person oder den Erfolg des Immunisierungsprogramms beeinträchtigen könnten. Die leitende ärztliche Person muss diese der Ethikkommission, der zuständigen Behörde und dem Hersteller des angewendeten Blutprodukts unverzüglich mitteilen. Diese Meldepflicht gilt zusätzlich zur etwaigen Meldepflicht des Stufenplanbeauftragten nach AMG.

Ist eine Meldung notwendig, sind ausschließlich das Geburtsdatum und Geschlecht **23** mitzuteilen, jedoch nicht die Initialen oder anderweitige personenbezogene Daten der immunisierten Person. Eine Erfassung der durchgeführten Spenderimmunisierungen im Rahmen des koordinierten Meldewesens nach § 21 TFG ist nicht vorgesehen.

XI. Aufwendungsentschädigung für Immunisierung

Obwohl vom Arbeitskreis Blut bereits 1995 angeregt, wurden im TFG und den **24** Richtlinien für Hyperimmunplasma keine separaten Regelungen für die Aufwandsentschädigung bei Immunisierungen getroffen. Sicherlich gilt für die Spenderimmunisierung die Norm[15], dass die Spendeentnahme unentgeltlich zu erfolgen hat. In der Praxis wird jedoch vom Spender eine oftmals nicht geringe Aufwandentschädigung erwartet, was auch im internationalen Vergleich ein vielerorts übliches[16], wenngleich nicht unproblematisches Vorgehen ist.

XII. Versicherungsrechtliche Situation bei der Spenderimmunisierung

25   Für Spender im Rahmen eines Immunisierungsprogramms gelten zunächst dieselben sozialversicherungsrechtlichen Absicherungen wie für andere Spender auch. Die einschlägigen Richtlinien für Hyperimmunplasma gehen in Abschnitt 2.5 ersichtlich davon aus, dass mit der Immunisierung für den Spender ein erhöhtes Schadensrisiko verbunden ist, welches durch die Betriebshaftpflichtversicherung der Spendeeinrichtung abzudecken ist. Hierüber ist der Spender zweckmäßigerweise aufzuklären. Für den Einsatz der entsprechenden (zugelassenen) Medikamente haftet deren Anwender, in Ausnahmefällen auch deren Hersteller unter den Voraussetzungen des § 84 AMG. Auch diese Facette der Haftung ist beim Abschluss der Betriebshaftpflichtversicherung der Spendeeinrichtung zu berücksichtigen und zu versichern.

26   Nach § 2 Abs. 1 Nr. 13 b SGB VII sind Personen, die Blut spenden, Kraft Gesetzes in der gesetzlichen Unfallversicherung versichert. Der Versicherungsfall ist bei der Blutspende wohl der Arbeitsunfall nach § 8 SGB VII (nicht dagegen die Berufskrankheit). Geschuldet wird in erster Linie Heilbehandlung gem. §§ 27 ff. SGB VII sowie Rehabilitationsmaßnahmen gem. § 35 ff. SGB VII. Die Gewährung von Schmerzensgeld ist ausgeschlossen.

27   Neben den allgemeinen sozialversicherungsrechtlichen Absicherungen eines Spenders[17] muss zusätzlich ein mögliches Risiko des Immunisierungsvorgangs an sich abgesichert werden. Eine Versicherungspflicht, die auch aus der besonderen Verantwortung nach § 3 Abs. 3 Satz 2 TFG besteht, wird in den Richtlinien für Hyperimmunplasma Abschnitt 2.5. festgelegt und wird im Umfang ähnlich einer Probandenversicherung gestaltet werden.

28   Sofern zugelassene Arzneimittel für die Immunisierung verwendet werden, wird deren Hersteller für mögliche Schäden aus dem Arzneimittel haften. Wenn andere Reagenzien für die Immunisierung eingesetzt werden, muss für eine entsprechende zusätzliche haftungsrechtliche Absicherung gesorgt sein. Entsprechende Angaben müssen der Ethikkommission vorgelegt werden, um die ausreichende Vorsorge prüfen zu können. Ein wesentlicher Aspekt ist die zeitlich lange versicherungstech-

---

[15] Vgl. Kommentierung zu § 10 TFG.

[16] P. J. Hagen 1993, 64: „The plasma industry uses paid donors as the source of their raw material. In most instances, commercial plasma is imported from outside Europe, but remunerated plasma donation also exits in European countries where commercial plasma fractionators operate (Austria, Germany, Spain, Sweden)."

[17] Vgl. § 10 TFG.

nische Absicherung, falls mögliche Schäden erst spät bekannt werden oder auftreten.

XIII. Rechtsfolgen

Im Zivilrecht

§ 8 ist Schutzgesetz im Sinne von § 823 Abs. 2 BGB.   **29**

Im Strafrecht

Es gelten zunächst die für Eingriffe in die körperliche Integrität allgemein einschlä-   **30**
gigen Strafnormen. Spezielle Straftatbestände enthält das TFG zu § 8 nicht.

Im Ordnungswidrigkeitenrecht

Wer vorsätzlich oder fahrlässig ein Immunisierungsprogramm entgegen einem dem   **31**
Stand der medizinischen Wissenschaften entsprechenden Immunisierungsplan
durchführt oder dieses Programm nicht bei der zuständigen Behörde anzeigt, handelt ordnungswidrig nach § 32 Abs. 2 Ziff. 2 TFG.

§ 9
Vorbehandlung zur Blutstammzellseparation

Die für die Separation von Blutstammzellen und anderen Blutbestandteilen erforderliche Vorbehandlung der spendenden Personen ist nach dem Stand der medizinischen Wissenschaft durchzuführen. § 8 Abs. 2 bis 4 gilt entsprechend.

Zugehörige Richtlinien:

Die Richtlinien zur Gewinnung von Blut und Blutbestandteilen und zur Anwendung von Blutprodukten (Hämotherapie) i.d.F. von 2000 behandeln den Bereich der Gewinnung von peripheren Stammzellen. Wegen der besonderen Belange dieses Bereichs wurden 1997 spezielle Richtlinien[1] erstellt (im weiteren als „Richtlinien für Blutstammzellen" bezeichnet), die unten abgedruckt sind und auf die die Hämotherapie-Richtlinien verweisen.

2.6 Präparative Hämapherese

2.6.1 Definition

Die präparative Hämapherese ermöglicht die Auftrennung von Blut in verschiedene Bestandteile unmittelbar am Spender; die nicht benötigten Blutbestandteile werden dem Spender sofort wieder zugeführt. Die präparative Hämapherese unterscheidet sich von der Vollblutspende durch die Anwendung von Zellseparatoren mit extrakorporalem Kreislauf. Mit Hilfe verschiedener Separationsverfahren können einzelne Blutbestandteile (z.B. Plasma, Thrombozyten, Erythrozyten, Granulozyten, Lymphozyten bzw. periphere Stammzellen) mit unterschiedlicher Selektivität gewonnen werden.

2.6.2 Besondere Voraussetzungen für Hämapheresen

Das an der Hämapherese beteiligte Personal muss zusätzlich zu ausreichenden Kenntnissen in Notfallmaßnahmen (s. Abschnitt 2.3.3) eine ausreichende Erfahrung mit extrakorporalen Systemen besitzen. Insbesondere muss das Personal am Zellseparator des verwendeten Typs ausführlich eingewiesen werden und in der Lage sein, alle Störungen rasch zu erkennen und diese entsprechend seinem Aufgaben- bzw. Verantwortungsbereich zu beheben.

Zellseparatoren müssen den Vorschriften des Medizinproduktegesetzes (MPG) entsprechen. Sie dürfen nur mit Einmalsystemen bestückt und gemäß der Medizinproduktebetreiberverordnung (MPBetreibV) gehandhabt werden.

Die Vorbereitung der Geräte muss schriftlich dokumentiert werden, die Sicherheitsprüfung ist von einer sachkundigen Person anhand einer Prüfliste zu bestätigen.

---

[1]   Wissenschaftlicher Beirat der Bundesärztekammer unter Mitwirkung des Paul-Ehrlich-Institutes (PEI), Richtlinien zur Transplantation peripherer Blutstammzellen, DÄ 94(1997)A-1584 - 1592.

Die sachgerechte Bedienung und Überwachung des eingesetzten Apheresesystems und die Betreuung des Spenders während der Hämapherese sind sicherzustellen. Über Vorbereitung, Sicherheitsprüfung und Ablauf der Hämapherese ist ein Protokoll anzufertigen.

Die Spenderaufklärung (s. Abschnitt 2.1.2) muss die Besonderheiten der Hämapherese einschließen.

[...]

2.6.5 Besonderheiten der einzelnen Apheresetechniken

[...]

2.6.5.6 Präparative Apherese von allogenen Blutstammzellen

2.6.5.6.1 Definition

Als Blutstammzellapherese wird die gerichtete Entnahme von hämatopoetischen Vorläuferzellen aus der Zirkulation des Spenders mittels eines Zellseparators bezeichnet. Dabei wird von einem geeigneten Spender mit einer oder mehreren Stammzellapheresen mindestens die Menge an Blutstammzellen entnommen, die bei einer allogenen Transplantation eines bestimmten Patienten eine rasche Rekonstitution der Hämatopoese erwarten lässt.

Die Gewinnung und Herstellung von allogenen Blutstammzellen ist Arzneimittelherstellung. Sie unterliegt den Vorschriften des AMG (§ 13 u.a.) und des Transfusionsgesetzes. Die „Richtlinien zur Transplantation peripherer Blutstammzellen" des Wissenschaftlichen Beirats der Bundesärztekammer und des Paul-Ehrlich-Institutes (Dt. Ärztebl. 1997; 94: A-1584–1592) sind zu beachten. Auf die „Empfehlungen zur Blutstammzellapherese" der DGTI (Infusionsther. Transfusionsmed. 1998; 25: 325–335) wird hingewiesen.

2.6.5.6.2 Spenderuntersuchung und -auswahl

Der Spender ist dem für die Zytapherese zuständigen Arzt rechtzeitig vor Beginn der Konditionierung des Patienten (z.B. Ganzkörperbestrahlung) vorzustellen. Die Eignung als Spender muss von einem approbierten Arzt festgestellt werden, der unabhängig von der Transplantationseinheit tätig ist. Neben den Kriterien der Spendereignung nach 2.1.4 sind die Voraussetzungen zur Stammzellmobilisation zu gewährleisten.

Aufgrund ärztlicher Entscheidung kann nach individueller Risikoabwägung von einzelnen Voraussetzungen der Spendereignung abgewichen werden. Die Abweichungen sind schriftlich zu begründen und zu dokumentieren.

2.6.5.6.3 Spenderaufklärung

Es gelten die Ausführungen zu 2.1.2. Dabei ist der Spender insbesondere über die Problematik der medikamentösen Stammzellmobilisierung und die Entnahme ausführlich und schriftlich aufzuklären und die Einwilligung hierzu zu dokumentieren.

2.6.5.6.4 Häufigkeit und Menge der Stammzellapheresen

Das bei der Stammzellapherese prozessierte Blutvolumen sollte das Vierfache des Spenderblutvolumens nicht überschreiten. Die Separationsdauer für ein Verfahren sollte nicht mehr als fünf Stunden betragen. Pro Tag sollte das Entnahmevolumen 15% des Körperblutvolumens (ca. 500 ml bei Erwachsenen) nicht übersteigen. Das insgesamt entnommene Volumen sollte auch bei mehrfachen Apheresen maximal 30% des Körperblutvolumens betragen. Innerhalb von 14 Tagen sind höchstens fünf Separationen zulässig, die auch an aufeinanderfolgenden Tagen durchgeführt werden können. Bei Entlassung nach Apherese sollte die Thrombozytenzahl des Spenders nicht unter 80 000/µl liegen. Ggf. ist eine Retransfusion der Thrombozyten durchzuführen. Bei der Abschätzung der zu entnehmenden Menge ist zu berücksichtigen, dass bei einer allogenen Transplantation nach dem derzeitigen Wissensstand eine Mindestdosis von 4×10^6 CD34-positiven Zellen/kg Körpergewicht des Empfängers übertragen werden sollte.

2.6.5.7 Dokumentation

Über jede Apherese sowie über anschließende Präparationen (z.B. Thrombozytenabtrennung, Selektion von Blutstammzellen etc.) ist ein Protokoll zu fertigen, das die Angaben über das Verfahren, Art, Menge und Chargenbezeichnung der verwendeten Materialien und ggf. die Ergebnisse der Qualitätskontrollen enthält.

Richtlinien zur Transplantation peripherer Blutstammzellen i.d. Erstfassung von 1997

Erarbeitet vom Wissenschaftlichen Beirat der Bundesärztekammer unter Mitwirkung des Paul-Ehrlich-Institutes

Vorwort

Nachdem durch Landsteiner 1900 in Wien die Hauptblutgruppen A B 0 entdeckt wurden, entwickelte sich die Bluttransfusion von Mensch zu Mensch zu einer häufig lebensrettenden therapeutischen Maßnahme. 1958 wurde von Dausset das erste Merkmal des HLA (Human Leukocyte Antigen) beschrieben, das große Bedeutung für die Organ- und Knochenmarktransplantation bekam.

Durch die Entwicklung von kontinuierlichen Zellseparatoren in den 70er Jahren konnten im peripheren Blut zirkulierende, funktionell unterschiedliche Zellen wie Thrombozyten oder Leukozyten durch eine kontinuierliche Separation im extrakorporalen Kreislauf von Einzelspendern gezielt gewonnen werden (Apherese). Diese Entwicklung ermöglichte eine gezielte Hämotherapie mit spezifischen Blutkomponenten in hoher Konzentration; als supportive Therapie wurde sie eine Voraussetzung für die aggressive Chemo- und/oder Radiotherapie bei Leukämien und soliden Tumoren. Mit dieser präparativen Hämapherese konnten Thrombozyten-, Granulozytenkonzentrate und neuerdings auch periphere Stammzellen gesammelt werden. Je nachdem, ob die Stammzellen vom Patienten selbst oder von einem gesunden, HLA-identischen Spender stammen, spricht man von der Gewinnung autologer oder allogener Stammzellen.

Die Proliferation und Differenzierung von Stammzellen im Knochenmark erfolgt unter dem Einfluß eines komplexen Netzwerkes von Wachstumsfaktoren (Zytokine) und Adhäsionsmolekülen. Zytokine werden vorwiegend von lymphatischen Zellen und Knochenmarkstromazellen gebildet. Diese Wachstumsfaktoren der Hämopoese können in Zytokine unterteilt werden, welche die Proliferation und das Überleben von hämopoetischen Stammzellen regulieren, wie z.B. der Stammzellfaktor (CSF), und in linienspezifische Faktoren, wie z.B. das Erythropoetin, welches die Differenzierung und das Überleben von ausreifenden erythropoetischen Vorstufen steuert. Ein weiterer linienspezifischer hämopoetischer Wachstumsfaktor ist der G-CSF (Granulopoetin), der die Differenzierung der Granulopoese reguliert. Darüber hinaus kann das G-CSF über einen bisher nicht geklärten Mechanismus hämopoetische Stammzellen aus dem Knochenmark in das periphere Blut ausschwemmen. Diese mobilisierten Vorläuferzellen können mittels einer oder mehrerer Leukapheresen gesammelt werden und anstelle von Knochenmark zur autologen und allogenen Stammzelltransplantation verwendet werden. Es hat sich in den letzten Jahren abgezeichnet, daß die Transplantation von autologem Knochenmark fast vollständig durch die Transplantation autologer Stammzellen aus dem peripheren Blut abgelöst wird und auch in Zukunft eine ähnliche Entwicklung für die allogene Knochenmarktransplantation zu erwarten ist. Ein weiterer wesentlicher Fortschritt zur Stammzelltransplantation war die Identifizierung der hämopoetischen Stammzellen über das Oberflächenantigen CD34 mittels Immunphänotypisierung.

Die Anwendung von autologen peripheren Blutstammzelltransplantaten (PBST) wird unter zwei durchaus unterschiedlichen Gesichtspunkten als medizinisch indiziert betrachtet. Bei dem zuerst angewendeten und inzwischen auch an den verschiedensten Stellen durchgeführten Verfahren werden autologe Stammzellen onkologisch erkrankten Patienten transfundiert, um die Toleranz ihres Knochenmarks gegenüber der höher als normal dosierten zytostatischen Chemotherapie (mit oder ohne Bestrahlung) zu steigern. Diese „Grenzverschiebung" der Toxizität bewirkt eine Abkürzung der Intervalle für die zytostatische Chemotherapie und erleichtert die zeitgerechte Durchführung von geplanten Therapiezyklen.

Der zweite Verfahrensweg, der Gegenstand dieser Richtlinien ist, führt über eine Hochdosistherapie (Zytostatika und/oder Bestrahlung) zu einer Myeloplasie, welche eine nachfolgende periphere Stammzelltransplantation zwingend bzw. obligat erfordert. Denn das Risiko der zytostatischen Chemotherapie ist erheblich sowohl hinsichtlich der Morbidität (Schädigung der Organe) als auch hinsichtlich der Letalität. Die Versorgung der Patienten im Anschluß an diese Therapie verlangt nicht nur ärztlich und pflegerisch sehr spezielle Kenntnisse und spezifische Maßnahmen, sondern auch eine apparative und räumliche Sonderausstattung. Diese Voraussetzungen sind derzeit im Bundesgebiet bei nur etwa 15 Arbeitsgruppen mit besonderer Erfahrung im Bereich der myeloablativen Therapie gegeben.

Eine dritte Art ist die allogene Stammzelltransplantation. Dazu werden Stammzellen aus dem peripheren Blut von einem HLA-identischen Spender entnommen und nach einer ausreichenden Konditionierung transplantiert.

Dieser kurz skizzierte Status quo erfordert besondere Aufmerksamkeit für den Patientenschutz. Unter diesem Aspekt sei darauf hingewiesen, daß die bei Erwachsenen gesammelten Erfahrungen mit gewünschten und unerwünschten Wirkungen nicht ohne weiteres auf das Kindes- und Jugendalter übertragen werden können. Es wird empfohlen, bei Kindern und Jugendlichen keine kasuistische Anwendung der Zytokine vorzunehmen, sondern in der Regel diese Medikation nur in klinischen Studienprogrammen zu verwenden, weil vor einer Therapie geklärt werden muß, ob das (für die entsprechende Diagnose) ausgewählte Präparat für Kinder und Jugendliche zugelassen ist.

Diese Richtlinien beziehen sich nur auf die myeloablative Hochdosistherapie mit obligater nachfolgender autologer und allogener PBST. Auf die supportive Anwendung der Stammzellen treffen in diesen Richtlinien nur die Aussagen für die Qualitätssicherung bei der Gewinnung und Herstellung der peripheren Blutstammzellen zu. In den letzten vier Jahren hat das Plazenta- und Nabelschnur-Restblut wegen seines besonders hohen Gehaltes an fetalen bzw. neonatalen Stammzellen die wissenschaftliche Aufmerksamkeit auf sich gezogen. Mit den Besonderheiten dieser in der Stammzellhierarchie sehr früh figurierenden fetalen bzw. neonatalen Stammzellen befaßt sich derzeit ein Arbeitskreis des Wissenschaftlichen Beirates der Bundesärztekammer und bereitet eine Richtlinie vor.

1. Allgemeines

Neben der Knochenmarktransplantation hat die Transplantation und Transfusion von hämatopoetischen Stammzellen, die aus dem peripheren Blut gewonnen werden (Periphere Blut-Stammzell-Transplantation, PBST), zunehmend Bedeutung bei der Behandlung hämatologischer und onkologischer Erkrankungen gewonnen und wird auch bei schweren immunologischen Erkrankungen erfolgreich angewandt, die durch eine intensive Immunsuppression mit myelotoxischer Wirkung günstig beeinflußt werden.

Diese Richtlinien befassen sich mit der autologen und allogenen PBST nach Hochdosistherapie, d.h. einer Behandlung mit zytostatisch wirksamen Pharmaka und/oder Bestrahlung in einer Dosierung, die zu einer länger dauernden Myeloaplasie und ohne PBST zu einem nicht akzeptablen Morbiditäts- und Letalitätsrisiko führt.

Die Transfusion von Blutstammzellen als supportive Maßnahme wird in diesen Richtlinien nur im Hinblick auf die Qualitätssicherung bei der Herstellung der peripheren Blutstammzellen behandelt. Die supportive Gabe von autologen Blutstammzellen dient der Abkürzung der Therapieintervalle bzw. der zeitgerechten Verabfolgung geplanter Therapiezyklen und unterscheidet sich damit von der Transplantation peripherer Blutstammzellen nach myeloablativer Therapie (PBST).

Periphere Blutstammzellen können im Gegensatz zum Knochenmark ohne Narkose entnommen werden. Bei myeloablativ vorbehandelten Patienten führen sie zu einer schnellen hämatopoetischen Regeneration. Normalerweise zirkulieren jedoch nur sehr wenige Stammzellen im peripheren Blut. Sie können durch Chemotherapie und/oder Wachstumsfaktoren aus dem Knochenmark ins Blut mobilisiert werden. Mit Zytapheresen lassen sich die für eine autologe oder allogene Transplantation notwendigen Stammzellen entnehmen. Wegen der mit dem Verfahren verbundenen Risiken und Belastungen für den Patienten und Spender sowie der erheblichen Kosten kommt der Qualitätssicherung eine besondere Bedeutung zu. Die Qualitätssicherungsmaßnahmen müssen den Gesamtprozeß des Verfahrens von der Spendereignung, der Indikationsstellung über die myelotoxische Vorbehandlung, die Stammzellpräparation und Transplantation bis zur Nachbetreuung der Patienten/ Spender und der Dokumentation der Ergebnisse umfassen. Die Kriterien für die Entnahme, Herstellung und Lagerung von Blutstammzellpräparaten orientieren sich an den jeweils geltenden Richtlinien, Gesetzen und Verordnungen für Blutbestandteilpräparate und sollen zumindest deren Sicherheitsstandard gewährleisten.

1.1 Verfahrensmodelle

Für die Durchführung der PBST existieren in Deutschland derzeit drei Modelle:

(1) Das komplette Verfahren der PBST wird in einer spezialisierten Klinik oder Klinikabteilung unter der Verantwortung des leitenden Arztes oder eines dafür beauftragten Arztes durchgeführt.

(2) Herstellung, Präparation und Lagerung der Blutstammzellen erfolgen in einer transfusionsmedizinischen Einrichtung (z.B. Blutspendezentrale). Indikation, Patientenvorbereitung, Transfusion und anschließende Patientenbetreuung liegen in der Verantwortung der zuständigen spezialisierten Klinik.

(3) Herstellung, Präparation und Lagerung der Blutstammzellen erfolgen in einer speziell dafür eingerichteten öffentlichen oder privatwirtschaftlichen Institution. Die Übertragung der Stammzellen sowie die vorbereitende und anschließende Patientenbetreuung sind Aufgaben des zuständigen Zentrums.

Erfolgen einzelne Verfahrensschritte in verschiedenen Institutionen und in unterschiedlicher ärztlicher Verantwortung, so kommt der Abstimmung zwischen den Kooperationspartnern sowohl in Hinsicht auf den organisatorischen Ablauf als auch auf das Vorgehen beim einzelnen Patienten besondere Bedeutung zu. Die Einzelheiten des Verfahrens und die Verantwortungsbereiche der beteiligten Ärzte sind in einer gemeinsamen und von allen Kooperationspartnern genehmigten Arbeitsanleitung gemäß den vorliegenden Richtlinien in einer verbindlichen Vereinbarung schriftlich festzulegen.

1.2 Aufgaben der Richtlinien

Diese Richtlinien sollen den für die Behandlung von Patienten mit Blutstammzellen verantwortlichen und den bei der Herstellung, Lagerung und Übertragung von Blutstammzellen tätigen Ärzten die notwendigen Grundlagen geben, um

– die Indikation und Durchführung der PBST nach wissenschaftlichen und wirtschaftlichen Kriterien entsprechend dem jeweiligen Stand der medizinischen Erkenntnisse zu optimieren,

- die Blutstammzellgewinnung unter medizinischen, technischen und ethischen Aspekten so sicher wie möglich und
- die Übertragung von Stammzellen für den Empfänger so gefahrlos und wirksam wie möglich zu gestalten sowie
- die notwendige Weiterentwicklung der PBST zu ermöglichen.

Sie ergänzen somit die Richtlinien und Empfehlungen für die allogene Knochenmarktransplantation, die Durchführung zellulärer Hämapheresen und die „Richtlinien zur Blutgruppenbestimmung und Bluttransfusion (Hämotherapie)", die für die Blutstammzelltransplantation sinngemäß anzuwenden sind.

1.3 Themen der Richtlinien

Entsprechend dieser Aufgaben enthalten diese Richtlinien allgemeine Grundsätze zu folgenden Verfahrensschritten der autologen und allogenen PBST:

1.3.1   Indikationsstellung zur PBST
1.3.2   Information und Vorbereitung des Patienten
1.3.3   Auswahl und Information des Spenders
1.3.4   Eignungsuntersuchung
1.3.5   Vorbehandlung des Patienten bzw. Spenders zur Stammzellgewinnung
1.3.6   Stammzellapherese und -präparation
1.3.7   Kennzeichnung, Lagerung und Transport von Stammzellpräparaten
1.3.8   Einfrieren und Auftauen von Blutstammzellen
1.3.9   Qualitätssicherung der Stammzellpräparation
1.3.10 Vorbehandlung (Konditionierung) des Empfängers
1.3.11 Transfusion des Stammzellpräparates
1.3.12 Supportive Therapie
1.3.13 Nachbetreuung des Patienten
1.3.14 Spender/Empfänger-Dokumentation
1.3.15 Haftung, Registrierung und wissenschaftliche Auswertung
1.3.16 Dokumentation und Registrierung der Präparateherstellung
1.3.17 Perspektiven und Entwicklung

1.4 Geltungsbereich der Richtlinien

Diese Richtlinien gelten unter Beachtung des ärztlichen Berufsrechtes für alle Ärzte, die
- die Indikation zur PBST stellen und mit dem Patienten über die Durchführung entscheiden,
- für die Vorbehandlung (Konditionierung), Blutstammzellübertragung und Nachbetreuung der Patienten bzw. Spender verantwortlich sind,
- Blutstammzellspender informieren, untersuchen oder betreuen,
- bei der Blutstammzellgewinnung und/oder bei der Indikationsstellung mitwirken,
- für die Präparation, Lagerung oder den Transport von Blutstammzellen verantwortlich sind,
- Blutstammzellen in Verkehr bringen,
- Blutstammzellen einfrieren, auftauen oder übertragen.

Soweit für die Durchführung einer oder mehrerer der genannten Verfahrensschritte andere Personen beauftragt werden, haben die verantwortlichen Ärzte die Einhaltung dieser Richtlinien sicherzustellen.

1.5 Verantwortung und Zuständigkeit

1.5.1 Stammzelltransplantation

Die PBST erfolgt unter Beteiligung der Vertreter aller den Patienten oder Spender betreuenden Fachdisziplinen ausschließlich in hierfür anerkannten Zentren. Während der myeloablativen Therapie und der Phase der schweren Aplasie sollte derzeit die Verantwortung bei Internisten mit der Schwerpunktbezeichnung Hämatologie und internistische Onkologie oder Ärzten für Kinderheilkunde mit gleichwertigen Fachkenntnissen auf dem Gebiet der Hämatologie und pädiatrischen Onkologie liegen. Die für die unter 1.3.1, 1.3.2, 1.3.10 - 1.3.15 genannten Verfahrensschritte verantwortlichen Fachärzte müssen mindestens zwei Jahre in einem durch die Deutsche Arbeitsgemeinschaft für Knochenmark- und Blutstammzelltransplantation (DAG-KBT) anerkannten Transplantationszentrum oder einem entsprechenden ausländischen Zentrum nachweislich ausreichende Erfahrungen gesammelt und Patienten und Spender bei autologen bzw. allogenen Knochenmark- und Blutstammzelltransplantationen betreut haben. Die Anerkennung als akkreditiertes Transplantationszentrum erfolgt durch eine gemeinsame Kommission* .

Ärzte, die von radioonkologischer Seite für die unter 1.3.10 genannten Verfahrensschritte verantwortlich sind, müssen Fachärzte für Strahlentherapie sein und mindestens zwei Jahre in einem durch die DAG-KBT anerkannten Transplantationszentrum nachweislich Erfahrungen in der strahlentherapeutischen Konditionierung, wie z.B. Ganzkörperbestrahlung, gesammelt haben.

1.5.2 Stammzellpräparation

Die für die Verfahrensschritte 1.3.3 - 1.3.9 und 1.3.14 - 1.3.16 verantwortlichen Ärzte müssen derzeit Fachärzte für Transfusionsmedizin oder Internisten mit der Schwerpunktbezeichnung Hämatologie/Onkologie oder Ärzte für Kinderheilkunde sein und ausreichende Kenntnisse sowie eine mindestens einjährige Erfahrung in der Gewinnung, Aufarbeitung, Kryokonservierung und Qualitätssicherung von

---

* Die Kommission zur Akkreditierung eines Transplantationszentrums wird aus je einem Mitglied der Deutschen Arbeitsgemeinschaft für Knochenmark- und Blutstammzelltransplantation (DAG-KBT), der Deutschen Gesellschaft für Hämatologie und Onkologie (DGHO), der Deutschen Gesellschaft für Transfusionsmedizin und Immunhämatologie (DGTI), der Gesellschaft für Pädiatrische Onkologie und Hämatologie (GPOH), der Arbeitsgemeinschaft für Internistische Onkologie (AIO) sowie einem Mitglied der Arbeitsgemeinschaft Gynäkologischer Onkologie (AGO), der Arbeitsgemeinschaft Urologischer Onkologie (AUO), der Deutschen Gesellschaft für Radiologie und der Krankenkassen gebildet und gibt sich eine Geschäftsordnung. Die Kommission überprüft gemäß diesen Richtlinien die Qualifikation der Zentren für periphere Blutstammzelltransplantationen (Akkreditierungsverfahren).

Blutstammzellpräparaten nachweisen. Für die autologe Stammzellentnahme bei Patienten müssen sie ausreichende klinische Kenntnisse, insbesondere im Bereich der Hämatologie und Onkologie besitzen, um krankheitsbezogene Risikofaktoren zu erkennen und zu berücksichtigen.

1.5.3 Träger der Einrichtung

Träger von Einrichtungen, in denen Verfahren gemäß 1.3 durchgeführt werden, sind für eine angemessene personelle, räumliche und sachliche Ausstattung verantwortlich. Sie stellen die Einhaltung dieser Richtlinien und entsprechender gesetzlicher Regelungen, die im Literaturverzeichnis aufgeführt sind, in ihrer jeweils gültigen Fassung sicher.

2. Indikation und Vorbereitung von Patient und Spender

2.1 Indikationsstellung

2.1.1 Allgemeine Indikation

Die Indikation für die PBST richtet sich nach dem jeweiligen medizinischen Kenntnisstand und wird durch das Ergebnis vielfacher derzeit laufender nationaler und internationaler Studien beeinflußt. Neben der Diagnose und dem Krankheitsstadium, dem Alter, der Organfunktion und dem psychischen Zustand des Patienten sind das Therapieziel und die Prognose mit und ohne PBST zu berücksichtigen. Die Patienten und/oder ihre gesetzlichen Vertreter sind entsprechend den allgemeinen ethischen und rechtlichen Vorgaben rechtzeitig und ausführlich über die Erfolgswahrscheinlichkeit und Risiken der PBST im Vergleich zu anderen Therapieverfahren schriftlich und mündlich zu unterrichten. Die Einwilligung muß schriftlich dokumentiert werden. Dabei sind zu unterscheiden:

(1) PBST als Therapie der Wahl, die anderen Verfahren zum Zeitpunkt der Indikationsstellung eindeutig überlegen ist,

(2) PBST als anderen Verfahren möglicherweise überlegene Therapie, die in einer prospektiven Optimierungsstudie geprüft wird,

(3) PBST im Rahmen von Studien, die der Optimierung des Verfahrens selber dienen,

(4) PBST als therapeutischer Versuch bei einzelnen Patienten, für die das Verfahren aussichtsreich erscheint und keine geeignete geprüfte Therapie zur Verfügung steht.

Die für klinische Studien gültigen medizinischen, ethischen und rechtlichen Vorgaben sind dabei zu beachten (MBO § 1 Abs. 1 und 4, §§ 40-42 AMG). Bei getrennter Verantwortlichkeit für die Stammzellpräparation und -transplantation muß die Indikationsstellung durch allgemeine Vereinbarung der beteiligten Ärzte gemeinsam erfolgen. Dies gilt insbesondere für die Festlegung der Apheresetermine nach der vorbereitenden Chemotherapie.

2.1.2 Indikation zur autologen PBST

Die autologe PBST kann zur Behandlung vieler hämatologischer und nichthämatologischer Neoplasien und Autoimmunerkrankungen eingesetzt werden.

2.1.3 Indikation zur allogenen PBST

Die allogene PBST ist grundsätzlich bei allen Erkrankungen, die mit allogener Knochenmarktransplantation behandelt werden können, möglich. Dies gilt auch für nichtmaligne hämatopoetische Erkrankungen, für Immundefektsyndrome sowie für angeborene Stoffwechselerkrankungen. Bis zur Klärung der derzeit offenen Fragen wie langfristige Effekte der Stimulation mit Wachstumsfaktoren bei gesunden Spendern oder Inzidenz der akuten und chronischen Spender-gegen-Wirt-Reaktion darf sie nur im Rahmen von Studienprotokollen und an Zentren erfolgen, die von der DAG-KBT in Übereinstimmung mit den entsprechenden Fachdisziplinen* als Knochenmarktransplantationseinheit anerkannt sind.

2.2 Vorbereitung der Stammzellgewinnung

2.2.1 Autologe Stammzellapherese

Vor der ersten Stammzellseparation ist der Patient mit einer schriftlichen Anmeldung des die Transplantation durchführenden Teams rechtzeitig dem für die Zytapherese verantwortlichen Arzt zur Aufklärung und Untersuchung vorzustellen. Die Information bezieht sich auf allgemeine Risiken der Zytapherese, insbesondere die erhöhte Blutungsgefährdung durch Antikoagulation, mögliche Folge einer Thrombozytopenie und ggf. Risiken eines zentral-venösen Zugangs, Kreislaufkomplikationen und technische Risiken (Hämolyse, Luftembolie, Kontamination). Die Aufklärung muß Hinweise auf die notwendige Präparation, Art und Dauer der Lagerung sowie auf die Möglichkeit der Beschädigung oder des Verlustes von Präparaten beinhalten. Die Einwilligung des Patienten und die Aufklärung sind schriftlich zu dokumentieren.

Die Indikation zur Entnahme und die Apheresetauglichkeit ist durch Anamnese und ärztliche Untersuchung, einschließlich EKG und Laboruntersuchungen, zu sichern. Als Laborparameter sollten großes Blutbild, GPT, Natrium, Kalium, Kalzium, Gesamteiweiß, Kreatinin oder Harnstoff, Blutzucker, Quick-Test, APTT, Thrombinzeit, Fibrinogen, Blutgruppenbestimmung, Untersuchung auf HBs-AG und Antikörper gegen Hepatitis C und HIV 1/2 vorliegen. Bei fertilen Frauen ist eine Schwangerschaft durch eine ß-HCG-Bestimmung auszuschließen. Eine Wiederholung der Eignungsuntersuchung einschließlich einer Zwischenanamnese ist für jede weitere Apherese-Serie erforderlich.

Im Rahmen der Voruntersuchung ist zu entscheiden, ob ein peripher-venöser oder ein zentral-venöser Zugang für die Stammzellseparation verwendet wird, wobei das Risiko einer Katheterkomplikation zu berücksichtigen ist.

Beginnend mit der Indikationsstellung zur autologen peripheren Stammzelltransplantation sind vor oder während der Apherese-Serie erforderliche Transfusionen (Erythrozyten, Thrombozyten, Frischplasma) mit 30 Gy zu bestrahlen.

---

* Vgl. Fußnote zu Abschnitt 1.5.1 der Richtlinien für Blutstammzellen.

2.2.2 Allogene Stammzellapherese

Der allogene Stammzellspender ist dem für die Zytapherese verantwortlichen Arzt rechtzeitig vor Beginn der Patientenkonditionierung zur Aufklärung und Untersuchung vorzustellen. Die Eignung zur Stammzellspende wird durch einen Arzt, der nicht unmittelbar dem Team angehört, das die Transplantation durchführt oder den Patienten direkt betreut, gemäß den geltenden „Richtlinien zur Blutgruppenbestimmung und Bluttransfusion (Hämotherapie)" festgestellt. Der Stammzellspender muß zumindest die Anforderungen an Hämapherese- und Knochenmarkspender erfüllen. Bei der medikamentösen Stammzellmobilisation muß der Spenderschutz analog zu § 40 ff AMG gewährleistet sein (s. 3.1.2, 8.2.).

Aufgrund ärztlicher Entscheidung kann nach individueller Risikoabwägung von einzelnen Voraussetzungen der Spendereignung gemäß den genannten Richtlinien abgewichen werden. Die Abweichung ist schriftlich zu begründen und zu dokumentieren.

3. Herstellung und Lagerung von Blutstammzellpräparaten

3.1 Stammzellpräparation

3.1.1 Autologe Stammzellpräparation

Die Stammzellapherese und die Präparation werden gemäß den gemeinsam erarbeiteten Empfehlungen der Hämapheresekommission der Deutschen Gesellschaft für Transfusionsmedizin und Immunhämatologie sowie der Deutschen Gesellschaft für Hämatologie und Onkologie von speziell dafür ausgebildeten Personen durchgeführt. Es werden ausschließlich Zellseparatoren verwendet, die dem Medizinproduktegesetz (MPG) entsprechen. Als Antikoagulans wird ACD im geeigneten Mischungsverhältnis empfohlen. Gegebenenfalls kann zusätzlich Heparin verwendet werden. Für eine Stammzellseparation sollte in der Regel im peripheren Blut die Leukozytenzahl $> 1\,000/\mu l$, die Anzahl der CD34-positiven Zellen $> 10/\mu l$, die Thrombozytenzahl bei Erwachsenen in der Regel $> 50\,000/\mu l$ und bei Kindern $> 30\,000/\mu l$ betragen. Das bei einer Stammzellentnahme prozessierte Blutvolumen sollte in der Regel das 4fache des jeweiligen Körperblutvolumens nicht überschreiten. Anzahl und Dauer der Apheresen sind so zu planen, daß pro kg Körpergewicht mindestens 2×10^6 CD34-positive Zellen für jede autologe Transplantation angestrebt werden.

3.1.2 Allogene Stammzellpräparation

Die Aufklärung erfolgt durch den für die Stammzellapherese verantwortlichen Arzt. Sie bezieht sich auf alle Risiken der Zytapherese, wie unter 2.2 dargestellt, und ggf. eine eventuell erforderliche Knochenmarkentnahme. Allogene Blutstammzellpräparate müssen mit entsprechender Qualitätskontrolle vor Beginn der Patientenkonditionierung sichergestellt sein (siehe 4.) oder der Spender muß für den Fall einer nicht ausreichenden Stammzellmobilisation und Sammlung bereits vor Apherese einer dann erforderlichen Knochenmarkspende zustimmen. Die Anwendung von Wachstumsfaktoren (Zytokinen) bei allogenen Stammzellspendern ist gegenwärtig nur im Rahmen einer klinischen Prüfung gemäß den Vorgaben des AMG nach Genehmigung durch die zuständige Ethikkommission gestattet.

Die Apherese bei Stammzellspendern erfolgt hinsichtlich der personellen, räumlichen und gerätetechnischen Anforderung gemäß 3.1.1. Neben den allgemeinen Kriterien der Spendereignung (2.2.2) sollten auch bei mehrfachen Apheresen in der Regel folgende Voraussetzungen vor der Separation erfüllt sein: Leukozyten > 3 000/µl und Thrombozyten > 80 000/µl. Das bei einer Stammzellentnahme prozessierte Blutvolumen sollte in der Regel das 4fache des Spenderblutvolumens nicht überschreiten. Für eine allogene Transplantation sollte eine Mindestdosis von 4×10^6 CD34-positiven Zellen pro kg Körpergewicht des Empfängers angestrebt werden. Die Separationsdauer sollte pro Apherese nicht länger als fünf Stunden betragen. Innerhalb von 14 Tagen sind maximal fünf Separationen zulässig, die auch an aufeinanderfolgenden Tagen durchgeführt werden können.

3.1.3 Nachbetreuung

Nach Beendigung der Stammzellapherese sind Blutbild, Blutdruck, Puls und Temperatur des Patienten/Spenders zu kontrollieren. Der Spender bleibt mindestens eine halbe Stunde nach Ende der Apherese unter Aufsicht. Die Entlassung erfolgt durch den zuständigen Arzt. Dabei muß sichergestellt sein, daß der Spender kreislaufstabil ist und die Punktionsstellen/Venenkatheter korrekt versorgt sind. Bei Bedarf werden zusätzliche Untersuchungen und/oder eine weitere ärztliche Betreuung veranlaßt. Die langfristige Nachbeobachtung der Spender ist sicherzustellen.

3.2 Kennzeichnung des Präparates

3.2.1 Blutstammzellpräparat

Blutstammzellpräparat und/oder Begleitschein müssen gemäß §10 AMG folgende Angaben aufweisen: Humane Blutstammzellen, Hersteller (Name, Anschrift mit Telefonnummer, Fax und ggf. Ansprechpartner), Identifikationsnummer des Präparats und des Spenders, AB0- und Rh-Blutgruppe (ggf. HLA-Merkmale für allogene Präparate), Darreichungsform, Präparatvolumen und Zellzahl, Art und Menge der Stabilisatorlösung und weiterer Zusätze, Entnahmedatum, ggf. Uhrzeit, Zeitzone und Verfalldatum, Lagerhinweis, Empfängeridentifikation, Anschrift des Transplantationszentrums (inkl. Telefon, Fax und ggf. Ansprechpartner), Maßnahmen für die Entsorgung nicht verwendeter Präparate, Warnhinweis: „Menschliche Zellen für die Transplantation. Nicht bestrahlen! Unverzüglich weitergeben!" oder: „Living human cells for transplantation. Do not irradiate. Immediate delivery required."

Autologe Präparate müssen mit Namen, Vornamen und Geburtsdatum des Patienten sowie mit dem Hinweis „Nur zur autologen Transfusion" zusätzlich beschriftet sein.

3.2.2 Probeampulle

Die Kennzeichnung von Probe-/Referenzampullen muß eine Identifikation des Spenders gewährleisten, das Entnahmedatum aufweisen und eine eindeutige Zuordnung zum Stammzellpräparat ermöglichen sowie eine Verwechslung mit dem Transplantat ausschließen.

3.3 Lagerung und Kryokonservierung

Stammzellpräparate werden in sterile, pyrogenfreie geschlossene Behältnisse gemäß DAB 10 gesammelt. Sie können ohne weitere Zusätze bei 4 °C ± 2 °C bis maximal 72 Stunden gelagert werden. Für eine längere Lagerung ist die Kryokonservierung in gasförmigem oder flüssigem Stickstoff mit einer geeigneten Gefrierschutzlösung notwendig. Die Temperaturkontrolle und Überwachung der Lagerung ist regelmäßig zu dokumentieren. Vor Konditionierung des Patienten sollte die Viabilität des Transplantats aus einer eingefrorenen Referenzprobe überprüft werden (siehe 3.5.1).

Die eindeutige Identifizierung von Transplantat und Pilotröhrchen muß gewährleistet sein. Therapeutische Präparate sollten in der Regel in mehreren Portionen getrennt gelagert und für mindestens sechs Monate bereitgestellt werden. Voraussetzungen, Bedingungen und maximale Zeit der Lagerung sind gemäß 3.7.1 mit dem Patienten vertraglich zu regeln. Proben für die Nachuntersuchung sind so zu kennzeichnen, daß eine eindeutige Zuordnung zum Transplantat gesichert ist. Sie sind in ausreichender Menge unter geeigneten Bedingungen zu lagern und über einen Zeitraum von einem Jahr nach autologer und von fünf Jahren nach allogener Transplantation aufzubewahren.

3.4 Transport und Auftauen

Der Transport der Stammzellpräparate erfolgt in einem geeigneten Behältnis durch einen über das Transplantat und die Transportbedingungen entsprechend instruierten Kurier, der vom Transplantationszentrum zu beauftragen ist. Das Auftauen und die Transfusion der Stammzellpräparate sind unter ärztlicher Aufsicht entsprechend einer schriftlichen Anweisung des Herstellers für den Anwender der Präparate durchzuführen.

3.5 Qualitätssicherung

Die für die Qualitätskontrolle zuständigen Laboratorien arbeiten nach den Vorgaben der „Good Manufacturing Practice" (GMP), dem Arzneimittelgesetz (AMG) und bei Abgabe an andere gemäß der Betriebsverordnung für pharmazeutische Unternehmer (PharmBetrV). Die Laboratorien weisen ihre Qualifikation durch regelmäßige Teilnahme an externen Ringversuchen nach.

Beim Spender bzw. Patienten sind im Rahmen der Stammzellapherese die unter 2.2.1 bzw. 2.2.2 und 3.1.3 genannten Untersuchungen durchzuführen. Nach der Apherese sind zumindest Blutbild, Blutdruck, Puls sowie Temperatur und ggf. Elektrolyte zu bestimmen. Vor Freigabe der allogenen Präparate müssen alle Infektionsparameter analog zu Knochenmarktransplantaten eindeutig negativ sein. Autologe Präparate mit positiven Infektionsmarkern müssen gemäß den „Richtlinien zur Blutgruppenbestimmung und Bluttransfusion (Hämotherapie)" getrennt gelagert werden.

Von jedem Stammzellapheresepräparat sind Volumen, Leukozytenzahl mit Differentialverteilung einschließlich des Anteils CD34-positiver Zellen, Viabilität mit ggf. CFU-GM, Sterilität, Erythrozytengehalt und Thrombozytenzahl zu kontrollieren. Nach weiteren Präparationsschritten sind diese Untersuchungen zu wiederholen. Die Untersuchungsergebnisse sind dem für die Transplantation zuständigen Arzt schriftlich mitzuteilen.

Bei Transport und Auftauen von kryokonservierten Präparaten in einem anderen Zentrum wird eine Pilotprobe für den transplantierenden Arzt mitgegeben.

Zur Qualitätssicherung teilt das Transplantationszentrum dem Hersteller des Transplantates die Ergebnisse der hämatopoetischen Rekonstitution und den klinischen Verlauf der Transplantatempfänger unter Wahrung der Datenschutzbestimmungen mit.

3.6 Protokoll der Apherese und Präparation

Über jede Stammzellapherese sowie anschließende Präparation ist ein schriftliches Protokoll zu erstellen. Dieses enthält die einzelnen Arbeitsschritte sowie Art, Menge und Chargenbezeichnung der verwendeten Materialien und die Ergebnisse der Qualitätskontrollen.

Da zur Dokumentation die Speicherung der personenbezogenen Daten notwendig ist, muß hierzu bei der Aufklärung das schriftliche Einverständnis entsprechend den datenschutzrechtlichen Regelungen eingeholt werden. Bei Spendern muß gemäß den „Richtlinien zur Blutgruppenbestimmung und Bluttransfusion (Hämotherapie)" ein Rückverfolgungsverfahren gewährleistet sein.

3.7 Haftung und Versicherung

3.7.1 Produkthaftung

Der Hersteller der Stammzellpräparate haftet u.a. im Rahmen der Produkthaftung im Sinne des AMG und ist zur Ersatzpflicht und Deckungsvorsorge verpflichtet. Zwischen Patient, Hersteller und Transplantationszentrum ist in einer schriftlichen Vereinbarung der Haftungsausschluß bei Beschädigung, Verlust oder Nichtverwendbarkeit sowie die maximale Aufbewahrungzeit und die Zustimmung zur Vernichtung nicht benötigter oder nicht verwendbarer Stammzellpräparate zu regeln.

3.7.2 Versicherungsschutz für Patient und Spender

Patienten, bei denen Stammzellen für die autologe Transplantation entnommen werden, sind im Rahmen der medizinischen Behandlung versichert. Für Spender allogener Stammzellkonzentrate tritt die gesetzliche Unfallversicherung ein. Für die

Vorbehandlung des Spenders zur Stammzellapherese muß darüber hinaus eine Versicherung gemäß § 40 Abs. 1 Nr. 8 in Verbindung mit Abs. 3 AMG abgeschlossen werden.

4. Vorbehandlung des Empfängers

Die konditionierende Vorbehandlung des Patienten dient bei der autologen PBST der Zerstörung des neoplastischen Gewebes, die in der Regel mit einer irreversiblen Zerstörung auch des gesunden hämatopoetischen Gewebes einhergeht. Diese Behandlung erfolgt mit zytostatischen Medikamenten, ggf. mit einer Ganz- oder Teilkörperbestrahlung. Bei der allogenen PBST wird dadurch gleichzeitig die Immunantwort unterdrückt, so daß die übertragenen allogenen Stammzellen nicht abgestoßen werden.

Die Myelosuppression, das damit verbundene Infektions- und Blutungsrisiko sowie die Toxizität der Konditionierungsbehandlung für andere Organe sind sorgfältig abzuschätzen. Die myeloablative Therapie mit PBST darf deshalb nur in klinischen Einheiten durchgeführt werden, die ausreichend Erfahrungen mit hochdosierter Chemo- und Radiotherapie haben und in der Lage sind, Patienten mit entsprechenden Komplikationen adäquat bis hin zur intensivmedizinischen Behandlung zu versorgen (siehe 6.).

5. Transfusion des Stammzellpräparates

Der Zeitpunkt der Stammzelltransfusion ist unter Berücksichtigung der Pharmakokinetik der zur Empfängervorbehandlung eingesetzten Zytostatika so festzulegen, daß eine Schädigung der übertragenen Stammzellen ausgeschlossen ist. Bei kryokonservierten Stammzellen ist die unverzügliche Transfusion des aufgetauten Präparats zu gewährleisten, um eine Beeinträchtigung der Stammzellen durch Erwärmung und Toxizität des Gefrierschutzmittels zu vermeiden. Die von dem Hersteller gegebenen Empfehlungen zum Auftauen der Präparate sind genau einzuhalten. Während der Übertragung ist eine geeignete Überwachung des Patienten erforderlich (z.B. regelmäßige Kontrolle von Blutdruck, Puls und Atmungsparameter). Notfallmedikamente sowie die gerätetechnischen Voraussetzungen zur Intensivbehandlung und Reanimation müssen vorhanden sein. Längerfristige Nebenwirkungen, insbesondere Nierenschäden oder die Entwicklung einer Pankreatitis nach Gabe von Dimethylsulfoxid sind zu beachten.

Bei allogener PBST ist eine mögliche Blutgruppeninkompatibilität zwischen Spender und Empfänger zu berücksichtigen und das Transplantat bzw. der Empfänger zur Vermeidung von Transfusionszwischenfällen entsprechend vorzubehandeln.

6. Klinische Einheit

6.1 Räumliche Einrichtung

Die myeloablative Therapie mit nachfolgender Stammzelltransfusion erfordert wie die Knochenmarktransplantation eine supportive Therapie in einem spezialisierten Zentrum. Dazu gehören folgende Anforderungen:

Die Behandlung des Patienten muß in einer Klinik oder in Kooperation mit einer Abteilung erfolgen, die in größerem Umfang hämatologische bzw. onkologische Patienten behandelt. Es sollen ausreichend Räume zur Verfügung stehen, die Isolationsmaßnahmen für Patienten erlauben. Diese Räume sollten einer größeren Station angegliedert sein, die routinemäßig hämatologische bzw. onkologische Patienten auch in der Phase der Immun- und Myelosuppression nach Chemotherapie betreut. Diese Kriterien sind auf einer speziellen Station für Knochenmarktransplantation erfüllt. Es sollten mindestens 20 Stammzelltransplantationen pro Jahr durchgeführt werden. Neue Zentren müssen diese Rate innerhalb von zwei Jahren erreichen. Die Behandlungsverläufe sind zu dokumentieren und müssen jährlich in Form eines Berichts verfügbar sein.

6.2 Personal

6.2.1 Ärztliches Personal (s. 1.5)

– für den Leiter gilt 1.5.1,
– ein Facharzt als Vertreter des Leiters,
– drei Assistenten,
– ein qualifizierter Facharzt in ständiger Rufbereitschaft.

6.2.2 Nichtärztliches Personal

– qualifizierte Pflegekräfte, die ständig verfügbar sind,
– Personalschlüssel in Anlehnung an den einer Intensivstation,
– medizinisch-technisches Personal,
– Fachkräfte für psychologische und soziale Betreuung der Patienten,
– Fachkräfte für Koordination, Dokumentation und Sekretariat.

6.3 Zusätzliche Einrichtungen

Der Zugang zu folgenden Einrichtungen muß gewährleistet sein:
– Mikrobiologie mit Bakteriologie, Mykologie, Virologie,
– Klinische Chemie,
– Radiologie mit Röntgen, CT, NMR
– Transfusionszentrum mit HLA-typisierten Thrombozyten, CMV-negativen Blutprodukten, Bestrahlung von Blutprodukten,
– Apotheke,
– Konsiliardienst mit Bronchoskopie, Endoskopie, Intensivmedizin, Strahlentherapie,
– Stammzell-Labor mit Immunphänotypisierung, Viabilitätskontrolle, Kulturansätze.

6.4 Nachsorge

Das Transplantationszentrum muß die qualifizierte Nachsorge der transplantierten Patienten gewährleisten.

7. Präparative Einheit

7.1 Gesetzliche Vorgaben

Nach § 2 Abs. 1 Arzneimittelgesetz (AMG) sind Blutstammzellpräparate Arznei-mittel. Bei Abgabe an andere ist nach § 13 Abs. 1 AMG eine Herstellungserlaubnis der zuständigen Behörde erforderlich. Aufgrund der allgemeinen Anzeigepflicht nach § 67 AMG ist vor Aufnahme der Tätigkeit die Blutstammzellpräparation der zuständigen Behörde anzuzeigen. Darüber hinaus haben diese Einrichtungen dafür Sorge zu tragen, daß sie ihren gesetzlichen Verpflichtungen zum Ersatz von Schä-den nachkommen können, wie dies durch Betriebs- und Produkthaftpflichtversiche-rungen gewährleistet ist (siehe 3.7.1).

Blutstammzellpräparate, die nicht für einen bestimmten Patienten, sondern als Fer-tigarzneimittel im voraus hergestellt und in einer zur Abgabe an den Verbraucher bestimmten Packung in Verkehr gebracht werden, unterliegen der Zulassungspflicht gemäß § 21 AMG.

Bei der Präparation von Blutstammzelltransplantaten ist der Leitfaden einer guten Herstellungspraxis für Arzneimittel (GMP) zu berücksichtigen.

7.2 Personal

7.2.1 Ärztliches Personal (s. 1.5)

– für den Leiter gilt 1.5.2
– ein Facharzt als Vertreter des Leiters.

7.2.2 Nichtärztliches Personal

– Fachkräfte mit Qualifikation gemäß den Empfehlungen der Ständigen Hämaphe-resekommission der Deutschen Gesellschaft für Transfusionsmedizin und Im-munhämatologie,
– medizinisch-technisches Personal zur Präparation, Kryokonservierung und La-gerung von Blutstammzellen,
– Fachpersonal für Dokumentation, Datenverarbeitung und Koordination mit den klinischen Einheiten und Spenderdatenbanken.

7.3 Räumliche und sachliche Einrichtung

Die gerätetechnische Ausstattung muß neben der Routinebetreuung eine Notfall-versorgung der Patienten/Spender gewährleisten und den Empfehlungen der Häma-pheresekommission entsprechen. Für die Qualitätssicherung von Blutstammzell-präparaten sind die GMP-Richtlinien der Europäischen Union, die ergänzenden Leitlinien zur Herstellung von sterilen Arzneimitteln und Produkten aus menschli-chem Blut sowie bei Abgabe an andere die Betriebsverordnung für pharmazeuti-sche Unternehmen (PharmBetrV) zu beachten. Die weitere Präparation von Blut-stammzellkonzentraten muß unter sterilen Arbeitsbedingungen (z.B. Reinräume mit Material- und Personalschleuse bzw. sterile Werkbank) erfolgen. Ein Hygieneplan und eine entsprechende Schulung des Personals sind für die Gewährleistung steriler Präparate Voraussetzung. Für Blutstammzelltransplantate sollten nur Zusätze und Materialien verwendet werden, die den GMP-Richtlinien entsprechen.

Die gerätetechnischen Voraussetzungen müssen alle erforderlichen Qualitätssicherheitsmaßnahmen einschließlich Zellzahl, CD34-Bestimmung, Sterilitäts- und Viabilitätsnachweis gewährleisten. Die Lagerung der Transplantate hat unter kontrollierten Temperaturbedingungen zu erfolgen. Es sollten mindestens 20 Blutstammzellpräparate pro Jahr zur Transplantation hergestellt werden. Die Präparationen sind zu dokumentieren und müssen jährlich in Form eines Berichts verfügbar sein.

8. Dokumentation, Registrierung und wissenschaftliche Auswertung

8.1 Dokumentation und Verlaufskontrolle

Indikation, Information und Einwilligung von Patient und Spender sowie alle Verfahrensschritte und Komplikationen sind mit zeitlicher Angabe und Identifikation vom verantwortlichen Arzt zu dokumentieren.

Da Langzeitergebnisse der PBST bisher nicht vorliegen, ist eine Nachkontrolle der Patienten durch die verantwortliche klinische Einrichtung für mindestens fünf Jahre notwendig. Dabei sind transplantationsassoziierte Morbidität und Letalität, krankheitsfreie Zeit und Gesamtüberleben sowie potentielle, auch unerwünschte Langzeitwirkungen des Therapieverfahrens zu dokumentieren. Für die Qualitätssicherung sind die klinisch relevanten Ergebnisse dem für die Herstellung und Lagerung der Stammzellpräparate verantwortlichen Arzt unter Wahrung der Datenschutzbestimmungen mitzuteilen. Die gesetzlichen und berufsrechtlichen Vorgaben für die Aufbewahrungsfrist (z. Zt. 20 Jahre) sind zu beachten.

8.2 Registrierung

Um den kontinuierlichen Erfahrungsgewinn bei der PBST zu gewährleisten, soll die myeloablative Therapie mit Stammzellen nur in klinischen Einheiten erfolgen, die anerkannt sind und o.g. Kriterien erfüllen. Durchführung und Ergebnisse der PBST sind der zentralen Auswertung und externen Qualitätskontrolle zugänglich zu machen. Eine zentrale Registrierung auf nationaler und internationaler Ebene ist zu gewährleisten (DAG-KBT, EBMT, IBMTR).

8.3 Wissenschaftliche Auswertung

Institutionen, die PBST durchführen, müssen sich verpflichten, die Ergebnisse unter Einschluss der unter 8.1 genannten Daten der Nachsorge in einem Jahresbericht niederzulegen, auszuwerten und der Veröffentlichung durch die registerführende Stelle unter Wahrung der Rechte der kooperativen Zentren zuzustimmen.

9. Perspektiven und Entwicklung

Bei der Herstellung von andersartigen Blutstammzellpräparaten wie z.B. aus in vitro expandierten Zellen oder Placenta-Restblut bzw. Modifikationen wie Gentransfer sind zumindest die in diesen Richtlinien dargestellten Sicherheitskriterien zu beachten und entsprechend zu ergänzen. Für Blutstammzellpräparate aus Placenta-Restblut werden derzeit zusätzliche Richtlinien erarbeitet.

10. Begriffsdefinitionen und Abkürzungen

Die wichtigsten Begriffe wurden für diese Richtlinien wie folgt definiert:

Periphere Blutstammzellen: Aus dem peripheren Blut gewonnene hämatopoetische Vorläuferzellen, die in ausreichender Menge in der Lage sind, bei myeloablativer Vorbehandlung des Empfängers eine adäquate und dauerhafte Rekonstitution der Blutzellbildung zu gewährleisten.

Mobilisation von Blutstammzellen: Anreicherung von hämatopoetischen Vorläuferzellen im peripheren Blut durch Chemotherapie und/oder Wachstumsfaktoren (Zytokine).

Stammzellapherese: Entnahme von Blutstammzellen aus dem zirkulierenden Blut mit Zellseparatoren.

Periphere Blutstammzelltransplantation (PBST): Gesamtprozeß der Vorbereitung, Durchführung und Nachbehandlung bei der Übertragung autologer und allogener peripherer Blutstammzellen nach myeloablativer Therapie.

Stammzelltransfusion: Intravenöse Gabe von Blutstammzellen.

Retransfusion: Intravenöse Rückübertragung von autologen Stammzellen.

Myeloablative Therapie: Zytostatika- und/oder Strahlentherapie in einer Dosis, die mit hoher Wahrscheinlichkeit eine irreversible Zerstörung der Hämatopoese zur Folge hat, die der Patient ohne Transfusion hämatopoetischer Stammzellen nicht überleben würde.

AMG	Arzneimittelgesetz
DAB	Deutsches Arzneibuch
DAG-KBT	Deutsche Arbeitsgemeinschaft für Knochenmark- und Blutstammzell-transplantation
EBMT	European Group for Blood and Marrow Transplantation
GMP	Good Manufacturing Practice
IBMTR	International Bone Marrow Transplant Registry
MBO	(Muster-)Berufsordnung für die deutschen Ärzte
MPG	Medizinproduktegesetz
PBST	Periphere Blutstammzelltransplantation

Literatur

Council of Europe, Donors of haematopoietic progenitor cells derived from bone marrow or peripheral blood (page 43), and Haematopoietic progenitor cells (Chapter 20, pages 149 - 155), in: Guide to the preparation, use and quality assurance of blood components, Recommendation No. R(95)15, 7th Edition, Council of Europe Press 2001; Deutsche Gesellschaft für Transfusionsmedizin und Immunhämatologie, Empfehlungen zur Blutstammzellapherese, Infusionsther Transfusionsmed 25(1998)325 - 335; H. Link, H.J. Kolb, D. Niethammer, D.K. Hossfeld, B. Kubanek, H. Heimpel, Voraussetzungen für die Transplantation von hämatopoetischen Stammzellen, DÄ 91(1994)A-2592 - 2594; M. Wiesneth, B. Kubanek, Richtlinien und Qualitätssicherung für die Herstellung von autologen und allogenen Blutstammzellpräparaten, J Lab Med 20(1996)397 - 400; Wissenschaftlicher Beirat der Bundesärztekammer, Richtlinien für die allogene Knochenmarktransplantation mit nichtverwandten Spendern, DÄ 91(1994)A-761 – 766.

I. Die Bedeutung der Norm

Die Norm legt die Bedingungen fest, unter denen die Vorbehandlung von spende-   **1** willigen Personen durchzuführen ist, wenn dies zur Separation von Blutstammzellen und bestimmter anderer Blutbestandteile erforderlich ist. Es werden für diesen begrenzten Bereich wichtige rechtliche Rahmenbedingungen gewährleistet. Wegen der ähnlichen Zielrichtung und des gleichen Schutzzweckes wurde die Vorschrift analog zu denen der Spenderimmunisierung nach § 8 TFG und der klinischen Prüfung von Arzneimitteln ausgeformt.

Aktuell betrifft die Norm vornehmlich Blutstammzellen. Die Entwicklung von gentechnisch hergestellten Wachstumsfaktoren lässt erwarten, dass alsbald auch die

Gewinnung anderer Blutbestandteile nach Vorbehandlung der spendenden Person Bedeutung erlangt.

2   Die Norm betrifft vor allem die gesunde, spendewillige Person, die sich für eine allogene Blutstammzellspende für einen Patienten bereit erklärt, muss aber auch auf Patienten angewandt werden, bei denen eine autologe Blutstammzellentnahme erfolgt, um die Spende – meist nach speziellen Aufbereitungs- und Reinigungschritten – dem Patienten zurückzugeben.

II. Medizinische Notwendigkeit der Blutstammzellseparation

3   Im Vorwort zu den Richtlinien für Blutstammzellen wird auf die aktuellen Entwicklungen und die Anwendungsgebiete der Blutstammzellen eingegangen. Durch Vorbehandlung mit gentechnisch hergestellten Wachstumsfaktoren kann die Zahl der im Blutstrom zirkulierenden Blutstammzellen kurzfristig stark erhöht werden, sodass eine Gewinnung genügend großer Mengen durch Zytapherese aus dem peripheren Blut möglich wird.

4   Dieses Verfahren löste die bis dahin notwendige Knochenmarkentnahme unter Vollnarkose praktisch vollständig ab. Da es sich um ein neues, im Laufe der 1990er Jahre zunächst in den USA eingeführtes Verfahren handelt, können noch keine sicheren Angaben zu langfristigen Nebenwirkungen gemacht werden. Diese fehlende Information muss mit dem Vorteil abgewogen werden, eine Vollnarkose und invasive Knochenmarkentnahme am Beckenkamm zu vermeiden.

Das Verfahren kann zur Gewinnung von allogenen Blutstammzellen genutzt werden, um von gesunden Spendern Blutstammzellen für Patienten zu erhalten. Eine häufige Indikation sind auch autologe Blutstammzell-Transplantationen, um die Dosis oder Frequenz der tolerablen Chemotherapie zu erhöhen.

5   Bereits heute lässt sich die Gewinnung von Thrombozytenpräparaten durch Zytapherese nach entsprechender Vorbehandlung erheblich steigern.[3] Wohl auch aus Kostengründen hat dieses Verfahren bisher in Deutschland keine weite Anwendung erfahren. Die Norm hat diese Entwicklungen jedoch beachtet, da sie auch auf die Separation von anderen Blutbestandteile, wie z.B. Thrombozyten, anwendbar ist.

III. Anforderungen an die Blutstammzellseparation

6   Das Regelungswerk zur Blutstammzellseparation ist kompliziert gestaltet. Im TFG finden sich lediglich Vorgaben für die Auswahl der spendenden Personen nach § 5 Abs. 2 TFG, für die Vorbehandlung zur Blutstammzellseparation nach der vorliegenden Norm und für eine 20jährige Dokumentationspflicht nach § 11 Abs. 1 Satz 2 TFG. Bezüglich der Vorbehandlung der spendewilligen Person wird auf den Stand

---

[3]   D. J. Kuter, J. Cebon, L. A. Harker, L. D. Petz, J. McCullough, Platelet growth factors: potential impact on transfusion medicine, Transfusion 39(1999)321 - 332.

der medizinischen Wissenschaft und Technik und im Übrigen auf § 8 Abs. 2 bis 4 TFG verwiesen.

Für den Normadressaten sind in Bezug auf alle die Herstellung von Blutstammzell-präparationen betreffenden Aspekte das AMG und die PharmBetrV verbindlich. Im AMG wurden die Vorschriften zur Sachkenntnis für die Herstellung von Blut-stammzellzubereitungen (§ 15 Abs. 3 Ziff. 4 AMG[4]) und deren Übergangsvor-schrift (§ 134 Satz 2) festgelegt entsprechend § 34 Ziff. 6 und 9 TFG.   **7**

Im TFG finden sich keine Vorgaben zur Anwendung von Blutstammzellpräparaten, die über die allgemeinen Vorschriften für Blutprodukte hinausgingen.

Die Hämotherapie-Richtlinien machen Vorgaben für die Gewinnung von Blut-stammzellen, jedoch nicht für die Vorbehandlung der spendewilligen Person. Der Aspekt der Aufarbeitung und Lagerung von Blutstammzellpräparaten wird im Kapitel 3 „Herstellung, Lagerung und Transport von Blutprodukten" nicht ange-sprochen. Zur Anwendung dieser Blutprodukten findet sich ein separates Kapitel 4.7 („Anwendung von autologen Blutstammzellen"); etwaige Handreichungen zur Anwendung ebensolcher allogener Blutprodukte sucht man dort allerdings vergeb-lich. Die Hämotherapie-Richtlinien verweisen lediglich in den Kapiteln 2.6.5.6.1 „Präparative Apherese von allogenen Blutstammzellen" und 4.7 „Anwendung von autologen Blutstammzellen" auf die Richtlinien für Blutstammzellen, die durchaus eine zusammenfassende Darstellung der gesamten Thematik zu Blutstammzellen geben.   **8**

IV. Stand der medizinischen Wissenschaft und Technik

Trotz der unbefriedigenden Abstimmung der einschlägigen Richtlinien untereinan-der wird man festhalten dürfen, dass der Stand der medizinischen Wissenschaft und Technik durch die Hämotherapie-Richtlinien und die oben wiedergegebenen Richt-linien für Blutstammzellen abschließend festgelegt wird.   **9**

Die im Abschnitt 1.2 der Richtlinien für Blutstammzellen genannten anderen Richt-linien[5] und Empfehlungen[6] haben keine bindende Wirkung für z.B. die mit der Vor-behandlung zur Blutstammzellseparation befassten Ärzte. Ihre allgemeine Erwäh-nung im betreffenden Abschnitt der Richtlinien für Blutstammzellen könnte zur Unsicherheit beitragen, welche Regeln tatsächlich den Stand der medizinischen Wissenschaft und Technik wiedergeben. Wegen der Unbestimmtheit ihrer Erwäh-   **10**

---

4   Vgl. hierzu R. Ratzel in: E. Deutsch et al. 2001b, § 15 Rz. 1 ff. m.w.Nachw.
5   Wissenschaftlicher Beirat der Bundesärztekammer, Richtlinien für die allogene Kno-chenmarktransplantation mit nichtverwandten Spendern, DÄ 91(1994)A-761 - 766.
6   Empfehlungen der Ständigen Hämapheresekommission der Deutschen Gesellschaft für Transfusionsmedizin und Immunhämatologie, Durchführung präparativer zellulärer Hämapheresen zur Gewinnung von Blutbestandteilkonserven, Infusionsther Transfu-sionsmed 21(1994)222 - 231.

nung muss eine Verbindlichkeit dieser Regelwerke im Sinne des § 9 Satz 1 verneint werden. Zudem ist es problematisch, innerhalb der Richtlinien auf einzelne Originalarbeiten zu verweisen,[7] die wohl kaum als einzige verbindliche Quelle gelten können oder im Sinne der Richtlinien gelten sollen. Bestimmte einzelne Regelungen aus anderen Richtlinien hätten dann Verbindlichkeit als Stand der medizinischen Wissenschaft und Technik, wenn und soweit auf sie in den Richtlinien für Blutstammzellen ausdrücklich verwiesen würde.

11   Anders als z.b. für die Belange des § 8 TFG hat der Europarat bzgl. der Vorbehandlung zur Blutstammzellseparation und der Aufarbeitung der so gewonnen Spenden Empfehlungen abgegeben.[8] Generell gilt für Empfehlungen des Europarats, dass sie als von einer zwischenstaatlichen Organisation ausgehend keine bindende Wirkung für z.b. die praktisch tätigen Ärzte haben, da der Normadressat der Empfehlungen des Europarats nur die Regierung eines Mitgliedsstaats sein kann.

V. Einschaltung der Ethikkommission

12   Mit der Vorbehandlung zur Separation von Blutstammzellen und anderen Blutbestandteilen darf erst begonnen werden, wenn die Voraussetzungen analog § 8 Abs. 2 TFG erfüllt sind, insbesondere das Votum einer nach Landesrecht gebildeten Ethikkommission vorgelegt werden kann (analog § 8 Abs. 2 Ziff. 7 TFG). Die Vorschrift ist § 40 Abs. 1 Satz 2 AMG nachgebildet. Die Verpflichtung, sich bei einer Ethikkommission beraten zu lassen, gilt für die approbierte ärztliche Person, die die Vorbehandlung durchführen will. Zuständige Ethikkommission ist für Ärzte an Spendeeinrichtungen, die in universitärer Trägerschaft stehen, die an der Universität gebildete Ethikkommission, ansonsten die der jeweiligen Ärztekammer, deren Mitglied die approbierte ärztliche Person ist. Die universitäre Ethikkommission ist ebenfalls zuständig, sofern die leitende ärztliche Person der Spendeeinrichtung als Professor Mitglied der Universität ist. Die Zuständigkeit knüpft also an der Mitgliedschaft an. Das Votum einer privaten Ethikkommission ist nicht ausreichend.[9]

Insbesondere wird die zuständige Ethikkommission den Plan zur Vorbehandlung prüfen. Unerwünschte Arzneimittelwirkungen sind wie sonst auch der Ethikkommission unverzüglich zu melden. Diese wird auf die begründete Meldung reagieren, was bis zum Widerruf des Votums gehen kann.

---

[7] Vgl. z.B. den Literaturverweis im Abschnitt 1.2 der Richtlinien für Blutstammzellen auf die Empfehlungen der Ständigen Hämapheresekommission, Infusionther Transfusionsmed 21(1994)222 - 231; oder soll vielmehr die überarbeitete Version, Infusionsther Transfusionsmed 25(1998)325 - 335, gelten, auf die im Kapitel 2.6.5.6.1 der Hämotherapie-Richtlinien hingewiesen wird.

[8] Council of Europe, Donors of haematopoietic progenitor cells derived from bone marrow or peripheral blood (page 43), and Haematopoietic progenitor cells (Chapter 20, pages 149 - 155), in: Guide to the preparation, use and quality assurance of blood components, Recommendation No. R(95)15, 7th Edition, Council of Europe Press 2001.

[9] Vgl. hierzu E. Deutsch, H.-D. Lippert 1998, 40 ff.

Bei der Vorbehandlung mit neuen, zum Teil noch nicht zugelassenen Arzneimitteln **13** oder mit mehr als einem Arzneimittel sind entsprechende Angaben über die Eignung und Verträglichkeit erforderlich und von der Ethikkommission zu prüfen.

Die Ethikkommission wird auch die Aufwandsentschädigung prüfen, die ohne ihre Kenntnis und Zustimmung nicht erhöht oder durch nicht deklarierte Anreize ergänzt werden darf.

Wenn alternative Verfahren zur Gewinnung des gewünschten Blutprodukts ohne **14** Vorbehandlung der spendenden Person möglich sind, wird vor allem der Aspekt der Risikoabwägung analog § 8 Abs. 2 Ziff. 1 TFG von der Ethikkommission zu prüfen sein. Während dieser Aspekt bei der Blutstammzellseparation geringere Bedeutung hat, steht die Risikoabwägung bei der möglichen Vorbehandlung mit sogenannten Plättchen-Wachstumsfaktoren ganz im Vordergrund.

VI. Auswahl der spendewilligen Person

Es gilt § 5 TFG und hier im Besonderen Abs. 2. Detaillierte Vorschriften finden sich **15** im Kapitel 2.6.5.6.2 der Hämotherapie-Richtlinien und in den Abschnitten 2.2.1 Abs. 2 bzw. 2.2.2 der Richtlinien für Blutstammzellen. Soll aufgrund ärztlicher Entscheidung nach individueller Risikoabwägung von einzelnen Voraussetzungen der Spendereignung gemäß den genannten Richtlinien abgewichen werden, muss dies schriftlich begründet und dokumentiert werden. Kommen solche Abweichungen häufiger vor, muss die Ethikkommission informiert werden, die im Übrigen selbst strengere Meldepflichten festlegen kann.

VII. Aufklärung und Einwilligung

Es gilt § 6 TFG sowie analog § 8 Abs. 2 Ziff. 2 TFG zusammen mit Kapitel 2.1.2 **16** der Hämotherapie-Richtlinien. Die sich aus der Vorbehandlung zur Blutstammzellseparation mit zum Teil noch nicht zugelassenen Arzneimitteln ergebenden Besonderheiten der Spenderaufklärung müssen nach Kapitel 2.6.5.6.3 der Hämotherapie-Richtlinien zusätzlich beachtet werden. Die spendewillige Person ist ausführlich und schriftlich aufzuklären. Die Einwilligung muss schriftlich erfolgen und ist zu dokumentieren.

Weitere detaillierte Anforderungen an die Aufklärung finden sich im Abschnitt **17** 2.2.1 der Richtlinien für Blutstammzellen und beziehen sich auf einen Patienten, bei dem eine autologe Blutstammzellseparation geplant ist. Diese detaillierten Anforderungen wird man analog als Mindestanforderungen an die Aufklärung für eine gesunde spendewillige Person stellen müssen, bei der eine allogene Blutstammzellseparation geplant ist, obwohl diese Anforderungen im einschlägigen Abschnitt 2.2.2 nicht explizit wiederholt werden.

Ob die Einwilligung jederzeit widerrufbar ist, erscheint zweifelhaft. Denn ein Wi- **18** derruf der Einwilligung durch die spendewillige Person kann für den Empfänger lebensgefährlich sein, wenn – was regelhaft der Fall ist – mit der Konditionierung (Entfernen des Knochenmarks durch Chemotherapie) beim Patienten bereits begonnen wurde. Es handelt sich hier um einen sensiblen Bereich, der hohe Anforderungen an die beteiligten Ärzte stellt. Der spendewilligen Person müssen alle möglichen Konsequenzen ihres Handelns vorab dargelegt werden, und sie bleibt dann juristisch verantwortlich für ihr Tun. Jedenfalls nach dem genannten Zeitpunkt wird ein Widerruf ausgeschlossen sein. Das TFG sieht – anders als etwa § 40 AMG – keinen jederzeitigen Widerruf einer einmal gegebenen Einwilligung vor.

VIII. Anforderungen an die Spendeeinrichtung

19   Die Blutstammzellseparation darf nur in einer Einrichtung durchgeführt werden, die von einer approbierten ärztlichen Person geleitet wird. Bezüglich der analog § 8 Abs. 2 Ziff. 3 TFG geforderten Sachkunde der beteiligten ärztlichen Personen werden in Abschnitt 1.5.2 der Richtlinien für Blutstammzellen detaillierte Vorgaben gemacht.

20   Für die Spendeeinrichtung, in der die Blutstammzellentnahme durchgeführt wird und die nicht mit der Einrichtung der Vorbehandlung zur Blutstammzellseparation identisch sein muss, gelten die Vorschriften nach § 4 TFG, die für die Träger der Einrichtung im Abschnitt 1.5.3 und – in ungewöhnlicher Ausführlichkeit – im Abschnitt 7 der Richtlinien für Blutstammzellen weiter spezifiziert werden. Analog § 8 TFG sind keine bestimmten Anforderungen an die bei der Vorbehandlung verwendeten Arzneimittel festgelegt.

Für die Belange der Herstellung wird die Sachkunde des Herstellungsleiters und des Kontrollleiters durch §§ 15 Abs. 3 Satz 4 und 134 AMG festgelegt.

IX. Vorbehandlungsplan

21   Jede Vorbehandlung muss analog § 8 Abs. 3 Satz 1 TFG auf der Grundlage eines festgelegten Plans durchgeführt werden. Nach Abschnitt 2.2.2 der Richtlinien für Blutstammzellen und Kapitel 2.6.4.6.4 der Hämotherapie-Richtlinien werden in diesem Plan vorab die Anzahl und Menge der voraussichtlich erforderlichen Arzneimittelgaben und deren Abstände festgelegt. Der Vorbehandlungsplan ist wesentlicher Bestandteil eines Antrags bei der Ethikkommission und kann nicht ohne deren Kenntnis und Zustimmung geändert werden.

X. Vorbehandlungsprotokoll

22   Im Vorbehandlungsprotokoll müssen alle Angaben dokumentiert werden, die im Vorbehandlungsplan vorgesehen sind. Hierzu gehören auch die Ergebnisse der gesundheitlichen Überwachung und der Spenderkriterien der spendewilligen Person vor und während der Vorbehandlung.

XI. Protokoll der Apherese

Während der Blutstammzellspende ist eine gesundheitliche Überwachung nach § 5   **23**
TFG und den etwas weitergehenden Vorschriften, insbesondere nach Abschnitt
3.1.2 der Richtlinien für Blutstammzellen, zu gewährleisten. Eine gesundheitliche
Überwachung nach Abschluss der in der Regel einmaligen Spendetätigkeit ist nicht
vorgesehen.

XII. Dokumentation

Die Spenderdokumentation ist analog § 8 Abs. 3 Satz 1 und 2 TFG sowie entspre-   **24**
chend § 11 TFG durchzuführen. Es gilt jedoch eine auf mindestens 20 Jahre verlängerte Aufbewahrungszeit der angefertigten Dokumente, insbesondere des Proto-
kolls der Vorbehandlung und der Blutstammzellseparation selbst.

Ein Anspruch auf eine Bescheinigung der eingesetzten Arzneimittel für die vorbe-   **25**
handelte Person kann aus § 8 Abs. 3 Satz 3 TFG bei den zur Zeit üblichen Verfahren
nicht abgeleitet werden, da explizit auf Erythrozytenpräparate verwiesen wird und
somit andere Arzneimittel zumindest dann ausgenommen sind, wenn sie nicht unter
die Begriffsbestimmung nach § 2 Ziff. 3 TFG fallen. Sollten je andere Blutprodukte
im Sinne § 2 Ziff. 3 TFG zum Einsatz kommen, wären sie allerdings analog der Vorschrift für Erythrozytenpräparate der vorbehandelten Person zu bescheinigen.

Auch sehen die Richtlinien für Blutstammzellen keine solche Bescheinigung vor,   **26**
die die vorbehandelte Person in ihrem Ermessen über den vorgesehenen Zeitrahmen
von 20 Jahren hinaus aufbewahren könnte. Man mag dies bedauern, falls durch eine
solche Regelungslücke später eine Rückverfolgung vereitelt würde.

Unabhängig hiervon ist es für eine spendewillige Person billig zu verlangen, dass
ihr eine solche Bescheinigung von der Spendeeinrichtung ausgestellt wird, was im
Rahmen der Aufklärung und Einwilligung schriftlich zu vereinbaren wäre.

XIII. Meldepflichten

Alle im TFG festgelegten Verfahren für die Gewinnung von Blut, die Anwendung   **27**
von Blutprodukten und die Rückverfolgung gelten im vollen Umfang. Die sich aus
der Blutstammzellseparation ergebenden Besonderheiten müssen jedoch zusätzlich
beachtet werden.

Unerwünschte Arzneimittelwirkungen (UAW) sind anzuzeigen. So muss analog § 8
Abs. 4 TFG die die Vorbehandlung durchführende leitende ärztliche Person alle Ereignisse melden, sofern sie die Gesundheit der spendenden Person oder den Erfolg
der Blutstammzellseparation beeinträchtigen könnten. Die leitende ärztliche Person
muss der Ethikkommission, der zuständigen Behörde und dem Hersteller des angewendeten Blutprodukts solche Ereignisse unverzüglich mitteilen. Diese Meldepflicht gilt zusätzlich zur etwaigen Meldepflicht des Stufenplanbeauftragten nach
AMG.

28   Ist eine Meldung notwendig, sind ausschließlich das Geburtsdatum und Geschlecht mitzuteilen, jedoch nicht die Initialen oder anderweitige personenbezogene Daten der vorbehandelten Person, dies analog § 8 Abs. 4 Satz 2 TFG.

Eine Erfassung der durchgeführten Vorbehandlungen zur Blutstammzellseparation ist im Rahmen des koordinierten Meldewesens nach § 21 TFG nicht vorgesehen. Evtl. könnten zukünftig die durchgeführten Blutstammzellseparationen selbst erfasst werden. Dies würde § 21 Abs. 1 TFG erlauben, erfolgte aber zunächst in 1998 nicht.[10]

XIV. Aufwandsentschädigung für Blutstammzellseparation

29   Auch für die Blutstammzellseparation gilt die Norm,[11] dass die Vorbehandlung und die Spendeentnahme unentgeltlich zu erfolgen haben. Da die Entnahme von Blutstammzellen bei einer spendewilligen Person meist einmalig in einer oder mehreren aufeinander folgenden Sitzungen stattfindet, wird sich die Aufwandsentschädigung im Vergleich zur Spenderimmunisierung in engen Grenzen halten. Hier bewährt sich, dass auch die früher anstelle der Blutstammzellseparation übliche Knochenmarksspende völlig unentgeltlich von motivierten spendewilligen Personen geleistet wurde.

XV. Versicherungsrechtliche Situation bei der Blutstammzellseparation

30   Für spendewillige Personen, bei denen eine Blutstammzellseparation und eine Vorbehandlung dafür durchgeführt werden, gelten zunächst dieselben sozialversicherungsrechtlichen Absicherungen wie für andere Spender auch. Die Richtlinien für Blutstammzellen gehen im Abschnitt 3.7 ersichtlich davon aus, dass mit den Maßnahmen im Rahmen der Blutstammzellseparation ein erhöhtes Schadensrisiko verbunden ist, welches durch die Betriebshaftpflichtversicherung der Spendeeinrichtung abzudecken ist. Hierüber ist der Spender aufzuklären.

31   Nach § 2 Abs. 1 Nr. 13 b SGB VII sind Personen, die Blut spenden, Kraft Gesetzes in der gesetzlichen Unfallversicherung versichert. Der Versicherungsfall ist bei der Blutspende wohl der Arbeitsunfall nach § 8 SGB VII (nicht dagegen die Berufskrankheit). Geschuldet werden in erster Linie Heilbehandlung gem. §§ 27 ff. SGB VII sowie Rehabilitationsmaßnahmen gem. § 35 ff. SGB VII. Die Gewährung von Schmerzensgeld ist ausgeschlossen.

32   Neben den allgemeinen sozialversicherungsrechtlichen Absicherungen eines Spenders[12] muss zusätzlich ein mögliches Risiko der Blutstammzellseparation und insbesondere der dafür notwendigen Vorbehandlung an sich abgesichert werden. Eine

---

[10] Paul-Ehrlich-Institut, Bericht zur Meldung nach § 21 Transfusionsgesetz für das Jahr 1998, Bundesgesundheitsblatt 44(2001)238-245. Siehe auch unter <http://www.pei.de/zulass/21tfg_bericht_1998.pdf> auf der Webseite des PEI.
[11] Vgl. Kommentierung zu § 10 TFG.
[12] Vgl. § 10 TFG.

Versicherungspflicht, die auch aus der besonderen Verantwortung nach § 3 Abs. 3 Satz 2 TFG besteht, wird nach den Richtlinien für Blutstammzellen nach Abschnitt 3.7.2 festgelegt und im Umfang ähnlich einer Probandenversicherung gestaltet werden wie sie in § 40 Abs. 1 Ziff. 8 AMG in Verbindung mit § 40 Abs. 3 AMG vorgesehen ist.

Für den Einsatz der entsprechenden (zugelassenen) Medikamente haftet deren Anwender, in Ausnahmefällen auch deren Hersteller unter den Voraussetzungen des § 84 AMG. Auch diese Facette der Haftung ist beim Abschluss der Betriebshaftpflichtversicherung der Spendeeinrichtung zu berücksichtigen und zu versichern. Bis Anfang 2001 standen solche zugelassenen Arzneimittel allerdings nicht zur Verfügung, weshalb vom Anwender für eine entsprechende zusätzliche haftungsrechtliche Absicherung gesorgt sein musste. Entsprechende Angaben müssen der Ethikkommission vorgelegt werden, um die ausreichende Vorsorge prüfen zu können. Ein wesentlicher Aspekt ist die zeitlich lange versicherungstechnische Absicherung, falls mögliche Schäden erst spät bekannt werden oder auftreten. **33**

XVI. Rechtsfolgen

Im Zivilrecht

§ 9 ist Schutzgesetz im Sinne von § 823 Abs. 2 BGB. **34**

Im Verwaltungsrecht

Verstößen gegen § 9 kann mit den Maßnahmen der Arzneimittelaufsicht nach §§ 64 ff. AMG begegnet werden. Danach können vorläufige Anordnungen bis hin zur Betriebsschließung ergriffen werden, unter Beachtung des Grundsatzes der Verhältnismäßigkeit. **35**

Im Strafrecht

Es gelten zunächst die für Eingriffe in die körperliche Integrität allgemein einschlägigen Strafnormen. Spezielle Straftatbestände enthält das TFG zu § 9 nicht. **36**

Im Ordnungswidrigkeitenrecht

Wer vorsätzlich oder fahrlässig ein Vorbehandlung entgegen einem dem Stand der medizinischen Wissenschaften entsprechenden Vorbehandlungsplan durchführt oder dieses Programm nicht bei der zuständigen Behörde anzeigt, handelt ordnungswidrig nach § 32 Abs. 2 Ziff. 2 TFG. **37**

Flegel

§ 10
Aufwandsentschädigung

Die Spendeentnahme soll unentgeltlich erfolgen. Der spendenden Person kann eine Aufwandsentschädigung gewährt werden.

Literatur

P.J. Hagen, Paid or unpaid donors, in: Blood transfusion in Europe, Council of Europe Press 1993, 50 - 51; P.J. van den Burg, H. Vrielink, H. W. Reesink, Donor selection: the exclusion of high risk donors? Vox Sang 74[Suppl 2](1998)499 – 502.

I. Die Bedeutung der Norm

1   Die Norm schreibt den Grundsatz fest, dass die Spende von Blut unentgeltlich zu erfolgen hat. Es soll auf diese Weise vermieden werden, dass wegen des Anreizes der Entgeltlichkeit ungeeignete Spender angezogen werden[1]. Auch das ÖstblutSiG sieht in § 8 Abs. 7 ein Verbot der Spendenvergütung vor. Dieser Grundsatz entspricht im Übrigen auch Art. 3 des Europäischen Übereinkommens zu dem Austausch therapeutischer Substanzen menschlichen Ursprungs vom 15.12.1958. Art. 21 des Menschenrechtsübereinkommens zur Biomedizin schreibt denselben Grundsatz fest, auch wenn die Bundesrepublik Deutschland bisher das Abkommen weder signiert noch ratifiziert hat. Es handelt sich dennoch um einen allgemeinen Rechtsgedanken.

II. Sicherheitserwägungen

2   Neben diesen allgemeinen Erwägungen und Rechtsgedanken hat der Grundsatz der Unentgeltlichkeit vor allem große praktische Relevanz für die Sicherheit der Blutversorgung. Es sollen wegen des Anreizes keine Spender angelockt werden, die ein höheres Infektionsrisiko aufweisen. Dieses Phänomen ist gut dokumentiert. Deshalb muss von Seiten der Spendeeinrichtungen eine in der Öffentlichkeit klar erkennbare Strategie der Unentgeltlichkeit verfolgt werden.[2]

III. Die Aufwandsentschädigung

3   In seinem ersten Votum hat der Arbeitskreis Blut, damals noch beim ehemaligen Bundesgesundheitsamt angesiedelt, „grundsätzlich eine unentgeltliche Spende von Blut oder Plasma" befürwortet.[3] Es wurde jedoch, ohne dass der Grundsatz der Unentgeltlichkeit der Blutspende tangiert wird, für zulässig angesehen, dass dem

---

[1]   Vgl. so auch die Begründung zu § 10 und E. Deutsch et al. 2001, Rz. 295 ff. m.w.Nachw.
[2]   Vgl. P. J. van den Burg et al.: „Selection of donors is an important means to improve the overall safety of the blood supply. [...] Means to exclude high risk donors are non-remuneration, including a clear policy to provide no incentives which can be readily converted to cash, [...]."
[3]   Arbeitskreis Blut, Votum 1 (V1): Aufwandsentschädigung für Blut- und Plasmaspender. Bundesgesundheitsblatt, 12/1993, 542.

Spender derjenige Aufwand ersetzt wird, der ihm unmittelbar im Zusammenhang mit der Blutspende entsteht (z.B. für die An- und Abfahrt und den Zeitaufwand). Der Arbeitskreis Blut hielt in 1993 zur Abgeltung des genannten Aufwands eine Entschädigung von bis zu maximal 50 DM pro Blutspende für vereinbar mit dem Grundsatz der WHO und des Europarates. Das ÖstblutSiG 1999 kennt keine entsprechende Regelung außer dem Vergütungsverbot nach § 8 Abs. 4.

Ohne weitere Begründung lehnte der Arbeitskreis Blut jedoch eine solche Aufwandsentschädigung beim ersten Spendetermin ab. Damit die Aufwandsentschädigung nicht den Charakter eines Entgelts annimmt, sei bei häufigem Spenden von Plasma ist eine Obergrenze einzuhalten, für die der Arbeitskreis wiederum keinen klar erkennbaren Rahmen bestimmte.   **4**

IV. Internationaler Vergleich

Es sei der Hinweis angebracht, dass die Aufwandsentschädigung in der vom Arbeitskreis Blut als gerechtfertigt erachteten Höhe im Vergleich zu anderen Staaten als hoch anzusehen ist.[4] Nachdem zu Beginn fast alle Blutspenden bezahlt wurden, hat sich spätestens seit den 1950er Jahren das Prinzip der Unentgeltlichkeit bei Vollblutspenden in allen westlichen Ländern durchgesetzt. Dies bedeutet allerdings auch, dass keine Aufwandentschädigungen gezahlt werden. Gegenwärtig haben z. B. noch Länder wie Indien Probleme bei der Umstellung zur Unentgeltlichkeit, die aber selbst dort als dringendes Ziel erkannt ist und in 1998 vom höchsten Gericht angeordnet wurde.[5]   **5**

V. Sozialversicherungsrechtliche Stellung des Spenders

Nach § 2 Abs. 1 Nr. 13 b SGB VII sind Personen, die Blut spenden, Kraft Gesetzes in der gesetzlichen Unfallversicherung versichert. Der Versicherungsfall ist bei der Blutspende wohl der Arbeitsunfall nach § 8 SGB VII (nicht dagegen die Berufskrankheit). Geschuldet werden in erster Linie Heilbehandlung gem. §§ 27 ff. SGB VII sowie Rehabilitationsmaßnahmen gem. § 35 ff. SGB VII. Die Gewährung von Schmerzensgeld ist ausgeschlossen.   **6**

---

[4] Dies geht so weit, dass von internationalen Beobachtern der Umfang der Aufwandsentschädigung in Deutschland als Bezahlung eingestuft wird. Vgl. P.J. Hagen: „As in the USA, source plasma donors of commercial centres in Austria and Germany still receive payment for their regular service. In Germany some centres also pay for whole blood donation.", R. Watson, Blood supply threatened by EU law, Br Med J 323(2001)654: „At the moment such donors provide four million of the seven million litres used in the EU each year. Germany, where donors are remunerated, provides the vast bulk of European plasma" und E. Peerenboom, Germany still pays donors, Nat Med 4(1998)139.

[5] G. Mudur, Ban on payment to donors causes blood shortage in India, Br Med J 316(1998)172.

Lippert

§11
Spenderdokumentation, Datenschutz

(1) Jede Spendeentnahme und die damit verbundenen Maßnahmen sind unbeschadet ärztlicher Dokumentationspflichten für die in diesem Gesetz geregelten Zwecke, für Zwecke der ärztlichen Behandlung der spendenden Person und für Zwecke der Risikoerfassung nach dem Arzneimittelgesetz zu protokollieren. Die Aufzeichnungen sind mindestens fünfzehn Jahre und im Falle der §§ 8 und 9 mindestens zwanzig Jahre lang aufzubewahren und zu vernichten oder zu löschen, wenn die Aufbewahrung nicht mehr erforderlich ist. Sie müssen so geordnet sein, daß ein unverzüglicher Zugriff möglich ist. Werden die Aufzeichnungen länger als dreißig Jahre nach der letzten bei der Spendeeinrichtung dokumentierten Spende desselben Spenders aufbewahrt, sind sie zu anonymisieren.

(2) Die Spendeeinrichtungen dürfen personenbezogene Daten der spendenden Personen erheben, verarbeiten und nutzen, soweit das für die in Absatz 1 genannten Zwecke erforderlich ist. Sie übermitteln die protokollierten Daten den zuständigen Behörden und der zuständigen Bundesoberbehörde, soweit dies zur Erfüllung der Überwachungsaufgaben nach dem Arzneimittelgesetz oder zur Verfolgung von Straftaten oder Ordnungswidrigkeiten, die im engen Zusammenhang mit der Spendeentnahme stehen, erforderlich ist. Zur Risikoerfassung nach dem Arzneimittelgesetz sind das Geburtsdatum und das Geschlecht der spendenden Person anzugeben.

Zugehörige Richtlinien:

2.3 Blutentnahme

2.3.5 Dokumentation

Jede Spendeentnahme und die damit verbundenen Maßnahmen sind für die im Transfusionsgesetz geregelten Zwecke, für Zwecke der ärztlichen Behandlung der spendenden Person und für Zwecke der Risikoerfassung nach dem Arzneimittelgesetz zu protokollieren. Die Aufzeichnungen sind mindestens fünfzehn Jahre aufzubewahren (§ 11 TFG).

2.6 Präparative Hämapherese

2.6.5.7 Dokumentation

Über jede Apherese sowie über anschließende Präparationen (z.B. Thrombozytenabtrennung, Selektion von Blutstammzellen etc.) ist ein Protokoll zu fertigen, das die Angaben über das Verfahren, Art, Menge und Chargenbezeichnung der verwendeten Materialien und ggf. die Ergebnisse der Qualitätskontrollen enthält.

2.7 Eigenblutentnahme

2.7.6 Dokumentation

Jede Entnahme von Eigenblut und die damit verbundenen Maßnahmen sind für die im Transfusionsgesetz geregelten Zwecke, für Zwecke der ärztlichen Behandlung des Patienten und für Zwecke der Risikoerfassung nach dem Arzneimittelgesetz zu protokollieren. Die Aufzeichnungen sind mindestens 15 Jahre aufzubewahren (§ 11 TFG).

Literatur

Council of Europe, Record keeping (Chapter 27, Seite 209–210), in: Guide to the preparation, use and quality assurance of blood components, Recommendation No. R(95)15, 7th Edition, Council of Europe Press 2001.

I. Die Bedeutung der Norm

Das Transfusionsgesetz enthält zwei unterschiedliche bereichsspezifische Regelungen für den Datenschutz. Zum einen die für die Dokumentation[1] der Spende in § 11, zum anderen die für die Anwendung von Blutprodukten in § 14 TFG und deren Dokumentation.[2]   **1**

Daneben geben beide Vorschriften zugleich den Inhalt und den Umfang der Dokumentationspflicht vor, die es bisher nach den (nach wie vor auch für den Bereich der Transfusion geltenden) Vorschriften des Arzneimittelgesetzes nicht gegeben hat.   **2**

---

[1] Zur Nomenklatur siehe Deutsche Gesellschaft für Qualität, Begriffe zum Qualitätsmanagement (6. Auflage, Beuth, Berlin 1997), Dokumentation: „Für die Fachinformation wesentliche Tätigkeit, die das systematische Sammeln und Auswählen, das formale Erfassen, inhaltliche Auswerten und Speichern von Dokumenten umfaßt, um sie zum Zweck der gezielten Information rasch und treffsicher auffinden zu können." Im Englischen wird „documentation" mit identischer Bedeutung verwandt.

[2] Vgl. Kommentierung zu § 14 TFG.

Die Pflicht zur ärztlichen Dokumentation lässt § 11 unberührt. Sie ergibt sich aus dem ärztlichen Standesrecht, § 10 MBOÄ.[3]

3 Da es sich bei § 11 um eine spezifisch für die Spendeentnahme von Blut getroffene Datenschutzregelung handelt, die wie im Übrigen auch bei § 14 TFG bereichsspezifisch ist, sind die landesrechtlichen Datenschutzgesetze sowie das Bundesdatenschutzgesetz nicht anwendbar. Daher kommt es etwa auch nicht darauf an, in welcher Rechtsform die Spendeeinrichtung betrieben wird. Die Unterscheidung würde nur dann eine Rolle spielen, wenn es um die Geltung und den Umfang der allgemeinen datenschutzrechtlichen Vorschriften in Frage stünde.

II. Spenderdokumentation

4 § 11 Abs. 1 fordert zunächst einmal (unabhängig von der Frage des Datenschutzes) die Dokumentation der Spendenentnahme und der damit verbundenen Maßnahmen und zwar für die im TFG geregelten Zwecke. Diese sind die Risikoerfassung und die Möglichkeit, den Weg der Spende bis zur Quelle, also zum Spender zurückverfolgen zu können. Die Risikoerfassung richtet sich dabei nach den Vorschriften des Arzneimittelgesetzes (§§ 62 ff. AMG). § 11 Abs. 1 Satz 1 steckt damit den Rahmen für die zu erhebenden Informationen ab. Alles, was hierfür erforderlich ist, darf auch festgehalten werden. Dem Spender ist dieser Umfang in der Spenderinformation auch mitzuteilen. Er ist Inhalt des Aufklärungsgesprächs nach § 6 TFG. So sehen es auch die Hämotherapie-Richtlinien Kapitel 2.1.2 vor.

---

[3] „§ 10 MBOÄ

(1) Der Arzt hat über die in Ausübung seines Berufes gemachten Feststellungen und getroffenen Maßnahmen die erforderlichen Aufzeichnungen zu machen. Diese sind nicht nur Gedächtnisstützen für den Arzt, sie dienen auch dem Interesse des Patienten an einer ordnungsgemäßen Dokumentation.

(2) Der Arzt hat dem Patienten auf dessen Verlangen grundsätzlich in die ihn betreffenden Krankenunterlagen Einsicht zu gewähren; ausgenommen sind diejenigen Teile, welche subjektive Eindrücke oder Wahrnehmungen des Arztes enthalten. Auf Verlangen sind dem Patienten Kopien der Unterlagen gegen Erstattung der Kosten herauszugeben.

(3) Ärztliche Aufzeichnungen sind für die Dauer von zehn Jahren nach Abschluß der Behandlung aufzubewahren, soweit nicht nach gesetzlichen Vorschriften eine längere Aufbewahrungspflicht besteht.

(4) Nach Aufgabe der Praxis hat der Arzt seine ärztlichen Aufzeichnungen und Untersuchungsbefunde gemäß Absatz 3 aufzubewahren oder dafür Sorge zu tragen, daß sie in gehörige Obhut gegeben werden. Der Arzt, dem bei einer Praxisaufgabe oder Praxisübergabe ärztliche Aufzeichnungen über Patienten in Obhut gegeben werden, muß diese Aufzeichnungen unter Verschluß halten und darf sie nur mit Einwilligung des Patienten einsehen oder weitergeben.

(5) Aufzeichnungen auf elektronischen Datenträgern oder anderen Speichermedien bedürfen besonderer Sicherungs- und Schutzmaßnahmen, um deren Veränderung, Vernichtung oder unrechtmäßige Verwendung zu verhindern. Der Arzt hat hierbei die Empfehlungen der Ärztekammer zu beachten."
Vgl. auch R. Ratzel in: R. Ratzel, H.-D. Lippert 1998, §10.

In § 11 ÖstblutSiG 1999 findet sich eine entsprechende, allerdings sehr viel detail-   **5**
liertere Regelung über die Spendendokumentation. § 13 ÖstblutSiG sieht eine ausdrückliche Pflicht zur Verschwiegenheit für das Personal in Blutspendeeinrichtungen vor, sofern sich diese nicht bereits aus anderen Rechtsvorschriften ergibt.

III. Für Zwecke der ärztlichen Behandlung

Die Spenderdokumentation kann wichtig sein, falls die spendende Person später   **6**
einmal selbst erkrankt. In diesem Fall können die Angaben zu den Spenden wesentliche Aufschlüsse über die Gesundheit der betroffenen Person über zum Teil einen
sehr langen Zeitraum geben. Diese Gesundheitsinformationen können insbesondere
nicht bestehende Infektionen und Risikoverhalten, aber auch antierythrozytäre
Alloantikörper betreffen, die für die Beurteilung einer Erkrankung und in Falle von
Transfusionen wichtig sind.

Die Dokumentation zum Zwecke einer ärztlichen Behandlung bezieht sich auch auf   **7**
die Spenderimmunisierung und die Vorbehandlung zur Blutstammzellseparation an
sich. Daneben kann sie bei solchen spendenden Personen für spätere ärztliche Behandlungen wichtig sein, die nicht im Zusammenhang mit der Spenderimmunisierung und der Vorbehandlung zur Blutstammzellseparation stehen.

Die Spendeentnahme an sich kann nicht gemeint sein. Sie ist zwar ein dem Arzt
vorbehaltener Eingriff, stellt aber keine ärztliche Behandlung dar. Eine ärztliche
Behandlung im Zusammenhang mit der Spendenentnahme ist nur denkbar, wenn
das Auftreten eines Zwischenfalles bei der Spendenentnahme eine tatsächliche ärztliche Behandlung erforderlich machen sollte. Die Dokumentation der ärztlichen
Anwendung von Blutprodukten ist in § 14 TFG gesondert geregelt und kann somit
auch nicht gemeint sein.

IV. Risikoerfassung

Das Transfusionsgesetz regelt selbst die Risikoerfassung bezüglich der Blutspenden   **8**
nicht gesondert. Es nimmt in § 11 Abs. 2 Satz 2 und 3 in soweit auf §§ 62 ff. AMG
Bezug, die wiederum im Zusammenhang mit § 29 AMG zu lesen sind. Danach hat
der pharmazeutische Unternehmer dem PEI ihm bekannt gewordene Verdachtsfälle
einer schwerwiegenden Nebenwirkung oder Wechselwirkung mit anderen Mitteln
anzuzeigen. Ein für die Meldung an das PEI vorgesehenes Formblatt enthält Felder
für personenbezogene Daten (z.B. Spenderinitialen), ohne dass sich für deren Weitergabe eine Rechtsgrundlage aus dem TFG ableiten ließe. Dem beugt § 11 Abs. 2
Satz 3 insoweit vor, als hier festgehalten ist, Geburtsdatum und Geschlecht der
spendenden Person seien der Überwachungsbehörde mitzuteilen, also weiterzugeben. Daraus ist der Schluss zu ziehen, sonstige personenbezogene Daten dürften
nicht (jedenfalls nicht ohne ausdrückliche Zustimmung des Spenders) mitgeteilt
werden[4].

---

[4]   So auch die Gesetzesbegründung zu § 11 Abs. 2.

9   PEI koordiniert die erforderlichen Maßnahmen mit den Arzneimittelbehörden anderer Länder, den Gesundheitsbehörden des Bundes und der Länder sowie mit den Arzneimittel-Kommissionen der Heilberufe. Ansprechpartner beim pharmazeutischen Unternehmer ist der Stufenplanbeauftragte.

V. Aufbewahrungsdauer

10   Die über die Spendeentnahme gemachten Aufzeichnungen (Dokumentation) sind mindestens 15 Jahre, im Falle der Spenderimmunisierung nach § 8 TFG und der Vorbehandlung zur Blutstammzellseparation nach § 9 TFG mindestens 20 Jahre aufzubewahren. Ist ihre Aufbewahrung nicht mehr erforderlich, ist die Aufzeichnung zu löschen oder zu vernichten, je nachdem, in welcher Form sie vorgenommen wurde.

11   Lässt man einmal die in unterschiedlichen gesetzlichen und untergesetzlichen Vorschriften vorgesehenen Fristen für die Aufbewahrung ärztlicher Aufzeichnungen und Dokumentationen Revue passieren, so ergibt sich ein bunter Fleckenteppich, dem kein gemeinsamer Nenner zu entlocken sein dürfte[5]. Die Gesetzesbegründung zu § 11 führt für die 15jährige Aufbewahrungsdauer Haftungsgründe ins Feld. Dies kann so nicht stimmen. Die längste Verjährungsfrist beträgt nach § 199 Abs. 2 BGB immerhin 30 Jahre[6]. So lange können Ersatzansprüche aus unerlaubter Handlung längstens geltend gemacht werden, was für Spätschäden durchaus ins Auge zu fassen ist, ab sicherer Kenntnis vom Sachverhalt und der Person des Schädigers. Ein Vergleich mit § 14 TFG legt die Vermutung nahe, dass hier Belange des Datenschutzes für die Festlegung der Fristen maßgeblich gewesen sein dürften: Bei der haftungsrechtlich sicher bedeutsameren Anwendung von Blutprodukten beträgt die Aufbewahrungsfrist ebenfalls nur 15 Jahre.

§ 11 ÖstblutSiG 1999 begnügt sich mit einer 10jährigen Aufbewahrungsfrist.

12   Die Begründung zum Transfusionsgesetz gibt sich forschungsfreundlich, wenn sie eine längere als die gesetzlich vorgesehene Aufbewahrung von Spenderdaten zu Forschungszwecken vorsieht. Dabei wird vergessen, dass die Aufzeichnung von Spenderdaten zu Forschungszwecken nicht zu den in Absatz 1 vorgesehenen Zwecken gehört. Sie ist nur zulässig, wenn der Spender nach Aufklärung eingewilligt hat. Er gibt sein Einverständnis schließlich nur zu Spendezwecken.

13   Total anonymisierte Daten können nach Ablauf der Aufbewahrungsfrist für Forschungszwecke verwendet werden.[7] Eine Reidentifizierung der ehemaligen Spender muss dabei eindeutig ausgeschlossen sein.

---

[5]   Vgl. hierzu die Zusammenstellung bei Rieger 1984, Rz. 1084 ff. und zur Verletzung der Aufbewahrungspflicht Rz. 574f.; R. Ratzel, H.-D. Lippert 1998, § 10 Rz. 10 ff.

[6]   Dies gilt auch nach der Neufassung der Verjährungsvorschriften durch das Schuldrechtsmodernisierungsgesetz, welches das BGB zum 1.1.2002 ändert und ergänzt.

[7]   W. van Eimeren, M. Beckmann, C. Wolter, Anonymes unverknüpftes Testen (AUT), DÄ 90(1993)233 - 238.

Die Aufsichtsbehörden sind nach §§ 64 ff. AMG befugt, in die Aufzeichnungen zu Überwachungszwecken in der Spendeeinrichtung Einsicht zu nehmen.

VI. Bereichsspezifischer Datenschutz

In § 11 Abs. 2 ist eine bereichsspezifische Datenschutzregelung enthalten, die die **14** EDV-mäßige Verarbeitung von Daten, die zu den in § 11 Abs. 1 genannten Zwecken[8] erhoben werden, zulässt, solange die Daten für diese Zwecke benötigt werden. Die Weitergabe der Daten an Aufsichtsbehörden zu Aufsichtszwecken (§§ 64 ff. AMG) ist ausdrücklich für zulässig erklärt.

Die Weitergabe von gespeicherten Spenderdaten durch die Spendeeinrichtung zur **15** Verfolgung von Strafdaten und Ordnungswidrigkeiten stellt ein Novum dar. Die Gesetzesbegründung erklärt sie für zulässig, wenn sie in engem Zusammenhang mit der Spendenentnahme stehen.

Spontan fällt einem dazu zunächst einmal die Straftat nach § 31 TFG ein. Hier **16** müssten sich die Spendeeinrichtung und ihre Mitarbeiter allerdings selbst durch Weitergabe der Daten einer Straftat bezichtigen. Dies kann wohl so nicht sein.

Bleiben Straftaten und Ordnungswidrigkeiten nach §§ 95 ff. AMG, soweit sich der Betreiber der Spendeeinrichtung und deren Mitarbeiter nicht durch rechtswidriges und schuldhaftes Tun oder Unterlassen selbst strafbar gemacht oder eine Ordnungswidrigkeit begangen haben.

Zur Risikoerfassung nach §§ 62 ff. AMG ist nur die Weitergabe des Geburtsdatums **17** und des Geschlechts des Spenders zulässig. Vergleichbare Datenschutzvorschriften finden sich in §§ 8 Abs. 4 Satz 2, 9 Satz 2, 14 Abs. 4 Satz 3 und 16 Abs. 2 Satz 3 TFG, die zu beachten sind, auch wenn von den Behörden weitere personenbezogenen Daten, wie z.B. die Initialen der Personen, gerne entgegengenommen würden.

VII. Zugehörige Richtlinien

Kapitel 2.3.5, 2.6.5.7 und 2.7.6 Hämotherapie-Richtlinien regeln die Dokumenta- **18** tion anlässlich der Spendeentnahme z.B. von Vollblut, der präparativen Hämapherese und der Eigenblutentnahme. Einzelheiten darüber, was zu dokumentieren ist, regeln sie nicht, sondern verweisen lediglich auf das TFG.

VIII. Rechtsfolgen

Im Zivilrecht

Der Bruch der Verschwiegenheitspflicht kann Schadenersatzansprüche nach sich **19** ziehen. Einmal kann darin eine Verletzung des Spendevertrages liegen, weil die Verschwiegenheitspflicht eine Nebenpflicht zu diesem Vertrag darstellt. Anspruchsgegner ist die Spendeeinrichtung.

---

[8] Vgl. BVerfGE 65, 1 (Volkszählungsurteil) und dem daraus entwickelten Grundsatz der Zweckbindung der Datenverarbeitung.

Zum anderen kann in der Verletzung der Verschwiegenheitspflicht eine Persönlichkeitsrechtsverletzung im Sinne von § 823 Abs. 1 BGB vorliegen, die dem Spender einen Schmerzensgeldanspruch gewährt.

20   § 203 StGB ist schließlich Schutzgesetz im Sinne von § 823 Abs. 2 BGB, so dass auch hierauf ein Schadenersatzanspruch (Schmerzensgeldanspruch) gestützt werden kann. Anspruchsgegner ist der zur Geheimhaltung Verpflichtete.

Berufsrechtlich

21   In der Verletzung der Verschwiegenheitspflicht liegt schließlich eine Verletzung der dem Arzt auferlegten ärztlichen Pflicht zur Verschwiegenheit nach § 9 MBOÄ.[9] Die Verletzung der ärztlichen Schweigepflicht kann beim Arzt ein berufsgerichtliches Verfahren nach sich ziehen.

IX. Sanktionen

Im Strafrecht

22   Aufzeichnungen nach § 11 Abs. 1 stellen Geheimnisse des Spenders im Sinne von § 203 StGB dar, deren unbefugte Offenbarung Straftat ist. Die Tat ist rechtswidrig, sofern keiner der Offenbarungstatbestände (Weitergabe an Verwaltungs- und Überwachungsbehörde) des Absatzes 2 oder die Einwilligung des Spenders vorliegen. Normadressat sind Ärzte und nichtärztliches Personal der Spendeeinrichtung.

---

[9]   „§ 9 MBOÄ Schweigepflicht
(1) Der Arzt hat über das, was ihm in seiner Eigenschaft als Arzt anvertraut oder bekannt geworden ist – auch über den Tod des Patienten hinaus – zu schweigen. Dazu gehören auch schriftliche Mitteilungen des Patienten, Aufzeichnungen über Patienten, Röntgenaufnahmen und sonstige Untersuchungsbefunde.
(2) Der Arzt ist zur Offenbarung befugt, soweit er von der Schweigepflicht entbunden worden ist oder soweit die Offenbarung zum Schutze eines höherwertigen Rechtsgutes erforderlich ist. Gesetzliche Aussage- und Anzeigepflichten bleiben unberührt. Soweit gesetzliche Vorschriften die Schweigepflicht des Arztes einschränken, soll der Arzt den Patienten darüber unterrichten. [...]"
Vgl. auch H.-D. Lippert in: R. Ratzel, H.-D. Lippert 1998, § 9.

§ 12
Stand der medizinischen Wissenschaft und Technik
zur Gewinnung von Blut und Blutbestandteilen

(1) Die Bundesärztekammer stellt im Einvernehmen mit der zuständigen Bundesoberbehörde und nach Anhörung von Sachverständigen unter Berücksichtigung der Empfehlungen der Europäischen Union, des Europarates und der Weltgesundheitsorganisation zu Blut und Blutbestandteilen in Richtlinien den allgemein anerkannten Stand der medizinischen Wissenschaft und Technik insbesondere für

1. die Sachkenntnis des Personals der Spendeeinrichtung,

2. die Auswahl der spendenden Personen und die Durchführung der Auswahl,

3. die Identifizierung und Testung der spendenden Personen,

4. die durchzuführenden Laboruntersuchungen,

5. die ordnungsgemäße Entnahme der Spenden,

6. die Eigenblutentnahme,

7. die Gewinnung von Plasma für die Herstellung spezieller Immunglobuline, insbesondere die Spenderimmunisierung,

8. die Separation von Blutstammzellen und anderen Blutbestandteilen, insbesondere die Vorbehandlung der spendenden Personen, und

9. die Dokumentation der Spendeentnahme

fest. Bei der Anhörung ist die angemessene Beteiligung von Sachverständigen der Fach- und Verkehrskreise, insbesondere der Träger der Spendeeinrichtungen, der Plasmaprodukte herstellenden pharmazeutischen Unternehmer, der Spitzenverbände der Krankenkassen, der Deutschen Krankenhausgesellschaft sowie der zuständigen Behörden von Bund und Ländern sicherzustellen.

(2) Es wird vermutet, daß der allgemein anerkannte Stand der medizinischen Wissenschaft und Technik zu den Anforderungen nach diesem Abschnitt eingehalten worden ist, wenn und soweit die Richtlinien der Bundesärztekammer nach Absatz 1 beachtet worden sind.

Zugehörige Richtlinien:

1 Allgemeines

Alle Ärzte[1] sind verpflichtet, den aktuellen Stand des Wissens zu beachten, ihren Beruf nach ihrem Gewissen und den Geboten der ärztlichen Ethik und der Menschlichkeit auszuüben und sich über die für die Berufsausübung geltenden Vorschriften unterrichtet zu halten.

1.1 Geltungsbereich der Richtlinien

Diese Richtlinien gelten für alle Ärzte, die mit dem
- Gewinnen, Herstellen, Lagern, Abgeben oder in Verkehr bringen von Blut, Blutbestandteilen oder Blutprodukten,

---

[1] Arzt heißt immer auch Ärztin.

- der Durchführung von blutgruppenserologischen und anderen transfusionsrelevanten Untersuchungen,
- der Anwendung von Blutprodukten und der entsprechenden Nachsorge befasst sind.

Soweit für die Durchführung bestimmter Leistungen andere Personen verantwortlich sind, gelten die Richtlinien auch für diese Personen.

Sie gelten nicht für forensische blutgruppenserologische Untersuchungen.

Gemäß §28 TFG finden diese Richtlinien keine Anwendung auf homöopathische Eigenblutprodukte und Eigenblutprodukte zur Immuntherapie.

1.2 Aufgaben der Richtlinien

Diese Richtlinien stellen gemäß §§ 12 und 18 Transfusionsgesetz (TFG) den allgemein anerkannten Stand der medizinischen Wissenschaft und Technik zur Gewinnung von Blut und Blutbestandteilen und zur Anwendung von Blutprodukten fest. Sie sollen den Ärzten die notwendige Handlungsgrundlage geben und die erforderlichen Voraussetzungen beschreiben,

- um den Spender vor Schaden zu bewahren und
- um die Anwendung von Blutprodukten einschließlich Eigenblut für den Empfänger so gefahrlos und wirksam wie möglich zu gestalten.

1.3 Themen der Richtlinien

Diesen Aufgaben entsprechend befassen sich die Richtlinien mit

- allgemeinen Grundsätzen der Hämotherapie, Fragen ihrer Organisation, der notwendigen Qualifikation der Ärzte, der Zuständigkeit sowie haftungsrechtlichen Fragen (Kap. 1),
- der umfassenden Qualitätssicherung einschließlich der Dokumentation und des Datenschutzes (Kap. 1),
- der Spendetauglichkeit des Blutspenders, der Blutentnahme einschließlich der blutgruppenserologischen und infektionsserologischen Untersuchungen sowie der Eigenblutentnahme (Kap. 2),
- den bei der Herstellung, Lagerung und dem Transport von Blutprodukten durchzuführenden und zu beachtenden Qualitäts- und Sicherheitsstandards (Kap. 3),
- den vom zuständigen Arzt zu beachtenden organisatorischen Vorschriften vor und während der Anwendung von Blutprodukten, den durchzuführenden blutgruppenserologischen Untersuchungen, der Erfassung und Dokumentation unerwünschter Wirkungen (Kap. 4) sowie
- der Vorgehensweise und den Verfahrensschritten im Bereich der perinatalen Transfusionsmedizin und den therapeutischen Besonderheiten, wie z.B. Hämapherese (Kap. 4).

Die für den Bereich der Transfusionsmedizin geltenden Gesetze, Verordnungen, Richtlinien sowie Leitlinien und Empfehlungen sind im Anhang aufgeführt.

1.4 Qualitätsmanagement (QM)

Einrichtungen, durch die Blut oder Blutbestandteile entnommen werden (Spende-einrichtungen) und Einrichtungen, die Blutprodukte anwenden (Einrichtungen der Krankenversorgung), müssen ein System der Qualitätssicherung betreiben. Sofern in der Einrichtung der Krankenversorgung bereits ein Qualitätsmanagementsystem existiert, ist das System der Qualitätssicherung gemäß diesen Richtlinien in das bestehende Qualitätsmanagement zu integrieren.

Qualitätsmanagement ist Aufgabe der Leitung der jeweiligen Einrichtung, die mit Hilfe eines QM-Systems die Zuständigkeiten und Verantwortlichkeiten festlegt, die erforderliche Qualitätssicherung inhaltlich definiert und geeignete Maßnahmen zur Verwirklichung und Prüfung veranlasst. Die Voraussetzungen sind durch den Träger zu schaffen.

Jede Einrichtung legt die Ziele auf der Grundlage dieser Richtlinien fest.

Das Erreichen der Qualitätsziele auf der Grundlage dieser Richtlinien und deren Einhaltung muss durch regelmäßiges Überprüfen aller Abläufe, Leistungen und Produkte anhand von definierten Qualitätskriterien kontrolliert und mit Hilfe geeigneter Steuerungsmaßnahmen sichergestellt werden.

Zur Beschreibung und zur Dokumentation des funktionierenden QM-Systems ist ein den Aufgaben entsprechendes Qualitätsmanagementhandbuch zu erstellen, das sowohl für die klinische als auch die transfusionsmedizinische Einrichtung Qualitätsmerkmale und Qualitätssicherungsmaßnahmen zusammenfasst. Einzelheiten zur Erstellung des Qualitätsmanagementhandbuches finden sich in Kap. 4.

Das Qualitätsmanagementhandbuch muss für alle Mitarbeiter in dem für ihre Arbeit relevanten Umfang zugänglich sein. Die dort in Form von Standardarbeitsanweisungen bzw. Dienstanweisungen festgelegten organisatorischen Regelungen und Verfahren sind als Standard verbindlich. Das Handbuch ist den neuen Erfordernissen, Entwicklungen und Änderungen anzupassen. Seine Funktionsfähigkeit ist durch regelmäßigen Soll-/Ist-Abgleich im Rahmen von Selbstinspektionen sicherzustellen. Dazu ist ein funktionsfähiges Selbstinspektionsprogramm zu erarbeiten und umzusetzen. Als zentraler Teil der Qualitätssicherung ist die diesbezügliche Verfahrensweise im Qualitätsmanagementhandbuch niederzulegen.

1.4.1 Qualitätssicherung (QS)

1.4.1.1 Ziele und Aufgaben

Sowohl Einrichtungen, die Blut und Blutbestandteile gewinnen als auch Einrichtungen, in denen Blutprodukte angewendet werden, müssen funktionierende Qualitätssicherungssysteme entsprechend Art und Umfang der durchgeführten Tätigkeiten betreiben, damit alle Produkte und Leistungen den Erwartungen der Anwender und Empfänger in bezug auf größtmögliche Sicherheit und Nutzen entsprechen. Die Qualitätssicherungssysteme müssen die aktive Beteiligung der Leitung der Einrichtung und des Personals der betroffenen Bereiche vorsehen.

2 Gewinnung von Blut und Blutbestandteilen

[...]

2.3 Blutentnahme

2.3.4 Nachuntersuchungsproben

Für die Rückverfolgungsverfahren sind die Hersteller von Blutkomponenten (außer Eigenblut) verpflichtet, ein Jahr über die Laufzeit der Präparate hinaus Plasma-/Serumproben für die Nachuntersuchung der Spender auf Infektionsmarker in ausreichender Menge und unter geeigneten Lagerbedingungen aufzubewahren. Hinweise hierzu geben Voten des Arbeitskreises Blut.[2] Im Fall von Plasma zur Fraktionierung werden Rückstellproben vom Plasmapool durch den fraktionierenden Betrieb gezogen und gemäß PharmBetrV aufbewahrt.

2.4 Vollblutspende

2.4.3 Laboruntersuchungen vor Freigabe der Spende

Spenden, die nicht den Anforderungen der Tabelle 2.4.3 entsprechen bzw. die daraus hergestellten Blutprodukte sind zu entsorgen, sofern sie nicht für wissenschaftliche Zwecke und/oder für Zwecke der Qualitätskontrolle verwendet werden. Eine Abgabe an andere zu diesen Zwecken ist zulässig. Die Person, an die eine Spende oder ein Blutprodukt mit von der Tabelle 2.4.3 abweichenden Befunden abgegeben wird, muss Arzt oder Apotheker sein oder ggf. über eine Umgangsgenehmigung für infektiöses Material verfügen. Der Verbleib aller solcher Spenden/Blutprodukte ist zu dokumentieren.

Parameter	Anforderungen
Blutgruppenbestimmung: AB0, Rhesusformel*	bestimmt
Anti-HIV1/2-Antikörper	negativ
Anti-HCV-Antikörper	negativ
HBs-Antigen	negativ
HCV-Genom (NAT)*	negativ
Antikörper gegen Treponema pallidum*	negativ
ALT (optimierte Standardmethode von 1972, +25° C)**	Frauen ≤45 U/l, Männer ≤68 U/l
Antikörpersuchtest*/***	keine klinisch relevanten Antikörper nachweisbar

*   *Die Austestung der Rh-Formel, der Antikörpersuchtest und die Testung auf Antikörper gegen Treponema pallidum und HCV-Genom (NAT) können entfallen bei Spenden, bei denen ausschließlich Plasma zur Fraktionierung gewonnen wird.*

**   *Bei Messung bei 37°C ist eine entsprechende Umrechnung der Werte erforderlich.*

*** *Bei Blutspendern ist der Antikörpersuchtest bei der Eignungsuntersuchung und danach alle zwei Jahre sowie nach Schwangerschaften und Bluttransfusionen durchzuführen.*

---

[2]   Voten des Arbeitskreises Blut Nr. 21 BgesBl 11/99, S. 888-892; Nr. 17 BgesBl 11/97, S. 452-456; Nr. 14 BgesBl 9/96, S. 358-359; Nr. 13 BgesBl 7/96, S. 276-277; Nr. 6 BgesBl 12/94, S. 512-515.

2.5 Blutgruppenserologische Untersuchungen bei Blutspendern

Bei Erst- und Zweitspendern muss die Blutgruppe vollständig bestimmt werden (AB0-Blutgruppenmerkmale, Serumeigenschaften, Rh-Formel [C, c, D, E, e], K-Merkmal). Bei Erstspendern ist eine zusätzliche Bestimmung der AB- und D-Merkmale aus einer weiteren Probe durchzuführen (z.b. Inhaltskontrolle aus dem Segment). Bei Mehrfachspendern, bei denen die Blutgruppenformel zuverlässig dokumentiert ist, genügt die Kontrolle der AB- und D-Merkmale, vorausgesetzt, dass die erhobenen Befunde mit den Befunden der Erst- und Zweitspende übereinstimmen; bei Plasmaspendern kann auf die Kontrolle des Merkmals D verzichtet werden.

Das Rh-Merkmal D tritt in unterschiedlichen Ausprägungsformen auf (s. Abschnitt 4.2.5.5).

Die Untersuchung des Rh-Merkmals D erfolgt mit mindestens zwei verschiedenen Testreagenzien. Bei Blutspendern muss auch jedes schwach oder nur partiell ausgeprägte Rhesus-Antigen D zuverlässig erfasst werden. Dies kann beispielsweise durch Einsatz geeigneter polyklonaler oder oligoklonaler Reagenzien gegen das Rh-D-Merkmal im indirekten Antihumanglobulintest (AHG-Test) erreicht werden. Um Fehlbestimmungen zu vermeiden, sind regelmäßig positive und negative Kontrollen mit D-positiven und D-negativen Testerythrozyten sowie jeweils Eigenkontrollen (Prüfung auf Autoagglutination) mitzuführen. Blutspender, die ein schwach oder partiell ausgeprägtes Rh-Antigen D besitzen, sollten als Rh-positiv (z.B. weak D-positiv) deklariert werden. Bei negativem Ergebnis aller Testansätze gelten Blutspender als Rh (D) negativ. Bei übereinstimmend positivem Ergebnis und bei diskrepantem oder schwach positivem Ergebnis gilt der Blutspender als Rh (D) positiv.

2.6 Präparative Hämapherese

2.6.3 Häufigkeit und Menge der Hämapheresespenden

Das extrakorporale Blutvolumen sollte 15% des Intravasalvolumens des Spenders nicht überschreiten. Das maximale Entnahmevolumen pro Apherese für Plasma oder Plasma und Thrombozyten beträgt 650 ml (ohne Antikoagulans gerechnet). Das maximale Entnahmevolumen pro Apherese für Erythrozyten beträgt (auch für zwei Erythrozytenkonzentrate) 500 ml (ohne Antikoagulans gerechnet), das maximale Entnahmevolumen pro Apherese für ein Erythrozytenkonzentrat und Plasma beträgt 650 ml.

Wenn angezeigt, muss eine Volumensubstitution vorgenommen werden. Alternierende Spendearten sind erlaubt:
• Der zeitliche Abstand zwischen einer Blutspende und einer Thrombozytapherese/Plasmapherese sollte mindestens 14 Tage betragen.
• Nach Entnahme eines Erythrozytenkonzentrates sollen im Regelfall zwölf Wochen, mindestens aber acht Wochen Pause bis zur nächsten Vollblutspende eingehalten werden, nach gleichzeitiger Entnahme von zwei Erythrozytenkonzentraten sind 16 Wochen Pause erforderlich.

- Der zeitliche Abstand zwischen zwei Plasmapheresen und zwischen einer Plasmapherese und einer anderen präparativen Hämapherese sollte mindestens 48 Stunden betragen. Das Gesamtspendevolumen darf einschließlich des bei anderen Spendearten gewonnenen Plasmas 25 Liter (ohne Antikoagulans gerechnet) im Jahr nicht überschreiten.
- Pro Jahr ist die Entnahme von bis zu 1000 ml Erythrozyten (entspr. 4 EK) bei Frauen und bis zu 1500 ml (entspr. 6 EK) bei Männern möglich.
- Pro Jahr sind bis zu 26 Thrombozytapheresen möglich; es können auch Zyklen von täglichen Thrombozytapheresen ohne gleichzeitige Plasmapheresen über bis zu fünf Tage durchgeführt werden. Nach einem Fünftage-Zyklus ist bis zur nächsten Einzelspende ein Abstand von 14 Tagen einzuhalten. Ein erneuter Fünftage-Zyklus ist unter besonderer Beachtung der Thrombozyten-Werte frühestens nach drei Monaten möglich.
- Bei Verwendung von Sedimentationsbeschleunigern sind pro Jahr maximal vier Granulozytapheresen möglich, die auch an aufeinanderfolgenden Tagen durchgeführt werden können. Ohne Sedimentationsbeschleuniger richtet sich die Spendefrequenz nach dem Erythrozytenverlust pro Granulozytapherese; dieser sollte das Erythrozytenvolumen einer Vollblutspende nicht überschreiten.
- Bei abweichenden Separationsbedingungen ist die Spendefrequenz entsprechend anzupassen.

2.6.4 Spenderuntersuchungen

Zusätzlich zu den für Vollblutspenden genannten Parametern (Tabellen in Abschnitten 2.4.2 und 2.4.3) sind zu testen:

Eignungsuntersuchung (vgl. Abschn. 2.1.4)

Parameter	Anforderungen
Leukozyten, Erythrozyten	
Thrombozyten, MCV	normal
Gesamteiweiß im Serum	≥ 60 g/l

2.6.5 Besonderheiten der einzelnen Apheresetechniken

2.6.5.1 Präparative Plasmapherese

Zusätzlich zu den in Abschnitt 2.6.4 genannten Untersuchungen ist bei der Eignungsuntersuchung die Serum IgG-Konzentration zu bestimmen; der Wert muss $\geq 5,8$ g/l betragen. Die Eignungsuntersuchung vor der ersten Plasmapherese sollte in der Regel nicht länger als vier Wochen zurückliegen. Die Eignungsuntersuchung ist nach jeder 15. Plasmapherese, spätestens nach zwei Jahren zu wiederholen.

Bei der Prüfung der Spendetauglichkeit ist zusätzlich zu den in Abschnitt 2.4.2. genannten Untersuchungen das Gesamteiweiß im Serum zu bestimmen; der Wert muss ≥ 60 g/l betragen.

Bei Frauen, die als Kontrazeptivum ein niedrig dosiertes Gestagenmonopräparat (sog. Minipille) einnehmen, ist nach Anamnese sicherzustellen, dass zwischen der Einnahme und dem Beginn der Plasmapherese mindestens drei Stunden vergangen sind.

Bei Spendern von Plasma zur Fraktionierung sind in Abschnitt 2.2.3 Ausnahmen von bestimmten Auswahlkriterien festgelegt.

Für die Gewinnung von Plasma zur Herstellung einer Reihe von spezifischen Immunglobulinen, wie z.B. Anti-D-Immunglobulin, Anti-Tetanus-Immunglobulin, Anti-FSME-Immunglobulin, Anti-Hepatitis-B-Immunglobulin und Anti-Tollwut-Immunglobulin, wird auf die aktuelle Fassung „Richtlinien für die Herstellung von Plasma für besondere Zwecke (Hyperimmunplasma)" des Wissenschaftlichen Beirates der Bundesärztekammer und des Paul-Ehrlich-Institutes verwiesen.

Wenn der Spendeabstand mindestens vier Wochen beträgt, kann aufgrund ärztlicher Entscheidung bei Frauen eine Plasmapherese auch bei 120 g/l Hämoglobin durchgeführt werden.

2.6.5.2 Präparative Thrombozytapherese

Die Eignungsuntersuchung vor der ersten Thrombozytapherese sollte in der Regel nicht länger als vier Wochen zurückliegen. Die Eignungsuntersuchung ist nach jeder zehnten Thrombozytapherese, spätestens nach zwei Jahren zu wiederholen.

Bei der Spenderauswahl ist anhand der Anamnese besonders darauf zu achten, dass die Thrombozyten des Spenders nicht durch Medikamente (z.B. Acetylsalicylsäure, Indometacin) in ihrer Funktion beeinträchtigt sind. Die Thrombozytenzahl des Spenders, bestimmt vor bzw. innerhalb von 15 min nach Beginn der Apherese, muss mehr als 140 000/μl betragen.

2.6.5.3 Präparative Granulozytapherese

Die Spenderaufklärung (s. Abschnitt 2.1.2) muss die Besonderheiten der Granulozytapheresespende einschließen, besonders im Hinblick auf die Anwendung von Zytokinen und/oder Steroiden, aber auch auf die Anwendung von Sedimentationsbeschleunigern. Vor Granulozytapheresen sollte die unter 2.6.4 angeführte Eignungsuntersuchung nicht länger als eine Woche zurückliegen. Beim Einsatz von Steroiden sollte vor Mobilisierung eine Blutzuckerbestimmung durchgeführt werden.

Bei Anwendung von Zytokinen sind zum Spenderschutz die Voraussetzungen nach § 9 Transfusionsgesetz einzuhalten. Eine Behandlung des Spenders mit G-CSF zur Mobilisierung und Gewinnung von Granulozyten ist nur im Rahmen von klinischen Studien möglich (§ 40 AMG). Eine Langzeitbeobachtung solcher Spender muss gewährleistet sein. Vor medikamentöser Mobilisierung soll die Leukozytenzahl nicht unter 3000/μl und nicht über 13 000/μl liegen. Nach der Mobilisierung sollte die Leukozytenzahl 70 000/μl nicht überschreiten.

2.6.5.4 Präparative Erythrozytapherese

Die Spenderaufklärung (s. Abschnitt 2.1.2) muss die Besonderheiten der Erythrozytapherese einschließen, besonders bei gleichzeitiger Entnahme von zwei Erythrozytenkonzentraten die Möglichkeit der Entwicklung eines Eisenmangels. Werden bei einer Spende zwei Erythrozytenkonzentrate gewonnen, soll auch bei Frauen der Wert für Hb ≥ 135 g/l bzw. für den Hkt $\geq 0,40$ l/l betragen. Die in Abschnitt 2.6.3 festgelegten Höchstmengen und Mindestabstände und das maximale extrakorporale Blutvolumen sind einzuhalten.

2.6.5.5 Präparative Multikomponenten-Apheresespenden

Mit der Weiterentwicklung der Apheresetechniken werden auch Mehrfachspenden von verschiedenen Kombinationen von Blutbestandteilen möglich. Die Spenderaufklärung (s. Abschnitt 2.1.2) muss die Besonderheiten der Multikomponentenapheresespende einschließen, besonders die Unterschiede in der Durchführung und in den pro Spende entnommenen Mengen im Vergleich zu den jeweiligen Einzelkomponentenspenden. Bei der Durchführung und Überwachung der Multikomponentenapheresespende ist besonderes Augenmerk auf die Vermeidung einer übermäßigen Belastung und nachteiliger Folgen für die Spender zu richten. Die in Abschnitt 2.6.3 festgelegten Höchstmengen und Mindestabstände und das maximale extrakorporale Blutvolumen sind einzuhalten.

Die Auswahl der Spender, Frequenz und Umfang der Eignungsuntersuchungen und die bei der Tauglichkeitsprüfung durchzuführenden Untersuchungen müssen den entnommenen Blutbestandteilen entsprechend gewählt werden.

2.7 Eigenblutentnahme

2.7.1 Präoperative Entnahme von Eigenblut oder Eigenblutbestandteilen

[...]

2.7.1.5 Kennzeichnung des Eigenblutes

Auf Eigenblutprodukten sind Name und Anschrift des Herstellers, Entnahme- und Verfalldatum, genaue Bezeichnung der Blutkomponente, Name, Vorname und Geburtsdatum des Patienten sowie die Bezeichnung „Eigenblut" dauerhaft anzubringen. Die Angabe der Blutgruppenmerkmale (AB0, Rh-System) kann entfallen. Die Unterschrift des Patienten auf dem Etikett kann zur Vermeidung von Verwechslungen beitragen. Auf diese Weise kann auch intraoperativ bei anästhesierten Patienten durch den Vergleich mit anderen vom Patienten unterzeichneten Dokumenten eine weitere Identitätskontrolle vorgenommen werden.

2.7.1.6. Lagerung

Eigenblut kann als leukozytendepletiertes Vollblut oder in Blutkomponenten aufgetrennt, letztere auch tiefgekühlt, gelagert werden. Die Auftrennung in Blutkomponenten verlängert die mögliche Lagerungszeit. Eigenblut ist getrennt von homologen Blutprodukten zu lagern. Eigenblut von noch nicht abschließend untersuchten

Patienten und solches mit positiven Infektionsmarkern ist von allen anderen Blutprodukten so deutlich getrennt zu lagern, dass eine Verwechslung ausgeschlossen werden kann.

2.7.1.7 Qualitätskontrollen

Bei Eigenblut sind bezüglich der Erythrozytenzahl und des Hämatokrits bzw. Hämoglobingehalts durch die kurzen Spendeintervalle andere Grenzwerte möglich als bei homologen Produkten (Fertigarzneimitteln). Alle Eigenblutpräparationen sind einer visuellen Kontrolle (z.B. Unversehrtheit, Hämolyse, Anzeichen für mikrobielle Kontamination) zu unterziehen. Weitergehende Qualitätskontrollen müssen regelmäßig an wenigstens 1% aller hergestellten Blutprodukte, mindestens jedoch an vier Blutkomponenten pro Monat durchgeführt werden. Zu untersuchende Parameter sind für Erythrozytenkonzentrate bzw. Vollblut die Hämolyserate (<0,8%), für alle Arten von Komponenten die Sterilität.

Nicht benötigte Blutprodukte am Ende ihrer Laufzeit eignen sich hierfür besonders, da somit auch eine Aussage über die Qualität der Lagerungsbedingungen möglich ist.

2.7.2 Präoperative normovolämische Hämodilution

Vollblut wird unmittelbar vor einer Operation unter gleichzeitiger, adäquater Substitution des Blutvolumens entnommen und intra- oder postoperativ retransfundiert.

2.7.3 Retransfusion von intra- und/oder postoperativ gewonnenem Wund-/Drainageblut

- Autologe Direkt-Retransfusion: intra- und/oder postoperativ gesammeltes Wund-/Drainageblut wird gesammelt und ohne weitere Aufarbeitung über einen Transfusionsfilter retransfundiert. Bei dieser Form der Retransfusion von postoperativ gesammeltem Drainageblut besteht abhängig vom transfundierten Volumen die Gefahr einer massiven Gerinnungsaktivierung und Bakteriämie,
- *maschinelle Autotransfusion:* intra- und/oder postoperativ gesammeltes Wundblut wird als gewaschene Erythrozytensuspension innerhalb von sechs Stunden retransfundiert.

Die Wahl und Kombination der genannten Verfahren richtet sich nach der Indikationsstellung unter Berücksichtigung der personellen, räumlichen und apparativen Voraussetzungen des Krankenhauses.

2.8 Haftung

Der Blutspender ist durch eine „allgemeine Unfall- und Wegeversicherung" gegen Schädigungen im Zusammenhang mit der Blutspendetätigkeit versichert. Dies gilt auch im Zusammenhang mit der Spenderimmunisierung, der Gewinnung von Plasma und der Separation von Blutstammzellen sowie anderen Blutbestandteilen einschließlich erforderlicher Vorbehandlungen entsprechend §§ 8 und 9 des Transfusionsgesetzes.

Auf die bestehende gesetzliche Unfallversicherung nach § 2 Abs. 1 Nr. 13b SGB VII (BGBl. I 1996 S. 1254, 1259) wird hingewiesen. Schadensfälle sind unverzüglich über einen Durchgangsarzt dem jeweiligen Gemeindeunfallversicherungsverband des Landes zu melden.

Für Eigenblutentnahmen treffen diese haftungsrechtlichen Regelungen nicht zu.

Literatur

Bundesärztekammer, Paul-Ehrlich-Institut, Richtlinien zur Gewinnung von Blut und Blutbestandteilen und zur Anwendung von Blutprodukten (Hämotherapie), Deutscher Ärzte-Verlag, Köln 2000; R. Dörner, Muster-Qualitätsmanagmenthandbuch für die klinische Anwendung von Blutkomponenten und Plasmaderivaten, Berufsverband der Deutschen Transfusionsmediziner, Köln 2000; D. Giesen, Wandlungen des Arzthaftungsrechts, 1983; V. Kretschmer, R. Karger, Neue Richtlinien zur Gewinnung von Blut und Blutbestandteilen und zur Anwendung von Blutprodukten (Hämotherapie) – Änderungen, Interpretationen und Kommentar, Infusionsther Transfusionsmed 28(2001)24 – 43.

I. Die Bedeutung der Norm

1   Es handelt sich um eine Vorschrift von zentraler Bedeutung, wenn es um die Gewinnung von Blut- und Blutbestandteilen geht (für die Anwendung von Blutprodukten ist dies der § 18 TFG). Überall dort, wo das Gesetz vom Stand der medizinischen Wissenschaft und Technik spricht (§§ 4 Satz 1 Ziff. 2, 5 Abs. 1 Satz 1 und Abs. 3 Satz 1, 7 Abs. 1, 8 Abs. 1 Satz 2 und Abs. 2 Ziff. 3 und 4, 9 Satz 1 TFG), nimmt das Gesetz auf § 12 Bezug. Nur hier ist näher ausgeführt, woran sich der Stand der medizinischen Wissenschaft und Technik zu orientieren hat.

II. Der Stand der medizinischen Wissenschaft und Technik

2   Wer sich den Wortlaut von § 12 Abs. 1 vornimmt und hofft, dass ihm diese Lektüre Aufklärung darüber verschafft, was Stand der medizinischen Wissenschaft und Technik in der Gewinnung von Blutprodukten darstellen soll, wird eine herbe Enttäuschung erleben. Denn der Gesetzgeber verweist auf Richtlinien, in denen die Bundesärztekammer im Einvernehmen mit der zuständigen Bundesoberbehörde und nach Anhörung praktisch aller beteiligter Kreise („Runder Tisch") den Stand der medizinischen Wissenschaft und Technik feststellt.

Mit dieser Regelung, auch der Art der Regelung, geht der Gesetzgeber über das bis-   **3**
her übliche weit hinaus. War es bisher notwendig, etwa in Rechtsverordnungen er-
gänzende, konkretisierende Regelungen zum Gesetz zu treffen, die besonderen
Sachverstand erfordern, so wurde zumeist die Zuziehung von Sachverständigen
vorgesehen. Eine derartige Regelung für den Bereich des Arzneimittelgesetzes findet sich etwa in § 53 AMG für diejenigen Vorschriften, in denen vor dem Erlass von
Rechtsverordnungen erst Sachverständige zu hören sind. Hier sieht das Gesetz sogar die Einsetzung fester Sachverständigenausschüsse vor.

Der Gesetzesgeber geht mit § 12 einen neuen Weg. Er überträgt die Feststellung des   **4**
Standes der medizinischen Wissenschaft und Technik nicht etwa einer kompetenten
staatlichen Stelle, sondern einem nicht rechtsfähigem Verein und fordert lediglich
das Einvernehmen mit einer obersten Bundesbehörde.

Die Gesetzbegründung führt hierzu folgendes aus: „... soweit sie nicht ausdrücklich
im Gesetz geregelt sind, bleiben die fachlichen Anforderungen insbesondere Richtlinien der Bundesärztekammer vorbehalten, dem Einvernehmen mit der zuständigen Bundesoberbehörde nach Anhörung von Sachverständigen bekannt gemacht
werden. Aber auch Empfehlungen der Länder, des Arbeitskreises Blut des Bundesministeriums für Gesundheit können Maßstab sein. Dieses System folgt dem
Grundsatz, durch gesetzliche Regelung nur so viel wie nötig zu regeln, die fachlichen Einzelheiten aber soweit wie möglich der Regelung durch die Fachwelt zu
überlassen. Dieses aufeinander abgestimmte Konzept trägt Aspekten der Sicherheit
und Berechtigung der fachlichen Grundlagen in einem Gesetz einerseits sowie der
ständigen Entwicklung der Wissenschaft in Erkenntnis andererseits gleichermaßen
Rechnung."

Die Begründung, der rasche technisch-wissenschaftliche Fortschritt erfordere es,   **5**
die Richtlinien zeitnah anpassen zu können, mag in ihrem Kern sicher zutreffend
sein. Fraglich ist aber doch, ob dieses Ziel nicht auch auf anderem Weg erreichbar
wäre. Überdies ist zu fragen, ob alle in § 12 Abs. 1 Ziff. 1 bis 9 beispielhaft genannten Bereiche von dieser Begründung auch tatsächlich erfasst sind.

Mit §§ 12 und 18 TFG setzt sich eine Art der Gesetzgebung durch, die zunächst im   **6**
Recht der gesetzlichen Krankenversicherung (SGB V) begonnen hat. Dort ist der
Gesetzgeber dazu übergegangen, mehr und mehr Bereiche gar nicht mehr selbst ge-
setzlich oder durch Rechtsverordnungen zu regeln, sondern hat sie den beteiligten
Verkehrskreisen schlicht zur Regelung durch Richtlinien oder Verträge überlassen.
Auch hier wurden zunächst privatrechtlich organisierte Organisationen, wie die
Bundesärztekammer und die Krankenhausgesellschaft, in das Verfahren einbezogen. Diese Art der Verlagerung von Gesetzgebung aus dem Parlament und gar aus
der Exekutive heraus ist nicht zu Unrecht kritisiert worden. Das Normsetzungsver-
fahren wird so immer parlamentsferner und die so entstandenen Vorschriften sind
gerade einmal mit einem Tropfen parlamentarischen Öls gesalbt.

7   Erkennt der Gesetzgeber einen Regelungsbedarf, so wird man von ihm sicher auch verlangen können, dass er sich denjenigen Sachverstand erwirbt, der erforderlich ist, um eine regelungsbedürftige Materie in den wesentlichen Zügen auch selbst zu regeln. Beispiel dafür, wie so etwas funktionieren könnte, ist Art. 80 GG, der regelt, wie die Ermächtigungsgrundlage für Rechtsverordnungen auszusehen hat.

8   Nach unserem bisherigen Verfassungsverständnis eignet sich jedenfalls die Gesetzgebung als Kernbestand parlamentarischer Tätigkeit kaum dazu, mehr und mehr aus dem Parlament heraus verlagert und quasi „privatisiert" zu werden. Auch das AMG geht nicht soweit. Dieses schreibt etwa in §§ 74a Abs. 3 und 75 AMG die Qualifikation fest, über die jemand verfügen muss, der eine bestimmte Aufgabe als Informationsbeauftragter oder als Pharmaberater zu erfüllen hat. Warum §§ 12 und 18 TFG derartiges in Richtlinien geregelt sehen will, bleibt unerfindlich. Wenn die Qualifikation eines Facharztes für Transfusionsmedizin zur Erfüllung der Aufgabe für erforderlich gehalten werden soll, dann kann man diese Anforderung doch in das Gesetz selbst aufnehmen.

9   Der österreichische Gesetzgeber ist mit dem ÖstblutSiG 1999 und der Blutspendeverordnung gesetzgeberisch den konventionellen (konservativen) Weg gegangen und hat jedenfalls die in § 12 Abs. 1 Ziff. 1 bis 4 und 9 angesprochenen Bereiche selbst geregelt. Zurecht stellt man sich durchaus die Frage, was in Deutschland so anders sein soll, dass von dieser Regelungsmöglichkeit kein Gebrauch gemacht worden ist.

10   Die Feststellung des Standes der medizinischen Wissenschaft und Technik zur Gewinnung von Blut und Blutbestandteilen durch Richtlinien hätte also durchaus auf die wissenschaftlich-technisch relevanten Kernbereiche beschränkt werden können und nach dem Grundsatz der Wesentlichkeit wohl auch müssen.

III. Die Rechtsnatur der Richtlinien

11   Weil kein verfassungsmäßig berufenes Gremium die Richtlinien beschlossen hat, sind sie in keinem Fall gesetzliche Vorschriften, also Gesetzesrecht oder untergesetzliches Recht. Gleichwohl sind die Richtlinien aber nicht etwa unbeachtlich oder entfalteten gar keine Wirkung. In ihnen ist der Sachverstand der beteiligten Kreise zusammengetragen. Derjenige, der die Richtlinien einhält, verhält sich dem Stand der medizinischen Wissenschaft und Technik entsprechend, derjenige, der sie nicht einhält, verstößt dagegen. Von den Richtlinien kann nur aus gutem Grund abgewichen werden. Sie eröffnen nicht etwa wie Leitlinien einen Handlungskorridor, innerhalb dessen dem Handelnden mehrere Handlungsalternativen offen stehen.[3]

---

[3]   Zur Rechtsnatur und dem Stellenwert der Leitlinien der Bundesärztekammer siehe Kommentar zu § 18 TFG Rz. 21. Vgl. auch E. Deutsch et al. 2001, Rz. 112, die sich hierzu nicht äußern.

IV. Normadressaten der Richtlinien

Normadressat für § 12 Abs. 1 ist die Bundesärztekammer, die im vorgegebenen   **12**
Umfang und Verfahren Richtlinien erlassen muss und dies auch getan hat.

Normadressaten des § 12 Abs. 2 sind alle diejenigen Personen, die Tätigkeiten nach
den Vorschriften des TFG ausüben. In der Praxis betrifft dies vor allem ärztliches
Personal, wenn es entsprechende ärztliche Tätigkeiten ausübt. Jedoch sind z. B.
auch Geschäftsführer der Spendeeinrichtungen in ihrer Stellung als deren Organe
Normadressaten. Für andere Tätigkeiten ärztlicher Personen oder Handlungen des
pharmazeutischen Unternehmers, die nicht den Vorschriften des TFG (wohl aber
denen des AMG) unterliegen, gilt die Vermutung des Absatzes 2 selbst dann nicht,
wenn die Richtlinien entsprechende Vorgaben enthalten.

Leider ist kein Datum für das Inkrafttreten der Hämotherapie-Richtlinien[4] genannt.   **13**
Sie traten mit ihrer Veröffentlichung am 5. Juli 2000 in Kraft. Auch eine Frist für
den Übergang von der seit 1996 geltenden auf die neu bearbeitete Fassung der
Hämotherapie-Richtlinien 2000 wurde nicht vorgesehen[5].

V. Die Vermutung des Absatzes 2

§ 12 legt für die Gewinnung von Blut- und Blutbestandteilen den anzuwendenden   **14**
Sorgfaltsmaßstab fest, indem er durch Richtlinien den Stand der medizinischen Wissenschaft und Technik für diesen Bereich festhalten lässt. Wer die Richtlinien einhält,
verfährt entsprechend dem Stand der medizinischen Wissenschaft und Technik. Und
wer dies tut, handelt nach der im Verkehr erforderlichen Sorgfalt, wie sie § 276 BGB
als Sorgfaltsmaßstab vorgibt, und damit nicht fahrlässig im Sinne des BGB. Ersatzansprüche sind damit nicht begründet und damit auch nicht zu begründen.

Die Vermutung des Absatzes 2 hat Auswirkungen auf die Verteilung der Beweislast   **15**
im Fall der Haftung der Spendeeinrichtung für eine fehlerhafte Gewinnung von
Blut und Blutprodukten. Im Normalfall hat der Geschädigte die Voraussetzungen
seines Ersatzanspruches zu behaupten und im Streitfall zu beweisen. Im Bereich der
Haftung für Medizinschadensfälle billigt die Rechtsprechung den Geschädigten seit
langem Beweiserleichterungen bis hin zur völligen Umkehr der Beweislast zu.[6]
Dies gilt vor allem im Bereich des Verschuldens für eine mangelhafte Organisation
des Betriebes und die daraus resultierenden Fehler, die zu Schäden führen. Da der

---

[4] Obwohl § 5 Abs. 1 TFG auf „Richtlinien der Bundesärztekammer" verweist, als ob bei
     diesen Richtlinien etwa nicht das Einvernehmen mit der zuständigen Bundesoberbehörde
     gefordert wäre, ist doch hier schlicht der Stand der medizinischen Wissenschaft und
     Technik i.S.d. Hämotherapie-Richtlinien gemeint. So auch die Gesetzesbegründung.
[5] Für den Übergangszeitraum zwischen Juli 1998 und der Veröffentlichung der Hämothe-
     rapie-Richtlinien am 5. Juli 2000 wird man die „Richtlinien zur Blutgruppenbestimmung
     und Bluttransfusion (Hämotherapie)" in der überarbeiteten Fassung von 1996 zugrunde-
     legen dürfen, zumal bereits diese Fassung von der Bundesärztekammer zusammen mit
     dem PEI aufgestellt wurde.
[6] Vgl. hierzu D. Giesen 1983, 116 ff. m.w.Nachw. aus der Rechtsprechung.

Geschädigte normalerweise außer Stande ist, den Beweis mangelhafter Organisation führen zu können, obliegt es dem Rechtsträger des Betriebes, den Beweis dafür zu erbringen, dass mangelhafte Organisation nicht die Ursache für den Schaden sei. An dieser Stelle greift die Vermutung des Absatzes 2 ein. Es wird nach Absatz 2 vermutet, dass die Organisation bei Einhaltung der Richtlinien dem Stand der medizinischen Wissenschaft und Technik entspricht und entsprochen hat.

16   Die Vermutung reicht aber noch weiter: sie erstreckt sich auch auf den Stand der medizinischen Wissenschaft und Technik. Die Vermutung kann indessen widerlegt werden. Es ist dies Aufgabe des Geschädigten. Die Nichtbeweisbarkeit geht dabei zu seinen Lasten.

VI. Verweise auf anderweitige Richtlinien und Veröffentlichungen

17   Als sehr problematisch erweisen sich die häufigen Verweise in den Hämotherapie-Richtlinien auf weitere Richtlinien. Der Arzt als Anwender der Normen („Normadressat") soll sich gerade nicht aus einer Unzahl nicht selten apokryph bekannt gemachter Regeln heraussuchen müssen, was er zum aktuellen Zeitpunkt seiner ärztlichen Tätigkeit zu beachten hat und was nicht.

18   Hier stellt sich die berechtigte Frage, ob auch diese in Verweis genommenen Richtlinien in den Stand der medizinischen Wissenschaft und Technik nach §§ 12 und 18 TFG eingehen sollen oder nicht. Soweit auf andere Richtlinien der Bundesärztekammer verwiesen wird, die zum Zeitpunkt der Veröffentlichung der Hämotherapie-Richtlinien bereits vorlagen, wird man diese Frage uneingeschränkt bejahen können. Sofern diese anderen Richtlinien später in Abstimmung mit dem PEI überarbeitet werden, sind auch die überarbeiteten Fassungen gewiss als Stand der medizinischen Wissenschaft und Technik i.S.d. §§ 12 und 18 TFG anzusehen.

19   Jedoch wird auf eine Fülle weiterer Richtlinien, Leitlinien und sogar Literaturhinweise verwiesen,[7] deren Stellenwert nicht festgeschrieben wird und die deshalb nicht i.S.d. §§ 12 und 18 TFG als Stand der medizinischen Wissenschaft und Technik gelten dürfen.

---

[7]   Ohne Anspruch auf Vollständigkeit seien hier folgende andere Verweise in den Kapiteln 1 und 2 der Hämotherapie-Richtlinien genannt: „Die für den Bereich der Transfusionsmedizin geltenden Gesetze, Verordnungen, Richtlinien sowie Leitlinien und Empfehlungen sind im Anhang aufgeführt." (siehe Kapitel 1.3); Regelwerke zur „Guten Herstellungspraxis" (GMP) und zur „Guten Laborpraxis" (GLP) der Europäischen Gemeinschaft (siehe Kapitel 1.4.1.2); „Leitlinien zur Therapie mit Blutkomponenten und Plasmaderivaten" in der jeweils gültigen Fassung (siehe Kapitel 1.4.1.3.3 und 1.4.1.3.5); Empfehlungen des Rates der Europäischen Gemeinschaften, Empfehlungen des Europarates und der Weltgesundheitsorganisation, Monographie „Plasma vom Menschen (Humanplasma) zur Fraktionierung" des Europäischen Arzneibuches (siehe Kapitel 2,1,5) und schließlich Empfehlungen zur Blutstammzellapherese der DGTI, Infusionsther. Transfusionsmed. 15:325-335 [1998] (siehe Kapitel 2.6.5.6.1).

Gerade im Bereich der Gewinnung und Herstellung von Blut und Blutbestandteilen **20** waren schon lange vor Inkrafttreten des TFG bestimmte Verfahren auf der Basis des AMG und der Arzneimittelzulassung vorgeschrieben, die sich in Details zwischen den Spendeeinrichtungen durchaus unterscheiden können. Diese Vorschriften erlangen nicht erst durch ihre Erwähnung in den Hämotherapie-Richtlinien Verbindlichkeit, aber selbst dann können sie nicht generell als Stand der medizinischen Wissenschaft und Technik angesehen werden, da sie von den Aufsichtsbehörden selbständig zu ändern sind und bisweilen voneinander abweichen. Selbstverständlich behalten die amtlichen Vorschriften ihre Verbindlichkeit für Spendeeinrichtungen, selbst wenn sie nicht als Stand der medizinischen Wissenschaft und Technik in den Hämotherapie-Richtlinien erwähnt werden.

In Bezug auf die Empfehlungen der EU und des Europarates wäre es gerade eine **21** Aufgabe der Hämotherapie-Richtlinien, die Umsetzung in nationales deutsches Recht zu bewerkstelligen. Diese europäischen Regelwerke mag man dann zur Lektüre empfehlen, sie besitzen jedoch selbst keine Verbindlichkeit für die ärztlich tätige Person in Deutschland. Zum Beispiel legen die Hämotherapie-Richtlinien leider nicht fest, welche „wichtige[n] Anhaltspunkte zur Anamnese"[8] der verantwortliche Arzt in einer Spendeeinrichtung den europäischen Regelwerken zusätzlich zu denen der Hämotherapie-Richtlinien entnehmen sollte. In dem Kapitel 2.1.4 halten die Hämotherapie-Richtlinien den approbierten Arzt an, „nach dem Stand der medizinischen Wissenschaft und Technik" vorzugehen und verweisen damit gewissermaßen auf sich selbst.

Es tut Not, eine klare Abgrenzung herbeizuführen zwischen dem durch die Hämo- **22** therapie-Richtlinien definierten Stand der medizinischen Wissenschaft und Technik und anderweitig zum Beispiel durch das AMG zwingend vorgeschriebener Regeln und der umfangreichen Sekundärliteratur, die keine selbständige Verbindlichkeit besitzt. Es mag überraschend klingen, aber für die ärztlich tätige Person gehören auch etliche überstaatliche, z.B. europäische Regelwerke, zu dieser für sie durchaus unverbindlichen Sekundärliteratur.

VII. Zugehörige Richtlinien

Die Hämotherapie-Richtlinien müssen nach § 12 Abs. 1 die Empfehlungen der Eu- **23** ropäischen Union, des Europarates und der WHO zu Blut und Blutbestandteilen berücksichtigen. Die einschlägigen Richtlinien müssen aber auch den in § 12 Abs. 1 definierten Rahmen beachten. Obwohl der Stand der medizinischen Wissenschaft und Technik „insbesondere" die Ziffern 1 bis 9 betreffen soll, kann dieser ohnehin weit gefasste Rahmen nicht wesentlich überschritten werden. Die zugehörigen Richtlinien werden unter den einschlägigen Paragrafen des Zweiten Abschnitts des TFG besprochen (siehe Tabelle 12.1).

---

[8] Kapitel 2.1.5 Hämotherapie-Richtlinien.

Tabelle 12.1. Themen der Hämotherapie-Richtlinien

Feststellung des Standes der medizinischen Wissenschaft und Technik zur Gewinnung von Blut und Blutbestandteilen

§ 12 Abs. 1	Thema	Einschlägiger Paragraf im Zweiten Abschnitt des TFG mit Kommentaren zu den Hämotherapie-Richtlinien
Ziffer 1	Sachkenntnis des Personals der Spendeeinrichtung	§§ 4 Ziff. 2, 5 Abs. 1, 7 Abs. 2, 8 Abs. 2 Ziff. 3 und 9 Satz 2
Ziffer 2	Auswahl der spendenden Person und Durchführung der Auswahl	§ 5
Ziffer 3	Identifizierung und Testung der spendenden Person	§ 7 Abs. 1 (Identifikation und Testung) § 5 Abs. 3 (Testung)
Ziffer 4	durchzuführende Laboruntersuchungen	§ 5 Abs. 3
Ziffer 5	Entnahme der Spenden	§ 7
Ziffer 6	Eigenblutentnahme *	§ 5 Abs. 3 Satz 2 und 3 **
Ziffer 7	Spenderimmunisierung	§ 8
Ziffer 8	Blutstammzellseparation	§ 9
Ziffer 9	Dokumentation der Spendeentnahme	§ 11

* *Es gelten – was die Regelung im TFG anbelangt – weitgehend die gleichen Anforderungen wie für Blutspenden generell.*
** *Für die Praxis wichtige Ausnahme bei der Untersuchung auf Infektionsmarker.*

24 Im Zusammenhang mit der Eigenblutentnahme (Kapitel 2.7 Hämotherapie-Richtlinien) wird zu Recht auf die periperative normovolämische Hämodilution (Kapitel 2.7.2) und die Retransfusion von intra- und/oder postoperativ gewonnenem Wund-/Drainageblut (Kapitel 2.7.3) hingewiesen. Hier werden zwar klinisch wichtige Aspekte angesprochen, sie beziehen sich jedoch auf bestimmte Therapieformen, die ohne eine Spende oder Blutprodukte i.S.d. § 2 Ziff. 1 und 3 TFG auskommen, und fallen deswegen nicht unter die Belange des Zweiten Abschnitts des TFG (Gewinnung von Blut und Blutbestandteilen). Die besprochenen Verfahren könnten besser in Leitlinien abgehandelt werden. Obwohl sie in den Hämotherapie-Richtlinien aufgeführt sind, muss ihre Wertigkeit i.S.d. § 12 Abs. 2 verneint werden.

25 1. Geltungsbereich der Richtlinien (Kapitel 1.1)
Die Vorschrift der Hämotherapie-Richtlinien, für alle Ärzte zu gelten, entstammt den früheren Fassungen. § 12 Abs. 2 schränkt jedoch nicht ein, dass sich nur Ärzte auf die Vermutung des Absatzes 2 berufen dürften. Mithin können in Zukunft die Richtlinien durchaus Bedeutung für nicht-ärztliche Personen erlangen.

2. Aufgaben der Richtlinien (Kapitel 1.2)   **26**
Nach der Gesetzesbegründung ist das Ziel des Gesetzes, eine „größtmögliche Sicherheit für die Versorgung der Bevölkerung mit Blutprodukten zu erreichen." Das
Ziel ist also die optimale, nicht nur die notwendige Versorgung mit Blutprodukten,
wie dies sonst für die medizinische Versorgung nach dem Sozialgesetzbuch vorgesehen ist.[9] Im Unterschied zu den früheren Fassungen werden nicht mehr nur die
Mindeststandards festgelegt.

3. Themen der Richtlinien (Kapitel 1.3)   **27**
Erweitert wurden die Themenbereiche in Bezug auf die notwendigen Qualifikationen der Ärzte und die umfassende Qualitätssicherung einschließlich der Dokumentation und des Datenschutzes.

4. Blutgruppenserologische Untersuchungen bei Blutspendern (Kapitel 2.5) **28**
Es ist sinnvoll, den Umfang der Antigenbestimmung festzulegen, um eine einheitliche Deklaration der Blutpräparate zu erreichen. Dies ist für den nach § 3 Abs. 2
TFG geforderten Austausch zwischen den Spendeeinrichtungen geradezu eine Voraussetzung. Bei dem dargestellten Verfahren zur Bestimmung der Antigene handelt
es sich sicherlich nur um eines der verschiedenen möglichen Verfahren und anders
als in früheren Fassungen nicht um den vorgeschriebenen Mindeststandard.[10]

VIII. Rechtsfolgen
§ 12 ist Schutzgesetz im Sinne von § 823 Abs. 2 BGB.   **29**

---

[9] V. Kretschmer, R. Karger 2001, 25, vgl. auch das Zitat von F. v. Auer an gleicher Stelle.
[10] V. Kretschmer, R. Karger 2001, 34.

Anhang zu § 12:

**Kapitel 3 (Herstellung, Lagerung und Transport von Blutprodukten)
der HämotherapieRichtlinien
sowie
Kommentierung der für Herstellung, Lagerung und Transport von
Blutprodukten einschlägigen Vorschriften des**

Gesetz über den Verkehr mit Arzneimitteln (Arzneimittelgesetz)
vom 24. August 1976

(in der Fassung des Zehnten Gesetzes zur Änderung des Arzneimittelgesetzes vom 11. Juli 2000
sowie geändert durch Teil 4 § 10 des Gesetzes zur Neuordnung seuchenrechtlicher Vorschriften
(Seuchenrechtsneuordnungsgesetz - SeuRNeuG -)
vom 20. Juli 2000)

Zugehörige Richtlinien:

3 Herstellung, Lagerung und Transport von Blutprodukten

Blutprodukte sind Arzneimittel im Sinne von § 2 (1) AMG i.V. mit § 2 Nr. 3 TFG
und unterliegen den Vorschriften des Arzneimittelrechtes. Die Entwicklung, Herstellung oder klinische Prüfung von Blutzubereitungen ist gemäß AMG vor Aufnahme der Tätigkeit der zuständigen Landesbehörde anzuzeigen. Werden Blutzubereitungen zum Zwecke der Abgabe an andere hergestellt, ist nach § 13 AMG eine Herstellungserlaubnis erforderlich. Eine Abgabe an andere liegt vor, wenn die Person, die das Arzneimittel herstellt, eine andere ist als die, die es anwendet.

Die Herstellungserlaubnis muss bei der zuständigen Landesbehörde beantragt werden. Die Voraussetzungen für die Erteilung einer Herstellungserlaubnis sind in den §§ 14, 15 AMG geregelt. Personen mit der nach AMG erforderlichen Sachkenntnis müssen als leitende ärztliche Person, Herstellungsleiter, Kontrolleiter bzw. Vertriebsleiter benannt werden. Bei der Herstellung von Blutprodukten sind die Betriebsverordnung für pharmazeutische Unternehmer (PharmBetrV) und der Leitfaden einer guten Herstellungspraxis für Arzneimittel (GMP) zu berücksichtigen.

Werden Blutprodukte im voraus hergestellt und in einer zur Abgabe an den Verbraucher bestimmten Packung in den Verkehr gebracht, handelt es sich um Fertigarzneimittel, für die eine Zulassung nach §§ 21 ff. AMG durch die zuständige Bundesoberbehörde (Paul-Ehrlich-Institut) erforderlich ist. In diesem Fall ist ein Informationsbeauftragter (§ 74a AMG) und ein Stufenplanbeauftragter (§ 63a AMG) zu benennen. Die Blutzubereitungen müssen gemäß §10 AMG gekennzeichnet sein und gemäß §§ 11, 11a AMG mit einer Gebrauchs- und Fachinformation in Verkehr gebracht werden.

Das AMG regelt ebenfalls die vor der Zulassung der Blutzubereitungen notwendige klinische Prüfung. Die Voraussetzungen für eine klinische Prüfung sind in den §§ 40 ff. AMG geregelt (z.B. Ethikkommission, Versicherung).

Die Herstellung von Blutkomponenten ist transfusionsmedizinischer Standard. Die Gewinnung ist möglich über Vollblutspende oder durch Apherese.

Bei der Vollblutspende werden 450 ml oder 500 ml (zuzüglich Untersuchungsproben) entnommen und in ein geschlossenes Beutelsystem überführt. Die gebräuchlichsten Stabilisatoren sind CPD (Citrat, Phosphat, Dextrose) und CPDA-1 (CPD mit Zusatz von Adenin). Nach Zentrifugation des Vollblutes werden Buffy coat (Leukozyten und Thrombozyten) und Plasma durch einfache physikalische Verfahren von den Erythrozyten im geschlossenen System oder unter aseptischen Bedingungen abgetrennt.

Die Auftrennung des Vollblutes in Blutkomponenten soll schnell erfolgen und innerhalb von 24 Stunden abgeschlossen sein. Für die Blutkomponenten gelten unterschiedliche Lagertemperaturen vor der Auftrennung. Wenn sechs Stunden bis zur Auftrennung überschritten werden, sollte die Umgebungstemperatur unter $+24°C$ liegen. Die Umgebungstemperatur ist zu dokumentieren.

Die Herstellung von Blutprodukten mittels Apherese erlaubt die selektive Entnahme von Plasma, Thrombozytenkonzentraten, Erythrozytenkonzentraten und weiteren Zellen mittels geschlossener Entnahmesysteme. Die Entnahme mehrerer verschiedener Blutbestandteile wird als Multikomponentenspende bezeichnet. Im Gegensatz zur Vollblutspende wird der Stabilisator (z.B. Citrat, CPD-50 oder ACD-A) während der Entnahme dosiert über einen Sterilfilter zugesetzt.

Einzelheiten und die maximalen Entnahmevolumina für die verschiedenen Arten der Apherese sind in Abschn. 2.6.3 aufgeführt.

Es sind regelmäßig Qualitätskontrollen aus der laufenden Herstellung durchzuführen. Einzelheiten zu den Qualitätsprüfungen sind in den jeweiligen Abschnitten in Tabellen aufgeführt.

3.1 Blutkomponenten

3.1.1 Erythrozytenkonzentrate[9]

3.1.1.1 Erythrozytenkonzentrat Buffy coat-frei in Additivlösung

Das Buffy coat-freie Erythrozytenkonzentrat in additiver Lösung enthält den größten Teil der Erythrozyten einer einzelnen Blutspende.

Die Herstellung kann
a) nach Vollblutentnahme durch Zentrifugation, anschließender Entfernung von Buffy coat und Plasma und Resuspension der Erythrozyten in Additivlösung oder
b) durch Apherese mit anschließender Suspension der Erythrozyten in Additivlösung erfolgen.

Lagerungstemperatur: $+ 4°C \pm 2°C$

Lagerungszeit entsprechend den Angaben des Herstellers.

---

[9] Die aus einer einzelnen Blutspende hergestellten Erythrozytenkonzentrate werden nachfolgend als Einheit bezeichnet.

Die monatliche Prüfhäufigkeit der Qualitätskontrollen beträgt 1% der hergestellten Einheiten, mindestens aber vier Einheiten; ausgenommen ist die Sterilitätstestung mit $0,4 \times \sqrt{n}$ (n = Zahl der hergestellten Einheiten pro Monat).

Tabelle 3.1.1.1. Qualitätskontrollen

Prüfparameter	Prüfkriterium	Prüfzeitpunkt
Volumen	nach Festlegung, abhängig vom Entnahmevolumen	nach Herstellung
Hämatokrit	0,50 bis 0,70 l/l	nach Herstellung und am Ende der ermittelten Haltbarkeit
Gesamt-Hb	≥ 43 g/Einheit	nach Herstellung und am Ende der ermittelten Haltbarkeit
% Hämolyse	<0,8% der Erythrozyten-masse	am Ende der ermittelten Haltbarkeit
Restleukozyten	$<1,2 \times 10^9$/Einheit*	nach Herstellung
Visuelle Kontrolle	Beutel unversehrt, keine sichtbare Hämolyse	nach Herstellung und am Ende der ermittelten Haltbarkeit
Sterilität	steril	am Ende der ermittelten Haltbarkeit

* Diese Anforderung sollen 75% der geprüften Einheiten erfüllen

3.1.1.2 Leukozytendepletiertes Erythrozytenkonzentrat Buffy coat-frei in Additivlösung

Die Leukozytendepletion kann an verschiedenen Stellen des Herstellungsprozesses in-line bzw. im funktionell geschlossenen System erfolgen:

a) Vollblut wird zentrifugiert, Plasma und Buffy coat werden abgetrennt. Anschließend erfolgt die Leukozytendepletion der Erythrozyten und deren Resuspension in Additivlösung.

b) Vollblut wird leukozytendepletiert, anschließend zentrifugiert. Nach Abtrennung des Plasmas erfolgt die Resuspension der Erythrozyten in Additivlösung.

c) Durch Apherese gewonnene Erythrozyten werden leukozytendepletiert und in Additivlösung resuspendiert.

d) Leukozytendepletion des Erythrozytenkonzentrates Buffy coat-frei in Additivlösung, z.B. mittels kontaminationssicherer Schlauchverbindungen (SCD-Verfahren).

Die frühzeitige Leukozytendepletion erhöht die Qualität der Konserven.

Lagerungstemperatur nach Leukozytendepletion: $+ 4°C \pm 2°C$.

Lagerungszeit entsprechend den Angaben des Herstellers.

Die monatliche Prüffrequenz der Qualitätskontrollen beträgt 1% der hergestellten Einheiten, mindestens aber vier Einheiten; ausgenommen ist die Sterilitätstestung mit $0,4 \times \sqrt{n}$ (n = Zahl der hergestellten Einheiten pro Monat).

Tabelle 3.1.1.2. Qualitätskontrollen

Prüfparameter	Prüfkriterium	Prüfzeitpunkt
Volumen	nach Festlegung, abhängig vom Entnahmevolumen	nach Herstellung
Hämatokrit	0,50 bis 0,70 l/l	nach Herstellung und am Ende der ermittelten Haltbarkeit
Gesamt-Hb	$\geq$40 g/Einheit	nach Herstellung und am Ende der ermittelten Haltbarkeit
% Hämolyse	<0,8% der Erythrozytenmasse	am Ende der ermittelten Haltbarkeit
Restleukozyten	$<1 \times 10^6$/Einheit*	nach Herstellung
Visuelle Kontrolle	Beutel unversehrt, keine sichtbare Hämolyse	nach Herstellung und am Ende der ermittelten Haltbarkeit
Sterilität	steril	am Ende der ermittelten Haltbarkeit

* Diese Anforderung sollen 90% der geprüften Einheiten erfüllen.

3.1.1.3 Kryokonserviertes Erythrozytenkonzentrat

Zur Herstellung von kryokonservierten Erythrozytenkonzentraten können die unter 3.1.1.1 und 3.1.1.2 aufgeführten Erythrozytenkonzentrate verwendet werden. Leukozytendepletierte Erythrozytenkonzentrate sind vorzuziehen, da hierdurch das Risiko der Übertragung zellständiger Viren stark vermindert werden kann.

Das Erythrozytenkonzentrat wird innerhalb von sieben Tagen nach der Spende unter Zugabe eines geeigneten Kryokonservierungsmittels tiefgefroren und danach bei Temperaturen unter –80°C gelagert.

Die Haltbarkeit des kryokonservierten Erythrozytenkonzentrates ist abhängig von der Lagertemperatur. Ausgewählte kryokonservierte Erythrozytenkonzentrate mit seltenen Blutgruppenmerkmalen werden in wenigen nationalen und internationalen Blutbanken vorrätig gehalten. Sie können unter geeigneten Bedingungen länger als zehn Jahre gelagert werden.

Vor der Anwendung werden die Erythrozytenkonzentrate aufgetaut, mit einer geeigneten Lösung gewaschen und resuspendiert. Kryokonservierte Erythrozytenkonzentrate sind nach Rekonditionierung zur unverzüglichen Transfusion bestimmt; bis dahin sollen sie bei +4°C ± 2°C aufbewahrt werden.

Alle hergestellten Einheiten werden auf Sterilität geprüft. Die Bestimmung von freiem Hb, Osmolarität und Sterilität kann aus dem letzten Waschüberstand erfolgen. Die in Tabelle 3.1.1.3 aufgeführten Untersuchungen werden an 1% der Präparate durchgeführt.

Tabelle 3.1.1.3. Qualitätskontrollen

Prüfparameter	Prüfkriterium	Prüfzeitpunkt
Volumen	nach Festlegung, abhängig vom Entnahmevolumen	nach Rekonditionierung
Hämatokrit	0,50 bis 0,75 l/l	nach Rekonditionierung
Gesamt-Hb	≥36 g/Einheit	nach Rekonditionierung
Freies Hb (Überstand)	<0,2 g/Einheit	nach Rekonditionierung
Osmolarität	<340 mOsm/l	nach Rekonditionierung
Visuelle Kontrolle	Beutel unversehrt, keine deutlich sichtbare Hämolyse	nach Herstellung und nach Rekonditionierung
Sterilität	steril	nach Rekonditionierung

3.1.1.4 Gewaschenes Erythrozytenkonzentrat

Zur Herstellung von gewaschenen Erythrozytenkonzentraten können die unter 3.1.1.1 und 3.1.1.2 aufgeführten Erythrozytenkonzentrate verwendet werden.

Zur Entfernung der Plasmaproteine werden fertige Erythrozytenkonzentrate mit isotonischer Lösung im funktionell geschlossenen System oder unter Anwendung aseptischer Bedingungen mehrmals gewaschen und anschließend in isotonischer Kochsalz- oder Additivlösung resuspendiert.

Lagerungstemperatur: + 4°C ± 2°C.

Lagerungszeit: Entsprechend den Angaben des Herstellers.

Die Indikation für ein gewaschenes Erythrozytenkonzentrat ist sehr streng zu stellen (s. *Leitlinien der Bundesärztekammer zur Therapie mit Blutkomponenten und Plasmaderivaten*).

Die jährliche Prüffrequenz der Qualitätskontrollen beträgt 1% der hergestellten Einheiten, mindestens aber vier Einheiten. Alle hergestellten Einheiten werden auf Sterilität geprüft.

Die Bestimmung von freiem Hb, Proteingehalt und Sterilität kann aus dem letzten Waschüberstand erfolgen.

Tabelle 3.1.1.4. Qualitätskontrollen

Prüfparameter	Prüfkriterium	Prüfzeitpunkt
Volumen	nach Festlegung, abhängig vom Entnahmevolumen	nach Rekonditionierung
Hämatokrit	0,50 bis 0,75 l/l	nach Rekonditionierung
Gesamt-Hb	≥43 g/Einheit bei Ausgangsprodukt EK Buffy coat-frei in Additivlösung, ≥40 g/Einheit bei Ausgangsprodukt leukozytendepletiertes EK	nach Rekonditionierung
% Hämolyse	<0,8% der Erythrozytenmasse	nach Rekonditionierung
Proteingehalt	<1,5 g/l	nach Rekonditionierung
Visuelle Kontrolle	Beutel unversehrt, keine sichtbare Hämolyse	nach Rekonditionierung
Sterilität	steril	nach Rekonditionierung

3.1.1.5 Bestrahltes Erythrozytenkonzentrat

Vorzugsweise sollten leukozytendepletierte Erythrozytenkonzentrate bestrahlt werden, welche die oben aufgeführten Spezifikationen aufweisen.

Die Bestrahlung erfolgt mit einer mittleren Dosis von 30 Gy und darf an keiner Stelle des Präparates die Dosis von 25 Gy unterschreiten.

Lagerungstemperatur: + 4°C ± 2°C.

Lagerungszeit entsprechend der ermittelten Haltbarkeit.

3.1.2 Thrombozytenkonzentrate

3.1.2.1 Einzelspender-Thrombozytenkonzentrat

Die Herstellung erfolgt nach Vollblutentnahme durch Zentrifugation, anschließender Abtrennung von Plasma und Erythrozyten und erneuter Zentrifugation des Buffy coats. Die Thrombozyten werden danach entweder in autologem Plasma oder in einem Gemisch von Plasma und Additivlösung für Thrombozyten resuspendiert. Eine Herstellung aus plättchenreichem Plasma ist möglich.

Lagerungstemperatur: +22°C ± 2°C unter ständiger Agitation.

Lagerungszeit möglichst kurz, maximal fünf Tage nach der Spende, abhängig vom Herstellungsverfahren und den verwendeten Lagerbeuteln.

Die monatliche Prüffrequenz der Qualitätskontrollen beträgt 1% der hergestellten Einheiten, mindestens aber vier Einheiten; ausgenommen ist die Sterilitätstestung mit $0,4 \times \sqrt{n}$ (n = Zahl der hergestellten Einheiten pro Monat).

Tabelle 3.1.2.1. Qualitätskontrollen

Prüfparameter	Prüfkriterium	Prüfzeitpunkt
Volumen	>40 ml nach Festlegung	nach Herstellung
Thrombozytenzahl	$>60 \times 10^9$/Einheit*	nach Herstellung
Restleukozyten	$<0,5 \times 10^8$/Einheit*	nach Herstellung
Resterythrozyten	$<0,5 \times 10^9$/Einheit	nach Herstellung
pH-Wert	6,5 bis 7,4	am Ende der Haltbarkeit
Visuelle Kontrolle	Beutel unversehrt, „swirling"	am Ende der Haltbarkeit
Sterilität	steril	am Ende der Haltbarkeit

3.1.2.2 Pool-Thrombozytenkonzentrat

Zum Erreichen einer therapeutischen Standarddosis für Erwachsene werden im funktionell geschlossenen System in der Regel vier bis sechs AB0-blutgruppengleiche Buffy coats oder fertige Einzelspender-Thrombozytenkonzentrate zu Pool-Thrombozytenkonzentrat zusammengeführt.

Lagerungstemperatur: + 22°C ± 2°C unter ständiger Agitation.

Lagerungszeit möglichst kurz, maximal fünf Tage nach der Spende, abhängig vom Herstellungsverfahren und den verwendeten Lagerbeuteln.

Die monatliche Häufigkeit der Qualitätskontrollen beträgt 1% der hergestellten Einheiten an Pool-Thrombozytenkonzentraten, mindestens aber vier Einheiten; ausgenommen ist die Sterilitätstestung mit $0,4 \times \sqrt{n}$ (n = Zahl der hergestellten Einheiten pro Monat).

3.1.2.3 Leukozytendepletiertes Pool-Thrombozytenkonzentrat

Leukozytendepletierte Pool-Thrombozytenkonzentrate werden durch Filtration im funktionell geschlossenen System hergestellt.

Lagerungstemperatur: $+ 22°C \pm 2°C$ unter ständiger Agitation.

Lagerungszeit möglichst kurz, maximal fünf Tage nach der Spende, abhängig vom Herstellungsverfahren und den verwendeten Lagerbeuteln.

Die monatliche Prüffrequenz der Qualitätskontrollen beträgt 1% der hergestellten Einheiten, mindestens aber vier Einheiten; ausgenommen ist die Sterilitätstestung mit $0,4 \times \sqrt{n}$ (n = Zahl der hergestellten Einheiten pro Monat).

Der Gehalt an Thrombozyten soll dem der Apherese-Thrombozytenkonzentrate entsprechen.

Tabelle 3.1.2.3. Qualitätskontrollen

Prüfparameter	Prüfkriterium	Prüfzeitpunkt
Volumen	>40 ml in Abhängigkeit von der Anzahl der gepoolten Einheiten	nach Herstellung
Thrombozytenzahl	$>60 \times 10^9$ in Abhängigkeit von der Anzahl der gepoolten Einheiten*	nach Herstellung
Restleukozyten	$<1 \times 10^6$ in der gepoolten Einheit*	nach Herstellung
Resterythrozyten	$<0,5 \times 10^9$ in Abhängigkeit von der Anzahl der gepoolten Einheiten	nach Herstellung
pH-Wert	6,5 bis 7,4	am Ende der Haltbarkeit
visuelle Kontrolle	Beutel unversehrt, „swirling"	am Ende der Haltbarkeit
Sterilität	steril	am Ende der Haltbarkeit

* Diese Anforderung sollen 90% der geprüften Einheiten erfüllen.

3.1.2.4 Apherese-Thrombozytenkonzentrat

Die Herstellung erfolgt durch Apherese, entweder durch Thrombozytapherese oder durch Multikomponentenspende.

Lagerungstemperatur: $+ 22°C \pm 2°C$ unter ständiger Agitation.

Lagerungszeit möglichst kurz, maximal fünf Tage nach der Spende, abhängig vom Herstellungsverfahren und den verwendeten Lagerbeuteln.

Die monatliche Prüffrequenz der Qualitätskontrollen beträgt 1% der hergestellten Einheiten, mindestens aber vier Einheiten; ausgenommen ist die Sterilitätstestung mit $0,4 \times \sqrt{n}$ (n = Zahl der hergestellten Einheiten pro Monat).

Tabelle 3.1.2.4. Qualitätskontrollen

Prüfparameter	Prüfkriterium	Prüfzeitpunkt
Volumen	>200 ml	nach Herstellung
Thrombozytengehalt	>200 × 10^9/Einheit	nach Herstellung
Thrombozyten/ml	nach Festlegung, ermittelt abhängig von Lagerbedingungen	nach Herstellung
Restleukozyten	<1 × 10^9/Einheit*	nach Herstellung
Resterythrozyten	<3 × 10^9/Einheit	nach Herstellung
pH-Wert	6,5 bis 7,4	am Ende der Haltbarkeit
Visuelle Kontrolle	Beutel unversehrt, „swirling"	am Ende der Haltbarkeit
Sterilität	steril	am Ende der Haltbarkeit

* Diese Anforderung sollen 75% der geprüften Einheiten erfüllen.

3.1.2.5 Leukozytendepletiertes Apherese-Thrombozytenkonzentrat

Die Herstellung erfolgt durch Apherese mit anschließender Leukozytendepletion oder durch ein Aphereseverfahren mit integrierter Leukozytendepletion.

Lagerungstemperatur: + 22°C ± 2°C unter ständiger Agitation.

Lagerungszeit möglichst kurz, maximal fünf Tage nach der Spende, abhängig vom Herstellungsverfahren und den verwendeten Lagerbeuteln.

Die monatliche Prüffrequenz der Qualitätskontrollen beträgt 1% der hergestellten Einheiten, mindestens aber vier Einheiten; ausgenommen ist die Sterilitätstestung mit 0,4×√n (n = Zahl der hergestellten Einheiten pro Monat).

Tabelle 3.1.2.5. Qualitätskontrollen

Prüfparameter	Prüfkriterium	Prüfzeitpunkt
Volumen	>200 ml	nach Herstellung
Thrombozytengehalt	>200 × 10^9/Einheit	nach Herstellung
Thrombozyten/ml	nach Festlegung, ermittelt abhängig von Lagerbedingungen	nach Herstellung
Restleukozyten	<1 × 10^6/Einheit*	nach Herstellung
Resterythrozyten	<3 × 10^9/Einheit	nach Herstellung
pH-Wert	6,5 bis 7,4	am Ende der Haltbarkeit
Visuelle Kontrolle	Beutel unversehrt, „swirling"	am Ende der Haltbarkeit
Sterilität	steril	am Ende der Haltbarkeit

* Diese Anforderung sollen 90% der geprüften Einheiten erfüllen.

3.1.2.6 Bestrahltes Thrombozytenkonzentrat

Vorzugsweise sollen leukozytendepletierte Thrombozytenkonzentrate bestrahlt werden, die abhängig von der Herstellung jeweils die Spezifikationen der unbestrahlten Präparate aufweisen. Die Bestrahlung erfolgt mit einer mittleren Dosis von 30 Gy und darf an keiner Stelle des Präparates die Dosis von 25 Gy unterschreiten.

Lagerungstemperatur: + 22°C ± 2°C unter ständiger Agitation.

Lagerungszeit möglichst kurz, maximal fünf Tage nach der Spende, abhängig vom Herstellungsverfahren und den verwendeten Lagerbeuteln.

3.1.3 Granulozytenkonzentrate

Die Gewinnung von Granulozyten in therapeutisch wirksamen Dosen ist durch Apherese unter Zusatz eines Sedimentationsbeschleunigers und vorausgegangener medikamentöser Konditionierung des Spenders möglich. Die Granulozyten werden in autologem Spenderplasma resuspendiert. Granulozytenkonzentrate sind zur unverzüglichen Transfusion bestimmt; bis dahin sollen sie bei + 20 bis + 24°C aufbewahrt werden.

Granulozyten müssen vor der Anwendung bestrahlt werden. Die Bestrahlung erfolgt mit einer mittleren Dosis von 30 Gy und darf an keiner Stelle des Präparates die Dosis von 25 Gy unterschreiten.

Die Parameter sollen für alle hergestellten Einheiten bestimmt werden.

3.1.4 Plasma

3.1.4.1 Gefrorenes Frischplasma (GFP)

Die Herstellung erfolgt
a) aus Vollblut nach Zentrifugation und anschließendem Abtrennen der Erythrozyten und des Buffy coats,
b) aus der Apherese–Plasmapherese oder Multikomponentenspende,
c) Plasma, das aus leukozytendepletiertem Vollblut nach Zentrifugation und Abtrennen der Erythrozyten gewonnen wird, bezeichnet man als leukozytendepletiertes Plasma. Die Herstellung von leukozytendepletiertem Plasma kann auch durch Plasmafiltration erfolgen.

Nach Blutentnahme soll Frischplasma so schnell wie möglich, vorzugsweise innerhalb von sechs bis acht Stunden, jedoch nicht später als 24 Stunden, eingefroren werden. Die Einfriertechnik soll das vollständige Gefrieren des Plasmas innerhalb einer Stunde auf eine Temperatur unterhalb –30°C gewährleisten.

Nach sechs Monaten Quarantänelagerung kann das gefrorene Frischplasma nur dann therapeutisch eingesetzt werden, wenn bei einer nachfolgenden Blutspende oder Blutprobe die Virusmarker Anti-HIV 1/2, HBs-Antigen und Anti-HCV nicht nachweisbar waren. Die Prüfung auf Hepatitis-C-Viren ist mit einer geeigneten Nukleinsäure-Amplifikationstechnik durchzuführen. Das Ergebnis muss negativ sein. Hinsichtlich der ALT-Bestimmung ist das Votum des Arbeitskreises Blut Nr. 21 vom 30./31. August 1999 zu beachten.

Plasma kann bei –30 bis –40°C (Toleranz +3 °C) über die ermittelte Haltbarkeitsdauer gelagert werden.

Die monatliche Prüffrequenz der Qualitätskontrollen beträgt 1% der hergestellten Einheiten, mindestens aber vier Einheiten; ausgenommen ist die Sterilitätstestung mit $0,4 \times \sqrt{n}$. Abweichend davon beträgt die monatliche Prüffrequenz für den Gerinnungsfaktor VIII 0,5% der hergestellten Einheiten, mindestens aber zwei Einheiten jeweils im ersten Lagermonat und nach Ende der ermittelten Haltbarkeit. Die Testung kann entweder an blutgruppengemischten Pool- oder Einzelproben erfolgen.

Tabelle 3.1.4.1. Qualitätskontrollen

Parameter	Prüfkriterium	Prüfzeitpunkt
Volumen	Wie festgelegt	nach Herstellung
Faktor VIII-Gehalt	≥0.7 U/ml (Pooltestung), ≥70% des Ausgangswertes Herstellung (Testung von Einzelproben)	im ersten Monat nach und am Ende der ermittelten Haltbarkeit
Restleukozyten	<0,5 x 10 9 /l	nach Herstellung
Restthrombozyten	<20 x 10 9 /l	nach Herstellung
Resterythrozyten	<6 x 10 9 /l	nach Herstellung
Visuelle Kontrolle	unversehrt, keine sichtbaren Ausfällungen	nach Herstellung und am Ende der ermittelten Haltbarkeit
Sterilität	steril	nach Herstellung oder während oder am Ende der Lagerung

3.1.4.2 Bestrahltes gefrorenes Frischplasma

Die Bestrahlung erfolgt mit einer mittleren Dosis von 30 Gy und darf an keiner Stelle des Präparates die Dosis von 25 Gy unterschreiten.

3.1.4.3 Zur Virusinaktivierung behandeltes Plasma

Zur Herstellung von Solvent/Detergent-Plasma (SD-Plasma) wird blutgruppenkompatibel gepooltes Plasma verwendet.

Wie bei allen Verfahren zur Virusinaktivierung muss eine gewisse Reduktion der Hämostasefaktoren in Kauf genommen werden. Da nicht umhüllte Viren wie z.B. Parvovirus B19 oder Hepatitis A-Virus mit diesem Verfahren nicht inaktiviert werden, besteht ein geringes Risiko der Übertragung solcher Viren.

Lagerungstemperatur und Lagerungszeit nach Angaben des Herstellers.

3.2 Plasmaderivate

Plasmaderivate werden durch Fraktionierung aus Plasmapools hergestellt, die üblicherweise ein Volumen von einigen Tausend Litern haben. Dieses Plasma unterliegt den Anforderungskriterien der Europäischen Pharmakopoe. Jeder Plasmapool wird auf Infektionsmarker getestet. Alle in Deutschland zugelassenen Plasmaderivate werden Verfahren zur Virusinaktivierung/-abreicherung unterzogen.

Die wichtigsten Plasmaderivate sind Albumin, Immunglobuline, Gerinnungspräparate – Faktor VIII, Faktor IX, Prothrombinkomplex/PPSB, Fibrinkleber, Präparate zur Gerinnungshemmung – Antithrombin, auch Protein C und S, Fibrinolytika.

Bezüglich weiterer Inhaltsstoffe, z.B. Heparin, wird auf die Packungsbeilage (Gebrauchsinformationen) verwiesen.

3.3 Transport und Lagerung

Beim Transport von Blutprodukten vom Hersteller zu der Einrichtung der Krankenversorgung unter der Verantwortung des Herstellers muss sichergestellt sein, dass die für die jeweiligen Blutprodukte vorgegebenen Temperaturen aufrechterhalten bleiben (s. Tabelle in 4.1). Dies gilt auch beim Transport unter Verantwortung der Einrichtung der Krankenversorgung und ist im Rahmen des jeweiligen Qualitätssicherungssystems schriftlich festzulegen.

Die Lagerung von Blutprodukten muss in entsprechend geeigneten Kühl- bzw. Lagereinrichtungen erfolgen (z.B. Blutkonservenkühlraum, Blutkonserven-Lagerschrank, Tiefkühlschrank und -lagertruhe, Thrombozyteninkubator mit Thrombozytenagitator) die mit geeigneten Temperaturmess-, -registrierungs- und -alarmeinrichtungen ausgerüstet sein müssen.

Eine gemeinsame Lagerung von Blutprodukten mit anderen Arzneimitteln, Lebensmitteln oder sonstigen Materialien ist nicht zulässig.

Die Lagerungstemperaturen sind zu dokumentieren.

Literatur

E. Deutsch, H.-D. Lippert, Kommentar zum Arzneimittelgesetz, Springer 2001; M. Heiden, R. Seitz, Zulassung von Blutkomponenten zur Transfusion, Bundesgesundheitsblatt 42(1999)150 - 155; V. Kretschmer, R. Karger, Neue Richtlinien zur Gewinnung von Blut und Blutbestandteilen und zur Anwendung von Blutprodukten (Hämotherapie) - Änderungen, Interpretationen und Kommentar, Infusionsther Transfusionsmed 28(2001)24 - 43.

§ 2
Arzneimittelbegriff

(1) Arzneimittel sind Stoffe und Zubereitungen aus Stoffen, die dazu bestimmt sind, durch Anwendung am oder im menschlichen oder tierischen Körper

1. Krankheiten, Leiden, Körperschäden oder krankhafte Beschwerden zu heilen, zu lindern, zu verhüten oder zu erkennen,
2. die Beschaffenheit, den Zustand oder die Funktionen des Körpers oder seelische Zustände erkennen zu lassen,
3. vom menschlichen oder tierischen Körper erzeugte Wirkstoffe oder Körperflüssigkeiten zu ersetzen,
4. Krankheitserreger, Parasiten oder körperfremde Stoffe abzuwehren, zu beseitigen oder unschädlich zu machen oder
5. die Beschaffenheit, den Zustand oder die Funktionen des Körpers oder seelische Zustände zu beeinflussen.

(2) Als Arzneimittel gelten

1. Gegenstände, die ein Arzneimittel nach Absatz 1 enthalten oder auf die ein Arzneimittel nach Absatz 1 aufgebracht ist und die dazu bestimmt sind, dauernd oder vorübergehend mit dem menschlichen oder tierischen Körper in Berührung gebracht zu werden,
1a. tierärztliche Instrumente, soweit sie zur einmaligen Anwendung bestimmt sind und aus der Kennzeichnung hervorgeht, daß sie einem Verfahren zur Verminderung der Keimzahl unterzogen worden sind,
2. Gegenstände, die, ohne Gegenstände nach Nummer 1 oder 1a zu sein, dazu bestimmt sind, zu den in Absatz 1 Nr. 2 oder 5 bezeichneten Zwecken in den tierischen Körper dauernd oder vorübergehend eingebracht zu werden, ausgenommen tierärztliche Instrumente,
3. (weggefallen)
4. Stoffe und Zubereitungen aus Stoffen, die, auch im Zusammenwirken mit anderen Stoffen oder Zubereitungen aus Stoffen, dazu bestimmt sind, ohne am oder im menschlichen oder tierischen Körper angewendet zu werden,
   a) die Beschaffenheit, den Zustand oder die Funktionen des Körpers erkennen zu lassen oder der Erkennung von Krankheitserregern zu dienen,
   b) Krankheitserreger oder Parasiten zu bekämpfen, ausgenommen solche, die dazu bestimmt sind, der Bekämpfung von Mikroorganismen einschließlich Viren bei Bedarfsgegenständen im Sinne des § 5 Abs. 1 Nr. 1 des Lebensmittel- und Bedarfsgegenständegesetzes oder bei Medizinprodukten im Sinne des § 3 Nr. 1, 2, 6, 7 und 8 des Medizinproduktegesetzes zu dienen.

(3) Arzneimittel sind nicht

1. Lebensmittel im Sinne des § 1 des Lebensmittel- und Bedarfsgegenständegesetzes,

2. **Tabakerzeugnisse im Sinne des § 3 des Lebensmittel- und Bedarfsgegenständegesetzes,**

3. **kosmetische Mittel im Sinne des § 4 des Lebensmittel- und Bedarfsgegenständegesetzes,**

4. **Stoffe oder Zubereitungen aus Stoffen, die ausschließlich dazu bestimmt sind, äußerlich am Tier zur Reinigung oder Pflege oder zur Beeinflussung des Aussehens oder des Körpergeruchs angewendet zu werden, soweit ihnen keine Stoffe oder Zubereitungen aus Stoffen zugesetzt sind, die vom Verkehr außerhalb der Apotheke ausgeschlossen sind,**

5. **(weggefallen)**

6. **Futtermittel, Zusatzstoffe und Vormischungen im Sinne des § 2 Abs. 1 Nr. 1 bis 3 des Futtermittelgesetzes,**

7. **Medizinprodukte und Zubehör für Medizinprodukte im Sinne des § 3 des Medizinproduktegesetzes, es sei denn, es handelt sich um Arzneimittel im Sinne des § 2 Abs. 1 Nr. 2,**

8. **die in § 9 Satz 1 des Transplantationsgesetzes genannten Organe und Augenhornhäute, wenn sie zur Übertragung auf andere Menschen bestimmt sind.**

(4) Solange ein Mittel nach diesem Gesetz als Arzneimittel zugelassen oder registriert oder durch Rechtsverordnung von der Zulassung oder Registrierung freigestellt ist, gilt es als Arzneimittel. Hat die zuständige Bundesoberbehörde die Zulassung oder Registrierung eines Mittels mit der Begründung abgelehnt, daß es sich um kein Arzneimittel handelt, so gilt es nicht als Arzneimittel.

Literatur

A. Bender, Organtransplantation und AMG, VersR 1999, 419; P. v. Cettritz, Abgrenzung Arzneimittel – Medizinprodukt, PharmaR 1997, 212; E. Deutsch, Amalgame im Arzneimittelrecht, PharmaR 1981, 151; H. Hasskarl, Arzneimittelrechtliche, medizinproduktrechtliche und transplantationsrechtliche Fragen im Zusammenhang mit der Herstellung von Hauttransplantaten, PharmaR 1998, 412; D. Hart, Arzneimittel- und haftungsrechtliche Aspekte neuer Krebstherapien, MedR 1997, 51; E. Horn, Das Inverkehrbringen als Zentralbegriff des Nebenstrafrechts, NJW 1977, 2329; H. J. Kullmann, Arzneimittelhaftung bei Blutpräparaten, PharmaR 1993, 162; H.-D. Lippert, Die Eigenblutspende, VersR 1992, 790; ders., Implantate, Transplantate, Infusionen und Transfusionen – Wer haftet wie ? VersR 1994, 153; J. Papier, Der bestimmungsgemäße Gebrauch der Arzneimittel und die Verantwortung des pharmazeutischen Unternehmers; H.-J. Rabe, Arzneimittel und Lebensmittel, Abgrenzungsprobleme und europarechtliche Dimension, NJW 1990, 1390; A. Schneider, Die Wiederaufbereitung von Einmalartikeln, MedR 1989, 166.

I. Die Bedeutung der Norm

1   Bei § 2 AMG handelt es sich um die zentrale Vorschrift des Gesetzes. Mit ihr versucht der Gesetzgeber den für das gesamte Gesetz geltende Begriff des Arznei-

mittels zu bestimmen. Das Gesetz legt zunächst den Kreis der Arzneimittel fest, ergänzt diesen um Gegenstände, die als Arzneimittel gelten sollen (fiktive Arzneimittel) und präzisiert durch Abgrenzung zu Lebensmitteln, Tabakerzeugnissen, kosmetischen Mitteln, Reinigungs- und Pflegemitteln, Körperpflege- und Futtermitteln das gefundene Ergebnis. Schließlich stellt es noch eine unwiderlegbare Vermutung zugunsten von Arzneimitteln auf, die als solche zugelassen sind, solange dies der Fall ist. Letztlich erschließt sich durch die Definition des § 2 AMG auch der Geltungsbereich des Arzneimittelgesetzes.

II. Tierarzneimittel

Der Arzneimittelbegriff wie in § 2 AMG definiert, umfasst nicht nur Humanarzneimittel, sondern gleichermaßen auch Tierarzneimittel, weil in Absatz 1 Satz 1 als Bestimmung die Anwendung am oder im tierischen Körper ausdrücklich genannt ist.   **2**

III. Arzneimittel, Begriff und Abgrenzung

Der Arzneimittelbegriff ist funktional zu verstehen und zwar objektiv-funktional, nicht subjektiv-funktional. Es kommt demnach nicht entscheidend darauf an, welche Funktion der pharmazeutische Unternehmer seinem Arzneimittel beimisst, sondern welche Funktion ihm in den Augen der maßgeblichen Kreise beigemessen wird[1]. Fehlt eine Verkehrsauffassung, so rückt die subjektive, vom pharmazeutischen Unternehmer beigegebene Funktion in den Vordergrund[2.]   **3**

Arzneimittel sind zunächst einmal alle, die eine (oder mehrere) der in § 2 Absatz 2 Nr. 1–5 AMG aufgestellten Funktionen am oder im menschlichen oder tierischen Körper erfüllen, Stoffe oder Zubereitungen aus Stoffen. Den Stoffbegriff definiert § 3 AMG in umfassender Weise. Solange Stoffe nicht am oder im menschlichen oder tierischen Körper angewendet werden, können und sollen und Funktionen nach Absatz 1 Nr. 1–5 erfüllen, sind sie arzneimittelrechtlich uninteressant.

Die in Absatz 1 Nr. 1–5 genannten Funktionen decken nicht nur medizinische Diagnose und Therapie ab, sondern auch den Einsatz von Stoffen und Wirkstoffen, die der menschliche oder tierische Körper herstellt. Hinzu kommt die Abwehr von Krankheitserregern, Parasiten und körperfremder Stoffe.   **4**

Die Abgrenzung Arzneimittel – nicht Arzneimittel ist praktisch von erheblicher Bedeutung: wer Arzneimittel herstellt, bedarf nach § 13 AMG einer Herstellungserlaubnis. Problematisch aber ist die Herstellung von Stoffen auf allen Produktions-   **5**

---

[1] Keine Regel ohne Ausnahme: abweichend hiervon gilt für Arzneimittel, denen der pharmazeutische Unternehmer keinen Heilzweck beimisst, der subjektive Arzneimittelbegriff (vgl. § 44 AMG und Kommentierung hierzu). Bei ihnen entfallen Apotheken- und Verschreibungspflicht. Vgl. hierzu A. Sander, § 2 Anm. 1 ff.; E. Deutsch, Rz. 700 ff.; H.-J. Rabe, NJW 1990, 1390 jeweils mit weiteren Nachweisen aus Rechtsprechung und Literatur.
[2] Vgl. A. Sander, § 2 Anm. 1.

stufen, die zusammen mit einem oder mehreren Stoffen zu einem Arzneimittel verarbeitet werden. Ist der Stoff (Grundstoff) bereits als Arzneimittel tauglich, auch wenn er erst noch mit anderen Stoffen (Grund- oder Hilfsstoffen) zusammen zu einem Arzneimittel verarbeitet wird, so bedarf auch der Produzent des Grundstoffes hierzu der Herstellungserlaubnis[3].

Ihrer Funktion entsprechend lassen sich Arzneimittel in drei große Gruppen einteilen, nämlich in Diagnostika, Therapeutika und Prophylaktika. Eine weitere Systematisierung ist zwar über Absatz 1 Nr. 3 – 5 möglich, ist aber für die Praxis wohl eher irrelevant, weil sich hieran keine rechtlichen Folgen knüpfen.

IV. Ausnahmen vom Geltungsbereich des AMG

6   Im Zusammenhang mit § 2 AMG ist auch § 80 AMG zu berücksichtigen. § 80 AMG grenzt den Geltungsbereich des AMG gegen drei, in Sondergesetzen geregelte Bereiche ab, obwohl es sich bei der in Nr. 1–4 geregelten Materie um Arzneimittel handelt. Bezüglich der Arzneimittel zur Bekämpfung von Tierseuchen ist beim Spezialgesetz das Tierseuchengesetz[4] einschlägig. Eine gesetzliche Regelung für die künstliche Besamung mit Sperma beim Tier ist im Gesetz über die künstliche Besamung[5] von Tieren getroffen worden. Die Entnahme menschlicher Organe, Transplantation in Nr. 4 ist abschließend im Gesetz über die Spende, Entnahme und Übertragung von Organen (Transplantationgesetz) geregelt,[6] (vgl. auch Kommentierung zu § 80 AMG), ausgenommen sind auch Blutzubereitungen. Für sie gilt das Gesetz zur Regelung des Transfusionswesens[7].

V. Fiktive Arzneimittel

7   Den Arzneimitteln gleichgestellt sind fiktive Arzneimittel, die wie Arzneimittel nach dem Arzneimittelgesetz behandelt werden sollen. Zulassungspflichtig nach § 21 AMG sind dabei nur die Berührungsarzneimittel nach Absatz 2 Nr. 1. Die in Absatz 2 Nr. 1a–4 näher bezeichneten Gegenstände und Stoffe werden ebenfalls den Vorschriften des Arzneimittelgesetzes und nicht denen des Medizinproduktegesetzes unterstellt.

VI. Antidefinitionen

1. Lebensmittel

8   Die Abgrenzung zwischen Arznei- und Lebensmitteln wird in § 1 LMBG vorgenommen. Danach sind Lebensmittel Stoffe, die dazu bestimmt sind, in unverändertem, zubereitetem oder verarbeitetem Zustand von Menschen verzehrt zu werden, es sei denn, daß sie überwiegend dazu bestimmt sind, zu anderen Zwecken als zur

---

[3] Vgl. Sander, § 2 Anm. 3, § 13 Anm. 1, § 4 Anm. 18.
[4] Gesetz vom 28.3.1980 BGBl. I S. 386.
[5] Gesetz vom 8.9.1971 BGBl. I S. 1537.
[6] Gesetz vom 5.4.1997 BGBl. I S. 2631.
[7] Gesetz vom 1.7.1998 BGBl. I S. 1752.

Ernährung oder zum Genuss verzehrt zu werden. Den Lebensmitteln sind ihre Umhüllungen, Überzüge oder sonstigen Umschließungen gleichgestellt, die dazu bestimmt sind, mitverzehrt zu werden oder bei denen der Mitverzehr vorauszusehen ist. Kommt die Verwendung eines Stoffes sowohl als Arzneimittel als auch als Lebensmittel in Betracht, so ist die Abgrenzung nach der überwiegenden Zweckbestimmung objektiv vorzunehmen[8]. Die Bezeichnung des Stoffes, die Anpreisung oder die Gebrauchsanweisung können eine Rolle spielen. Eine nach der herrschenden Verkehrsauffassung bestimmende, objektive Zweckbestimmung kann der Hersteller eines Lebensmittels nicht durch eine Gebrauchsanweisung ändern[9]. Die mit der Abgrenzung Arzneimittel – Lebensmittel zusammenhängenden Probleme sind in der Praxis am Beispiel der Vitamine und Multivitaminpräparate abgehandelt worden[10]. Das seinerzeitige Bundesgesundheitsamt hat die Zulassung von Multivitaminpräparaten als Arzneimittel regelmäßig abgelehnt[11]. Vitaminbonbons sind keine Arzneimittel[12].

2. Tabakerzeugnisse

Tabakerzeugnisse sind grundsätzlich keine Arzneimittel. Lediglich die in § 3 Absatz 3 LMBG genannten Erzeugnisse zur Linderung von Asthmabeschwerden unterfallen nicht dem LMBG.

9

3. Kosmetische Mittel

Kosmetische Mittel im Sinne von § 4 LMBG sind Stoffe und Zubereitungen, die dazu bestimmt sind, äußerlich am Menschen oder in seiner Mundhöhle zur Reinigung/Pflege oder Beeinflussung des Aussehens oder des Körpergeruches oder zur Verminderung von Geruchseindrücken angewendet zu werden, es sei denn, dass sie überwiegend dazu bestimmt sind, Krankheiten, Leiden, Körperschäden oder krankhafte Beschwerden zu lindern oder zu beseitigen. Den kosmetischen Mitteln stehen Stoffe oder Zubereitungen aus Stoffen zur Reinigung oder Pflege von Zahnersatz gleich. Als kosmetische Mittel gelten nicht Stoffe oder Zubereitungen aus Stoffen, die zur Beeinflussung der Körperformen bestimmt sind.

10

Ob Stoffe oder Zubereitungen daraus kosmetische Mittel sind oder etwas anderes (insbesondere auch Arzneimittel) sein können, bemisst sich (wie beim Arzneimittel auch) anhand objektiver Kriterien und der überwiegenden Zweckbestimmung[13]des Stoffes oder der Zubereitung hieraus.

4. Reinigungsmittel

Keine Arzneimittel sind schließlich Stoffe und Zubereitungen daraus, die ausschließlich zur äußerlichen Reinigung und Pflege am Tier oder zur Beeinflussung

11

---

[8] H.-J.Rabe, NJW 1990, 1390 m.w.Nachw.; E. Deutsch, Rz. 714.
[9] H.-J. Rabe, NJW 1990, 1390 m.w.Nachw.
[10] H.-J. Rabe, NJW 1990, 1390.
[11] A. Sander, § 2 Anm. 34 m.w.Nachw.
[12] BVerwG DAZ 1964, 1538; EuGHE 1984, 3883.
[13] A. Sander, § 2 Anm. 36 m.w.Nachw.

des Aussehens oder des Körpergeruches angewendet werden sollen. Tierarzneimittel sind sie nur dann, wenn ihnen Stoffe beigefügt sind, die apothekenpflichtig sind. Auf die Zweckbestimmung kommt es dann nicht mehr an.

5. Futtermittel

12   Futtermittel sind Stoffe, die einzeln (Einzelfuttermittel) oder in Mischungen (Mischfuttermittel) mit oder ohne Zusatzstoffen dazu bestimmt sind, in unverändertem, zubereitetem, bearbeitetem oder verarbeitetem Zustand an Tiere verfüttert zu werden, es sei denn, dass sie überwiegend dazu bestimmt sind, zu anderen Zwecken als zur Tiernahrung zu dienen. Stoffe, deren Verfütterung nicht ernährungsphysiologischen Erfordernissen dient, sondern die überwiegend anderen Zwecken dienen, können etwa auch als Arzneimittel/Tierarzneimittel anzusehen sein. Auch hier entscheidet die objektive überwiegende Zweckbestimmung über die Abgrenzung zu anderen Bereichen.

6. Medizinprodukte

13   Keine Arzneimittel sind auch Medizinprodukte im Sinne von § 3 MPG sowie deren Zubehör[14]. Die Abgrenzung zu Arzneimitteln hat hier besondere Bedeutung, weil Medizinprodukte, die fiktive Arzneimittel im Sinne von § 2 Absatz 2 AMG waren, nach der Übergangsvorschrift des § 48 MPG noch bis zum 14. Juni 1998 nach den beim Inkrafttreten des MPG geltenden Vorschriften in den Verkehr gebracht werden durften und nun nach der Änderung des Medizinproduktegesetzes noch bis zum 30. Juni 2001 abverkauft werden dürfen. Für diese Medizinprodukte gilt also noch das alte Recht[15] fort.

7. Abgrenzung zur Transplantation

14   Eine, wie Deutsch[16] zutreffend hervorhebt, völlig überflüssige Klarstellung enthält nun Absatz 3, Nr. 8 AMG. Herz, Niere, Leber, Lunge, Bauchspeicheldrüse und Darm, Organe, die nach § 9 TPG nur in zugelassenen Transplantationszentren auf den Menschen übertragen werden dürfen, sind keine Arzneimittel im Sinne des Arzneimittelgesetzes. Hier glaubte der Gesetzgeber wohl die Notbremse ziehen zu müssen, nachdem im juristischen Schrifttum ernsthaft die Auffassung vertreten worden war, diese Organe seien Arzneimittel und derjenige, der sie explantiert und transplantiert, bedürfe hierzu einer Herstellungserlaubnis nach § 13 AMG[17].

8. Abgrenzung zur Bluttransfusion

15   Das Transfusionsgesetz hat – im Gegensatz zum Transplantationgesetz – zu keinem grundlegenden Eingriff in das AMG, insbesondere nicht zu einer Änderung des § 2 AMG (sowie des § 4 AMG) geführt. Es bleibt dabei: Blutzubereitungen sind und bleiben Arzneimittel nach § 4 Absatz 2 AMG. Lediglich bezüglich der Betriebsab-

---

[14] Vgl. P. v. Cettritz, PharmaR 1997, 212.
[15] Vgl. M. Nöthlichs, H. P. Weber, § 48 Anm. 1.
[16] E. Deutsch, Rz. 498.
[17] G. Wolfslast, H. Rosenau, NJW 1993, 2348; in diesem Sinne wohl auch neuestens Bender, VersR 1999, 419 ff. m.w.Nachw.

läufe in Betrieben und Einrichtungen, die Blutzubereitungen gewinnen und herstellen, hat das TFG[18] Änderungen und Ergänzungen des AMG zur Folge gehabt.

9. Arzneimittelvermutung

Der Abrundung des ziemlich weit gefassten Arzneimittelbegriffes dient schließlich **16** Absatz 4. Er begründet eine unwiderlegbare Vermutung[19]. Danach ist ein Mittel, welches nach dem Arzneimittelgesetz zugelassen, registriert oder durch Rechtsverordnung von dieser freigestellt ist, solange als Arzneimittel zu behandeln, als diese Voraussetzungen vorliegen. Erst wenn die Zulassung oder Registrierung oder die Freistellung hiervon aufgehoben ist, mag eine andere Qualifikation möglich werden.

Kommentierung: H.-D. Lippert

---

[18] Gesetz vom 1.7.1998 BGBl. I S. 1752.
[19] Vgl. E. Deutsch, Rz. 721; A. Sander, § 2 Anm. 40 spricht von einer gesetzlichen Fiktion. A. Kloesel, W. Cyran vermeiden eine rechtstechnische Einordnung.

§ 4
Sonstige Begriffsbestimmungen

(1) Fertigarzneimittel sind Arzneimittel, die im voraus hergestellt und in einer zur Abgabe an den Verbraucher bestimmten Packung in den Verkehr gebracht werden.

(2) Blutzubereitungen sind Arzneimittel, die aus Blut gewonnene Blut-, Plasma- oder Serumkonserven, Blutbestandteile oder Zubereitungen aus Blutbestandteilen sind oder als arzneilich wirksame Bestandteile enthalten.

(3) Sera sind Arzneimittel im Sinne des § 2 Abs. 1, die aus Blut, Organen, Organteilen oder Organsekreten gesunder, kranker, krank gewesener oder immunisatorisch vorbehandelter Lebewesen gewonnen werden, spezifische Antikörper enthalten und die dazu bestimmt sind, wegen dieser Antikörper angewendet zu werden. Sera gelten nicht als Blutzubereitungen im Sinne des Absatzes 2.

(4) Impfstoffe sind Arzneimittel im Sinne des § 2 Abs. 1, die Antigene enthalten und die dazu bestimmt sind, bei Mensch oder Tier zur Erzeugung von spezifischen Abwehr- und Schutzstoffen angewendet zu werden.

(5) Testallergene sind Arzneimittel im Sinne des § 2 Abs. 1, die Antigene oder Haptene enthalten und die dazu bestimmt sind, bei Mensch oder Tier zur Erkennung von spezifischen Abwehr- oder Schutzstoffen angewendet zu werden.

(6) Testsera sind Arzneimittel im Sinne des § 2 Abs. 2 Nr. 4 Buchstabe a, die aus Blut, Organen, Organteilen oder Organsekreten gesunder, kranker, krank gewesener oder immunisatorisch vorbehandelter Lebewesen gewonnen werden, spezifische Antikörper enthalten und die dazu bestimmt sind, wegen dieser Antikörper verwendet zu werden, sowie die dazu gehörenden Kontrollsera.

(7) Testantigene sind Arzneimittel im Sinne des § 2 Abs. 2 Nr. 4 Buchstabe a, die Antigene oder Haptene enthalten und die dazu bestimmt sind, als solche verwendet zu werden.

(8) Radioaktive Arzneimittel sind Arzneimittel, die radioaktive Stoffe sind oder enthalten und ionisierende Strahlen spontan aussenden und die dazu bestimmt sind, wegen dieser Eigenschaften angewendet zu werden; als radioaktive Arzneimittel gelten auch für die Radiomarkierung, anderer Stoffe vor der Verabreichung hergestellte Radionuklide (Vorstufen) sowie die zur Herstellung von radioaktiven Arzneimitteln bestimmten Systeme mit einem fixierten Mutterradionuklid, das ein Tochterradionuklid bildet, (Generatoren).

(9) (weggefallen)

(10) Fütterungsarzneimittel sind Arzneimittel in verfütterungsfertiger Form, die aus Arzneimittel-Vormischungen und Mischfuttermitteln hergestellt werden und die dazu bestimmt sind, zur Anwendung bei Tieren in den Verkehr gebracht zu werden.

(11) Arzneimittel-Vormischungen sind Arzneimittel, die dazu bestimmt sind, zur Herstellung von Fütterungsarzneimitteln verwendet zu werden.

(12) Wartezeit ist die Zeit, innerhalb der bei bestimmungsgemäßer Anwendung von Arzneimitteln bei Tieren mit Rückständen nach Art und Menge gesundheitlich nicht unbedenklicher Stoffe, insbesondere in solchen Mengen, die festgesetzte Höchstmengen überschreiten, in den Lebensmitteln gerechnet werden muß, die von den behandelten Tieren gewonnen werden, einschließlich einer angemessenen Sicherheitsspanne.

(13) Nebenwirkungen sind die beim bestimmungsgemäßen Gebrauch eines Arzneimittels auftretenden unerwünschten Begleiterscheinungen.

(14) Herstellen ist das Gewinnen, das Anfertigen, das Zubereiten, das Be- oder Verarbeiten, das Umfüllen einschließlich Abfüllen, das Abpacken und das Kennzeichnen.

(15) Qualität ist die Beschaffenheit eines Arzneimittels, die nach Identität, Gehalt, Reinheit, sonstigen chemischen, physikalischen, biologischen Eigenschaften oder durch das Herstellungsverfahren bestimmt wird.

(16) Eine Charge ist die jeweils in einem einheitlichen Herstellungsgang erzeugte Menge eines Arzneimittels.

(17) Inverkehrbringen ist das Vorrätighalten zum Verkauf oder zu sonstiger Abgabe, das Feilhalten, das Feilbieten und die Abgabe an andere.

(18) Pharmazeutischer Unternehmer ist, wer Arzneimittel unter seinem Namen in den Verkehr bringt.

(19) Wirkstoffe sind Stoffe, die dazu bestimmt sind, bei der Herstellung von Arzneimitteln als arzneilich wirksame Bestandteile verwendet zu werden.

I. Die Bedeutung der Norm

Das Arzneimittelgesetz ist inzwischen ein sehr europarechtlich geprägtes Gesetz geworden. Entsprechend der angelsächsischen Rechtstradition ist es – im Gegensatz zur deutschen – der Brauch, dem Gesetz die wesentlichen Bestimmungen sowie die Definition bestimmter Begriffe voranzustellen. Aus dieser Funktion folgt, dass die Begriffe im Gesetz durchgängig nach den Definitionen des § 4 AMG zu bestimmen sind.   **1**

II. Fertigarzneimittel

Fertigarzneimittel unterscheiden sich von Rezepturarzneimitteln dadurch, dass sie im Voraus (also ohne ausdrückliche Bestellung) für eine unbestimmte Anzahl von Verbrauchern hergestellt sind. Damit sind Arzneimittel, die ein pharmazeutischer Unternehmer im Einzelfall auf Anforderung gezielt herstellt (Spezifics) nicht im Voraus hergestellt und damit keine Fertigarzneimittel. Die besondere Bestellung muss die Rezeptur des Arzneimittels benennen oder sich auf eine solche beziehen[20].   **2**

---

[20] Vgl. A. Sander, § 4 Anm. 2.

Der Begriff des Herstellens ist in § 4 Abs. 14 näher erläutert. Er umfasst alle Vorgänge, die zur Herstellung eines Fertigarzneimittels vom Gewinnen des Arzneimittels bis zur Abpackung erforderlich sind.

3 Weiteres Tatbestandsmerkmal eines Fertigarzneimittels ist, dass es in den Verkehr gebracht wird. Dieser Begriff wird in § 4 Abs. 17 definiert. Zum Inverkehrbringen gehört nicht nur die Abgabe und der Verkauf, sondern gehören auch bereits Vorbereitungshandlungen wie etwa das Vorrätighalten, Feilhalten und Feilbieten, wobei diese Handlungen in der Absicht geschehen müssen, das Arzneimittel im Geltungsbereich des Arzneimittelgesetzes abzugeben.

Verbraucher ist jeder, der Arzneimittel erwirbt, um sie an sich, an anderen oder an Tieren anzuwenden. Verbraucher sind auch Einrichtungen der Gesundheits- und Krankenfürsorge, in denen Arzneimittel angewendet werden[21].

III. Blutzubereitungen

4 Abs. 2 stellt zunächst klar, dass Blutzubereitungen Arzneimittel im Sinne von § 2 Abs. 1 Nr. 3 AMG sind. Die Definition differenziert dabei nicht nach Fremd- und Eigenblut. Beide Zubereitungsarten sind Arzneimittel. Zu ihrer Herstellung bedarf es also einer Erlaubnis nach § 13 AMG. Hiervon ausgenommen ist die Entnahme beim Patienten mit der Zweckbestimmung, das Blut bei Bedarf diesem Patienten zu retransfundieren. Dies ist vor allem, wenn die Entnahme und die Retransfusion innerhalb einer Abteilung eines Krankenhauses erfolgen, kein Herstellen im Sinne von §§ 4 Abs. 14, 13 Abs. 1 AMG.

5 Blutzubereitungen müssen aus Blut gewonnene Blut-, Plasma- oder Serumpräparaten oder Blutbestandteile oder Zubereitungen aus Blutbestandteilen sein oder diese als arzneilich wirksame Bestandteile enthalten. Ist dies nicht der Fall, sind sie keine Blutzubereitungen im Sinne von § 4 Abs. 2 AMG. Zu beachten ist, dass für das Gewinnen von Blut und Blutbestandteilen das Transfusionsgesetz gilt. Die Herstellung von Blut und Blutprodukten vollzieht sich dagegen nach den Vorschriften des AMG.

Für Blutzubereitungen gelten bei der Herstellungserlaubnis (§§ 13 Abs. 2 S. 2, 15 Abs. 3) und bezüglich des Vertriebsweges (Abgabe an Ärzte und Krankenhäuser unter Umgehung der Apotheken, § 47 Abs. 1 Nr. 2 a) abweichend von den allgemeinen Vorschriften Sonderregelungen.

IV. Sera

6 Sera sind nur dann Arzneimittel im Sinne von § 2 Abs. 1 Nr. 4 AMG, wenn sie wegen ihres Antikörpergehaltes angewendet werden sollen. Sie dienen der passiven Immunisierung. Satz 2 enthält eine Antidefinition: Sera gelten nicht als Blutzubereitungen im Sinne von Abs. 2.

---

[21] Vgl. Begründung zum AMG 1961, BtDrS 3/654, S. 29.

Ob damit die von Sander[22] beklagte strittige Abgrenzung zwischen Blutzubereitung und Sera in befriedigender Weise vorgenommen ist, mag weiterhin fraglich sein. Es muss sich bei Sera wohl um spezifische Zubereitungen von Immunglobulinen zur Behandlung bestimmter Erkrankungen handeln.

V. Impfstoffe

Impfstoffe sind Arzneimittel im Sinne von § 2 Abs. 1 Nr. 4 AMG, wenn sie Antigene enthalten und dazu bestimmt sind, im menschlichen Körper zur aktiven Immunisierung verwendet werden, damit der menschliche oder tierische Körper Antikörper gegen Krankheitserreger bildet.   **7**

VI. Testallergene

Sie sind Arzneimittel im Sinne von § 2 Abs. 1 Nr. 4 AMG, wenn sie beim Menschen oder beim Tier zur Erkennung spezifischer Abwehr- oder Schutzstoffe angewendet werden.   **8**

VII. Testsera

Testsera sind fiktive Arzneimittel im Sinne von § 2 Abs. 2 Nr. 4a AMG, die wegen ihrer spezifischen Antikörper zum Nachweis von Krankheitserregern verwendet werden. Dies gilt auch für die dazugehörigen Kontrollsera. Sie werden nicht am menschlichen Körper angewendet und bedürfen daher keiner Zulassung nach § 21 Abs. 1 AMG.   **9**

VIII. Testantigene

Testantigene sind ebenfalls fiktive Arzneimittel im Sinne von § 2 Abs. 2 Nr. 4a AMG, wenn sie Antigene und Haptene enthalten und als solche verwendet werden. Sie werden nicht am menschlichen Körper verwendet. Eine Zulassung nach § 21 Abs. 1 AMG entfällt daher.   **10**

IX. Radioaktive Arzneimittel

Radioaktive Arzneimittel sind solche, die radioaktive Stoffe sind oder enthalten und ionisierende Strahlen aussenden und die wegen dieser Eigenschaft als Arzneimittel angewendet werden sollen. Sie sind damit Arzneimittel im Sinne von § 2 Abs. 1 Nr. 1 oder 2 AMG. Für radioaktive Arzneimittel findet sich im § 7 AMG ein gesondertes Verbot mit Erlaubnisvorbehalt. Radioaktive Arzneimittel dürfen nur als Arzneimittel eingesetzt werden, wenn sie die Voraussetzungen der Verordnung nach § 7 Abs. 2 AMG erfüllen.   **11**

Den Begriff der radioaktiven Stoffe definiert das Atomgesetz als Kernbrennstoffe und sonstige radioaktive Stoffe (§ 2 AtomG). Die Behandlung von Arzneimitteln mit ionisierenden Strahlen, das Zusetzen radioaktiver Stoffe zu Arzneimitteln und

---

[22] E. Deutsch, H.-D. Lippert, R. Ratzel, K. Anker, Kommentar zum AMG § 4 Anm. 5.

die Verwendung dieser Arzneimittel am Menschen ist nach der Strahlenschutzverordnung genehmigungspflichtig. Die Erlaubnis zur Herstellung ist nach § 13 AMG erforderlich. Die Zulassung richtet sich nach der Verordnung zu § 7 Abs. 2 AMG.

X. Fütterungsarzneimittel

12   Es handelt sich hierbei um Fertigarzneimittel im Sinne von § 2 Abs. 1 Nr. 1 AMG zur Anwendung beim Tier. Sie werden dem Tier in dieser Form zugeführt. Hergestellt werden dürfen sie nur aus Arzneimittelvormischungen im Sinne von § 4 Abs. 11. Diese Arzneimittelvormischungen müssen entweder zugelassen sein (§§ 21, 25 AMG) oder als Standardzulassungen nach der Verordnung über Standardzulassungen[23] von der Einzelzulassungspflicht freigestellt sein. Für die Herstellung gilt die Definition des § 4 Abs. 14, für das Inverkehrbringen die nach § 4 Abs. 17.

XI. Arzneimittelvormischungen

13   Arzneimittelvormischungen sind Arzneimittel zur Anwendung am Tier im Sinne von § 2 Abs. 1 Nr. 1 AMG, in der Form, dass sie zur Herstellung von Fütterungsarzneimitteln zur Anwendung beim Tier herangezogen werden. Fütterungsarzneimittel sind das Endprodukt. Arzneimittelvormischungen bedürfen der Zulassung nach § 21 ff. AMG, sofern sie nicht nach § 36 Abs. 1 AMG als Standardzulassungen von der Zulassungspflicht freigestellt sind[24].

XII. Wartezeit

14   Werden an Tieren, die zur Gewinnung von Lebensmitteln bestimmt sind, Arzneimittel angewendet, so dürfen diese Tiere erst als Lebensmittel verwendet werden, wenn die durch die Arzneimittelanwendung entstehenden Rückstände, die gesundheitlich nicht unbedenklich sind, wieder abgebaut sind. Diese Wartezeit (einschließlich der Sicherheitsspanne) richtet sich dabei danach, wie schnell bei bestimmungsgemäßer Anwendung des Tierarzneimittels diese Rückstände abgebaut werden. Der Nachweis des Abbaus ist durch Rückstandsprüfungen zu erbringen. Die Wartezeit ist im Antrag auf Zulassung von Tierarzneimitteln nach § 23 Abs. 1 Nr. 1 zusätzlich anzugeben.

XIII. Nebenwirkungen

15   Unerwünschte Begleiterscheinungen, die bei bestimmungsgemäßem Gebrauch eines Arzneimittels auftreten, sind Nebenwirkungen. Diese sind in der Packungsbeilage aufzuführen. Sie sind auch durch die pharmakologisch-toxikologische sowie die klinische Prüfung nachzuweisen. Überschreiten die Nebenwirkungen ein nach

---

[23] VO vom 6. Oktober / 20. Dezember 1993 (BGBl. I S. 1675, 2370).
[24] VO über Standardzulassungen vom 6. Oktober/20. Dezember 1993 (BGBl. I S. 1675, 2370).

dem jeweiligen Stand der medizinischen Wissenschaft vertretbares Maß, so macht dies das Arzneimittel zum bedenklichen Arzneimittel im Sinne von § 5 AMG. Dessen Inverkehrbringen ist nach § 5 AMG untersagt.

XIV. Herstellen

Der Begriff des Herstellens, den das AMG verwendet, ist umfassend und schließt **16** alle möglichen Handlungen von der Gewinnung bis zur Kennzeichnung eines Arzneimittels ein. Die Tätigkeit des Herstellens allein ist nicht erlaubnispflichtig. Die Herstellungserlaubnis wird erst benötigt, wenn die Herstellung der Arzneimittel mit dem Zweck der Abgabe an andere gewerbs- oder berufsmäßig erfolgt. Die Herstellung unterliegt dann auch der Überwachung nach §§ 64 ff. AMG.

XV. Qualität

Die Beschaffenheit eines Arzneimittels nach den in Abs. 15 genannten Kriterien **17** versteht das Gesetz unter Qualität. Sie ist im Zulassungsverfahren durch Vorlage eines analytischen Gutachtens nachzuweisen. Die Qualität eines Arzneimittels wird durch ein ordnungsgemäßes, kontrolliertes Herstellungsverfahren unter Einhaltung der Richtlinien (GMP) sowie der Vorschriften der Betriebsverordnung für pharmazeutische Unternehmer nachgewiesen. Nach § 8 Abs. 1 Nr. 1 AMG ist es verboten, Arzneimittel herzustellen oder in den Verkehr zu bringen, die in ihrer Qualität durch Abweichungen von den anerkannten pharmazeutischen Regeln nicht unerheblich gemindert ist. Sie sind nicht verkehrsfähig.

XVI. Charge

Charge ist eine, in einem zeitlichen und räumlich Zusammenhang ablaufenden Her- **18** stellungsvorgang produzierte Menge eines Fertigarzneimittels. Der Begriff taucht in § 4 Abs. 4 der Betriebsordnung für pharmazeutische Unternehmer erneut auf. Die für die Herstellung verantwortliche Person hat danach die Herstellung eines Arzneimittels auf diese Charge bezogen zu protokollieren. Sera, Impfstoffe und Testallergene bedürfen unabhängig von ihrer Zulassung als Arzneimittel zusätzlich noch einer chargenbezogenen staatlichen Prüfung, ehe sie nach Freigabe in den Verkehr gebracht werden dürfen.

XVII. Inverkehrbringen

Der Begriff des Inverkehrbringens[25] wird im AMG in umfassendem Sinne ge- **19** braucht, weil neben der Abgabe an andere auch das Vorrätighalten darunter fallen soll. Die der Abgabe vorausgehenden Handlungen müssen allerdings in der Absicht geschehen, das Arzneimittel im Geltungsbereich des AMG in den Verkehr zu bringen. Die Anwendung eines Arzneimittels durch den Patienten oder am Tier oder durch ärztliches, tierärztliches und nichtärztliches Personal stellt kein Inverkehr-

---

[25] Vgl. hierzu E. Horn, Das Inverkehrbringen als Zentralbegriff des Nebenstrafrechts, NJW 1977, 2329.

bringen im Sinne von § 4 Abs. 17 dar. Die Rücknahme eines nicht mehr verkehrsfähigen Arzneimittels soll gleichfalls ein Inverkehrbringen darstellen[26].

Abgabe ist die Einräumung der Verfügungsgewalt über das Arzneimittel. Die Verschaffung des Eigentums hieran ist nicht erforderlich. Die Verschaffung der tatsächlichen Verfügungsgewalt reicht aus. Dies kann auch durch Abtretung des Herausgabeanspruches gegen einen Dritten geschehen (Besitzkonstitut).

XVIII. Pharmazeutischer Unternehmer

20 Das AMG definiert den pharmazeutischen Unternehmer in objektiv feststellbarer Weise, nämlich als denjenigen, der Arzneimittel (nicht nur Fertigarzneimittel) mit seinem Namen versieht und sodann eine der in Abs. 17 aufgeführten Handlungen vornimmt, um das Arzneimittel in den Verkehr zu bringen. Der pharmazeutische Unternehmer soll immer festgestellt werden können. Deshalb fordert auch § 9 Abs. 1 AMG folgerichtig, dass auf der Verpackung der Name und die Anschrift des pharmazeutischen Unternehmers angebracht sein müssen.

XIX. Wirkstoffe

21 Die Definition ist erst über das vierte Gesetz zur Änderung des AMG aufgenommen worden. Die Definition ist in erster Linie für die Einfuhr und die Überwachung von Arzneimitteln bedeutsam. Das Gesetz verwendet zur Unterscheidung der Bestandteile eines Arzneimittels die Begriffe „arzneilich wirksame Bestandteile" und „weitere Bestandteile", die wiederum unterteilt werden in „wirksame" und die „übrigen". Zurecht verweist Rehmann[27] darauf hin, dass die nach wie vor verwendete unterschiedliche Terminologie (auf EU-Ebene: wirksame Bestandteile – Hilfsstoffe) nicht gerade zur Klarheit des Gesetzes beitrage.

XX. Weitere Definitionen

22 Wer als Gesetzesanwender glaubt, mit den in den §§ 2, 3, 4, Abs. 1–19 enthaltenen Begriffsbestimmungen sei das Gesetz handhabbar, der erlebt schnell eine herbe Enttäuschung. Der Gesetzgeber ist nämlich hergegangen und hat über das gesamte Gesetz verstreut weitere Definitionen festgelegt. Er bedient sich dazu einer eingeführten juristischen Methode, nämlich der der Legaldefinition. Der in Klammer gesetzte Begriff wird durch den vorangegangenen Text erläutert[28]. Die Durchsicht dieser Begriffsbestimmungen lässt allerdings Zweifel daran aufkommen, ob der Gesetzgeber in allen Fällen dieser juristischen Methode entsprechend hat vorgehen wollen. Nachfolgend werden diese Versuche einer Begriffsbestimmung (ohne Garantie auf Vollständigkeit) aufgelistet.

---

[26] So A. Sander, § 4 Anm. 21; Rehmann, § 4 Rz. 19.

[27] E. Deutsch, H.-D. Lippert, R. Ratzel, K. Anker, Kommentar zum AMG, § 4 Rz. 21.

[28] Vergleiche z.B. § 194 BGB: Das Recht, von einem anderen ein Tun oder ein Unterlassen zu verlangen (Anspruch), unterliegt der Verjährung.

1. Kontrollmethoden, § 22 Abs. 1 Ziff. 15

Die Methoden zur Kontrolle der Qualität (Kontrollmethoden).   **23**

2. Analytische Prüfung, § 22 Abs. 2, Ziff. 1

Die Ergebnisse physikalischer, chemischer, biologischer oder mikrobiologischer   **24**
Versuche und die zu ihrer Ermittlung angewandten Methoden (analytische Prüfung).

3. Pharmakologisch-toxikologische Prüfung, § 22 Abs. 2 Ziff. 2

Die Ergebnisse der pharmakologischen und toxikologischen Versuche (pharmako-   **25**
logische-toxikologische Prüfung).

4. Klinische Prüfung, § 22 Abs. 2 Ziff. 3

Der Begriff wird zwar in der Überschrift zum sechsten Abschnitt und in den   **26**
§§ 40 ff. AMG verwendet, dort aber nicht definiert. So etwas wie eine Definition
der klinischen Prüfung findet sich indessen in § 22 Abs. 2 Nr. 3 AMG. Dort heißt es:
Klinische Prüfung sei die klinische, zahnärztliche oder sonstige ärztliche oder tierärztliche Erprobung (eines Arzneimittels). Diese Formulierung erweckt durch die
Verwendung des Klammerbegriffes Klinische Prüfung den Eindruck einer Legaldefinition, wobei der Begriff der Prüfung lediglich durch den der Erprobung aus-
getauscht wird.

Für die Klinische Prüfung hat sich gemäß §§ 40 ff. AMG allerdings abweichend
folgende Definition eingebürgert: Anwendung eines Arzneimittels zu dem Zweck,
über die Behandlung im Einzelfall hinaus nach einer wissenschaftlichen Methode
(Prüfplan) Erkenntnisse über den therapeutischen Wert des Arzneimittels zu gewinnen[29].

5. Rückstandsnachweisverfahren, § 23 Abs. 1 Ziff. 2

Ein routinemäßig durchführbares Verfahren zu beschreiben, mit dem Rückstände   **27**
nach Art und Menge gesundheitlich nicht unbedenklicher Stoffe, insbesondere in
solchen Mengen, die die festgesetzte Höchstmenge überschreiten, zuverlässig nachgewiesen werden können oder mit dem auf solche Rückstände zuverlässig rück-
geschlossen werden kann (Rückstandnachweisverfahren).

6. Staatliche Chargenprüfung, § 32 Abs. 1 Satz 2

Die Charge ist freizugeben, wenn eine Prüfung (staatliche Chargenprüfung) erge-   **28**
ben hat, dass die Charge nach Herstellungs- und Kontrollmethoden, die dem jeweiligen Stand der wissenschaftlichen Erkenntnissen entsprechen hergestellt und geprüft worden ist und dass sie die erforderliche Qualität, Wirksamkeit und
Unbedenklichkeit aufweist.

---

[29] A. Sander, § 40 Anm. 1 m.w.Nachw.

7. Pharmaberater, § 75

29 Pharmazeutische Unternehmer dürfen nur Personen, die die in Absatz 2 bezeichnete Sachkenntnis besitzen, beauftragen, hauptberuflich Angehörige von Heilberufen aufzusuchen, um diese über Arzneimittel im Sinne des § 2 Abs. 1 oder Abs. 2 Nr. 1 fachlich zu informieren (Pharmaberater).

8. Deckungsvorsorge, § 94

30 Der pharmazeutische Unternehmer hat dafür Vorsorge zu treffen, dass er seinen gesetzlichen Verpflichtungen zum Ersatz von Schäden nachkommen kann, die durch die Anwendung eines von ihm in den Verkehr gebrachten zum Gebrauch beim Menschen bestimmten Arzneimittels entstehen, das der Pflicht zur Zulassung unterliegt oder durch Rechtsverordnung von der Zulassung befreit worden ist (Deckungsvorsorge).

Kommentierung: H.-D. Lippert

§ 13
Herstellungserlaubnis

(1) Wer Arzneimittel im Sinne des § 2 Abs. 1 oder Abs. 2 Nr. 1, Testsera oder Testantigene oder Wirkstoffe, die menschlicher oder tierischer Herkunft sind oder auf gentechnischem Wege hergestellt werden, gewerbs- oder berufsmäßig zum Zwecke der Abgabe an andere herstellen will, bedarf einer Erlaubnis der zuständigen Behörde. Das gleiche gilt für juristische Personen, nicht rechtsfähige Vereine und Gesellschaften des bürgerlichen Rechts, die Arzneimittel zum Zwecke der Abgabe an ihre Mitglieder herstellen. Eine Abgabe an andere im Sinne des Satzes 1 liegt vor, wenn die Person, die das Arzneimittel herstellt, eine andere ist als die, die es anwendet.

(2) Einer Erlaubnis nach Absatz 1 bedarf nicht
1. der Inhaber einer Apotheke für die Herstellung von Arzneimitteln im Rahmen des üblichen Apothekenbetriebs,
2. der Träger eines Krankenhauses, soweit er nach dem Gesetz über das Apothekenwesen Arzneimittel abgeben darf,
3. der Tierarzt für die Herstellung von Arzneimitteln, die er für die von ihm behandelten Tiere abgibt; läßt er im Einzelfall für die von ihm behandelten Tiere unter seiner Aufsicht aus Arzneimittel-Vormischungen und Mischfuttermitteln Fütterungsarzneimittel durch einen anderen herstellen, so bedarf auch dieser insoweit keiner Erlaubnis,
4. der Großhändler für das Umfüllen, Abpacken oder Kennzeichnen von Arzneimitteln in unveränderter Form, soweit es sich nicht um zur Abgabe an den Verbraucher bestimmte Packungen handelt,
5. der Einzelhändler, der die Sachkenntnis nach § 50 besitzt, für das Umfüllen, Abpacken oder Kennzeichnen von Arzneimitteln zur Abgabe in unveränderter Form unmittelbar an den Verbraucher.

Die Ausnahmen nach Satz 1 gelten nicht für die Herstellung von Blutzubereitungen, Sera, Impfstoffen, Testallergenen, Testsera, Testantigenen und radioaktiven Arzneimitteln. Die Ausnahmen nach Satz 1 Nr. 3 gelten für die Herstellung von Fütterungsarzneimitteln nur, wenn die Herstellung in Betrieben erfolgt, die eine Erlaubnis nach Absatz 1 oder eine nach futtermittelrechtlichen Vorschriften durch die zuständige Behörde erteilte Anerkennung zur Herstellung von Mischfuttermitteln unter Verwendung bestimmter Zusatzstoffe oder von Vormischungen mit solchen Zusatzstoffen besitzen.

(3) (weggefallen)

(4) Die Entscheidung über die Erteilung der Erlaubnis trifft die zuständige Behörde des Landes, in dem die Betriebsstätte liegt oder liegen soll. Bei Blutzubereitungen, Sera, Impfstoffen, Testallergenen, Testsera und Testantigenen ergeht die Entscheidung über die Erlaubnis im Benehmen mit der zuständigen Bundesoberbehörde.

I. Die Bedeutung der Norm

1   § 13 Abs. 1 beschreibt diejenigen Arzneimittel, deren gewerbs- oder berufsmäßige Herstellung zum Zwecke der Abgabe an andere erlaubnispflichtig ist. Anders als im MPG, wo mehr auf die rechtliche Herstellerstellung abgestellt wird[30], knüpft die Herstellererlaubnis gem. § 13 Abs. 1 eher an das faktische Eingebundensein in den Herstellungsprozess gem. § 4 Abs. 14 an. Folgerichtig muss der Hersteller nicht gleichzeitig der pharmazeutische Unternehmer gem. § 9 sein. Liegen keine der Versagensgründe gem. § 14 Abs. 1 AMG vor, besteht für den Hersteller ein Rechtsanspruch auf Erteilung der Erlaubnis. Die Genehmigungsbehörde hat dann keinen Ermessensspielraum[31]. Dementsprechend bedarf auch der Lohnhersteller, der im Auftrag eines anderen in die Herstellung eingebunden ist (im Gegensatz zum MPG) der Erlaubnis gem. § 13. Erlaubnisfrei ist hingegen die bloße Produktion von Roh- und Grundstoffen sowie von solchen Stoffen, deren Arzneimitteleigenschaft noch nicht feststeht[32]. Erlaubnispflichtig wird auch diese Tätigkeit aber immer dann, wenn der nächste Schritt zur Zweckverwirklichung im Sinne von § 13 Abs. 1 (Arzneimittelfunktion) getan wird und die sonstigen Voraussetzungen vorliegen.

II. Berufs- oder gewerbsmäßige Abgabe an Dritte

2   Bei der erwerbs- oder berufsmäßigen Abgabe an andere muss ein Wechsel in der Verfügungsgewalt stattfinden. An einer „Abgabe an andere" fehlt es z.B., wenn ein Arzt im Selbstversuch ein Arzneimittel an sich anwendet oder direkt in seinem Verantwortungsbereich an seine Patienten appliziert, da hier kein Wechsel in der Verfügungsgewalt stattfindet[33]. Eine Abgabe an andere liegt aber dann vor, wenn der Arzt als Hersteller eines Medikaments dieses Arzneimittel Patienten oder deren Angehörigen mit der Maßgabe aushändigt, dass die Injektion durch einen anderen Arzt erfolgt[34]. „Gewerbsmäßig" bedeutet „gegen Entgelt" zur Erzielung laufender Einkünfte. Kostenlose Abgabe wird i.d.R. durch das Merkmal „berufsmäßig" abgedeckt. Berufsmäßig ist eine Tätigkeit, die auf Dauer zur Schaffung und Erhaltung einer Lebensgrundlage dient[35].

III. Blut- und Blutprodukte

3   Nachdem es sich sowohl bei menschlichem als auch tierischem Blut um einen Stoff im Sinne von § 3 Nr. 3 handelt, sind Blutspendeeinrichtungen oder Plasmapheresestationen gem. § 13 erlaubnispflichtig. Hinsichtlich der Betriebsabläufe und der verantwortlichen Personen sind neben dem AMG die Vorschriften des neuen Trans-

---

[30] R. Ratzel, H.-D. Lippert, Medizinproduktegesetz, S. 95.
[31] E. Deutsch, Rz. 815.
[32] Beispiele bei A. Kloesel, W. Cyran, § 13 Rz. 6, Glycerin, Pfefferminzblätter, Sauerstoff.
[33] Ähnlich zur Problematik des Inverkehrbringens OLG Bremen, PharmaR 1987, 242.
[34] BVerwG, NVwZ-RR 1998, 654; gleiches gilt für die berufsmäßige Herstellung von Eigenblut- oder Eigenurinzubereitungen, die danach dem Spender zur oralen Selbstanwendung oder Subkutaninjektion überlassen werden, BayObLG, NJW 1998, 3430.
[35] BVerfGE 7, 377, 397; BVerwGE 22, 286, 287.

fusionsgesetzes[36] zu beachten. Keiner Erlaubnispflicht unterliegt hingegen die sogenannte „Eigenblutspende"[37], sofern ihre Gewinnung und Anwendung unter Verantwortung derselben Person erfolgt, was in der Regel dann anzunehmen ist, wenn sowohl die Entnahme als auch Aufbereitung im selben Krankenhaus/in derselben Einrichtung erfolgt. Eine Herstellungserlaubnis ist aber sicher auch bei Eigenblutspenden immer dann erforderlich, wenn ein Krankenhaus eine Einrichtung für ein anderes Haus die Herstellung von Eigenblutpräparaten übernimmt. In diesem Fall ist nicht mehr von einem einheitlichen Verantwortungsbereich auszugehen, so dass eine Erlaubnis gem. § 13 einzuholen ist. Ob dies auch dann schon der Fall ist, wenn Abnahme und Verabreichung von unterschiedlichen Abteilungen eines Hauses vorgenommen werden[38], überzeugt jedenfalls dann nicht, wenn für derartige Abläufe von der Krankenhausleitung ein Organisationsstatut festgelegt worden ist, in dem die jeweiligen Verantwortlichkeiten festgehalten sind und sich daher der Betriebsablauf nicht von der Abnahme und Verwendung in einer einzigen Abteilung unterscheidet. Wer allerdings Eigenblutzubereitungen berufsmäßig herstellt, um sie danach dem Spender zur Selbstanwendung oder zur Injizierung durch den Hausarzt zu überlassen, bedarf einer Erlaubnis nach § 13 Abs. 1[39].

IV. Organ- und Gewebetransplantate

Hier ist zunächst auf § 80 Nr. 4 zu verweisen, wonach das AMG auf solche menschlichen Organe, Organteile und Gewebe, die unter der fachlichen Verantwortung eines Arztes zum Zwecke der Übertragung auf andere Menschen entnommen werden, wenn diese Menschen unter der fachlichen Verantwortung des Arztes behandelt werden, keine Anwendung findet. Herz, Niere, Leber, Lunge, Bauchspeicheldrüse und Darm sowie Augenhornhäute sind ohnehin keine Arzneimittel im Sinne des AMG[40]. Sie dürfen gem. § 9 TPG nur in zugelassenen Transplantationszentren auf Menschen übertragen werden. Da alle anderen Organe und Organteile aber prinzipiell Arzneimittel im Sinne von § 2 Abs. 1 Nr. 5 sein können (§ 3 Nr. 3), ist eine Herstellungserlaubnis jedenfalls dann erforderlich, wenn eine einheitliche fachliche Leitung und Verantwortung von Entnahme und Implantierung/Transplantation nicht mehr gegeben ist. Dies liegt immer dann vor, wenn eine Einrichtung für Dritte Organe, Organteile oder Gewebe entnimmt oder verarbeitet[41]. **4**

---

[36] Gesetz vom 1.7.1998, BGBl. I S. 1752.

[37] H.-D. Lippert, Die Eigenblutspende, Medizin, Organisation, Recht, VersR 1992, 790; Zur Aufklärungsproblematik BGH, VersR 1992, 314; zur Problematik der Herstellung von Mischinfusionen ohne Beteiligung der Krankenhausapotheke, Fresenius, Krankenhauspharmazie 1988, 56 ff.

[38] So A. Kloesel, W. Cyran, § 13 Rz. 17.

[39] BVerwG, NJW 1999, 882; OVG Münster, NJW 1995, 802 für die gewerbsmäßige Herstellung von Blutsera; LSG Berlin, NZS 1999, 248 Eigenblutprodukte für die ATC-Therapie nach Klehr.

[40] Hierzu auch A. Bender, VersR 1999, 419, 423.

[41] Beispiel zur Rechtslage bei Knochendatenbanken, A. Bender, VersR 1999, 419, 421 sowie Richtlinien zum Führen einer Knochenbank, DÄ 1996 (B) 1715, 1717.

V. Ausnahmen (Abs. 2)

1. Apotheken

5   § 13 Abs. 2 Nr. 1 hat offensichtlich die Herstellung von Arzneimittelspezialitäten oder auch Rezepturarzneimitteln gem. § 21 Abs. 2 Nr. 1 im Auge. Prinzipiell könnte eine Apotheke aber auch Fertigarzneimittel herstellen, ohne dafür einer Erlaubnis zu bedürfen, wenn das fertige Arzneimittel im üblichen Apothekenbetrieb, d.h. für eigene Kunden, hergestellt wird. Ausgenommen von Rezepturarzneimitteln und homöopathischen Arzneimitteln sowie den Fällen der §§ 72 ff. dürfen vom Apotheker jedoch nur zugelassene Arzneimittel abgegeben werden, da § 13 Abs. 2 Nr. 1 nur die Herstellererlaubnis betrifft.

2. Krankenhaus- und Bundeswehrapotheken

6   Eine gem. § 14 Apothekengesetz genehmigte Krankenhausapotheke darf nicht nur das eigene Krankenhaus, sondern gem. § 14 Abs. 4 Apothekengesetz auch andere Krankenhäuser und Stationen versorgen, mit denen rechtswirksame Verträge bestehen oder für deren Versorgung eine Genehmigung erteilt worden ist. Gem. § 15 Apothekengesetz sind Bundeswehrapotheken aus dem Geltungsbereich dieses Gesetzes ausgenommen. Der Bundesminister für Verteidigung hat jedoch sicherzustellen, dass die Angehörigen der Bundeswehr hinsichtlich der Arzneimittelversorgung und der Arzneimittelsicherheit nicht anders als Zivilpersonen gestellt sind.

3. Tierärzte

7   Die Ausnahme gilt für solche Arzneimittel, die der Tierarzt im Rahmen seiner laufenden Behandlung an Tiere abgibt und für Fütterungsarzneimittel, soweit sie unter seiner Aufsicht aus Arzneimittel-Vormischungen und Mischfuttermitteln durch einen anderen hergestellt werden. Näheres siehe unter § 56.

4. Großhändler für Umfüllen, Abpacken und Kennzeichnen

8   Da es sich bereits um Arzneimittel handelt, müssen diese Produkte aus einem Betrieb stammen, der selbst über eine Erlaubnis gem. § 13 verfügt. Geht die Tätigkeit des Großhändlers über den in Nr. 4 genannten Umfang hinaus, bedarf auch er einer eigenen Erlaubnis gem. § 13. Außerdem dürfen die von ihm umgepackten oder neu gekennzeichneten Produkte nicht direkt an den Endabnehmer ausgeliefert werden.

5. Einzelhändler und § 50

9   Die Befreiung entspricht Nr. 4 und gilt für Arzneimittel, die nicht apothekenpflichtig sind.

10   Es wird ausdrücklich festgehalten, dass die Ausnahmetatbestände unter Nr. 1–5 nicht für die Herstellung von Blutzubereitungen, Sera, Impfstoffen, Testallergenen, Testsera, Testantigene und radioaktiven Arzneimitteln gelten, da diesen Arzneimitteln ein besonders hohes Gefährdungspotenzial zu eigen ist. Im übrigen muss in all denjenigen Fällen, in denen eine Erlaubnis gem. § 13 nicht erforderlich ist, das Herstellen von Arzneimitteln gem. § 67 angezeigt werden.

VI. Zuständigkeit

Die Zuständigkeit der Behörden richtet sich nach Landesrecht. Eine Ausnahme be-   **11**
steht für Sera, Impfstoffe, Blutzubereitungen, Testallergene, Testsera und Testantigene. Dort liegt die Entscheidung beim PEI; auf die Kommentierung zu § 77 wird
verwiesen.

VII. Sanktionen

Im Strafrecht

Strafbar macht sich, wer Arzneimittel im Sinne von § 2 Abs. 1 oder Abs. 2 Nr. 1,   **12**
Testsera oder Testantigene oder Wirkstoffe, die menschlicher oder tierischer Herkunft sind oder auf gentechnische Weise hergestellt werden, ohne Erlaubnis herstellt, § 96 Nr. 4.

Im Ordnungwidrigkeitenrecht

Ordnungswidrig handelt, wer die o.g. Straftat fahrlässig begeht, § 97 Abs. 1

Kommentierung: R. Ratzel

§ 21
Zulassungspflicht

(1) Fertigarzneimittel, die Arzneimittel im Sinne des § 2 Abs. 1 oder Abs. 2 Nr. 1 sind, dürfen im Geltungsbereich dieses Gesetzes nur in den Verkehr gebracht werden, wenn sie durch die zuständige Bundesoberbehörde zugelassen sind oder wenn für sie die Kommission der Europäischen Gemeinschaften oder der Rat der Europäischen Union eine Genehmigung für das Inverkehrbringen gemäß Art. 3 Abs. 1 oder 2 der Verordnung (EWG) Nr. 2309/93 des Rates vom 22. Juli 1993 zur Festlegung von Gemeinschaftsverfahren für die Genehmigung und Überwachung von Human- und Tierarzneimitteln und zur Schaffung einer Europäischen Agentur für die Beurteilung von Arzneimitteln (ABl. EG Nr. L 214 S. 1) erteilt hat. Das gilt auch für Arzneimittel, die keine Fertigarzneimittel und zur Anwendung bei Tieren bestimmt sind, sofern sie nicht an pharmazeutische Unternehmer abgegeben werden sollen, die eine Erlaubnis zur Herstellung von Arzneimitteln besitzen.

(2) Einer Zulassung bedarf es nicht für Arzneimittel, die

1. zur Anwendung bei Menschen bestimmt sind und auf Grund nachweislich häufiger ärztlicher oder zahnärztlicher Verschreibung in den wesentlichen Herstellungsschritten in einer Apotheke in einer Menge bis zu hundert abgabefertigen Packungen an einem Tag im Rahmen des üblichen Apothekenbetriebs hergestellt werden und zur Abgabe in dieser Apotheke bestimmt sind,

2. zur klinischen Prüfung beim Menschen bestimmt sind,

3. Fütterungsarzneimittel sind, die bestimmungsgemäß aus Arzneimittel-Vormischungen hergestellt sind, für die eine Zulassung nach § 25 erteilt ist,

4. für Einzeltiere oder Tiere eines bestimmten Bestandes in Apotheken oder in tierärztlichen Hausapotheken hergestellt werden oder

5. zur klinischen Prüfung bei Tieren oder zur Rückstandsprüfung bestimmt sind.

(2a) Arzneimittel, die für den Verkehr außerhalb von Apotheken nicht freigegebene Stoffe und Zubereitungen aus Stoffen enthalten, dürfen nach Abs. 2 Nr. 4 nur hergestellt werden, wenn für die Behandlung ein zugelassenes Arzneimittel für die betreffende Tierart oder das betreffende Anwendungsgebiet nicht zur Verfügung steht, die notwendige arzneiliche Versorgung der Tiere sonst ernstlich gefährdet wäre und eine unmittelbare oder mittelbare Gefährdung der Gesundheit von Mensch und Tier nicht zu befürchten ist. Arzneimittel, die zur Anwendung bei Tieren bestimmt sind, die der Gewinnung von Lebensmitteln dienen, dürfen jedoch nur Stoffe oder Zubereitungen aus Stoffen enthalten, die in Arzneimitteln enthalten sind, die zur Anwendung bei Tieren, die der Gewinnung von Lebensmitteln dienen, zugelassen sind, und müssen zur Anwendung durch den Tierarzt oder zur Verabreichung unter seiner Aufsicht bestimmt sein; als Herstellen im Sinne des Satzes 1 gilt nicht das Umfüllen, Abpacken oder Kennzeichnen von Arzneimitteln in unveränderter

Form. Die Sätze 1 und 2 gelten nicht für registrierte oder von der Registrierung freigestellte homöopathische Arzneimittel, deren Verdünnungsgrad, soweit sie zur Anwendung bei Tieren bestimmt sind, die der Gewinnung von Lebensmitteln dienen, die sechste Dezimalpotenz nicht unterschreitet.

(3) Die Zulassung ist vom pharmazeutischen Unternehmer zu beantragen. Für ein Fertigarzneimittel, das in Apotheken oder sonstigen Einzelhandelsbetrieben auf Grund einheitlicher Vorschriften hergestellt und unter einer einheitlichen Bezeichnung an Verbraucher abgegeben wird, ist die Zulassung vom Herausgeber der Herstellungsvorschrift zu beantragen. Wird ein Fertigarzneimittel für mehrere Apotheken oder sonstige Einzelhandelsbetriebe hergestellt und soll es unter deren Namen und unter einer einheitlichen Bezeichnung an Verbraucher abgegeben werden, so hat der Hersteller die Zulassung zu beantragen.

(4) Die zuständige Bundesoberbehörde entscheidet ferner unabhängig von einem Zulassungsantrag nach Absatz 3 auf Antrag einer zuständigen Landesbehörde über die Zulassungspflicht eines Arzneimittels.

Literatur

K. Bauer, Übertragung von Arzneimittelzulassungen mit Anmerkung K. Sedelmaier, PharmaR 1994, 378 f.; C. C. Fritz, Die Therapie mit einem innovativen Medikament vor seiner Zulassung, PharmaR 1999, 129 ff.; C. Hiltl, Formalzulassung von Parallelimporten, PharmaR 1997, S. 84 ff.; H.-J. Pabel, Sind Verkehrsverbote nach dem Arzneimittelgesetz auch Anwendungsverbote für den behandelnden Arzt?, NJW 1989, 759 ff.; W. Rehmann, Ist die arzneimittelrechtliche Zulassung personenbezogen?, PharmaR 1996, 287 ff.; K. Sedelmaier, Übertragung von Arzneimittelzulassungen, PharmaR 1994, 3 ff.

I. Die Bedeutung der Norm

Während es in früheren Zeiten im wesentlichen Aufgabe der Apotheker war, Arzneispezialitäten herzustellen und abzugeben, wandelte sich spätestens in der zweiten Hälfte des 20. Jahrhunderts das Bild. Anfang der sechziger Jahre wurden bereits circa 80 % der Arzneispezialitäten industriell hergestellt und zum Großteil ohne Rezept an den Verbraucher abgegeben. Die Herstellung von Arzneimitteln in der Apotheke war strengstens geregelt, nicht so die außerhalb der Apotheke[42]. Aus diesem Grund wurde 1961 zunächst die Einführung von Arzneispezialitäten erlaubnispflichtig und die Registrierung im Spezialitätenregister gesetzlich geregelt. Contergan mit dem Wirkstoff Thalidomid tat sein übriges[43]; die Diskussionen mündeteten schließlich in die Neuordnung des Arzneimittelgesetzes im Jahre 1976 und in die Einführung des Zulassungsverfahrens. Die Regelungen wurden seither immer wieder geändert und ergänzt, nicht zuletzt zur Umsetzung europäischer Vorschriften.

1

---

[42] Vgl. amtliche Begründung zum Arzneimittelgesetz 1961, abgedruckt in: A. Kloesel, W. Cyran, S. 32 f.
[43] Vgl. ausführlich E. Deutsch, Rz. 681 ff.

2   In Deutschland wurden 1999 circa 3 400 Anträge auf Zulassung oder Registrierung gestellt. Nach bisherigen Erkenntnissen wurden im gleichen Zeitraum circa 1 800 Arzneimittel zugelassen, wobei 342 Arzneimittel neue Stoffe nach § 49 enthalten[44]. Bereits anhand der Zahlen wird deutlich, dass das Zulassungsverfahren ein Kernstück des Arzneimittelgesetzes bildet. Es dient in erster Linie dem Schutz der Verbraucher. Die Regelungen stellen, wie viele öffentlich-rechtlichen Vorschriften, einen Eingriff in die freie Marktwirtschaft dar: Bevor der Unternehmer sein Produkt im Markt anbieten kann, hat er den unbequemen Weg über eine Behörde zu beschreiten. Daneben haben die Vorschriften über das Zulassungsverfahren im vierten Abschnitt seit 1961 ein bemerkenswertes Eigenleben entwickelt. Sie sind Ausdruck einer permanenten Gratwanderung zwischen den Interessen der Industrie, der Verantwortung des Staates gegenüber dem Verbraucher sowie der Tatsache, dass durch die Globalisierung der Märkte nationale Regelungen, selbst gespickt mit Vorschriften, wie sie in Brüssel verabschiedet wurden, nicht mehr ausreichen.

Nie vergessen werden sollte auch, dass Arzneimittel dazu bestimmt sind, dem Menschen zu helfen, die Zulassungsbehörde aber eine Barriere zwischen dem Patienten und dieser Hilfe sein kann.

Ein gemeinsames Verständnis von Naturwissenschaftlern und Juristen zu entwickeln, das klare und sinnvolle Regelungen schafft, ist schwer. Das ist den Texten, die Gesetz werden, anzusehen.

II. Gesetzliche Grundlagen

3   Die Vorschriften der §§ 21 ff. wurden auf der Grundlage von Art. 74 Abs. 1 Nr. 19 GG erlassen. Der Artikel stellt die Regelungskompetenz für den Bund bereit: Der Verkehr mit Arzneien unterliegt der konkurrierenden Gesetzgebung, von der der Bund Gebrauch gemacht hat. Was freilich unter dem Verkehr genau zu subsumieren ist, lässt das Grundgesetz offen und erschließt sich teilweise durch die Definition des § 4 Abs. 17. Die Möglichkeit zur Errichtung bundeseigener Behörden ist in Art. 86 GG enthalten, vgl. § 77 AMG. Sofern keine speziellen Regelungen bestehen, gelten für das Zulassungsverfahren die Vorschriften über das allgemeine Verwaltungsverfahren, die im BVwVfG enthalten sind. Auf der Ermächtigungsgrundlage des § 35 Abs. 1 Nr. 1 hat das Bundesministerium für Gesundheit im übrigen eine Rechtsverordnung erlassen, die sich mit den formalen Anforderungen bei der Antragstellung befasst (vgl. näher Kommentierung zu § 35).

III. Grundsatz der Zulassungspflicht

4   Das Erfordernis der Zulassung gilt für ein Fertigarzneimittel gemäß § 2 Abs. 1 oder Abs. 2 Nr. 1 i.V.m. § 4 Abs. 1. Zur Definition des Fertigarzneimittels, seiner Abgrenzung zum Rezepturarzneimittel und zur Bulkware siehe die Kommentierungen zu § 4. Die Zulassungspflicht gilt zwingend für Fertigarzneimittel mit neuen Stoffen, neue Zubereitungen mit bekannten Stoffen, Arzneimittel mit neuen Kombina-

---

[44]   Quelle: Zulassungsinformation BfArM, Stand 5.9.2000.

tionen arzneilich wirksamer Stoffe und für Fertigarzneimittel mit bekannten Stoffen. Durch Rechtsverordnung ist es dem Bund nach § 35 Abs. 1 Nr. 2 erlaubt, die Zulassungspflicht auf andere Arzneimittel auszudehnen, soweit dies geboten ist, um eine unmittelbare oder mittelbare Gefährdung der Gesundheit von Mensch und Tier zu verhüten. Das zuständige Bundesgesundheitsministerium hat von seiner Befugnis zur Erweiterung des zulassungspflichtigen Kreises bisher in zwei Fällen Gebrauch gemacht (siehe näher Kommentierung zu § 35).

Die Zulassungspflicht bedeutet, dass jeder, der ein unter § 21 fallendes Arzneimittel in den Verkehr bringen möchte, dieses zuvor bei der zuständigen Bundesoberbehörde beantragen muss. Liegen die Voraussetzungen der §§ 21 ff. vor, so wird die Zulassung nach § 25 erteilt. Liegen sie nicht vor, ist der Vertrieb untersagt. Bei diesem Verfahren handelt es sich damit um ein Verbot mit Erlaubnisvorbehalt, wobei der pharmazeutische Unternehmer einen Anspruch auf Erteilung hat, wenn keiner der in § 25 enthaltenen abschließenden Versagungsgründe gegeben ist.

IV. Produkt- und Personenbezogenheit der Zulassung

1. In der Rechtsprechung und Literatur wird die Frage, ob die Zulassung produkt-   **5**
oder personenbezogen ist, kontrovers diskutiert[45]. Sie spielt für die Fälle von Parallel- oder Reimporteuren, die Produkte einführen, ohne eine eigene Zulassung nachweisen zu können, eine Rolle[46]. Der BGH sowie teilweise andere Gerichte sind wohl der Auffassung, dass die Zulassung personenbezogen sei[47] mit der Folge, dass der Zweitimporteur nach § 1 UWG i.V.m. §§ 21, 25 und 29 AMG gegenüber dem Erstimporteur zur Unterlassung und unter Umständen auch zum Schadenersatz verpflichtet sei, weil er ein Arzneimittel in Deutschland ohne Zulassung in den Verkehr bringt. Rehmann[48] sieht in einer Entscheidung des BGH aus dem Jahre 1994 zum Pflanzenschutze eine Abkehr von seiner bisherigen Auffassung: Die Personenbezogenheit sei aufgegeben worden; sie gelte nur noch für das Verfahren, nicht für die Zulassung selbst. Folglich sei die Zulassung produktbezogen.

2. Bei genauerer Betrachtung zeigt sich, dass die Zulassung personen- und pro-   **6**
duktbezogen ist:

Das Zulassungsverfahren wird vom Antragsteller betrieben; er erhält einen Zulassungsbescheid, der an ihn adressiert ist. Weiter ergeht der Bescheid auf der Grundlage der vom Antragsteller eingereichten Angaben nach §§ 22 f. nebst Sachverständigengutachten gemäß § 24 für das konkret bezeichnete Arzneimittel, vgl. § 25 Abs. 1; nur dieses stellt das verkehrsfähige Präparat dar.

---

[45] Vgl. zum Meinungsstreit Rehmann, PharmaR 1996, 287 ff.
[46] Vgl. hierzu die Ausführungen von E. Deutsch, Rz. 756.
[47] BGH in: NJW 1990, 2931; OLG in: PharmaR 95, 195 ff., LG Frankfurt in: PharmaR 1996, 189 ff.
[48] Vgl. Fn. 3.

Aus der Übertragbarkeit der Zulassung auf einen Dritten[49], vgl. § 29 Abs. 1 S. 1 i.V.m. § 22 Abs. 1 Nr. 1, ergibt sich weiter, dass die Zulassung an eine Person gebunden ist: Ohne Inhaber kein Vertrieb. Wer der konkrete Inhaber ist, spielt hingegen solange keine Rolle, wie er pharmazeutischer Unternehmer ist.

7   Bringt also der Importeur ein Arzneimittel auf den Markt, welches vom Hersteller der Originalzulassung gefertigt wird, so handelt es sich in diesem Falle um dasselbe, von der Zulassung umfasste Produkt. Bringt der Importeur hingegen ein Mittel auf den Markt, welches nicht identisch, sondern nur ähnlich hergestellt wird oder weicht er auch nur minimal von den Angaben des Zulassungsbescheides ab, so kann er sich nicht auf eine einem Dritten erteilte Zulassung berufen: Dieses Produkt ist gerade nicht zugelassen. Dies gilt, abweichend von Rehmann, auch dann, wenn ausschließlich die Bezeichnung des Produktes eine andere ist; diese ist Inhalt der Zulassung, vgl. § 22 Abs. 1 Nr. 2 und § 29 Abs. 2 S. 1. So ist der BGH in seiner Entscheidung aus dem Jahre 1994 zu verstehen, wonach nur reimportierte, identische Arzneimittel verkehrsfähig sind. Unter Identität fällt auch die Bezeichnung. In diesem Fall besteht für den Importeur unter Umständen die Möglichkeit der Bezugnahme nach § 24a oder die der gegenseitigen Anerkennung innerhalb der EU; ein Antrag bei der zuständigen Behörde ist erforderlich. Macht er hiervon keinen Gebrauch, hat die zuständige Bundesoberbehörde die Befugnis, das Arzneimittel gemäß § 8 zu verbieten. Der Inhaber der betroffenen Zulassung kann als Wettbewerber dann Ansprüche geltend machen, wenn die Nachahmung wettbewerbswidrig ist.

V. Zuständige Behörde

8   1. Nach § 77 Abs. 1 erteilt das BfArM als zuständige Bundesoberbehörde für Humanarzneimittel den Zulassungsbescheid. Für die Erteilung einer Zulassung von Sera, Impfstoffen, Testallergenen, Testsera und Testantigenen sowie Blutzubereitungen, die nach § 4 Fertigarzneimitteln gleichgestellt sind, ist das Bundesamt für Sera und Impfstoffe (Paul-Ehrlich-Institut) die zuständige Bundesoberbehörde, § 77 Abs. 2. Die Behörden gehören der bundeseigenen Verwaltung an; sie sind eigene, rechtlich unselbständige, zentrale oder nachgeordnete Behörden des Bundes. Alle Behörden beraten und erteilen Auskünfte vor Antragstellung und im Verfahren nach §§ 25 und 71c BVwVfG; sie versuchen, das Genehmigungsverfahren zu beschleunigen[50].

9   2. Neu ist die in Absatz 4 vorgesehene Regelung, wonach die Landesbehörden einen Antrag auf Entscheidung über die Zulassungspflicht eines Arzneimittels an die zuständige Bundesoberbehörde richten können. Nach landesrechtlichen Vorschrif-

---

[49] Vgl. E. Deutsch, Rz. 744 m.w.Nachw.; zum Streit über die zivilrechtliche Einordnung von Verkauf und Änderungsanzeige: K. Sedelmaier, PharmaR 1994, 3 ff. und Bauer mit Anmerkung K. Sedelmaier, PharmaR 1994, 378 f.

[50] Gemeinsame Bekanntmachung vom 4.9.1998, abgedruckt im BAnz. Nr. 182 vom 29.9.1998, S. 1492.

ten (für Bayern beispielsweise nach Art. 31, 33 LStVG) sind die Länder berechtigt, Vorschriften über die Erlaubnispflicht für das Zubereiten, Feilhalten, Verkaufen oder sonstiges Überlassen von Arzneien, sowie die Ausübung einer erteilten Erlaubnis zum Zubereiten oder Feilhalten von Arzneien zu erlassen. Wollen oder können die Landesbehörden die Frage, ob ein Mittel der Zulassungspflicht unterliegt, nicht selbst beantworten, können sie nun nach Abs. 4 die Hilfe der zuständigen Bundesoberbehörde in Anspruch nehmen.

VI. Antragsteller

1. Die Zulassung ist grundsätzlich vom pharmazeutischen Unternehmer zu beantra- **10**
gen, Abs. 3 S. 1.

Pharmazeutischer Unternehmer ist derjenige, der Arzneimittel unter seinem Namen in den Verkehr bringt, § 4 Abs. 18. Die Einschränkung, wonach nicht der Erfinder, der Hersteller oder sonstige Beteiligte bei der Erstellung von Rezeptur oder Verfahren den Antrag auf Zulassung stellen können, ist nicht aus sich heraus verständlich. Früher war die Eintragung grundsätzlich noch vom Hersteller selbst anzumelden; der europäische Gesetzgeber bestimmt „die für das Inverkehrbringen verantwortliche Person"[51], was nicht zwangsläufig mit der deutschen Definition des pharmazeutischen Unternehmers deckungsgleich sein muss. Jedenfalls sollte der Antragsteller seine Eigenschaft prüfen: Die zuständigen Bundesoberbehörden versagen die Zulassung, wenn sie den pharmazeutischen Unternehmer in eigener Kompetenz nicht als solchen anerkennen, obwohl im abschließenden Katalog der Versagungsgründe des § 25 nicht etwa Anforderungen an die Eigenschaft des pharmazeutischen Unternehmers gestellt werden. Diese Praxis ist gesetzeswidrig.

2. Der pharmazeutische Unternehmer muss seinen Sitz nicht in Deutschland haben. **11**
Wohl aber ist die Antragstellung nach § 9 Abs. 2 auf diejenigen Unternehmer beschränkt, die ihren Sitz in der EU und/oder im Raum der EWG haben.

3. Der Herausgeber der Herstellungsvorschrift ist dann der richtige Antragsteller nach Abs. 3 Satz 2, wenn es sich um ein Arzneimittel handelt, das in der Apotheke oder von sonstigen Einzelhandelsbetrieben unter Anwendung von einheitlichen Vorschriften und Bezeichnungen produziert wird. Diese Ausnahme berücksichtigt im wesentlichen die Interessen der STADA Arzneimittel AG[52], weil ihre Mitgliederapotheken Präparate einheitlich herstellen und einheitlich bezeichnen. Weiter ist der Antragsteller nach § 22 Abs. 4 S. 2 nicht verpflichtet, die Herstellungserlaubnis des Herstellers nachzuweisen.

4. Ausnahmsweise ist der Hersteller befugt, einen Zulassungsantrag zu stellen. Dies **12**
gilt für solche Arzneimittel nach Abs. 3 S. 3, die von ihm für die Apotheke oder den sonstigen Einzelhandelsbetrieb in Lohnherstellung hergestellt und unter einer einheitlichen Bezeichnung abgegeben werden. Hier wird mit umgekehrten Vorzeichen

---

[51] Art. 4 der VO 2309/93 vom 22. 7. 1993, ABl. L 214 vom 24. 8. 1993, S. 2.
[52] A. Kloesel, W. Cyran, § 21 Anm. 28.

zu S. 2 dem Umstand Rechnung getragen, dass der eigentlich Verantwortliche nicht der Apotheker, der das Präparat in den Verkehr bringt, sondern der Hersteller ist.

VII. In den Verkehr bringen

13 In den Verkehr bringen bedeutet nach der Begriffsbestimmung des § 4 Abs. 17, dass das Arzneimittel vorrätig zum Verkauf oder zu sonstiger Abgabe gehalten wird einschließlich des Feilhaltens, des Feilbietens und der Abgabe an andere[53]. Die reine Lagerhaltung von Arzneimitteln fällt dann nicht unter die Begriffsbestimmung, soweit der Verkauf oder die Abgabe nicht im Geltungsbereich dieses Gesetzes erfolgen soll. Gleiches dürfte für solche Arzneimittel gelten, bei denen lediglich ein Austausch zwischen verbundenen Unternehmen erfolgt um den Export zu ermöglichen. Zu Parallel- und Reimporten, Einfuhr und Ausfuhr, siehe näher §§ 72 ff.

VIII. Ausnahmen von der Zulassungspflicht

14 1. Von der Zulassungspflicht nicht betroffen sind in der Regel homöopathische Arzneimittel; sie sind zwar Fertigarzneimittel im Sinne von § 2 Abs. 1 und Abs. 2 Nr. 2, jedoch wegen ihrer nicht nachweisbaren therapeutischen Wirksamkeit nach §§ 38 und 39 beim BfArM zu registrieren. Kann das Arzneimittel hingegen die Anforderungen nach § 39 nicht erfüllen, so bedarf es zur Verkehrsfähigkeit der Zulassung.

2. Für Standardzulassungen kann durch Rechtsverordnung in den in § 36 genannten Ausnahmefällen eine Befreiung von der Zulassungspflicht erfolgen (siehe Kommentierung dort).

3. Traditionelle Arzneimittel unterliegen vereinfachten Vorschriften (vgl. Kommentierung zu § 109).

4. Nach Abs. 2 bedürfen folgende Humanarzneimittel keiner Zulassung:

a. Rezepturarzneimittel, verlängerte Rezeptur

Sie sind in Mengen bis zu 100 abgabefertigen Packungen pro Tag von der Zulassungspflicht freigestellt, wenn ihre wesentlichen Herstellungsschritte von einer Apotheke durchgeführt werden und auf nachweislich häufige ärztliche oder zahnärztliche Verschreibung zurückgehen. Weiter müssen die Arzneimittel im Rahmen des üblichen Apothekenbetriebs hergestellt und auch dort abgegeben werden.

15 Diese Vorschrift ist aus Gründen der Wirtschaftlichkeit für Apotheken, insbesondere Krankenhausapotheken, grundsätzlich zu begrüßen, selbst wenn die vom Gesetzgeber gewählten unbestimmten Rechtsbegriffe „häufig" und „üblich" im Einzelfall zu Schwierigkeiten bei der Beurteilung führen können. Dennoch verstösst diese Regelung, ähnlich wie die 1000-Regelung in § 38 Abs. 1, gegen europäische

---

[53] Zur Auslegung des Begriffs: Urteil des LG München I vom 29.4.1984 in: PharmaR 1984, 157 ff. und 196 ff.

Vorschriften[54]: Art. 2 Abs. 2 erster Spiegelstrich der RiLi 65/65 enthält entsprechende Ausnahmetatbestände und besagt, dass Arzneimittel, die nach einer formula magistralis oder nach einer formula officinalis hergestellt werden, nicht zulassungspflichtig sind. Bei der formula magistralis handelt es sich um solche Arzneimittel, die in einer Apotheke nach ärztlicher Vorschrift für einen bestimmten Patienten hergestellt werden. Unter die formula officinalis fallen alle Arzneimittel, die nach Vorschrift eines amtlichen Arzneibuchs zubereitet sind und die für die unmittelbare Abgabe an solche Patienten bestimmt sind, die Kunden der herstellenden Apotheke sind[55]. Die Ausnahme des § 21 Abs. 2 Nr. 1 ist hingegen weder auf die Herstellung nach einem amtlichen Arzneibuch beschränkt noch auf ärztliche Verschreibung. Die Häufigkeit der Verschreibung dürfte nach der europäischen Regelung allein nicht ausreichen, um die Unbedenklichkeit des Mittels zu rechtfertigen; ebenso nicht, dass es in den wesentlichen Schritten in der Apotheke hergestellt wird.

b. Arzneimittel, die zur klinischen Prüfung am Menschen bestimmt sind

Abs. 2 Nr. 2 hat klarstellenden Charakter: Bei vielen Arzneimitteln hat der Antragsteller nach § 22 Abs. 2 Nr. 3 seine Wirksamkeit und Unbedenklichkeit durch die klinische Prüfung nachzuweisen, vgl. §§ 40 ff. Die Verwendung dieser Mittel ist im Stadium der klinischen Prüfung folglich noch nicht zugelassen; es befindet sich in der Erprobung. Daher stellt Abs. 2 Nr. 2 solche Arzneimittel von der Zulassung frei und erlaubt ihre Verabreichung im Prüfungsumfang. Begrifflich ist die Vorschrift misslungen: Gemeint ist, dass die klinische Prüfung kein Inverkehrbringen ist und die Chargen aller Produktionsgrößen, die zu diesem Zweck produziert werden, außerhalb der Zulassung stehen.   16

IX. Sanktionen

Im Strafrecht

Strafbar macht sich, wer Fertigarzneimittel oder Arzneimittel, die zur Anwendung bei Tieren bestimmt sind, ohne Zulassung oder ohne Genehmigung der Kommission der Europäischen Gemeinschaft in den Verkehr bringt (§ 96 Nr. 5).   17

Im Ordnungswidrigkeitenrecht

Ordnungswidrig handelt, wer die Straftat nach § 96 Nr. 5 fahrlässig begeht (§ 97 Abs. 1).

Kommentierung: K. Anker

---

[54] Nach Sander steht die Regelung mit europäischen Vorschriften nicht völlig im Einklang, vgl. § 21 Anm. 9.

[55] Vgl. Art. 1 Nr. 5 der RiLi 65/65/EWG des Rates vom 26. 1. 1965, ABl. 22 vom 09.2.1965, S. 369, zuletzt geändert durch RiLi 39/93/EWG des Rates vom 14.6.1993, ABl. L 214 vom 24.8.1993, S. 22.

§ 54
Betriebsverordnungen

(1) Das Bundesministerium wird ermächtigt, im Einvernehmen mit dem Bundesministerium für Wirtschaft durch Rechtsverordnung mit Zustimmung des Bundesrates Betriebsverordnungen für Betriebe oder Einrichtungen zu erlassen, die Arzneimittel oder Wirkstoffe in den Geltungsbereich dieses Gesetzes verbringen oder in denen Arzneimittel oder Wirkstoffe entwickelt, hergestellt, geprüft, gelagert, verpackt oder in den Verkehr gebracht werden, soweit es geboten ist, um einen ordnungsgemäßen Betrieb und die erforderliche Qualität der Arzneimittel oder Wirkstoffe sicherzustellen. Die Rechtsverordnung ergeht im Einvernehmen mit dem Bundesministerium für Umwelt, Naturschutz und Reaktorsicherheit, soweit es sich um radioaktive Arzneimittel oder um Arzneimittel handelt, bei deren Herstellung ionisierende Strahlen verwendet werden, und im Einvernehmen mit dem Bundesministerium für Ernährung, Landwirtschaft und Forsten, soweit es sich um Arzneimittel handelt, die zur Anwendung bei Tieren bestimmt sind.

(2) In der Rechtsverordnung nach Absatz 1 können insbesondere Regelungen getroffen werden über die

1. **Entwicklung, Herstellung, Prüfung, Lagerung, Verpackung, den Erwerb und das Inverkehrbringen,**
2. **Führung und Aufbewahrung von Nachweisen über die in der Nummer 1 genannten Betriebsvorgänge,**
3. **Haltung und Kontrolle der bei der Herstellung und Prüfung der Arzneimittel verwendeten Tiere und die Nachweise darüber,**
4. **Anforderungen an das Personal,**
5. **Beschaffenheit, Größe und Einrichtung der Räume,**
6. **Anforderungen an die Hygiene,**
7. **Beschaffenheit der Behältnisse,**
8. **Kennzeichnung der Behältnisse, in denen Arzneimittel und deren Ausgangsstoffe vorrätig gehalten werden,**
9. **Dienstbereitschaft für Arzneimittelgroßhandelsbetriebe,**
10. **Zurückstellung von Chargenproben sowie deren Umfang und Lagerungsdauer,**
11. **Kennzeichnung, Absonderung oder Vernichtung nicht verkehrsfähiger Arzneimittel,**
12. **Ausübung des tierärztlichen Dispensierrechts (tierärztliche Hausapotheke), insbesondere an die dabei an die Behandlung von Tieren zu stellenden Anforderungen.**

(2a) In der Rechtsverordnung nach Absatz 1 kann ferner vorgeschrieben werden, daß Arzneimittelgroßhandelsbetriebe den Geschäftsbetrieb erst aufnehmen dürfen, wenn sie amtlich anerkannt sind; dabei kann vorgesehen werden, daß die amtliche Anerkennung nur für den Großhandel mit bestimmten Arzneimitteln oder Gruppen von Arzneimitteln erforderlich ist. In der Rechtsver-

ordnung können ferner die Voraussetzungen für die amtliche Anerkennung geregelt werden; die Versagung der Anerkennung kann nur für den Fall vorgesehen werden, daß Tatsachen die Annahme rechtfertigen, daß der Betriebsinhaber die erforderliche Zuverlässigkeit oder Sachkenntnis nicht hat.

(3) Die in den Absätzen 1, 2 und 2a getroffenen Regelungen gelten auch für Personen, die die in Absatz 1 genannten Tätigkeiten berufsmäßig ausüben.

(4) Die Absätze 1 und 2 gelten für Apotheken im Sinne des Gesetzes über das Apothekenwesen, soweit diese einer Erlaubnis nach § 13 bedürfen.

Betriebsverordnung für pharmazeutische Unternehmer (PharmBetrV)

Vom 8. März 1985 (BGBl. I S. 546), zuletzt geändert durch § 35 des Transfusionsgesetzes vom 1. Juli 1998 (BGBl. I S. 1752)*.

Auf Grund der §§ 12, 54 und 83 des Arzneimittelgesetzes vom 24. August 1976 (BGBl. I S. 2455, 2448), geändert durch das Erste Gesetz zur Änderung des Arzneimittelgesetzes vom 24. Februar 1983 (BGBl. I S. 169), wird im Einvernehmen mit den Bundesministern für Wirtschaft, des Innern und für Ernährung, Landwirtschaft und Forsten mit Zustimmung des Bundesrates verordnet.

§ 1 Anwendungsbereich

(1) Diese Verordnung findet Anwendung auf Betriebe und Einrichtungen, die Arzneimittel oder Wirkstoffe, die Blut oder Blutzubereitungen sind, gewerbsmäßig herstellen, prüfen, lagern, verpacken, in den Verkehr bringen oder in den Geltungsbereich des Arzneimittelgesetzes verbringen. Sie findet auch Anwendung auf Personen, die diese Tätigkeit berufsmäßig ausüben.

(2) Diese Verordnung ist auf Apotheken, den Einzelhandel mit Arzneimitteln außerhalb von Apotheken, auf Ärzte, Zahnärzte, Tierärzte, tierärztliche Hausapotheken und Arzneimittelgroßhandelsbetriebe nur anzuwenden, soweit sie einer Erlaubnis nach § 13 oder § 72 des Arzneimittelgesetzes bedürfen. Diese Verordnung gilt nicht für denjenigen, der Arzneimittel sammelt oder der im Auftrag eines Tierarztes und unter dessen Aufsicht nach § 13 Abs. 2 Nr. 3 des Arzneimittelgesetzes aus Arzneimittel-Vormischungen und Mischfuttermitteln Fütterungsarzneimittel herstellt.

---

* Amtl. Anm.:
Diese Verordnung dient der Umsetzung der Richtlinie 91/356/EWG der Kommission vom 13. Juni 1991 zur Festlegung der Grundsätze und Leitlinien einer Guten Herstellungspraxis für zur Anwendung beim Menschen bestimmte Arzneimittel (ABl. EG Nr. L 193 S. 30) und der Richtlinie 91/412/EWG der Kommission vom 23. Juli 1991 zur Festlegung der Grundsätze und Leitlinien einer Guten Herstellungspraxis für Tierarzneimittel (ABl. EG Nr. L 228 S. 70).

§ 1 a Qualitätssicherungssystem

Betriebe und Einrichtungen müssen ein funktionierendes pharmazeutisches Qualitätssicherungssystem entsprechend Art und Umfang der durchgeführten Tätigkeiten
betreiben, um sicherzustellen, daß die Arzneimittel die für den beabsichtigten Gebrauch erforderliche Qualität aufweisen. Dieses Qualitätssicherungssystem muß die
aktive Beteiligung der Geschäftsführung und des Personals der einzelnen betroffenen Bereiche vorsehen; insbesondere haben der Herstellungsleiter und der Kontrolleiter die Herstellungs- und Prüfungsanweisungen in regelmäßigen Abständen zu
überprüfen und gegebenenfalls an den Stand von Wissenschaft und Technik anzupassen.

§ 2 Personal

(1) Personal muß mit ausreichender fachlicher Qualifikation und in ausreichender
Zahl vorhanden sein, um die Einhaltung der Vorschriften dieser Verordnung zu ermöglichen. Es darf nur entsprechend seiner Ausbildung und seinen Kenntnissen beschäftigt werden und ist über die beim Umgang mit Arzneimitteln und Ausgangsstoffen gebotene Sorgfalt regelmäßig zu unterweisen.

(2) Die Verantwortungsbereiche sind nach Maßgabe der §§ 19 und 63 a des Arzneimittelgesetzes schriftlich festzulegen. Darüber hinaus müssen die Aufgaben des
Personals in leitender oder verantwortlicher Stellung in Arbeitsplatzbeschreibungen
festgelegt werden. Die Organisationsstruktur ist in einem Organisationsschema zu
beschreiben. Organisationsschemata und Arbeitsplatzbeschreibungen sind nach den
betriebsinternen Verfahren festzulegen. Dem in Satz 2 genannten Personal sind ausreichende Befugnisse einzuräumen, damit es seiner Verantwortung gerecht werden
kann.

(3) Wer Arzneimittel vertreibt, herstellt oder in den Geltungsbereich des Arzneimittelgesetzes verbringt, ohne einer Erlaubnis nach § 13 oder § 72 des Arzneimittelgesetzes zu bedürfen, hat den Verantwortungsbereich nach § 19 des Arzneimittelgesetzes entsprechend eine oder mehrere verantwortliche Personen zu bestellen. Sind
mehrere Personen bestellt, gilt Absatz 2 entsprechend. Die bestellten Personen sind
für die Einhaltung der ihren Bereich betreffenden Vorschriften dieser Verordnung
verantwortlich.

§ 3 Beschaffenheit, Größe und Einrichtung der Betriebsräume

(1) Die Betriebsräume müssen nach Art, Größe, Zahl, Lage und Einrichtung einen
ordnungsgemäßen Betrieb, insbesondere die einwandfreie Herstellung, Prüfung,
Lagerung, Verpackung und das Inverkehrbringen der Arzneimittel gewährleisten.
Soweit die Betriebsräume und ihre Einrichtung für Herstellungsvorgänge verwendet werden, die für die Arzneimittelqualität von entscheidender Bedeutung sind,
müssen sie auf ihre Eignung überprüft werden (Qualifizierung).

(2) Die Betriebsräume müssen sich in einem ordnungsgemäßen baulichen Zustand
befinden. Sie müssen ausreichend beleuchtet sein und geeignete klimatische Ver-

hältnisse aufweisen. Die Betriebsräume sind durch geeignete Maßnahmen vor dem Zutritt Unbefugter zu schützen.

(3) Die Betriebsräume und ihre Einrichtungen sollen gründlich zu reinigen sein und müssen instand gehalten werden.

§ 4 Anforderungen an die Hygiene

(1) Betriebsräume und deren Einrichtungen müssen regelmäßig gereinigt und soweit erforderlich, desinfiziert werden. Es soll nach einem schriftlichen Hygieneplan verfahren werden, in dem insbesondere folgendes festgelegt ist:
1. die Häufigkeit der Maßnahmen,
2. die durchzuführenden Reinigungs- oder Desinfektionsverfahren und die zu verwendenden Geräte und Hilfsmittel,
3. die mit der Aufsicht betrauten Personen.

(2) Soweit zur ordnungsgemäßen Herstellung und Prüfung der Arzneimittel erforderlich, müssen schriftliche Hygieneprogramme mit Anweisungen zum hygienischen Verhalten und zur Schutzkleidung des Personals erstellt und befolgt werden.

(3) Soweit zur Herstellung und Prüfung von Arzneimitteln Tiere verwendet werden, müssen bei ihrer Haltung die hygienischen Erfordernisse beachtet werden.

§ 5 Herstellung

(1) Arzneimittel sind nach anerkannten pharmazeutischen Regeln herzustellen.

(2) Es dürfen nur Arzneimittel und Ausgangsstoffe verwendet werden, deren erforderliche Qualität nach § 6 festgestellt und kenntlich gemacht ist. Durch räumliche oder zeitliche Trennung der einzelnen Herstellungsvorgänge oder durch andere geeignete technische oder organisatorische Maßnahmen ist Vorsorge zu treffen, daß eine gegenseitige nachteilige Beeinflussung der Arzneimittel sowie Verwechslungen der Arzneimittel und des Verpackungs- und Kennzeichnungsmaterials vermieden werden.

(3) Arzneimittel sind unter Verantwortung des Herstellungsleiters und nach vorher erstellten Anweisungen und Verfahrensbeschreibungen (Herstellungsanweisung) herzustellen und zu lagern. Diese Herstellungsanweisung muß in schriftlicher Form vorliegen und die Herstellungsvorgänge sowie die damit im Zusammenhang stehenden Arbeitsgänge im einzelnen beschreiben. Für Arzneimittel, die zugelassen oder registriert sind, muß sie den Zulassungs- oder Registrierungsunterlagen entsprechen. Die zur Herstellung angewandten Verfahren sind nach dem jeweiligen Stand von Wissenschaft und Technik zu validieren. Kritische Phasen eines Herstellungsverfahrens müssen regelmäßig revalidiert werden. Die Ergebnisse sind zu dokumentieren.

(4) Die Herstellung jeder Charge eines Arzneimittels einschließlich der Verpackung ist vollständig zu protokollieren (Herstellungsprotokoll). Die für die Herstellung verantwortliche Person hat im Herstellungsprotokoll mit Datum und eigenhändiger

Unterschrift zu bestätigen, daß das Arzneimittel entsprechend der Herstellungsanweisung hergestellt und mit der vorgeschriebenen Packungsbeilage versehen worden ist. Es können Personen gleicher Qualifikation zu ihrer Stellvertretung bestellt werden In Fällen kurzfristiger Verhinderung, insbesondere durch Krankheit oder Urlaub, kann an Stelle der für die Herstellung verantwortlichen Person ein Beauftragter, der über ausreichende Ausbildung und Kenntnisse verfügt, die Bestätigung vornehmen. Das Herstellungsprotokoll ist der für die Herstellung verantwortlichen Person nach ihrer Rückkehr unverzüglich zur Bestätigung vorzulegen. Soweit das Arzneimittel nicht in Chargen hergestellt wird, gelten die Sätze 1 bis 4 entsprechend.

§ 6 Prüfung

(1) Arzneimittel und deren Ausgangsstoffe sind nach anerkannten pharmazeutischer Regeln auf die erforderliche Qualität zu prüfen.

(2) Die Prüfung ist unter Verantwortung des Kontrolleiters und nach vorher erstellten Anweisungen und Verfahrensbeschreibungen (Prüfanweisung) durchzuführen. Diese Prüfanweisung muß vor der Prüfung in schriftlicher Form erstellt werden und die Probenahme und Prüfung sowie die damit im Zusammenhang stehenden Arbeitsgänge im einzelnen beschreiben. Für Arzneimittel, die zugelassen oder registriert sind, muß sie den Zulassungs- oder Registrierungsunterlagen entsprechen. Die zur Prüfung angewandten Verfahren sind nach dem jeweiligen Stand der Wissenschaft und Technik zu validieren.

(3) Die Prüfung der Ausgangsstoffe und jeder Charge eines Arzneimittels ist vollständig zu protokollieren (Prüfprotokoll). Die für die Prüfung verantwortliche Person hat im Prüfprotokoll mit Datum und eigenhändiger Unterschrift zu bestätigen, daß das Arzneimittel entsprechend der Prüfanweisung geprüft worden ist und die erforderliche Qualität besitzt. In Fällen kurzfristiger Verhinderung, insbesondere durch Krankheit oder Urlaub, kann an Stelle der für die Prüfung verantwortlichen Person ein Beauftragter, der über ausreichende Ausbildung und Kenntnisse verfügt, die Bestätigung vornehmen. Das Prüfprotokoll ist der für die Prüfung verantwortlichen Person nach ihrer Rückkehr unverzüglich zur Bestätigung vorzulegen. Wenn das Arzneimittel nicht in Chargen hergestellt wurde, gelten die Sätze 1 bis 4 entsprechend.

(4) Wurde die erforderliche Qualität festgestellt, sind die Arzneimittel und die Ausgangsstoffe entsprechend kenntlich zu machen; bei zeitlicher Begrenzung der Haltbarkeit ist das Enddatum anzugeben.

(5) Die Absätze 1 bis 4 finden auf Fütterungsarzneimittel mit der Maßgabe Anwendung, daß die Prüfung stichprobenweise durchgeführt werden kann. Dabei darf von einer über die Homogenität hinausgehenden Prüfung abgesehen werden, wenn sich keine Anhaltspunkte ergeben haben, die Zweifel an der einwandfreien Beschaffenheit des Fütterungsarzneimittels begründen.

§ 7 Freigabe

(1) Arzneimittel dürfen als freigegeben nur kenntlich gemacht werden (Freigabe), wenn das Herstellungs- und das Prüfprotokoll ordnungsgemäß unterzeichnet sind. § 32 des Arzneimittelgesetzes bleibt unberührt.

(2) Arzneimittel und Ausgangsstoffe, die den Anforderungen an die Qualität nicht genügen, sind als solche kenntlich zu machen und abzusondern; sie sind zu vernichten, an den Lieferanten zurückzugeben oder umzuarbeiten. Über die Maßnahme sind Aufzeichnungen zu machen.

§ 8 Lagerung

(1) Arzneimittel und Ausgangsstoffe sind so zu lagern, daß ihre Qualität nicht nachteilig beeinflußt wird und Verwechslungen vermieden werden.

(2) Die Vorratsbehältnisse und die innerbetrieblichen Transportbehältnisse müssen so beschaffen sein, daß die Qualität des Inhalts nicht beeinträchtigt wird. Sie müssen mit deutlichen Aufschriften versehen sein, die den Inhalt eindeutig bezeichnen. Soweit Bezeichnungen durch Rechtsverordnung nach § 10 Abs. 6 Nr. 1 des Arzneimittelgesetzes vorgeschrieben sind, sind diese zu verwenden. Der Inhalt ist durch zusätzliche Angaben zu kennzeichnen, soweit dies zur Vermeidung von Verwechslungen erforderlich ist.

(3) Muster von jeder Charge eines Arzneimittels müssen mindestens ein Jahr über den Ablauf des Verfalldatums hinaus aufbewahrt werden. Bei Arzneimitteln, deren Herstellung für den Einzelfall oder in kleinen Mengen erfolgt oder deren Lagerung besondere Probleme bereitet, kann die zuständige Behörde Ausnahmen über die Muster und ihre Aufbewahrung zulassen.

(3a) Muster von Ausgangsstoffen müssen mindestens zwei Jahre nach Freigabe der unter Verwendung dieser Ausgangsstoffe hergestellten Arzneimittel aufbewahrt werden, es sei denn, in den Zulassungsunterlagen ist eine kürzere Haltbarkeit angegeben. Satz 1 gilt nicht für Lösungsmittel, Gase und Wasser.

(4) Die für die Lagerung verantwortliche Person hat sich in regelmäßigen Abständen davon zu überzeugen, daß die Arzneimittel und die Ausgangsstoffe ordnungsgemäß gelagert werden.

§ 9 Tierhaltung

(1) Der Gesundheitszustand von Tieren, die für die Herstellung oder Prüfung von Arzneimitteln gehalten werden, ist von einem Tierarzt fortlaufend zu kontrollieren.

(2) Soweit vor der Verwendung der Tiere eine Quarantäne erforderlich ist, sind sie in einem Quarantänestall unterzubringen und von einem Tierarzt zu untersuchen. Die Quarantänezeit beträgt für Kleintiere mindestens zwei Wochen, für Rinder, Schweine, Schafe und Ziegen mindestens drei Wochen, für Einfuhr sowie für andere Großtiere mindestens vier und für Affen mindestens sechs Wochen. Der Quarantänestall muß von den übrigen Ställen getrennt sein. Die mit der Pflege und Wartung

der im Quarantänestall untergebrachten Tiere beauftragten Personen sollen nicht ohne ausreichende Vorsichtsmaßnahmen in anderen Ställen beschäftigt werden.

(3) Bei der Herstellung und Prüfung von Arzneimitteln dürfen nur Tiere verwendet werden, die nach dem Ergebnis der tierärztlichen Untersuchung keine Anzeichen von übertragbaren Krankheiten aufweisen und nicht an Krankheiten leiden, die die Herstellung oder Prüfung der Arzneimittel nachteilig beeinflussen.

(4) Über die Tiere sind nach Tierarten getrennte Aufzeichnungen zu führen. Diese Aufzeichnungen müssen mindestens Angaben enthalten über
1. die Herkunft und das Datum des Erwerbs,
2. die Rasse oder den Stamm,
3. die Anzahl,
4. die Kennzeichnung,
5. den Beginn und das Ende der Quarantänezeit,
6. das Ergebnis der tierärztlichen Untersuchungen,
7. die Art, das Datum und die Dauer der Verwendung und
8. den Verbleib der Tiere nach der Verwendung.

(5) Die Ställe müssen sich in angemessener Entfernung von den Herstellungs- und Prüfräumen befinden.

§ 10 Behältnisse

Arzneimittel dürfen nur in Behältnissen in den Verkehr gebracht werden, die gewährleisten, daß die Qualität nicht mehr als unvermeidbar beeinträchtigt wird.

§ 11 Kennzeichnung

(1) Arzneimittel, die zur Anwendung bei Menschen bestimmt und keine Fertigarzneimittel sind, dürfen nur in den Verkehr gebracht werden, wenn ihre Behältnisse und, soweit verwendet, die äußeren Umhüllungen nach § 10 Abs. 1 Nr. 1, 2, 4 und 9 des Arzneimittelgesetzes in gut lesbarer Schrift, in deutscher Sprache und auf dauerhafte Weise gekennzeichnet sind.

(2) Fertigarzneimittel, die Arzneimittel im Sinne des § 2 Abs. 2 Nr. 1a, 2 oder 3 des Arzneimittelgesetzes sind, dürfen nur in den Verkehr gebracht werden, wenn ihre Behältnisse und, soweit verwendet, ihre äußeren Umhüllungen nach § 10 das Arzneimittelgesetzes gekennzeichnet sind. Die Angaben über die Darreichungsform, die wirksamen Bestandteile und die Wartezeit können entfallen. Bei diesen Arzneimitteln sind auf dem Behältnis oder, soweit verwendet, auf der äußeren Umhüllung oder einer Packungsbeilage zusätzlich anzugeben
1. die Anwendungsgebiete,
2. die Gegenanzeigen,
3. die Nebenwirkungen,
4. die Wechselwirkungen mit anderen Mitteln.

Können die vorgeschriebenen Angaben nicht gemacht werden, so können sie entfallen.

Lippert, Ratzel, Anker

(3) Fertigarzneimittel, die Arzneimittel im Sinne des § 2 Abs. 2 Nr. 4 des Arznei-mittelgesetzes sind, dürfen nur in den Verkehr gebracht werden, wenn ihre Behält-nisse und, soweit verwendet, ihre äußeren Umhüllungen nach § 10 Abs. 1, 2, 3, 5, 6, 8 und 9 des Arzneimittelgesetzes gekennzeichnet sind. Die Angaben über die Dar-reichungsform können entfallen. Die wirksamen Bestandteile sind bei Arzneimit-teln im Sinne des § 2 Abs. 2 Nr. 4 Buchstabe a des Arzneimittelgesetzes nach Art und Menge anzugeben, soweit sie für die Funktion des Arzneimittels charakteris-tisch sind. Besteht das Fertigarzneimittel aus mehreren Teilen, so sind auf dem Be-hältnis, und, soweit verwendet, auf der äußeren Umhüllung die Chargenbezeich-nungen der einzelnen Teile anzugeben. Ist die Angabe der wirksamen Bestandteile nach Art und Menge auf dem Behältnis aus Platzmangel nicht möglich, so ist sie auf der äußeren Umhüllung oder, sofern auch dies aus Platzmangel nicht möglich ist, in einem dem Behältnis beigefügten Informationsblatt vorzunehmen.

(4) Zur Anwendung bei Tieren bestimmte Arzneimittel, die keine Fertigarzneimittel sind, dürfen nur in den Verkehr gebracht werden, wenn die Behältnisse und, soweit verwendet, die äußeren Umhüllungen mit den Angaben nach den §§ 10 und 11 des Arzneimittelgesetzes versehen sind. Fütterungsarzneimittel müssen ferner nach § 56 Abs. 4 Satz 3 des Arzneimittelgesetzes gekennzeichnet sein. Werden Fütte-rungsarzneimittel in Tankwagen oder ähnlichen Einrichtungen befördert, so genügt es, wenn die erforderlichen Angaben in mitgeführten, für den Tierhalter bestimmten Begleitpapieren enthalten sind.

(5) Bei Arzneimitteln, die der Zulassung oder Registrierung nicht bedürfen, entfällt die Angabe der Zulassungsnummer oder der Registriernummer.

§ 12 Herstellung und Prüfung im Auftrag

(1) Soweit ein Arzneimittel ganz oder teilweise im Auftrag in einem anderen Be-trieb hergestellt oder geprüft wird, muß ein schriftlicher Vertrag zwischen dem Auf-traggeber und dem Auftragnehmer bestehen. In diesem Vertrag müssen die Aufga-ben und Verantwortlichkeiten jeder Seite klar festgelegt sein. Der Auftragnehmer darf keine ihm vertraglich übertragene Arbeit ohne schriftliche Zustimmung des Auftraggebers an Dritte weitergeben.

(2) Der Auftraggeber hat sich zu vergewissern, daß der Auftragnehmer das Arznei-mittel ordnungsgemäß und entsprechend der Herstellungs- und Prüfanweisung her-stellt und prüft. Soweit die Freigabe durch den Auftraggeber erfolgt, sind ihr auch die vom Auftragnehmer übersandten Protokolle über die Herstellung oder Prüfung zugrunde zu legen.

§ 13 Vertrieb und Einfuhr

(1) Ein pharmazeutischer Unternehmer darf ein Arzneimittel, das er nicht selbst hergestellt hat, erst in den Verkehr bringen, wenn es im Geltungsbereich des Arznei-mittelgesetzes nach § 6 geprüft und die erforderliche Qualität von der für die Prü-fung verantwortlichen Person im Prüfprotokoll bestätigt ist.

(2) Bei einem Arzneimittel, das aus einem Mitgliedstaat der Europäischen Gemeinschaften oder einem anderen Vertragsstaat des Abkommens über den Europäischen Wirtschaftsraum eingeführt wurde, kann von der Prüfung nach Absatz 1 abgesehen werden, wenn es in dem Mitgliedstaat oder in einem anderen Vertragsstaat nach den dort geltenden Rechtsvorschriften geprüft ist und dem Prüfprotokoll entsprechende Unterlagen vorliegen.

(3) Bei einem Arzneimittel, das aus einem Land eingeführt wurde, das nicht Mitgliedstaat der Europäischen Gemeinschaften oder ein anderer Vertragsstaat des Abkommens über den Europäischen Wirtschaftsraum ist, kann von der Prüfung nach Absatz 1 abgesehen werden, wenn die Voraussetzungen nach § 72 a Satz 1 Nr. 1 des Arzneimittelgesetzes erfüllt sind und dem Prüfprotokoll entsprechende Unterlagen vorliegen.

(4) Der pharmazeutische Unternehmer soll sich vergewissern, daß der Hersteller das Arzneimittel ordnungsgemäß und entsprechend der Herstellungs- und Prüfanweisung herstellt und prüft.

(5) Der pharmazeutische Unternehmer hat zu gewährleisten, daß Rückstellmuster der zuständigen Behörde zur Verfügung gestellt werden können. § 8 Abs. 3 und 3 a gilt entsprechend.

(6) Ein Fertigarzneimittel darf erst in Verkehr gebracht werden, wenn die Freigabe nach § 7 Abs. 1 Satz 1 erfolgt ist.

(7) Über den Erwerb, die Einfuhr, die Ausfuhr, die Lagerung und das Inverkehrbringen sind Aufzeichnungen zu machen.

§ 14 Beanstandungen

(1) Der Stufenplanbeauftragte nach § 63 a Abs. 1 Satz 1 des Arzneimittelgesetzes hat alle bekanntgewordenen Meldungen über Arzneimittelrisiken zu sammeln und die nach § 29 Abs. 1 Satz 2 des Arzneimittelgesetzes bestehenden Anzeigepflichten zu erfüllen, soweit sie Arzneimittelrisiken betreffen. Er hat unverzüglich die sofortige Überprüfung der Meldungen zu veranlassen und sie daraufhin zu bewerten, ob ein Arzneimittelrisiko vorliegt, wie schwerwiegend es ist und welche Maßnahmen zur Risikoabwehr geboten sind. Er hat die notwendigen Maßnahmen zu koordinieren. Der Stufenplanbeauftragte hat die zuständige Behörde über jeden Mangel, der möglicherweise zu einem Rückruf oder zu einer ungewöhnlichen Einschränkung des Betriebs führt, unverzüglich zu unterrichten und dabei auch mitzuteilen, in welche Staaten das Arzneimittel ausgeführt wurde. Über den Inhalt der Meldungen, die Art der Überprüfung und die dabei gewonnenen Erkenntnisse, das Ergebnis der Bewertung, die koordinierten Maßnahmen und die Benachrichtigungen hat der Stufenplanbeauftragte Aufzeichnungen zu führen.

(2) Soweit ein pharmazeutischer Unternehmer andere als die in § 63 a Abs. 1 Satz 1 des Arzneimittelgesetzes genannten Arzneimittel in den Verkehr bringt, hat er eine Person mit der Wahrnehmung der Aufgaben nach Absatz 1 zu beauftragen. Die be-

auftragte Person ist für die Einhaltung der Verpflichtungen entsprechend Absatz 1 verantwortlich.

(3) Der pharmazeutische Unternehmer hat dafür zu sorgen, daß alle im Betrieb eingehenden Meldungen über Arzneimittelrisiken unverzüglich dem Stufenplanbeauftragten oder der nach Absatz 2 Satz 1 beauftragten Person mitgeteilt werden.

§ 15 Dokumentation

(1) Alle Aufzeichnungen über den Erwerb, die Herstellung, Prüfung, Lagerung, Einfuhr, Ausfuhr und das Inverkehrbringen der Arzneimittel sowie über die Tierhaltung und die Aufzeichnungen des Stufenplanbeauftragten oder der nach § 14 Abs. 2 Satz 1 beauftragten Person sind vollständig und mindestens bis ein Jahr nach Ablauf des Verfalldatums, jedoch nicht weniger als fünf Jahre aufzubewahren. Die Aufzeichnungen müssen klar und deutlich, fehlerfrei und auf dem neuesten Stand sein. Der ursprüngliche Inhalt einer Eintragung darf weder mittels Durchstreichens noch auf andere Weise unleserlich gemacht werden. Es dürfen keine Veränderungen vorgenommen werden, die nicht erkennen lassen, ob sie bei der ursprünglichen Eintragung oder erst später gemacht worden sind.

(1a) Bei Blutzubereitungen, Sera aus menschlichem Blut und gentechnisch hergestellten Plasmaproteinen zur Behandlung von Hämostasestörungen sind zusätzlich zum Zwecke der Rückverfolgung die Bezeichnung des Arzneimittels, die Chargenbezeichnung, das Datum der Abgabe und der Name oder die Firma des Empfängers aufzuzeichnen. Die Aufzeichnungen sind mindestens fünfzehn Jahre aufzubewahren oder zu speichern und müssen gelöscht werden, wenn die Aufzeichnung oder Speicherung nicht mehr erforderlich ist. Werden die Aufzeichnungen länger als dreißig Jahre aufbewahrt oder gespeichert, sind sie zu anonymisieren.

(2) Werden die Aufzeichnungen mit elektronischen, photographischen oder anderen Datenverarbeitungssystemen gemacht, muß mindestens sichergestellt sein, daß die Daten während der Dauer der Aufbewahrungsfrist verfügbar sind und innerhalb einer angemessenen Frist lesbar gemacht werden können. Die gespeicherten Daten müssen gegen Verlust und Beschädigung geschätzt werden. Wird ein System zur automatischen Datenverarbeitung oder -übertragung eingesetzt, so genügt statt der eigenhändigen Unterschrift der verantwortlichen Person nach § 5 Abs. 4 und § 6 Abs. 3 die Namenswiedergabe dieser Person, wenn in geeigneter Weise sichergestellt ist, daß nur befugte Personen die Bestätigung der ordnungsgemäßen Herstellung und Prüfung im Herstellungs- und Prüfprotokoll vornehmen können.

(3) Die Aufzeichnungen über das Inverkehrbringen sind so zu ordnen, daß sie den unverzüglichen Rückruf des Arzneimittels ermöglichen.

§ 15a Selbstinspektion

Um die Beachtung der Vorschriften dieser Verordnung sicherzustellen, müssen regelmäßig Selbstinspektionen durchgeführt werden. Über die Selbstinspektion und die anschließend ergriffenen Korrekturmaßnahmen müssen Aufzeichnungen geführt und aufbewahrt werden.

§ 16 Kennzeichnungs- und Verpackungsmaterial

§ 6 Abs. 1 und Abs. 2 Satz 1, § 8 Abs. 1 und 4 sowie § 15 sind auf Behältnisse, äußere Umhüllungen, Kennzeichnungsmaterial, Packungsbeilagen und Packmittel entsprechend anzuwenden.

§ 17 Ordnungswidrigkeiten

(1) Ordnungswidrig im Sinne des § 97 Abs. 2 Nr. 31 des Arzneimittelgesetzes handelt, wer vorsätzlich oder fahrlässig

1. als Herstellungsleiter oder als nach § 2 Abs. 3 für den Bereich des § 19 Abs. 1 des Arzneimittelgesetzes bestellte Person
   a) entgegen § 5 Abs. 3 Satz 2 oder 3 eine Herstellungsanweisung nicht, nicht richtig, nicht vollständig oder nicht rechtzeitig erstellt oder entgegen § 5 Abs. 4 Satz 1 oder 2 ein Herstellungsprotokoll nicht, nicht richtig oder nicht vollständig führt,
   b) entgegen § 8 Abs. 1 Arzneimittel nicht so lagert, daß ihre Qualität nicht nachteilig beeinflußt wird und Verwechslungen vermieden werden oder
   c) Muster von Chargen, Muster von Ausgangsstoffen oder Rückstellmuster nicht entsprechend § 8 Abs. 3 Satz 1 oder Abs. 3 a Satz 1, auch in Verbindung mit § 13 Abs. 5 Satz 2, aufbewahrt,

2. als Herstellungsleiter oder Kontrolleiter oder als nach § 2 Abs. 3 für den Bereich des § 19 Abs. 1 oder 2 des Arzneimittelgesetzes bestellte Person entgegen § 7 Abs. 2 Satz 1 Arzneimittel nicht kenntlich macht oder nicht absondert,

3. als Kontrolleiter oder als nach § 2 Abs. 3 für den Bereich des § 19 Abs. 2 des Arzneimittelgesetzes bestellte Person entgegen § 6 Abs. 2 Satz 2 eine Prüfanweisung nicht, nicht richtig, nicht vollständig oder nicht rechtzeitig erstellt oder entgegen § 6 Abs. 3 Satz 1 oder 2 ein Prüfprotokoll nicht, nicht richtig oder nicht vollständig, führt,

4. als Vertriebsleiter oder als nach § 2 Abs. 3 für den Bereich des § 19 Abs. 3 des Arzneimittelgesetzes bestellte Person entgegen § 10 Arzneimittel in den Verkehr bringt,

4a. als Stufenplanbeauftragter oder als nach § 14 Abs. 2 Satz 1 beauftragte Person entgegen § 14 Abs. 1 Satz 1 Meldungen über Arzneimittelrisiken nicht sammelt oder entgegen § 14 Abs. 1 Satz 2 bis 5 den dort geregelten Verpflichtungen nicht, nicht richtig, nicht vollständig oder nicht rechtzeitig nachkommt oder

5. als pharmazeutischer Unternehmer
   a) nicht dafür sorgt, daß die Quarantänevorschriften des § 9 Abs. 2 Satz 1 bis 3 eingehalten werden,
   b) entgegen § 9 Abs. 4 Aufzeichnungen nicht, nicht richtig oder nicht vollständig führt,
   c) entgegen § 13 Abs. 1 oder 6 Arzneimittel in den Verkehr bringt,
   d) entgegen § 13 Abs. 5 Satz 1 Rückstellmuster nicht zur Verfügung hält,

e) entgegen § 14 Abs. 2 Satz 1 eine Person nicht beauftragt oder entgegen § 14 Abs. 3 nicht dafür sorgt, daß Meldungen rechtzeitig mitgeteilt werden,

f) Aufzeichnungen nicht entsprechend § 15 Abs. 1 Satz 1 aufbewahrt oder entgegen § 15 Abs. 1 Satz 3 oder 4 Aufzeichnungen unleserlich macht oder Veränderungen vornimmt oder

g) Entgegen § 15 Abs. 1a Satz 2 eine Aufzeichnung nicht oder nicht mindestens fünfzehn Jahre aufbewahrt und nicht oder nicht mindestens fünfzehn Jahre speichert.

(2) Die Vorschriften des Absatzes 1 Nr. 1 Buchstabe b und Nr. 5 Buchstabe f gelten auch bei Behältnissen, äußeren Umhüllungen, Kennzeichnungsmaterial, Packungsbeilagen und Packmitteln im Sinne des § 16.

§ 18 Übergangsbestimmungen

(1) Arzneimittel, die vor dem Inkrafttreten dieser Verordnung nicht den Vorschriften dieser Verordnung entsprechend hergestellt und geprüft wurden, oder die nicht nach den Vorschriften dieser Verordnung gekennzeichnet und verpackt sind, dürfen vom pharmazeutischen Unternehmer noch bis zum 31. Dezember 1987 in den Verkehr gebracht werden.

(2) Betriebsräume und Einrichtungen müssen bis zum 31. Dezember 1987 den Vorschriften dieser Verordnung entsprechen. Die zuständige Behörde kann darüber hinaus befristete Ausnahmen zulassen, wenn ein wichtiger Grund vorliegt.

(3) Für Arzneimittel im Sinne des § 2 Abs. 2 Nr. 2 bis 4 des Arzneimittelgesetzes finden die Bestimmungen dieser Verordnung bis zum 31. Dezember 1987 keine Anwendung. Die Kennzeichnungsvorschriften des § 11 Abs. 2 und 3 finden bis zum 31. Dezember 1968 keine Anwendung.

(4) Arzneimittel, die in dem in Artikel 3 des Einigungsvertrages genannten Gebiet nicht den Vorschriften dieser Verordnung entsprechend hergestellt und geprüft wurden oder die nicht nach den Vorschriften dieser Verordnung gekennzeichnet und verpackt sind, dürfen vom pharmazeutischen Unternehmer dort noch bis zum 31. Dezember 1991 in den Verkehr gebracht werden.

(5) Betriebsräume und Einrichtungen in dem in Artikel 3 des Einigungsvertrages genannten Gebiet müssen bis zum 31. Dezember 1992 den Vorschriften dieser Verordnung entsprechen. Die zuständige Behörde kann darüber hinaus befristete Ausnahmen zulassen, wenn ein wichtiger Grund vorliegt.

(6) Für Arzneimittel im Sinne des § 2 Abs. 2 Nr. 2 bis 4 des Arzneimittelgesetzes, die in dem in Artikel 3 des Einigungsvertrages genannten Gebiet hergestellt und geprüft werden, finden die Bestimmungen dieser Verordnung bis zum 31. Dezember 1992 keine Anwendung.

§ 19 Schlußbestimmungen

Auf Arzneimittel im Sinne des § 2 Abs. 2 Nr. 1, 1 a, 2, 3 und 4 des Arzneimittelgesetzes, die Medizinprodukte im Sinne des Artikels 1 der Richtlinie 90/385/EWG und des Artikels 1 der Richtlinie 93/42/EWG einschließlich der Produkte im Sinne des Artikels 1 Abs. 2 Buchstabe c der Richtlinie 93/42/EWG sind, findet diese Verordnung in der am 30. Juni 1994 geltenden Fassung Anwendung, hinsichtlich § 11 in Verbindung mit § 10 des Arzneimittelgesetzes in der Fassung des Vierten Gesetzes zur Änderung des Arzneimittelgesetzes vom 11. April 1990 (BGBl. I S. 717).

§ 20 Inkrafttreten

(1)   Diese Verordnung tritt am 1. April 1985 in Kraft.

(2)   Mit dem Inkrafttreten dieser Verordnung treten alle Vorschriften, die den gleichen Gegenstand regeln, außer Kraft. Dies gilt insbesondere für folgende Vorschriften:

1. Verordnung über Sera und Impfstoffe nach §§ 19 b und d des Arzneimittelgesetzes vom 14. November 1972 (BGBl. I S. 2088),
2. die §§ 1, 2 und 6 Nr. 1 der Verordnung über Arzneimittel, die zur Anwendung bei Tieren bestimmt sind - AATV - vom 2. Januar 1978 (BGBl. I S. 26).

I. Die Bedeutung der Norm

1   § 54 AMG dient als Rechtsgrundlage für den Erlass von Rechtsverordnungen, die dafür sorgen sollen, dass in Betrieben und Einrichtungen, in denen Arzneimittel entwickelt, hergestellt, geprüft, gelagert, verpackt und in den Verkehr gebracht werden, ein ordnungsgemäßer Betrieb und eine möglichst gleichbleibende Qualität der Arzneimittel gesichert ist. Damit wird nicht nur die Richtlinie 91/356 EWG umgesetzt, sondern auch der Richtlinie der WHO über die Grundregeln für die Herstellung von Arzneimitteln Rechnung getragen.

II. Inhalt der Betriebsverordnungen

2   Bisher sind aufgrund der Ermächtigung des § 54 AMG drei Betriebsverordnungen erlassen worden; zum einen die Betriebsverordnung für pharmazeutische Unternehmer, zum anderen die für Arzneimittel-Großhandelsbetriebe und drittens die Verordnung für die tierärztlichen Hausapotheken. Die Verordnungen treffen bisher unter anderem Regelungen über das Qualitätssicherungssystem, die Anforderungen, die an die Qualifikation der eingesetzten Mitarbeiter zu stellen sind, sowie die Anforderungen, die an die Betriebsräume, die Hygiene, die Verpackungen und ihre Kennzeichnung zu stellen sind, sowie die Rückstellung von Chargen und Proben.

III. Geltungsbereich der Betriebsverordnungen

3   Nach § 54 Absatz 1 AMG sollen die zu erlassenden Betriebsverordnungen für Betriebe und Einrichtungen gelten, die Arzneimittel oder Wirkstoffe in den Geltungsbereich des AMG verbringen, in denen Arzneimittel oder Wirkstoffe entwickelt, hergestellt, geprüft, gelagert, verpackt oder in den Verkehr gebracht werden.

Betrieb ist dabei eine von der Rechtsform unabhängige, planmäßige, nicht nur vorübergehend zusammengefügte Einheit von Personen, Räumen und Sachmitteln unter einheitlicher Leitung mit dem arbeitstechnischen Zweck, bestimmte Leistungen hervorzubringen oder zur Verfügung zu stellen.

Einrichtungen sind alle Organisationen, auf die die für den Betrieb genannten Kriterien nicht oder nicht vollständig zutreffen und in denen die vom Gesetz genannten Tätigkeiten ausgeübt werden.

Die Verordnungen richten sich an pharmazeutische Unternehmen, an Arzneimittel- **4** Großhandelsbetriebe und an Tierärzte. Nicht erfasst werden Apotheken. Für sie gelten das Apothekengesetz und die Apothekenbetriebsordnung als Sondervorschriften. Bedürfen Apotheken für die Herstellung von Arzneimitteln einer Erlaubnis nach § 13 AMG, so fallen sie ebenfalls unter § 54 und die entsprechenden Betriebsverordnungen.

Um keine Regelungslücke auftreten zu lassen, gilt § 54 AMG samt den hierzu erlassenen Rechtsverordnungen auch für Einzelpersonen, sofern sie eine der in Absatz 1 aufgeführten Tätigkeiten berufsmäßig ausüben.

IV. Sanktionen

Der vorsätzliche oder fahrlässige Verstoß gegen die in § 54 AMG erlassenen Be- **5** triebsverordnungen wird nach § 97 Abs. 2 Nr. 31 AMG als Ordnungswidrigkeit geahndet, sofern die Rechtsverordnung für einen bestimmten Tatbestand auf diese Bußgeldvorschriften verweist. Dies ist in § 17 PharmBetrV, § 10 BetrV für Arzneimittel-Großhandelsbetriebe und in § 15 der Verordnung über tierärztliche Hausapotheken der Fall. Normadressaten können die nach den einzelnen Betriebsverordnungen Verpflichteten sein.

Kommentierung: H.-D. Lippert

DRITTER ABSCHNITT
ANWENDUNG VON BLUTPRODUKTEN

Vorbemerkungen vor §§ 13 ff.

1 Zweck des Transfusionsgesetzes ist es unter anderem, für die sichere Anwendung von Blutprodukten zu sorgen.[1] Der dritte Abschnitt des Gesetzes enthält die hierzu erforderlichen Kernvorschriften, soweit sie die Anwendung von Blut und Blutprodukten betreffen. Aus dem Transfusionsgesetz ausgeklammert ist der Vorgang der Bearbeitung des entnommenen Bluts und seiner Bestandteile zu Blutprodukten, die Arzneimittel im Sinne von § 4 Abs. 2 AMG sind. Auf alle Produktionsschritte bis zum Blutprodukt ist das AMG, soweit überhaupt einschlägig, anzuwenden.

§ 13 regelt, dass Blutprodukte nach dem Stand der medizinischen Wissenschaft und Technik anzuwenden sind.

2 § 14 enthält auch die Pflicht zur Dokumentation der Anwendung sowie die bereichsspezifische Datenschutzregelung; dies analog zu § 11.

Die Einrichtung eines Systems der Qualitätssicherung für die Anwendung von Blutprodukten nach dem Stand der medizinischen Wissenschaft und Technik wird in § 15 vorgeschrieben.

3 § 16 verpflichtet zur Unterrichtung der nach dem Qualitätssicherungssystem zu informierenden Personen, wenn unerwünschte Ereignisse bei der Anwendung von Blutprodukten und gentechnisch hergestellten Plasmaproteinen zur Behandlung von Hämostasestörungen auftreten.

Den Umgang mit nicht angewendeten Blutprodukten regelt § 17. Sie sind zu entsorgen und ihr Verbleib ist zu dokumentieren.

4 § 18 regelt, dass die Bundesärztekammer nach angemessener Beteiligung der bestimmten Fachkreise in Richtlinien festlegt, was der allgemein anerkannte Stand der medizinischen Wissenschaft und Technik im Bereich der Anwendung von Blutprodukten sein soll. Diese Richtlinien haben die Empfehlungen des Europarates, der Europäischen Union und der WHO zu Blut und Blutbestandteilen zu berücksichtigen[2]. Die korrespondierende Vorschrift für die Gewinnung von Blut und Blutprodukten findet sich in § 12 TFG.

5 In zwei Paragrafen dieses Abschnitts wird bei bestimmten Maßnahmen der Anwendung von Blutprodukten, wie etwa die Anforderungen an die Durchführung einer Transfusion (§ 13 Abs. 1 Satz 1), die Aufklärung der zu behandelnden Person (§ 13

---

[1]   Vgl. § 1 TFG.
[2]   § 18 Abs. 1 Satz 1 TFG.

Abs. 1 Satz 4), und die Qualitätssicherung (§ 15 Abs. 1 Satz 1), explizit darauf hingewiesen, dass diese Maßnahmen entsprechend dem jeweils aktuell gültigen Stand der medizinischen Wissenschaft und Technik durchzuführen sind. In § 14 Abs. 1 Satz 1 wird auf die Vorschrift im AMG zur Dokumentation der Risikoerfassung verwiesen.

§ 13
Anforderungen an die Durchführung

(1) Blutprodukte sind nach dem Stand der medizinischen Wissenschaft und Technik anzuwenden. Es müssen die Anforderungen an die Identitätssicherung, die vorbereitenden Untersuchungen, einschließlich der vorgesehenen Testung auf Infektionsmarker und die Rückstellproben, die Technik der Anwendung sowie die Aufklärung und Einwilligung beachtet werden. Ärztliche Personen, die im Zusammenhang mit der Anwendung von Blutprodukten Laboruntersuchungen durchführen oder anfordern, müssen für diese Tätigkeiten besonders sachkundig sein. Die Anwendung von Eigenblut richtet sich auch nach den Besonderheiten dieser Blutprodukte. Die zu behandelnden Personen sind, soweit es nach dem Stand der medizinischen Wissenschaft vorgesehen ist, über die Möglichkeit der Anwendung von Eigenblut aufzuklären.

(2) Die ärztlichen Personen, die eigenverantwortlich Blutprodukte anwenden, müssen ausreichende Erfahrung in dieser Tätigkeit besitzen.

Zugehörige Richtlinien:

1.4 Qualitätsmanagement (QM)

[...]

1.4.1 Qualitätssicherung (QS)

[...]

1.4.1.3 Qualitätssicherung bei der Anwendung

Einrichtungen der Krankenversorgung, die Blutprodukte anwenden, sind durch § 15 Transfusionsgesetz (TFG) gesetzlich zur Einrichtung eines Systems der Qualitätssicherung verpflichtet. Qualitätssicherung umfasst die Gesamtheit der personellen, organisatorischen, technischen und normativen Maßnahmen, die geeignet sind, die Qualität der Versorgung der Patienten zu sichern, zu verbessern und gemäß dem medizinisch-wissenschaftlichen Kenntnisstand weiter zu entwickeln (s. auch §§ 112, 136 und 137 des Sozialgesetzbuches Band V (SGB V)). Für eine Hämotherapie sind die notwendigen Qualitätsmerkmale für die erforderlichen Untersuchungen und die Anwendung von Blutprodukten zu definieren. Im Rahmen des Qualitätssicherungssystems sind die Qualifikationen und die Aufgaben der verantwortlichen Personen festzulegen. Für Einrichtungen mit Akutversorgung ist eine Kommission für transfusionsmedizinische Angelegenheiten (**Transfusionskommission**) zu bilden. Gesetzlich vorgeschrieben für alle Einrichtungen, die Blutprodukte anwenden, ist die Bestellung eines **Transfusionsverantwortlichen,** der für die transfusionsmedizinischen Aufgaben verantwortlich und mit den dafür erforderlichen Kompetenzen ausgestattet ist, zusätzlich für jede Behandlungseinheit ein **Transfusionsbeauftragter.** Externer Sachverstand sollte – soweit notwendig – herangezogen werden. Einzelheiten der Qualitätssicherung finden sich in Kapitel 4.
[...]

1.4.1.3.5 Der transfundierende Arzt

Jeder hämotherapeutische Maßnahmen durchführende Arzt muss die dafür erforderlichen Kenntnisse und ausreichende Erfahrung besitzen. Die Indikationsstellung ist integraler Bestandteil des jeweiligen ärztlichen Behandlungsplanes. Die *Leitlinien der Bundesärztekammer zur Therapie mit Blutkomponenten und Plasmaderivaten* in der jeweils gültigen Fassung sind zu beachten.

1.7 Meldewesen

Auf die Mitteilungs- und Meldepflichten nach §§ 16, 21 und 22 des Transfusionsgesetzes und § 29 des Arzneimittelgesetzes (AMG) wird verwiesen. Einzelheiten sind in einer Dienstanweisung zu regeln (vgl. 4.5.8).

4 Anwendung von Blutprodukten

Die Grundzüge eines Qualitätssicherungssystems für die Anwendung* von Blutprodukten sind im 3. Abschnitt des Transfusionsgesetzes geregelt und werden in diesen Richtlinien berücksichtigt. Sie betreffen:

- Organisationsabläufe,
- Räumlichkeiten,
- Geräte und Reagenzien sowie
- alle Mitarbeiter,

die in mittelbarem oder unmittelbarem Zusammenhang mit Lagerung, Transport und Anwendung von Blutprodukten und deren Übertragung stehen. Die organisatorischen Abläufe und die Verantwortlichkeiten für die Lagerung, den Transport und die Übertragung von Blutprodukten einschließlich deren Anforderung durch den zuständigen Arzt sind zu beschreiben und in einem Organigramm darzustellen. Die Einhaltung der Anweisungen (z.B. Temperatur der Lagerhaltung, Transportzeiten, Handhabung der Blutprodukte durch das Pflegepersonal bei der Transfusionsvorbereitung) ist regelmäßig zu kontrollieren. Diese Kontrollen sind zu dokumentieren. Die Anforderungen an das mit der Lagerung, Transport und Übertragung von Blutprodukten befasste Personal (Hilfskräfte, Verwaltungskräfte, Pflegepersonal, technisches Personal, ärztliches Personal) sind zu definieren und schriftlich festzulegen.

Die benutzten Räumlichkeiten und Geräte (z.B. zum Lagern und Auftauen von GFP) sind zu beschreiben. Die Funktionsfähigkeit der Geräte ist regelmäßig zu überprüfen, und die Ergebnisse sind zu dokumentieren. Gesetzliche Vorschriften wie das Medizinproduktegesetz sind zu beachten.

Im Labor- und Depotbereich sind die transfusionssichernden Untersuchungsabläufe wie z.B. Bestimmungen von Blutgruppen, Verträglichkeitsproben und andere immunhämatologische Untersuchungen einschließlich der Probenannahme und Präparateausgabe zu beschreiben und die Verantwortlichkeiten schriftlich festzulegen. Arbeitsplatzbeschreibungen und Arbeitsanweisungen für jeden Arbeitsplatz sind zu

---

* Der Begriff „Transfusion" ist nicht durchgängig durch den Begriff „Anwendung" zu ersetzten, da es sich um einen historisch und international gebräuchlichen Begiff handelt.

erstellen. Ein Hygieneplan für den Labor- und Depotbereich ist zu erstellen. Benutzte Geräte werden nach einem Plan regelmäßig auf ihre Funktionstüchtigkeit kontrolliert, und die Ergebnisse werden dokumentiert (z.B. Kühlschränke, Wasserbäder, Zentrifugen). Interne und externe Qualitätskontrollen der benutzten Reagenzien und Systeme sind im Laborbereich gemäß den Richtlinien der Bundesärztekammer bzw. den Empfehlungen der Fachgesellschaften durchzuführen.

Ein Hygieneplan für alle mit der Lagerung, dem Transport und der Übertragung von Blutprodukten verbundenen Abläufe ist zu erstellen. Die Einhaltung des Hygieneplanes ist zu dokumentieren.

Arbeitsvorschriften zur Anwendung entsprechend den Leitlinien der Bundesärztekammer zur Therapie mit Blutkomponenten und Plasmaderivaten sind zu erstellen. Die anwendungsbezogenen Wirkungen sind zu erfassen und zu dokumentieren.

Unerwünschte Transfusionsreaktionen sind zu erfassen, auszuwerten und soweit wie möglich in ihrer Ursache aufzuklären. Eine entsprechende Anweisung zur Erfassung und Dokumentation ist zu erstellen (***Hämovigilanz***).

Ein Programm zur regelmäßigen Selbstinspektion ist zu erstellen. Die Selbstinspektionen müssen durchgeführt, und festgestellte Mängel müssen dokumentiert und behoben werden.

Ein fachübergreifender Informationsaustausch zwischen den verschiedenen Fachdisziplinen, die in der Hämotherapie tätig sind, ist zu gewährleisten (§15 Abs. 2 Satz 2 TFG).

Diese Inhalte sind in den Krankenversorgungseinrichtungen durch eine schriftliche Dienstanweisung in Einzelheiten zu regeln.

Die einschlägigen Arbeitsschutzbestimmungen sind einzuhalten.

4.1 Transport und Lagerung in der Einrichtung der Krankenversorgung

Grundsätzlich werden Blutprodukte im Blutdepot gelagert (*siehe Abschnitt 3.2*). Plasmaderivate können auch in der Apotheke der Einrichtung gelagert werden. Die Vorratshaltung beim Anwender ist auf ein definiertes Minimum zu beschränken, da die Präparate im Regelfall zur unmittelbaren Anwendung am Patienten bestimmt sind.

Der Transport von Blutprodukten hat unter den entsprechenden kontrollierten Bedingungen zu erfolgen und ist durch eine schriftliche Anweisung zu regeln (s. Abschnitt 3.3). Während des Transports der Blutprodukte ist bis zur Übergabe in den Verantwortungsbereich des Anwenders dafür Sorge zu tragen, dass kein Unbefugter Zugriff zu den Blutprodukten hat und die Qualität der Blutprodukte nicht beeinträchtigt wird. Die Lagerung von Blutpräparaten beim Anwender muss in geeigneten Kühleinrichtungen erfolgen. Blutprodukte dürfen nicht zusammen mit Lebensmitteln gelagert werden.

Eine Rücknahme von nicht angewendeten Blutpräparaten ist nur bei Einhaltung der entsprechenden Lagerungs- und Transportbedingungen möglich (s. Tabelle 4.1).

Der Verbleib nicht angewendeter Blutprodukte ist zu dokumentieren, und ihre ordnungsgemäße Entsorgung sollte über die ausgebende Stelle der Einrichtung erfolgen (4.3.11).

Tabelle 4.1

Kategorie	Lagerung	Transport
Erythrozyten	+4°C ± 2°C	+1 bis +10°C
Thrombozyten	+22°C ± 2°C	Raumtemperatur
	Unter ständiger Agitation	
gefrorenes	-30°C bis -40°C	tiefgefroren
Frischplasma	(Toleranz + 3°C)	
gefrorenes	zur sofortigen Transfusion	Raumtemperatur
Frischplasma aufgetaut		

4.2 Blutgruppenserologische Untersuchungen in der Einrichtung der Krankenversorgung

4.2.1 Verantwortung und Zuständigkeit

Die Festlegung des Untersuchungsganges, die Durchführung der blutgruppenserologischen Untersuchungen sowie die Auswertung der Untersuchungsergebnisse fallen in den Verantwortungsbereich des zuständigen Arztes, der eine Qualifikation gemäß 1.5.1.3 besitzen muss. Die Untersuchungen können insgesamt oder teilweise an externe, entsprechend qualifizierte Labors delegiert werden. Die Zuständigkeiten sind schriftlich festzulegen.

4.2.2 Untersuchungsumfang

Blutgruppenserologische Untersuchungen umfassen:
- Bestimmung der Blutgruppen im AB0- und im Rh-System,
- den Antikörpersuchtest,
- ggf. die Bestimmung weiterer Merkmale und deren Antikörper,
- die serologische Verträglichkeitsprobe (Kreuzprobe) und
- ggf. weitere immunhämatologische Untersuchungen.

Im Regelfall müssen vor allen invasiven und operativen Eingriffen, bei denen die Möglichkeit eines transfusionsbedürftigen Blutverlustes besteht (z.B. definiert durch hauseigene Daten), ein gültiger Befund der Blutgruppenbestimmung und ein Ergebnis des Antikörpersuchtests des zuständigen Laboratoriums vorliegen. Bei positivem Antikörpersuchtest ist die Spezifität des/der Antikörper unverzüglich festzustellen. Patienten mit vorhersehbar langzeitiger Transfusionsbehandlung oder nachgewiesenen Auto- bzw. irregulären Allo-Antikörpern sollten nach Möglichkeit Rh-Formel- und Kell-ausgewählt bzw. -übereinstimmend transfundiert werden. Für Patienten mit transfusionsrelevanten irregulären Antikörpern gegen Erythrozyten ist die Spezifität der Antikörper zu berücksichtigen. Für den bei operativen/invasiven Eingriffen zu erwartenden Transfusionsbedarf ist rechtzeitig eine entsprechende Anzahl – auch unter Berücksichtigung evtl. Komplikationen – kompatibler Blutprodukte bereitzustellen.

Flegel

Untersuchungsumfang bei Notfällen s. Abschnitt 4.2.5.10.

4.2.3 Identitätssicherung

Verwechslungen kommen häufiger vor als Fehlbestimmungen. Sie sind möglich bei der Blutentnahme, der Untersuchung, der Erstellung des Befundberichtes, der Ausfertigung eines Ausweises, dem Transport der Blutprodukte und/oder der Einleitung der Transfusion.

Es ist daher unerlässlich, Verwechslungen auszuschließen.

Jedes Probengefäß ist vor Entnahme eindeutig zu kennzeichnen (Name, Vorname, Geburtsdatum bzw. auch in codierter Form). Der Untersuchungsauftrag muss vollständig einschließlich Entnahmedatum ausgefüllt und von der abnehmenden Person unterschrieben sein (s. auch Abschnitt 4.3). Der Einsender muss auf dem Untersuchungsantrag eindeutig ausgewiesen sein. Der anfordernde Arzt ist für die Identität der Blutprobe verantwortlich.

Erwecken die Kennzeichnung des Probengefäßes oder der Inhalt der Begleitpapiere Zweifel, so ist dies zu überprüfen und das Ergebnis zu protokollieren. Verbleiben Zweifel, ist eine neue Blutprobe anzufordern.

4.2.4 Untersuchungsmaterial

Für blutgruppenserologische Untersuchungen ist eine nur für diesen Zweck bestimmte und geeignete Blutprobe erforderlich. Nach Abschluss der Untersuchungen ist das Probengefäß (Originalröhrchen) mindestens eine Woche gekühlt (+4 bis +8° C) aufzubewahren.

Bestimmte, dem Empfänger verabreichte Medikamente (z.B. Plasmaexpander, Heparin in hoher Dosierung) können Fehlbestimmungen verursachen. Dies muss bei der Abnahme berücksichtigt und der untersuchenden Stelle mitgeteilt werden. Nabelschnurblut von Neugeborenen muss als solches gekennzeichnet werden. Auf vorangegangene Knochenmark-/Blutstammzelltransplantationen und/oder Bluttransfusionen sowie Schwangerschaften ist hinzuweisen (s. Abschnitt 4.3.1).

4.2.5 Untersuchungsverfahren

4.2.5.1 Wahl der Untersuchungsmethoden

Die Wahl der Untersuchungsmethoden ist unter Berücksichtigung des aktuellen Wissensstandes zu treffen. Bei manueller Bestimmung von blutgruppenserologischen Befunden sind diese im Regelfall durch eine Zweitablesung einer anderen qualifizierten Person zu kontrollieren. Bei maschineller Bestimmung sind vergleichbare Sicherheitsvorkehrungen zu gewährleisten. Bei allen unklaren Befunden ist der Verantwortliche für die Blutgruppenserologie heranzuziehen. Die Eignung der durchgeführten Verfahren muss durch entsprechende Qualitätssicherungsmaßnahmen regelmäßig dokumentiert werden (s. Abschnitt 4.2.5.3).

4.2.5.2 Testreagenzien

Für die Bestimmung der AB0- und D-Blutgruppenmerkmale sind zugelassene Testreagenzien zu verwenden. Alle übrigen Bestimmungen müssen mit gleichwertigen Testreagenzien durchgeführt werden. Die beigefügten Gebrauchsanleitungen sind zu beachten. Testreagenzien dürfen grundsätzlich nicht über ihre Laufzeit hinaus verwendet werden. Für den Fall, dass mit zwei verschiedenen Reagenzien getestet werden soll (z.B. 4.2.5.5), ist bei der Verwendung monoklonaler Testreagenzien darauf zu achten, dass Reagenzien unterschiedlicher Klone verwendet werden.

4.2.5.3 Qualitätssicherung

Jedes Laboratorium, in dem blutgruppenserologische Untersuchungen durchgeführt werden, muss im Rahmen eines Qualitätssicherungssystems regelmäßig interne und externe Qualitätskontrollen gemäß den „Richtlinien der Bundesärztekammer zur Qualitätssicherung in der Immunhämatologie", 1992, durchführen. Die Untersuchungsabläufe sind zu beschreiben und die Verantwortlichkeiten schriftlich festzulegen (s. Abschnitt 1.4).

4.2.5.4 Bestimmung der AB0-Blutgruppenmerkmale

Die AB0-Blutgruppenmerkmale sollten mit monoklonalen Testreagenzien Anti-A und Anti-B bestimmt und durch den Nachweis der Serumeigenschaften (Anti-A und/oder Anti-B) mit Testerythrozyten A(1), A(2), B und 0 abgesichert werden. Die Bestimmung ist nur vollständig, wenn sowohl die Erythrozytenmerkmale als auch die Serumeigenschaften untersucht worden sind.

Wenn die Serumeigenschaften den Erythrozytenmerkmalen nicht entsprechen, ist die Ursache zu klären. Von der Regel abweichende Untersuchungsergebnisse bei Neugeborenen und Säuglingen sind keine endgültigen Ergebnisse und als solche zu kennzeichnen.

4.2.5.5 Bestimmung des Rh-Merkmals D

Das Rh-Merkmal D tritt in unterschiedlichen Ausprägungsformen auf:
– als ein voll ausgeprägtes Merkmal, welches typisch ist für Rh positiv (D positiv),
– als ein abgeschwächtes und/oder in seiner Ausprägung verändertes Merkmal: entweder als schwach ausgeprägtes Antigen D (weak D) oder als qualitativ deutlich verändertes D-Antigen (partial D), welches gleichzeitig auch schwach ausgeprägt sein kann (z.B. D-Kategorie VI = D^{VI}). Träger mit einem qualitativ deutlich veränderten D-Antigen können durch ein voll ausgeprägtes Rh-Merkmal D immunisiert werden, besonders Träger der Kategorie D^{VI}.

Die Bestimmung des Rh-Merkmales D erfolgt bei Patienten und bei Blutspendern auf unterschiedliche Weise (s. Abschnitt 2.5).

Bei Patienten, Schwangeren und Neugeborenen erfolgt die Untersuchung des Rh-Merkmals D mit mindestens zwei Testreagenzien. Für diese Untersuchung wird die

Anwendung zweier monoklonaler Antikörper der IgM-Klasse, die die Kategorie D^{VI} nicht erfassen, empfohlen.

Eine Kontrolle zur Prüfung auf Autoagglutination muss bei jeder Bestimmung des Rh-Merkmals D mitgeführt werden und eindeutig negativ sein.

Bei negativem Ergebnis aller Testansätze gelten potentielle Empfänger von Blut, einschließlich Schwangeren und Neugeborenen, als Rh negativ (D negativ).

Bei übereinstimmend positivem Ergebnis und auch bei unzweifelhaft schwach positivem Ergebnis ist der Patient Rh positiv (D positiv).

Bei diskrepanten oder fraglich positiven Ergebnissen der Testansätze mit monoklonalem IgM-Anti-D ist der Patient als „Empfänger Rh negativ (D negativ)" zu deklarieren. Eine weitere Klärung sollte angestrebt werden.

4.2.5.6 Bestimmung weiterer Blutgruppenmerkmale

Die Bestimmung weiterer Rh-Merkmale und/oder anderer Blutgruppenmerkmale soll grundsätzlich mit jeweils zwei verschiedenen Testreagenzien unter Mitführung von Kontrollen (gemäß den *Richtlinien der Bundesärztekammer zur Qualitätssicherung in der Immunhämatologie*) erfolgen. Die positive Kontrolle sollte das Merkmal schwach ausgeprägt aufweisen (heterozygote Erbanlage für das Allel)..

4.2.5.7 Antikörpersuchtest

Der Antikörpersuchtest ist Bestandteil der Blutgruppenbestimmung. Er wird anlässlich jeder Verträglichkeitsprobe wiederholt, sofern die Entnahme der Blutprobe, aus welcher der letzte Antikörpersuchtest durchgeführt wurde, länger als drei Tage zurückliegt.

Die Testzellen sollen folgende Merkmale aufweisen:
C, C^w, c, D, E, e, K, k, Fy (a), Fy (b), Jk (a), Jk (b), S, s, M, N, P (1), Le (a), Le (b).

Es wird empfohlen, dass folgende Merkmale in hoher Antigendichte (homozygote Erbanlage für das Allel) auf den Testzellen vorhanden sind:
D, c, Fy (a), Fy (b), Jk (a), Jk (b), S, s.

4.2.5.7.1 Indirekter Antihumanglobulintest (AHG-Test)

Eine empfindliche Methode zum Nachweis von Antikörpern gegen Erythrozytenantigene ist der indirekte AHG-Test (Coombs-Test). Weitere Testverfahren, die nach dem jeweiligen Stand des Wissens eine vergleichbare Sensitivität und Spezifität aufweisen, können angewandt werden. Zum Ausschluss bzw. Nachweis von Antikörpern gegen Erythrozytenantigene müssen mindestens zwei Testerythrozytenpräparationen verwendet werden, die sich in ihrem Antigenmuster ergänzen. Negative AHG-Tests sind bei Durchführung im Röhrchentest mit antikörperbeladenen Testerythrozyten zu überprüfen.

4.2.5.7.2 Direkter AHG-Test

Der direkte AHG-Test dient dem Nachweis von Antikörpern und Komplementfaktoren, die sich in vivo an die Probanden-Erythrozyten gebunden haben (z.B. Autoantikörper, Antikörper der Mutter bei Morbus haemolyticus neonatorum, Alloantikörper gegen Erythrozyten bei Transfusionsreaktionen). Der direkte AHG-Test sollte mit mindestens zwei verschiedenen polyspezifischen AHG-Reagenzien durchgeführt werden. Bei positivem Ausfall sind weitere Untersuchungen zur Klärung vorzunehmen.

4.2.5.8 Antikörperidentifizierung

Die Antikörperidentifizierung dient der Klärung der Spezifität von Antikörpern gegen Erythrozytenantigene. Werden im Serum/Plasma irreguläre Antikörper oder Autoantikörper festgestellt, so soll versucht werden, deren Spezifität und klinische Bedeutung zu klären. Bei Vorliegen von klinisch relevanten Antikörpern ist der betreffenden Person ein Notfallpass mit dem Befund auszustellen (s. Abschnitt 4.2.5.11).

4.2.5.9 Serologische Verträglichkeitsprobe (Kreuzprobe)

Die serologische Verträglichkeitsprobe ist die unerlässlich notwendige Sicherung der Verträglichkeit vor jeder Transfusion von Erythrozytenpräparaten. Sie dient der Erkennung blutgruppenserologischer Unverträglichkeiten zwischen Spender und Empfänger durch Überprüfung der Verträglichkeit zwischen Empfängerserum und Spendererythrozyten (früher Majortest). Der indirekte AHG-Test (s. Abschnitt 4.2.5.7.1) ist Bestandteil der serologischen Verträglichkeitsprobe.

Durch die serologische Verträglichkeitsprobe sollen auch Verwechslungen und Fehlbestimmungen aufgedeckt werden. Aus jeder neu abgenommenen Patientenblutprobe ist eine Kontrolle der AB0-Blutgruppenmerkmale durchzuführen.

Die Entnahme einer Blutprobe unter Eröffnung des Blutbeutels ist nicht zulässig.

Auf die Gefahr der Missdeutung („falsch negativ") bei Hämolyse im Testansatz wird hingewiesen.

Um transfusionsrelevante Antikörper durch Booster-Effekte nach Transfusionen und Schwangerschaften innerhalb der letzten sechs Monate (auch bei einer fraglichen Transfusions- und Schwangerschaftsanamnese) zu erfassen, ist die serologische Verträglichkeitsuntersuchung für weitere Transfusionen nach spätestens drei Tagen mit einer frisch entnommenen Empfängerprobe erneut durchzuführen. Dies gilt auch für vorher bereits verträglich befundete Erythrozytenkonzentrate.

Das Ergebnis der Verträglichkeitsprobe ist zu dokumentieren. Eine verwechslungsfreie Zuordnung zum Präparat bis zur Transfusion ist sicherzustellen (s. Abschnitt 4.3.2).

Zu den Besonderheiten bei prä- und perinataler Transfusion wird auf 4.4.2 verwiesen.

4.2.5.10 Notfälle

In Notfällen kann von den Richtlinien abgewichen werden, soweit dies in der gegebenen Situation zur Abwendung von Lebensgefahr oder eines ernsten Schadens für den Empfänger notwendig ist. In diesen Fällen ist besonders auf die Gefahr von Verwechslungen und Fehlbestimmungen zu achten. Notfälle und die Abweichung von den Richtlinien sind schriftlich zu dokumentieren.

Die AB0-Blutgruppen- und Rh-Bestimmung sowie die serologische Verträglichkeitsprobe müssen auch dann vollständig durchgeführt werden, wenn die Transfusion aus vitaler Indikation bereits vorher erfolgen muss. Schnelltests zur Verträglichkeitsuntersuchung können für Notfälle herangezogen werden; das Ergebnis muss grundsätzlich durch das Regelverfahren bestätigt werden.

Transfusionen aus vitaler Indikation ohne regelhaft abgeschlossene Voruntersuchung sind durch den transfundierenden Arzt als solche zu dokumentieren. Das Transfusionsrisiko ist erhöht. Die Risikoabwägung trifft der transfundierende Arzt. Das Ergebnis der serologischen Verträglichkeitsprobe (Kreuzprobe) und des Antikörpersuchtests ist dem transfundierenden Arzt unverzüglich mitzuteilen.

4.2.5.11 Dokumentation der blutgruppenserologischen Befunde

Hersteller und Chargenbezeichnung aller Testreagenzien sind zu dokumentieren. Alle blutgruppenserologischen Untersuchungen einschließlich Reaktionsausfall und Kontrollen sind vollständig zu protokollieren. Eintragungen von Blutgruppen- und Antikörperbefunden in Ausweise müssen von dem Verantwortlichen für die Blutgruppenserologie überprüft und durch seine Unterschrift bestätigt werden. Die Befund-Interpretation obliegt einem transfusionsmedizinisch fort- oder weitergebildeten Arzt. Die Eintragungen müssen Untersuchungsstelle, Protokollnummer und Datum erkennen lassen. Blutgruppenbefunde einer anderen Untersuchungsstelle (z.B. in Blutspenderpässen) sollen zur Bestätigung herangezogen werden, dürfen aber (außer im Katastrophenfall) nicht allein einer Erythrozytentransfusion zugrunde gelegt werden. Frühere, im eigenen Laboratorium erhobene Blutgruppenbefunde können als Grundlage einer Erythrozytentransfusion dienen, wenn die Identität gesichert ist und das Ergebnis durch eine Bestimmung aus einer zweiten Blutentnahme bestätigt wurde. Bereits vorliegende Blutgruppendokumente (einschließlich Mutterpass) sollen herangezogen werden, um früher nachgewiesene, klinisch relevante Antikörper zu berücksichtigen, selbst wenn diese aktuell nicht festgestellt werden können.

Ergeben spätere Untersuchungen Abweichungen von früheren Befunden, so hat der Untersucher nach Klärung für die Richtigstellung bzw. Ergänzung zu sorgen. Dies gilt auch für Blutgruppenbefunde bei Neugeborenen und Säuglingen (s. Abschnitt 4.2.5.4, 4.4.1.3).

4.2.5.12 Datensicherung

Die Eingabe von Blutgruppenbefunden in eine EDV-Anlage muss kontrolliert und diese Kontrolle dokumentiert werden. Nach Befundfreigabe muss das EDV-Programm gewährleisten, dass die gespeicherten Daten und Blutgruppeneigenschaften nur autorisiert und erkennbar korrigiert werden können. Die Eingabeprotokolle sind als Dokumente zu behandeln und über einen Zeitraum von mindestens 15 Jahren zu speichern, soweit nicht weitergehende Vorschriften Anwendung finden.

4.2.5.13 Schreibweise der Befunde

Die nachfolgende Schreibweise sollte einheitlich verwandt werden, um Missverständnisse zu vermeiden:

Erythrozytenmerkmale:
AB0-System: A
              B
              0
              AB

Untergruppen des AB0-Systems:
Die Untergruppen werden durch Zusätze gekennzeichnet, z.B. A(1), A(2), A(1)B, A(2)B.

Rh-System (Rh):
Im Rh-System existieren mehrere Nomenklaturen. Im folgenden wird eine Schreibweise beispielhaft empfohlen, der transfusionsmedizinische Aspekte zugrunde liegen:

Rh positiv (D positiv) und Rh positiv (weak D positiv)
CcD.ee
CCD.ee
CcD.Ee
ccD.EE
ccD.ee

Rh negativ (D negativ) sind Personen mit folgenden Merkmalen im Rh-System:
ccddee
Ccddee
ccddEe
CcddEe
usw.
sowie mit entsprechenden Formeln mit C^w und anderen Rh-Merkmalen.

Sonstige Blutgruppenmerkmale der Erythrozyten:
Die Schreibweise richtet sich nach der international üblichen Nomenklatur.

Bei handschriftlichen Befundeintragungen sollen zur Vermeidung von Verwechslungen Blutgruppenbezeichnungen mit Kleinbuchstaben grundsätzlich mit einem Querstrich über dem Buchstaben versehen werden.

Befundmitteilung bei Antikörpern gegen Erythrozytenantigene:
Zum vollständigen Befund gehört die Angabe des Untersuchungsverfahrens, der Spezifität, ggf. des Titers und der klinischen Beurteilung. Eintragungen der Befunde sind in der Art der angegebenen Beispiele vorzunehmen:

Anti-D Titer 32 (indirekter AHG)

Anti-Le(a) schwach pos. (NaCl), nicht ursächlich für Morbus haemolyticus neonatorum. Anti-k Titer 16 (indirekter AHG), 99,8% der möglichen Erythrozytenpräparate unverträglich, sehr schwierige Blutversorgung, autologe Hämotherapie ist zu bedenken.

4.3 Anwendung von Blutkomponenten und Plasmaderivaten

Blutkomponenten und Plasmaderivate sind verschreibungspflichtige Arzneimittel und dürfen nur auf ärztliche Anordnung abgegeben werden. Die Indikation ist streng zu stellen. Auf die *Leitlinien zur Therapie mit Blutkomponenten und Plasmaderivaten* der Bundesärztekammer wird hingewiesen.

Besteht bei planbaren Eingriffen die Wahrscheinlichkeit von mindestens 10% für die Notwendigkeit einer Transfusion, ist der Patient über das Risiko allogener Bluttransfusionen aufzuklären und rechtzeitig auf die Möglichkeit der Anwendung autologer Hämotherapieverfahren hinzuweisen (s. Abschnitt 4.6).

Die Organisationsabläufe werden vom Transfusionsverantwortlichen bzw. von der Transfusionskommission erarbeitet. Sie sind in einer schriftlichen Dienstanweisung von der Leitung der Einrichtung verbindlich anzuordnen.

4.3.1 Blutanforderung

Die Anforderung von Blutkomponenten und Plasmaderivaten erfolgt für jeden Empfänger schriftlich unter Angabe der Diagnose, von Transfusionen, Schwangerschaften, Medikamenten, welche die Verträglichkeitsprobe beeinträchtigen, der blutgruppenserologischen Untersuchungsergebnisse, der zeitlichen Dringlichkeit sowie des vorgesehenen Transfusionstermins durch den anfordernden Arzt. Stehen Eigenblutpräparate bereit, muss durch organisatorische Maßnahmen gewährleistet sein, dass diese zuerst transfundiert werden.

4.3.2 Identitätssicherung und vorbereitende Kontrollen

Alle Blutproben, die zur transfusionsserologischen Untersuchung erforderlich sind, müssen stets – auch im Notfall – eindeutig beschriftet und bezüglich ihrer Herkunft gesichert sein (Einzelheiten s. Abschnitt 4.2.3, 4.2.5.10).

Nach der Durchführung der serologischen Verträglichkeitsprobe (Kreuzprobe) wird jeder Blutkomponente ein Begleitschein beigefügt, der zumindest Namen, Vornamen, Geburtstag des Patienten sowie die Nummer des Blutproduktes enthält. Eine verwechslungsfreie Zuordnung zum Präparat ist sicherzustellen.

Vor Beginn der Transfusion hat der transfundierende Arzt am Patienten persönlich zu überprüfen, ob das Präparat für den betreffenden Empfänger bestimmt ist, die Blutgruppe des Präparats (Präparate-Etikett) dem Blutgruppenbefund des Empfängers entspricht bzw. mit diesem kompatibel ist und die Präparatenummer mit den Angaben im Begleitschein übereinstimmt.

Darüber hinaus müssen das Verfalldatum, die Unversehrtheit des Blutbehältnisses und die Gültigkeit der Verträglichkeitsprobe überprüft werden (s. Abschnitt 4.2.5.9).

Bei Empfängern, die namentlich nicht identifiziert werden können, müssen die Personalien durch andere Angaben ersetzt werden, die eine eindeutige Identifikation erlauben.

Der Einsatz einer EDV ist zur Verbesserung der Identitätssicherung anzustreben.

Für Eigenblutpräparate wird auf Abschnitt 4.6 verwiesen.

4.3.2.1 AB0-Identitätstest

Unmittelbar vor der Transfusion von Erythrozytenkonzentraten ist vom transfundierenden Arzt oder unter seiner direkten Aufsicht der AB0-Identitätstest (Bedside-Test) am Empfänger vorzunehmen (z.B. auf Testkarten). Er dient der Bestätigung der zuvor bestimmten AB0-Blutgruppenmerkmale des Empfängers. Der AB0-Identitätstest kann auch zusätzlich aus dem zu transfundierenden Erythrozytenkonzentrat durchgeführt werden. Das Ergebnis ist schriftlich zu dokumentieren. Bei Unstimmigkeiten ist das Laboratorium bzw. die transfusionsmedizinische Einrichtung umgehend zu benachrichtigen.

Wegen abweichender Vorschriften bei der Eigenbluttransfusion wird auf Abschnitt 4.6.1 verwiesen.

4.3.3 Technik der Bluttransfusion

Die Transfusion aller Blutkomponenten erfolgt in der Regel über ein Transfusionsgerät mit Standardfilter (DIN 58360, Porengröße 170–230 μm), möglichst über einen eigenen venösen Zugang. Über ein Transfusionsgerät, das maximal 6 Stunden gebraucht werden darf, können mehrere Blutkomponenten verabreicht werden.

Eröffnete („angestochene") Blutkomponenten sind innerhalb von sechs Stunden zu transfundieren. Die Entnahme von Blutproben aus verschlossenen Blutbeuteln zu Untersuchungszwecken ist nicht erlaubt.

Blutprodukten dürfen vom Anwender keine Medikamente bzw. Infusionslösungen beigefügt werden. Das Anwärmen von Blutkomponenten (max. +37 °C) beschränkt sich auf spezielle Indikationen (Massivtransfusionen, Transfusionen bei Neugeborenen, Transfusionen bei Patienten mit Kälteantikörpern). Die Funktionsfähigkeit der Geräte ist regelmäßig zu überprüfen und zu dokumentieren. Behelfsmäßige Maßnahmen zum Auftauen und Anwärmen von Blutkomponenten (Wasserbad o.ä.) sind nicht statthaft.

Alle verwendeten Instrumente, Apparate und Vorrichtungen müssen den Vorschriften des MPG entsprechen.

4.3.4 Aufgaben des transfundierenden Arztes

Die Einleitung der Transfusion von Blutkomponenten erfolgt nach Aufklärung und Einwilligungserklärung des Patienten durch den zuständigen Arzt. Die Einleitung der Transfusion erfolgt durch den Arzt, bei mehreren zeitlich unmittelbar nacheinander transfundierten Blutkomponenten werden die Einzelheiten im Qualitätssicherungssystem unter Beachtung von 4.3.2 und 4.3.2.1 festgelegt. Während und nach der Transfusion ist für eine geeignete Überwachung des Patienten zu sorgen. Eine generelle Testung des Empfängers auf Infektionsmarker (Hepatitis B, Hepatitis C und HIV) vor der Transfusion oder eine Asservierung von entsprechenden Untersuchungsproben ist nach dem derzeitigen Stand der Wissenschaft und Technik nicht erforderlich. Nach Beendigung der Transfusion ist das Behältnis mit dem Restblut und dem Transfusionsbesteck steril abzuklemmen und 24 Stunden bei +4 °C ± 2 °C aufzubewahren.

Bevor ein ambulanter Empfänger entlassen wird, ist sorgfältig auf Symptome zu achten, die auf eine unerwünschte Reaktion hinweisen können. Der Empfänger ist über mögliche später eintretende Symptome aufzuklären.

4.3.5 Transfusion von Erythrozytenkonzentraten

Erythrozytenkonzentrate werden AB0-gleich transfundiert. In Ausnahmefällen können bei Verwendung von plasma-armen Erythrozytenkonzentraten (s. Kap. 2) auch AB0-ungleiche, sog. „majorkompatible" Präparate transfundiert werden (s. Tabelle 4.3.5). Die Ausnahmen sind zu dokumentieren.

Tabelle 4.3.5. AB0-kompatible Erythrozytentransfusion

Patient	Kompatible EK
A	A oder 0
B	B oder 0
AB	AB, A, B oder 0
0	0

Wegen des Mangels an Rh negativem (D negativ) Blut lässt sich die Übertragung von Rh positiven (D positiv) Erythrozytenpräparaten an Rh negative (D negativ), nicht immunisierte Patienten nicht immer vermeiden. Eine solche Übertragung sollte jedoch nur in Betracht gezogen werden, wenn die Transfusion lebenswichtig ist (z.B. bei Massivtransfusionen) und Rh negative (D negativ) Erythrozytenpräparate nicht zeitgerecht beschafft werden können und wenn es sich um Frauen im nicht mehr gebärfähigen Alter oder um Männer handelt. Rh negative (D negativ) Erythrozyten können Rh positiven (D positiv) Empfängern übertragen werden, wenn keine Unverträglichkeit infolge von Rh-Antikörpern besteht.

Bei Rh negativen (D negativ) Kindern sowie Rh negativen (D negativ) Frauen im gebärfähigen Alter ist die Transfusion von Rh positiven (D positiv) Erythrozyten-konzentraten (mit Ausnahme von lebensbedrohlichen Situationen) unbedingt zu vermeiden. Die Dringlichkeit der Indikation, für die der transfundierende Arzt die Verantwortung trägt, ist genau zu dokumentieren.

Bei einer Transfusion von Rh positiven (D positiv) Präparaten auf Rh negative (D negativ) Patienten ist dem weiterbehandelnden Arzt eine serologische Untersu-chung 2–4 Monate nach Transfusion zur Feststellung eventuell gebildeter Antikör-per zu empfehlen. Bei Nachweis entsprechender Antikörper hat eine Aufklärung und Beratung der Betroffenen zu erfolgen.

Mädchen sowie Frauen im gebärfähigen Alter sollten keine Erythrozytenkonzent-rate erhalten, die zu einer Immunisierung gegen Antigene des Rh-Systems oder den Kell-Faktor führen können.

4.3.6 Transfusion von Thrombozytenkonzentraten

Die Transfusion von Thrombozytenkonzentraten (TK) erfolgt unverzüglich nach Auslieferung. Thrombozytenkonzentrate sind in der Regel AB0-kompatibel zu über-tragen. Das Merkmal D soll wegen der Möglichkeit einer Immunisierung berück-sichtigt werden. Bei D-negativen Frauen im gebärfähigen Alter sollte, wenn die Gabe von D-positiven Thrombozytenpräparaten unvermeidlich ist, eine Prophylaxe mit Anti-D i.v. durchgeführt werden (Blutungsgefahr bei intramuskulärer Injektion). Eine serologische Verträglichkeitsprobe mit Spendererythrozyten (s. Abschnitt 4.2.5.9) ist wegen des geringen Erythrozytengehalts nicht erforderlich. Die Wirkung von passiv übertragenen Alloantikörpern im Plasma ist in Einzelfällen zu bedenken. Leukozytendepletierte Thrombozytenkonzentrate sind dann zu transfundieren, wenn eine längerdauernde Substitutionstherapie mit Blutkomponenten wahrscheinlich ist. Bei Alloimmunisierung gegen HLA- und/oder plättchenspezifische Antigene, ver-bunden mit einem unzureichenden Substitutionseffekt, sollten Apherese-TK von Einzelspendern, die nach ihrem Antigenmuster ausgewählt werden, transfundiert werden. Die Auswahl kann durch eine Thrombozytenverträglichkeitsprobe unter-stützt werden. Besteht das Risiko einer CMV-Erkrankung, sollten die Präparate von CMV-negativen Spendern stammen oder leukozytendepletiert sein (s. Abschnitt 4.5.7). Bei einem Risiko einer Graft-versus-Host-Reaktion (Transplantat-gegen-Wirt-Reaktion) sind die Blutkomponenten entsprechend 4.5.6 zu bestrahlen.

4.3.7 Transfusion von Granulozytenkonzentraten

Granulozytenkonzentrate müssen AB0-kompatibel übertragen werden. Die Indika-tion zur Granulozytentransfusion ist aufgrund möglicher schwerer Nebenreaktionen strikt zu stellen. Pro Transfusion sollten mindestens 1×10^{10} Granulozyten pro m^2 Körperoberfläche (KO) übertragen werden. Für die Übertragung empfiehlt sich eine Geschwindigkeit von 1×10^{10} Zellen/m^2 KO und Stunde. Die Verträglichkeit ist mittels serologischer Verträglichkeitsproben mit Spendererythrozyten und -leu-kozyten zu prüfen (s. Abschnitt 4.2.5.9).

Die Transfusion hat über Standardfilter zu erfolgen (DIN 58360, Porengröße 170–230 µm). Die Möglichkeit einer Rh-Sensibilisierung ist zu bedenken. Die Auswahl der Spender sollte nach HLA-Merkmalen und ggf. Granulozytenmerkmalen erfolgen, hängt jedoch von der klinischen Situation und der Vorimmunisierung des Empfängers ab. Besteht das Risiko einer CMV-Erkrankung, sind CMV-negative Spender auszuwählen. Da die Gefahr einer GvH-Reaktion bei Granulozytenpräparaten besonders hoch ist, müssen diese Präparate entsprechend 3.1.3 bestrahlt werden. Interferenzen der Granulozytentransfusion mit Amphotericin B sind zu beachten.

4.3.8 Plasmatransfusion

Frischplasmen für therapeutische Zwecke werden AB0-gleich transfundiert. In Ausnahmefällen können sie AB0-kompatibel transfundiert werden. Eine serologische Verträglichkeitsprobe (s. Abschnitt 4.2.5.9) entfällt (Tabelle 4.3.8).

Tabelle 4.3.8. AB0-kompatible Plasma-Transfusion

Patient	Kompatibles Plasma
A	A oder AB
B	B oder AB
AB	AB
0	0, A, B oder AB

4.3.9 Notfalltransfusion

Eine Notfalltransfusion setzt eine vitale Gefährdung des Patienten voraus, die eine sofortige Transfusion ohne die sonst notwendigen Voruntersuchungen bedingt. Das erhöhte Transfusionsrisiko ist zu beachten (s. Abschnitt 4.2.5.10). Hinsichtlich der Identitätssicherung für Blutproben und Begleitpapiere wird auf Abschnitt 4.3.2 verwiesen.

Auch im Notfall ist der AB0-Identitätstest durchzuführen (s. Abschnitt 4.3.2.1).

Bei Massivtransfusionen und bei Neugeborenen sollten Blutkomponenten warm (maximal +37 °C) transfundiert werden.

Solange das Ergebnis der AB0-Blutgruppenbestimmung des Empfängers nicht vorliegt, sind zur Erstversorgung Erythrozytenkonzentrate der Blutgruppe 0, möglichst Rh negativ (D negativ), zu verwenden.

4.3.10 Dokumentation

Die Annahme nach Transport, die Transfusion sowie die anwendungsbezogenen Wirkungen und Nebenwirkungen der Blutprodukte sind lückenlos zu dokumentieren, ebenso die nicht angewendeten Blutprodukte und deren ordnungsgemäße Entsorgung. Die Einrichtung der Krankenversorgung hat sicherzustellen, dass die Daten der Dokumentation patienten- und produktbezogen genutzt werden können (§ 14 Abs. 2 TFG). Die Aufzeichnungen sind mindestens fünfzehn Jahre aufzubewahren (§ 14 Abs. 3 TFG).

Die Dokumentation bei jeder Transfusion von Blutprodukten in den Patientenakten umfasst

- die Aufklärung des Patienten über die Transfusion und die Einwilligungserklärung,
- das Ergebnis der Blutgruppenbestimmung und des Antikörpersuchtests,
- das Anforderungsformular,
- bei zellulären Blutprodukten die Produktbezeichnung/Präparatenummer, den Hersteller (pharmazeutischen Unternehmer), die Blutgruppenzugehörigkeit und bei Erythrozytenpräparaten und ggf. bei Granulozytenpräparaten das Ergebnis der serologischen Verträglichkeitsprobe (Kreuzprobe) sowie das Ergebnis des ABO-Identitätstests,
- bei Plasma (z.b. GFP, VIP) die notwendigen Angaben über Blutgruppenzugehörigkeit, den Hersteller (pharmazeutischer Unternehmer), die Produktbezeichnung/Präparatenummer, die Packungsgröße und Anzahl der verwendeten Packungen,
- bei Plasmaderivaten und bei gentechnisch hergestellten Plasmaproteinen zur Behandlung von Hämostasestörungen die notwendigen Angaben über Hersteller (pharmazeutischen Unternehmer), Produktbezeichnung, Chargennummer, Packungsgröße und Anzahl der verwendeten Packungen,
- Datum und Uhrzeit der Verabreichung der Blutprodukte,
- die anwendungsbezogenen Wirkungen sind durch geeignete Parameter (z.b. Hämatokrit, Thrombozytenzählung) zu dokumentieren,
- unerwünschte Wirkungen sind mit Datum und Angabe der Uhrzeit im Krankenblatt zu dokumentieren. Die Meldung unerwünschter Wirkungen ist nach geltenden Vorschriften vorzunehmen.

Es wird auf das Votum des Arbeitskreises Blut zur chargenbezogenen Dokumentation verwiesen.

4.3.11 Entsorgung der nicht angewendeten Blutprodukte

Die ordnungsgemäße Entsorgung von nicht verwendeten Blutprodukten ist zu dokumentieren (siehe 4.1). Hierfür ist eine Dienstanweisung im Rahmen des Qualitätssicherungssystems zu erstellen (vgl. § 17 Abs. 1 Satz 2 TFG).

Hinsichtlich der Dokumentationspflicht für Laboratoriumsbefunde wird auf Abschnitt 4.2.5.11 verwiesen.

4.4 Perinatale Transfusionsmedizin

Die perinatale Transfusionsmedizin umfasst die Diagnostik fetomaternaler Inkompatibilitäten und ggf. deren Prophylaxe sowie die in diesem Lebensabschnitt erforderliche transfusionsmedizinische Behandlung mit Blutprodukten.

4.4.1 Diagnostik, Behandlung und Prophylaxe fetomaternaler Inkompatibilitäten

Vorbedingungen für das Auftreten aller fetomaternalen Inkompatibilitäten (FMI) sind,
- dass eine für ein bestimmtes Erbmerkmal auf Blutzellen negative Mutter gegen dieses Antigen immunisiert wird und spezifische Antikörper der Klasse IgG bildet,
- dass diese Antikörper diaplazentar in die Zirkulation des Kindes übertreten
- und dass das Kind dieses Erbmerkmal (das es von seinem Vater geerbt hat) besitzt.

Die Mutter kann durch Antigene des Feten während derselben oder vorausgegangener Schwangerschaften und/oder durch vorausgegangenen Kontakt mit Blutzellen (z.B. durch Transfusionen oder Transplantationen) immunisiert worden sein. Ein pränatal bei der Mutter nachgewiesener sog. „irregulärer" Alloantikörper gegen Blutgruppenmerkmale kann nur dann Bedeutung für das Kind haben, wenn das korrespondierende Antigen bei der Mutter fehlt und beim Kindesvater nachzuweisen ist. Ggf. müssen deshalb auch die Blutzellen des Kindesvaters und der Mutter zur Bestimmung von Blutgruppenmerkmalen in die Untersuchung einbezogen werden. Selten können auch Autoantikörper der Mutter eine fetomaternale Inkompatibilität hervorrufen, wenn diese Autoantikörper auch bei der Mutter pathogen wirksam sind.

Die medizinisch bedeutsamsten FMI sind der Morbus haemolyticus fetalis/neonatorum und die fetale/neonatale Alloimmunthrombozytopenie. Die fetale/neonatale Alloimmungranulozytopenie ist von untergeordneter Bedeutung.

4.4.1.1 Blutgruppenserologische Untersuchungen vor der Geburt

Bei jeder Frau sind nach Feststellung einer Schwangerschaft zu einem möglichst frühen Zeitpunkt die Blutgruppenmerkmale AB0 und das Rh-Merkmal D zu bestimmen. Außerdem ist ein Antikörpersuchtest zum Nachweis irregulärer Blutgruppenantikörper durchzuführen (s. Abschnitt 4.2.5.7). Die „Mutterschafts-Richtlinien" des Bundesausschusses der Ärzte und Krankenkassen in der gültigen Fassung sind zu beachten.

Fällt der Antikörpersuchtest positiv aus, sind eine Spezifizierung des Antikörpers und ggf. eine Titration möglichst aus derselben Blutprobe erforderlich. Bei positivem Antikörpersuchtest sind weitere blutgruppenserologische Untersuchungen erforderlich, ggf. muss die weitere Betreuung der Schwangeren in Kooperation mit einem Zentrum, das besondere Erfahrungen in der Behandlung von Erkrankungen durch FMI besitzt, erfolgen. Die Verlaufskontrollen von Antikörpertitern sollten im Vergleich zur aufbewahrten Vorprobe erfolgen.

Bei negativem Antikörperbefund in der Frühschwangerschaft ist bei allen Schwangeren (Rh positiv und Rh negativ) ein weiterer Antikörpersuchtest in der 24.-27. Schwangerschaftswoche durchzuführen.

4.4.1.2 Morbus haemolyticus fetalis/neonatorum (MHF/MHN)

Ein klinisch bedeutsamer MHF/MHN wird am häufigsten durch Anti-D hervorgerufen, seltener durch andere Antikörper (z.B. Anti-c, Anti-E, Anti-Kell u. a.). Bei der AB0-Unverträglichkeit durch Anti-A und/oder Anti-B tritt pränatal keine stärkere Anämie auf, so dass sich diagnostische und therapeutische Maßnahmen vor der Geburt erübrigen.

4.4.1.3 Blutgruppenserologische Untersuchungen bei Neugeborenen

Bei jedem Kind einer Rh-negativen Mutter ist unmittelbar nach der Geburt der Rhesus-Faktor D unter Beachtung der Ergebnisse des direkten AHG-Tests zu bestimmen. Ist das Kind Rh-positiv (D-positiv oder weak D-positiv), so ist aus derselben Blutprobe auch die Blutgruppe des Kindes (AB0- und Rh-Phänotyp) zu bestimmen (vgl. auch die Vorgaben der Mutterschafts-Richtlinien gemäß SGB V).

Ein positiver direkter AHG-Test mit Erythrozyten des Kindes spricht für einen MHN und erfordert umgehend weitere Untersuchungen auch aus dem Blut der Mutter. Auf die Möglichkeit eines schwach positiven direkten AHG-Tests durch präpartale Anti-D-Gabe an eine D negative Mutter (s. Anti-D-Prophylaxe) oder bei 0A- (bzw. 0B-) Konstellation von Mutter und Kind vor allem bei Verwendung sensitiver Tests wird hingewiesen.

4.4.1.4 Pränatale und postnatale Therapie

Ist eine intrauterine Substitution mit Erythrozytenkonzentrat beim Feten notwendig, sollten hierfür nicht länger als 7 Tage gelagerte CMV-Antikörper-negative und leukozytendepletierte und bestrahlte Erythrozytenkonzentrate in additiver Lösung (s. Abschnitt 3.1.1) verwendet werden.

Bei der Auswahl des Blutes ist darauf zu achten, dass das zu dem Antikörper der Mutter korrespondierende Antigen auf den Spendererythrozyten nicht vorhanden ist und die Spendererythrozyten mit dem Serum der Mutter in der serologischen Verträglichkeitsprobe nicht reagieren.

Nach der Geburt können Transfusionen oder Blutaustauschtransfusionen erforderlich werden. Hierfür sollten nach den oben erwähnten Kriterien ausgewählte Erythrozytenkonzentrate verwendet werden. Für eine Austauschtransfusion müssen diese mit GFP der Blutgruppe des Kindes oder der Blutgruppe AB auf einen Hämatokrit von etwa 60% eingestellt werden.

4.4.1.5 Anti-D-Prophylaxe bei Rh negativen (D negativ) Frauen

Wird bei D negativen Schwangeren in der 24. bis 27. Schwangerschaftswoche kein für eine Sensibilisierung beweisendes Anti-D nachgewiesen, soll in der 28. bis 30. Schwangerschaftswoche eine Standarddosis Anti-D-Immunglobulin (300 µg) injiziert werden, um bis zur Geburt eine Sensibilisierung der Schwangeren möglichst zu verhindern. Das Datum der präpartalen Anti-D-Prophylaxe ist im Mutterpass einzutragen.

D negative Frauen müssen nach jeder Geburt eines D positiven Kindes, nach Früh-
und Fehlgeburten, extrauteriner Gravidität, Schwangerschaftsabbruch, Amniozentese, Nabelschnurpunktionen, nach Wendungsoperationen, Chorionzottenpunktion
und anderen Eingriffen, die eine Einschwemmung von Erythrozyten des Feten in
den Kreislauf der Mutter bewirken können, zur Verhütung einer Anti-D-Sensibilisierung möglichst innerhalb von 72 Stunden eine Standarddosis Anti-D-Immunglobulin erhalten. Anti-D-Immunglobulin muss selbst dann appliziert werden, wenn
nach der Geburt schwach reagierende Anti-D-Antikörper bei der Mutter gefunden
worden sind und/oder der direkte AHG beim Kind schwach positiv ist, da diese Befunde durch die präpartale Anti-D-Prophylaxe bedingt sein können.

In seltenen Fällen mit Verdacht auf den Übertritt größerer Mengen Erythrozyten des
Kindes in die Mutter (fetomaternale Makrotransfusion) schützt die Standarddosis
Anti-D (300 µg) möglicherweise nicht ausreichend. In diesen Fällen, die z.B. über
eine Bestimmung der HbF-Zellen im Blut der Mutter nachgewiesen werden, sind
weitere Gaben von Anti-D-Immunglobulin erforderlich.

Auch nach Ablauf von 72 Stunden soll auf eine Anti-D-Gabe nicht verzichtet werden.

Auf die geltenden Mutterschafts-Richtlinien gemäß SGB V wird hingewiesen.

4.4.1.6 Fetale/neonatale Alloimmunthrombozytopenie (FAIT/NAIT)

Die FAIT/NAIT ist eine seltene fetomaternale Inkompatibilität, die durch plättchenspezifische Antikörper der Mutter gegen thrombozytäre Alloantigene des Feten verursacht wird. Sie tritt häufig bereits in der ersten Schwangerschaft auf und führt in
10 bis 20% der betroffenen Kinder zu intrazerebralen Blutungen mit möglicherweise tödlichem Ausgang oder lebenslangen neurologischen Schäden.

Bei anamnestischen Hinweisen (Symptome erhöhter Blutungsbereitschaft, Thrombozytopenie) bei vorangeborenen Kindern oder nachgewiesener Immunisierung der
Mutter muss rechtzeitig eine pränatale Diagnostik mit eventuell erforderlicher Therapie eingeleitet werden.

Nach der Geburt muss bei geringsten Zeichen einer Blutungsneigung umgehend die
Thrombozytenzahl des Kindes bestimmt werden. Ist diese vermindert und sind andere Ursachen einer Thrombozytopenie (insbesondere Sepsis) ausgeschlossen, ist
bei einer gesunden Mutter eine NAIT anzunehmen. Bei Gefahr intrazerebraler Blutungen muss das Kind, mit oder ohne immunhämatologische Bestätigung, sofort
mit kompatiblen Thrombozyten (in der Regel Thrombozyten von der Mutter) behandelt werden.

Die immunhämatologische Diagnostik erfordert spezielle Methoden und sollte deshalb mit diesen Techniken vertrauten Laboratorien vorbehalten bleiben. Notwendig
ist eine Untersuchung nicht nur beim Kind, sondern auch bei der Mutter und oft
auch beim Vater. Die Thrombozyten der Eltern müssen auf die in Frage kommenden
Antigene getestet und der entsprechende Antikörper im Serum der Mutter nachgewiesen werden.

Wegen des nicht unerheblichen Risikos für das Kind durch die pränatale Diagnostik und der Besonderheiten der prä- und postnatalen Therapie sollten Schwangere mit an FAIT/NAIT leidenden Kindern als Risikoschwangerschaften angesehen und nur in perinatologischen Zentren mit besonderer Erfahrung oder in Einrichtungen mit vergleichbarem Leistungsspektrum behandelt werden.

4.4.1.7 FMI im granulozytären System fetale/neonatale Immungranulozytopenie/Neutropenie (NIN)

Die fetale/neonatale Alloimmungranulozytopenie wird ebenso wie alle anderen fetomaternalen Inkompatibilitäten im granulozytären System durch Antikörper der Mutter gegen fetale, vom Vater geerbte granulozytäre Antigene verursacht. Die Erkrankung ist selten. Krankheitssymptome treten in utero nicht auf, so dass sich eine pränatale Diagnostik und Therapie erübrigen. Die immunhämatologische Diagnostik erfordert spezielle Methoden und sollte deshalb mit diesen Techniken vertrauten Laboratorien vorbehalten bleiben. Notwendig ist eine Untersuchung nicht nur beim Kind, sondern auch bei der Mutter und oft auch beim Vater. Die Granulozyten der Eltern müssen auf die in Frage kommenden Antigene getestet und der entsprechende Antikörper im Serum der Mutter nachgewiesen werden. Der Verlauf in der Neugeborenenphase ist gutartig, sofern die Granulozytopenie frühzeitig erkannt wird und ggf. entsprechende Maßnahmen (Infektionsprophylaxe mit Antibiotika, ggf. G–CSF) ergriffen werden.

4.4.2 Besonderheiten der perinatalen Transfusionstherapie

Neugeborene, vor allem aber Frühgeborene, sind besonders blutungs- und infektionsgefährdet.

Folgende transfusionsmedizinische Besonderheiten sind zu beachten:
– Blutentnahmen für Untersuchungen sind auf ein Mindestmaß zu beschränken, um eine iatrogene Anämie zu vermeiden.
– Antikörpersuchtest und serologische Verträglichkeitsprobe vor Erythrozyten-transfusionen können unter Beachtung der AB0-Blutgruppen mit dem Serum der Mutter durchgeführt werden.
– Früh- und Neugeborene, die wiederholt transfundiert werden müssen, sollten Erythrozytenkonzentrate von möglichst wenigen Spendern erhalten. Es sollten daher mehrere kleine Erythrozyteneinheiten (sog. Baby-EK-Präparate) bereitgestellt werden, die durch Aufteilung eines Erythrozytenkonzentrates in mehrere kleine Erythrozyteneinheiten erreicht werden.
– Früh- und Neugeborene sollten frische, in der Regel nicht länger als sieben, höchstens 28 Tage gelagerte CMV-Antikörper-negative oder leukozytendepletierte Erythrozytenkonzentrate erhalten. Erythrozytenkonzentrate, welche bestrahlt werden, sollten in diesem Fall höchstens 14 Tage gelagert worden sein.
– Bei intrauterinen Transfusionen, bei Transfusionen von Frühgeborenen vor Beginn der 37. Schwangerschaftswoche sowie bei Neugeborenen mit Verdacht auf Immundefizienz sind die Blutkomponenten zur Vermeidung von Graft-versus-

Host-Reaktionen mit ionisierender Strahlung (empfohlene Dosis 30 Gy) zu behandeln (s. Abschnitt 4.5.6).

– Austauschtransfusionen sowie Erythrozytensubstitution bei extrakorporalem Kreislauf sind zur Verbesserung des Hämostasepotentials mit möglichst frischen, nicht länger als sieben Tage gelagerten, mit Frischplasma auf einen Hämatokrit von etwa 0,6 l/l eingestellten Erythrozytenkonzentraten durchzuführen. Die Gefahr einer Thrombozytopenie bei Austauschvolumina > 1,5fache des Blutvolumens ist dringend zu beachten. Hierbei sollten CMV-Antikörper-negative oder leukozytendepletierte, bestrahlte (s. Abschnitt 4.5.7) Erythrozytenkonzentrate verabreicht werden.

4.6 Autologe Hämotherapie

[...]

4.6.1 Identitätssicherung

Unmittelbar vor der Eigenbluttransfusion ist vom transfundierenden Arzt die Identität durch Vergleich der Personalien des Empfängers mit der Kennzeichnung des Eigenblutproduktes zu sichern. Der AB0-Identitätstest gemäß Abschnitt 4.3.2.1 ist in jedem Fall mit dem Blut des Empfängers, im Falle von erythrozytenhaltigen Präparaten auch mit dem des autologen Blutprodukts vorzunehmen. Die serologische Verträglichkeitsprobe (Kreuzprobe) kann entfallen.

4.6.2 Unerwünschte Wirkungen

Treten bei der Transfusion von Eigenblut unerwünschte Wirkungen auf, sind diese entsprechend Abschnitt 4.5 zu klären. Dabei sind insbesondere Verwechslung, mikrobielle Verunreinigung sowie präparative oder lagerungsbedingte Schäden der Eigenblutpräparate auszuschließen.

4.6.3 Eigenblutprodukte mit positiven Infektionsmarkern

Bei der Ausgabe der betreffenden Produkte ist der transfundierende Arzt über den infektiösen Status schriftlich zu informieren. Die Transfusion infektiöser Blutprodukte, einschließlich aller vorbereitenden Maßnahmen, ist vom Arzt persönlich durchzuführen.

4.6.4 Nicht verwendete Eigenblutprodukte

Nicht benötige Eigenblutprodukte dürfen aus Gründen der Sicherheit weder zur homologen Bluttransfusion noch als Ausgangsmaterial für andere Blutprodukte verwendet werden. Nicht verwendete infektiöse Eigenblutprodukte sind speziell zu entsorgen. Eine Abgabe an Ärzte für wissenschaftliche Zwecke ist möglich. Der Verbleib aller autologen Blutprodukte ist zu dokumentieren. Hierzu ist im Rahmen des Qualitätssicherungssystems eine Dienstanweisung zu erstellen (§ 17 Abs. 1 Satz 2 TFG).

4.6.5 Perioperativ hergestellte Blutpräparationen

Perioperativ hergestellte Blutpräparationen (s. Kap. 2) sind mit Namen, Vornamen, Geburtsdatum des Patienten sowie Datum und Uhrzeit des Beginns der Entnahme zu kennzeichnen. Sie sind nicht lagerungsfähig und grundsätzlich innerhalb von sechs Stunden nach Beginn der Entnahme zu transfundieren.

Für perioperativ gewonnene Eigenblutpräparationen kann auf den AB0-Identitätstest verzichtet werden, wenn diese Präparate unmittelbar am Patienten verbleiben und zwischen Entnahme und Rückgabe weder ein räumlicher noch ein personeller Wechsel stattgefunden hat.

4.6.6 Dokumentation

Angewendete Eigenblutprodukte sind von der behandelnden ärztlichen Person oder unter deren Verantwortung im Sinne von § 14 Abs. 2 TFG unverzüglich zu dokumentieren.

Die Vorgaben nach Abschnitt 4.3.10 gelten hierbei sinngemäß.

Literatur

British Committee for Standards in Haematology, Blood Transfusion Task Force, The administration of blood and blood components and the management of transfused patients, Transfus Med 9(1999)227 - 238; Bundesärztekammer, Leitlinien zur Therapie mit Blutkomponenten und Plasmaderivaten, 2. überarbeitete Auflage, Deutscher Ärzte-Verlag, Köln 2001; Council of Europe, Transfusion practices (Part E, Seite 215 - 228), in: Guide to the preparation, use and quality assurance of blood components, Recommendation No. R(95)15, 7th Edition, Council of Europe Press 2001; R. Dörner, Muster-Qualitätsmanagmenthandbuch für die klinische Anwendung von Blutkomponenten und Plasmaderivaten, Berufsverband der Deutschen Transfusionsmediziner, Köln 2000; W. A. Flegel, B. Kubanek, Vorbereitende Maßnahmen und Dokumentation einer Bluttransfusion, DÄ 92(1995)A-3244 - 3252; United Kingdom Blood Transfusion Service, Guidelines for the Blood Transfusion Services in the United Kingdom, The Stationery Office, 5th Edition, London 2001; V. Kretschmer, R. Karger, Neue Richtlinien zur Gewinnung von Blut und Blutbestandteilen und zur Anwendung von Blutprodukten (Hämotherapie) - Änderungen, Interpretationen und Kommentar, Infusionsther Transfusionsmed 28(2001)82 - 94; M. F. Murphy, T. B. Wallington, P. Kelsey, F. Boulton, M. Bruce, H. Cohen, J. Duguid, S. M. Knowles, G. Poole, L. M. Williamson, Guidelines for the clinical use of red cell transfusions, Br J Haematol 113(2001)24 - 31; F. F. Wagner, W. A. Flegel, B. Kubanek, Blood transfusion: influence of transfusion therapy on outcome, Curr Opin Anaesthesiol 11(1998)167 – 175.

I. Die Bedeutung der Norm

1 § 13 leitet den Dritten Abschnitt des TFG ein, in dem die verschiedenen Aspekte der Anwendung von Blutprodukten am Patienten geregelt sind. Hier werden allgemein die grundlegenden Anforderungen an die Durchführung einer Transfusion skizziert, die bei der Anwendung von Blutprodukten zu beachten sind. Zudem ist die Aufzählung in § 13 Abs. 1 nicht abschließend. Vier große Bereiche werden angesprochen:

1. Die Laboruntersuchungen mitsamt der Technik der Anwendung von Blutprodukten selbst,
2. die fachlichen Anforderungen an das tätig werdende Personal in der Vorbereitung der Anwendung,
3. die Belange der Anwendung von Eigenblut und
4. die Qualifikation des ärztlichen Personals, welches in der Anwendung von Blutprodukten eigenverantwortlich tätig wird.

II. Anwendung von Blutprodukten

2 § 13 Abs. 1 Satz 1 legt fest, dass der Anwender Blutprodukte im Sinne des TFG unter Beachtung des Standes der medizinischen Wissenschaft und Technik einzusetzen hat. Es ist dies der Schutz, auf den der Empfänger von Blutprodukten einen Anspruch hat. Den jeweiligen Stand der medizinischen Wissenschaft und Technik stellt nach § 18 TFG die Ärzteschaft über die Bundesärztekammer zusammen mit dem Paul-Ehrlich-Institut als zuständiger Bundesoberbehörde fest. Dies ist durch die Veröffentlichung der Hämotherapie-Richtlinien geschehen[1].

Dieser so festgestellte Stand der medizinischen Wissenschaft und Technik unterliegt – dies ist jedermann klar – Veränderungen. Dies wird dazu führen, dass die Richtlinien in mehr oder weniger langen Zeitabschnitten überarbeitet und angepasst werden müssen. Ob daneben noch Platz für Verlautbarungen, Voten oder ähnliches von Fachgesellschaften und vom Arbeitskreis Blut besteht, erscheint fraglich. Zumindest ist dies im Hinblick auf die Überschaubarkeit für den praktisch tätigen Arzt gar nicht wünschenswert. Gerade deshalb hat sich der Gesetzgeber diesen auch nicht unproblematischen Regelungsmechanismus entschieden[2].

3 § 13 Abs. 1 Satz 2 hebt diejenigen Bereiche hervor, die bei der Anwendung von Blutprodukten eine besondere Rolle spielen. Ihre Aufzählung ist beispielhaft und nicht abschließend. Das Vorgehen wird in den Hämotherapie-Richtlinien Kapitel 4.1 bis 4.4 ausführlich dargestellt. Das Gesetz spricht Aufklärung und Einwilligung

---

[1]   Vgl. das in § 18 TFG Gesagte.
[2]   Vgl. Kommentierung zu §§ 12 und 18 TFG.

der Patienten an. Jedoch werden auch diese beiden Bereiche im TFG nicht näher geregelt; anders als dies noch bei der Blutspende geschehen ist[3].

Hierzu besteht auch kein Anlass, weil das ärztliche Berufsrecht den Komplex in   **4**
ausreichendem Umfang geregelt hat. Zudem ist eine umfangreiche Rechtsprechung ergangen, was allerdings die Anwendung in der Praxis nicht gerade übersichtlich gestaltet. Auch das TFG schreibt also keine gesonderte Aufklärung und Einwilligung für die Anwendung von Blutprodukten und die ihr vorangehenden Untersuchungen vor. Dies tut auch das im Zusammenhang mit der autologen Blutspende ergangene und immer wieder zitierte Urteil des BGH nicht[4]. Es ist Aufgabe des transfundierenden Arztes zu entscheiden, in welchem Umfang der Patient aufzuklären ist, um wirksam in die beabsichtigte Maßnahme einwilligen zu können. Willigt der Patient in die Transfusion ein, ist er folglich auch mit allen damit verbundenen Maßnahmen einverstanden, einschließlich der vorbereitenden Untersuchungen und notwendiger Blutentnahmen, soweit sie nach dem Stand der medizinischen Wissenschaft und Technik erforderlich sind.

Anders als bei der Gewinnung von Blut[5], ist eine Schriftform für die Aufklärung   **5**
und Einwilligung bei der Anwendung von Blutprodukten weder gesetzlich noch durch die Hämotherapie-Richtlinien vorgeschrieben. Aus Beweisgründen ist jedoch die Unterschrift des Patienten erforderlich und eine schriftliche Dokumentation zwingend, die immer bei Blutkomponenten erfolgen wird, aber auch bei allen anderen Blutprodukten[6] i. S. d. TFG ratsam ist. Die Einwilligung muss nicht separat erfolgen, sondern kann im Zusammenhang mit einer allgemeinen Einwilligung in eine bestimmte Therapie geschehen, wenn der Patient erkennt, dass die Anwendung von Blutprodukten Bestandteil dieser Therapie ist oder sein kann.

Die Einwilligung würde sich auch auf die Testung von Infektionsmarkern und die Rückstellproben erstrecken. Da diese jedoch zur Zeit beim Transfusionsempfänger nicht als Stand der medizinischen Wissenschaft und Technik gelten, müsste – sollten sie doch durchgeführt werden – eine besondere Einwilligung eingeholt werden; dies gilt insbesondere, falls ein Test auf HIV durchgeführt wird.

III. Anforderung und Durchführung von Laboruntersuchungen

§ 13 Abs. 1 Satz 3 fordert die besondere Sachkunde von ärztlichen Personen, wel-   **6**
che bei der Anwendung von Blutprodukten Laboruntersuchungen durchführen oder anfordern. Die Vorschrift ist Teil des Qualitätssicherungssystems und im Zusammenhang damit zu sehen[7]. Die Delegation der Laboruntersuchungen auf dazu befä-

---

[3] Für die Aufklärung und Einwilligung bei Blutspendern wurde ein gesonderter Paragraf ausformuliert: § 6 TFG.
[4] BGH NJW 1992, 743, siehe MedR 1992, 159.
[5] Vgl. § 6 TFG Rz. 9.
[6] Eine beispielhafte Liste findet sich in § 14 TFG Rz. 8.
[7] Vgl. § 15 TFG.

higtes nichtärztliches Personal (innerhalb oder außerhalb der Einrichtung der Krankenversorgung) darf jedenfalls nicht zu einer Absenkung der Sachkunde insgesamt führen. Für die Einbindung sachkundigen nichtärztlichen Personals im Pflege-[8] und medizinisch-technischen Bereich[9] sind gesonderte Regelungen zu beachten.

IV. Anwendung von Eigenblut

7 Ausdrücklich verweist § 13 Satz 4 auf die Anwendung von Eigenblut. Sachgerecht angewendet führt die Bereitstellung von Eigenblut zu einer Verringerung von Fremdbluttransfusionen. Dies führt zu einer willkommenen Entlastung beim Bedarf von Fremdblutspenden und trägt zur gesicherten Versorgung bei[10]. Da diese Blutprodukte nur bei der Person angewendet werden, aus deren Blut sie gewonnen wurden, gelten auch besondere Vorschriften, die in den Hämotherapie-Richtlinien Kapitel 4.6 ausformuliert sind.

8 § 13 Satz 5 definiert die Pflicht, auf die Möglichkeit zu einer Eigenblutbereitstellung hinzuweisen, soweit eine solche nach dem Stand der medizinischen Wissenschaft und Technik „vorgesehen" ist. Dass die Patienten über diese Möglichkeit, ihre Vorteile, aber auch ihre Risiken aufzuklären sind, versteht sich fast von selbst. Dieses Vorgehen wird durch die bereits erwähnte Entscheidung des BGH vorgegeben.

9 Eine Anfang der 1990er Jahre mancherorts befürchtete Überregulation der Eigenblutentnahme[11] hat sich kaum manifestiert. Vielmehr bestätigte sich, worauf Transfusionsmediziner frühzeitig hinwiesen, dass auch die therapeutisch sinnvolle Eigenblutbereitstellung nicht kostengünstiger ist als die Versorgung mit allogenem Blut[12]. Eingedenk der aktuellen Kostendiskussion muss folglich eine zu restriktive Indikationsstellung der Eigenblutentnahme vermieden werden.

V. Qualifikation des Anwenders

10 Nach § 13 Abs. 2 müssen ärztliche Personen, die eigenverantwortlich Blutprodukte anwenden, über eine ausreichende Erfahrung in dieser Tätigkeit verfügen. Im Gegensatz zum bereits angesprochenen Personal, welches Laboruntersuchungen anfordert oder durchführt, geht es hier um die Sachkunde desjenigen Personals, welches Blutprodukte direkt am Patienten anwendet. Ärztliche Person meint in diesem Sinn, dass auch der Arzt im Praktikum (AiP) für eine Durchführung dieser Maßnahmen in Betracht kommt, sofern er die Maßnahmen beherrscht oder sie unter Aufsicht und Anleitung einer hierzu befähigten ärztlichen Person durchführt. Ein Me-

---

[8] Vgl. § 15 TFG Rz. 25.
[9] Vgl. Anhang zu § 18 TFG.
[10] Dies ist ein erklärter Zweck des Gesetzes; vgl. § 1 TFG.
[11] G. Hopf, Eigenblutspende: Drohende Überregulation, DÄ 91(1994)1908.
[12] J. Etchason, L. Petz, E. Keeler, L. Calhoun, S. Kleinman, C. Snider, A. Fink, R. Brook, The cost effectiveness of preoperative autologous blood donations, N Engl J Med 332(1995)719 - 724.

dizinstudent im Praktischen Jahr (PJ-Student) darf keine solche Anwendung selbständig vornehmen, wenngleich für PJ-Studenten eine verbesserte Ausbildung im Bereich der Transfusionsmedizin anzustreben ist[13] und sie durchaus das Blut für eine Blutgruppenbestimmung oder Verträglichkeitsprobe abnehmen dürfen.

Kapitel 1.4.1.3.5 Hämotherapie-Richtlinien definieren die näheren Anforderungen an „die transfundierende ärztliche Person." Eigenverantwortlich Blutprodukte anwenden darf nur, wer über die erforderlichen Kenntnisse und Fähigkeiten verfügt. Die Vermittlung dieser Kenntnisse und Fähigkeiten kann Gegenstand einer Weiterbildung zu bestimmten Fachärzten sein. Jeder transfundierende Arzt muss aber vertraut sein mit den Hämotherapie-Richtlinien, den Leitlinien zur Therapie mit Blutkomponenten und Plasmaderivaten sowie mit dem QM-System in seiner Einrichtung der Krankenversorgung, was am einfachsten durch eine lokale Einweisung zu dokumentieren wäre[14]. Vor den aktuellen Hämotherapie-Richtlinien waren nur Grundkenntnisse gefordert, nunmehr muss darüber hinaus Erfahrung gegebenenfalls auch örtlicher Besonderheiten nachgewiesen werden. Im übrigen verweist auch die Gesetzesbegründung auf die Möglichkeit für den transfundierenden Arzt, sich auf die Besitzstandswahrung nach § 33 TFG berufen zu können, wenn die Voraussetzungen erfüllt sind.

11

---

[13] Arbeitskreis Blut, Votum 25 (V 25), Empfehlung zur Einführung eines neuen Querschnittsbereichs mit Pflichtveranstaltung „Transfusionsmedizin mit Hämostaseologie" im Rahmen der Novellierung der Approbationsordnung, Bundesgesundheitsblatt 5/2001, S. 545 „[...] Eine bessere Ausbildung als Voraussetzung für eine effizientere Behandlung liegt somit zweifellos im Interesse der Patienten, der einschlägigen Fachgesellschaften und Gremien sowie insbesondere auch der Krankenkassen und Träger der Einrichtungen zur Krankenversorgung. Der Arbeitskreis Blut bekräftigt daher unter fachlichen und ökonomischen Aspekten seine frühere Forderung, einen neuen, für die Patientenversorgung erforderlichen Querschnittsbereich „Transfusionsmedizin mit Hämostaseologie" als Pflichtveranstaltung in die Approbationsordnung aufzunehmen und an den Medizinischen Fakultäten zu etablieren. Auf diese Weise sollen die erforderlichen Grundkenntnisse durch einen habilitierten Transfusionsmediziner und Hämostaseologen vermittelt werden." Und so auch bereits in Jahre 1997: Arbeitskreis Blut, Votum 15 (V 15), Transfusionsmedizinische Ausbildung im Medizinstudium, Bundesgesundheitsblatt 4/1997, S. 149, 359: „Mit der Approbation muß nahezu jeder klinisch tätige Arzt transfusionsmedizinische Aufgaben ausüben. Darin wird der interdisziplinäre Charakter der Transfusionsmedizin deutlich. Der Arbeitskreis Blut sieht im Hinblick auf die Tragweite und die vielfältigen Risiken im Zusammenhang mit der Anwendung von Blut, Blutkomponenten und Plasmaderivaten den dringenden Bedarf, daß die Ausbildung der Ärzte im Medizinstudium auf dem Gebiet der Transfusionsmedizin verbessert wird. Daher empfiehlt er den zuständigen Stellen die Einführung von Transfusionsmedizin als Pflichtlehrfach für das Medizinstudium (eine Wochenstunde für ein Semester). Die Lehrinhalte sind im Staatsexamen zu prüfen."

[14] Vgl. § 15 TFG Rz. 34 f.

VI. Zugehörige Richtlinien

12 Die Anwendung von Blutprodukten ist umfassend in den Hämotherapie-Richtlinien Kapitel 4 geregelt. Es stellt das Kernstück dieser Richtlinien dar und jeder Arzt muss damit vertraut sein, der mit der Anwendung von Blutprodukten direkt oder mittelbar befasst ist. Die Vorschriften der Hämotherapie-Richtlinien werden durch die Norm in § 18 TFG als Stand der medizinischen Wissenschaft und Technik definiert und erlauben andererseits erst die praktische Umsetzung der meisten recht allgemein formulierten anderen Normen im TFG (siehe Tabelle 13.1).

Tabelle 13.1. Themen der Hämotherapie-Richtlinien
Feststellung des Stands der medizinischen Wissenschaft und Technik zur Anwendung von Blutprodukten

Kapitel	Thema	Einschlägiger Paragraf des TFG
4	QM-System, organisatorische Abläufe, benutzte Räumlichkeiten, schriftliche Festlegung von Verantwortlichkeiten, Arbeitsvorschriften, Selbstinspektion, Informationsaustausch, Arbeitsschutzbestimmungen	§§ 13 Abs. 1 Satz 3 und Abs. 2, 14 Abs. 3 und 4 sowie 15 und 18
4.1	Transport und Lagerung von Blutprodukten in der Einrichtung der Krankenversorgung	§ 17 Abs. 1 Satz 1 und 2 und Abs. 2
4.2	Blutgruppenserologischen Untersuchungen in der Einrichtung der Krankenversorgung	§§ 13 Abs. 1 Satz 2, 14 Abs. 1 Satz 2
4.3	Die eigentliche Anwendung von Blutprodukten	§§ 13 Abs. 1 Satz 2, 14 Abs. 1 und 2
4.4	Sonderregelung: Perinatale Transfusionsmedizin	Keine besonderen gesetzlichen Normen
4.5	Unerwünschte Wirkungen nach Anwendung von Blutprodukten	§ 16
4.6	Sonderregelung: Autologe Hämotherapie (Eigenblut) *	§§ 13 Abs. 1 Satz 4 und 5, 14 Abs. 2 Satz 2, 17 Abs. 1 Satz 3, 18 Abs. 1 Ziff. 4
4.7	Sonderregelung: Autologe Blutstammzellen	Soweit anwendbar § 9
4.8	Sonderregelung: Therapeutische Zytapherese	Entfällt **
4.9	Sonderregelung: Therapeutische Plasmapherese	Entfällt **

* Es gelten – was die Regelung im TFG angebelangt – weitgehend die gleichen Anforderungen wie für Blutprodukte generell.

** Therapeutische Anwendungen der Zytapherese und Plasmapherese fallen nicht unter den Zweck des TFG, da das Ziel dieser Therapien weder die Gewinnung noch die Anwendung von Blutprodukten betrifft.

1. Anwendung von Blutprodukten und Qualitätssicherung (Kapitel 1.4.1.3 und Einleitung zu Kapitel 4) **13**

In der Einleitung zum umfangreichen Kapitel 4 werden wesentliche, meist organisatorische Maßnahmen aufgelistet, die im folgenden detaillierter dargestellt werden oder Bezug nehmen auf die Abschnitte zum QM (Kapitel 1.4), Überwachung des QS-Systems (Kapitel 1.6) und Meldewesen (Kapitel 1.7). Eine zusammenfassende Darstellung wird in § 15 TFG gegeben. Für die Qualitätssicherung im blutgruppenserologischen Labor sind separate Richtlinien erstellt worden[15], die ergänzt durch die Vorschriften der Hämotherapie-Richtlinien das Vorgehen in diesem Bereich detailliert regeln.

Diese Einleitung kann nur den Rahmen und die Grundzüge des QS-Systems für die Anwendung von Blutprodukten umreißen. Schwerlich wird man allein aus der allgemeinen Beschreibung eines QS-Systems eine Überforderung der Verantwortlichen ableiten können[16]. Führt man sich die minimal erforderlichen Maßnahmen im Detail vor Auge, was insbesondere in § 15 TFG getan wird, erscheinen die Anforderungen doch erfüllbar. Allenfalls könnte man sich eine übersichtlichere Darstellung dieser Anforderungen wünschen.

Es erscheint geradezu trivial festzustellen, dass das Ziel eines QS-Systems die Erhöhung der Qualität ist, was für gewöhnlich nicht mit einer Senkung der Kosten verbunden ist und keinesfalls damit zwingend verbunden werden darf. Zumal in der Phase der Einführung eines neuen QS-Systems müssen Zusatzkosten fast zwangläufig entstehen, die über etwaige Kosten eines laufenden QS-Systems hinausgehen werden.

2. Transport und Lagerung (Kapitel 4.1) **14**

Die Bedingungen und Umgebungstemperaturen bei Transport und Lagerung von Blutkomponenten stellen einen wichtigen Parameter für die Qualität der Blutpräparate dar. Eine Erfassung bzw. Dokumentation der Temperatur während des Transports ist z.Z. nicht vorgeschrieben. Umso mehr Bedeutung kommt einer adäquaten Regelung des kontrollierten Umgangs während des Transports und des Verbleibs, z.B. auf einer Krankenstation, zu. Da die örtlichen Anforderungen zwischen den Einrichtungen der Krankenversorgung gerade in diesem Punkt stark variieren, ist es eine wichtige Aufgabe, diesen Aspekt optimal zu gestalten. Dies muss in einer Dienstanweisungen geschehen, die z.B. der Transfusionsverantwortliche abfassen kann.

Für die Bedingungen der Lagerung und des Transports bis zur Einrichtung der Krankenversorgung sorgt der Hersteller, der den Vorgaben der Arzneimittelzulassung genügen muss. Nach Übergabe an ein Blutdepot geht die Verantwortung auf die Einrichtung der Krankenversorgung über; diese Regelung ist der wesentliche

---

[15] Richtlinien der Bundesärztekammer zur Qualitätssicherung in der Immunhämatologie, i. d. Erstfassung von 1992, siehe Anhang nach § 15 TFG.
[16] V. Kretschmer und R. Karger 2001, 83.

Grund dafür, dass Blutprodukte von pharmazeutischen Unternehmen nicht zurückgenommen werden, wenn die Einrichtung der Krankenversorgung nicht ihr Träger
ist.

Es sind fünf Bereiche zu trennen (siehe Abbildung 13.1):
a) Lagerung im Blutdepot,
b) Transport zum OP oder zur Krankenstation,
c) überwachte Lagerung in speziellen Kühlschränken außerhalb des Blutdepots,
d) (Vermeidung einer nicht überwachten) Lagerung außerhalb des Blutdepots und
e) Bedingungen der Rücknahme ins Blutdepot.

Abbildung 13.1. Depotorganisation

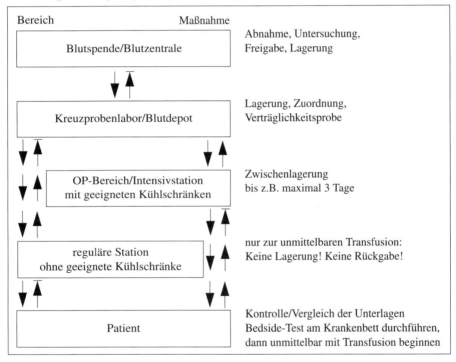

Diese Aspekte sind in den Hämotherapie-Richtlinien nicht abschließend geregelt
und müssen dementsprechend in einer Dienstanweisung an den örtlichen Gegebenheiten orientiert im Detail geregelt werden (siehe Tabelle 13.2). Für wenige Minuten dauernde Unterbrechungen der Kühlkette kann auf besondere Kühlbehältnisse
verzichtet werden. Jedoch müssen für eine Lagerung außerhalb des Blutdepots, z.B.
im OP-Bereich, die gleichen strengen Anforderungen beachtet werden wie innerhalb des Blutdepots (temperaturüberwachte, spezielle Kühlschränke), sofern die
Blutpräparate wieder in die Kühlkette des Blutdepots zurückgenommen werden.

Tabelle 13.2. Bedingungen und Umgebungstemperaturen bei Transport und Lagerung von Blutkomponenten

Blutkomponente	Lagerungsbedingungen und -temperatur im Blutdepot	Maximale Haltbarkeit im Blutdepot *	Transport zum OP oder zur Station	Rücknahme ins Blutdepot
Erythrozyten	+ 4 ± 2 °C, erschütterungsfrei in speziellen Blutpräparate-Kühlschränken **	35 bis 41 Tage	+ 1 bis + 10 °C	nur falls Lagerungstemperatur überwacht
Thrombozyten	+ 22 ± 2 °C unter ständiger Agitation, vorzugsweise in Inkubatoren **	5 Tage	Raumtemperatur, ggf. ohne Agitation	nie, da fehlende Agitation
Gefrorenes Frischplasma	- 30 °C bis - 40 °C (Toleranz + 3 °C)	2 Jahre	tiefgefroren	nur falls Lagerungstemperatur überwacht
Gefrorenes Frischplasma, aufgetaut	zur sofortigen Transfusion	Entfällt	Raumtemperatur	Transfusion bis 1 Stunde nach Auftauen, keine Rücknahme

*   nach Angaben des Herstellers entsprechend dessen Zulassung
** mit Temperaturaufzeichnung und -alarm

Die Bedeutung einer (kontinuierlichen) Temperaturaufzeichnung und eines -alarms wird oft unterschätzt. Nach Einführung einer Temperaturaufzeichnung wurden schon ganz unerwartete Temperaturspitzen erkannt und abgestellt. Die Kosten eines wenn auch seltenen Ausfalls des Kühlschranks übersteigt für gewöhnlich die eines Temperaturalarms bei weitem. Dessen Funktion sollte allerdings regelmäßig, z.B. 1-Mal pro Woche, kontrollieren werden, damit er im Bedarfsfall auch funktionstüchtig ist.

Die kurzzeitige Zwischenlagerung von Erythrozyten bei Raumtemperatur bis zur Transfusion ist durchaus von Vorteil, da sich der Erythrozytenstoffwechsel adaptieren kann. Die Hämotherapie-Richtlinien von 1996 sahen sogar vor, ein Erythrozytenpräparat nach einer einmaligen bis zu 120-minütigen Unterbrechung der Kühlkette ohne Einschränkung der Haltbarkeit weiter lagern zu können; dieses Vorgehen wird nicht mehr empfohlen. Auch sollte eine Obergrenze von z.B. maximal 3 Stunden Lagerung bei Raumtemperatur bis zur Transfusion in der Dienstanweisung festgelegt werden, um dem transfundierenden Arzt einen Richtwert an die Hand zu geben. Nicht selten weisen ungeplante Verzögerungen auf der Krankenstation bis zur Transfusion auf Organisationsmängel hin, die bisweilen weitere Fehler nach sich ziehen[17].

---

[17] K. Kretschmer und R. Karger 2001, 84.

Die Bedingungen der Rücknahme ins Blutdepot müssen genau und sollten restriktiv festgelegt werden. Auf ein praktikables Vorgehen bei der Rücknahme und Dokumentation von nicht angewendeten, verfallenen Blutprodukten ist besonders zu achten, die nach den Hämotherapie-Richtlinien über die ausgebende Stelle, im Allgemeinen das Blutdeport, erfolgen sollte[18].

15   2.1 Lagerkapazität

In einer Dienstanweisung sollte am jeweiligen Bedarf der Einrichtung der Krankenversorgung orientiert ein Soll- und ein Mindestbestand des Blutdepots für die vorrätig zu haltenden Blutkomponenten festgelegt werden. Der Sollbestand ist auf ein Minimum zu beschränken, um den Verfall von Blutpräparaten zu vermeiden. Eine Unterschreitung des Mindestbestandes, der für eine gesicherte Versorgung als mindestens erforderlich erachtet wird, kann fortlaufend dokumentiert und zu Absprachen mit der zuliefernden Blutzentrale genutzt werden.

16   3. Blutgruppenserologie: Verantwortung und Zuständigkeit (Kapitel 4.2.1)

Die Verantwortung und Zuständigkeit sowie die erforderliche Qualifikation des zuständigen Arztes werden klar definiert. Diese Regelungen müssen im Zusammenhang mit dem MTA-Gesetz gesehen werden[19].

3.1 Festlegung der Arbeitsabläufe

Es ist sinnvoll, die Arbeitsabläufe im blutgruppenserologischen Labor und die Schnittstellen zum externen (Referenz-) Labor schriftlich in einer „SOP" festzulegen[20]. Generell wird in solchen Standardarbeitsanweisungen der Zweck einer Tätigkeit und deren Anwendungsbereich beschrieben und festgelegt, was durch wen, wo und wie getan werden muss. Die benutzten Einrichtungen, Materialien und Hilfsmittel sowie die Überwachungs- und Dokumentationsmethoden müssen festgelegt werden[21]. Dies gilt – wenn auch nicht ausdrücklich genannt – für alle Arbeitsabläufe des Kapitels 4.2.

17   4. Untersuchungsumfang (Kapitel 4.2.2)

Der Untersuchungsumfang muss im Kontext der gesamten transfusionsmedizinischen Versorgung gesehen werden (Tabelle 13.3), der nur im Zusammenwirken zwischen Station und Labor klinisch sinnvoll und wirtschaftlich zu gestalten ist. Generell sollten die transfusionsmedizinische Anamnese und die Blutgruppenbestimmung so früh wie möglich durchgeführt werden und nicht erst im Zusammenhang mit der Kreuzprobe. Dies bietet zwei Vorteile: Zum einen bleibt im Falle eines

---

[18] Vgl. das zu „Nicht angewendete Blutprodukte" in § 17 TFG Gesagte.
[19] Vgl. die weiteren Ausführungen im Anhang zu § 15 TFG und vor allem im Anhang zu § 18 TFG.
[20] Zur Definition einer Standardarbeitsanweisung (SOP) siehe § 15 TFG Rz. 16.
[21] Das Nähere regeln die Richtlinien der Bundesärztekammer zur Qualitätssicherung in der Immunhämatologie, siehe Anhang nach § 15 TFG.

Tabelle 13.3. Blutgruppenserologische Routine

Maßnahme	Zweck
Transfusionsmedizinische Anamnese	Bekannte Alloantikörper Vortransfusionen
Blutgruppenbestimmung und Antikörpersuchtest	Erkennen von Antikörpern gegen häufige Antigene Auswahl blutgruppenidentischer Blutpräparate
Serologische Verträglichkeitsprobe (Kreuzprobe)	Erkennen von Antikörpern gegen seltene Antigene AB0-Verwechslungskontrolle
AB0-Identitätstest (Bedside-Test)	AB0-Verwechslungskontrolle

positiven Antikörpersuchtests Zeit, die Versorgung kostengünstig ggf. regional abzuklären und zu organisieren. Zum anderen kann eine Blutgruppenverwechslung durch die zweite – zeitnah zur Transfusion abgenommene – Blutprobe noch rechtzeitig im Labor erkannt werden.

Die eigentliche Bedeutung der Laboruntersuchungen liegt nicht in der Bestimmung der Blutgruppe, die meist recht schnell und unproblematisch ist, sondern im Antikörpersuchtest. Ist dieser positiv, so kann die Abklärung oft mehrere Stunden bis Tage in Anspruch nehmen. Alloantikörper können zu einem vermehrten Abbau der transfundierten Erythrozyten führen, der sich klinisch manifestieren kann (Tabelle 13.4). Serologisch verzögerte Transfusionsreaktionen sind mit einer Frequenz von 0,1 % aller Patienten viel häufiger als allgemein bekannt[22].

Tabelle 13.4. Mögliche klinische Relevanz antierythrozytärer Antikörper*

Transfusionsreaktionen
• akut hämolytisch
• verzögert hämolytisch
• verzögert serologisch
Morbus haemolyticus neonatorum (MHN)

* verbunden mit vermehrtem Erythrozytenabbau

Obwohl Patienten mit Alloantikörpern vergleichsweise selten sind (Tabelle 13.5), ist im Falle einer seit längerem geplanten Operation eine Abklärung eines positiven Antikörpersuchtestes am Vorabend der Operation unwirtschaftlich und aus Gründen des Arbeitsschutzes unzumutbar.

Tabelle 13.5. Beispielhafte Frequenzen von klinisch signifikanten antierythrozytären Alloantikörpern

Patientengruppe	Frequenz
Neu aufgenommene Patienten	bis 1 %
Alle hospitalisierten Patienten	bis 5 %
Polytransfundierte Patienten	bis 10 %

[22] D.B. Smith, C.P. Stowell, and N. L. Harris, Case 42-1993 – Jaundice and anemia two weeks after an aortic valvuloplasty in a 62-year-old woman with splenomegaly, N Engl J Med 329(1993)1254 -1261 (Tabelle 4).

Nicht für jeden theoretisch möglichen Blutbedarf muss vorgesorgt werden. Die Erfahrungen in der Einrichtung der Krankenversorgung zusammen mit Angaben in der Literatur müssen beachtet werden, um in einer Dienstanweisung im Zusammenhang mit den Indikationslisten festzulegen, wann eine blutgruppenserologische Untersuchung zu erfolgen hat. Bei invasiven, insbesondere operativen Eingriffen darf darauf nur verzichtet werden, wenn dies vorher festgelegt und begründet ist.

18   4.1 Indikationslisten

Für alle in der Einrichtung der Krankenversorgung zu erwartenden Indikationen sollten Listen erstellt werden, wie viele Blutpräparate im Blutdepot zu kreuzen und bereitzuhalten sind. Hierbei kann man unterscheiden zwischen Blutpräparaten, die in den OP-Bereich ausgeliefert werden, und einer „Reserve", die obzwar gekreuzt zunächst im Blutdepot zurückbehalten wird.

In diesen Listen muss nicht nur der Regelbedarf, sondern auch der Bedarf im Fall von möglichen Blutungskomplikationen berücksichtigt werden. Bei Patienten ohne klinisch relevante Alloantikörper wären dies ungekreuzte, aber AB0- und Rhesuskompatible Erythrozytenpräparate. Bei Patienten mit klinisch relevanten Alloantikörpern dürfen diese Erythrozytenpräparate die korrespondierenden Antigene nicht aufweisen.

Es ist generell abzulehnen, bei Patienten mit Alloantikörpern, die sonst übliche Anzahl bereitgestellter Blutprodukte nur wegen einer scheinbar kostenaufwendigen oder schwierigen Blutversorgung zu unterschreiten. Wenn ein solches Vorgehen z.B. durch eine besonders blutsparender Operationstechnik gerechtfertigt ist, sollte dies im Einzelfall dokumentiert werden. Ansonsten besteht gerade bei solchen Patienten nicht die Möglichkeit, „ungekreuzt" zu transfundieren, da überproportional häufig mit akuten oder verzögerten Transfusionsreaktionen zu rechnen wäre, sodass man ohnehin eine gewisse Sicherheitsreserve aufgeben muss.

19   5. Identitätssicherung (Kapitel 4.2.3)

Die Bedeutung der Identitätssicherung wird oft unterschätzt. Die AB0-unverträgliche Erythrozytentransfusion ist heute eine wesentliche Ursache aller schweren akuten oder letalen Transfusionsreaktionen[23]. Auf den Vorteil der Sicherung der Blutgruppe aus einer zweiten, unabhängigen Blutprobe wurde bereits hingewiesen.

Man sollte zur Kenntnis nehmen, dass unkorrekt beschriftete Behältnisse, die ansonsten scheinbar keine Nachteile aufweisen, überdurchschnittlich häufig mit weiteren – dann allerdings klinisch relevanten – Fehlern behaftet sind[24]. Werden solche

---

[23] The Serious Hazards of Transfusion Steering Group, SHOT Annual Report 1999 – 2000, siehe § 16 TFG.

[24] J.A. Lumadue, J.S. Boyd, P.M. Ness, Adherence to a strict specimen-labeling policy decreases the incidence of erroneous blood grouping of blood bank specimens, Transfusion 37(1997)1169 - 1172.

Blutproben vom Labor zurückgewiesen, geschieht dies aus einem berechtigten Sicherheitsbewusstsein.

Das Entnahmedatum muss angegeben werden, weil sich daran der Umfang von Folgeuntersuchungen entscheidet und u. U. Kosten vermieden werden können.

Den EDV-Ansprüchen folgend ist eine kodierte Patientenidentifikation akzeptabel, setzt aber voraus, dass das Labor die Kodierung entschlüsseln kann. In der Labordokumentation muss der Patient unverzüglich mit Name, Vorname und Geburtsdatum erkennbar bleiben – und dies 15 Jahre lang.

6. Untersuchungsmaterial (Kapitel 4.2.4)   **20**

Bei automatisierten Verfahren kann generell EDTA- oder Zitrat-Blut anstelle von Serum verwendet werden. Die einwöchige Aufbewahrung dient insbesondere im Fall von Transfusionsreaktionen zu Nachuntersuchungen. Wird eine Transfusionsreaktion in einem externen Labor abgeklärt, sollte diese Rückstellprobe mit eingesandt werden.

7. Wahl der Untersuchungsmethoden (Kapitel 4.2.5.1)   **21**

Die Ausführungen in den Unterabschnitten des Kapitels 4.2.5 definieren zum Teil recht genau, welche Testreagenzien einzusetzen sind. Der Anwender sucht jedoch meist vergeblich nach Angaben selbst zu den Grundzügen des aktuellen Wissenstands in Bezug auf Methoden. Doch gerade die Methoden haben wesentlichen Einfluss auf die Sensitivität und Spezifität und sollten bei der Beschreibung der Untersuchungsverfahren Berücksichtigung finden.

Die Zuständigkeiten waren bereits in Kapitel 4.2.1 angesprochen. Die Aufgaben der medizinisch-technischen Assistenten müssen im Zusammenhang mit dem MTA-Gesetz interpretiert werden[25].

8. Testreagenzien (Kapitel 4.2.5.2)   **22**

Die aktuell zugelassenen Testreagenzien betreffen die Antigene A, B und D. Im Rahmen einer europäische Regelung werden zukünftig Testseren auch für weitere Antigene einer Zulassung bedürfen[26].

9. Qualitätssicherung (Kapitel 4.2.5.3)   **23**

Dieser Abschnitt gibt ein weiteres Beispiel, wie verstreut die Vorgaben zur Qualitätssicherung in den Hämotherapie-Richtlinien verteilt sind. Die angesprochenen

---

[25] Siehe Kommentar im Anhang nach § 18 TFG.

[26] Liste A: ABNull-System, Rhesus (C, c, D, E, e), Kell-System., Liste B: Duffy-System, Kidd-System, Richtlinie 98/79/EG des europäischen Parlaments und des Rates vom 27. Oktober 1998 über In-vitro-Diagnostika, Amtsblatt der Europäischen Gemeinschaften vom 7.12.1998, L331/1 - L331/37, <http://www.pei.de/ downloads/ivdrili.pdf>.

Qualitätssicherungs-Richtlinien bilden die Basis der Arbeit im blutgruppenserologischen Labor[27].

24 10. AB0-Blutgruppenmerkmale (Kapitel 4.2.5.4)

Es ist schwer nachvollziehbar, warum die deutlichere Regelung der Hämotherapie-Richtlinien i.d.F. von 1996, dass monoklonale Antikörper eingesetzt werden „sollen", in der aktuellen Fassung von 2000 abgeschwächt wurde. Es ist hier nicht der Platz, die Argumente für oder gegen monoklonale Antikörper zu diskutieren. Der Normadressat hätte aber den Anspruch, den aktuellen Stand der Wissenschaft und Technik in Bezug auf diese Frage zu finden. Entweder ist der Einsatz sowohl von monoklonalen als auch polyklonalen Antikörpern akzeptabel oder eben nicht. Die gewählten Formulierungen – nunmehr „sollten" anstelle von „sollen" – sind nur scheinbar nuancenreich; der Anwender sucht eindeutige Vorgaben und – falls es diese nicht geben kann – objektive Kriterien, die ihm eine praxisnahe Entscheidung erlauben.

25 11. Bestimmung des Antigen D (Kapitel 4.2.5.5)

Seit 1996 wird eine neues Verfahren der Rhesustypisierung empfohlen, das eine einfachere Bestimmungstechnik mit einer verbesserten Transfusionsstrategie verbindet[28]. Dieses Verfahren wurde seitdem auch in etlichen anderen Ländern wie zum Beispiel Groß-Britannien eingeführt[29]. Wegen den mit einer solchen Umstellung verbundenen Fragen, wurde dem Abschnitt eine kurze Einführung in die Grundlagen zum Antigen D vorangestellt[30]. Bei den seltenen Patienten, bei denen das Verfahren nur schwach positive Reaktionen zeigt, stellt die Formulierung „unzweifelhaft schwach positiv" gewisse Anforderungen an die fachliche Qualifikation und Urteilsvermögen des Anwenders, die – solange keine automatisierten Verfahren angewandt werden – durch keine deskriptive Anleitung zu ersetzen sind[31]. Es muss darauf geachtet werden, dass die Prüfung auf Autoagglutination (Eigenkontrolle) bei jeder Bestimmung eindeutig negativ ist. Positiv- und Negativkontrollen (mit D-positiven und D-negativen Testerythrozyten) müssen regelmäßig 1-Mal pro Woche mitgeführt werden und das korrekte Ergebnis liefern.

---

[27] Zur ausführlichen Diskussion dieser Qualitätssicherungs-Richtlinien siehe Kommentar im Anhang zu § 15 TFG.

[28] F.F. Wagner, D. Kasulke, M. Kerowgan, W.A. Flegel, Frequencies of the blood groups AB0, Rhesus, D category VI, Kell, and of clinically relevant high-frequency antigens in south-western Germany, Infusionsther Transfusionsmed 22(1995)285 - 290 und W.A. Flegel, H. Northoff, F.F. Wagner, Rhesus-D-Bestimmung beim Transfusionsempfänger, MTA Zeitschrift 13(1998)83 - 87 <http://www.uni-ulm.de/~wflegel/RH/MTA/>.

[29] J. Jones, M.L. Scott, D. Voak, Monoclonal anti-D specificity and Rh D structure: criteria for selection of monoclonal anti-D reagents for routine typing of patients and donors, Transfus Med 5(1995)171 - 184.

[30] S. von Kiparski, H. Northoff, W.A. Flegel, B. Neumeister, Rh blood group antigens-update, Clin Lab 46(2000)17 - 22.

[31] K. Kretschmer, R. Karger 2001, 86: Zu recht wird auf die Gefahr einer zu empfindlichen Ablesung hingewiesen.

Frühzeitig wurde von der zuständigen Sektion 5 der DGTI ein kostenloses Programm zur Erkennung unerwarteter Anti-D Immunisierungen als mögliche Folge des neuen Typisierungsverfahrens angeboten[32], in dem bisher keine unerwarteten oder negativen Auswirkungen beobachtet wurden.

Zwei praktisch wichtige Punkte wurden nicht in die Hämotherapie-Richlinien aufgenommen[33]:
• Für Blutproben mit schwachem Antigen D und für die Bestimmung eines Rhesus D negativen Phänotyps ist weder eine Objektträgermethode noch eine Plattenmethode ausreichend.
• Bei fraglicher und negativer Reaktion mit monoklonalen Anti-D Reagenzien der IgM-Klasse sind zusätzlich die optimierten Inkubationszeiten und -temperaturen nach Angaben der Hersteller zu beachten.

Beide Beispiele zeigen, dass Angaben zur Methodik bei der Beschreibung der Untersuchungsverfahren unverzichtbar sind.

Die Hämotherapie-Richtlinien bestimmen eindeutig, dass das beschriebene Verfahren für alle potentiellen Transfusionsempfänger einschließlich Schwangeren und Neugeborenen ausreichend ist. Auch Patienten, denen Eigenblut abgenommen wird, werden nur nach diesem Verfahren untersucht, da aus ihrem Blut keinesfalls Blutprodukte zur (allogenen) Transfusion hergestellt werden. Mithin ist bei allen diesen Patientengruppen der Antihumanglobulintest für die Antigen D-Bestimmung nicht mehr erforderlich. Wer ihn trotzdem anwendet, sollte sich der unnötigen Zusatzkosten bewusst sein, sich mit den erheblichen Problemen in der Interpretation dieses beim Patienten nicht empfohlenen Verfahrens auseinandersetzen und muss über ausreichend einschlägige Erfahrung verfügen.

12. Bestimmung weiterer Blutgruppenantigene (Kapitel 4.2.5.6)   26

Soweit für weitere Antigen schon verfügbar, weist der Einsatz von monoklonalen Antikörpern in der Praxis nur Vorteile auf. Die angesprochenen Qualitätssicherungs-Richtlinien[34] fordern das Mitführen von Positiv- und Negativkontrollen. Auch in Referenzlaboren mit häufiger Bestimmung solcher Antigene ist dies für alle Antigene zwingend (außer bei folgenden Antigenen: A(1), A(2), B, C, c, D, E, e).

13. Antikörpersuchtest (Kapitel 4.2.5.7)   27

Zwei scheinbar geringfügige Modifikationen dieses Abschnitts können in der Praxis einen erheblichen Mehraufwand verursachen:
• Die Wiederholung des Antikörpersuchtestes war in den Hämotherapie-Richtlinien i.d.F. von 1996 etwas vage nach 2–4 Wochen gefordert. Es bedeutet einen Fortschritt, dass jetzt eine klare zeitliche Vorgabe gegeben wird. Allerdings be-

---

[32] F. Schunter, Rhesus-Immunisierungsregister, Infusionther. Transfusionsmed. 26(1999)66 – 67; Ergebnisse online: < http://www.uni-ulm.de/~wflegel/RH/RIR/>.
[33] Trotz eines entsprechenden Vorschlags der DGTI-Sektion 5 vom Oktober 1998.
[34] Siehe Kommentar im Anhang nach § 15 TFG.

dingt die nunmehr alle 3 Tage geforderte Wiederholung einen wesentlichen Mehraufwand, dessen Kosteneffizienz strittig ist.

- Auch ist die Festlegung der für die Testzellen geforderten Antigene zu begrüßen. In der langen Liste der Antigene wird allein die lapidare Forderung nach dem Antigen C^W für viele blutgruppenserologische Labore einen Steigerung des Materialaufwandes um bis zu 50% bewirken, da die bisher durchaus übliche Testung mit zwei Testerythrozyten generell nicht mehr möglich und auf drei Testerythrozyten umzustellen ist.

Bei Patienten, die bereits einen Alloantikörper und deshalb einen positiven Antikörpersuchtest aufweisen, genügt die Wiederholung des Antikörpersuchtests nicht. Vielmehr kann nur eine Antikörperdifferenzierung den beabsichtigten Ausschluss eines weiteren Alloantikörpers gewährleisten.

Es ist in der Praxis äußerst schwierig, die geforderten Antigene in Antikörpersuchtests mit zwei Testerythrozyten anzubieten. Nicht zuletzt aus diesem Grund sind keine solchen Teste am Markt verfügbar. Nachdem man das Antigen C^W nicht vernachlässigen darf, ist eine Umstellung auf Antikörpersuchtests mit drei Testerythrozyten unausweichlich; zum „Ausgleich" könnte auf die – bislang geforderte – Eigenkontrolle verzichtet werden. Es wäre vorteilhaft, vor solchen recht einschneidenden Änderungen im Untersuchungsverfahren wissenschaftliche Untersuchungen oder wenigstens eine breitere Diskussion zu ermöglichen. Zum relativen Nutzen des Tests auf Anti-C^W versus der Eigenkontrolle liegen bezüglich der aktuell verwendeten Methoden keine Abschätzungen vor. Sicher ist ein Anti-C^W gerade bei Schwangeren ein wichtiger Testparameter, was aber auch für Antikörper gegen manch anderes niedrigfrequentes Antigen gelten würde.

Die Dosiseffekte sollten bei der Auswahl der Testerythrozyten zumal für die genannten Protein-determinierten Antigene berücksichtigt werden. Es sei vermerkt, dass diese Forderungen verlässlich nur mit molekularen Methoden zu erfüllen ist, die inzwischen für diese Antigene zur Verfügung stehen. Entsprechende Daten müssten vom den Herstellern angegeben werden, wie angesichts der klinischen und wirtschaftlichen Bedeutung des Antikörpersuchtests allgemein eine wesentlich genauere Auswahl und Charakterisierung der Testerythrozyten gerechtfertigt wäre.

Wurde zwischenzeitlich nicht transfundiert und sind bestimmte andere Kriterien erfüllt, muss die Verträglichkeitsprobe (siehe dort) nicht nach drei Tagen wiederholt werden, sondern kann durchaus 1 oder 2 Wochen Gültigkeit haben. In diesem Fall muss natürlich auch der Antikörpersuchtest nicht nach drei Tagen wiederholt werden.

28   14. Indirekter Antihumanglobulintest (Kapitel 4.2.5.7.1)

Dieser Test stellt eine Nachweismethode dar für die in vitro-Beladung von Erythrozyten mit Immunglobulinen und/oder Komplementfaktoren, z.B. zum Nachweis von Antikörpern im Serum (oder Plasma) beim Antikörpersuchtest oder der Verträglichkeitsprobe. Es ist recht euphemistisch, mindestens zwei Testerythrozytenpräparationen zu verwenden, wenn alle solchen verfügbaren Präparationen die im Kapitel 4.2.5.7 soeben definierten Bedingungen nicht erfüllen.

Die Positivkontrolle mit antikörperbeladenen Testerythrozyten ist schon immer Vorschrift und notwendig, wenn der Röhrchentest eingesetzt wird. Es ist zu begrüßen, dass diese Vorschrift nunmehr eindeutig auf den Röhrchentest begrenzt wurde und somit kein Zweifel verbleibt, dass diese Kontrolle bei den Gelmatrix-Tests nicht anwendbar ist.

Der früher vorgeschriebene Eigenansatz wird nicht mehr erwähnt. Aus der Sicht der Praxis macht er aber sowohl für den Antikörpersuchtest als auch für die Verträglichkeitsprobe Sinn, um Patienten mit antikörperbeladenen Erythrozyten infolge von Autoantikörpern oder einer verzögerten Transfusionsreaktion zu erkennen. Beim Einsatz von Gelmatrix-Techniken muss deren außerordentlich hohe Empfindlichkeit berücksichtigt werden, sodass nicht jeder schwach positive Eigenansatz einer umfangreichen Nachuntersuchung zuzuführen ist[35]. Allerdings sind Probleme bei der Abgrenzung der klinischen Relevanz zu erwarten und deshalb alle Entscheidungen unter Berücksichtigung der Klinik zu treffen.

15. Direkter Antihumanglobulintest (Kapitel 4.2.5.7.2) 29

Bei klinischer Fragestellung und positivem Eigenansatz im indirekten Antihumanglobulintest sind weitere Untersuchungen zur Klärung vorzunehmen. Hierzu wird vornehmlich ein differenzierter, direkter Antihumanglobulintest gehören, mit spezifischen Anti-IgG, -IgM und -C3d Reagenzien. Die geforderte Untersuchung kann sich bei schwacher Reaktion auch auf die klinische Beurteilung beschränken. Kontrollen sind mitzuführen; die einschlägigen Qualitätssicherungs-Richtlinien sind nicht aufgehoben[36].

16. Antikörperidentifizierung (Kapitel 4.2.5.8) 30

Werden im Antikörpersuchtest positive Reaktionen beobachtet, muss die Spezifität von Antikörpern gegen ein Blutgruppenantigen abgeklärt werden, das der Patient nicht besitzt. Feste Regeln zum Umfang der notwendigen Untersuchungen finden sich nicht, auch nicht in den Qualitätssicherungs-Richtlinien. Da ein einmal diagnostizierter Alloantikörper lebenslang zu beachten ist, sollte – auch unter Aspekten der Wirtschaftlichkeit – ein hoher Standard angesetzt werden. In der Regel sollte das korrespondierende Antigen beim Patienten, das fehlen muss, untersucht werden und ein Titer bestimmt werden, um die Validität des Alloantikörper-Nachweises zu untermauern.

Unabdingbar muss dem Patienten ein Notfallpass ausgestellt werden, der im Rahmen der transfusionsmedizinischen Anamnese (Tabelle 13.3) große Bedeutung hat und neben der klinischen Relevanz für die zukünftige Versorgung sich nicht zuletzt kostensenkend auswirkt.

---

[35] K. Kretschmer, R. Karger 2001, 87.
[36] Kommentar im Anhang nach § 15 TFG.

31   17. Verträglichkeitsprobe (Kapitel 4.2.5.9)

Zunächst ist zu begrüßen, dass klare Vorgaben gemacht werden. Allerdings sind diese Vorgaben sehr eng gewählt. Dies überrascht um so mehr, als die Bedeutung der Verträglichkeitsprobe international zur Zeit kritisch diskutiert wird. Sie kann in den USA und Groß-Britannien unterbleiben, wenn anderweitig die AB0-Kompatibilität abgesichert ist.

Bis zukünftig ggf. anderweitige Regelungen getroffen werden, müssen die Vorgaben beachtet werden. Ist die Transfusions- und Schwangerschaftsanamnese der letzten sechs Monate leer, was durch den betreuenden Arzt dem Labor verbindlich mitzuteilen wäre, sollte sehr wohl von der Möglichkeit Gebrauch gemacht werden, die Verträglichkeitsprobe länger als drei Tage zu verwerten. In diesem Fall kann auch die Wiederholung des Antikörpersuchtests unterbleiben.

Wenn man schon an der Verträglichkeitsprobe mit derartig engen Kriterien festhält, ist der Einsatz von Pilotröhrchen ein ungeeignetes Verfahren. Es bleibt die Methode der Wahl, für die Verträglichkeitsprobe ein unmittelbar vorher abgenommenes Schlauchsegment einzusetzen, auch wenn dies in den aktuellen Hämotherapie-Richtlinien anders als 1996[37] nicht mehr gefordert wird.

32   18. Notfälle (Kapitel 4.2.5.10)

Die erwähnten „Schnelltests" beziehen sich auf Testverfahren ohne indirekten Antihumanglobulin-Ansatz, die nur dazu dienen können, eine AB0-Inkompatibilität auszuschließen. Der Einsatz solcher Schnelltest ist im Allgemeinen nicht zu empfehlen, da sie in der Notfallsituation zu einem erhöhten Arbeitsaufwand führen.

33   19. Dokumentation (Kapitel 4.2.5.11)

Die Vorgaben zur Dokumentation von Hersteller und Chargenbezeichnungen überschneiden sich mit den Qualitätssicherungs-Richtlinien, die alle einschlägigen Vorschriften enthalten[38]. Es wird abschließend festgelegt, dass die Befundinterpretation einem transfusionsmedizinisch fort- oder weitergebildeten Arzt obliegt. Dies dient auch der Abgrenzung zum Tätigkeitsbereichs medizinisch-technischer Assistenten[39].

34   20. Datensicherung (Kapitel 4.2.5.12)

Die Forderungen im Zusammenhang mit der EDV-Eingabe sind Standard in einem QS-System. Eine Kontrolle der Eingabe kann unterbleiben, wenn mit Automaten gearbeitet wird, deren Funktionsweise validiert ist.

---

[37] Hämotherapie-Richtlinien i.d.F. von 1996, Kapitel 2.5.9: „Die serologische Verträglichkeitsprobe ist vorzugsweise mit einer Erythrozytensuspension aus einem unmittelbar vorher abgetrennten Schlauchsegment der Erythrozytenkonserve durchzuführen."

[38] Anhang zu § 15 TFG.

[39] Anhang zu § 18 TFG.

Es wird klargestellt, dass die 15jährige Dokumentationsfrist nach § 14 Abs. 3 Satz 1 TFG auch für blutgruppenserologische und ggf. andere Laborbefunde im Rahmen der transfusionsmedizinischen Versorgung gilt. Diese Regelung hebt die bis dahin gültige 5jährige Aufbewahrungsfrist nach den Qualitätssicherungs-Richtlinien auf[40].

Nach wie vor gibt es keine definierten Dokumentationsfristen für die anderen nach Qualitätssicherungs-Richtlinien vorgeschriebenen Maßnahmen zur internen Qualitätssicherung, wie Kontrollen der Funktionstüchtigkeit etc. Es ist praktikabel, diese Dokumentationsfristen in einer Dienstanweisung festzulegen und z.B. auf zwei Jahre zu begrenzen[41].

21. Schreibweise der Befunde (Kapitel 4.2.5.13)   35

Für sonstige Blutgruppenmerkmale wird die international übliche Nomenklatur empfohlen, woraus man zu Recht schlussfolgern kann, dass die Nomenklatur zum AB0- und Rh-System international nicht einheitlich ist. Am ehesten wird eine Vereinheitlichung durch das Nomenklatur-Komitee der ISBT zu erwarten sein[42]. Es bleibt zu hoffen, dass in diesem Gremium durchaus berechtigte Interessen nichtenglischsprachiger Transfusionswesen berücksichtigt werden. Auch Fragen der Nomenklatur sind bei allfälligen EDV-Anpassungen kostenträchtig.

22. Anwendung (Kapitel 4.3)   36

Die Schwelle der Aufklärungspflicht zur autologen Transfusion wird bei einer 10% Transfusionswahrscheinlichkeit festgelegt und hebt damit frühere Regelungen im Zusammenhang mit dem Urteil des BGH auf[43], in das – wohl zu Unrecht – eine Schwelle von 5% hineininterpretiert wurde.

Der Verweis auf die „Leitlinien zur Therapie mit Blutkomponenten und Plasmaderivaten" bindet diese nicht in das Regelwerk des TFG ein[44].

23. Blutanforderung (Kapitel 4.3.1)   37

Die Bedeutung einer geordneten, frühzeitigen Blutanforderung kann gar nicht überschätzt werden. Präzise Angaben zur Transfusionsanamnese sind wichtig (Tabelle 13.6.), können durch noch so aufwendige Laboruntersuchungen nicht ersetzt wer-

---

[40] Siehe Anhang zu § 15 TFG: Qualitätssicherungs-Richtlinie Punkt II.1.(3)c Satz 3.
[41] Siehe Anhang zu § 15 TFG: Qualitätssicherungs-Richtlinie Punkt II.1.(1).
[42] Fundierte Übersichten finden sich in: G.L. Daniels et al., Blood group terminology 1995, Vox Sang. 69(1995)265 – 279 und G. Garratty, W. Dzik, P.D. Issitt, D.M. Lublin, M.E. Reid, T. Zelinski, Terminology for blood group antigens and genes-historical origins and guidelines in the new millennium, Transfusion 40(2000)477 - 489; siehe auch Teil 1 Medizinisch-naturwissenschaftliche Grundlagen.
[43] BGH NJW 1992, 743, siehe MedR 1992, 159.
[44] Zum Stellenwert der Leitlinien und anderer Verlautbarungen siehe Kommentar zu § 18 TFG Rz. 21 bzw. zu § 18 TFG Rz. 15ff.

den, helfen aber oft, Laboruntersuchungen und die damit verbundenen Kosten zu vermeiden.

Tabelle 13.6. Transfusionsspezifische Anamnese

Frühere Transfusionen
insbesondere Transfusionen in den letzten 3 Monaten
Schwangerschaftsanamnese
Blutgruppenausweise: • Blutspenderausweis   • Mutterpass   • Bundeswehrausweis   insbesondere alle Einträge von Alloantikörpern
Ggf. Knochenmark- oder Blutstammzelltransplantationen
Immer erforderlich, falls Transfusionsbedarf auftreten kann.   Informationen müssen dem Blutdepot, ggf. dem Referenzlabor mitgeteilt werden.

Jede klinische Abteilung sollte in OP-Listen festlegen, wie viele Blutpräparate bei welchen Operationen bereitzustellen sind. Diese Bereitstellungslisten können in das QM-Handbuch aufgenommen werden.

38   24. Identitätssicherung und vorbereitende Kontrollen (Kapitel 4.3.2)

Die vorbereitenden Kontrollen und Durchführung einer Transfusion[45] haben große Bedeutung für die Sicherheit der Bluttransfusion und müssen von jedem transfundierenden Arzt im Detail beherrscht werden. Manche Einrichtungen der Krankenversorgung haben Bedside-Checklisten[46] als Handreichung für ihre transfundierenden Ärzte vorbereitet.

Es muss sichergestellt werden, dass eine verwechslungsfreie Zuordnung zum Präparat bis zur Transfusion gewährleistet ist. Dies kann allerdings nicht dahingehend interpretiert werden[47], dass jedem Präparat ein separater Begleitschein beizufügen ist. Man kann z.B. zwei bis vier Erythrozytenpräparaten einer Transfusionsserie einen einzigen Präparate-Begleitschein beistellen, der dann für die Transfusion dieser Erythrozytenpräparate verwendet werden darf, solange sie tatsächlich innerhalb einer Serie transfundiert werden.

39   25. AB0-Identitätstest (Kapitel 4.3.2.1)

Der AB0-Identitätstest – auch als sogenannter „Bedside-Test" bezeichnet – ist vor jeder Transfusionsserie von Erythrozytenkonzentraten und gerade auch im Notfall erforderlich. Wird er nicht durchgeführt oder fehlt seine Dokumentation, kann dies

---

[45] A. Flegel et al. 1995.

[46] Ein Beispiel für ein Muster-Formular findet sich online als Verknüpfung unter: http://www.springer.de/cgi-bin/search_book.pl?isbn=3-540-41816-4&cookie=done.

[47] V. Kretschmer, R. Karger 2001, 88.

im Schadensfall als grobe Fahrlässigkeit gewertet werden mit dem Verlust des Versicherungsschutzes. So ist die Rechtslage und Rechtsprechung in Deutschland, obwohl z.B. in den USA ein AB0-Identitätstest völlig unüblich ist.

Es handelt sich um einen Test zur Kontrolle der AB0-Blutgruppenmerkmale des Empfängers. Er ist unmittelbar am Krankenbett durchzuführen und dient in erster Linie der Identitätssicherung des Empfängers. Erforderlich ist ausschließlich die Testung der AB0-Blutgruppe des Empfängers mittels eines Anti-A und eines Anti-B Antiserums. Sollen in einer Einrichtung der Krankenversorgung über diese Mindestanforderungen hinaus weitere Tests durchgeführt werden, wäre dies in einer Dienstanweisung festzulegen. Insbesondere kann die Testung mit einem Anti-D Serum und des zu transfundierenden Erythrozytenpräparats („Inhaltskontrolle") unterbleiben. Der pharmazeutische Unternehmer haftet für die korrekte Beschriftung des Blutprodukts, die verbindlich ist.

Lediglich bei der Transfusion von Eigenblut muss bei diesem Eigenblut im Rahmen des Bedside-Tests eine Inhaltskontrolle durchgeführt werden.

Oft wird zur Dokumentation die „Bedside"-Testkarte zu den Krankenakten genommen. Dies ist nicht zuletzt aus hygienischen Gründen abzulehnen. Auch muss nur das Ergebnis des „Bedside"-Tests, nicht aber der Reaktionsansatz selbst dokumentiert werden. Es bietet sich an, das Ergebnis des „Bedside"-Tests z.B. auf dem Protokoll der Transfusionsdurchführung zu dokumentieren. Weiterhin ist es sinnvoll, die „Bedside"-Testkarte zusammen mit dem Restblut 24 Stunden aufzubewahren und, falls diese Materialien nicht mehr benötigt werden, im Anschluss an die 24stündige Aufbewahrungszeit gemeinsam zu verwerfen.

Der AB0-Identitätstest war bis November 2001 bei allen Blutkomponenten vorgeschrieben und bei der Transfusion von Erythrozyten- und Plasmakomponenten unstrittig notwendig. Einige Blutspendedienste bieten speziell ausgewählte Thrombozytenkomponenten an, die man bei logistischen Engpässen sowohl AB0-major- als auch -minorinkompatibel transfundieren kann; bei solchen Präparaten hat der AB0-Identitätstest natürlich eine geringere Bedeutung, kann aber aufgrund eines stringenten Organisationsablaufs trotzdem durchgeführt werden. Die jüngste Änderung vom November 2001 beschränkte die Vorschrift zum AB0-Identitätstest sinnvollerweise auf Erythrozytenkonzentrate.

26. Technik der Transfusion (Kapitel 4.3.3)   **40**

Die erwähnten Transfusionsgeräte mit Standardfilter sind preiswert und müssen bei allen Blutkomponenten (Erythrozyten, Thrombozyten und Plasma) verwendet werden.

Angesicht der eher geringen Kosten sollte in einer Dienstanweisung festgelegt werden, ob ein Transfusionsgerät mehrmals unmittelbar hintereinander verwendet werden darf, was grundsätzlich zulässig ist, wenn die gleiche Blutkomponente und die gleiche Blutgruppe vorliegen. Trotzdem müssen die leeren Blutbeutel steril verschlossen bleiben (siehe Kapitel 4.3.4).

Spätestens seit Einführung der generellen Leukozytendepletion in Rahmen des Herstellungsprozesses (Vorschrift seit 1. Oktober 2001), gibt es für „Bedside"-Leukozytenfilter keine Indikation mehr. Es bietet keinen klinisch gesicherten Vorteil, wenn man leukozytendepletierte Präparate unter Verwendung spezieller, teurer Filter transfundiert; für den Einsatz von solchen speziellen Filtern bei plasmahaltigen Präparaten (Thrombozyten und Plasma) besteht wegen bekannter schwerer Nebenwirkungen sogar eine Kontraindikation[48].

Die Indikationen für angewärmte Blutpräparate sind explizit aufgeführt und ein Anwärmen sollte im Allgemeinen auf diese Indikationen und Methoden beschränkt bleiben (Tabelle 13.7).

Tabelle 13.7. Anwärmen von Blutpräparaten

Schnelle Transfusionen und Massivtransfusionen Erwachsene > 50 ml/kg/h, Kinder > 15 ml/kg/h
Austauschtransfusionen bei Neugeborenen
Höhertitrige Kälteautoantikörper
Überwachte Anwärmung auf maximal 37°C (international wird + 42°C als maximal Obergrenze angegeben) Einsatz offener Wasserbäder ist verboten. Einsatz von Mikrowellengeräten empfehlen wir nicht. Die Anwärmung von Blutpräparaten im Rahmen der Therapie bei paroxysmaler nächtlicher Hämoglobinurie (PNH) ist obsolet.

41   27. Aufgaben des transfundierenden Arztes (Kapitel 4.3.4)

Die vorbereitenden Maßnahmen und die Einleitung einer Transfusion müssen durch eine ärztliche Person (den „transfundierenden Arzt" – Kapitel 1.4.1.3.5) erfolgen[49]. Diese ärztliche Person muss nicht nur Grundkenntnisse, sondern ausreichend Erfahrung besitzen. Allerdings können diese Voraussetzungen auch bei einem Arzt im Praktikum (AiP) erfüllt sein. Ein Medizinstudent im Praktischen Jahr kann eine Transfusion nicht selbständig durchführen.

Ist die erste Transfusion eingeleitet und der Beginn (5 bis 10 Minuten) vom transfundierenden Arzt überwacht, können die weiteren Blutpräparate, wenn sie vom transfundieren Arzt überprüft wurden und bis zur Transfusion unmittelbar beim Patienten verbleiben, von diesbezüglich qualifiziertem und eingearbeiteten Pflegepersonal appliziert werden. Dieses Vorgehen sollte allerdings in einer Dienstanweisung detailliert festgelegt werden, deren praxisnahe Regelungen im Detail die Hämotherapie-Richtlinien bewusst offen lassen.

---

[48] M. Shiba, K. Tadokoro, M. Sawanobori, K. Nakajima, K. Suzuki, T. Juji, Activation of the contact system by filtration of platelet concentrates with a negatively charged white cell-removal filter and measurement of venous blood bradykinin level in patients who received filtered platelets, Transfusion 37(1997)457 - 462 m.w.Nachw.

[49] Zu dessen Qualifikationsveraussetzungen siehe Kommentar zu § 15 TFG Rz. 34 f.

Die Nachbeobachtungszeit sollte mindestens 30 Minuten betragen. Im Transfusionsprotokoll muss als Abschluss vermerkt werden, dass im Anschluss an eine solche Nachbeobachtungszeit keine Transfusionsreaktion beobachtet wurde.

Die Blutbeutel müssen nach Transfusion wie bisher 24 Stunden bei $+4°C$ aufbewahrt werden, wobei hier ein gewöhnlicher Kühlschrank, z.B. auf einer Krankenstation, ausreichend ist. Seit 2000 wird auch die sterile Aufbewahrung gefordert, um eine bakteriologische Nachuntersuchung zu erlauben. Am einfachsten belässt man das Transfusionsgerät und klemmt es ab. Falls das Transfusionsgerät für einen anderen Blutbeutel benötigt wird, muss es steril, z.B. mit einer Kanülenhülle oder einem Katheterstöpsel, verschlossen werden, die billig und im Klinikbereich leicht verfügbar sind.

§ 13 Abs. 1 Satz 2 fordert die Bildung von Rückstellproben. Dabei handelt es sich um eine anlässlich eines Krankenhausaufenthalts oder einer Transfusion entnommene Blutprobe eines Transfusionsempfängers, die im Rahmen eines Rückverfolgungsverfahrens die Nachuntersuchung der Ausgangssituation auf Infektionsmarker ermöglicht. Wegen der außerordentlich aufwendigen Logistik und den damit verbundenen hohen Kosten wird in den Hämotherpie-Richtlinien festgestellt, dass diese Rückstellproben z.Z. nach dem derzeitigen Stand der medizinischen Wissenschaft und Technik nicht erforderlich sind. Dies ist zwar eine äußerst sinnvolle, praxisnahe und auch international übliche Regelung, die aber insofern bemerkenswert ist, als sie eine im Gesetz vorgesehene Maßnahme, nämlich die Bildung von Rückstellproben, nicht in den Details regelt, sondern vielmehr außer Kraft setzt.

28. Transfusion von Erythrozytenkonzentraten (Kapitel 4.3.5)   **42**

Erythrozyten-Präparate werden AB0-gleich transfundiert. Abweichungen davon müssen Ausnahmen bleiben und als solche dokumentiert werden. Diese verschärfte Regelung ist notwendig gewesen, da mancherorts aus Gründen der betriebswirtschaftlichen Kostensenkung kaum mehr Präparate für Patienten der Blutgruppe AB und B vorgehalten wurden, sondern diese generell und geplant mit A und 0 versorgt wurden: Ein klassisches Beispiel der Verlagerung von Kosten zu Lasten der volkswirtschaftlichen Effizienz und ein ethisches Problem zudem, solange wir Menschen der Blutgruppen AB und B weiter um Blutspenden bitten.

Um den Verfall von Erythrozyten-Präparaten der Blutgruppen AB und B zu minimieren, was für kleinere Einrichtungen der Krankenversorgung tatsächlich ein relevantes wirtschaftliches Problem darstellen kann, wäre vielmehr eine regionale Kooperation, z.B. im Rahmen eines Arbeitskreis für Hämotherapie mit benachbarten Einrichtungen, vorstellbar, zwischen denen man im Bedarfsfall diese etwas seltener benötigen Blutpräparate austauschen könnte.

Muss aus zwingenden logistischen Gründen von der AB0-gleichen Transfusion abgewichen werden, ist nach Tabelle 4.3.5 der Hämotherapie-Richtlinien (Abbildung 13.2) zu verfahren und eine „major-kompatible" Transfusionsstrategie zu verfolgen.

Abbildung 13.2. AB0-Kompatibilität von Blutkomponenten

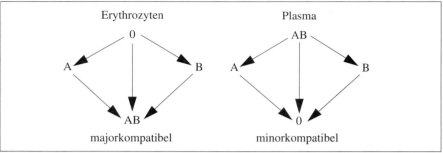

Nach wie vor ist die Rhesus positive Transfusion auf Rhesus negative männliche Patienten bei Versorgungsengpässen nichts Ungewöhnliches. Diese für die Patienten durchaus nachteilige Versorgung lässt sich nur durch einen sorgfältigeren Umgang mit Rhesus negativen Erythrozyten-Präparaten minimieren. Präparate des Rhesus-Phänotyps Ccddee und ccddEe sollten auf Rhesus negative Empfänger transfundiert werden. Patienten mit schwach ausgeprägtem Antigen D (weak D) müssen, wenn die Voraussetzungen erfüllt sind, als Rhesus positiv typisiert werden und Rhesus positive Transfusionen erhalten.

Bei Mädchen und Frauen im gebärfähigen Alter (bis 45 Jahre) soll die Transfusionsstrategie eine Immunisierung gegen Rhesus-Antigene (C, c, E, e) und das Antigen K vermeiden. Die Regelung dient der Vermeidung von Immunisierungen, die zu einem Morbus haemolyticus neonatorum führen würden. Antigen C^w und weitere Antigene des – umfangreichsten – Blutgruppensystems Rhesus brauchen nicht berücksichtigt zu werden. Wird das Antigen K der Patientin nicht bestimmt, muss generell eine Antigen K negative Erythrozyten-Transfusion durchgeführt werden.

43   29. Transfusion von Thrombozytenkonzentraten (Kapitel 4.3.6)

Eine Lagerung von Thrombozyten-Präparaten, die über mehr als eine kurzzeitige Zwischenlagerung von z.B. einer Stunde hinausgeht, ist aufwendig (Tabelle 13.2) und nur mit speziellen Geräten zu bewerkstelligen, weswegen auf eine unverzügliche oder wie in den Hämotherapie-Richtlinien i.d.F. von 1996 noch akzeptierte „zügige" Transfusion zu achten ist. Wie bei allen Blutkomponenten sind Transfusionsgeräte mit Standardfiltern zu verwenden.

Muss aus zwingenden logistischen Gründen von der AB0-gleichen Transfusion abgewichen werden, ist nach Tabelle 4.3.5 der Hämotherapie-Richtlinien (Abbildung 13.2) zu verfahren und im Allgemeinen eine „major-kompatible" Transfusionsstrategie zu verfolgen. Da die Transfusionsstrategien variieren, was in einer durchaus unterschiedlichen Qualität der Thrombozyten-Präparate in Bezug auf die enthaltenen Mengen an Isoagglutinin begründet ist, muss die lokale Strategie mit den mitversorgenden Blutzentralen abgestimmt und in der Dienstanweisung festgelegt werden. Dies ist wohl der Grund, dass die Hämotherapie-Richtlinien kein einheitliches Vorgehen erwähnen. Dabei ist in der Dienstanweisung eine sinnvolle Abstufung der Prioritäten bei der Versorgung vorzugeben, was hier nur als Beispiel gezeigt werden kann (Tabelle 13.8).

Tabelle 13.8. Beispielhafte Abstufung der Prioritäten bei der Versorgung mit Thrombozyten-Präparaten *

Serologische Präferenzen: 　1. Rhesus kompatibel 　2. AB0-gleich
In Ausnahmefällen: 　3. AB0 major-kompatibel
Nur in dringenden Ausnahmefällen 　4. AB0 minor-kompatibel 　5. Rhesus inkompatibel (Rhesus-Prophylaxe erwägen)
Sonderindikationen beachten Anti CMV-neg., HLA-kompatibel, eingeengt, bestraht

* Enthält bis zu 70 ml Plasma und < 10 µl Erythrozyten. Die Versorgungssituation und die davon abhängige Transfusionsstrategie variieren und muss mit der mitversorgenden Blutzentrale abgestimmt in einer Dienstanweisung festgelegt werden.

30. Transfusion von Granulozytenkonzentraten (Kapitel 4.3.7)   **44**

Wegen erheblicher Beimischung sowohl von Erythrozyten als auch Plasma muss die Transfusion AB0-gleich erfolgen. Wie bei allen Blutkomponenten sind Transfusionsgeräte mit Standardfilter zu verwenden. Diese Blutkomponente ist selten indizierte, wird ausschließlich über Granulozyt-Apherese hergestellt und muss immer prophylaktisch bestraht (30 Gy) werden.

31. Plasmatransfusionen (Kapitel 4.3.8)   **45**

Muss aus zwingenden logistischen Gründen von der AB0-gleichen Transfusion abgewichen werden, ist nach Tabelle 4.3.8 der Hämotherapie-Richtlinien (Abbildung 13.2) zu verfahren und immer eine „minor-kompatible" Transfusionsstrategie zu verfolgen. Wie bei allen Blutkomponenten sind Transfusionsgeräte mit Standardfilter zu verwenden.

32. Notfalltransfusion (Kapitel 4.3.9)   **46**

Wenn die anderweitigen Umstände nicht ohnehin eine vitale Gefährdung belegen, sollte die Indikation zu einer Notfalltransfusion – in aller Regel unmittelbar nach Behebung des Notfalls – schriftlich dokumentiert werden. Auch muss der Notfall dem Labor mitgeteilt werden und es sollte, da hier in der Regel eine telefonische Abwicklung der Bestellung erfolgen wird, anschließend im Interesse des transfundierenden Arztes eine schriftliche Dokumentation auch in den Laborunterlagen erfolgen.

47 33. Dokumentation (Kapitel 4.3.10)

Die Auflistung fasst die notwendige Dokumentation zusammen, ist aber nicht abschließend, sondern muss im Zusammenhang mit den anderen Vorgaben der Hämotherapie-Richtlinien gesehen werden. Auf die recht umfangreiche Liste der betroffenen Blutprodukte i.S.d. § 2 Ziff. 3 sei hingewiesen[50].

48 34. Entsorgung der nicht angewendeten Blutprodukte (Kapitel 4.3.11)

Als verfallen wird nach der Definition des PEI ein vom Hersteller zur Anwendung freigegebenes Arzneimittel aus Blut oder Blutbestandteilen bezeichnet, das nicht abgegeben/verkauft wurde bzw. beim Abnehmer nicht zur Anwendung kam, z.B. wegen Überschreitung des Verfalldatums, unsachgemäßer Lagerung beim Anwender, Nicht-Einhalten der Kühlkette bzw. Agitation beim Anwender, Reklamation des Anwenders u.ä.[51].

49 35. Perinatale Transfusionsmedizin (Kapitel 4.4)

Auch für die Versorgung der Schwangerschaft ist eine Dokumentation der klinisch relevanten Alloantikörper und die genaue blutgruppenserologische Anamnese wesentlich (Tabelle 13.6).

50 36. Diagnostik, Behandlung und Prophylaxe fetomaternaler Inkompatibilitäten (Kapitel 4.4.1)

Die unscheinbare Vorgabe, bei jedem Neugeborenen einen direkten Antihumanglobulin (AHG)-Test aus dem Nabelschnurblut durchzuführen, war eine der am heftigsten diskutierten Neuerungen der Hämotherapie-Richtlinien im Jahr 2000. Sicherlich kann die Kosteneffizienz dieser Maßnahme diskutiert werden, der prinzipielle Nutzen und die doch insgesamt überschaubaren Kosten waren allerdings bei Abfassung der Hämotherapie-Richtlinien bekannt. Natürlich müssen der relative Nutzen und das adäquate Vorgehen geklärt sein, bevor eine solche Regelung in die Hämotherapie-Richtlinien aufgenommen wird[52]. Dies ist ein weiteres Beispiel dafür, dass weniger Anforderungen in den Richtlinien oft mehr Sicherheit in der klinischen Umsetzung bedeuten können. Als Konsequenz aus dieser Diskussion wurde die o.g. Vorschrift durch die jüngste Änderung vom November 2001 wieder aufgehoben; nunmehr ist – wie bis 2000 üblich – der direkte AHG-Test nur bei Neugeborenen von Rh-negativen Müttern vorgeschrieben.

Eine etwaige abweichende, weniger weitgehende Regelung in den Mutterschafts-Richtlinien[53] bliebe allerdings unerheblich. Zweifellos wird in den Hämotherapie-Richtlinien entsprechend den Vorgaben des TFG der Stand der medizinischen Wissenschaft und Technik definiert. Daran müssen sich andere Richtlinien orientieren – und nicht umgekehrt –, da andere Richtlinien diesen Stand nicht unterschreiten dürfen.

---

[50] Vgl. § 14 TFG und insbesondere die Liste der Blutprodukte in Tabelle 14.1.
[51] Das Nähere ist durch § 17 TFG geregelt.
[52] V. Kretschmer, R. Karger 2001, 92.

37. Besonderheiten der perinatalen Transfusionstherapie (Kapitel 4.4.2) **51**

Die angegebenen Laufzeiten der Erythrozyten-Präparate stellen Obergrenzen dar, die ggf. in einer Dienstanweisung auch kürzer festzulegen wären. Insbesondere bei Blutkomponenten nach Bestrahlung muss die Zulassung des Herstellers beachtet werden, denen kürzere Laufzeiten zugrunde liegen können.

VII. Sanktionen

Im Zivilrecht: **52**

§ 13 ist Schutzgesetz im Sinne von § 823 Abs. 2 BGB zugunsten der Empfänger von Blutprodukten.

---

[53] Richtlinien des Bundesausschusses der Ärzte und Krankenkassen über die ärztliche Betreuung während der Schwangerschaft und nach der Entbindung („Mutterschafts-Richtlinien") i.d.F. vom 10. Dezember 1985 (veröffentlicht im Banz Nr. 60 vom 27. März 1986) zuletzt geändert am 23. Oktober 1998 (veröffentlicht im Banz Nr. 16 vom 26. Januar 1999) in Kraft getreten am 27. Januar 1999.

§ 14
Dokumentation, Datenschutz

(1) Die behandelnde ärztliche Person hat jede Anwendung von Blutprodukten und von gentechnisch hergestellten Plasmaproteinen zur Behandlung von Hämostasestörungen für die in diesem Gesetz geregelten Zwecke, für Zwecke der ärztlichen Behandlung der von der Anwendung betroffenen Personen und für Zwecke der Risikoerfassung nach dem Arzneimittelgesetz zu dokumentieren oder dokumentieren zu lassen. Die Dokumentation hat die Aufklärung und die Einwilligungserklärungen, das Ergebnis der Blutgruppenbestimmung, soweit die Blutprodukte blutgruppenspezifisch angewendet werden, die durchgeführten Untersuchungen sowie die Darstellung von Wirkungen und unerwünschten Ereignissen zu umfassen.

(2) Angewendete Blutprodukte und Plasmaproteine im Sinne von Absatz 1 sind von der behandelnden ärztlichen Person oder unter ihrer Verantwortung mit folgenden Angaben unverzüglich zu dokumentieren:
1. Patientenidentifikationsnummer oder entsprechende eindeutige Angaben zu der zu behandelnden Person, wie Name, Vorname, Geburtsdatum und Adresse,
2. Chargenbezeichnung,
3. Pharmazentralnummer oder
   - Bezeichnung des Präparates
   - Name oder Firma des pharmazeutischen Unternehmers
   - Menge und Stärke,
4. Datum und Uhrzeit der Anwendung.

Bei Eigenblut sind diese Vorschriften sinngemäß anzuwenden. Die Einrichtung der Krankenversorgung (Krankenhaus, andere ärztliche Einrichtung, die Personen behandelt) hat sicherzustellen, daß die Daten der Dokumentation patienten- und produktbezogen genutzt werden können.

(3) Die Aufzeichnungen, einschließlich der EDV-erfaßten Daten, müssen mindestens fünfzehn Jahre lang aufbewahrt werden. Sie müssen zu Zwecken der Rückverfolgung unverzüglich verfügbar sein. Die Aufzeichnungen sind zu vernichten oder zu löschen, wenn eine Aufbewahrung nicht mehr erforderlich ist. Werden die Aufzeichnungen länger als dreißig Jahre aufbewahrt, sind sie zu anonymisieren.

(4) Die Einrichtungen der Krankenversorgung dürfen personenbezogene Daten der zu behandelnden Personen erheben, verarbeiten und nutzen, soweit das für die in Absatz 1 genannten Zwecke erforderlich ist. Sie übermitteln die dokumentierten Daten den zuständigen Behörden, soweit dies zur Verfolgung von Straftaten, die im engen Zusammenhang mit der Anwendung von Blutprodukten stehen, erforderlich ist. Zur Risikoerfassung nach dem Arzneimittelgesetz sind das Geburtsdatum und das Geschlecht der zu behandelnden Person anzugeben.

Zugehörige Richtlinien:

Zu § 14 Abs. 1 bis 3:

4 Anwendung von Blutprodukten

[...]

Arbeitsvorschriften zur Anwendung entsprechend den Leitlinien der Bundesärzte-kammer zur Therapie mit Blutkomponenten und Plasmaderivaten sind zu erstellen. Die anwendungsbezogenen Wirkungen sind zu erfassen und zu dokumentieren.

Unerwünschte Transfusionsreaktionen sind zu erfassen, auszuwerten und soweit wie möglich in ihrer Ursache aufzuklären. Eine entsprechende Anweisung zur Er-fassung und Dokumentation ist zu erstellen *(Hämovigilanz)*.
[...]

4.1 Transport und Lagerung in der Einrichtung der Krankenversorgung

[...] Der Verbleib nicht angewendeter Blutprodukte ist zu dokumentieren, und ihre ordnungsgemäße Entsorgung sollte über die ausgebende Stelle der Einrichtung er-folgen (4.3.11).

4.2 Blutgruppenserologische Untersuchungen in der Einrichtung der Krankenversorgung

4.2.5 Untersuchungsverfahren

4.2.5.11 Dokumentation der blutgruppenserologischen Befunde

Hersteller und Chargenbezeichnung aller Testreagenzien sind zu dokumentieren. Alle blutgruppenserologischen Untersuchungen einschließlich Reaktionsausfall und Kontrollen sind vollständig zu protokollieren. Eintragungen von Blutgruppen- und Antikörperbefunden in Ausweise müssen von dem Verantwortlichen für die Blutgruppenserologie überprüft und durch seine Unterschrift bestätigt werden. Die Befund-Interpretation obliegt einem transfusionsmedizinisch fort- oder weitergebil-deten Arzt. Die Eintragungen müssen Untersuchungsstelle, Protokollnummer und Datum erkennen lassen. Blutgruppenbefunde einer anderen Untersuchungsstelle (z.B. in Blutspenderpässen) sollen zur Bestätigung herangezogen werden, dürfen aber (außer im Katastrophenfall) nicht allein einer Erythrozytentransfusion zu-grunde gelegt werden. Frühere, im eigenen Laboratorium erhobene Blutgruppenbe-funde können als Grundlage einer Erythrozytentransfusion dienen, wenn die Identi-tät gesichert ist und das Ergebnis durch eine Bestimmung aus einer zweiten Blutentnahme bestätigt wurde. Bereits vorliegende Blutgruppendokumente (ein-schließlich Mutterpass) sollen herangezogen werden, um früher nachgewiesene, klinisch relevante Antikörper zu berücksichtigen, selbst wenn diese aktuell nicht festgestellt werden können.

Ergeben spätere Untersuchungen Abweichungen von früheren Befunden, so hat der Untersucher nach Klärung für die Richtigstellung bzw. Ergänzung zu sorgen. Dies gilt auch für Blutgruppenbefunde bei Neugeborenen und Säuglingen (s. Abschnitt 4.2.5.4, 4.4.1.3).

4.2.5.12 Datensicherung

Die Eingabe von Blutgruppenbefunden in eine EDV-Anlage muss kontrolliert und diese Kontrolle dokumentiert werden. Nach Befundfreigabe muss das EDV-Programm gewährleisten, dass die gespeicherten Daten und Blutgruppeneigenschaften nur autorisiert und erkennbar korrigiert werden können. Die Eingabeprotokolle sind als Dokumente zu behandeln und über einen Zeitraum von mindestens 15 Jahren zu speichern, soweit nicht weitergehende Vorschriften Anwendung finden.

4.3 Anwendung von Blutkomponenten und Plasmaderivaten

4.3.2 Identitätssicherung und vorbereitende Kontrollen

4.3.2.1 AB0-Identitätstest

[...] Das Ergebnis ist schriftlich zu dokumentieren. [...]

4.3.10 Dokumentation

Die Annahme nach Transport, die Transfusion sowie die anwendungsbezogenen Wirkungen und Nebenwirkungen der Blutprodukte sind lückenlos zu dokumentieren, ebenso die nicht angewendeten Blutprodukte und deren ordnungsgemäße Entsorgung. Die Einrichtung der Krankenversorgung hat sicherzustellen, dass die Daten der Dokumentation patienten- und produktbezogen genutzt werden können (§ 14 Abs. 2 TFG). Die Aufzeichnungen sind mindestens fünfzehn Jahre aufzubewahren (§14 Abs. 3 TFG).

Die Dokumentation bei jeder Transfusion von Blutprodukten in den Patientenakten umfasst
- die Aufklärung des Patienten über die Transfusion und die Einwilligungserklärung,
- das Ergebnis der Blutgruppenbestimmung und des Antikörpersuchtests,
- das Anforderungsformular,
- bei zellulären Blutprodukten die Produktbezeichnung/Präparatenummer, den Hersteller (pharmazeutischen Unternehmer), die Blutgruppenzugehörigkeit und bei Erythrozytenpräparaten und ggf. bei Granulozytenpräparaten das Ergebnis der serologischen Verträglichkeitsprobe (Kreuzprobe) sowie das Ergebnis des AB0-Identitätstests,
- bei Plasma (z.B. GFP, VIP) die notwendigen Angaben über Blutgruppenzugehörigkeit, den Hersteller (pharmazeutischer Unternehmer), die Produktbezeichnung/Präparatenummer, die Packungsgröße und Anzahl der verwendeten Packungen,
- bei Plasmaderivaten und bei gentechnisch hergestellten Plasmaproteinen zur Behandlung von Hämostasestörungen die notwendigen Angaben über Hersteller (pharmazeutischen Unternehmer), Produktbezeichnung, Chargennummer, Packungsgröße und Anzahl der verwendeten Packungen,

- Datum und Uhrzeit der Verabreichung der Blutprodukte,
- die anwendungsbezogenen Wirkungen sind durch geeignete Parameter (z.B. Hämatokrit, Thrombozytenzählung) zu dokumentieren,
- unerwünschte Wirkungen sind mit Datum und Angabe der Uhrzeit im Krankenblatt zu dokumentieren. Die Meldung unerwünschter Wirkungen ist nach geltenden Vorschriften vorzunehmen.

Es wird auf das Votum des Arbeitskreises Blut zur chargenbezogenen Dokumentation verwiesen.

4.3.11 Entsorgung der nicht angewendeten Blutprodukte

Die ordnungsgemäße Entsorgung von nicht verwendeten Blutprodukten ist zu dokumentieren (siehe 4.1). Hierfür ist eine Dienstanweisung im Rahmen des Qualitätssicherungssystems zu erstellen (vgl. § 17 Abs. 1 Satz 2 TFG).

Hinsichtlich der Dokumentationspflicht für Laboratoriumsbefunde wird auf Abschnitt 4.2.5.11 verwiesen.

4.5 Unerwünschte Wirkungen nach Anwendung von Blutprodukten

4.5.8 Dokumentation, Meldewege, Rückverfolgung (Look back)

Alle unerwünschten Wirkungen durch Transfusion sind patientenbezogen mit Datum und Angabe der Uhrzeit vollständig zu dokumentieren (4.3.10). Die Aufzeichnungen sind 15 Jahre aufzubewahren. [...]

4.6 Autologe Hämotherapie

4.6.4 Nicht verwendete Eigenblutprodukte

Nicht benötige Eigenblutprodukte dürfen aus Gründen der Sicherheit weder zur homologen Bluttransfusion noch als Ausgangsmaterial für andere Blutprodukte verwendet werden. [...] Der Verbleib aller autologen Blutprodukte ist zu dokumentieren. Hierzu ist im Rahmen des Qualitätssicherungssystems eine Dienstanweisung zu erstellen (§ 17 Abs. 1 Satz 2 TFG).

4.6.6 Dokumentation

Angewendete Eigenblutprodukte sind von der behandelnden ärztlichen Person oder unter deren Verantwortung im Sinne von § 14 Abs. 2 TFG unverzüglich zu dokumentieren.

Die Vorgaben nach Abschnitt 4.3.10 gelten hierbei sinngemäß.

4.9 Therapeutische Plasmapherese und Plasmadifferentialtrennung

4.9.1 Organisation, Dokumentation und Ausstattung

[...] Zu den Vorgaben an die Dokumentation siehe Abschnitt 2.6.5.7.

Literatur

Arbeitskreis Blut Votum 13 (V13), Chargenbezogene Dokumentation von Blutprodukten, Bundesgesundheitsblatt 7/1996, S. 276 - 277; Council of Europe, Data processing systems (Chapter 26, Seite 205 - 208) und Record keeping (Chapter 27,
Seite 209 - 210), in: Guide to the preparation, use and quality assurance of blood
components, Recommendation No. R(95)15, 7th Edition, Council of Europe Press
2001; W.A. Flegel, B. Kubanek, Vorbereitende Maßnahmen und Dokumentation einer Bluttransfusion, DÄ 92(1995)A-3244 - 3252; G. Hutschenreuter, M. Kiese, M.
Wessiepe, Introduction of a central documentation of blood products according to
§§ 14 and 17 Transfusionsgesetz (TFG) by a computerized blood bank data system,
Infusionther Transfusionsmed 28(2001)20 – 23.

I. Die Bedeutung der Norm

1   Das Transfusionsgesetz enthält zwei unterschiedliche bereichsspezifische Regelungen für den Datenschutz. Zum einen die für die Dokumentation der Spende in § 11
TFG (siehe dort), zum anderen die für die Anwendung von Blutprodukten in § 14
und die Dokumentation.

Daneben geben beide Vorschriften zugleich den Inhalt und den Umfang der Dokumentationspflicht vor, die es bisher nach den (nach wie vor auch für den Bereich der
Transfusion geltenden) Vorschriften des Arzneimittelgesetzes nicht gegeben hat.
Die Pflicht zur ärztlichen Dokumentation lässt § 14 unberührt. Sie ergibt sich aus
dem ärztlichen Standesrecht, § 10 MBOÄ[1].

2   Da es sich bei § 14 um eine spezifisch für die Anwendung von Blutprodukten und
von gentechnisch hergestellten Plasmaproteinen getroffene Datenschutzregelung
handelt, die wie im übrigen auch § 11 TFG bereichsspezifisch ist, sind die landesrechtlichen Datenschutzgesetze sowie das Bundesdatenschutzgesetz nicht anwend-

---

[1] Bezüglich dem Begriff der Dokumentation und der standesrechtlichen Pflichten zur
     Dokumentation und Schweigepflicht siehe § 11 TFG Rz. 2.

bar. Daher kommt es auch nicht darauf an, in welcher Rechtsform die Einrichtung der Krankenversorgung oder die Spendeeinrichtung betrieben wird. Die Unterscheidung würde nur dann eine Rolle spielen, wenn es um die Geltung und den Umfang der allgemeinen datenschutzrechtlichen Vorschriften ginge.

II. Dokumentation der Anwendung

Im Gegensatz zu § 11 TFG, in welchem es um die Dokumentation[2] der Spendentnahme geht, regelt § 14 die Dokumentation der Anwendung von Blutprodukten. **3**

§ 14 Abs. 1 baut auf der in § 10 MBOÄ grundsätzlich geregelten ärztlichen Dokumentationspflicht auf und schreibt der behandelnden ärztlichen Person vor, jede Anwendung zu dokumentieren oder dokumentieren zu lassen. Dabei werden weiterhin folgende Punkte geregelt:
– Die Anwendung welcher Arzneimittel nach den Vorschriften des TFG zu dokumentieren ist.
– Welchen Zwecken die Dokumentation dienen soll.

Weiterhin werden Beispiele für den Umfang der Dokumentation gegeben[3].

III. Zu dokumentierende Arzneimittel

Eine chargenbezogene Dokumentationspflicht wird für alle Blutprodukte im Sinne **4**
§ 2 Ziff. 3 TFG und darüber hinaus für gentechnisch hergestellte Plasmaproteine zur Behandlung von Hämostasestörung festgelegt (Tab. 14.1). Diese Regelung orientiert sich am Votum 13 des Arbeitskreises Blut[4] und an einem Beschluss des Vorstandes der Bundesärztekammer[5].

---

[2] § 11 Abs. 1 TFG benutzt aus nicht erfindlichen Gründen den Begriff „Protokollierung" anstelle von „Dokumentation", was tatsächlich gemeint ist.
[3] Vgl. § 14 Rz. 7.
[4] Arbeitskreis Blut Votum 13: „Es müssen alle Blutprodukte chargenbezogen dokumentiert werden, die von den in dem Beschluß der Bundesärztekammer genannten 21 Präparategruppen erfaßt werden. Das gilt auch für gentechnologisch hergestellte Gerinnungspräparate."
[5] Vorstand der Bundesärztekammer, Chargendokumentation von Blut und Blutprodukten (Beschluß des Vorstandes der Bundesärztekammer vom 17. Dezember 1993), DÄ 91(1994)664.

Tabelle 14.1. Zu dokumentierende Arzneimittel*

- Albumin als Wirkstoff
- Alpha(1)-Proteinase-Inhibitor
- Antithrombin III
- Blutgerinnungsfaktor VII
- Blutgerinnungsfaktor VIII
- Blutgerinnungsfaktor IX
- Faktor XIII
- C1-Inaktivator
- Fibrinogen
- Gewebekleber (Fibrin)
- Gefrorenes Frischplasma (quarantänegelagert)
- Gefrorenes Frischplasma (virusinaktiviert)
- Humanserum
- Immunglobuline
- Interferone
- Plasmaproteinlösung
- Plasminogen
- Protein C
- Prothrombinkomplexpräparate
- Prothrombinkomplex mit Faktor-VIII-Inhibitor-Bypass-Aktivität
- Serumcholinesterase
- Transfer-Faktor
- Zellhaltige Blut- und Blutbestandteilpräparate

Die Liste gibt die gängigsten Beispiele der zu dokumentierenden Blutprodukte wieder. Die Dokumentationspflicht orientiert sich an der tatsächlichen Zusammensetzung bzw. Herstellung der Arzneimittel und muss anhand des aktuellen Stands entschieden werden. Die gleiche Dokumentationspflicht besteht für gentechnisch hergestellte Plasmaproteine zur Behandlung von Hämostasestörungen. Jede Dokumentation dieser Arzneimittel muss chargenbezogen erfolgen.

* Modifiziert nach: Bundesärztekammer, Paul-Ehrlich-Institut, Richtlinien zur Blutgruppenbestimmung und Bluttransfusion (Hämotherapie), Deutscher Ärzte-Verlag, Köln 1996, Anhang Seite 101 - 103.

IV. Zwecke der Dokumentation

5 Die Dokumentation erfolgt zum einen für Zwecke, die in anderen Paragrafen des TFG ausformuliert sind. Als Beispiele können der interdisziplinäre Informationsaustausch nach § 15 Abs. 2 TFG, die Unterrichtungspflichten nach § 16 TFG und die Rückverfolgung nach § 19 Abs. 2 TFG angeführt werden.

Natürlich dient die Dokumentation auch für Zwecke der ärztlichen Behandlung der Patienten, bei denen die Anwendung durchgeführt wird. Schließlich soll die Dokumentation für die Risikoerfassung nach §§ 62 ff. AMG Abs. 1 Satz 2 genutzt werden.

Ein wesentlicher Zweck der Dokumentation ist eine möglichst rasche Rückverfol-   **6**
gung des verwendeten Blutproduktes bis zur Quelle, also bis zum Spender oder zum
pharmazeutischen Unternehmer, der das Blutprodukt hergestellt und in den Verkehr
gebracht hat.

V. Umfang der Dokumentation

Nach der Begründung zum TFG sollen die in § 14 aufgeführten Vorgänge und Ar-   **7**
beitsschritte nur beispielhaft, aber nicht abschließend aufgezählt sein. Vielmehr
wird der Umfang der Dokumentation durch den Stand der medizinischen Wissenschaft und Technik beschrieben und ist in Bezug auf die Anwendung in den Hämotherapie-Richtlinien Kapitel 4.3.10 abschließend formuliert.

Eine Aufklärung des Patienten muss erfolgen und seine Einwilligung vorliegen.   **8**
Beides muss schriftlich dokumentiert werden. Ein Gegenzeichnen des Patienten ist
nicht vorgeschrieben, wird aber zum Beweis in der Regel verlangt werden. Da die
Vorschrift für alle in Tab. 14.1 aufgeführten Arzneimittel gilt, müsste grundsätzlich
auch vor der Anwendung von z.B. Fibrinkleber eine Aufklärung und Einwilligung
erfolgen, was bisher nicht immer beachtet wird.

Die Anwendung ist mit Datum und Uhrzeit zu dokumentieren. Es bietet sich an, ein   **9**
„Transfusionsprotokoll" als kleines Formular (siehe Tabelle 14.2) z.B. auf der
Rückseite des Begleitscheins für Blutpräparate vorzusehen, wenn eine andere Do-
kumentationsmöglichkeit nicht besteht[6]. Die Dokumentation erfolgt in der Regel in
der Krankenakte. Falls eine anderweitige Dokumentation zum Beispiel im Anästhe-
sieprotokoll bereits vorliegt, kann auf jede weitere Dokumentation verzichtet werden.

---

[6] W.A. Flegel, B. Kubanek 1995, Grafik 2.

Tabelle 14.2

Tranfusionsprotokoll – von transfundierender ärztlichen Person auszufüllen –

Der Bedside-Test wurde mit einer frischen Blutprobe des Empfängers am Krankenbett durchgeführt. Danach wurde unmittelbar mit der Transfusion begonnen.

Bedside-Test:

Ergebnis (AB0)

Transfundierte Präparate	Blutgruppe (optional)	Uhrzeit
_____	_____	_____
_____	_____	_____
_____	_____	_____
_____	_____	_____

Transfusionsreaktion (mindestens 30 min Nachbeobachtungszeit):

☐   Nein
☐   Ja (bitte separates Protokoll*)

_____

Datum/Uhrzeit/Unterschrift (Namen bitte zusätzlich in Blockschrift)

_____

Alternativ kann die Dokumentation durch z.B. Bedside-Testkarte, Anästhesie-Protokoll oder Eintrag in Patientenkurve erfolgen. Das Transfusionsprotokoll muss mindestens 15 Jahre dokumentiert werden (z.B. in der Patientenakte).

*   Ein Beispiel „Bericht über eine Transfusionsreaktion" findet sich unter § 16 TFG.

10   Auch die anwendungsbezogene Wirkung muss dokumentiert werden. Bisher wurden kaum praxisnahe Vorgaben veröffentlicht. Vielmehr können die Arbeitsvorschriften in der Einrichtung der Krankenversorgung selbst ausformuliert werden. Am ehesten können sich klinisch tätige Ärzte an Leitlinien orientieren, die aber keine Verbindlichkeit im Sinne des TFG oder der Hämotherapie-Richtlinien haben.

Treten unerwünschte Arzneimittelwirkungen (UAW) auf, sind auch diese mit Datum und Uhrzeit zu dokumentieren. Da dies nur bei einem kleinen Teil der Transfusionen vorkommt, sollte eine spezielles Formular vorgesehen und in der Krankenakte dokumentiert werden[7].

---

[7]   W.A. Flegel, B. Kubanek 1995, Grafik 3; vgl. auch § 16 TFG Unterrichtungspflichten.

VI. Inhalt der chargenbezogenen Dokumentation

In § 14 Abs. 2 ist eine personen- und chargenbezogene Dokumentation der Anwen-   **11**
dung von Blutprodukten vorgeschrieben. Die dort aufgeführten Tatbestände sind
mindestens zu dokumentieren und zwar zeitnah zu ihrer Anwendung.

In den Hämotherapie-Richtlinien Kapitel 4.3.10 finden sich die vollständigen Vorgaben für die zu dokumentierenden Angaben bei zellulären Blutprodukten, Plasma,
Plasmaderivaten und gentechnisch hergestellten Plasmaproteinen zur Behandlung
von Hämostasestörungen.

Die in § 14 Abs. 2 Satz 1 Ziff. 1 - 4 aufgeführten Punkte gelten auch für Eigenblutent-   **12**
nahmen. Hier ist durch die Dokumentation der Gefahr einer Verwechslung einer
Blutentnahme mit anderen Eigenblutentnahmen zu begegnen und vorzubeugen.

Zur Dokumentation verpflichtet ist die Blutprodukte anwendende ärztliche Person
oder die von ihr damit beauftragte Person. Die Einrichtung der Krankenversorgung[8]
hat durch organisatorische Maßnahmen sicher zu stellen, dass die Daten der Dokumentation patienten- wie produktbezogen genützt werden können.

VII. Die Pharmazentralnummer

Arzneimittel können, müssen aber nicht mit einer Pharmazentralnummer versehen   **13**
werden. Sie wird durch eine private Organisation[9] vergeben, die als gemeinsame
Clearingstelle der pharmazeutischen Industrie, des pharmazeutischen Großhandels
und der Apotheker der Bundesrepublik Deutschland eingerichtet ist.

Die Pharmazentralnummer (PZN) ist ein bundeseinheitlicher Identifikationsschlüssel
für Artikel im Apothekensektor und wird im Pharma- und Apothekenbereich verwendet. Jede PZN identifiziert einen Artikel (Handelsform) mit bestimmter Bezeichnung
und Packungsgröße eines bestimmten Anbieters. Weitere Kriterien wie Darreichungsform, Farbe, Form, Größe usw. werden als artikelidentifizierende Merkmale herangezogen, wenn dies zur Unterscheidung von anderen Artikeln erforderlich ist.

---

[8]   § 14 Abs. 2 Satz 2 gibt eine Definition vor: „Krankenhäuser, andere Einrichtungen, die
      Patienten behandeln."
[9]   Informationsstelle für Arzneispezialitäten, IFA GmbH, Frankfurt am Main, <http://
      www.ifaffm.de/>: „PZN rationalisieren die artikelbezogene Kommunikation der Han-
      delspartner und der im Gesundheitswesen tätigen Organisationen. Eine exklusive Rolle
      spielt die PZN für die Abrechnung der Apotheken mit den gesetzlichen Krankenkassen.
      Die betroffenen Spitzenverbände der Apotheken und Krankenkassen haben sich gemäß
      § 300 SGB Fünftes Buch vertraglich geeinigt, bei der Arzneimittelabrechnung die PZN
      als Identifikationsschlüssel zu verwenden. Zu diesem Zweck übertragen die Apotheken
      die PZN der zu Lasten der GKV abgegebenen Arzneimittel maschinenlesbar auf die Ver-
      ordnungsblätter. Der Handel nutzt PZN für Bestellung, Fakturierung, Logistik und für
      das Lagerwesen. Hierbei dienen PZN als Artikel-/Bestellnummern in (elektronischen)
      Bestellaufträgen zwischen Industrie, Pharmazeutischen Großhandlungen und Apotheken,
      auf Lieferscheinen und Rechnungen. Sie unterstützen die Tourenplanung und -verfol-
      gung, die Identifikation der gelieferten Waren beim Wareneingang und im Warenlager. In
      diesem Zusammenhang spielt das Thema Strichcodierung eine zentrale Rolle."

14   Viele Plasmaderivate und gentechnisch hergestellte Arzneimittel werden eine Pharmazentralnummer tragen, die sich dann für die Dokumentation anbietet und eine Rückverfolgung unter Umständen bis zur einzelnen Charge bzw. Packung zulässt. Allerdings beteiligen sich die Spendeeinrichtungen nicht an diesem Verfahren, sodass weder Blutprodukte, wie Erythrozytenpräparate, noch z.b. Albumin eine Pharmazentralnummer aufweisen. Die Blutspendedienste vergeben vielmehr selbst „Präparatenummern" o.ä., die die einzelne Spende und das einzelne daraus hergestellte Blutprodukt eineindeutig kennzeichnen.

VIII. Aufbewahrungsdauer

15   Die über die Spendenentnahmen gemachten Aufzeichnungen (Dokumentation) sind mindestens 15 Jahre aufzubewahren. Gerade bei der Anwendung wird die Dokumentation in der Patientenakte erfolgen, die in der Regel länger als 15 Jahre und bis zu 30 Jahre aufbewahrt wird.

16   Einen Teil der in Kapitel 4.3.10 Hämotherapie-Richtlinien genannten Daten werden zweckmäßigerweise im blutgruppenserologischen Labor dokumentiert. Bisher galt nach den Qualitätssicherungs-Richtlinien von 1992 eine 10jährige Aufbewahrungszeit (siehe dort). Entsprechend dem TFG besteht seit Juli 1998 auch für die Unterlagen des Labors generell eine Aufbewahrungsdauer von 15 Jahren und zwar nicht nur für die neu dokumentierten Unterlagen, sondern auch für solche, die im Labor seit Juli 1983 dokumentiert und bei in Kraft treten des TFG noch vorhanden waren.

17   Ist ihre Aufbewahrung nicht mehr erforderlich, ist die Aufzeichnung zu löschen oder zu vernichten, je nachdem, in welcher Form sie vorgenommen wurde. Nach spätestens 30 Jahren müssen die Daten gelöscht oder anonymisiert werden. Total anonymisierte Daten können nach Ablauf der Aufbewahrungsfrist für Forschungszwecke verwendet werden. Eine Reidentifizierung der ehemaligen Spender muss dabei völlig ausgeschlossen sein[10].

§ 11 ÖstblutSiG 1999 begnügt sich mit einer 10jährigen Aufbewahrungsfrist.

18   Die Begründung zum TFG gibt sich forschungsfreundlich, wenn sie eine längere als die gesetzlich vorgesehene Aufbewahrung von Daten der Anwendung zu Forschungszwecken vorsieht. Dabei wird vergessen, dass die Aufzeichnung der Anwendung zu Forschungszwecken nicht zu den in § 14 Abs. 1 vorgesehenen Zwecken gehört. Sie wäre nur zu Forschungszwecken zulässig, wenn der Transfusionsempfänger nach Aufklärung eingewilligt hat, da er sein Einverständnis schließlich im Allgemeinen nur zum Zweck seiner Behandlung gibt.

Lässt man einmal die in unterschiedlichen gesetzlichen und untergesetzlichen Vorschriften vorgesehenen Fristen für die Aufbewahrung ärztlicher Aufzeichnungen und Dokumentationen Revue passieren, so ergibt sich ein bunter Fleckenteppich,

---

[10]   W. van Eimeren, M. Beckmann, C. Wolter, Anonymes unverknüpftes Testen (AUT), DÄ 90(1993)233 - 238.

dem eigentlich kein gemeinsamer Nenner zu entlocken sein dürfte[11]. Die Gesetzesbegründung zu § 14 führt für die 15jährige Aufbewahrungsdauer Haftungsgründe
ins Feld. Dies kann so nicht stimmen. Die längste Verjährungsfrist beträgt nach
§ 199 BGB immerhin 30 Jahre. Solange können Ersatzansprüche aus unerlaubter
Handlung längstens geltend gemacht werden, was für Spätschäden durchaus ins
Auge zu fassen ist, ab Kenntnis vom Sachverhalt und der Person des Schädigers.

IX. Bereichsspezifischer Datenschutz

In § 14 Abs. 3 ist eine bereichsspezifische Datenschutzregelung enthalten, die die   **19**
EDV-mäßige Verarbeitung von Daten zulässt, die zu den in § 14 Abs. 1 genannten
Zwecken[12] erhoben werden, solange die Daten für diese Zwecke benötigt werden.
Die Weitergabe der Daten an die Bundesoberbehörde ist im Gegensatz zu § 11 TFG
nicht vorgesehen. Der Anwendung von Blutprodukten unterliegt nicht der Aufsicht
nach §§ 64 ff. AMG (Risikoerfassung).

Die Weitergabe von gespeicherten Spenderdaten durch die Spendeeinrichtung zur   **20**
Verfolgung von Straftaten und Ordnungswidrigkeiten stellt ein Novum dar. Die Gesetzesbegründung erklärt sie für zulässig, wenn sie in engem Zusammenhang mit
der Anwendung von Blutprodukten stehen.

Spontan fällt einem dazu zunächst einmal die Straftat nach § 31 TFG ein. Hier   **21**
müsste sich die Spendeeinrichtung und ihre Mitarbeiter allerdings selbst durch Weitergabe der Daten einer Straftat bezichtigen. Dies kann wohl so nicht sein.

Somit bleiben Straftaten und Ordnungwidrigkeiten nach § 95 ff. AMG, soweit sich
der Betreiber der Spendeeinrichtung und deren Mitarbeiter nicht durch rechtswidriges und schuldhaftes Tun oder Unterlassen selbst strafbar gemacht oder eine Ord-
nungwidrigkeit begangen haben.

Zur Risikoerfassung ist die Weitergabe des Geburtsdatums und des Geschlechts des   **22**
Spenders zulässig. Vergleichbare Datenschutzvorschriften finden sich in §§ 8 Abs.
4 Satz 2, 9 Satz 2, 11 Abs. 2 Satz 3 und 16 Abs. 2 Satz 3 TFG, die zu beachten sind,
auch wenn von den Behörden weitere personenbezogenen Daten, wie z.B. die Initialen der Personen, gerne entgegengenommen würden.

X. Die Risikoerfassung

Das Transfusionsgesetz regelt selbst die Risikoerfassung bezüglich der Blutspenden   **23**
nicht gesondert. Es nimmt in § 14 Abs. 4 Ziff. 3 in soweit auf §§ 62 ff. AMG Bezug,
der wiederum im Zusammenhang mit § 29 AMG zu lesen ist. Danach hat der phar-

---

[11] Vgl. hierzu die Zusammenstellung bei H.-J. Rieger 1984, Rz. 1084 ff. und zur Verletzung
der Aufbewahrungspflicht Rz. 574f.; R. Ratzel in: R. Ratzel, H.-D. Lippert 1998, § 10
Rz. 10 ff.
[12] Vgl. BVerfGE 65, 1 (Volkszählungsurteil) und dem daraus entwickelten Grundsatz der
Zweckbindung der Datenverarbeitung.

mazeutische Unternehmer dem PEI ihm bekannt gewordene Verdachtsfälle einer schwerwiegenden Nebenwirkung oder Wechselwirkung mit anderen Mitteln anzuzeigen. Ein für die Meldung an das PEI vorgesehenes Formblatt enthält personenbezogene Daten, ohne dass sich für deren Weitergabe aus dem Gesetz eine Rechtsgrundlage entnehmen ließe. Dem beugt § 14 Abs. 4 Satz 3 insoweit vor, als hier festgehalten ist, Geburtsdatum und Geschlecht der spendenden Person seien mitzuteilen, also weiterzugeben. Daraus ist der Schluss zu ziehen, sonstige personenbezogene Daten dürften nicht (ohne ausdrückliche Zustimmung des Spenders) mitgeteilt werden[13].

XI. Rechtsfolgen

Im Zivilrecht:

24   Der Bruch der Verschwiegenheitspflicht kann Schadenersatzansprüche nach sich ziehen. Einmal kann darin eine Verletzung des Behandlungsvertrages liegen, weil die Verschwiegenheitspflicht eine Nebenpflicht zu diesem Vertrag darstellt. Anspruchsgegner ist die Einrichtung der Krankenversorgung.

Zum anderen kann in der Verletzung der Verschwiegenheitspflicht eine Persönlichkeitsrechtsverletzung im Sinne von § 823 Abs. 1 BGB vorliegen, die der behandelten Person einen Schmerzensgeldanspruch gewährt.

§ 203 StGB ist schließlich Schutzgesetz im Sinne von § 823 Abs. 2 BGB, so dass auch hierauf ein Schadenersatzanspruch (Schmerzensgeldanspruch) gestützt werden kann. Anspruchsgegner ist der zur Geheimhaltung Verpflichtete.

Im Berufsrecht:

25   In der Verletzung der Verschwiegenheitspflicht liegt schließlich eine Verletzung der dem Arzt auferlegten ärztlichen Pflicht zur Verschwiegenheit nach § 9 MBOÄ[14]. Die Verletzung der ärztlichen Schweigepflicht kann beim Arzt ein berufsgerichtliches Verfahren nach sich ziehen.

XII. Sanktionen

Im Strafrecht:

26   Aufzeichnungen nach § 14 Abs. 1 und 2 stellen Geheimnisse der behandelten Person im Sinne von § 203 StGB dar, deren unbefugte Offenbarung eine Straftat ist. Die Tat ist rechtswidrig, sofern keiner der Offenbarungstatbestände (Weitergabe an Verwaltungs- und Überwachungsbehörde) des § 14 Abs. 3 oder die Einwilligung der behandelten Person vorliegen. Normadressat sind Ärzte und nichtärztliches Personal der Einrichtung der Krankenversorgung.

---

[13] So auch die Gesetzesbegründung zu § 14 Abs. 2.
[14] Vgl. § 11 TFG Rz. 21.

§ 15
Qualitätssicherung

(1) Einrichtungen der Krankenversorgung, die Blutprodukte anwenden, haben ein System der Qualitätssicherung für die Anwendung von Blutprodukten nach dem Stand der medizinischen Wissenschaft und Technik einzurichten. Sie haben eine approbierte ärztliche Person zu bestellen, die für die transfusionsmedizinischen Aufgaben verantwortlich und mit den dafür erforderlichen Kompetenzen ausgestattet ist (transfusionsverantwortliche Person). Sie haben zusätzlich für jede Behandlungseinheit, in der Blutprodukte angewendet werden, eine approbierte ärztliche Person zu bestellen, die in der Krankenversorgung tätig ist und über transfusionsmedizinische Grundkenntnisse und Erfahrungen verfügt (transfusionsbeauftragte Person). Hat die Einrichtung der Krankenversorgung eine Spendeeinrichtung oder ein Institut für Transfusionsmedizin oder handelt es sich um eine Einrichtung der Krankenversorgung mit Akutversorgung, so ist zusätzlich eine Kommission für transfusionsmedizinische Angelegenheiten (Transfusionskommission) zu bilden.

(2) Im Rahmen des Qualitätssicherungssystems sind die Qualifikation und die Aufgaben der Personen, die im engen Zusammenhang mit der Anwendung von Blutprodukten tätig sind, festzulegen. Zusätzlich sind die Grundsätze für die patientenbezogene Qualitätssicherung der Anwendung von Blutprodukten, insbesondere der Dokumentation und des fachübergreifenden Informationsaustausches, die Überwachung der Anwendung, die anwendungsbezogenen Wirkungen und Nebenwirkungen und zusätzlich erforderliche therapeutische Maßnahmen festzulegen.

Zugehörige Richtlinien:

1.4 Qualitätsmanagement (QM)

Einrichtungen, durch die Blut oder Blutbestandteile entnommen werden (Spendeeinrichtungen) und Einrichtungen, die Blutprodukte anwenden (Einrichtungen der Krankenversorgung), müssen ein System der Qualitätssicherung betreiben. Sofern in der Einrichtung der Krankenversorgung bereits ein Qualitätsmanagementsystem existiert, ist das System der Qualitätssicherung gemäß diesen Richtlinien in das bestehende Qualitätsmanagement zu integrieren.

Qualitätsmanagement ist Aufgabe der Leitung der jeweiligen Einrichtung, die mit Hilfe eines QM-Systems die Zuständigkeiten und Verantwortlichkeiten festlegt, die erforderliche Qualitätssicherung inhaltlich definiert und geeignete Maßnahmen zur Verwirklichung und Prüfung veranlasst. Die Voraussetzungen sind durch den Träger zu schaffen.

Jede Einrichtung legt die Ziele auf der Grundlage dieser Richtlinien fest.

Das Erreichen der Qualitätsziele auf der Grundlage dieser Richtlinien und deren Einhaltung muss durch regelmäßiges Überprüfen aller Abläufe, Leistungen und

Produkte anhand von definierten Qualitätskriterien kontrolliert und mit Hilfe geeigneter Steuerungsmaßnahmen sichergestellt werden.

Zur Beschreibung und zur Dokumentation des funktionierenden QM-Systems ist ein den Aufgaben entsprechendes Qualitätsmanagementhandbuch zu erstellen, das sowohl für die klinische als auch die transfusionsmedizinische Einrichtung Qualitätsmerkmale und Qualitätssicherungsmaßnahmen zusammenfasst. Einzelheiten zur Erstellung des Qualitätsmanagementhandbuches finden sich in Kap. 4.

Das Qualitätsmanagementhandbuch muss für alle Mitarbeiter in dem für ihre Arbeit relevanten Umfang zugänglich sein. Die dort in Form von Standardarbeitsanweisungen bzw. Dienstanweisungen festgelegten organisatorischen Regelungen und Verfahren sind als Standard verbindlich. Das Handbuch ist den neuen Erfordernissen, Entwicklungen und Änderungen anzupassen. Seine Funktionsfähigkeit ist durch regelmäßigen Soll-/Ist-Abgleich im Rahmen von Selbstinspektionen sicherzustellen. Dazu ist ein funktionsfähiges Selbstinspektionsprogramm zu erarbeiten und umzusetzen. Als zentraler Teil der Qualitätssicherung ist die diesbezügliche Verfahrensweise im Qualitätsmanagementhandbuch niederzulegen.

1.4.1 Qualitätssicherung (QS)

1.4.1.1 Ziele und Aufgaben

Sowohl Einrichtungen, die Blut und Blutbestandteile gewinnen als auch Einrichtungen, in denen Blutprodukte angewendet werden, müssen funktionierende Qualitätssicherungssysteme entsprechend Art und Umfang der durchgeführten Tätigkeiten betreiben, damit alle Produkte und Leistungen den Erwartungen der Anwender und Empfänger in bezug auf größtmögliche Sicherheit und Nutzen entsprechen. Die Qualitätssicherungssysteme müssen die aktive Beteiligung der Leitung der Einrichtung und des Personals der betroffenen Bereiche vorsehen.

1.4.1.2 Qualitätssicherung bei der Gewinnung

Für Betriebe und Einrichtungen, die Blutbestandteile gewinnen, Blutprodukte herstellen, lagern und/oder abgeben, ist das Qualitätssicherungssystem durch § 1a der Betriebsverordnung für pharmazeutische Unternehmer (PharmBetrV) vorgeschrieben. Die formulierten Grundsätze zur Qualitätssicherung in der PharmBetrV sind Mindestanforderungen und auch in den Regelwerken zur 'Guten Herstellungspraxis' (GMP) und zur 'Guten Laborpraxis' (GLP) der Europäischen Gemeinschaft festgeschrieben. Träger von Einrichtungen, durch die Blutspenden entnommen werden, haben eine angemessene personelle, bauliche, räumliche und technische Ausstattung sicherzustellen.

1.4.1.3 Qualitätssicherung bei der Anwendung

Einrichtungen der Krankenversorgung, die Blutprodukte anwenden, sind durch § 15 Transfusionsgesetz (TFG) gesetzlich zur Einrichtung eines Systems der Qualitätssicherung verpflichtet. Qualitätssicherung umfasst die Gesamtheit der personellen, organisatorischen, technischen und normativen Maßnahmen, die geeignet sind, die Qualität der Versorgung der Patienten zu sichern, zu verbessern und gemäß dem medizinisch-wissenschaftlichen Kenntnisstand weiter zu entwickeln (s. auch §§ 112, 136 und 137 des Sozialgesetzbuches Band V (SGB V)). Für eine Hämotherapie sind die notwendigen Qualitätsmerkmale für die erforderlichen Untersuchungen und die Anwendung von Blutprodukten zu definieren. Im Rahmen des Qualitätssicherungssystems sind die Qualifikationen und die Aufgaben der verantwortlichen Personen festzulegen. Für Einrichtungen mit Akutversorgung ist eine Kommission für transfusionsmedizinische Angelegenheiten (**Transfusionskommission**) zu bilden. Gesetzlich vorgeschrieben für alle Einrichtungen, die Blutprodukte anwenden, ist die Bestellung eines **Transfusionsverantwortlichen,** der für die transfusionsmedizinischen Aufgaben verantwortlich und mit den dafür erforderlichen Kompetenzen ausgestattet ist, zusätzlich für jede Behandlungseinheit ein **Transfusionsbeauftragter.** Externer Sachverstand sollte – soweit notwendig – herangezogen werden. Einzelheiten der Qualitätssicherung finden sich in Kapitel 4.

1.4.1.3.1 Transfusionsverantwortlicher

Der Transfusionsverantwortliche ist eine approbierte ärztliche Person und muss eine den Aufgaben entsprechende Qualifikation und Kompetenz besitzen. Er muss transfusionsmedizinisch qualifiziert sein und sollte über hämostaseologische Grundkenntnisse verfügen. Seine Aufgabe ist es, die Einhaltung der einschlägigen Gesetze, Verordnungen, Richtlinien, Leitlinien und Empfehlungen sicherzustellen und eine einheitliche Organisation bei der Vorbereitung und Durchführung von hämotherapeutischen Maßnahmen zu gewährleisten sowie das Qualitätssicherungssystem fortzuentwickeln. Er sorgt für die qualitätsgesicherte Bereitstellung der Blutprodukte, ist konsiliarisch bei der Behandlung der Patienten mit Blutprodukten tätig und leitet ggf. die Transfusionskommission. Der Transfusionsverantwortliche muss eine der folgenden Qualifikationen oder Voraussetzungen besitzen:

a) Facharzt für Transfusionsmedizin,
b) Facharzt mit Zusatzbezeichnung „Bluttransfusionswesen",
c) Facharzt eines transfundierenden Fachgebietes mit theoretischer Fortbildung (16 Stunden) einer Landesärztekammer und vierwöchiger Hospitation in einer zur Weiterbildung für Transfusionsmedizin befugten Einrichtung,
d) Tätigkeit als Transfusionsverantwortlicher bei Inkrafttreten dieser Richtlinien auf der Grundlage der Richtlinien von 1996.
e) Werden in einer Einrichtung nur Plasmaderivate angewendet, sind für die Qualifikation als Transfusionsverantwortlicher 8 Stunden theoretische Fortbildung einer Landesärztekammer Voraussetzung. Eine Hospitation kann entfallen.
f) Nach Inkrafttreten dieser Richtlinien kann die Tätigkeit des Transfusionsverantwortlichen, soweit die Voraussetzungen von a) bis e) nicht gegeben sind, durch Heranziehung externen, entsprechend qualifizierten Sachverstandes (Qualifikation nach a) oder b)) entsprechend § 15 TFG ergänzend gewährleistet werden.

1.4.1.3.2 Transfusionsbeauftragter

Für jede Behandlungseinheit (klinische Abteilung) ist eine approbierte ärztliche Person als Transfusionsbeauftragter zu bestellen, der in der Krankenversorgung tätig und transfusionsmedizinisch qualifiziert ist. Er muss über eine entsprechende Erfahrung und sollte über hämostaseologische Grundkenntnisse verfügen. Der Transfusionsbeauftragte stellt in Zusammenarbeit mit dem Transfusionsverantwortlichen bzw. der Transfusionskommission der Einrichtung die Durchführung der festgelegten Maßnahmen in der Abteilung sicher:

Er berät in Fragen der Indikation, Qualitätssicherung, Organisation und Dokumentation der Hämotherapie, sorgt für den ordnungsgemäßen Umgang mit den Blutprodukten, regelt die Unterrichtung nach § 16 Abs.1 Satz 2 TFG und beteiligt sich an den Ermittlungen in Rückverfolgungsverfahren nach § 19 Abs. 2 TFG. Der Transfusionsbeauftragte muss eine der folgenden Qualifikationen oder Voraussetzungen besitzen:

a) Facharzt für Transfusionsmedizin,
b) Facharzt mit Zusatzbezeichnung „Bluttransfusionswesen",
c) Facharzt mit theoretischer Fortbildung (16 Stunden) einer Landesärztekammer,
d) Tätigkeit als Transfusionsbeauftragter bei Inkrafttreten dieser Richtlinien auf der Grundlage der Richtlinien von 1996.
e) Werden in einer Einrichtung nur Plasmaderivate angewendet, sind für die Qualifikation als Transfusionsbeauftragter 8 Stunden theoretische Fortbildung einer Landesärztekammer Voraussetzung.

1.4.1.3.3 Transfusionskommission

Der Transfusionskommission sollen der Transfusionsverantwortliche, Transfusionsbeauftragte sowie unter Berücksichtigung der Gegebenheiten ggf. der ärztliche Leiter der Spendeeinrichtung, der Krankenhausapotheker sowie die Krankenpflegeleitung, die Krankenhausleitung und die Leitung des medizinisch-technischen Dienstes angehören.

Aufgabe der Transfusionskommission ist die Erarbeitung von Vorgaben für die Sicherstellung der Einhaltung und Durchführung von Gesetzen, Verordnungen, Richt- und Leitlinien sowie Empfehlungen für die Qualitätssicherung. Sie soll den Krankenhausvorstand/die Klinikleitung bei der Etablierung und Fortentwicklung der Qualitätssicherung beraten, Vorschläge für entsprechende Dienstanweisungen erarbeiten und den organisatorischen Umgang mit Blut und Blutprodukten regeln. Die Transfusionskommission hat dafür zu sorgen, dass einrichtungs- und fachspezifische Regelungen zur Anwendung von Blut und Blutprodukten auf dem Boden der *Leitlinien der Bundesärztekammer zur Therapie mit Blutkomponenten und Plasmaderivaten* in der jeweils gültigen Fassung und dieser Richtlinien der Bundesärztekammer erstellt werden. Weiterhin gehört auch die Erstellung von Verbrauchsstatistiken sowie die Fortbildung im ärztlichen und pflegerischen Bereich sowie für

---

2 Einrichtungen der Krankenversorgung werden im folgenden Text „Einrichtungen" genannt.

medizinisch-technische Assistenten/innen auf dem Gebiet der Hämotherapie zu ihrem Aufgabenbereich. Eine Koordination mit der Arzneimittelkommission des Krankenhauses ist anzustreben.

1.4.1.3.4 Arbeitskreis für Hämotherapie

Regional können Arbeitskreise für Hämotherapie eingerichtet werden, die der regionalen Zusammenarbeit und dem regelmäßigen Informationsaustausch auf dem Gebiet der Transfusionsmedizin dienen.

1.4.1.3.5 Der transfundierende Arzt

Jeder hämotherapeutische Maßnahmen durchführende Arzt muss die dafür erforderlichen Kenntnisse und ausreichende Erfahrung besitzen. Die Indikationsstellung ist integraler Bestandteil des jeweiligen ärztlichen Behandlungsplanes. *Die Leitlinien der Bundesärztekammer zur Therapie mit Blutkomponenten und Plasmaderivaten* in der jeweils gültigen Fassung sind zu beachten.

1.5 Einrichtungen, Verantwortung und Zuständigkeit

1.5.1 Einrichtungen

Einrichtungen der Krankenversorgung[2], in denen die unter 1.3 genannten transfusionsmedizinischen Aufgaben und Tätigkeiten ausgeführt werden, sind unter 1.5.1.1 bis 1.5.1.6 aufgeführt.

1.5.1.1 Einrichtungen ohne Blutdepot und ohne blutgruppenserologisches Laboratorium

In diesen Einrichtungen ist bei mehreren Ärzten ein verantwortlicher Arzt zu benennen, wenn Hämotherapie durchgeführt wird. In Einrichtungen mit nur einem Arzt ist dieser verantwortlich. Er ist dann zugleich behandelnder, transfusionsverantwortlicher und transfusionsbeauftragter Arzt. Qualifikationen und Voraussetzungen entsprechend 1.4.1.3.1.

1.5.1.2 Einrichtungen mit Blutdepot

Für die Leitung eines Blutdepots ist ein Facharzt eines transfundierenden Fachgebietes mit mindestens vierwöchiger Hospitation in einer zur Weiterbildung für Transfusionsmedizin befugten Einrichtung und theoretischer Fortbildung entsprechend 1.4.1.3.1 c) zu benennen. Die theoretische Fortbildung kann entfallen, wenn eine Qualifikation nach 1.4.1.3.1 a) oder b) besteht.

1.5.1.3 Einrichtungen mit blutgruppenserologischem Laboratorium

Der verantwortliche Arzt muss die Qualifikationen und Voraussetzungen entsprechend 1.4.1.3.1 a) bis c) mit einer sechsmonatigen Fortbildung in einer zur Weiterbildung für Transfusionsmedizin befugten Einrichtung oder als Facharzt für Laboratoriumsmedizin besitzen.

1.5.1.4 Einrichtungen mit Spendeeinrichtung

Diese Einrichtungen sind definiert durch Gewinnung von Blut und Blutbestandteilen, Herstellung und Anwendung von Blutprodukten. Voraussetzung für die ärztliche Leitung der Spendeeinrichtung ist neben den gesetzlich festgelegten Vorgaben die Facharztanerkennung für Transfusionsmedizin.

Der ärztliche Leiter der Spendeeinrichtung in Krankenhäusern mit Spendeeinrichtung wird in der Regel als Transfusionsverantwortlicher bestellt.

1.5.1.5 Einrichtungen mit Spendeeinrichtung ausschließlich zur autologen Hämotherapie

Als Qualifikation für den verantwortlichen Arzt gelten die unter 2.7.5 genannten Voraussetzungen.

1.5.1.6 Spendeeinrichtungen ohne Anbindung an eine Einrichtung der Krankenversorgung

Als Qualifikation für den verantwortlichen Arzt gelten die unter 1.5.1.4 genannten Voraussetzungen.

Die unter 1.5.1.1 bis 1.5.1.6 beschriebenen Funktionen können auch von einem Arzt wahrgenommen werden, der diese Tätigkeiten bei Inkrafttreten der Richtlinien mindestens seit 31.12.1993 ausgeübt hat. Falls die Bedingungen unter 1.5.1.1 bis 1.5.1.3 nicht erfüllt sind, ist in Ausnahmefällen die Heranziehung von externem, entsprechend qualifiziertem Sachverstand (Qualifikation nach 1.4.1.3.1 a) oder b) möglich.

1.6 Überwachung des Qualitätssicherungssystems

Die Qualitätssicherung in Einrichtungen, welche Blutprodukte anwenden, ist nach den Vorgaben dieser Richtlinien durchzuführen.

Der Ärzteschaft obliegt die Überwachung des Qualitätssicherungssystems bei der Anwendung von Blutprodukten. Dazu setzen die Einrichtungen der Krankenversorgung, die Blutkomponenten anwenden, eine approbierte ärztliche Person als *Qualitätsbeauftragten* ein, die in dieser Funktion weisungsunabhängig ist und eine der Aufgabe entsprechende Kompetenz und Qualifikation besitzt, wie sie z.B. durch den Besuch eines Kurses nach den Vorgaben des Curriculums Qualitätssicherung/Ärztliches Qualitätsmanagement der Bundesärztekammer nachgewiesen werden kann.

Der Qualitätsbeauftragte darf nicht gleichzeitig Transfusionsverantwortlicher oder Transfusionsbeauftragter der Einrichtung sein, eine Ausnahme hiervon bilden Einrichtungen der ambulanten Krankenversorgung.

Sofern in der Einrichtung der Krankenversorgung bereits ein Qualitätsmanagementsystem existiert, welches über die Anwendung von Blutprodukten hinausgeht, ist die Funktion des Qualitätsbeauftragten in das bestehende System des Qualitätsmanagements zu integrieren.

In einjährigem Abstand, erstmals bis spätestens 31.12.2001, hat der Qualitätsbeauftragte der Einrichtung, in der Blutkomponenten angewendet werden, der zuständigen Landesärztekammer z.b. durch Vorlage des Qualitätssicherungshandbuches nachzuweisen, dass das Qualitätssicherungssystem der Anwendung von Blutprodukten den Vorgaben dieser Richtlinien entspricht.

1.7 Meldewesen

Auf die Mitteilungs- und Meldepflichten nach §§ 16, 21 und 22 des Transfusionsgesetzes und § 29 des Arzneimittelgesetzes (AMG) wird verwiesen. Einzelheiten sind in einer Dienstanweisung zu regeln (vgl. 4.5.8).

Literatur

E. Adamides, F. Carbonell-Uberos, F. M. Delaney, N. Drouet, B. Kubanek, M. Pappalettera, J. Scott, A. Maniatis, Practices and attitudes towards quality assurance, inspection and accreditation in blood collection establishments in the European community, Transfus Med 10(2000)271 - 281; W. Brandstätter, F. Bäsler, Richtlinien zur Gewinnung von Blut und Blutbestandteilen und zur Anwendung von Blutprodukten (Hämotherapie): Änderungen für den Anwender von Blutprodukten, DÄ 97(2000)A-1927 - 1928; Deutsche Gesellschaft für Qualität, Begriffe zum Qualitätsmanagement, 6. Auflage, Beuth, Berlin 1997; R. Dörner, Muster-Qualitätsmanagmenthandbuch für die Klinische Anwendung von Blutkomponenten und Plasmaderivaten, Berufsverband der Deutschen Transfusionsmediziner, Köln 2000; H.-D. Lippert, Universitätsklinika - Rechtsformänderung - Privatisierung - Riskmanagement, RPG 2000, 99; ders., Das Organisationsverschulden in Hochschulklinika, NJW 1984, 2606; A. Wienke, H.-D. Lippert, W. Eisenmenger, Die ärztliche Berufsausübung in den Grenzen der Qualitätssicherung, Springer 1998.

I. Die Bedeutung der Norm

1   § 15 ist eine der wichtigsten Vorschriften im Dritten Abschnitt des Transfusionsgesetzes (TFG). Einrichtungen der Krankenversorgung, die Blutprodukte anwenden, müssen sich ein System der Qualitätssicherung (QS-System) geben. Wie genau ein solches QS-System auszusehen hat, gibt das TFG nicht detailliert vor. Es beschränkt sich darauf, einzelne Punkte anzusprechen, die dem Gesetzgeber wohl wichtig erschienen sind (Tabelle 15.1). Die Zusammenschau dieser einzelnen Gesichtspunkte ergibt also für sich noch kein QS-System, umschreibt aber dessen Rahmen. Mittelbar ergeben sich über die in § 18 TFG als Stand der Technik definierten Hämotherapie-Richtlinien sogar weitergehende Vorschriften, da diese Richtlinien ein umfassenderes Systems des Qualitätsmanagments (QM) festlegen, und somit den gerade im TFG lose umschriebenen Rahmen des QS erweitern.

Tabelle 15.1. Wesentliche Punkte im System der Qualitätssicherung (QS) nach § 15 TFG und im System des Qualitätsmanagments (QM) nach Kapitel 1.4 der Hämotherapie-Richtlinien i.d.F. von 2000

---

§ 15 Abs. 1
Strukturqualität: Bestellung von
– transfusionsverantwortlicher Person und Ausstattung mit Kompetenzen
– transfusionsbeauftragter Person mit transfusionsmedizinischer Erfahrung
– Transfusionskommission in bestimmten Einrichtungen

§ 15 Abs. 2
Strukturqualität: Festlegung
– Qualifikation der involvierten Personen
– Aufgaben der involvierten Personen
Prozessqualität: Festlegung
– Grundsätze für die patientenbezogene Qualitätssicherung
– fachübergreifender Informationsaustausch
Ergebnisqualität: Festlegung
– Dokumentation der Anwendung von Blutprodukten
– Überwachung der Anwendung
– Wirkungen und Nebenwirkungen
– zusätzlich erforderliche therapeutische Maßnahmen

Kapitel 1.4 Hämotherapie-Richtlinien
Strukturqualität:
– transfusionsverantwortliche Person, Qualifikation und Aufgaben
– transfusionsbeauftragte Person, Qualifikation und Aufgaben
– Transfusionskommission, Zusammensetzung und Aufgaben
– Führen eines Qualitätsmanagementhandbuchs (QM-Handbuch)
Prozessqualität:
– regelmäßige Überprüfung aller Abläufe, Leistungen und Produkte
– Kontrolle anhand definierter Qualitätkriterien
– Sicherstellung mittels geeigneter Steuerungsmaßnahmen
Ergebnisqualität:
– regelmäßiger Soll-Ist-Abgleich im Rahmen von Selbstinspektionen

---

II. Anwendungsbereiche des QS nach § 15

Das von § 15 geforderte, von der Blutprodukte anwendenden Einrichtung der Kran-   **2**
kenversorgung zu etablierende System der Qualitätssicherung (QS-System) betrifft
ausschließlich die Anwendung von Blutprodukten. Das Qualitätssicherungssystem
des Arzneimittelgesetzes (AMG)[1], das sich auf die Herstellung von Blutprodukten
bezieht, ist im AMG und der Betriebsverordnung für pharmazeutische Unternehmer
(PharmBetrV) sowie den Regelwerken der Europäischen Gemeinschaft[2] zur „Guten Herstellungspraxis" (GMP) und „Guten Laborpraxis" (GLP) ausreichend ausgeformt.

In den Hämotherapie-Richtlinien wird eine Qualitätssicherung für Einrichtungen   **3**
der Krankenversorgung (nach TFG vorgeschrieben) in einem Atemzug auch für
Spendeeinrichtungen (nicht nach TFG, sondern nach AMG vorgeschrieben) festgelegt. Dies mag für Einrichtungen, die Blutspende und Anwendung gleichzeitig
durchführen, Sinn machen. Dennoch wäre hier eine formale Trennung vorteilhaft
gewesen, da die Inhalte der Qualitätssicherung letztlich nur an den Schnittstellen
von Herstellung und Anwendung überlappen, wie dies zum Beispiel bei Lagerung,
Transport und deren Dokumentation der Fall ist. Zudem macht das TFG keine zusätzlichen inhaltlichen Vorgaben zur Qualitätssicherung in Spendeeinrichtungen,
die durch das AMG seit langem geregelt ist und im Rahmen des Gesetzgebungsver-
fahrens offensichtlich als ausreichend angesehen wurde[3].

III. Das System des Qualitätsmanagements (QM)

Im System des QM der Hämotherapie-Richtlinien stellt das im TFG vorgeschrie-   **4**
bene System der QS (siehe Tabelle 15.1) lediglich einen – wenn auch sehr wesentlichen – Teil dar. Zusätzliche Punkte der Hämotherapie-Richtlinien, die das QS
nach § 15 spezifizieren und teilweise erweitern, sind:
– regelmäßige Überprüfung aller Abläufe, Leistungen und Produkte,
– Kontrolle anhand definierter Qualitätskriterien,

---

[1] Vgl. R. Ratzel, in: E. Deutsch et al. 2001b, § 19 Rz. 1.
[2] Office for Official Publications of the European Communities, The Rules governing
    Medicinal Products in the European Community, Vol. IV: Guide to Good Manufacturing
    Practice for Medicinal Products (ISBN 92-825-9572-2); Pharmazeutische Inspektions-
    Convention (PIC), Leitfaden einer Guten Herstellungspraxis für pharmazeutische Pro-
    dukte (PIC-Dokument PH 5/89 vom September 1989), Bundesanzeiger 214a vom
    10.8.1990 (abgedruckt in K. Feiden 1998); Pharmazeutische Inspektions-Convention
    (PIC), Die Gute Herstellungspraxis für Produkte aus menschlichem Blut und Blutplasma
    (Anlage 2), in: Bekanntmachung von ergänzenden Leitlinien zum Leitfaden einer Guten
    Herstellungspraxis für pharmazeutische Produkte, Bundesanzeiger S. 9073 vom
    17.8.1993 (abgedruckt in K. Feiden 1998).
[3] Ein Vergleich des Stands der Qualitätssicherung unter den Spendeeinrichtungen in der
    EU findet sich bei E. Adamides et al. 2000: „Four broad categories of operational perfor-
    mance in relation to safety were formed: initial, repeatable, managed and optimising."
    Unter den 352 Spendeeinrichtungen, die den strukturierten Fragebogen beantworteten,
    wurden 209 in die Gruppe „initial" eingestuft.

- Sicherstellung mittels geeigneter Steuerungsmaßnahmen,
- regelmäßiger Soll-Ist-Abgleich im Rahmen von Selbstinspektionen und
- Führen eines Qualitätsmanagementhandbuchs (QM-Handbuch).

5 Das QM ist Aufgabe der Leitung der Einrichtung, und der Träger der Einrichtung hat die notwendigen Voraussetzungen zu schaffen. Insbesondere muss die Einrichtung der Krankenversorgung einen Qualitätsbeauftragten einsetzen, der nicht gleichzeitig Transfusionsverantwortlicher oder -beauftragter sein darf. Sofern bereits ein QM-System existiert, ist dieser Qualitätsbeauftragte in das bestehende QM-System zu integrieren. Selbstinspektionen werden durch die Hämotherapie-Richtlinien als zentraler Teil der QS definiert, deren Verfahrensweise und Ergebnisse im QM-Handbuch festzuhalten sind. Der Qualitätsbeauftragte muss in jährlichem Abstand der zuständigen Landesärztekammer nachweisen, dass die Vorgaben zum QM-System eingehalten werden, was in der Regel durch Vorlage des QM-Handbuchs belegt wird.

Dabei bleibt die Funktion des Qualitätsbeauftragten darauf beschränkt, das Funktionieren des QM im Bereich der Transfusionsmedizin dadurch festzustellen, dass die geforderten und im QM-System der Einrichtung der Krankenversorgung beschriebenen QS-Verfahren vorhanden sind und beachtet werden. Es ist nicht die Aufgabe des Qualitätsbeauftragten, das QM-System im Bereich der Transfusionsmedizin aufzuformen, da dies vielmehr dem Transfusionsverantwortlichen obliegt.

IV. Das Qualitätsmanagementhandbuch (QM-Handbuch)

6 Ein QM-Handbuch muss von allen Anwendern von Blutprodukten i. S. § 2 Ziff. 3 TFG geführt werden. Der Umfang des QM-Handbuchs orientiert sich an den Aufgaben der Einrichtung; je größer, komplexer und arbeitsteiliger eine Einrichtung organisiert ist, desto detaillierter sollten die Vorgehensweisen beschrieben werden. Sofern jedoch die Vorschriften des § 15 und der Hämotherapie-Richtlinien Kapitel 1.4 (Qualitätsmanagement) bzw. 1.6 (Überwachung des Qualitätssicherungssystems) eingehalten werden (Tabelle 15.2), bleibt die Entscheidung über den Umfang des QM-Handbuchs dem Transfusionsverantwortlichen (d.h. nicht dem Qualitätsbeauftragten) überlassen.

7 Ein Muster-QM-Handbuch[4] ist vom Berufsverband der Transfusionsmediziner erarbeitet worden, dessen Teile in dem Umfang als Vorlage genutzt werden können, wie es die lokalen Gegebenheiten der Einrichtung der Krankenversorgung bzw. der Spendeeinrichtung erfordern.

---

[4]   R. Dörner 2000.

Tabelle 15.2. Qualitätsmanagementhandbuch (QM-Handbuch)*
Mindestanforderungen als Beispiel für Einrichtungen der Krankenversorgung, die Blutprodukte i.S. § 1 Ziff. 3 TFG anwenden.

Struktur der Einrichtung der Krankenversorgung
Organigramm der Einrichtung (einschließlich Benennung des Qualitätsbeauftragten**)
Organigramm oder Verzeichnis der Mitglieder der Transfusionskommission***
Stellenbeschreibung des Transfusionsverantwortlichen und des Vertreters
Stellenbeschreibung für Transfusionsbeauftragte
Liste der Transfusionsbeauftragten und deren Vertreter
Liste der mitversorgenden Blutspendedienste
Dienstanweisung für Vorbereitung und Durchführung von Bluttransfusionen
Einarbeitungsprotokoll für ärztliches und Assistenz-Personal (z.B. Unterschriftenliste zur Kenntnisnahme der Dienstanweisung)****
Selbstinspektionsbogen (Checkliste zur Durchführung einer Selbstinspektion)
Inspektionsbogen (Dokumentation der mindestens jährlich durchgeführten Selbstinspektion)

| * | Ausführliche Unterlagen finden sich bei R. Dörner, Muster-Qualitätsmanagement-handbuch für die Klinische Anwendung von Blutkomponenten und Plasmaderivaten, Köln 2000. |
| **** | |

*   Ausführliche Unterlagen finden sich bei R. Dörner, Muster-Qualitätsmanagement-handbuch für die Klinische Anwendung von Blutkomponenten und Plasmaderivaten, Köln 2000.

**   Bei Einrichtungen der ambulanten Krankenversorgung kann der Qualitätsbeauftragte gleichzeitig Transfusionsverantwortlicher bzw. Transfusionsbeauftragter sein.

***   Erforderlich bei Einrichtungen der Akutversorgung, aber – obwohl keine eindeutige Regelung getroffen ist – nicht erforderlich bei Einrichtungen der ambulanten Versorgung.

****   Kann beim Transfusionsbeauftragten hinterlegt werden; Kopie beim eingearbeiteten Arzt.

V. Das System der Qualitätssicherung (QS)

Qualitätssicherung umfasst die Gesamtheit der personellen, organisatorischen, technischen und normativen Maßnahmen, die geeignet sind, die Qualität der Versorgung der Patienten mit Blutprodukten und zu sichern, zu verbessern und gemäß dem medizinisch-wissenschaftlichen Kenntnisstand weiter zu entwickeln[5].   **8**

Die Hämotherapie-Richtlinien postulieren im Kapitel 1.4.1.1 („Ziele und Aufgaben") die Einrichtung eines QS-Systems, „damit alle Produkte und Leistungen den Erwartungen der Anwender und Empfänger in Bezug auf größtmögliche Sicherheit und Nutzen entsprechen."[6] Man mag dies als Vision (Sinnbild) akzeptieren, sollte aber auch klarstellen, dass dies nicht die kurzfristigen Ziele der Maßnahmen im Rahmen des QS-Systems sind, die folglich anders zu definieren wären.   **9**

---

[5]   Vgl. hierzu Hämotherapie-Richtlinien Kapitel 1.4.1.3.

[6]   V. Kretschmer, R. Karger, Infusionsther Transfusionsmed 28(2001)26: „Diese Aussagen gehen sogar über den gesetzlichen Anspruch nach optimaler Versorgung hinaus, da die allgemein bestehenden Erwartungen vor allem der Empfänger bzw. der Öffentlichkeit nicht erfüllbar sind. Es wäre besser gewesen, von der nach aktuellem Stand von Wissenschaft und Technik möglichen Sicherheit zu sprechen, und selbst diese muss sich auf die von der Gesellschaft finanzierbaren Möglichkeiten beschränken."

10   Der Prozess der Qualitätssicherung wird üblicherweise in drei Teilbereiche aufgegliedert: zum einen in den der Strukturqualität, zum anderen in den der Prozessqualität und schließlich in den in der Ergebnisqualität. Ob und inwieweit es Sinn macht, die für Produktionsbetriebe entwickelten Instrumentarien von DIN EN ISO 9000 heranzuziehen, ist nach wie vor umstritten.

11   In § 15 Abs. 1 und Abs. 2 werden Vorgaben zur Struktur- und zur Ergebnisqualität, in den Hämotherapie-Richtlinien i.d.F. 2000 (deutlicher als in frühen Fassungen) solche mit Schwerpunkt zur Struktur- und zur Prozessqualität gemacht. Die Hämotherapie-Richtlinien fordern die Erstellung eines QM-Handbuchs und entsprechender Dienstanweisungen[7], in denen die Betriebsabläufe festgehalten sind.

12   Wird z.b. ein QM-Handbuch in den vorgeschriebenen jährlichen Abständen der zuständigen Landesärztekammer vorgelegt und von ihr nicht widersprochen, sind damit die Anforderungen nach § 15 zum QS und nach Hämotherapie-Richtlinien Kapitel 1.4 und 1.6 zum QM formal erfüllt. Diese jährliche Nachweispflicht trifft alle Anwender von Blutkomponenten; damit sind solche Anwender nicht zum jährlichen Nachweis verpflichtet, die ausschließlich andere Blutprodukte, wie z.b. Antiseren, Impfstoffe oder Plasmaderivate aus menschlichem Blut verabreichen.

VI. Zur Nomenklatur von QM, QS, QM-Darlegung und Qualitätskontrolle[8]

13   Das Qualitätsmanagement[9] bezeichnet die Gesamtheit der qualitätsbezogenen Tätigkeiten und Zielsetzungen. Nach DIN EN ISO 9000 werden alle geplanten, systematischen, vertrauenbildenden Tätigkeiten nach DIN EN ISO 8402[10] als Qualitätssicherung oder QM-Darlegung[11] benannt; dem Normanwender bleibt es überlassen, welche der beiden Bezeichnungen er verwendet. Die wörtliche, aber nicht sinngemäße Übersetzung Qualitätskontrolle[12] ist im Deutschen nicht definiert[13] und von seiner Benutzung wird abgeraten, da dieser Begriff oft synonym zu Qualitätsprüfung, -lenkung, -überwachung, -audit, aber auch QM-Darlegung und damit missverständlich verwendet wird.

---

[7]   Ein Beispiel für eine Muster-Dienstanweisung, die die Anforderungen nach Kapitel 4 der Hämotherapie-Richtlinien betrifft, findet sich online als Verknüpfung unter: http://www.springer.de/cgi-bin/search_book.pl?isbn=3-540-41816-4&cookie=done.

[8]   Deutsche Gesellschaft für Qualität 1997.

[9]   Engl. – quality management.

[10]   DIN 8402 definiert Qualität als „die Gesamtheit von Merkmalen einer Einheit bezüglich ihrer Eignung, festgelegte und vorausgesetzte Erfordernisse zu erfüllen."

[11]   Engl. – quality assurance.

[12]   Engl. – quality control.

[13]   Ein Beispiel für die sinnwidrige Anwendung von „quality control" auch im Englischen findet sich bei R.N.I. Pietersz, Quality assurance and quality control in component preparation, Vox Sang 67, suppl. (1994)197 – 199: „From the products which have passed all the in process checks at random samples should be taken for quality control (QC)."

VII. Rechtliche Bedeutung von Richtlinie, Leitlinie und „SOP"

Die Begriffe Richtlinie, Leitlinie und Standard sind im Rahmen des QM bisher   **14**
nicht allgemein definiert. Es ist zu begrüßen, dass für die Transfusionsmedizin die
Bedeutung der Hämotherapie-Richtlinien nunmehr eindeutig als allgemein anerkannter Stand der medizinischen Wissenschaft und Technik festgelegt wurde und
nach § 12 TFG für Spendeeinrichtungen bzw. nach § 18 TFG für Einrichtungen der
Krankenversorgung verbindlich sind.

Leitlinien sind definiert als systematisch entwickelte, wissenschaftlich begründete   **15**
und praxisorientierte Handlungsempfehlungen über angemessene ärztliche Vorgehensweisen bei speziellen gesundheitlichen Problemen[14]. Im Unterschied zu den
Hämotherapie-Richtlinien haben Leitlinien, Standards oder Empfehlungen von wissenschaftlichen und medizinischen Gesellschaften jedoch keine unmittelbare Bin-
dungswirkung. Sie setzen kein objektives Recht und tragen somit nicht zur unmittelbaren Verrechtlichung der Medizin bei[15].

Standardarbeitsanweisungen[16] bzw. Dienstanweisungen stellen eine QM-Verfah-   **16**
rensanweisung[17] dar, in denen der Zweck einer Tätigkeit bzw. Aufgabenstellung
und deren Anwendungsbereich beschrieben wird. In ihnen wird festgelegt, was
durch wen, wo und wie getan werden muss. Die benutzten Einrichtungen, Materialien und Hilfsmittel sowie die Überwachungs- und Dokumentationsmethoden müssen festgelegt werden[18]. Somit beschreiben die Standardarbeitsanweisungen (SOP)
die konkreten, unter den örtlichen Gegebenheiten zutreffenden Verfahren und for-
men, die gesetzlichen Vorschriften des TFG und den allgemein anerkannten Standard der Hämotherapie-Richtlinien in der Praxis der Einrichtung der Krankenversorgung bzw. der Spendeeinrichtung aus.

Diese verteilten Regelungsebenen sind im medizinischen Bereich die Norm und   **17**
können wegen der damit verbundenen Kompetenzverteilung, die sich vorzugsweise
an den fachlichen Qualifikationen orientiert, durchaus von Vorteil für die Patientenversorgung sein.

VIII. Zeitlicher Rahmen der Einführung

Man wird dem Optimismus des Gesetzgebers, eine zweijährige Übergangsfrist bis   **18**
zum 1.1.2001 zur Einrichtung des Qualitätssicherungssystems sei ausreichend, mit

---

[14] J. Wawersik, Was bewirken Leitlinien, Richtlinien, Standards? Anästhesiol Intensivmed
   38(1997)534-540; und Ärztliche Zentralstelle Qualitätssicherung (gemeinsame Einrichtung von Bundesärztekammer und Kassenärztlicher Bundesvereinigung), Checkliste
   Methodische Qualität von Leitlinien, 2. Version (Bewertungsinstrument des Leitlinien-
   Clearingverfahrens), DÄ 97(2000)A-1170 - 1172.
[15] W. Weißauer, Leitlinien, Richtlinien, Standards: Vorteile und Gefahren – juristische
   Begriffsbestimmung, Anästhesiol Intensivmed 39(1998)197 - 200.
[16] Engl. – Standard Operation Procedure (SOP).
[17] Engl. – documented quality system procedure.
[18] Deutsche Gesellschaft für Qualität 1997.

einer gehörigen Portion Skepsis gegenübertreten müssen[19]. Denn schließlich sind selbst die Hämotherapie-Richtlinien, in denen der anerkannte Standard ausformuliert wird, erst im Juli 2000 veröffentlicht worden. So wird man akzeptieren müssen, dass die meisten Einrichtungen der Krankenversorgung diese Frist haben verstreichen lassen. Überwiegend wurden bisher Dienstanweisungen erstellt, die die wesentlichen Punkte regeln, aber ein umfassenderes QM-System ist meist noch nicht eingerichtet.

IX. Die Organisation der Anwendung von Blut und Blutprodukten

19   Einrichtungen der Krankenversorgung, in denen Blut und Blutprodukte angewendet werden sollen, müssen ein System der Qualitätssicherung einrichten. Dies heißt zunächst einmal, dass die Träger der Einrichtung die organisatorischen, personellen und sächlichen Voraussetzungen dafür zu schaffen haben, um eine Anwendung von Blut und Blutprodukten nach den Vorschriften des TFG und der Hämotherapie-Richtlinien zu ermöglichen.

20   Je nach Größe der Einrichtung der Krankenversorgung gehört hierzu die grundsätzliche Entscheidung, ob die Einrichtung selbst auch eine Spendeeinrichtung betreiben oder ob die Versorgung mit Blut und Blutprodukten durch eine externe Spendeeinrichtung erfolgen soll. Danach bemisst sich nämlich in Anwendung der Hämotherapie-Richtlinien die personelle Vorhaltung, die erforderlich ist. Eine Transfusionskommission ist in allen Einrichtungen der Krankenversorgung erforderlich, die eine Spendeeinrichtung betreiben oder die in der Akutversorgung tätig sind. Hier wurde leider nicht definiert, was als Einrichtung mit Akutversorgung genau gemeint wurde. In aller Regel wird man Einrichtungen der ambulanten Akutversorgung von dieser Vorschrift ausnehmen.

21   Zunächst ist durch die Leitung der Einrichtung der Krankenversorgung festzuhalten, in welchen Untergliederungen (Behandlungseinheiten wie Kliniken, Instituten, Abteilungen etc.) Blut und Blutprodukte angewendet werden sollen. Die Einrichtung der Krankenversorgung muss eine transfusionsverantwortliche Person bestellen. Durch die Einrichtung der Krankenversorgung ist für jede Behandlungseinheit (z.B. klinische Abteilung) eine transfusionsbeauftragte Person zu bestellen. Die Leitung der Einrichtung der Krankenversorgung hat dafür zu sorgen, dass Transfusionsverantwortlicher und Transfusionsbeauftragter mit den dem Stand der medizinischen Wissenschaft und Technik entsprechenden Qualifikationen, Kompetenzen und Ressourcen ausgestattet sind bzw. ausgestattet werden. Der Stand der medizinischen Wissenschaft und Technik richtet sich nach den Hämotherapie-Richtlinien[20].

22   Die qualitätsgesicherte Anwendung von Blut und Blutprodukten ist im Kapitel 4 der Hämotherapie-Richtlinien ausführlich geregelt. Diese Vorschriften müssen Bestandteil des QS der Einrichtung der Krankenversorgung und des QM-Handbuchs sein.

---

[19] Vgl. F. v. Auer, R. Seitz 1998, Kommentar zu § 15 Rz. 6.
[20] Vgl. §§ 12 und 18 TFG.

X. Die Qualifikation des eingesetzten Personals

Die Bundesärztekammer versuchte etwaigen praxisfremden Regelungen zuvorzukommen, indem die Aufgaben der Qualitätssicherung und deren Überwachung der ärztlichen Selbstverwaltung zugeordnet wurden. Deshalb machen die Hämotherapie-Richtlinien für die nachzuweisenden Kenntnisse und Fähigkeiten von Transfusionsverantwortlichem und Transfusionsbeauftragtem detaillierte Vorgaben (Tabelle 15.3). **23**

Tabelle 15.3. Qualifikationsvoraussetzungen*
für das ärztliche Personal in der Anwendung von Blutprodukten nach den Hämotherapie-Richtlinien

Funktion	Richtlinien 1996	Hämotherapie-Richtlinien 2000
Transfusionsverantwortlicher Nur Anwendung von Plasmaderivaten	Nicht näher spezifiziert	Theoretische Fortbildung (8 Std.)**
Transfusionsverantwortlicher Gesamtes Spektrum der Hämotherapie	Nicht näher spezifiziert (falls keine Verantwortung für Blutdepot oder blutgruppenserologisches Labor)	Facharzt (transfundierendes Fachgebiet) + Theoretische Fortbildung (16 Std.)** + Hospitation (4 Wochen)***
Transfusionsbeauftragter	Nicht näher spezifiziert	Facharzt + Theoretische Fortbildung (16 Std.)** ***
Leitung Blutdepot	Facharzt mit 4 Wochen Hospitation	Facharzt (transfundierendes Fachgebiet) + Theoretische Fortbildung (16 Std.)** + Hospitation (4 Wochen)*** ****
Verantwortung für blutgruppenserologisches Labor	Facharzt mit 6 Monaten Fortbildung*** **** *****	Facharzt (transfundierendes Fachgebiet) + Theoretische Fortbildung (16 Std.)** + Fortbildung (6 Monate)*** **** *****

* nach W. Brandstätter, F. Bäsler, Dt. Ärzteblatt 97(2000)A-1928. Nach § 33 TFG darf jeder die Tätigkeit ausüben, die er bei Inkrafttreten des TFG am 7.7.1998 ausübte, wenn er die zu diesem Zeitpunkt geltenden Vorschriften, also die Richtlinien 1996, erfüllte. Bei Vorliegen dieser Voraussetzungen sind eine theoretische Fortbildung und eine Hospitation nicht erforderlich. Wird eine Übergangsregelung nach § 33 TFG in Anspruch genommen, so ist es ratsam, das Bestehen der Voraussetzungen z.B. durch Arbeitsunterlagen oder Bescheinigungen des Arbeitgebers zu dokumentieren.

** Das Curriculum für die 8- bzw. 16-stündige theoretische Fortbildung muss in Abstimmung mit der zuständigen Landesärztekammer abstimmt werden. Ein Vorschlag für ein mögliches Curriculum findet sich in Tabelle 15.4.

*** alternativ Facharzt für Transfusionsmedizin oder Facharzt mit Zusatzbezeichnung „Bluttransfusionswesen"

**** alternativ Facharzt für Laboratoriumsmedizin

***** alternativ Ausübung der Funktion seit 31.12.1993 (hierbei ist eine schriftliche Dokumentation empfehlenswert).

Es liegt nahe, bei der Übernahme solcher Funktionen, auf eine ausreichende Strafrechtsschutzversicherung zu achten. Eine solche Absicherung wird nicht selten durch den Arbeitgeber für das eingesetzte Personal abgeschlossen, da eine solche unabhängige Absicherung der Mitarbeiter durchaus auch im Interesse des Arbeitgebers ist. Dieses Vorgehen des Arbeitgebers ist z.b. auch üblich in den Spendeeinrichtungen für die Herstellungs- und Kontrollleiter sowie den Stufenplanbeauftragten.

24   Solange die geforderten Qualifikationen nicht ausreichend in der ärztlichen Ausbildung bzw. Weiterbildung vermittelt werden, sind die angebotenen Kurse erforderlich (Tabelle 15.4)[21]. Die Voraussetzungen für die Facharztanerkennungen ergeben sich aus der Weiterbildungsordnung der zuständigen Landesärztekammer[22].

Tabelle 15.4. Mögliches Curriculum für die 8- bzw. 16-stündige theoretische Fortbildung*

Block A (8 Stunden theoretische Fortbildung)** ***
– Gesetzliche Grundlagen, Transfusionsgesetz, Richtlinien, Leitlinien
– Aufklärungspflicht
– Aufgaben und Stellung der Transfusionsverantwortlichen und -beauftragten
– Immunhämatologische Grundlagen
– Risiken der Hämotherapie
– Meldepflichten, Meldewege, Stufenplanbeauftragter
– Rückverfolgung (Look back-Verfahren), patienten- und produktbezogene Dokumentationspflicht
– Gewinnung von Plasma zur Fraktionierung und Herstellung von Plasmaderivaten, Virusinaktivierungsverfahren

---

[21]   W. Brandstätter, F. Bäsler 2000.

[22]   Z.B. Weiterbildungsordnung der Landesärztekammer Baden-Württemberg i.d.F. vom 10.10.1997, Abschnitt I, Ziff. 39:
„Transfusionsmedizin [...]
<u>Weiterbildungszeit:</u>
5 Jahre an einer [anerkannten] Weiterbildungsstätte [...].
2 Jahre Weiterbildung in Anästhesiologie oder Chirurgie oder deren Schwerpunkte oder Frauenheilkunde und Geburtshilfe oder Herzchirurgie oder Innere Medizin oder Kinderchirurgie oder Laboratoriumsmedizin oder Neurochirurgie oder Orthopädie oder Plastische Chirurgie oder Urologie.
3 Jahre Transfusionsmedizin in Transfusionsdiensten oder transfusionsmedizinischen Instituten. Angerechnet werden können auf die 3jährige Weiterbildung in Transfusionsmedizin bis zu 1 Jahr Weiterbildung in Laboratoriumsmedizin oder 1/2 Jahr Weiterbildung in Mikrobiologie und Infektionsepidemiologie.
1 Jahr der Weiterbildung kann bei einem niedergelassenen Arzt abgeleistet werden. [...]"

Tabelle 15.4. *(Fortsetzung)*

Block B (zweite 8 Stunden, einer insgesamt 16-stündigen theoretischen Fortbildung)***
– Qualitätsmanagement, Qualitätssicherungshandbuch, Notwendigkeit hausinterner Regelungen
– Praktische Aspekte der Hämotherapie in Einrichtungen der Krankenversorgung: Beschaffung, Transport, Lagerung, Rückgabe, Dokumentation
– Prä- und perioperative Transfusionskonzepte (Präoperative Eigenblutbereitstellung, perioperative blutsparende Maßnahmen)
– Blutgruppenserologische Diagnostik vor und nach Transfusion von Blutkomponenten
– Vorbereitung und Durchführung der Bluttransfusion, Monitoring der Hämotherapie und Verhalten in Notfallsituationen
– Anwendung spezieller Blutkomponenten (bestrahlt, gewaschen, tiefgefroren, Anti-CMV- und Anti-Parvovirus B19-negativ)
– Therapie mit Blut und Blutkomponenten
– Besonderheiten der Notfalltransfusion
– Ethische und ökonomische Aspekte im Zusammenhang mit der Anwendung von Blutprodukten

---

*   Nach Hämotherapie-Richtlinien Kapitel 1.4.1.3.1 und 1.4.1.3.2.
**   Zielgruppe: Ärzte, die nur Plasmaderivate anwenden (vgl. Kapitel 1.4.1.3.1e und 1.4.1.3.2e und erste 8 Stunden eines insgesamt 16-stündigen Kurses (vgl. Kapitel 1.3.1.3.1c, 1.4.1.3.2c und 1.5.1.1 bis 3).
***   Zielgruppe: Transfusionsverantwortliche und -beauftragte (vgl. Kapitel 1.4.1.3.1c und 1.4.1.3.2c) sowie Leitung eines Blutdepots bzw. blutgruppenserologischen Laboratoriums (vgl. Kapitel 1.5.1.2 und 1.5.1.3).

Es versteht sich von selbst, dass auch anderes Personal, welches in der Anwendung von Blut und Blutprodukten tätig werden soll, die dafür erforderlichen Kenntnisse und Fähigkeiten in der Hämotherapie besitzen muss. Besondere Bedeutung kommt auch der Einbindung des Pflegepersonals in die transfusionsmedizinischen Abläufe des Pflegebereichs zu[23]. Diesem Aspekt wird auch in den Hämotherapie-Richtlinien Rechnung getragen, die die Krankenpflegeleitung und die Leitung des medizinisch-technischen Dienstes im Allgemeinen als Mitglieder der Transfusionskommission vorsehen.   **25**

XI. Die transfusionsverantwortliche Person

Die Bestellung einer transfusionsverantwortlichen Person durch die Leitung der Einrichtung der Krankenversorgung ist Teil des QM-Systems, genauer gesagt des QS-Systems für die Anwendung von Blut und Blutprodukten. Es ist Aufgabe der Leitung der Einrichtung der Krankenversorgung, den Transfusionsverantwortlichen mit den zur Erfüllung seiner Aufgaben erforderlichen Zuständigkeiten und Verantwortlichkeiten zu betrauen. Dies ergibt sich aus § 15 und der allgemeinen Organisationspflicht, für deren Einhaltung die Leitung der Einrichtung der Krankenversorgung auch haftet[24].   **26**

---

[23] J. Floren, Qualitätsentwicklung und -sicherung in der Pflege: Rahmenbedingungen erfordern Veränderungen, Pflege Z 53(2000)475 - 478.
[24] Vgl. hierzu schon H.-D. Lippert 1984, 2606 m.w.Nachw; ders., 2000, 99 m.w.Nachw.

27   Die transfusionsverantwortliche Person kann sich straf- wie zivilrechtlich eines Übernahmeverschuldens schuldig machen, sofern sie ihre Funktion ohne die erforderlichen Fähigkeiten und Kenntnisse antritt. Die Relevanz in der Praxis wird eher gering sein, weil der Nachweis zu führen ist, dass eingetretene Schäden durch eben diese mangelnden Kenntnisse und Fähigkeiten der transfusionsverantwortlichen Person verursacht worden sind.

28   Soweit der Transfusionsverantwortliche im Rahmen dieser Aufgaben tätig wird, nimmt er Stabsstellenfunktion für die Leitung der Einrichtung der Krankenversorgung wahr und ist dieser für die Erfüllung seiner Aufgaben unmittelbar verantwortlich. Ein Einsatz in Linienfunktion scheidet wegen der damit verbundenen Einordnung in die innerbetriebliche Hierarchie einer Behandlungseinheit regelmäßig aus. Was die Umsetzung des Qualitätssicherungssystems innerhalb der Einrichtung angeht, so hat er gegenüber den Transfusionsbeauftragten fachliche Weisungsbefugnis. Hätte er sie nicht, wäre es Aufgabe der Leitung der Einrichtung der Krankenversorgung, sich selbst um die Umsetzung des QS-Systems zu kümmern. Zu den Aufgaben des Transfusionsverantwortlichen gehören mindestens folgende Tätigkeiten:
- er stellt sicher, dass die einschlägigen Gesetze, Verordnungen, Richtlinien, Leitlinien und Empfehlungen eingehalten werden,
- er gewährleistet eine einheitliche Organisation bei der Vorbereitung und Durchführung hämotherapeutischer Maßnahmen,
- er sorgt für die Weiterentwicklung des Qualitätssicherungssystems,
- er sorgt für die qualitätsgesicherte Bereitstellung der Blutprodukte,
- er berät die Blutprodukte anwendenden Ärzte,
- sofern die Einrichtung der Krankenversorgung eine Transfusionskommission einrichten muss, leitet er diese und
- in Abhängigkeit von den in der Einrichtung der Krankenversorgung z.B. in Dienstanweisungen festgelegten Verfahren nimmt er Meldepflichten nach §§ 16 und 19 TFG wahr und ist am Rückrufverfahren nach § 19 TFG beteiligt.

29   Weitere standardspezifische Zuständigkeiten sind ihm im Rahmen von Dienstanweisungen (als Teil des QM-Systems) zu übertragen. Unabhängig von der Übergangsregelung nach § 33 TFG sind die formalen Qualifikationen für die Funktion des Transfusionsverantwortlichen festgelegt.

30   Können die erforderlichen formalen Voraussetzungen für die Wahrnehmung der Aufgabe eines Transfusionsverantwortlichen in einer Einrichtung der Krankenversorgung nicht erfüllt werden, so soll die Heranziehung entsprechend qualifizierten externen Sachverstandes gewährleistet werden[25]. Ob ein Transfusionsverantwortlicher für mehrere Einrichtungen der Krankenversorgung gleichzeitig zuständig sein kann, ist bisher nicht entschieden, vor allem, wenn es sich um unterschiedliche Träger der Einrichtung der Krankenversorgung handelt[26]. Der Arzt, auch der Krankenhausarzt, darf seine Tätigkeit nicht im Umherziehen ausüben.

---

[25] Hämotherapie-Richtlinien Kapitel 1.4.1.3.1 f.
[26] So wohl F. v. Auer, R. Seitz 1998, Kommentar zu § 15, Rz. 14.

Ob es zweckmäßig ist, für mehrere Einrichtungen eines Trägers einen Transfusions-   **31**
verantwortlichen zu bestellen, ist seitens des Trägers sehr sorgfältig zu prüfen, will
er sich nicht dem Vorwurf des Organisationsverschuldens aussetzen. Es ist seine
Aufgabe, geeigneten ärztlichen Personen, die Weiterbildung zum Erwerb der erforderlichen Kenntnisse und Fähigkeiten zu ermöglichen. Dies gilt vor allem dann,
wenn von der Übergangsregelung aus welchen Gründen auch immer kein Gebrauch
gemacht werden kann.

XII. Die transfusionsbeauftragte Person

Ergänzend hat der Träger jeder Einrichtung der Krankenversorgung für jede Be-   **32**
handlungseinheit, in der Blut und Blutprodukten angewendet werden sollen, eine
transfusionsbeauftragte Person zu bestellen. Der Transfusionsbeauftragte hat vor
Ort innerhalb seiner Behandlungseinheit dafür zu sorgen, dass die Anwendung von
Blut und Blutprodukten im Rahmen der geltenden Vorschriften und des QM-Systems erfolgt. Er ist dabei für folgende Aufgaben zuständig:
– er berät und unterstützt den Leiter der Einrichtung und die behandelnden Ärzte
  bei der Indikation, Qualitätssicherung, Organisation und Dokumentation der Hämotherapie,
– er sorgt für den ordnungsgemäßen Umgang mit Blutprodukten,
– er regelt die Unterrichtung beim Auftreten unerwünschter Ereignisse bei der Behandlung mit Blut und Blutprodukten (in Abstimmung mit dem Transfusionsverantwortlichen),
– er beteiligt sich an den Ermittlungen im Rückverfolgungsverfahren nach § 19
  Abs. 2,
– er erfüllt die Meldepflichten nach §§ 16 Abs. 1 Satz 2 und 19 Abs. 2 TFG und
– er ist Mitglied der Transfusionskommission, wenn eine solche eingerichtet ist.

Unabhängig von der Übergangsregelung nach § 33 TFG muss er mit Ausnahme ei-   **33**
ner 4wöchigen Hospitation über dieselben formalen Voraussetzungen verfügen wie
der Transfusionsverantwortliche. In der Erfüllung seiner Aufgaben ist er keinen
Weisungen des Leiters der Behandlungseinheit unterworfen. Er hat seine Tätigkeit
mit dem Transfusionsverantwortlichen zu koordinieren, der ggf. Weisungen erteilen
kann. Die näheren Einzelheiten sind spezifisch für die jeweilige Einrichtung der
Krankenversorgung z.B. in Dienstanweisungen zu regeln.

XIII. Die transfundierende ärztliche Person

§ 13 Abs. 2 TFG schreibt vor, dass ärztliche Personen, die eigenverantwortlich   **34**
Blutprodukte anwenden, ausreichend Erfahrungen in dieser Tätigkeit besitzen müssen. Vor Inkrafttreten des TFG waren lediglich „Grundkenntnisse in der Transfusionsmedizin" nach den Hämotherapie-Richtlinien 1996[27] gefordert.

Für jeden transfundierenden Arzt muss eine Einweisung in das QM-System der
Einrichtung der Krankenversorgung durchgeführt und vorzugsweise schriftlich dokumentiert werden. Dadurch kann der Träger der Einrichtung überprüfen und sicherstellen, dass der transfundierende Arzt über ausreichend Erfahrung verfügt, ei-

genverantwortlich Blutprodukte anzuwenden bzw. sich an der Vorbereitung und Durchführung von Transfusionen zu beteiligen. Er muss vertraut sein mit den Hämotherapie-Richtlinien, den Leitlinien zur Therapie mit Blutkomponenten und Plasmaderivaten sowie mit dem örtlichen QM-System.

35   Die transfundierende ärztliche Person ist verantwortlich für die jeweils von ihr durchgeführten oder beaufsichtigten hämotherapeutischen Maßnahmen. Wenn auch nicht formal vorgeschrieben, so kann eine „Einführung neuer ärztlicher Mitarbeiter in die Praxis der Transfusion" mit entsprechender Dokumentation für den Träger der Einrichtung der Krankenversorgung wie für die transfundierende ärztliche Person vorteilhaft sein (Tabelle 15.5). Auch der Arbeitskreis Blut fordert eine verbesserte Ausbildung während des Medizinstudiums, um den erhöhten Anforderungen an die Qualifikation der transfundierenden Ärzte Rechnung zu tragen[28].

Tabelle 15.5. Einführung neuer ärztlicher Mitarbeiter in die Praxis der Transfusion*

Zur Einführung neuer, in der Transfusionspraxis unerfahrener ärztlicher Mitarbeiter wird folgendes Vorgehen festgelegt:
1. Gründliches Lesen der jeweils aktuellen Version der Dienstanweisung "Vorbereitung und Durchführung von Bluttransfusionen" (nachfolgend kurz „Dienstanweisung") durch den neuen ärztlichen Mitarbeiter. Diese Dienstanweisung wird jedem neuen ärztlichen Mitarbeiter bei der Einstellung gegen schriftliche Empfangsbestätigung von der Verwaltung ausgehändigt.
2. Der neue ärztliche Mitarbeiter erhält Gelegenheit, die Dienstanweisung ausführlich mit einem erfahrenen ärztlichen Mitarbeiter (im Regelfall dem Transfusionsbeauftragten der Abteilung, gegebenenfalls Stationsarzt) zu besprechen. Der erfahrene ärztliche Mitarbeiter muss sich bei dieser Gelegenheit vor allem davon vergewissern, dass der Abschnitt „Durchführung der Transfusion" von dem neuen ärztlichen Mitarbeiter vollständig verstanden wurde.

---

[27] Vgl. Richtlinien zur Blutgruppenbestimmung und Bluttransfusion (Hämotherapie) i.d.F. von 1996, Kapitel 1.5.3.
„Der transfundierende Arzt
Jeder mit hämotherapeutischen Maßnahmen befaßte Arzt muß Grundkenntnisse in der Transfusionsmedizin besitzen."; so auch fast wörtlich die Hämotherapie-Richtlinien i.d.F. von 1987.

[28] Arbeitskreis Blut, Votum 15 (V15): Transfusionsmedizinische Ausbildung im Medizinstudium. Bundesgesundheitsblatt, 4/1997, 149:
„Mit der Approbation muß nahezu jeder klinisch tätige Arzt transfusionsmedizinische Aufgaben ausüben. Darin wird der interdisziplinäre Charakter der Transfusionsmedizin deutlich.
Der Arbeitskreis Blut sieht im Hinblick auf die Tragweite und die vielfältigen Risiken im Zusammenhang mit der Anwendung von Blut, Blutkomponenten und Plasmaderivaten den dringenden Bedarf, daß die Ausbildung der Ärzte im Medizinstudium auf dem Gebiet der Transfusionsmedizin verbessert wird. Daher empfiehlt er den zuständigen Stellen die Einführung von Transfusionsmedizin als Pflichtlehrfach für das Medizinstudium (eine Wochenstunde für ein Semester). Die Lehrinhalte sind im Staatsexamen zu prüfen."

Tabelle 15.5. *(Fortsetzung)*

3. Der neue ärztliche Mitarbeiter begleitet den erfahrenen ärztlichen Mitarbeiter bei mindestens zwei Transfusionen von Erythrozytenpräparaten von der Indikationsstellung über die Bestellung, Vorbereitung der Transfusion, gegebenenfalls Ausfüllen der Checkliste, Bedside-Test bis zur Transfusion.
4. Der neue ärztliche Mitarbeiter führt mindestens zwei Transfusionen mit Erythrozytenpräparaten unter der Aufsicht und Verantwortung des erfahrenen ärztlichen Mitarbeiters durch.
5. Der neue und der erfahrene ärztliche Mitarbeiter bestätigen die Unterweisung in die Transfusionspraxis.

Ich habe die oben aufgeführte Einweisung in der Praxis der Transfusion erhalten und sehe mich in der Lage, Transfusionen nach der Dienstanweisung durchzuführen.

Ort, Datum, Name (Blockschrift), Unterschrift (eingewiesener ärztlicher Mitarbeiter)

Ich habe den obenstehenden ärztlichen Mitarbeiter nach dem oben genannten Vorgehen in die Praxis der Transfusion eingewiesen. Ich habe den Eindruck, dass der ärztliche Mitarbeiter Transfusionen entsprechend der Dienstanweisung durchführen kann.

Ort und Datum, Name (Blockschrift), Unterschrift (einweisender ärztlicher Mitarbeiter)

* Ein Beispiel für eine Muster-Formular findet sich online als Verknüpfung unter: http://www.springer.de/cgi-bin/search_book.pl?isbn=3-540-41816-4&cookie=done

XIV. Die qualitätsbeauftrage Person

Die Funktion, Kompetenz und Qualifikation[29] der qualitätsbeauftragten Person wird nicht über das TFG und nur mittelbar über die Hämotherapie-Richtlinien beschrieben. Sofern bereits ein QM-System in der Einrichtung der Krankenversorgung existiert, ist die Funktion des Qualitätsbeauftragten für die Transfusionsmedizin in das bestehende QM-System zu integrieren. Andernfalls muss die Einrichtung der Krankenversorgung einen Qualitätsbeauftragten benennen, der nicht in Personalunion Transfusionsverantwortlicher oder -beauftragter sein darf. **36**

Die qualitätsbeauftrage Person hat im Rahmen des TFG lediglich die Funktion z.B. im Rahmen einer Selbstinspektion festzustellen[30], dass die geforderten Sicherungssysteme vorhanden sind und den Mindestanforderungen des QM genügen, deren Festlegung wiederum ausschließlich dem Transfusionsverantwortlichen obliegt. Da die qualitätsbeauftragte Person in ihrer Funktion nicht weisungsgebunden ist[31], kann **37**

---

[29] Qualifikationsvoraussetzung ist mindestens Approbation als ärztliche Person (Arzt im Praktikum nicht ausreichend) sowie die Voraussetzungen nach Bundesärztekammer, Kassenärztlicher Bundesvereinigung, AWMF, Curriculum Qualitätssicherung Ärztliches Qualitätsmanagement, Bundesärztekammer, Köln 1996.

[30] Transfusionsmedizin: Hilfestellung für Ärzte, DÄ 98(2001)A-950: „Die Bundesärztekammer hat eine Handreichung für Qualitätsbeauftragte in der Transfusionsmedizin entwickelt, der ein Musterfragebogen zur Selbstinspektion beigefügt ist. Handreichung und Fragebogen sind im Internet unter der Adresse www.bundesaerztekammer.de (Rubrik: Publikationen/Richtlinien, Leitlinien) abrufbar."

[31] Hämotherapie-Richtlinien Kapitel 1.6 Abs. 2.

z.B. weder der Träger einer Einrichtung der Krankenversorgung noch der Transfusionsverantwortliche Weisungen erteilen. Wegen der unterschiedlichen Qualifikationen und Kompetenzen wird umgekehrt die qualitätsbeauftragte Person den im Bereich der Transfusionsmedizin zuständigen Personen und Gremien (Transfusionsverantwortlicher, -beauftragte und -kommission) keine Weisungen erteilen dürfen.

38   Die gesetzlichen Grundlagen für das Qualitätsmanagement in den Einrichtungen der Krankenversorgung ergeben sich aus §§ 135a und 137 SGB V[32], sind unabhängig von den Vorschriften des TFG zu sehen und stellen vielmehr eine Voraussetzung für Maßnahmen im Rahmen des TFG dar. Das Sozialgesetzbuch schreibt als Ziel insbesondere die Verbesserung der Ergebnisqualität vor. Grundsätzlich muss vermieden werden, die Qualitätssicherung für andere Ziele, wie z.B. für die Kostendämpfung, zu instrumentalisieren[33, 34].

XV. Die Transfusionskommission

39   Verfügt die Einrichtung der Krankenversorgung über eine eigene Spendeeinrichtung, ein Institut für Transfusionsmedizin oder handelt es sich um eine Einrichtung der Krankenversorgung mit Akutversorgung[35], so hat sie eine Transfusionskommission zu bilden. Das TFG stellt es also nicht in das Belieben der Leitung der Einrichtung der Krankenversorgung, ob sie eine Transfusionskommission bilden will oder nicht. § 15 Abs. 1 Satz 4 ist zwingend. Das Gesetz weist ihr allerdings keine

---

[32] § 135a Abs. 2 SGB V Verpflichtung zur Qualitätssicherung: „Vertragsärzte, zugelassene Krankenhäuser [...] sind nach Maßgabe der §§ 136a, 136b, 137 und 137d verpflichtet, sich an einrichtungsübergreifenden Maßnahmen der Qualitätssicherung zu beteiligen, die insbesondere zum Ziel haben, die Ergebnisqualität zu verbessern. Zugelassene Krankenhäuser [...] sind nach Maßgabe der §§ 137 und 137d verpflichtet, einrichtungsintern ein Qualitätsmanagement einzuführen und weiterzuentwickeln."
§ 137 Abs. 1 SGB V Qualitätssicherung bei zugelassenen Krankenhäusern: „Die Spitzenverbände der Krankenkassen und der Verband der privaten Krankenversicherung vereinbaren mit der Deutschen Krankenhausgesellschaft [...] Maßnahmen der Qualitätssicherung für nach § 108 zugelassene Krankenhäuser. [...] Die Vereinbarungen nach Satz 1 regeln insbesondere 1. die verpflichtenden Maßnahmen der Qualitätssicherung nach § 135 a Abs. 2 sowie die grundsätzlichen Anforderungen an ein einrichtungsinternes Qualitätsmanagement, [...] und 4. Vergütungsabschläge für zugelassene Krankenhäuser, die ihre Verpflichtungen zur Qualitätssicherung nicht einhalten."

[33] H. Korzilius, Qualitätssicherung ärztlicher Berufsausübung: Kompetenzstreit – und es bewegt sich nichts. DÄ 95(1998)A-1439 - 1442.

[34] Vgl. K.G.M.M. Alberti (President, Royal College of Physicians, London UK), Medical errors: a common problem. It is time to get serious about them, BMJ 322(2001)501 - 502: „[...] we can learn from the airlines [...]. They spent a much higher proportion of revenue on training and they report all incidents, with „blame" being minimised. This is a habit which we should adopt, but it requires a much more sympathetic approach from management than has pertained in the past."

[35] Es sei angemerkt, dass „Einrichtung der Krankenversorgung mit Akutversorgung" nicht allgemein definiert ist.

Zuständigkeiten zu. Dies erfolgt in den Hämotherapie-Richtlinien Kapitel 1.4.1.3.3.
Die Transfusionskommission ist ein Gremium, das die Leitung der Einrichtung der
Krankenversorgung zu beraten hat. Danach soll es Aufgabe der Transfusionskom-
mission sein,

– Vorgaben dafür zu erarbeiten, dass die Gesetze, Verordnungen, Richtlinien, Leitlinien sowie die Empfehlungen für die Qualitätssicherung eingehalten werden,
– die Leitung der Einrichtung der Krankenversorgung bei der Einrichtung und der
Fortschreibung des Qualitätssicherungssystems zu beraten,
– Vorschläge für entsprechende Dienstanweisungen zu erarbeiten und
– den organisatorischen Umgang mit Blut und Blutprodukten zu regeln,
– dafür zu sorgen, dass einrichtungs- und fachspezifische Regelungen zur Anwendung von Blut und Blutprodukten auf der Grundlage der Leitlinien der Bundesärztekammer zur Therapie mit Blutkomponenten und Plasmaderivaten und der
Hämotherapie-Richtlinien erstellt werden und
– die fachspezifische Fortbildung im ärztlichen und pflegerischen Bereich sowie
für das medizinisch-technische Personal zu organisieren.

Mitglieder der Transfusionskommission sollen neben dem Transfusionsverantwort-   **40**
lichen und den Transfusionsbeauftragten (ggf. der Leiter der Spendeeinrichtung),
der Krankenhausapotheker, die Leitung der Krankenpflege, ein Vertreter der Leitung der Einrichtung der Krankenversorgung, sowie der Leiter des medizinisch-
technischen Dienstes sein. Es ist Aufgabe der Leitung der Einrichtung der Krankenversorgung, die Mitglieder zu bestellen und sie gegebenenfalls wieder abzuberufen.

Ob weitere Mitglieder berufen werden sollen, folgt aus den Gegebenheiten vor Ort.   **41**
Besteht in der Einrichtung der Krankenversorgung eine Spendeeinrichtung, so mag
es sinnvoll sein, deren Herstellungsleiter oder deren Stufenplanbeauftragten in die
Kommission aufzunehmen[36].

Für die Bildung einer gemeinsamen Transfusionskommission für mehrere Einrich-   **42**
tungen der Krankenversorgung gilt das zu einer übergreifenden Tätigkeit des Transfusionsverantwortlichen Gesagte. Sie ist vom Gesetz nicht ausgeschlossen. Wichtig
ist allerdings, dass die der Kommission übertragenen Aufgaben in allen betroffenen
Einrichtungen gleichermaßen wahrgenommen werden können.

XVI. Arbeitskreis für Hämotherapie

Es ist eine Option, auf regionaler Ebene Hämotherapie-Arbeitskreise einzurichten.   **43**
Dies macht Sinn, wenn mehrere Einrichtungen bei der Versorgung mit Blutprodukten kooperieren, jedoch keine gemeinsame Transfusionskommission bilden können. Mögliche Ziele solcher Arbeitskreise wären die kosteneffiziente Koordination
gemeinsamer Interessen und Maßnahmen, z B. auch bei der Etablierung von QM-
Systemen innerhalb der verschiedenen Einrichtungen sowie qualitativ höherwertige

---

[36] F. v. Auer, R. Seitz (1998, Kommentar zu § 15, Rz. 24) sehen sie als Mitglieder an.

Fortbildung. Bisher sind nur wenige solcher Arbeitskreise etabliert, werden aber zum Teil informell betrieben.

XVII. Die Überwachung der Anwendung

44 Die patientenbezogene Qualitätssicherung ist ein Kernstück des QM-Systems. Sie wird vor allem durch Anwendungs- oder Prozessqualität und durch Qualitätskontrolle (Ergebnisqualität) sichergestellt[37]. Die Überwachung der Anwendung von Blut und Blutprodukten geht dabei einher mit der Beobachtung von Wirkungen und Nebenwirkungen. Ihre Registrierung dient der Konzentrierung auf mögliche therapiebedingte Komplikationen und deren rasche Beherrschung. Die Gewinnung dieser Erkenntnisse soll in den Prozess der Therapieverbesserung einfließen und so zu einer Optimierung von Diagnose und Therapie bei der Anwendung von Blut und Blutprodukten führen[38].

XVIII. Die Dokumentation

45 Eine sachgerechte Dokumentation der Anwendung von Blut und Blutprodukten ist die Grundlage für eine patientenbezogene Qualitätssicherung und einen fachübergreifenden Informationsaustausch. Die Anwendungen von Blut und Blutprodukten müssen so dokumentiert werden, dass die patientenbezogene Anwendung überprüfbar ist[39]. Die sachgerechte Dokumentation ist auch Ausgangspunkt für die Erfüllung der Melde- und Unterrichtungspflichten und vor allem für das Verfahren der Rückverfolgung nach § 19 TFG. Aus diesem Grund legen auch die Hämotherapie-Richtlinien besonderen Wert auf die Dokumentation[40].

46 Die Dokumentation umfasst vor allem die Indikation, das Verfahren zur Therapieentscheidung, die Durchführung der Therapie selbst, die Therapienachsorge, die Dokumentation der angewendeten Blutprodukte, die erzielten Wirkungen und Nebenwirkungen sowie die Durchführung des Kurz- und Langzeitmonitoring[41].

XIX. Zusätzliche therapeutische Maßnahmen

47 Diese können bei eintretenden Komplikationen erforderlich werden. Sofern wiederkehrende unerwünschte Ereignisse zu beobachten sind, können standardmäßige Verfahren vorgesehen werden[42].

---

[37] Vgl. F. v. Auer, R. Seitz 1998, Kommentar zu § 15 Rz. 27.

[38] Vgl. F. v. Auer, R. Seitz 1998, Kommentar zu § 15 Rz. 30.

[39] Vgl. hierzu § 17 Abs. 2 TFG.

[40] Vgl. Hämotherapie-Richtlinien Kapitel 4.3.10, 4.5.8, 4.6.6 und 4.9.1 sowie § 14 TFG.

[41] Vgl. F. v. Auer, R. Seitz 1998, Kommentar zu § 15 Rz. 28.

[42] Vgl. F. v. Auer, R. Seitz 1998, Kommentar zu § 15 Rz. 31 und § 16 TFG.

Anhang nach § 15
Qualitätssicherung in der Immunhämatologie

Zugehörige Richtlinien:

4 Anwendung von Blutprodukten

4.2 Blutgruppenserologische Untersuchungen in der Einrichtung der Krankenversorgung

4.2.5 Untersuchungsverfahren

4.2.5.1 Wahl der Untersuchungsmethoden

[...] Die Eignung der durchgeführten Verfahren muss durch entsprechende Qualitätssicherungsmaßnahmen regelmäßig dokumentiert werden (s. Abschnitt 4.2.5.3). [...]

4.2.5.3 Qualitätssicherung

Jedes Laboratorium, in dem blutgruppenserologische Untersuchungen durchgeführt werden, muss im Rahmen eines Qualitätssicherungssystems regelmäßig interne und externe Qualitätskontrollen gemäß den „Richtlinien der Bundesärztekammer zur Qualitätssicherung in der Immunhämatologie", 1992, durchführen. Die Untersuchungsabläufe sind zu beschreiben und die Verantwortlichkeiten schriftlich festzulegen (s. Abschnitt 1.4).

Die Richtlinien zur Gewinnung von Blut und Blutbestandteilen und zur Anwendung von Blutprodukten (Hämotherapie) i.d.F. von 2000 verweisen im Kapitel 4.2.5.3 auf interne und externe „Qualitätskontrollen". Wegen der besonderen Belange dieses Bereichs wurden bereits 1992 spezielle Richtlinien erstellt (im weiteren als „Qualitätssicherungs-Richtlinien" bezeichnet), die in ihrer ursprünglichen Fassung immer noch gültig sind und inzwischen nur in wenigen Punkten durch weitergehende Vorschriften im TFG bzw. den Hämotherapie-Richtlinien ersetzt wurden.

Richtlinien der Bundesärztekammer zur Qualitätssicherung in der Immunhämatologie[1]
Bundesärztekammer, i.d. Erstfassung von 1992

Vorwort

Die ersten Ringversuche auf dem Gebiet der Immunhämatologie begannen im Jahre 1975 in Zusammenarbeit mit der Deutschen Gesellschaft für Transfusionsmedizin und Immunhämatologie. Diese Ringversuche hatten wegen der klinischen Relevanz der Diagnostik von vornherein großes Interesse bei den qualitätsbewußten Labora-

---

[1] Abgedruckt in DÄ 89(1992)B-338 - 341.

torien gefunden. Dennoch wurde in einem Zwischenbericht im Jahre 1983 festgestellt, daß die Zuverlässigkeit von immunhämatologischen Analysen verbessert werden muß. Dies hatte die Bundesärztekammer veranlaßt, die Qualitätssicherung auf dem Gebiet der Immunhämatologie zu intensivieren.

Der Erziehungseffekt der Qualitätssicherung auf die immunhämatologischen Analysen der beteiligten Laboratorien läßt sich überzeugend darstellen. In einem Zwischenbericht aus dem Jahre 1991 waren beim AB0-System keine oder minimale Fehler anzutreffen, und beim Rh-Faktor lag die Fehlerquote bei < 1%. Das Ziel der Qualitätssicherung in der Immunhämatologie ist eine fehlerlose Analytik.

Die Bundesärztekammer gab im Jahre 1988 den Auftrag zur Erstellung von Richtlinien zur Qualitätssicherung auf dem Gebiet der Immunhämatologie. Nach ausführlichen Diskussionen auf der Expertenebene und mit dem Verband der Diagnostika- und Diagnostikageräte-Hersteller (VDGH) wurden im zuständigen Arbeitskreis 2 „Laboratoriumsmedizin" und dann im Ausschuß „Qualitätssicherung ärztlicher Berufsausübung" der Bundesärztekammer die Richtlinien erarbeitet. Der Vorstand der Bundesärztekammer verabschiedete am 10. Januar 1992 die nachfolgenden Richtlinien zur Qualitätssicherung in der Immunhämatologie.

Ärzte, die in diesem Bereich Leistungen erbringen, sind gehalten, sich der Verfahrensregelung zur Qualitätssicherung gemäß den vorliegenden Richtlinien zu unterziehen. Bekanntlich ist gemäß § 7a der Berufsordnung für die deutschen Ärzte „der Arzt verpflichtet, die von der Ärztekammer eingeführten Maßnahmen zur Sicherung der Qualität der ärztlichen Tätigkeit durchzuführen". – Zusätzliche Bestimmungen für die ambulante kassenärztliche Versorgung (Abrechnungsfähigkeit) bleiben davon unberührt.

Die Richtlinie der Bundesärztekammer zur Immunhämatologie setzt die Ziele, definiert das Kontrollsystem und gibt ausführliche Anleitungen zur internen Qualitätskontrolle, die sich an die Richtlinien zur Blutgruppenbestimmung und Bluttransfusion, aufgestellt vom Wissenschaftlichen Beirat und beschlossen vom Vorstand der Bundesärztekammer, anlehnt.

Die interne und externe Qualitätssicherung in der Immunhämatologie entspricht demjenigen Umfang an immunhämatologischen Analysen, die in betreffenden Laboratorien durchgeführt werden. In der nachfolgenden Richtlinie ist die externe Qualitätssicherung für den minimalen Untersuchungsumfang (AB0-System, Rh-D, Rh- Untergruppenmerkmale und Antikörper-Suchtest) dargestellt.

Falls das betreffende Laboratorium über diesen Umfang hinaus imrnunhämatologische Untersuchungen durchführt, ist die Teilnahme an dem Ringversuch „Immunhämatologie II", der darüber hinaus eine Antikörper-Differenzierung, quantitative Antikörper-Bestimmungen und den direkten Coombs-Test einschließt, verpflichtend (vgl. II).

Die statistischen Probleme bei der Beurteilung dieser Ringversuche sind gering: Nur richtige Analysen in beiden Ringversuchsproben führen zu einem gültigen Zertifikat.

Die Überwachung der Qualitätskontrollmaßnahmen erfolgt durch die zuständigen Ärztekammern bzw. nach Abstimmung durch die jeweiligen Kassenärztlichen Vereinigungen (Registrierung von Teilnahmebescheinigungen bzw. Zertifikaten bei Ringversuchen). Gemäß diesen Richtlinien hat die Bundesärztekammer die Aufsicht über die regelhafte Durchführung der Qualitätssicherungsrichtlinien, d.h. sie bestellt die Referenzinstitutionen, ernennt die Referenzlaboratorien und die Ringversuchsleiter. Auch bei grundsätzlichen Fragen ist der Fachausschuß der Bundesärztekammer die zuständige Auskunftsstelle. Fragen der Organisation und Durchführung der Ringversuche obliegen dem jeweiligen Ringversuchsleiter.

Angesichts der Reagenzienvielfalt auf dem Markt will die Bundesärztekammer mit diesen Richtlinien die Analysenqualität in der Immunhämatologie sichern, die ärztliche Fortbildung aktivieren und die Erzielung richtiger Analysen in allen Bereichen der Immunhämatologie fördern.

Präambel

Immunhämatologie ist in diesen Richtlinien ein Sammelbegriff für Laboratoriumsuntersuchungen, die qualitative und/oder quantitative Aussagen über Antigene an zellulären und plasmatischen Blutbestandteilen beziehungsweise über Antikörper gegen zelluläre und plasmatische Blutbestandteile ermöglichen.

0. Allgemeines

(1) Ziel der immunhämatologischen Untersuchungen ist die Erhebung eines ärztlichen Befundes. Der Laboratoriumsbefund entsteht in einem komplexen Untersuchungsgang. Die Prüfung der Zuverlässigkeit der Ergebnisse ist dabei ein integraler Bestandteil des Untersuchungsvorganges.

(2) Zur Gewährleistung von zuverlässigen Analysenergebnissen ist die Funktionsfähigkeit der benutzten Reagenzien und Meßgeräte unbedingte Voraussetzung. Daher sind die „Richtlinien zur Blutgruppenbestimmung und Bluttransfusion" der Bundesärztekammer und des Bundesgesundheitsamtes einzuhalten.

(3) Die nachfolgende Verfahrenskontrolle ist vorgeschrieben für die Bestimmung von serologisch nachweisbaren zellulären und plasmatischen Eigenschaften nach Anlage 1.

I. Aufgaben der Qualitätssicherung

1. Arten und Ziele

(1) Das System der Qualitätssicherung besteht aus der laborinternen Qualitätskontrolle und der externen Qualitätskontrolle.
(2) Das System der Qualitätssicherung in der Immunhämatologie hat folgende Ziele:
a. Überwachung der Richtigkeit der immunhämatologischen Analysen.
b. Kontrolle der Reagenzienqualität und Überprüfung der Funktion der für die Analytik verwendeten Reagenzien und Geräte.
c. Erkennung von Störreaktionen und Störeinflüssen auf die Analyse.

(3) Das System der Qualitätssicherung soll folgende Anforderungen erfüllen:

a. Kontrolle der im jeweiligen Labor durchgeführten Analyseverfahren.

b. Kontinuierliche Anwendung der Verfahrenskontrolle.

c. Sofortige Erkennung von Fehlanalysen.

d. Anwendbarkeit- auch auf mechanisierten Analysensystemen.

2. Kontrollproben-System

(1) Die Kontrollproben für die interne und externe Qualitätskontrolle müssen bei sachgerechter Lagerung und entsprechendem Versand eine ausreichende Konstanz der zu bestimmenden Eigenschaften aufweisen.

(2) Das Kontrollprobensystem umfaßt zelluläre und plasmatische Bestandteile.

(3) Die zur Untersuchung verwendeten Testseren (Anti-A, Anti-B, Anti-AB, Anti-D, Anti-CDE) sind staatlich zugelassen.

(4) Bei allen Testseren muß die vom Hersteller angegebene Spezifität mit Erythrozyten, die das homologe Antigen aufweisen oder nicht aufweisen, bestätigt werden.

(5) Für die externe Qualitätskontrolle werden mindestens 2 Proben, jeweils bestehend aus Erythrozytensuspension und Serum, versandt.

3. Durchführung der Qualitätssicherung

(1) Die Qualitätssicherung nach diesen Richtlinien umfaßt die laborinterne Qualitätskontrolle und die externe Qualitätskontrolle in Form von Ringversuchen (Vergleichsuntersuchungen).

(2) Der für das medizinische Laboratorium verantwortliche Arzt ist für die Organisation und Durchführung der internen und externen Qualitätskontrolle zuständig.

II. Laborinterne Qualitätskontrolle

1. Allgemeine interne Qualitätskontrolle

(1) Die interne Qualitätskontrolle im immunhämatologischen Laboratorium erstreckt sich auch auf die in wöchentlichen Abständen durchzuführenden Kontrollen der Funktionstüchtigkeit von Ausrüstungsgegenständen und Geräten (Kühlschränke, Tiefkühlschränke, Zentrifugen, Trockenschränke, Wasserbäder, Kühlzentrifugen, Antiglobulin-Automaten, Waschzentrifugen) sowie auf die Kontrollen der erforderlichen Beschaffenheit der Chemikalien, Lösungen, Supplemente, Enzyme, Plasmen und Testzellen.

(2) Die Patienten- und Kontrollproben sind gemäß den in den „Richtlinien zur Blutgruppenbestimmung und Bluttransfusion" angegebenen Verfahren zu behandeln.

(3) Die folgenden allgemeinen Untersuchungsbedingungen müssen eingehalten werden:

a. Soweit vorgeschrieben, darf nur mit staatlich zugelassenen Testreagenzien gearbeitet werden (Anti-A, Anti-B, Anti-AB, Anti-D und Anti-CDE).

b. Alle Untersuchungen müssen als Doppelbestimmungen (außer ABO) mit verschiedenen Reagenzien gegebenenfalls unter Anwendung verschiedener Techniken durchgeführt werden.

c. Bei immunhämatologischen Analysen sind die Zuordnungskontrollen (Probenidentifikation) besonders genau zu beachten.

d. Die einzelnen Reaktionen und Ergebnisse müssen protokolliert werden, so daß später die Interpretation nachvollzogen werden kann. Hersteller und Art der verwendeten Testreagenzien müssen protokolliert werden. Die Protokolle müssen mindestens fünf Jahre aufbewahrt werden.

2. Spezielle Interne Qualitätskontrolle

(1) Die Aktivität und die Spezifität der Antiseren Anti-A, Anti-B, Anti-AB ist mindestens wöchentlich mit Erythrozyten der Blutgruppen A1, A2, B und 0 zu überprüfen.

(2) Die verwendeten Anti-D- Seren sind mindestens wöchentlich mit bekannten Rh-positiven und Rh-negativen Testzellen auf Aktivität und Spezifität zu überprüfen. Bei Untersuchungen auf D muß jeweils eine Rh-D-positive, eine Rh-D-negative und die Eigenkontrolle mitgeführt werden.

(3) Anti-CDE-Seren müssen mindestens wöchentlich mit Ccddee- und ccddEe-Testzellen auf Anti-C und Anti-E-Aktivität und Spezifität überprüft werden.

(4) Alle monospezifischen Antiseren gegen Rh-Untergruppenmerkmale müssen mindestens wöchentlich mit geeigneten Testerythrozyten auf die vom Hersteller angegebene Aktivität und Spezifität überprüft werden.

(5) Bei weiteren Merkmalen nach Anlage 1 sind geeignete Aktivitäts- und Spezifitätskontrollen als Positiv- und Negativ-Kontrollen mitzuführen. Als Positivkonitrollen sind möglichst heterozygot Antgen-‚positive Zellen zu verwenden.

(6) Beim Nachweis irregulärer Antikörper muß zur Sensitäts- und Spezifitätstestung in jeder Serie eine Serum mit bekannter Antikörperspezifität von schwacher Reaktivität mit Erythrozyten getestet werden, welche das korrespondierende Antigen tragen bzw. nicht tragen.

(7) Bei allen negativen direkten und indirekten Antiglobulintestergebnissen ist die Zuverlässigkeit des Ergebnisses durch Zugabe antikörperbeladener Erythrozyten zu überprüfen.

(8) Bei Vorhandensein irregulärer Antikörper ist die Spezifität, gegebenenfalls der Titer, zu bestimmen und die klinische Relevanz des nachgewiesenen Antikörpers bezüglich Transfusion und gegebenenfalls Schwangerschaft anzugeben.

(9) Bei Verträglichkeitsproben ist gemäß Ziffer (6) und (7) zu verfahren.

Flegel

III. Externe Qualitätskontrolle (Ringversuch)

1. Die im Rahmen dieser Richtlinien durchgeführten Ringversuche dienen der objektiven Überwachung der Richtigkeit von immunhämatologischen Analysen. Die externe Qualitätskontrolle ergänzt die laborinterne Qualitätskontrolle.

2. Jeder Teilnehmer muß in dem Umfang, in dem er immunhämatologische Untersuchungen durchführt, an den angebotenen Ringversuchen teilnehmen. Der minimale Umfang richtet sich nach dem in den „Richtlinien zur Blutgruppenbestimmung und Bluttransfusion" vorgeschriebenen Untersuchungsumfang (AB0, Rh-D, einschließlich D, Rh-Untergruppenmerkmale und Antikörper-Suchtest). Wer weiterführende Untersuchungen durchführt, zum Beispiel Antikörper-Differenzierungen und Quantifizierungen, muß auch mit diesen Verfahren an Ringversuchen teilnehmen, sofern diese angeboten werden.

3. Die Bewertung der Ringversuchsergebnisse erfolgt nach den Analysenergebnissen von fünf Referenzlaboratorien. Ein Teilnehmer hat den Ringversuch bestanden, wenn er in den ausgesandten Proben des Ringversuches dasselbe Ergebnis wie die Referenzlaboratorien gefunden und mitgeteilt hat.

4. Pro Jahr muß an mindestens zwei Ringversuchen teilgenommen werden.

5. Zertifikate werden für die in der Anlage 1 aufgeführten Analyte beziehungsweise Untersuchungsverfahren vergeben, wenn die Analysenergebnisse in beiden ausgesandten Proben mit den Ergebnissen der Referenzlaboratorien übereinstimmen.

IV. Aufgaben und Pflichten

1. Ringversuchsleiter

(1) Der Ringversuchsleiter ist verantwortlich für die Ankündigung, die Organisation und die sachgemäße Durchführung der Ringversuche sowie deren zeitgerechte Auswertung entsprechend diesen Richtlinien.

(2) Ringversuchsleiter und deren Stellvertreter werden von der Bundesärztekammer für die Dauer von jeweils vier Jahren bestellt. Wiederwahl ist möglich.

(3) Das Verzeichnis der Ringversuchsleiter und deren Stellvertreter wird im Deutschen Ärzteblatt bekanntgegeben.

2. Pflichten des Ringversuchsleiters

(1) Der Ringversuchsleiter kündigt jeweils im voraus für ein Jahr die von ihm geplanten Ringversuche an. In diesen Ankündigungen nennt er:
1. Die Anmeldetermine für die Teilnahme an den Ringversuchen.
2. Termine (Beginn des Ringversuches, spätester Probeneingang, letzter Absendetag der Ergebnisse).
3. Die im Ringversuch eingeschlossenen Parameter.
4. Die Bewertungsgrundlage für die Bewertung des Ringversuches.

(2) Der Ringversuchsleiter wählt in Zusammenarbeit mit einer Referenzinstitution Ringversuchsproben aus und prüft deren Eignung vor ihrem Einsatz im Ringversuch.

(3) Bei jedem Ringversuch sollen nach Möglichkeit mindestens zwei verschiedene Probensätze versandt werden.

(4) Der Ringversuchsleiter versendet in Zusammenarbeit mit der Referenzinstitution an jeden Ringversuchsteilnehmer die Ringversuchsproben mit einem Formular für die Eintragung der Analysenergebnisse (Protokollbogen).

(5) Der Ringversuchsleiter wertet in Zusammenarbeit mit der Referenzinstitution alle diejenigen Meßergebnisse aus, die innerhalb der gesetzten Frist (Poststempel) abgesandt worden sind. Die Zielwerte werden den Teilnehmern unmittelbar nach Ablauf der Rückmeldefrist zugeleitet, so daß eventuell abweichende Ergebnisse seitens der Teilnehmer an den noch intakten Proben überprüft werden können.

(6) Jeder Ringversuchsteilnehmer erhält eine Teilnahmebescheinigung und entsprechend den unter III.(5) genannten Kriterien ein Zertifikat. Das Zertifikat hat Gültigkeit im gesamten Bundesgebiet für die Dauer von 12 Monaten.

(7) Vergleichende Darstellungen der Ringversuchsergebnisse von ärztlichen Teilnehmergruppen dürfen nicht vorgenommen werden und auch aufgrund der Ergebnisausdrucke der Ringversuche nicht möglich sein.

(8) Der Ringversuchsleiter darf sich bei der Belieferung von Ringversuchsmaterial vertraglich nicht an einen bestimmten Hersteller/Importeur binden.

(9) Der Ringversuchsleiter hat den Datenschutz vollinhaltlich einzuhalten.

3. Pflichten des Ringversuchsteilnehmers

(1) Die Teilnahme an zwei Ringversuchen pro Jahr ist obligatorisch.

(2) Der Ringversuchsteilnehmer meldet sich für jeweils ein Kalenderjahr beim Ringversuchsveranstalter an.

(3) Beim Teilnehmer werden die Bestimmungen in den Ringversuchsproben unter Routinebedingungen durchgeführt und die gewonnenen Ergebnisse in das dafür vorgesehene Formblatt eingetragen. Der Teilnehmer bestätigt mit seiner Unterschrift, daß die Analysen gemäß diesen Richtlinien in dem von ihm geleiteten Laboratorium durchgeführt worden sind.

(4) Erhält ein Teilnehmer für eine Meßgröße kein Zertifikat, so ist er verpflichtet, die Ursachen der Unrichtigkeit des Laborergebnisses zu klären und zu beheben. Dieser Überprüfungsprozeß ist zu protokollieren.

(5) Der für das medizinische Laboratorium verantwortliche Arzt hat der zuständigen Ärztekammer die Teilnahme und/oder das Bestehen des Ringversuches durch Einreichung der Teilnahmebescheinigung oder des Zertifikates zu melden. Die Durchführung der Meldung kann vom Teilnehmer an die Referenzinstitutionen delegiert werden.

Flegel

An die Stelle der Ärztekammer tritt die zuständige Kassenärztliche Vereinigung, wenn der verantwortliche Leiter des Laboratoriums einzelne oder mehrere immunhämatologische Analysen nach Anlage 1 im Rahmen der kassenärztlichen Versorgung über die Kassenärztliche Vereinigung abrechnet.

4. Referenzinstitutionen

(1) Referenzinstitutionen sind zuständig für die Ermittlung der richtigen Ergebnisse in den Ringversuchsproben. Sie arbeiten dabei mit dem Ringversuchsleiter und den Referenzlaboratorien zusammen.

(2) Die Referenzinstitutionen müssen von der Bundesärztekammer bestätigt sein.

(3) Die Bundesärztekammer führt die Aufsicht über die Referenzinstitutionen.

Im übrigen gelten die Vorschriften für die Referenzinstitutionen, wie sie in den „Richtlinien der Bundesärztekammer für Qualitätssicherung in medizinischen Laboratorien" unter 3.1 Abs. 2 ausgeführt sind.

5. Referenzlaboratorien

(1) Die Referenzlaboratorien arbeiten in Erfüllung dieser Richtlinien mit den von der Bundesärztekammer benannten Referenzinstitutionen zusammen.

(2) Referenzlaboratorien müssen unabhängig von Herstellern/Importeuren von Geräten, Reagenzien, Kalibriermaterial und Kontrollproben sein.

(3) Der Leiter eines Referenzlaboratoriums muß über besondere fachliche Kenntnisse und Erfahrungen verfügen. Die Referenzlaboratorien sollen funktionell selbständig sein und über einen eigenen Personal- und Sachetat verfügen.

(4) Referenzlaboratorien werden durch die Bundesärztekammer bestellt. Die Bestellung erfolgt in Zusammenarbeit mit den zuständigen wissenschaftlichen-medizinischen Fachgesellschaften für die Dauer von jeweils zwei Jahren.

(5) Mit der Funktion eines Referenzlaboratoriums darf nicht geworben werden.

(6) Die Analyse der Ringversuchsproben in den Referenzlaboratorien muß unter Routinebedingungen erfolgen.

(7) Der Leiter des Referenzlaboratoriums prüft seine Analysen sowie die gleichzeitig durchgeführten laborinternen Qualitätskontrollen und bestätigt dies durch seine Unterschrift.

(8) Der Leiter des Referenzlaboratoriums trägt die Verantwortung für die Richtigkeit der von ihm ermittelten Ergebnisse.

6. Aufgaben der Bundesärztekammer

Die Bundesärztekammer nimmt folgende Aufgaben wahr:

1. Aufstellung des Verzeichnisses von Merkmalen, die der Qualitätskontrolle nach diesen Richtlinien unterliegen.

2. Bestellung der Referenzinstitutionen für die Organisation der Ringversuche.

3. Bestellung der Referenzlaboratorien.

4. Bestellung der Ringversuchsleiter und deren Stellvertreter.

7. Sonstige Regelungen

Über Streitfragen, die sich aus der Anwendung der Richtlinien ergeben, entscheidet die Bundesärztekammer nach Anhörung des bei ihr gebildeten zuständigen Fachausschusses.

8. Anlagen

Anlage 1: Zelluläre und plasmatische Eigenschaften, für die die Verfahrenskontrolle nach diesen Richtlinien vorgeschrieben sind.

Anlage 2: Verzeichnis der Referenzinstitutionen

Anlage 3: Verzeichnis der Referenzlaboratorien

Anlage 4: Verzeichnis der Ringversuchsleiter

Anlage 1:

Zelluläre und plasmatische Eigenschaften, für die Verfahrenskontrollen nach diesen Richtlinien vorgeschrieben sind.

Lfd. Nr.	Analyt	Größenart	Zielwertermittlung
1.	AB0-System	Qualitativ	Referenzlaboratorien
2.	Rh-Faktor-D	Qualitativ	Referenzlaboratorien
3.	Rh-Untergruppen	Qualitativ	Referenzlaboratorien
4.	Irreguläre AK	Qualitativ	Referenzlaboratorien
5.	Antikörpersuchtest Indirekter und direkter Antiglobulin-Test (Coombs-Test)	Qualitativ	Referenzlaboratorien

Anlage 2:

Verzeichnis der Referenzinstitutionen
Institut für Standardisierung und Dokumentation im Medizinischen Laboratorium e. V., Johannes-Weyer-Straße 1, Düsseldorf, Tel: 02 11-31 40 67, Fax: 02 11-34 93 92.

Anlage 3:

Verzeichnis der Referenzlaboratorien

Anlage 4

Verzeichnis der Ringversuchsleiter

Flegel

Literatur

Council of Europe, Blood group serology (Chapter 23, Seite 181 - 189), Control of equipment (Chapter 25, Seite 199 - 203), Data processing systems (Chapter 26, Seite 205 - 208) and Record keeping (Chapter 27, Seite 209 - 210), in: Guide to the preparation, use and quality assurance of blood components, Recommendation No. R(95)15, 7th Edition, Council of Europe Press 2001; R. Dörner, Immunhämatologisches/Hämostaseologisches Labor (Kapitel 4, Seite 26 - 29), in: Muster-Qualitätsmanagmenthandbuch für die Klinische Anwendung von Blutkomponenten und Plasmaderivaten, Berufsverband der Deutschen Transfusionsmediziner, Köln 2000.

I. Die Bedeutung der Norm

1   Die vorliegenden Richtlinien legen zusammen mit dem TFG und den Hämotherapie-Richtlinien abschließend die Maßnahmen fest, die zur Qualitätssicherung in der Immunhämatologie und hier vornehmlich im Laborbereich durchzuführen sind. Das Verfahren der externen Ringversuche wird institutionalisiert.

2   Die Verbindlichkeit der Norm leitet sich aus § 18 Abs. 1 Ziff. 2 in Verbindung mit der Verweisung in den Hämotherapie-Richtlinien Kapitel 4.2.5.3 auf die Qualitätssicherungs-Richtlinien ab. Die Verbindlichkeit der Richtlinien „Qualitätssicherung in der Immunhämatologie" könnte indessen zweifelhaft sein, weil diese Richtlinien 1992, also bereits lange vor dem TFG erlassen wurden und nur die Hämotherapie-Richtlinien als Richtlinien im Sinne von §§ 12 und 18 TFG anzusehen sind. Man wird diese statische Verweisung in den Hämotherapie-Richtlinien wohl als gerade noch mit §§ 12 und 18 TFG und dem dort verankerten Verfahren der Richtlinienerstellung vereinbar ansehen können.

3   Der Europarat hat gerade in Bezug auf die Blutgruppenserologie umfangreiche Empfehlungen ausgearbeitet[2]. Sie besitzen jedoch für die ärztlich tätigen Personen in Deutschland keine Verbindlichkeit.

II. Qualitätssicherung in der Immunhämatologie

4   Es werden sowohl Verfahren zur laborinternen Qualitätssicherung als auch die Teilnahme an einer externen Qualitätssicherung vorgeschrieben. Diese beiden beschriebenen Verfahren werden als „Art" der Qualitätssicherung bezeichnet (Abschn. I. 1. (1) der Qualitätssicherungs-Richtlinien).

Unmittelbar anschließend werden die Ziele (Abschn. I. 1. (2) der Qualitätssicherungs-Richtlinien), Anforderungen an das QS-System (Abschn. I. 1. (3) der Qualitätssicherungs-Richtlinien) und an ein „Kontrollproben-System" (Abschn. I. 2. (1 - 5) der Qualitätssicherungs-Richtlinien) beschrieben.

---

[2]   Council of Europe 2001.

III. Verantwortlichkeit für die Durchführung

Für die Durchführung aller vorgeschriebenen Maßnahmen der Qualitätssicherung **5** im Laborbereich, z.B. dem blutgruppenserologischen Laboratorium, ist der verantwortliche Arzt zuständig, der vom Träger der Einrichtung der Krankenversorgung benannt werden muss. Die Anforderungen an die Qualifikation des verantwortlichen Arztes sind in den Hämotherapie-Richtlinien Kapitel. 1.5.1.3 festgelegt und Voraussetzung für die Benennung.[3]

IV. Laborinterne Qualitätssicherung

Der Schwerpunkt der Qualitätssicherung liegt auf laborinternen Maßnahmen, die **6** im Abschn. II. recht detailliert aufgelistet werden (Tabelle 15A.1).

Die Liste der staatlich zugelassenen Testreagenzien ist auch 2002 noch aktuell. Allerdings wird ein Antiserum der Spezifität Anti-CDE kaum noch eingesetzt und durch anstehende Neuerungen im europäischen Zulassungsverfahren werden mehr Antikörperspezifitäten der Zulassung unterliegen. Auf der anderen Seite haben sich aber auch Änderungen bei den Zulassungsstellen ergeben. Bisher war ausschließlich das PEI für die Zulassung der Testreagenzien nach dem AMG zuständig. Dies wird im Rahmen der europaweiten Zulassung zukünftig nicht mehr der Fall sein.

V. Externe Qualitätssicherung (Ringversuche)

Das Verfahren der Ringversuche als laborexterne Maßnahme der Qualitätssicherung wird in den Abschn. III. und IV. institutionalisiert (Tabelle 15A.1). Die Pflichten des verantwortlichen Arztes im blutgruppenserologischen Labor sind im Abschn. IV. 3. abschließend festgelegt. **7**

Tabelle 15A.1. Vorgeschriebene Qualitätssicherung bei der Bestimmung von serologisch nachweisbaren zellulären und plasmatischen Eigenschaften*

I. Laborintern: 1. Allgemein

1 Funktionstüchtigkeit von Ausrüstungsgegenständen (Kühlschrank, Tiefkühlschrank, Zentrifuge, Wasserbad, Waschzentrifuge etc.) ist einmal wöchentlich zu überprüfen
2 staatlich zugelassene Testreagenzien (anti-A, -B, -AB, -D, -CDE) verwenden
3 Protokoll der Ergebnisse aller einzelnen Reaktionen mit Hersteller und Reagenziencharge (bis Juli 1998 5 Jahre Aufbewahrung, seitdem 15 Jahre**)

II. Laborintern: 2. Speziell

1. Aktivität und Spezifität von Testseren mindestens wöchentlich überprüfen
1.1 Anti-A, -B, -AB mit Erythrozyten A_1, A_2, B und 0
1.2 Anti-D mit Rh-positiven und Rh-negativen Testzellen
1.3 Anti-CDE mit Ccddee- und ccddEe-Testzellen
1.4 Antiseren gegen Rh-Untergruppen mit geeigneten Testerythrozyten
1.5 Antiseren gegen weitere Merkmale durch *mitgeführte* (möglichst heterozygote) Positiv- bzw. Negativkontrollen überprüfen.

---

[3] Vgl. Kommentierung zu § 15 TFG und hier insbesondere Tabelle 15.3.

Flegel

Tabelle 15A.1. *(Fortsetzung)*

2.   Nachweis von irregulären Antikörpern überprüfen
2.1 durch mitgeführte Erythrozyten, die das Antigen (möglichst auch schwach ausgeprägt) tragen bzw. nicht tragen
3.   Coombstest überprüfen
3.1 negative direkte und indirekte Antiglobulintests sind durch antikörperbeladene Erythrozyten zu sichern
4.   Vorgehen bei nachgewiesenen irregulären Antikörpern
4.1 Spezifität, ggf. Titer, klinische Relevanz für Transfusion und Schwangerschaft angeben

III. Extern: Ringversuch
1. mindestens 2 Ringversuche pro Jahr
2. Teilnahme in dem Umfang, in dem immunhämatologische Untersuchungen durchgeführt werden. Mindestens AB0, Rh-D, einschließlich „D^u" ***, Rh-Untergruppen und Antikörpersuchtest

---

*   Die Nummerierung innerhalb dieser Tabelle orientiert sich an den Abschnitten innerhalb der Qualitätssicherungs-Richtlinien.
**   Durch das Inkrafttreten des TFG sind 15 Jahre Aufbewahrungsdauer vorgeschrieben (nach § 14 Abs. 3 TFG im Zusammenhang mit § 14 Abs. 1 Satz 2 TFG).
*** Nach aktueller Nomenklatur als schwach ausgeprägtes Antigen D („weak D") bezeichnet (Hämotherapie-Richtlinien Kapitel 4.2.5.5).

VI. Aktualisierung der Qualitätssicherungs-Richtlinien

8   Wichtige Rahmenbedingungen insbesondere der Ringversuche werden in den Anlagen 1 bis 4 der Qualitätssicherungs-Richtlinien festgelegt. Im Abschn. IV. 3. 6 beauftragt die Bundesärztekammer sich selbst, diese Anlagen zu aktualisieren.

9   Obwohl somit eine aktuelle Anpassung wichtiger Merkmale der Qualitätssicherungs-Richtlinien durch die Bundesärztekammer gewährleistet ist, mag man bedauern, dass bisher keine Überarbeitung vorgenommen wurde. Sicherlich haben sich seit 1992 etliche Änderungen ergeben, die in einer veröffentlichten Fassung zu berücksichtigen wären.

10   Seit 1992 wurden unter anderem technische Neuerungen eingeführt, deren Belange natürlich nicht berücksichtigt sind. Zum Beispiel ist eine Qualitätssicherung durch Zugabe antikörperbeladener Erythrozyten (Abschn. II. 2 (7) der Qualitätssicherungs-Richtlinien) zwar für die weithin üblichen Nachweismethoden des direkten und indirekten Antiglobulintests in Röhrchentechnik unter Einsatz von Waschzentrifugen unabdingbar. Allerdings sind die gleichen Qualitätssicherungsverfahren für die inzwischen weit verbreitete Säulenagglutinationstechnik (Geltechnik) weder praktikabel noch notwendig. Die anstehende Änderung der zulassungspflichtigen Antiseren wurde bereits erwähnt.

VI. Rechtsfolgen

Im Zivilrecht:

Die Richtlinien „Qualitätssicherung in der Immunhämatologie" konkretisieren die   **11**
im Verkehr erforderliche (und anzuwendende) Sorgfalt- (spflicht) nach § 276 BGB.

VII. Sanktionen

Im Strafrecht:

Unmittelbare strafrechtliche Sanktionen folgen aus den Qualitätssicherungs-Richt-   **12**
linien nicht. Allerdings geben sie auch im Strafrecht den Maßstab für die anzuwendende Sorgfalt vor, auch wenn im Einzelfall zu prüfen ist, ob sie eingehalten worden sind und ob sie der zur Einhaltung Verpflichtete auch gekannt hat.

§ 16
Unterrichtungspflichten

(1) Treten im Zusammenhang mit der Anwendung von Blutprodukten und gentechnisch hergestellten Plasmaproteinen zur Behandlung von Hämostasestörungen unerwünschte Ereignisse auf, hat die behandelnde ärztliche Person unverzüglich die notwendigen Maßnahmen zu ergreifen. Sie unterrichtet die transfusionsbeauftragte und die transfusionsverantwortliche Person oder die sonst nach dem Qualitätssicherungssystem der Einrichtung der Krankenversorgung zu unterrichtenden Personen.

(2) Im Falle des Verdachts der Nebenwirkung eines Blutproduktes ist unverzüglich der pharmazeutische Unternehmer und im Falle des Verdachts einer schwerwiegenden Nebenwirkung eines Blutproduktes und eines Plasmaproteinpräparates im Sinne von Absatz 1 zusätzlich die zuständige Bundesoberbehörde zu unterrichten. Die Unterrichtung muß alle notwendigen Angaben wie Bezeichnung des Produktes, Name oder Firma des pharmazeutischen Unternehmers und die Chargenbezeichnung enthalten. Von der Person, bei der der Verdacht auf die Nebenwirkungen aufgetreten ist, sind das Geburtsdatum und das Geschlecht anzugeben.

(3) Die berufsrechtlichen Mitteilungspflichten bleiben unberührt.

Zugehörige Richtlinien:

1.7 Meldewesen

Auf die Mitteilungs- und Meldepflichten nach §§ 16, 21 und 22 des Transfusionsgesetzes und § 29 des Arzneimittelgesetzes (AMG) wird verwiesen. Einzelheiten sind in einer Dienstanweisung zu regeln (vgl. 4.5.8).

4 Anwendung von Blutprodukten
[...]

4.5 Unerwünschte Wirkungen nach Anwendung von Blutprodukten

Die Zeichen unerwünschter Wirkungen nach Anwendung von Blutprodukten sind vielgestaltig und oft uncharakteristisch. Sie erfordern eine differenzierte Diagnostik, Ursachenermittlung und ggf. Therapie. In jedem Falle ist auch der gesamte organisatorische Ablauf zu überprüfen (vgl. Abschnitt 1.4.1.3).

4.5.1 Organisatorische Maßnahmen

Treten während der Transfusion unerwünschte Wirkungen auf (s. Abschnitt 4.5.2, 4.5.3), so muss die Transfusion je nach Schwere und Art der Symptome unterbrochen bzw. abgebrochen und der transfundierende Arzt sofort benachrichtigt werden. Er entscheidet in Absprache mit dem Transfusionsbeauftragten (zu den Vorgaben einer Dienstanweisung vgl. 4.5.8) über alle weiteren Maßnahmen in Zusammenarbeit mit dem zuständigen Laboratorium.

Der venöse Zugang ist für eine möglicherweise erforderlich werdende Therapie offenzuhalten.

Der Patient bedarf bis zum Abklingen der Symptome der kontinuierlichen Überwachung. Die Voraussetzungen zur sofortigen Einleitung von notfalltherapeutischen Maßnahmen sind sicherzustellen.

Das Restblut im Präparat einschließlich des Transfusionsbesteckes sowie eine frisch entnommene Blutprobe des Empfängers sind an das zuständige Laboratorium mit einer schriftlichen Information weiterzuleiten. Hinsichtlich der Diagnostik wird auf 4.5.4 verwiesen.

Alle für eine vollständige Untersuchung erforderlichen Blutproben des Empfängers und das Behältnis mit dem restlichen Inhalt sind kontaminationssicher zu verschließen, aufzubewahren und ggf. für die Untersuchung heranzuziehen.

4.5.2 Unerwünschte Wirkungen

Unerwünschte Wirkungen lassen sich in akute und chronische unerwünschte Wirkungen einteilen. Auf die *Leitlinien zur Therapie mit Blutkomponenten und Plasmaderivaten* der Bundesärztekammer in der jeweils gültigen Fassung wird hingewiesen.

4.5.2.1 Akute unerwünschte Wirkungen

Am häufigsten treten febrile, nichthämolytische Transfusionsreaktionen auf, die in unmittelbarem zeitlichem Zusammenhang mit der Transfusion stehen. Häufige Ursachen sind die Übertragung von freigesetzten leukozytären und/oder thrombozytären Inhaltsstoffen (z.B. Zytokine) und präformierte Antikörper des Empfängers gegen Leukozyten, Thrombozyten oder Plasmaproteine.

Akute Transfusionsreaktionen können auch durch mikrobiell kontaminierte Blutprodukte verursacht werden. Ihre Symptome sind meist nicht von Reaktionen anderer Ursache zu unterscheiden. In abnehmender Rangfolge sind Thrombozytenkonzentrate, Erythrozytenkonzentrate und Plasmen betroffen.

Seltener sind urtikarielle Hautreaktionen oder eine posttransfusionelle Purpura, sehr selten eine transfusionsinduzierte akute Lungeninsuffizienz (TRALI-Syndrom), Graft-versus-Host-Reaktionen bei immunsupprimierten Patienten und bei Blutsverwandten nach Übertragung proliferationsfähiger Lymphozyten sowie anaphylaktische Reaktionen bei Empfängern mit angeborenem IgA-Mangel.

4.5.2.2 Besonderheiten unerwünschter Wirkungen

Hämolytische Transfusionsreaktionen können als hämolytische Sofortreaktionen während oder kurz nach der Transfusion von Erythrozytenkonzentraten auftreten. Häufigste Ursache lebensbedrohlicher hämolytischer Transfusionsreaktionen ist eine AB0-Inkompatibilität infolge von Verwechslungen!

Verzögerte hämolytische Reaktionen treten nach Ablauf mehrerer Tage bis zu zwei Wochen nach zunächst unauffälliger Erythrozytentransfusion auf. Ursachen sind niedrig-titrige anti-erythrozytäre Alloantikörper, die zum Zeitpunkt der Transfusion nicht nachgewiesen werden konnten (negativer Antikörpersuchtest bzw. negative serologische Verträglichkeitsprobe) und nach Transfusion vermehrt gebildet werden (Boosterung).

Die „Citrat-Intoxikation" bei Gabe von GFP spielt nur bei Früh- und Neugeborenen, bei Patienten mit ausgeprägter Leberfunktionsstörung und bei Notfall- und Massivtransfusionen eine Rolle (s. *Leitlinien der Bundesärztekammer zur Therapie mit Blutkomponenten und Plasmaderivaten*).

Eine *transfusionsbedingte Hyperkaliämie* ist nur bei Frühgeborenen, anurischen Empfängern und nach Notfall- und Massivtransfusionen von Bedeutung. Eine *transfusionsinduzierte Hypothermie* bei Massivtransfusionen kann durch vorheriges Erwärmen der Blutkomponenten auf maximal +37 °C verhindert werden.

4.5.2.3 Sonstige unerwünschte Wirkungen

Mit Blutprodukten können Erreger von Infektionskrankheiten übertragen werden. Das betrifft bereits im Spenderblut enthaltene Viren wie HBV, HCV, CMV oder HIV. Ebenso können Protozoen (z.b. Malaria-Erreger) oder Bakterien (wie Yersinia enterocolitica oder Treponema pallidum) unerkannt mit dem Spenderblut in die Blutprodukte gelangen. Auch Hautkeime (z.B. Staphylococcus epidermidis) können Blutprodukte kontaminieren. Im Gegensatz zu Viren können sich Bakterien grundsätzlich in Blutprodukten (auch bei Kühllagerung) vermehren sowie bakterielle Toxine in hohen Konzentrationen bilden (s. auch *Leitlinien der Bundesärztekammer zur Therapie mit Blutkomponenten und Plasmaderivaten*).

Transfusionsreaktionen durch kontaminierende Bakterien können akut und bis zu einigen Stunden nach Abschluss einer Transfusion auftreten. Eine Sepsis kann auch mit Verzögerung entstehen.

Die Ursache anaphylaktoider Frühreaktionen nach Übertragung von Plasma (GFP, VIP) und Plasmaderivaten bleibt meist unklar (s. *Leitlinien der Bundesärztekammer zur Therapie mit Blutkomponenten und Plasmaderivaten*). Anaphylaktische Spätreaktionen einschließlich anaphylaktischer Reaktionen bei Empfängern mit angeborenem IgA-Mangel sind sehr selten. Eine Immunhämolyse kann auch durch passiv übertragene Antikörper gegen Erythrozyten in plasmahaltigen Präparaten, sehr selten auch durch Iv/Ig-Präparate, hervorgerufen werden.

Eine sekundäre Hämosiderose ist bei Langzeitsubstitution mit Erythrozytenkonzentraten möglich (*Leitlinien der Bundesärztekammer zur Therapie mit Blutkomponenten und Plasmaderivaten*).

4.5.3 Symptome unerwünschter Wirkungen

Einzeln oder kombiniert können Kreuz- und Lendenschmerzen, Engegefühl (Atemnot), Unruhe, Hitzegefühl, Frösteln, Blässe, Juckreiz, kalter Schweiß, Übelkeit auftreten. Entsprechend dem Schweregrad finden sich Temperaturanstieg, Schüttelfrost, urtikarielle Exantheme, Bronchospasmus, Tachykardie, Schocksymptome.

Besonders bei der hämolytischen Sofortreaktion kann es in schweren Fällen zur Ausbildung eines Schocks, einer disseminierten intravasalen Gerinnung und eines Nierenversagens kommen, die zum Tode führen können.

Die häufigsten Symptome einer Transfusionsreaktion durch kontaminierende Bakterien sind Fieber, Schüttelfrost, Blutdruckabfall und Tachykardie. In Abhängigkeit von der Spezies und der Keimzahl können Schock und disseminierte intravasale Gerinnung auftreten. Mögliche Begleitsymptome sind Atemnot, Übelkeit und Erbrechen, Diarrhöe, Schmerzen im Bauch- bzw. Lendenbereich, Schwindel, Oligurie und Blutungen. Die hochgradige Kontamination von Blutprodukten mit gramnegativen Bakterien (z.B. Yersinia enterocolitica) kann zum lebensbedrohlichen Endotoxinschock führen.

Während der Narkose fehlen die allgemeinen Symptome Exantheme und Zeichen des Schocks können abgeschwächt auftreten. Eine Blutungsneigung während oder nach der Operation kann das auffallendste Symptom bei hämolytischen Reaktionen sein.

4.5.4 Diagnostik

Jede unerwünschte Transfusionsreaktion bedarf der Klärung. Der Hersteller ist frühzeitig einzubeziehen. Vorrangig ist der Nachweis bzw. Ausschluss einer intravasalen Hämolyse.

Besteht Anhalt für eine hämolytische Transfusionsreaktion, ist eine Verwechslung von Patienten oder Blutprodukten auszuschließen. Bei Verdacht auf Verwechslung sind die weiteren möglicherweise in Frage kommenden Patienten zu identifizieren. Ergeben sich Hinweise auf organisatorische Mängel, so sind diese durch entsprechende Dienstanweisungen zu beseitigen (vgl. 1.4.1.3).

In allen Problemfällen sollte ein transfusionsmedizinisch erfahrenes Laboratorium in die Untersuchung eingeschaltet werden. Einzelheiten regelt das Qualitätssicherungssystem der Einrichtung.

4.5.4.1 Hämolysenachweis

Das Vorliegen einer intravasalen Hämolyse kann durch den sofortigen Nachweis freien Hämoglobins im Plasma bzw. Urin objektiviert werden. Vorrangig sind folgende immunhämatologische Untersuchungen: direkter AHG-Test (Empfängerblut), AB0- und Rh-Kontrolle von Blutpräparat und Empfänger, Verträglichkeitsproben (ggf. unter Einbeziehung des Minortests) und Antikörpersuchtest mit prä- und posttransfusionellen Blutproben des Empfängers. Als weitere Parameter zum Ausschluss einer Hämolyse dienen die Bestimmungen von LDH, Haptoglobin und Bilirubin im Serum sowie das Blutbild.

Ergeben sich Hinweise für eine Hämolyse ohne Antikörpernachweis, so sollte die Möglichkeit des Antikörpernachweises durch spätere Wiederholung der Untersuchung (Nachweis freier Antikörper nach Boosterung) in Betracht gezogen werden.

4.5.4.2 Erregerbedingte unerwünschte Wirkungen

Bei Verdacht auf erregerbedingte Nebenwirkungen ist eine mikrobielle Untersuchung des Empfängers (Blutkultur) und des in Frage kommenden Präparates zu veranlassen. Die Zuständigkeiten für die Untersuchung, die Lagerung der verwendeten Bestecke und Behältnisse und die unverzügliche Meldung sind in einer Dienstanweisung zu regeln (s. Abschnitt 1.4.1.3). Alle weiteren Schritte zur Abklärung einer Transfusionsreaktion anderer Ursache sind gleichzeitig einzuleiten, da sich die Symptome einer kontaminationsbedingten Transfusionsreaktion in der Regel nicht von Nebenwirkungen anderer Ursache abgrenzen lassen (s. Abschnitt 4.5.3).

4.5.4.3 Andere unerwünschte Wirkungen

Bei unerwünschten Wirkungen, die durch die in 4.5.4.1 und 4.5.4.2 genannten Untersuchungen nicht geklärt werden konnten (z.B. bei Verdacht auf Immunreaktionen gegen Thrombozyten oder Leukozyten bzw. gegen Plasmaproteine), sind immunhämatologische Spezialuntersuchungen in Zusammenarbeit mit der zuständigen transfusionsmedizinischen Einrichtung durchzuführen.

4.5.5 Therapeutische Maßnahmen

Die Behandlung schwerer Transfusionszwischenfälle entspricht der Therapie schwerer Schockzustände anderer Genese. Bei intravasaler Hämolyse kann das Krankheitsbild durch die frühzeitige Entwicklung einer disseminierten, intravasalen Gerinnung gekennzeichnet sein. Gegebenenalls sind eine intensivmedizinische Behandlung und/oder eine Dialysebehandlung zu erwägen.

Bei Transfusion von Rh positiven (D positiven) Erythrozyten auf einen Rh negativen (D negativen) Empfänger kann in Einzelfällen (z.B. Rh positive (D positiv)-inkompatible Transfusion bei jungen Frauen) zur Verhinderung einer Immunisierung des Empfängers im Rh-System Anti-D-Immunglobulin injiziert werden (s. *Leitlinien der Bundesärztekammer zur Therapie mit Blutkomponenten und Plasmaderivaten*).

4.5.6 Vermeidung einer Graft-versus-Host-Reaktion

Zur Vermeidung von Graft-versus-Host-Reaktionen bei besonders gefährdeten Empfängern sollten alle Blutkomponenten mit ionisierenden Strahlen (empfohlene Dosis: 30 Gy) behandelt werden. Indikationen für bestrahlte Erythrozyten- und Thrombozytenkonzentrate sowie GFP sind in Tabelle 4.5.6. aufgeführt (s. auch *Leitlinien der Bundesärztekammer zur Therapie mit Blutkomponenten und Plasmaderivaten*).

4.5.7 Vermeidung von CMV-Infektionen

Bei Empfängern mit erhöhtem Risiko einer CMV-Infektion sollten CMV-Antikörper-negative oder leukozytendepletierte zelluläre Blutpräparate transfundiert werden.

Besonders gefährdete Patienten:
- CMV-negative schwangere Frauen,
- Empfänger eines hämatopoetischen Stammzelltransplantats,
- Frühgeborene,
- Empfänger von Organtransplantaten,
- CMV-negative, HIV-infizierte Patienten,
- Patienten mit Immundefekt,
- Feten (intrauterine Transfusion).

4.5.8 Dokumentation, Meldewege, Rückverfolgung (Look back)

Alle unerwünschten Wirkungen durch Transfusion sind patientenbezogen mit Datum und Angabe der Uhrzeit vollständig zu dokumentieren (4.3.10). Die Aufzeichnungen sind 15 Jahre aufzubewahren. Unerwünschte Wirkungen, die sich einem Blutprodukt zuordnen lassen, sind vom behandelnden Arzt unverzüglich zu melden. Näheres ist in einer Dienstanweisung zu regeln, die insbesondere auch festlegt, wer Nebenwirkungen von Blutprodukten an den pharmazeutischen Unternehmer und an die zuständige Bundesoberbehörde meldet. Im Falle eines Verdachts einer Nebenwirkung ist unverzüglich der pharmazeutische Unternehmer und im Falle des Verdachts einer schwerwiegenden Nebenwirkung zusätzlich die zuständige Bundesoberbehörde, d.h. das Paul-Ehrlich-Institut, zu unterrichten. Die Meldungen sind so abzufassen, dass mögliche Ursachen sowie die durchgeführten Maßnahmen nachvollziehbar sind, und müssen Angaben über das Blutprodukt, den Hersteller und die Präparatenummer oder Chargenbezeichnung, das Geschlecht und das Geburtsdatum des Empfängers enthalten. Gleichzeitig sollte eine Meldung an die Arzneimittelkommission der Deutschen Ärzteschaft erfolgen (§ 30 Abs. 7 der Berufsordnung für Deutsche Ärzte). Die gesetzlichen Meldepflichten bleiben hiervon unberührt.

Besteht der begründete Verdacht, dass Empfänger von Blutprodukten mit HI-, HC- oder HB-Viren oder anderen Erregern, die zu schwerwiegenden Krankheitsverläufen führen können, durch ein Blutprodukt infiziert wurden, ist eine Rückverfolgung möglicherweise mitbetroffener Empfänger bzw. dem in Frage kommenden Spender zu veranlassen (§ 19 Abs. 2 TFG). Auf die Meldepflicht an die zuständige Landesbehörde durch den Hersteller wird hingewiesen (§ 19 Abs. 1 Ziff. 6 TFG). Dieses Rückverfolgungsverfahren (Look back) ist entsprechend den „Empfehlungen des Arbeitskreises Blut" durchzuführen (vgl. Abschnitt 2.3.4, Fußnote 8).

4.6 Autologe Hämotherapie
[...]

4.6.2 Unerwünschte Wirkungen

Treten bei der Transfusion von Eigenblut unerwünschte Wirkungen auf, sind diese entsprechend Abschnitt 4.5 zu klären. Dabei sind insbesondere Verwechslung, mikrobielle Verunreinigung sowie präparative oder lagerungsbedingte Schäden der Eigenblutpräparate auszuschließen.

Flegel

Literatur

S. Bales, N. Schnitzler, Melde- und Aufzeichnungspflicht für Krankheiten und Krankheitserreger, DÄ 97(2000)A-3501 - 3508; BfArM und PEI, 3. Bekanntmachung zur Anzeige von Nebenwirkungen, Wechselwirkungen mit anderen Mitteln und Arzneimittelmißbrauch nach § 29 Abs. 1 Satz 2 bis 8 AMG, Bundesanzeiger 97(1996); Council of Europe, Transfusion (Chapter 30, Seite 219 - 222) und Haemovigilance (Chapter 31, S. 223 - 228), in: Guide to the preparation, use and quality assurance of blood components, Recommendation No. R(95)15, 7th Edition, Council of Europe Press 2001; R. Dörner, Unerwünschte Wirkungen von Blutkomponenten und Plasmaderivation (Kapitel 8, S. 38 - 39) in: Muster-Qualitätsmanagmenthandbuch für die Klinische Anwendung von Blutkomponenten und Plasmaderivaten, Berufsverband der Deutschen Transfusionsmediziner, Köln 2000; W. A. Flegel, B. Kubanek, H. Northoff, Abklärung einer Transfusionsreaktion: Anlaß, Diagnostik und Folgerungen, DÄ 87(1990)A-1178 - 1180; M. Göttler, K.-H. Munter, J. Hasford, B. Mueller-Oerlinghausen, Unerwünschte Arzneimittelwirkungen: Zu viele Ärzte sind „meldemüde", DÄ 96(1999)A-1704 - 1706; M. A. Poposvky, Transfusion Reactions, American Association of Blood Banks, Arlington 1996; H. Radtke, K. Bachmann, G. Pindur, J. Koscielny, E. Wenzel, H. Kiesewetter, Der gesetzlich vorgeschriebene Stufenplan bei Beanstandungen oder Nebenwirkungen von Blutkomponenten, Infusionsther Transfusionsmed 22(1995)186 - 195; The Serious Hazards of Transfusion Steering Group, SHOT Annual Report 1999-2000[1]; L. Thomas, Blutprodukte: Anzeige von Nebenwirkungen, DÄ 92(1995)B-1416 - 1417; Wissenschaftlicher Beirat der Bundesärztekammer, Empfehlungen zur Vermeidung und Behandlung von Transfusionszwischenfällen, DÄ 73(1976)2315 – 2318.

I. Die Bedeutung der Norm

1　Die Vorschrift regelt den Umgang der behandelnden ärztlichen Person mit unerwünschten Ereignissen bei der Anwendung von Blut, Blutprodukten und gentech-

---

[1]　Jährliche Berichte sind im Internet verfügbar unter: <http://www.shot.demon.co.uk/toc.htm>.

nisch hergestellten Plasmaproteinen in der Einrichtung der Krankenversorgung. Sie schreibt ferner eine Pflicht zur Unterrichtungen der zuständigen Personen innerhalb der Einrichtung der Krankenversorgung, des pharmazeutischen Unternehmers sowie der zuständigen Bundesoberbehörde[2] vor. Die berufsrechtliche Mitteilungspflicht der Ärzte nach § 6 MBOÄ lässt die Norm unberührt.

II. Die Unterrichtungspflicht

§ 16 Abs. 1 und Abs. 2 regeln zwei unterschiedliche Bereiche der Unterrichtungspflicht. Hieraus ergeben sich Unterschiede in Bezug auf den Anlass einer Unterrichtungspflicht, den Normadressaten, die zu unterrichtenden Personen und Institutionen und den Inhalts einer Meldung.   2

§ 16 Abs. 1 regelt die Unterrichtungspflicht innerhalb der Einrichtungen der Krankenversorgung, in denen Blut, Blutprodukte oder gentechnisch hergestellte Plasmaproteine zur Behandlung von Hämostasestörungen angewendet werden. Normadressat ist „die behandelnde ärztliche Person". Es ist jedoch grundsätzlich vorstellbar, dass dieser Normadressat auch außerhalb einer solchen Einrichtung tätig ist. In § 16 Abs. 2 ist die Pflicht zur Unterrichtung des pharmazeutischen Unternehmers und der zuständigen Bundesoberbehörde festgelegt. Für diesen Bereich der Unterrichtungspflicht bestimmt das TFG nicht explizit den Normadressaten; dieser ergibt sich z.B. im Zusammenhang mit §§ 15 Abs. 1 und 19 Abs. 2 TFG. Die Hämotherapie-Richtlinien Kapitel 1.7 „Meldewesen" sind hier wenig hilfreich, da nur auf die einschlägigen Paragrafen des TFG zurückverwiesen wird. Eine gewisse Klarheit schaffen die Hämotherapie-Richtlinien in Kapitel 4.5.8. Dort ist festlegt, dass in einer Dienstanweisung zu regeln ist, „wer Nebenwirkungen von Blutprodukten an den pharmazeutischen Unternehmer und an die zuständige Bundesoberbehörde meldet."   3

Wegen dieser zwei grundverschiedenen Bereiche der Unterrichtungspflicht unterscheiden sind auch die Voraussetzungen erheblich, aus denen eine Unterrichtungspflicht folgen kann.

III. Anlass der Unterrichtungspflicht

Für das Ereignis, das eine Unterrichtungspflicht auslösen kann, verwendet das TFG leider eine heterogene Nomenklatur, die zudem die nötige Schärfe der zugrundeliegenden Definitionen vermissen lässt. Im Wesentlichen geht es um die Abgrenzung der folgenden fünf Begriffe: unerwünschte Ereignisse (§ 16 Abs. 1), Verdacht der Nebenwirkung bzw. Verdacht einer schwerwiegenden Nebenwirkung (§ 16 Abs. 2), der begründete Verdacht [einer Infektion durch Blutprodukte] (§ 19 Abs. 2 TFG)[3] sowie die unerwünschte Wirkung nach Anwendung von Blutprodukten (Hämotherapie-Richtlinien Kapitel 4.5), welche wiederum in akute (Kapitel 4.5.2.1) und chronische, auch als „sonstige" (Kapitel 4.5.2.3) bezeichnete, unerwünschte Wirkungen unterteilt ist.   4

---

[2] Nach § 27 Abs. 1 TFG das Paul-Ehrlich-Institut (PEI).
[3] Zur Begrifflichkeit des „begründeten Verdachts einer Infektion durch Blutprodukte" im § 19 Abs. 2 vgl. das dort Gesagte.

5   Die Unterrichtungspflicht nach § 16 Abs. 1 ist an das Auftreten eines unerwünschten Ereignisses[4] geknüpft. Was hierunter zu verstehen ist, lässt das TFG offen; es gibt keine Definition. Auch die Hämotherapie-Richtlinien definieren den Begriff nicht. Vielmehr sprechen sie (wie auch die Leitlinien zur Therapie mit Blutkomponenten und Plasmaderivaten) von unerwünschten Wirkungen nach Anwendungen von Blutprodukten (Hämotherapie-Richtlinien Kapitel 4.5 ff.).

§ 16 Abs. 2 knüpft die Unterrichtungspflicht an das Vorliegen eines Verdachts der Nebenwirkung[5] bzw. der schwerwiegenden Nebenwirkung eines Blutproduktes und bewegt sich damit in der Terminologie des AMG.

6   Man wird wohl nicht umhin können, das Verhältnis von unerwünschten Ereignissen und Nebenwirkungen derart zu verstehen, dass „Nebenwirkungen" eine Untergruppe der „unerwünschten Ereignisse" sind. Das unerwünschte Ereignis stellt also den Oberbegriff dar. Weiterhin darf man davon ausgehen, dass die Begriffe „unerwünschte Ereignisse" und „unerwünschte Wirkungen" synonym verwendet werden.

1. Unerwünschte Ereignisse und unerwünschte Wirkungen

7   Im Anlehnung an die „Gute klinische Praxis" muss folglich jedes unerwünschte Ereignis (unerwünschte Wirkung) dem zuständigen Transfusionsbeauftragten und dem Transfusionsverantwortlichen der Einrichtung der Krankenversorgung zur Kenntnis gebracht werden. Die Meldung muss erfolgen, wenn ein Zusammenhang mit der Transfusion vermutet wird. Die Hämotherapie-Richtlinien geben hierzu umfangreiche klinische Hinweise. Die Meldung muss jedoch auch dann erfolgen, wenn lediglich ein zeitlicher Zusammenhang mit der Transfusion besteht und man zunächst keinen ursächlichen Zusammenhang vermutet[6].

8   Es ist eine reine Selbstverständlichkeit, wenn nach § 16 Abs. 1 die notwendigen Maßnahmen, welche die ärztliche Person zu ergreifen haben wird, zunächst sicher ärztliche Maßnahmen zur Beseitigung des unerwünschten Ereignisses und zur Verhinderung von weiteren Schäden sind, selbst wenn dadurch Zeit oder Beweismaterial für die Unterrichtungspflicht verloren gehen sollte. Die Erfüllung der Unterrichtungspflicht innerhalb der Einrichtung der Krankenversorgung hat hinter den unmittelbar erforderlichen ärztlichen Maßnahmen zurück zu stehen.

---

[4]   Eine Definition des unerwünschtem Ereignisses findet sich in der Empfehlung der EU „Gute klinische Praxis", EG Doc III/ 3976/ 888 Glossar und in der Bekanntmachung des BfArM, Banz 1996 Nr. 97: „Jedes unerwünschte Ereignis, das einer Person widerfährt, die in eine klinische Prüfung einbezogen ist, ohne Beurteilung des Zusammenhangs mit dem Prüfpräparat."

[5]   § 4 (Sonstige Begriffsbestimmungen) Abs. 13 AMG: „Nebenwirkungen sind die bei bestimmungsgemäßen Gebrauch eines Arzneimittels auftretenden unerwünschten Begleiterscheinungen" und Deutsch, Lippert § 4 Rz. 15: „[Nebenwirkungen] sind in der Packungsbeilage aufzuführen."

[6]   Hämotherapie-Richtlinien Kapitel 4.5.8: „Unerwünschte Wirkungen, die sich einem Blutprodukt zuordnen lassen, sind vom behandelnden Arzt unverzüglich zu melden."

2. Nebenwirkung eines Blutprodukts

Nebenwirkung[7] ist ein unerwünschtes Ereignis, das schädlich und unbeabsichtigt **9** ist und bei Dosen auftritt, die üblicherweise beim Menschen für die Prophylaxe, Diagnose oder Therapie von Krankheiten oder die Veränderung physiologischer Funktionen angewendet werden. Da Nebenwirkungen als Untergruppe der unerwünschten Ereignisse zu verstehen sind, wird mithin nicht jedes unerwünschte Ereignis i.S.d. § 16 Abs. 1 an Institutionen außerhalb der Einrichtung der Krankenversorgung zu melden sein. Vielmehr müssen der Transfusionsbeauftragte und der Transfusionsverantwortliche mit ihrem Sachverstand beurteilen, welches ihnen gemeldete unerwünschte Ereignis als Nebenwirkung zu bewerten ist.

Die Meldepflicht im Falle einer (nicht schwerwiegenden) Nebenwirkung betrifft **10** nur Blutprodukte, jedoch nicht Plasmaproteinpräparate i.S.d. § 16 Abs. 1. Die Meldung muss an den Hersteller (pharmazeutischer Unternehmer) ergehen, jedoch nicht an das Paul-Ehrlich-Institut. Die Meldung muss an den Hersteller unverzüglich, also ohne schuldhaftes Zögern, erfolgen. Allerdings soll eine externe Meldung unterbleiben, wenn ein beobachtetes unerwünschtes Ereignis plausibel durch andere klinische oder therapeutische Umstände als die Anwendung von Blutprodukten bzw. gentechnisch hergestellten Plasmaproteinen zu erklären und mithin nicht als Nebenwirkung eines Blutprodukts einzustufen ist.

3. Schwerwiegende Nebenwirkung

Die schwerwiegende Nebenwirkung ist offensichtlich eine Untergruppe aller Ne- **11** benwirkungen. Von einer schweren Nebenwirkung[8] wird gesprochen, wenn die Nebenwirkung tödlich oder lebensbedrohend ist, zur Arbeitsunfähigkeit oder einer Behinderung führt oder eine stationäre Behandlung oder Verlängerung einer stationären Behandlung zur Folge hat. Somit müssen der Transfusionsbeauftragte und der Transfusionsverantwortliche mit dem dort vorhandenen Sachverstand beurteilen, welches von ihnen als Nebenwirkung beurteilte unerwünschte Ereignis zudem als schwerwiegend zu bewerten ist. Im übrigen gilt das für (nicht schwerwiegende) Nebenwirkungen Gesagte.

Die Meldepflicht im Falle einer schwerwiegenden Nebenwirkung betrifft nicht nur **12** Blutprodukte, sondern auch Plasmaproteinpräparate i.S.d. § 16 Abs. 1. Die Mel-

---

[7]   Richtlinie 73/319/EWG, Kapitel V a, Art. 29 b; vgl. auch die Definition im AMG (siehe oben).

[8]   Richtlinie 73/319/EWG, Kapitel V a, Art. 29 b. So auch die Definition in der „3. Bekanntmachung zur Anzeige von Nebenwirkungen [...]" vom 15. Mai 1996 und weiter: „Danach wird die Schwere einer Nebenwirkung weitgehend durch die Folge des Krankheitsgeschehens bestimmt. Als Kriterium für «schwerwiegend» ist jedoch eine erhebliche Behinderung oder ein Dauerschaden zu verstehen. Dazu zählt insbesondere die Arbeitsunfähigkeit als Folge einer bleibenden Schädigung der Gesundheit". Die „3. Bekanntmachung zur Anzeige von Nebenwirkungen [...]" betrifft, da eine Ausführungsvorschrift zum AMG, jedoch formal nur Hersteller (pharmazeutische Unternehmer) und nicht Einrichtungen der Krankenversorgung oder behandelnde ärztliche Personen i.S.d. TFG.

dung muss an den Hersteller (pharmazeutischer Unternehmer) und unabhängig hiervon an das Paul-Ehrlich-Institut erfolgen. Die Meldung an den Hersteller muss unverzüglich, also ohne schuldhaftes Zögern, vorgenommen werden. Anders als für das pharmazeutische Unternehmen[9] ist für die Einrichtung der Krankenversorgung keine zeitliche Frist bezüglich der Meldung an das Paul-Ehrlich-Institut vorgegeben; diese Meldung muss offensichtlich nicht unverzüglich erfolgen.

IV. Der zur Unterrichtung Verpflichtete

13   Primär zu Unterrichtungen verpflichtet ist diejenige ärztliche Person in der Einrichtung der Krankenversorgung, die bei oder nach der Anwendung, also im Zusammenhang mit der Anwendung, von Blut und Blutprodukten unerwünschte Ereignisse beobachtet.

14   Zurecht wird von Deutsch et al.[10] eingewandt, dass der im TFG verwendete Begriff „die behandelnde ärztliche Person" unglücklich ist, und eine Änderung des Wortlauts durch „jede ärztliche Person" oder eine andere geeignete Formulierung baldmöglichst gefordert. Im übrigen Gesetzestext ist damit nämlich die ärztliche Person gemeint, die ein Blutprodukt anwendet. Auch die Hämotherapie-Richtlinien (Kapitel 4.5.8 Satz 3) sorgen nicht für eine Klarstellung, da sie – wenn überhaupt – auch den Begriff „behandelnder Arzt" verwenden.

15   Tatsächlich wird i.S.d. § 16 jedoch jede ärztliche Person gemeint sein, die nach der Anwendung eines Blutpräparats ein unerwünschtes Ereignis beobachtet. Dies kann u.U. auch eine ärztliche Person außerhalb der Einrichtung der Krankenversorgung sein, in der das Blutprodukt angewendet wurde, also zum Beispiel der niedergelassene Arzt, der die Behandlung nach erfolgter Entlassung aus der Einrichtung der Krankenversorgung weiterführt.

V. Meldeweg innerhalb der Einrichtung der Krankenversorgung

16   Zu unterrichten sind innerhalb der Einrichtung der Krankenversorgung sowohl der Transfusionsbeauftragte als auch der Transfusionsverantwortliche. Die ärztliche Person wird zunächst den für sie zuständigen Transfusionsbeauftragten der Abteilung oder Klinik unterrichten. Nach dem Wortlaut des TFG ist es nicht zulässig,

---

[9]   Frist von 15 Tagen entsprechend § 14 (Beanstandungen) PharmBetrV und Punkt 2.9 (15-Tage-Bericht) der „3. Bekanntmachung zur Anzeige von Nebenwirkungen [...]": „Die Einzelfalldokumentation einer schwerwiegenden Nebenwirkung, Wechselwirkung oder eines beobachteten erheblichen Mißbrauchs ist ein 15-Tage-Bericht, der der zuständigen Bundesoberbehörde innerhalb von 15 Tagen nach Erhalt übersandt worden sein soll. Er wird erforderlich, wenn im Zusammenhang mit der Gabe des Arzneimittels eine Folge eingetreten ist, die die beim Patienten beobachtete Reaktion als schwerwiegend i.S. von Punkt 2.2 (s.o.) ausweist.
Die 15-Tage-Frist ist in Kalendertagen von dem Tag ab zu berechnen, ab dem die Minimalkriterien beim pharmazeutischen Unternehmer vorliegen (vgl. 4.1)."

[10]   E. Deutsch et al. 2001a, Rz. 778.

nur den Transfusionsbeauftragten der eigenen Abteilung oder Klinik zu informieren und es diesem sodann zu überlassen, ob er den Transfusionsverantwortlichen informieren will oder soll. Das TFG lässt allerdings die Möglichkeit offen, über das QS-System andere Personen als Adressaten für die Meldung innerhalb der Einrichtung der Krankenversorgung und für die Beurteilung zu bestimmen. Hiervon wird oft Gebrauch gemacht, um die nicht selten arbeitsintensive Tätigkeit zu delegieren, wenn z.B. die leitende ärztliche Person einer Spendeeinrichtung ganz i.S.d. Hämotherapie-Richtlinien Kapitel 1.5.1.4 selbst Transfusionsverantwortlicher ist.

Ein Formular[11] zu einem „Bericht über eine Transfusionsreaktion" kann für die interne wie externe Meldung verwendet werden. Eine abschließende Bewertung der Meldung wird von der im QM-System festgelegten Person, in der Regel dem Transfusionsverantwortlichen, vorgenommen. Diese kann auch ggf. erforderliche weitergehende Untersuchungen veranlassen und koordinieren sowie den meldenden Arzt und den zuständigen Transfusionsbeauftragten über die abschließende Bewertung informieren.   **17**

VI. Meldung an den pharmazeutischen Unternehmer (Hersteller)

Das oben erwähnte Formular zu einem „Bericht über eine Transfusionsreaktion" wurde von einer gemeinsamen Arbeitsgruppe des PEI sowie der Sektionen „Sicherheit in der Hämotherapie" und „Automation und Datenverarbeitung" der DGTI ausgearbeitet. Der Meldebogen kann krankenhausspezifisch und bedarfsgerecht angepasst und für die interne wie externe Meldung verwendet werden.   **18**

Diese Arbeitsgruppe empfiehlt, im Rahmen des QM-Systems die externe Meldepflicht dem Transfusionsverantwortlichen zu übertragen. In einer Dienstanweisung sollte festgelegt werden, wer innerhalb der Einrichtung der Krankenversorgung beim Vorliegen einer Nebenwirkung die Unterrichtung des pharmazeutischen Unternehmers zu übernehmen hat.   **19**

Im Betrieb des pharmazeutischen Unternehmers wird die Zuständigkeit für die Entgegennahme und Sammlung von Mitteilungen über Nebenwirkungen nach § 63a AMG und in der PharmBetriebV eindeutig geregelt. Ansprechpartner ist der jeweilige Stufenplanbeauftragte, an den die Einrichtung der Krankenversorgung ihre Meldung zweckmäßigerweise adressieren kann.   **20**

VII. Meldung an die zuständige Bundesoberbehörde (PEI)

Das TFG schweigt sich darüber aus, ob die behandelnde ärztliche Person, der Transfusionsbeauftragte oder der Transfusionsverantwortliche in der Einrichtung   **21**

---

[11] Beispiele für Muster-Formulare finden sich online unter
http://www.dgti.de/download/Forms/Uaw_Meldebogen.rtf und als Verknüpfung unter
http://springer.de/cgi-bin/search_book.pl?isbn=3-540-41816-4&cookie=done.

der Krankenversorgung auch verpflichtet sein sollen, beim Verdacht des Vorliegens einer schwerwiegenden Nebenwirkung die zuständige Bundesoberbehörde zu unterrichten. Man wird die Frage aber wohl zu bejahen haben; der Zweck von § 16 TFG legt dies nahe. Denn das PEI soll in den Stand versetzt werden, aufgrund bei ihm eingegangenen Meldungen diese rasch zu analysieren, zu bewerten und ggf. kurzfristig darauf zu reagieren.

22   Die Meldepflicht direkt an das Paul-Ehrlich-Institut unter Umgehung des Herstellers bedeutet jedoch einen erheblichen Formalismus, der die Einrichtungen der Krankenversorgung nicht wenig belasten wird. Es ist bedauerlich, dass hier kein praktikabler, weniger bürokratischer Weg gewählt wurde. Die Gesetzesbegründung erklärt diese aufwendige Regelung damit, dass nur so ein rasches Handeln der Behörde im Hinblick auf weitere im Verkehr befindliche Produkte sichergestellt werden kann. Bei HIV-Verdacht z.b. sei jeder Melde-Umweg unverantwortlich. Allein der Hersteller wird durch rasches Handeln eben dieses Ziel gewährleisten können; die Behörde kann diese notwendigen Maßnahmen nur beaufsichtigen und überprüfen, jedoch kaum selbst veranlassen oder gar durchführen. Die wirkliche Begründung liegt wohl im Misstrauen gegenüber einzelnen Herstellern von Blutprodukten, dass sie ihrerseits den im übrigen eindeutigen Vorschriften der Rückverfolgung nach § 19 TFG und den ohnehin stringenten Meldepflichten nach § 14 PharmBetrV nicht Folge leisten könnten.

23   Es bleibt festzustellen, dass § 16 Abs. 2 für den Fall einer schwerwiegenden Nebenwirkung den Meldeweg von der Einrichtung der Krankenversorgung zum PEI nicht regelt. Man kann durchaus die Auffassung vertreten, dass der pharmazeutische Unternehmer die Unterrichtungspflicht an das PEI nach § 16 Abs. 2 für die Einrichtung der Krankenversorgung übernehmen kann. Dass das PEI diese Art des Meldeweges z.Z. nicht akzeptieren will, muss dem nicht im Wege stehen. Folglich kann diese Aufgabe der pharmazeutische Unternehmer mit übernehmen, wenn dies mit der Einrichtung der Krankenversorgung so abgesprochen ist. Nur ungeregelt bleiben darf es nicht, weil sonst der Transfusionsverantwortliche der Einrichtung der Krankenversorgung (oder wer nach dem QS-System entsprechend § 16 Abs. 1 TFG zuständig ist) weiterhin zur Unterrichtung des PEI verpflichtet bleibt. In einer Dienstanweisung sollte festgelegt werden, wer innerhalb der Einrichtung der Krankenversorgung beim Vorliegen des Verdachtes einer schwerwiegenden Nebenwirkung zusätzlich die zuständige Bundesoberbehörde (PEI) unterrichtet oder ob diese Meldepflicht ggf. auch extern delegiert wird.

VIII. Inhalt der Unterrichtung

24   Die Unterrichtung innerhalb der Einrichtung der Krankenversorgung unterliegt den allgemeinen Kriterien der konsiliarischen ärztlichen Tätigkeit, die als bekannt vorrausgesetzt und im TFG nicht weiter spezifiziert werden.

Jede externe Unterrichtung muss die in § 16 Abs. 2 genannten Angaben enthalten. Diese gesetzlichen Vorgaben entbinden insoweit von der ansonsten gebotenen ärztlichen Schweigepflicht. Die genannten Angaben stimmen mit den Minimalkriterien überein, die beim pharmazeutischen Unternehmer vorliegen müssen, um die 15-Tage-Frist nach PharmBetrV und der „3. Bekanntmachung zur Anzeige von Nebenwirkungen [...]" auszulösen[12].

Das TFG sieht hier wie auch an anderen Stellen für die Dokumentation des Patienten ausdrücklich nur die Angabe von Geburtsdatum und Geschlecht vor, dies wohl aus Datenschutzgründen; daran sollte man sich halten, auch wenn die zitierten amtlichen Verlautbarungen (siehe „3. Bekanntmachung zur Anzeige von Nebenwirkungen [...]") die Mitteilung weiterer Erkennungsmerkmale suggerieren.   **25**

Eine wissenschaftliche Bewertung des Vorgangs muss von Seiten der Einrichtung der Krankenversorgung nicht abgegeben werden. Eine solche wissenschaftliche Bewertung ist vielmehr Bestandteil des Stufenplanverfahrens nach § 63 AMG und betrifft somit den Stufenplanbeauftragten beim pharmazeutischen Unternehmer.   **26**

IX. Dokumentation innerhalb der Einrichtung der Krankenversorgung

Jedes unerwünschte Ereignis, dessen Bewertung und die eingeleiteten Maßnahmen und erfolgten Meldungen müssen so dokumentiert werden, dass eine 15jährige Aufbewahrungsfrist gewährleistet bleibt. In der Regel ist dies nur mit einer zentralen Dokumentation und einer zentralen durch eine elektronische Datenverarbeitung unterstützte Archivierung zu erreichen. Eine schriftliche Dokumentation ausschließlich in der Krankenakte ist unzureichend.   **27**

X. Die berufsrechtlichen Mitteilungspflichten an die Arzneimittelkommission der deutschen Ärzteschaft

Die berufsrechtlichen Mitteilungspflichten ergeben sich aus § 6 der MBOÄ.[13] Die Arzneimittelkommission der deutschen Ärzteschaft akzeptiert es, wenn diese Meldepflicht, die an sich der behandelnde Arzt erfüllen muss, vom Stufenplanbeauftragten des pharmazeutischen Unternehmers erfüllt wird. Zumindest im Falle   **28**

---

[12] § 14 (Beanstandungen) PharmBetrV und Punkt 4.1 (Allgemeine Regeln der Anzeige) der „3. Bekanntmachung zur Anzeige von Nebenwirkungen [...]": „[...] Dabei gelten die folgenden Informationen als Minimalkriterien einer Einzelfalldokumentation: (1) ein identifizierbarer Patient (2) ein verdächtiges Arzneimittel (3) eine beobachtete schwerwiegende Nebenwirkung [...] (4) eine identifizierbare Datenquelle. Die Identifizierbarkeit des Patienten bedeutet, daß in der Regel zwei Angaben aus der nachfolgenden Aufzählung ausreichend sind: Initialen, Geburtdatum oder Alter, Geschlecht."

[13] Verbindlich ist die Formulierung in der Berufsordnung der jeweilig zuständigen Landesärztekammer, zum Beispiel: Landesärztekammer Baden-Württemberg vom 14.01.1998, Abschnitt B, Regelungen zur Berufsausübung, § 6 Mitteilung von unerwünschten Arzneimittelwirkungen: „Ärztinnen und Ärzte sind verpflichtet, die ihnen aus ihrer ärztlichen Behandlungstätigkeit bekanntwerdenden unerwünschten Arzneimittelwirkungen der Arzneimittelkommission der deutschen Ärzteschaft mitzuteilen (Fachausschuß der Bundesärztekammer)."

schwerwiegender Nebenwirkungen ist dies ein praktikabler, unbürokratischer Weg, der von der Arzneimittelkommission befürwortet wird[14].

29   Im Falle anderer unerwünschter Ereignisse, insbesondere nicht schwerwiegender Nebenwirkungen muss ggf. der behandelnde Arzt die Meldung an die Arzneimittelkommission in seinem Ermessen selbst durchführen. Maßgeblich sind hierfür die regelmäßig im DÄ von der Kommission veröffentlichten Meldekriterien: (1) schwere unerwünschte Arzneimittelwirkungen (UAW), die eine Behandlung erforderten, eine stationäre Behandlung verlängerten, zu einer erheblichen Beeinträchtigung oder zum Tode führten, (2) unerwartete unerwünschte Reaktionen bei neuen Arzneimitteln und (3) bisher unbekannte unerwünschte Arzneimittelwirkungen von bekannten Präparaten.

30   In einer aktuellen Studie wurde eine deutliche Zunahme der Meldeaktivität festgestellt[15]. Dennoch gab ein Fünftel der zufällig ausgewählten Ärzte an, das System sei ihnen unbekannt. Dem Fazit der Autoren, dass das System vereinfacht werden muss, kann gerade im Licht des § 16 nur zugestimmt werden.

XI. Zugehörige Richtlinien

31   Die zugehörigen Hämotherapie-Richtlinien spezifizieren genauer, was unter einem unerwünschten Ereignis im Zusammenhang mit der Transfusion zu verstehen ist, auf welche Symptome die behandelnde ärztliche Person dabei zu achten hat und welche Maßnahmen zur Abwendung zu ergreifen sind. Der relativ zunehmenden Bedeutung von bakteriellen Ursachen, z.B. durch Hautkeime (Staphylococcus epidermidis) und enterale Keime (Yersinia enterocolitica), sowie von Protozoen (z.B. Malaria-Erreger) wird hervorgehoben (Kapitel 4.5.2.3). Als häufige Ursache wird auch auf die Übertragung von freigesetzten leukozytären bzw. thrombozytären Inhaltsstoffen (z.B. Zytokinen) hingewiesen[16]. Ein Abschnitt zu Maßnahmen der Vermeidung von CMV-Infektionen wurde neu aufgenommen (Kapitel 4.5.7).

32   AB0-inkompatible Transfusionen stellen heute ebenso eine relativ erhebliche Gefahr dar[17]. Da es sich um einen nicht bestimmungsgemäßen Gebrauch (Fehlge-

---

[14] Telefonische Mitteilung am 11. Mai 2000 von K.-H. Munter an die Verfasser.

[15] M. Göttler et al. 1999.

[16] H. Klüter, M. Müller-Steinhardt, S. Danzer, D. Wilhelm, H. Kirchner, Cytokines in platelet concentrates prepared from pooled buffy coats, Vox Sang 69(1995)38 - 43; W. A. Flegel, M. Wiesneth, D. Stampe, K. Koerner, Low cytokine contamination in buffy coat-derived platelet concentrates without filtration, Transfusion 35(1995)917 - 920; S. Bubel, D. Wilhelm, M. Entelmann, H. Kirchner, H. Klüter, Chemokines in stored platelet concentrates, Transfusion 36(1996)445 - 449; C. Willy, W. Reithmeier, W. D. Kuhlmann, H. Gerngross, W.A. Flegel, Leukocyte depletion of red cell components prevents exposure of transfusion recipients to neutrophil elastase, Vox Sang 78(2000)19 - 27.

[17] The Serious Hazards of Transfusion Steering Group 2000 und J. V. Linden, K. Wagner, A.E. Voytovich, J. Sheehan, Transfusion errors in New York State: an analysis of 10 years' experience, Transfusion 40(2000)1207 - 1213.

brauch) handelt, fallen sie nach dem AMG nicht unter den Begriff des unerwünschten Ereignisses und sind somit nach wie vor weder nach AMG, TFG noch den Hämotherapie-Richtlinien meldepflichtig. Hier handelt es sich um eine Besonderheit der Transfusionsmedizin, die mit dem üblichen arzneimittelrechtlichen Instrumentarium nicht erfasst wird. In Zukunft sollte unbedingt eine Meldepflicht angestrebt werden, wie sie im Ausland bereits wichtige Grundlagen für entsprechende Maßnahmen abgab.

Für den Meldeweg verweisen die Hämotherapie-Richtlinien lapidar auf eine (von **33** der Einrichtung der Krankenversorgung) zu erlassende Dienstanweisung. Wie hilfreich wäre es gewesen, ein Standardverfahren vorzuschlagen, von dem man im Falle einer anderslautenden Regelung in der Dienstanweisung abweichen kann.

Dass das Auftreten unerwünschter Ereignisse zu dokumentieren ist, wird nochmals **34** ausdrücklich in Kapitel 4.5.8 betont. Worauf sich die 15jährige Aufbewahrung der Unterlagen gründet, bleibt offen, sie steht aber im Einklang mit der im TFG „üblichen" Frist. Viele Einrichtungen der Krankenversorgung bewahren die Krankenakten bereits heute zumeist aus Platzmangel wesentlich kürzer auf[18].

XII. Rechtsfolgen

Weder das TFG noch das AMG sehen Rechtsfolgen dafür vor, wenn die Unterrich- **35** tung nicht, nicht rechtzeitig oder nicht vollständig erfolgt.

Wird die berufsrechtlichen Meldepflicht nach § 6 MBOÄ nicht erfüllt, so kann die Ärztekammer mit standesrechtlichen Maßnahmen gegen den betroffenen Arzt vorgehen.

---

[18] Zu den unterschiedlichen Aufbewahrungsfristen gilt das in § 14 TFG Rz. 15 ff. Gesagte.

§ 17
Nicht angewendete Blutprodukte

(1) Nicht angewendete Blutprodukte sind innerhalb der Einrichtungen der Krankenversorgung sachgerecht zu lagern, zu transportieren, abzugeben oder zu entsorgen. Transport und Abgabe von Blutprodukten aus zellulären Blutbestandteilen und Frischplasma dürfen nur nach einem im Rahmen des Qualitätssicherungssystems schriftlich festgelegten Verfahren erfolgen. Nicht angewendete Eigenblutentnahmen dürfen nicht an anderen Personen angewendet werden.

(2) Der Verbleib nicht angewendeter Blutprodukte ist zu dokumentieren.

Zugehörige Richtlinien:

4.3.11 Entsorgung der nicht angewendeten Blutprodukte

Die ordnungsgemäße Entsorgung von nicht verwendeten Blutprodukten ist zu dokumentieren (siehe 4.1). Hierfür ist eine Dienstanweisung im Rahmen des Qualitätssicherungssystems zu erstellen (vgl. § 17 Abs.1 Satz 2 TFG).

Hinsichtlich der Dokumentationspflicht für Laboratoriumsbefunde wird auf Abschnitt 4.2.5.11 verwiesen.

4.6.4 Nicht verwendete Eigenblutprodukte

Nicht benötigte Eigenblutprodukte dürfen aus Gründen der Sicherheit weder zur homologen Bluttransfusion noch als Ausgangsmaterial für andere Blutprodukte verwendet werden. Nicht verwendete infektiöse Eigenblutprodukte sind speziell zu entsorgen. Eine Abgabe an Ärzte für wissenschaftliche Zwecke ist möglich. Der Verbleib aller autologen Blutprodukte ist zu dokumentieren. Hierzu ist im Rahmen des Qualitätssicherungssystems eine Dienstanweisung zu erstellen (§ 17 Abs. 1 Satz 2 TFG).

Literatur

Bundesärztekammer, Paul-Ehrlich-Institut, Richtlinien zur Blutgruppenbestimmung und Bluttransfusion (Hämotherapie), Deutscher Ärzte-Verlag, Köln 1996.

Lippert

I. Die Bedeutung der Norm

Die Vorschrift regelt mehrere Sachverhalte. Zum einen regelt sie den Umgang mit **1** Blutprodukten generell, trifft Sonderregelungen für Blutprodukte aus zellulären Blutbestandteilen und Frischplasma. Sie verbietet die Verwendung von nicht angewandten Eigenblutentnahmen für andere Empfänger als den Spender. Zum anderen fordert sie die Dokumentation des Verbleibs aller nicht angewandten Blutprodukte.

II. Der Umgang mit nicht angewendeten Blutprodukten

§ 17 Abs. 1 Satz 1 regelt den Umgang mit nicht angewendeten Blutprodukten inner- **2** halb von Einrichtungen der Krankenversorgung. Wann Lagerung, Transport und Abgabe nicht angewandter Blutprodukte innerhalb der Einrichtungen der Kranken- versorgung sachgerecht sind, lässt sich aus dem Gesetzestext nicht erschließen. § 18 Abs. 1 Ziff. 4 TFG sieht Richtlinien vor, die den Stand der medizinischen Wissen- schaft und Technik für diesen Bereich der Anwendung von Blutprodukten festlegen sollen. Werden die Richtlinien in soweit beachtet, sind Lagerung, Transport und Abgabe als sachgerecht anzusehen.

Ziel muss es sein, die Qualität der in die Einrichtungen der Krankenversorgung ge- **3** langten Blutprodukte zu erhalten, damit deren Verwendbarkeit über den Fall hinaus, für den sie angefordert und beschafft werden, sicher gestellt werden kann, ohne dass die Gefährdung eines anderen Empfängers eintritt. Ob es auch sinnvoll sein kann, dem pharmazeutischen Unternehmer im Einzelfall eine Rücknahmeverpflichtung bezüglich von ihm gelieferter Blutprodukte aufzuerlegen, muss wohl in diesem Zu- sammenhang überlegt und geregelt werden, wenn andere Möglichkeiten zum Erhalt und zur Sicherung der Qualität ausgelieferter Blutprodukte nicht zur Verfügung ste- hen sollten.

III. Anlass zur Entsorgung

Vom Sinn und Zweck des TFG her gesehen ist die Entsorgung, also die Vernichtung **4** von nicht angewendeten Blutprodukten, als Ausnahmefall anzusehen. Vernichtung und Entsorgung hat immer dann bei diesen Blutprodukten zu erfolgen, wenn eine si- chere Anwendung des Blutproduktes nach dem Stand der medizinischen Wissen- schaft und Technik zur Anwendung von Blutprodukten nicht mehr gewährleistet werden kann, weil dem potentiellen Empfänger wegen eines möglichen Mangels des Blutpräparats durch dessen Anwendung ein Schaden entstehen könnte oder nicht der übliche therapeutische Erfolg zu erwarten wäre.

IV. Durchführung der Entsorgung

Die Vernichtung und Entsorgung hat derart zu erfolgen, dass Personal der Einrich- **5** tung der Krankenversorgung nicht gefährdet werden kann. Die Entsorgungsvor- schriften für potentiell infektiöses Material sind entsprechend den örtlichen Gege- benheiten zu beachten.

V. Eigenblutentnahmen

6   Eigenblutentnahmen nehmen im Rahmen der Versorgung der Patienten und der Einrichtungen der Krankenversorgung eine Sonderstellung ein. Da bei ihnen die Verwendung klar umrissen ist, sind die Anforderungen an den Spender gegenüber sonstigen Spendern geringer. Vor diesem Hintergrund ist es auch gerechtfertigt, das Verbot einer anderweitigen Anwendung als beim Spender auszusprechen.

7   Die Vernichtung nicht verwendeten Eigenbluts stößt rechtlich auf keine Schwierigkeiten, wenn der Patient das Eigentum an der Eigenblutentnahme auf die Spendeeinrichtung oder auf die Einrichtung der Krankenversorgung überträgt und in die gegebenenfalls notwendig werdende Vernichtung des Eigenbluts eingewilligt hat. Denn mit Trennung des Bluts von seinem Träger wird dieser zunächst Eigentümer der Substanz[1].

8   Ob, wie die Gesetzesbegründung[2] andeutet, eine Verwendung nicht transfundierter Eigenblutpräparate für Forschungszwecke in Betracht kommt, entscheidet das TFG nicht. Es ist dies auch keine Sache, die das TFG zu entscheiden hätte. Dies ist letztlich die Entscheidung des Patienten, den man dazu befragen und seine Einwilligung hierzu einholen mag. Entnommen wurde das Eigenblut jedenfalls für Zwecke der Krankenversorgung, nicht zu denen der medizinischen Forschung.

VI. Dokumentation

9   Den Verbleib nicht angewendeter Blutprodukte zu dokumentieren, ist nur die logische Konsequenz daraus, dass sie unter Qualitätserhalt möglichst zur Weiterverwendung zur Verfügung stehen sollen. Es muss möglich sein, auch bezüglich dieser Blutprodukte eine exakte Rückverfolgung durchzuführen. Letztlich kann die Dokumentation in der Einrichtung der Krankenversorgung der Sicherung von Beweisen im Falle eines Behandlungsfehlers oder der Fehlerhaftigkeit des Produktes dienen, wenn es die Frage der Produzentenhaft des pharmazeutischen Unternehmers, der das Blutprodukt hergestellt hat, zu klären gilt.

VII. Bedeutung für die praktische Krankenversorgung

10   Die Klarstellung im Gesetz und in den zugehörigen Richtlinien war notwendig und stellt einen sinnvollen Fortschritt in der Qualitätssicherung dar. Die früher oft fehlende Dokumentation des Verfalls konnte zu Sicherheitslücken in der Rückverfolgung führen und verursachte in begrenztem Umfang vermeidbare Kosten. In vielen Einrichtungen der Krankenversorgung wird die Dokumentation des Verfalls völlig neu zu regeln sein. Dort werden die zusätzlichen Kosten eventuelle Einsparungen deutlich übersteigen.

---

[1]   Vgl. § 6 TFG Rz. 14 f. m.w.Nachw.
[2]   BTDrS 13/9594, Seite 24.

VIII. Praktische Umsetzung der Vorschrift

Die Einrichtungen der Krankenversorgung sind frei in der Art des Verfahrens, so- **11**
fern sichergestellt ist, dass die Daten der Dokumentation patienten- und produktbezogen genutzt werden können (§ 14 Abs. 2 TFG). Eine zeitliche Dringlichkeit besteht nur solange eine Transfusion noch möglich ist, d.h. vor dem Verfallsdatum des
Blutprodukts.

In der Regel bietet sich eine EDV-gestützte und zentrale Dokumentation im Blutdepot an, während eine dezentrale Dokumentation z.b. auf Station, oft wenig effi-
zient ist. Eine Dokumentation ausschließlich über die Patientenakte ist immer abzulehnen, da dieses Vorgehen erfahrungsgemäß zu Lücken in der Dokumentation
führt. Wird die Patientenakte bereits EDV-unterstützt geführt, sollte eine zentrale
Erfassung ohnehin kein Problem darstellen.

Es ist ausreichend, wenn nur der Verfall eines Blutprodukts erfasst wird. Eine obli- **12**
gate Rückmeldung bei jeder Transfusion, d.h. auch ohne Verfall des Blutproduktes,
ist sehr aufwendig und nicht erforderlich, solange – bei dem seltenen Ereignis des
Verfalls – eine Mitteilung und Dokumentation zuverlässig gewährleistet ist.

Das Verfahren bei Überschreiten der Laufzeit und Verfall ist im Blutdepot meist
bereits geregelt und stellt kein logistisches Problem dar. Nach Verlassen des Blutdepots wird die Entscheidung zur Entsorgung eines Blutprodukts bei der transfundierenden ärztlichen Person liegen, ggf. in Abstimmung mit dem Transfusionsbeauftragten bzw. dem Transfusionsverantwortlichen. In diesem Fall muss das
Blutprodukt eindeutig, z.B. durch handschriftliche Markierung oder ein vom Blutdepot bereitgestelltes Klebeetikett, zur Entsorgung gekennzeichnet werden. Eine
Rücksendung des eindeutig markierten Blutprodukts an das Blutdepot und die anschließende Entsorgung im Blutdepot wird als sicherer angesehen als die Entsorgung durch die transfundierende ärztliche Person, da nur im Falle der Rücksendung
an das Blutdepot oder eine andere zentrale Stelle eine Transfusion sicher ausgeschlossen wird. Eine Rücksendung an eine zentrale Stelle bietet zudem den Vorteil,
dass das nicht angewendete Blutprodukt z.B. für anderweitige Qualitätssicherungsmaßnahmen verwendbar bleibt.

Es geht also in erster Linie nicht um die Frage, wo das nicht angewendete Blutpro- **13**
dukt entsorgt wird, sondern vorrangig darum, dass diese Tatsache nachvollziehbar
dokumentiert wird. Diese Dokumentation ist Aufgabe der Einrichtung der Krankenversorgung und geschieht am besten zentral, z.B. im Blutdepot.

Um der bekannten Gefahr von Verwechslungen bei allogenem und autologen Blutprodukten vorzubeugen, sollten die Verfahren zur Entsorgung von allogenen und
autologen Blutprodukten nicht voneinander abweichen.

IX. Zugehörige Richtlinien

14 Der Aspekt wurde in der Literatur und den früheren Hämotherapie-Richtlinien nicht explizit behandelt. Wohl ergab sich aus den Hämotherapie-Richtlinien 1996[3], „dass für eine Rückverfolgung die Dokumentation auch des Verfalls eines Blutprodukts sinnvoll ist." Die Hämotherapie-Richtlinien i.d.F. von 1996 forderten in Kapitel 11.4 jedoch nur die Dokumentation des Verfahrens und ließen offen, ob z.B. nach Verlassen des Blutdepots eine stattgehabte Transfusion bzw. der Verfall ohne Transfusion zu dokumentieren sei.

15 Die zugehörigen Hämotherapie-Richtlinien verlangen jetzt gleichlautend mit dem TFG ausdrücklich eine Dokumentation des Verbleibs von nicht angewendeten Blutprodukten und Eigenblutspenden. Die Einzelheiten hat die jeweilige Einrichtung (i.S.d. Hämotherapie-Richtlinien) durch Dienstanweisungen zu regeln.

---

[3] Vgl. Richtlinien zur Blutgruppenbestimmung und Bluttransfusion (Hämotherapie) i.d.F. von 1996, Kapitel 7.7. „Dokumentation, Rückverfolgung (look back) und Meldewege" sowie Kapitel 11.4.: „Qualitätsmanagmentprogramm
Das Qualitätsmanagementprogramm umfaßt im Wesentlichen folgende Bereiche:
[...]
System zur Dokumentation aller Vorgänge in der Einrichtung,
Verfahren der Qualitätssicherung ... bei der Entsorgung, ...".

§ 18
Stand der medizinischen Wissenschaft und Technik
zur Anwendung von Blutprodukten

(1) Die Bundesärztekammer stellt im Einvernehmen mit der zuständigen Bundesoberbehörde und nach Anhörung von Sachverständigen unter Berücksichtigung der Empfehlungen der Europäischen Union, des Europarates und der Weltgesundheitsorganisation zu Blut und Blutbestandteilen in Richtlinien den allgemein anerkannten Stand der medizinischen Wissenschaft und Technik insbesondere für

1. die Anwendung von Blutprodukten, die Testung auf Infektionsmarker der zu behandelnden Personen anläßlich der Anwendung von Blutprodukten und die Anforderungen an die Rückstellproben,

2. die Qualitätssicherung der Anwendung von Blutprodukten in den Einrichtungen der Krankenversorgung und ihre Überwachung durch die Ärzteschaft,

3. die Qualifikation und die Aufgaben der im engen Zusammenhang mit der Anwendung von Blutprodukten tätigen Personen,

4. den Umgang mit nicht angewendeten Blutprodukten in den Einrichtungen der Krankenversorgung

fest. Bei der Anhörung ist die angemessene Beteiligung von Sachverständigen der betroffenen Fach- und Verkehrskreise, insbesondere der Träger der Spendeeinrichtungen, der Spitzenverbände der Krankenkassen, der Deutschen Krankenhausgesellschaft, der Kassenärztlichen Bundesvereinigung sowie der zuständigen Behörden von Bund und Ländern sicherzustellen.

(2) Es wird vermutet, daß der allgemein anerkannte Stand der medizinischen Wissenschaft und Technik zu den Anforderungen nach diesem Abschnitt eingehalten worden ist, wenn und soweit die Richtlinien der Bundesärztekammer nach Absatz 1 beachtet worden sind.

Zugehörige Richtlinien:

1.4 Qualitätsmanagement (QM)

1.4.1 Qualitätssicherung (QS)

1.4.1.3 Qualitätssicherung bei der Anwendung

Einrichtungen der Krankenversorgung, die Blutprodukte anwenden, sind durch § 15 Transfusionsgesetz (TFG) gesetzlich zur Einrichtung eines Systems der Qualitätssicherung verpflichtet. Qualitätssicherung umfasst die Gesamtheit der personellen, organisatorischen, technischen und normativen Maßnahmen, die geeignet sind, die Qualität der Versorgung der Patienten zu sichern, zu verbessern und gemäß dem medizinisch-wissenschaftlichen Kenntnisstand weiter zu entwickeln (s. auch §§ 112, 136 und 137 des Sozialgesetzbuches Band V (SGB V)). Für eine Hämotherapie sind die notwendigen Qualitätsmerkmale für die erforderlichen Untersuchungen und die Anwendung von Blutprodukten zu definieren. Im Rahmen des Qualitätssicherungssystems sind die Qualifikationen und die Aufgaben der verantwortlichen Personen festzulegen. Für Einrichtungen mit Akutversorgung ist eine Kommission für transfusionsmedizinische Angelegenheiten (Transfusionskommission) zu bilden. Gesetzlich vorgeschrieben für alle Einrichtungen, die Blutprodukte anwenden, ist die Bestellung eines Transfusionsverantwortlichen, der für die transfusionsmedizinischen Aufgaben verantwortlich und mit den dafür erforderlichen Kompetenzen ausgestattet ist, zusätzlich für jede Behandlungseinheit ein Transfusionsbeauftragter. Externer Sachverstand sollte – soweit notwendig – herangezogen werden. Einzelheiten der Qualitätssicherung finden sich in Kapitel 4.

1.4.1.3.1 Transfusionsverantwortlicher

Der Transfusionsverantwortliche ist eine approbierte ärztliche Person und muss eine den Aufgaben entsprechende Qualifikation und Kompetenz besitzen. Er muss transfusionsmedizinisch qualifiziert sein und sollte über hämostaseologische Grundkenntnisse verfügen. Seine Aufgabe ist es, die Einhaltung der einschlägigen Gesetze, Verordnungen, Richtlinien, Leitlinien und Empfehlungen sicherzustellen und eine einheitliche Organisation bei der Vorbereitung und Durchführung von hämotherapeutischen Maßnahmen zu gewährleisten sowie das Qualitätssicherungssystem fortzuentwickeln. Er sorgt für die qualitätsgesicherte Bereitstellung der Blutprodukte, ist konsiliarisch bei der Behandlung der Patienten mit Blutprodukten tätig und leitet ggf. die Transfusionskommission. Der Transfusionsverantwortliche muss eine der folgenden Qualifikationen oder Voraussetzungen besitzen:
a) Facharzt für Transfusionsmedizin,
b) Facharzt mit Zusatzbezeichnung „Bluttransfusionswesen",
c) Facharzt eines transfundierenden Fachgebietes mit theoretischer Fortbildung (16 Stunden) einer Landesärztekammer und vierwöchiger Hospitation in einer zur Weiterbildung für Transfusionsmedizin befugten Einrichtung,
d) Tätigkeit als Transfusionsverantwortlicher bei Inkrafttreten dieser Richtlinien auf der Grundlage der Richtlinien von 1996.
e) Werden in einer Einrichtung nur Plasmaderivate angewendet, sind für die Qualifikation als Transfusionsverantwortlicher 8 Stunden theoretische Fortbildung einer Landesärztekammer Voraussetzung. Eine Hospitation kann entfallen.
f) Nach Inkrafttreten dieser Richtlinien kann die Tätigkeit des Transfusionsverantwortlichen, soweit die Voraussetzungen von a) bis e) nicht gegeben sind, durch Heranziehung externen, entsprechend qualifizierten Sachverstandes (Qualifikation nach a) oder b)) entsprechend § 15 TFG ergänzend gewährleistet werden.

1.4.1.3.2 Transfusionsbeauftragter

Für jede Behandlungseinheit (klinische Abteilung) ist eine approbierte ärztliche Person als Transfusionsbeauftragter zu bestellen, der in der Krankenversorgung tätig und transfusionsmedizinisch qualifiziert ist. Er muss über eine entsprechende Erfahrung und sollte über hämostaseologische Grundkenntnisse verfügen. Der Transfusionsbeauftragte stellt in Zusammenarbeit mit dem Transfusionsverantwortlichen bzw. der Transfusionskommission der Einrichtung die Durchführung der festgelegten Maßnahmen in der Abteilung sicher:

Er berät in Fragen der Indikation, Qualitätssicherung, Organisation und Dokumentation der Hämotherapie, sorgt für den ordnungsgemäßen Umgang mit den Blutprodukten, regelt die Unterrichtung nach § 16 Abs.1 Satz 2 TFG und beteiligt sich an den Ermittlungen in Rückverfolgungsverfahren nach § 19 Abs.2 TFG. Der Transfusionsbeauftragte muss eine der folgenden Qualifikationen oder Voraussetzungen besitzen:
a) Facharzt für Transfusionsmedizin,
b) Facharzt mit Zusatzbezeichnung „Bluttransfusionswesen",
c) Facharzt mit theoretischer Fortbildung (16 Stunden) einer Landesärztekammer,
d) Tätigkeit als Transfusionsbeauftragter bei Inkrafttreten dieser Richtlinien auf der Grundlage der Richtlinien von 1996.
e) Werden in einer Einrichtung nur Plasmaderivate angewendet, sind für die Qualifikation als Transfusionsbeauftragter 8 Stunden theoretische Fortbildung einer Landesärztekammer Voraussetzung.

1.4.1.3.3 Transfusionskommission

Der Transfusionskommission sollen der Transfusionsverantwortliche, Transfusionsbeauftragte sowie unter Berücksichtigung der Gegebenheiten ggf. der ärztliche Leiter der Spendeeinrichtung, der Krankenhausapotheker sowie die Krankenpflegeleitung, die Krankenhausleitung und die Leitung des medizinisch-technischen Dienstes angehören.

Aufgabe der Transfusionskommission ist die Erarbeitung von Vorgaben für die Sicherstellung der Einhaltung und Durchführung von Gesetzen, Verordnungen, Richt- und Leitlinien sowie Empfehlungen für die Qualitätssicherung. Sie soll den Krankenhausvorstand/die Klinikleitung bei der Etablierung und Fortentwicklung der Qualitätssicherung beraten, Vorschläge für entsprechende Dienstanweisungen erarbeiten und den organisatorischen Umgang mit Blut und Blutprodukten regeln. Die Transfusionskommission hat dafür zu sorgen, dass einrichtungs- und fachspezifische Regelungen zur Anwendung von Blut- und Blutprodukten auf dem Boden der *Leitlinien der Bundesärztekammer zur Therapie mit Blutkomponenten und Plasmaderivaten* in der jeweils gültigen Fassung und dieser Richtlinien der Bundesärztekammer erstellt werden. Weiterhin gehört auch die Erstellung von Verbrauchsstatistiken sowie die Fortbildung im ärztlichen und pflegerischen Bereich sowie für medizinisch-technische Assistenten/innen auf dem Gebiet der Hämotherapie zu ihrem Aufgabenbereich. Eine Koordination mit der Arzneimittelkommission des Krankenhauses ist anzustreben.

1.4.1.3.4 Arbeitskreis für Hämotherapie

Regional können Arbeitskreise für Hämotherapie eingerichtet werden, die der regionalen Zusammenarbeit und dem regelmäßigen Informationsaustausch auf dem Gebiet der Transfusionsmedizin dienen.

1.4.1.3.5 Der transfundierende Arzt

Jeder hämotherapeutische Maßnahmen durchführende Arzt muss die dafür erforderlichen Kenntnisse und ausreichende Erfahrung besitzen. Die Indikationsstellung ist integraler Bestandteil des jeweiligen ärztlichen Behandlungsplanes. Die *Leitlinien der Bundesärztekammer zur Therapie mit Blutkomponenten und Plasmaderivaten* in der jeweils gültigen Fassung sind zu beachten.

1.5 Einrichtungen, Verantwortung und Zuständigkeit

1.5.1 Einrichtungen

Einrichtungen der Krankenversorgung[1], in denen die unter 1.3 genannten transfusionsmedizinischen Aufgaben und Tätigkeiten ausgeführt werden, sind unter 1.5.1.1 bis 1.5.1.6 aufgeführt.

1.5.1.1 Einrichtungen ohne Blutdepot und ohne blutgruppenserologisches Laboratorium

In diesen Einrichtungen ist bei mehreren Ärzten ein verantwortlicher Arzt zu benennen, wenn Hämotherapie durchgeführt wird. In Einrichtungen mit nur einem Arzt ist dieser verantwortlich. Er ist dann zugleich behandelnder, transfusionsverantwortlicher und transfusionsbeauftragter Arzt. Qualifikationen und Voraussetzungen entsprechend 1.4.1.3.1.

1.5.1.2 Einrichtungen mit Blutdepot

Für die Leitung eines Blutdepots ist ein Facharzt eines transfundierenden Fachgebietes mit mindestens vierwöchiger Hospitation in einer zur Weiterbildung für Transfusionsmedizin befugten Einrichtung und theoretischer Fortbildung entsprechend 1.4.1.3.1 c) zu benennen. Die theoretische Fortbildung kann entfallen, wenn eine Qualifikation nach 1.4.1.3.1 a) oder b) besteht.

1.5.1.3 Einrichtungen mit blutgruppenserologischem Laboratorium

Der verantwortliche Arzt muss die Qualifikationen und Voraussetzungen entsprechend 1.4.1.3.1 a) bis c) mit einer sechsmonatigen Fortbildung in einer zur Weiterbildung für Transfusionsmedizin befugten Einrichtung oder als Facharzt für Laboratoriumsmedizin besitzen. [...]

1.5.1.5 Einrichtungen mit Spendeeinrichtung ausschließlich zur autologen Hämotherapie

Als Qualifikation für den verantwortlichen Arzt gelten die unter 2.7.5 genannten Voraussetzungen. [...]

---

[1] Einrichtungen der Krankenversorgung werden im folgenden Text „Einrichtungen" genannt.

4 Anwendung von Blutprodukten

Die Grundzüge eines Qualitätssicherungssystems für die Anwendung* von Blutprodukten sind im 3. Abschnitt des Transfusionsgesetzes geregelt und werden in
diesen Richtlinien berücksichtigt. Sie betreffen:

• Organisationsabläufe,
• Räumlichkeiten,
• Geräte und Reagenzien sowie
• alle Mitarbeiter,

die in mittelbarem oder unmittelbarem Zusammenhang mit Lagerung, Transport
und Anwendung von Blutprodukten und deren Übertragung stehen. Die organisatorischen Abläufe und die Verantwortlichkeiten für die Lagerung, den Transport und
die Übertragung von Blutprodukten einschließlich deren Anforderung durch den
zuständigen Arzt sind zu beschreiben und in einem Organigramm darzustellen. Die
Einhaltung der Anweisungen (z.B. Temperatur der Lagerhaltung, Transportzeiten,
Handhabung der Blutprodukte durch das Pflegepersonal bei der Transfusionsvorbereitung) ist regelmäßig zu kontrollieren. Diese Kontrollen sind zu dokumentieren.

Die Anforderungen an das mit der Lagerung, Transport und Übertragung von Blutprodukten befasste Personal (Hilfskräfte, Verwaltungskräfte, Pflegepersonal, technisches Personal, ärztliches Personal) sind zu definieren und schriftlich festzulegen.

Die benutzten Räumlichkeiten und Geräte (z.B. zum Lagern und Auftauen von
GFP) sind zu beschreiben. Die Funktionsfähigkeit der Geräte ist regelmäßig zu
überprüfen, und die Ergebnisse sind zu dokumentieren. Gesetzliche Vorschriften
wie das Medizinproduktegesetz sind zu beachten.

Im Labor- und Depotbereich sind die transfusionssichernden Untersuchungsabläufe
wie z.B. Bestimmungen von Blutgruppen, Verträglichkeitsproben und andere immunhämatologische Untersuchungen einschließlich der Probenannahme und Präparateausgabe zu beschreiben und die Verantwortlichkeiten schriftlich festzulegen.
Arbeitsplatzbeschreibungen und Arbeitsanweisungen für jeden Arbeitsplatz sind zu
erstellen. Ein Hygieneplan für den Labor- und Depotbereich ist zu erstellen. Benutzte Geräte werden nach einem Plan regelmäßig auf ihre Funktionstüchtigkeit
kontrolliert, und die Ergebnisse werden dokumentiert (z.B. Kühlschränke, Wasserbäder, Zentrifugen). Interne und externe Qualitätskontrollen der benutzten Reagenzien und Systeme sind im Laborbereich gemäß den Richtlinien der Bundesärztekammer bzw. den Empfehlungen der Fachgesellschaften durchzuführen.

Ein Hygieneplan für alle mit der Lagerung, dem Transport und der Übertragung von
Blutprodukten verbundenen Abläufe ist zu erstellen. Die Einhaltung des Hygieneplanes ist zu dokumentieren.

Arbeitsvorschriften zur Anwendung entsprechend den *Leitlinien der Bundesärztekammer zur Therapie mit Blutkomponenten und Plasmaderivaten* sind zu erstellen.
Die anwendungsbezogenen Wirkungen sind zu erfassen und zu dokumentieren.

---

* Der Begriff „Transfusion" ist nicht durchgängig durch den Begriff „Anwendung" zu
  ersetzten, da es sich um einen historisch und international gebräuchlichen Begiff handelt.

Unerwünschte Transfusionsreaktionen sind zu erfassen, auszuwerten und soweit wie möglich in ihrer Ursache aufzuklären. Eine entsprechende Anweisung zur Erfassung und Dokumentation ist zu erstellen (*Hämovigilanz*).

Ein Programm zur regelmäßigen Selbstinspektion ist zu erstellen. Die Selbstinspektionen müssen durchgeführt, und festgestellte Mängel müssen dokumentiert und behoben werden.

Ein fachübergreifender Informationsaustausch zwischen den verschiedenen Fachdisziplinen, die in der Hämotherapie tätig sind, ist zu gewährleisten (§15 Abs. 2 Satz 2 TFG).

Diese Inhalte sind in den Krankenversorgungseinrichtungen durch eine schriftliche Dienstanweisung in Einzelheiten zu regeln.

Die einschlägigen Arbeitsschutzbestimmungen sind einzuhalten.

4.2.5.3 Qualitätssicherung

Jedes Laboratorium, in dem blutgruppenserologische Untersuchungen durchgeführt werden, muss im Rahmen eines Qualitätssicherungssystems regelmäßig interne und externe Qualitätskontrollen gemäß den „Richtlinien der Bundesärztekammer zur Qualitätssicherung in der Immunhämatologie", 1992, durchführen. [...]

4.2.5.6 Bestimmung weiterer Blutgruppenmerkmale

Die Bestimmung weiterer Rh-Merkmale und/oder anderer Blutgruppenmerkmale soll grundsätzlich mit jeweils zwei verschiedenen Testreagenzien unter Mitführung von Kontrollen (gemäß den Richtlinien der Bundesärztekammer zur Qualitätssicherung in der Immunhämatologie) erfolgen. [...]

4.3 Anwendung von Blutkomponenten und Plasmaderivaten

Blutkomponenten und Plasmaderivate sind verschreibungspflichtige Arzneimittel und dürfen nur auf ärztliche Anordnung abgegeben werden. Die Indikation ist streng zu stellen. Auf die *Leitlinien zur Therapie mit Blutkomponenten und Plasmaderivaten* der Bundesärztekammer wird hingewiesen.

[...]

4.3.4 Aufgaben des transfundierenden Arztes

[...] Eine generelle Testung des Empfängers auf Infektionsmarker (Hepatitis B, Hepatitis C und HIV) vor der Transfusion oder eine Asservierung von entsprechenden Untersuchungsproben ist nach dem derzeitigen Stand der Wissenschaft und Technik nicht erforderlich. [...]

4.4 Perinatale Transfusionsmedizin

[...]

4.4.1 Diagnostik, Behandlung und Prophylaxe fetomaternaler Inkompatibilitäten

[...]

4.4.1.1 Blutgruppenserologische Untersuchungen vor der Geburt

[...] Die „Mutterschafts-Richtlinien" des Bundesausschusses der Ärzte und Krankenkassen in der gültigen Fassung sind zu beachten. [...]

4.5 Unerwünschte Wirkungen nach Anwendung von Blutprodukten

Unerwünschte Wirkungen lassen sich in akute und chronische unerwünschte Wirkungen einteilen. Auf die *Leitlinien zur Therapie mit Blutkomponenten und Plasmaderivaten* der Bundesärztekammer in der jeweils gültigen Fassung wird hingewiesen.

4.5.2 Unerwünschte Wirkungen

[...]

4.5.2.2 Besonderheiten unerwünschter Wirkungen

[...] Die „Citrat-Intoxikation" bei Gabe von GFP spielt nur bei Früh- und Neugeborenen, bei Patienten mit ausgeprägter Leberfunktionsstörung und bei Notfall- und Massivtransfusionen eine Rolle (s. *Leitlinien der Bundesärztekammer zur Therapie mit Blutkomponenten und Plasmaderivaten*). [...]

4.5.2.3 Sonstige unerwünschte Wirkungen

Mit Blutprodukten können Erreger von Infektionskrankheiten übertragen werden. Das betrifft bereits im Spenderblut enthaltene Viren wie HBV, HCV, CMV oder HIV. Ebenso können Protozoen (z.B. Malaria-Erreger) oder Bakterien (wie Yersinia enterocolitica oder Treponema pallidum) unerkannt mit dem Spenderblut in die Blutprodukte gelangen. Auch Hautkeime (z.B. Staphylococcus epidermidis) können Blutprodukte kontaminieren. Im Gegensatz zu Viren können sich Bakterien grundsätzlich in Blutprodukten (auch bei Kühllagerung) vermehren sowie bakterielle Toxine in hohen Konzentrationen bilden (s. auch Leitlinien der Bundesärztekammer zur Therapie mit Blutkomponenten und Plasmaderivaten).

Transfusionsreaktionen durch kontaminierende Bakterien können akut und bis zu einigen Stunden nach Abschluss einer Transfusion auftreten. Eine Sepsis kann auch mit Verzögerung entstehen.

Die Ursache anaphylaktoider Frühreaktionen nach Übertragung von Plasma (GFP, VIP) und Plasmaderivaten bleibt meist unklar (s. *Leitlinien der Bundesärztekammer zur Therapie mit Blutkomponenten und Plasmaderivaten*). Anaphylaktische Spätreaktionen einschließlich anaphylaktischer Reaktionen bei Empfängern mit angeborenem IgA-Mangel sind sehr selten. Eine Immunhämolyse kann auch durch passiv übertragene Antikörper gegen Erythrozyten in plasmahaltigen Präparaten, sehr selten auch durch Iv/Ig-Präparate hervorgerufen werden.

Eine sekundäre Hämosiderose ist bei Langzeitsubstitution mit Erythrozytenkonzentraten möglich (*Leitlinien der Bundesärztekammer zur Therapie mit Blutkomponenten und Plasmaderivaten*).

4.5.5 Therapeutische Maßnahmen

[...] Bei Transfusion von Rh positiven (D positiven) Erythrozyten auf einen Rh negativen (D negativen) Empfänger kann in Einzelfällen (z.B. Rh positive (D positiv)-inkompatible Transfusion bei jungen Frauen) zur Verhinderung einer Immunisierung des Empfängers im Rh-System Anti-D-Immunglobulin injiziert werden (s. Leitlinien der Bundesärztekammer zur Therapie mit Blutkomponenten und Plasmaderivaten).

4.5.6 Vermeidung einer Graft-versus-Host-Reaktion

Zur Vermeidung von Graft-versus-Host-Reaktionen bei besonders gefährdeten Empfängern sollten alle Blutkomponenten mit ionisierenden Strahlen (empfohlene Dosis: 30 Gy) behandelt werden. Indikationen für bestrahlte Erythrozyten- und Thrombozytenkonzentrate sowie GFP sind in Tabelle 4.5.6. aufgeführt (s. auch *Leitlinien der Bundesärztekammer zur Therapie mit Blutkomponenten und Plasmaderivaten*).

4.5.8 Dokumentation, Meldewege, Rückverfolgung (Look back)

[...] Besteht der begründete Verdacht, dass Empfänger von Blutprodukten mit HI-, HC- oder HB-Viren oder anderen Erregern, die zu schwerwiegenden Krankheitsverläufen führen können, durch ein Blutprodukt infiziert wurden, ist eine Rückverfolgung möglicherweise mitbetroffener Empfänger bzw. dem in Frage kommenden Spender zu veranlassen (§ 19 Abs. 2 TFG). Auf die Meldepflicht an die zuständige Landesbehörde durch den Hersteller wird hingewiesen (§ 19 Abs. 1 Nr. 6 TFG). Dieses Rückverfolgungsverfahren (Look back) ist entsprechend den „Empfehlungen des Arbeitskreises Blut" durchzuführen (vgl. Abschnitt 2.3.4, Fußnote 8)[2].

4.7 Anwendung von autologen Blutstammzellen

Die autologe Transfusion peripherer Blutstammzellen wird an speziell qualifizierten Zentren (Konzertierte Aktion Stammzelltransplantation) im Rahmen klinischer Studien zur Behandlung hämatologischer und onkologischer Erkrankungen durchgeführt. Für die Apherese, Herstellung und Lagerung von Blutstammzellpräparaten gelten die Ausführungen unter Kapitel 2 und 3 mit den erforderlichen Abweichungen zur Berücksichtigung der autologen Situation.

---

[2] Hämotherapie-Richtlinien Kapitel 2.3.4, Fußnote 8: „Voten des Arbeitskreises Blut Nr. 21 BgesBl 11/99, S. 888-892; Nr. 17 BgesBl 11/97, S. 452-456; Nr. 14 BgesBl 9/96, S. 358-359; Nr. 13 BgesBl 7/96, S. 276-277; Nr. 6 BgesBl 12/94, S. 512-515."

Weitere Einzelheiten bezüglich Patientenauswahl, Aufklärung, Durchführung und Dokumentation sind den „Richtlinien zur Transplantation peripherer Blutstammzellen" des Wissenschaftlichen Beirates der Bundesärztekammer (1997) und den Empfehlungen zur Blutstammzellapherese der DGTI (1998) zu entnehmen.

Autologe Blutstammzellpräparate müssen grundsätzlich mit Namen, Vornamen und Geburtsdatum des Patienten beschriftet sein und den Hinweis „Nur zur *autologen* Transfusion!" tragen.

4.8 Therapeutische Zytapherese

Als Erythrozytapherese bezeichnet man die gezielte Entnahme von Erythrozyten. Bei der maschinellen Erythrozytenaustauschbehandlung werden die entnommenen Erythrozyten vollständig oder teilweise ersetzt. Für die Erythrozytensubstitution gelten die Vorschriften des Kapitels 4. Therapeutische Leukozyt- und Thrombozytapheresen dienen der Reduktion von Leukozyten und Thrombozyten und stellen symptomatische Behandlungsformen dar. Für die Durchführung dieser therapeutischen Hämapheresen gilt sinngemäß 2.6.

4.9 Therapeutische Plasmapherese und Plasmadifferentialtrennung

Die therapeutische Plasmapherese ist ein Plasmaaustauschverfahren. Sie ist generell mittels Zentrifugation oder Filtration durchführbar. Bei der Plasmaaustauschbehandlung wird das entnommene Plasma verworfen und durch eine geeignete Lösung ersetzt. Ist eine spezifische Elimination von Plasmabestandteilen vorgesehen, muss ein weiterer Verfahrensschritt (z.B. Präzipitation, Filtration, selektive oder spezifische Adsorption) folgen, mit dem nach der Plasmaseparation das Plasma selektiv aufbereitet und dem Patienten anschließend wieder zugeführt wird[3].

4.9.1 Organisation, Dokumentation und Ausstattung

Es gelten sinngemäß die Empfehlungen nach Kapitel 1. Auf eine ausreichende klinische, bei gefährdeten Patienten ggf. intensivmedizinische Überwachung und Betreuung ist zu achten. Zu den Vorgaben an die Dokumentation siehe Abschnitt 2.6.5.7.

Die personelle, räumliche und gerätetechnische Ausstattung muss der besonderen Situation der Patientenbetreuung Rechnung tragen und alle erforderlichen Maßnahmen zur Sicherheit der Patienten sowie der Präparatequalität gewährleisten.

---

[3] Hämotherapie-Richtlinien Kapitel 4.9, Fußnote: „Mitteilungen der DGTI in: Infusionsther Transfusionsmed 22: 51-62 (1995)."

Literatur

W. Brandstätter, F. Bäsler, Richtlinien zur Gewinnung von Blut und Blutbestandteilen und zur Anwendung von Blutprodukten (Hämotherapie): Änderungen für den Anwender von Blutprodukten, DÄ 97(2000)A-1927 - 1928; Bundesärztekammer, Leitlinien zur Therapie mit Blutkomponenten und Plasmaderivaten, 2. überarbeitete Auflage, Deutscher Ärzte-Verlag, Köln 2001; Bundesärztekammer, Paul-Ehrlich-Institut, Richtlinien zur Gewinnung von Blut und Blutbestandteilen und zur Anwendung von Blutprodukten (Hämotherapie), Deutscher Ärzte-Verlag, Köln 2000; H. Clade, Medizinische Leitlinien: Entscheidungshilfen für Arzt und Patienten, DÄ 98(2001)A-288 - 290; H. Deicher: Leitlinien zur Therapie mit Blutkomponenten und Plasmaderivaten: Überarbeitete Fassung in zweiter Auflage erschienen, DÄ 98(2001)A-1201. R. Dörner, Muster-Qualitätsmanagementhandbuch für die klinische Anwendung von Blutkomponenten und Plasmaderivaten, Berufsverband der Deutschen Transfusionsmediziner, Köln 2000.

I. Die Bedeutung der Norm

1   Es handelt sich um eine Vorschrift von zentraler Bedeutung, wenn es um die Anwendung von Blutprodukten geht (für die Gewinnung von Blut und Blutbestandteilen ist dies der § 12 TFG). Überall dort, wo das TFG vom Stand der medizinischen Wissenschaft und Technik spricht (§§ 13 Abs. 1 und 15 Abs. 1 TFG), nimmt das Gesetz auf den vorliegenden § 18 Bezug. Nur hier ist näher ausgeführt, woran sich der Stand der medizinischen Wissenschaft und Technik zu orientieren hat.

II. Der Stand der medizinischen Wissenschaft und Technik

2   Wer sich den Wortlaut von § 18 Abs. 1 vornimmt und hofft, dass ihm diese Lektüre Aufklärung darüber verschafft, was den Stand der medizinischen Wissenschaft und Technik in der Anwendung von Blutprodukten darstellen soll, wird eine herbe Enttäuschung erleben. Denn der Gesetzgeber verweist auf Richtlinien, in denen die Bundesärztekammer im Einvernehmen mit der zuständigen Bundesoberbehörde und nach Anhörung praktisch aller beteiligter Kreise ("Runder Tisch") den Stand der medizinischen Wissenschaft und Technik feststellt.

Mit dieser Regelung, auch der Art der Regelung, geht der Gesetzgeber über das bis- 3
her übliche weit hinaus. War es bisher notwendig, etwa in Rechtsverordnungen er-
gänzende, konkretisierende Regelungen zum Gesetz zu treffen, die besonderen
Sachverstand erfordern, so wurde zumeist die Zuziehung von Sachverständigen
vorgesehen. Eine derartige Regelung für den Bereich des Arzneimittelgesetzes findet sich etwa in § 53 AMG für diejenigen Vorschriften, in denen vor dem Erlass von
Rechtsverordnungen erst Sachverständige zu hören sind. Hier sieht das Gesetz sogar die Einsetzung fester Sachverständigenausschüsse vor.

Der Gesetzgeber geht auch mit § 18 den neuen Weg. Er überträgt die Feststellung 4
des Standes der medizinischen Wissenschaft und Technik nicht etwa einer kompetenten staatlichen Stelle, sondern einem nicht rechtsfähigem Verein und fordert lediglich das Einvernehmen mit einer obersten Bundesbehörde.

Die Gesetzesbegründung führt hierzu folgendes aus: „...soweit sie nicht ausdrücklich im Gesetz geregelt sind, bleiben die fachlichen Anforderungen insbesondere
Richtlinien der Bundesärztekammer vorbehalten, die im Einvernehmen mit der zuständigen Bundesoberbehörde nach Anhörung von Sachverständigen bekannt gemacht werden. Aber auch Empfehlungen der Länder, des Arbeitskreises Blut des
Bundesministeriums für Gesundheit können Maßstab sein. Dieses System folgt
dem Grundsatz, durch gesetzliche Regelung nur so viel wie nötig zu regeln, die
fachlichen Einzelheiten aber soweit wie möglich der Regelung durch die Fachwelt
zu überlassen. Dieses aufeinander abgestimmte Konzept trägt Aspekten der Sicherheit und Berechtigung der fachlichen Grundlagen in einem Gesetz einerseits sowie
der ständigen Entwicklung der Wissenschaft in Erkenntnis andererseits gleichermaßen Rechnung."

Die Begründung, der rasche technisch-wissenschaftliche Fortschritt erfordere es, 5
die Richtlinien zeitnah anpassen zu können, mag in ihrem Kern sicher zutreffend
sein. Fraglich ist aber doch, ob dieses Ziel nicht auch auf anderem Weg erreichbar
ist.

Mit §§ 12 und 18 TFG setzt sich eine Art der Gesetzgebung durch, die zunächst im 6
Recht der gesetzlichen Krankenversicherung (SGB V) begonnen hat. Dort ist der
Gesetzgeber dazu übergegangen, mehr und mehr Bereiche gar nicht mehr selbst ge-
setzlich oder durch Rechtsverordnungen zu regeln, sondern hat sie den beteiligten
Verkehrskreisen schlicht zur Regelung durch Richtlinien oder Verträge überlassen.
Auch hier wurden zunächst privatrechtlich organisierte Organisationen wie die
Bundesärztekammer und die Krankenhausgesellschaft in das Verfahren einbezogen. Diese Art der Verlagerung von Gesetzgebung aus dem Parlament und gar aus
der Exekutive heraus ist nicht zu Unrecht kritisiert worden. Das Normsetzungsver-
fahren wird so immer parlamentsferner und die so entstandenen Vorschriften sind
gerade einmal mit einem Tropfen parlamentarischen Öls gesalbt.

Erkennt der Gesetzgeber einen Regelungsbedarf, so wird man von ihm sicher auch 7
verlangen können, dass er sich denjenigen Sachverstand erwirbt, der erforderlich

ist, um eine regelungsbedürftige Materie in den wesentlichen Zügen auch selbst zu regeln. Beispiel dafür, wie so etwas funktionieren könnte, ist Art. 80 GG, der regelt, wie die Ermächtigungsgrundlage für Rechtsverordnungen auszusehen hat.

8 Nach unserem bisherigen Verfassungsverständnis eignet sich jedenfalls die Gesetzgebung als Kernbestand parlamentarischer Tätigkeit kaum dazu, mehr und mehr aus dem Parlament heraus verlagert und quasi „privatisiert" zu werden. Auch das AMG geht nicht soweit. Dieses schreibt etwa in §§ 74a Abs. 3 und 75 AMG die Qualifikation fest, über die jemand verfügen muss, der eine bestimmte Aufgabe als Informationsbeauftragter oder als Pharmaberater zu erfüllen hat. Warum §§ 12 und 18 TFG derartiges in Richtlinien geregelt sehen will, bleibt unerfindlich. Wenn die Qualifikation eines Facharztes für Transfusionsmedizin zur Erfüllung der Aufgabe für erforderlich gehalten werden soll, dann kann man diese Anforderung doch in das Gesetz selbst aufnehmen.

Die Feststellung des Standes der medizinischen Wissenschaft und Technik zur Anwendung von Blutprodukten durch Richtlinien hätte also durchaus auf die wissenschaftlich-technisch relevanten Kernbereiche beschränkt werden können und nach dem Grundsatz der Wesentlichkeit wohl auch müssen.

III. Die Rechtsnatur der Richtlinien

9 Weil kein verfassungsmäßig berufenes Gremium die Richtlinien beschlossen hat, sind sie in keinem Fall gesetzliche Vorschriften, also Gesetzesrecht oder untergesetzliches Recht. Gleichwohl sind die Richtlinien aber nicht etwa unbeachtlich oder entfalteten gar keine Wirkung. In ihnen ist der Sachverstand der beteiligten Kreise zusammengetragen. Derjenige, der die Richtlinien einhält, verhält sich dem Stand der medizinischen Wissenschaft und Technik entsprechend, derjenige, der sie nicht einhält, verstößt dagegen. Von den Richtlinien kann nur aus gutem Grund abgewichen werden. Sie eröffnen nicht etwa wie Leitlinien einen Handlungskorridor, innerhalb dessen dem Handelnden mehrere Handlungsalternativen offen stehen[4].

IV. Normadressaten der Richtlinien

10 Normadressat für § 18 Abs. 1 ist die Bundesärztekammer, die im vorgegebenen Umfang und Verfahren den Stand der medizinischen Wissenschaft und Technik feststellen muss. Sie hat dies in den Hämotherapie-Richtlinien i.d.F. von 2000 zum ersten Mal nach Inkrafttreten des TFG getan[5]. Die Bundesärztekammer ist zuständig für die Festlegung des Stands der medizinischen Wissenschaft und Technik, muss dazu jedoch das Einvernehmen mit dem PEI erlangen.

---

[4] Zur Rechtsnatur und dem Stellenwert der Leitlinien der Bundesärztekammer siehe § 18 TFG Rz. 21.

[5] Dies wird in den Hämotherapie-Richtlinien ausdrücklich festgestellt. Kapitel 1.2 (Aufgaben der Richtlinien): „Diese Richtlinien stellen gemäß §§ 12 und 18 TFG den allgemein anerkannten Stand der medizinischen Wissenschaft und Technik zur Gewinnung von Blut und Blutbestandteilen und zur Anwendung von Blutprodukten fest."

Normadressaten des § 18 Abs. 2 sind alle diejenigen Personen, die Tätigkeiten nach   **11**
den Vorschriften des TFG ausüben. In der Praxis betrifft dies vor allem ärztliches
Personal, wenn es entsprechende ärztliche Tätigkeiten ausübt. Jedoch sind z.B.
auch Geschäftsführer der Einrichtungen der Krankenversorgung in ihrer Stellung
als deren Organe Normadressaten. Für Tätigkeiten, die nicht den Vorschriften des
TFG (wohl aber denen des AMG) unterliegen, von Seiten ärztlicher Personen oder
einer Einrichtung der Krankenversorgung gilt die Vermutung des Absatzes 2 selbst
dann nicht, wenn die Richtlinien entsprechende Vorgaben enthalten.

Leider ist kein Datum für das Inkrafttreten der Hämotherapie-Richtlinien genannt.
Sie traten mit ihrer Veröffentlichung am 5. Juli 2000 in Kraft. Auch eine Frist für
den Übergang von der seit 1996 geltenden auf die neu bearbeitete Fassung der Hä-
mopathie-Richtlinien 2000 wurde nicht vorgesehn[6].

V. Die Vermutung des Absatzes 2

§ 18 legt für die Anwendung von Blutprodukten den einzuhaltenden Sorgfaltsmaß-   **12**
stab fest, indem er durch Richtlinien den Stand der medizinischen Wissenschaft und
Technik für diesen Bereich festhalten lässt. Wer die Richtlinien einhält, verfährt entsprechend dem Stand der medizinischen Wissenschaft und Technik. Und wer dies
tut, handelt nach der im Verkehr erforderlichen Sorgfalt, wie sie § 276 BGB als
Sorgfaltsmaßstab vorgibt, und damit nicht fahrlässig im Sinne des BGB. Ersatzansprüche sind damit nicht begründet und damit auch nicht zu begründen.

Die Vermutung des Absatzes 2 hat Auswirkungen auf die Verteilung der Beweislast   **13**
im Fall der Haftung einer Einrichtung der Krankenversorgung für eine fehlerhafte
Anwendung von Blutprodukten. Im Normalfall hat der Geschädigte die Voraussetzungen seines Ersatzanspruches zu behaupten und im Streitfall zu beweisen. Im Bereich der Haftung für Medizinschadensfälle billigt die Rechtsprechung den Geschädigten seit langem Beweiserleichterungen bis hin zur völligen Umkehr der
Beweislast zu[7]. Dies gilt vor allem im Bereich des Verschuldens für eine mangelhafte Organisation des Betriebes und die daraus resultierenden Fehler, die zu Schäden führen. Da der Geschädigte normalerweise außer Stande ist, den Beweis mangelhafter Organisation führen zu können, obliegt es dem Rechtsträger des
Betriebes, den Beweis dafür zu erbringen, dass mangelhafte Organisation nicht die
Ursache für den Schaden sei. An dieser Stelle greift die Vermutung des Absatz 2
ein. Es wird nach Absatz 2 vermutet, dass die Organisation bei Einhaltung der
Richtlinien dem Stand der medizinischen Wissenschaft und Technik entspricht und
entsprochen hat.

---

[6]   Für den Übergangszeitraum zwischen Juli 1998 und der Veröffentlichung der Hämothe-
      rapie-Richtlinien am 5. Juli 2000 wird man die „Richtlinien zur Blutgruppenbestimmung
      und Bluttransfusion (Hämotherapie)" in der überarbeiteten Fassung von 1996 zugrunde-
      legen dürfen, zumal bereits diese Fassung von der Bundesärztekammer zusammen mit
      dem PEI aufgestellt wurde.
[7]   Vgl. hierzu Giesen 1983, 116 ff m.w.Nachw. aus der Rechtsprechung.

14 Die Vermutung reicht aber noch weiter: sie erstreckt sich auch auf den Stand der medizinischen Wissenschaft und Technik. Die Vermutung kann indessen widerlegt werden. Es ist dies Aufgabe des Geschädigten. Die Nichtbeweisbarkeit geht dabei zu seinen Lasten.

VI. Verweise auf anderweitige Richtlinien und Veröffentlichungen

15 Als sehr problematisch erweisen sich die häufigen Verweise in den Hämotherapie-Richtlinien auf weitere Richtlinien. Der Arzt als Anwender der Normen („Normadressat") soll sich gerade nicht aus einer Unzahl nicht selten apokryph bekannt gemachter Regeln heraussuchen müssen, was er zum aktuellen Zeitpunkt seiner ärztlichen Tätigkeit zu beachten hat und was nicht.

16 Hier stellt sich die berechtigte Frage, ob auch diese in Verweis genommenen Richtlinien in den Stand der medizinischen Wissenschaft und Technik nach §§ 12 und 18 TFG eingehen sollen oder nicht. Soweit auf andere Richtlinien der Bundesärztekammer verwiesen wird, die zum Zeitpunkt der Veröffentlichung der Hämotherapie-Richtlinien bereits vorlagen, wird man diese Frage uneingeschränkt bejahen können. Sofern diese anderen Richtlinien später in Abstimmung mit dem PEI überarbeitet werden, sind auch die überarbeiteten Fassungen gewiss als Stand der medizinischen Wissenschaft und Technik i.S.d. §§ 12 und 18 TFG anzusehen.

Jedoch wird auf eine Fülle weiterer Richtlinien, Leitlinien und sogar Literaturhinweise verwiesen[8], deren Stellenwert nicht festgeschrieben wird und die deshalb nicht i.S.d. §§ 12 und 18 TFG als Stand der medizinischen Wissenschaft und Technik gelten dürfen.

17 Als besonders ergiebig erweist sich in diesem Zusammenhang Kapitel 4.5.2.3 der Hämotherapie-Richtlinien, in dem in lediglich 8 Sätzen nicht weniger als drei Mal auf die Leitlinien zur Therapie mit Blutkomponenten und Plasmaderivaten verwiesen wird, allerdings unter Angabe eines nicht ganz korrekten Titels und ohne Hinweis, in welchen Abschnitten der zur Beachtung angehaltene Arzt die angesprochenen Hinweise auffinden könnte.

18 Ein weiteres, überaus markantes Beispiel findet sich im Kapitel 4.5.8 Abs. 2 Satz 3[9]. Hier wird auf eine Fußnote in einem anderen Kapitel verwiesen, wo man

---

[8]   Ohne Anspruch auf Vollständigkeit seien hier folgende andere Verweise im Kapitel 4 der Hämotherapie-Richtlinien genannt:
Mutterschafts-Richtlinien des Bundesausschusses der Ärzte und Krankenkassen (siehe Kapitel 4.4.1.1); Leitlinien zur Therapie mit Blutkomponenten und Plasmaderivaten (siehe u.a. Kapitel 4.5.2.2); Empfehlungen des Arbeitskreises Blut (siehe Kapitel 4.5.8); Empfehlungen zur Blutstammzellapherese der DGTI (siehe Kapitel 4.7) und schließlich Mitteilungen der DGTI in: Infusionsther Transfusionsmed 22: 51-62 (1995) (als Fußnote zu Kapitel 4.9).

[9]   „Rückverfolgungsverfahren (Look back) ist entsprechend den „Empfehlungen des Arbeitskreises Blut" durchzuführen (vgl. Abschnitt 2.3.4, Fußnote 8)."

wiederum den Verweis auf eine ganze Reihe von Voten des Arbeitskreises Blut auffindet. Allein – es bleibt unklar, was konkret für den Arzt in der Einrichtung der Krankenversorgung nun genau zu beachten ist. Der überwiegende Inhalt dieser Voten bezieht sich auf Spendeeinrichtungen und die von ihnen durchzuführenden Maßnahmen, weswegen die Voten folgerichtig im Hämotherapie-Richtlinien Kapitel „Gewinnung von Blut und Blutbestandteilen" zitiert sind. Schließlich müssen diese früheren Voten des Arbeitskreises Blut seit Dezember 2000 im Lichte des Votums 21 gesehen werden, das erst nach dem Erscheinen der Hämotherapie-Richtlinien veröffentlicht wurde und die früheren Voten zusammenfasst, „an den erreichten Stand der wissenschaftlichen Erkenntnis [anpasst]" und sie mithin zum Teil außer Kraft setzt. Diese Detailtreue ist durchaus begründet und hilfreich für einen entsprechend spezialisierten Arzt in der Spendeeinrichtung. Man muss jedoch akzeptieren, dass diese Sachverhalte im Einzelnen von einem behandelnden Arzt unter den Anforderungen der praktischen Krankenversorgung in der vorliegenden Form nicht nachzuvollziehen sind.

Kapitel 4.8 und 4.9 Hämotherapie-Richtlinien dokumentieren einen weiteren Aspekt der Problematik, welche Verfahren in Richtlinien abzuhandeln sind oder besser in der ärztlichen Therapiefreiheit belassen werden. Hier werden zwar klinisch wichtige Aspekte angesprochen, sie beziehen sich jedoch auf bestimmte Therapien mittels Zytapherese- und Plasmapherese-Technik und fallen allein deswegen nicht unter die Belange des Dritten Abschnitts des TFG (Anwendung von Blutprodukten). Die besprochenen Verfahren könnten besser in Leitlinien abgehandelt werden. Obwohl sie in den Hämotherapie-Richtlinien aufgeführt sind, muss ihre Wertigkeit i.S.d. § 18 (und erst recht i.S.d. § 12 TFG) verneint werden. **19**

Es tut Not, eine klare Abgrenzung herbeizuführen zwischen dem durch die Hämotherapie-Richtlinien definierten Stand der medizinischen Wissenschaft und Technik, anderweitig zum Beispiel durch das AMG zwingend vorgeschriebener Regeln und der umfangreichen Sekundärliteratur, die keine selbständige Verbindlichkeit besitzt. Es mag überraschend klingen, aber für die ärztlich tätige Person gehören auch etliche überstaatliche, z.B. europäische Regelwerke, zu dieser für sie durchaus unverbindlichen Sekundärliteratur. In Bezug auf die Empfehlungen der EU und des Europarates ist es gerade eine Aufgabe der Hämotherapie-Richtlinien, die Umsetzung in nationales deutsches Recht zu bewerkstelligen. **20**

VII. Stellenwert der Leitlinien der Bundesärztekammer

Die Leitlinien der Bundesärztekammer, insbesondere auch die Leitlinien zur Therapie mit Blutkomponenten und Plasmaderivaten, können nicht als Stand der medizinischen Wissenschaft und Technik i.S.d. §§ 12 und 18 TFG gewertet werden[10]. Aus **21**

---

[10] H. Clade 2001: „Juristen warnen davor, evidenzbasierte medizinische Leitlinien als Disziplinierungsinstrumente gegen die Ärzte einzusetzen"; F.M. Gerlach, Qualitätsförderung: Das Leid mit den Leitlinien, DÄ 94(1997)A-1453; aber auch die Replik von W. Hartel, Überzogene Kritik, DÄ 94(1997)A-2118.

praktisch ärztlicher Sicht können sie als Handlungsempfehlungen und Entscheidungshilfen dienen, die eine oder mehrere mögliche Behandlungsformen umreißen, ohne eine vollständige oder abschließende Darstellung zu gewährleisten. Rechtlich sind sie nicht als Stand der medizinischen Wissenschaft und Technik zu werten, da sie nicht im Einvernehmen mit dem PEI erstellt werden und im übrigen in ihnen selbst nicht der Anspruch i.S.d. vorliegenden Norm erhoben wird (dies im deutlichen Unterschied zu den Hämotherapie-Richtlinien).

VIII. Zugehörige Richtlinien

22   Die einschlägigen Hämotherapie-Richtlinien müssen den in § 18 Abs. 1 definierten Rahmen beachten. Auch wenn der Stand der medizinischen Wissenschaft und Technik „insbesondere" die Ziffern 1 bis 4 betreffen soll, kann dieser ohnehin weit gefasste Rahmen nicht wesentlich überschritten werden.

Die zugehörigen Richtlinien werden unter den einschlägigen Paragrafen des Dritten Abschnitts des TFG besprochen (siehe Tabelle 18.1).

Tabelle 18.1. Themen der Hämotherapie-Richtlinien
Feststellung des Stands der medizinischen Wissenschaft und Technik zur Anwendung von Blutprodukten

§ 18 Abs. 1	Thema	Einschlägiger Paragraf im Dritten Abschnitt des TFG mit Kommentaren zu den Hämotherapie-Richtlinien
Ziffer 1	Anwendung von Blutprodukten Testung auf Infektionsmarker bei Patienten* Anforderung an die Durchführung	§ 13 Abs. 1
Ziffer 2	Qualitätssicherung in den Einrichtungen Überwachung durch die Ärzteschaft	§ 15 § 16 Abs. 1 und 3
Ziffer 3	Qualifikationen [...] der [...] tätigen Personen Aufgaben der [...] tätigen Personen	§§ 13 Abs. 2 und 15 Abs. 2 §§ 13 Abs. 1, 14 Abs. 1 und 2, 15 Abs. 2, 16 sowie 17 Abs. 1
Ziffer 4	Umgang mit nicht angewendeten Blutprodukten	§ 17

* Die Testung auf Infektionsmarker der zu behandelnden Personen anlässlich der Anwendung von Blutprodukten und die Anforderungen an die Rückstellproben wird nach den Hämotherapie-Richtlinien zur Zeit als nicht erforderlich angesehen.

1. Qualitätssicherung bei der Anwendung (Kapitel 1.4.1.3)   **23**

Der bereits im TFG vorgegebene Rahmen wird hier weiter ausformuliert. Diese Vorschrift sorgt für Klarheit, wer in der Einrichtung der Krankenversorgung für die Durchsetzung des QS-Systems verantwortlich ist, nämlich die Leitung der Einrichtung. Sie muss für die notwendigen personellen, organisatorischen, technischen und normativen Maßnahmen Sorge tragen.

2. Aufgaben des transfundierenden Arztes (Kapitel 4.3.4)   **24**

Die Testung auf Infektionsmarker der zu behandelnden Personen anlässlich der Anwendung von Blutprodukten und die Anforderungen an die Rückstellproben werden nach den Hämotherapie-Richtlinien zur Zeit als nicht erforderlich angesehen. Eine Testung kann nur in begründeten Einzelfällen gefordert werden; dies gilt erst recht für die Zeit vor Inkrafttreten der aktuellen Richtlinien.

IX. Rechtsfolgen

§ 18 ist Schutzgesetz im Sinne von § 823 Abs. 2 BGB.   **25**

Anhang zu § 18
Gesetz über technische Assistenten in der Medizin (MTA-Gesetz – MTAG)[1]

§ 1

Wer eine der Berufsbezeichnungen
1. „Medizinisch-technische Laboratoriumsassistentin" oder „Medizinisch-technischer Laboratoriumsassistent",
[...]
(technische Assistenten in der Medizin) führen will, bedarf der Erlaubnis.

§ 9

(1) Auf dem Gebiet der Humanmedizin dürfen ausgeübt werden
1. die folgenden Tätigkeiten nur von Personen mit einer Erlaubnis nach § 1 Nr. 1:
a) technische Aufarbeitung des histologischen und zytologischen Untersuchungsmaterials, technische Beurteilung der Präparate auf ihre Brauchbarkeit zur ärztlichen Diagnose,
b) Durchführung von Untersuchungsgängen in der morphologischen Hämatologie, Immunhämatologie und Hämostaseologie einschließlich Ergebniserstellung, Qualitäts- und Plausibilitätskontrolle,
c) Durchführung von Untersuchungsgängen in der Klinischen Chemie einschließlich Ergebniserstellung, Qualitäts- und Plausibilitätskontrolle,
d) Durchführung von Untersuchungsgängen in der Mikrobiologie, Parasitologie und Immunologie einschließlich Ergebniserstellung, Qualitäts- und Plausibilitätskontrolle;
ausgenommen von den unter den Buchstaben b bis d genannten Tätigkeiten sind einfache klinisch-chemische Analysen sowie einfache qualitative und semiquantitative Untersuchungen von Körperflüssigkeiten, Ausscheidungen und Blut.

§ 10

§ 9 Abs. 1 und 2 findet keine Anwendung auf
1. Personen, die auf Grund einer abgeschlossenen Hochschulausbildung über die erforderlichen Fachkenntnisse, Fähigkeiten und Fertigkeiten zur Ausübung der genannten Tätigkeit verfügen, [...]

---

[1] i.d.F. vom 2. August 1993, (BGBl I S. 1402) auszugsweise.

Zugehörige Richtlinien:

4 Anwendung von Blutprodukten

Die Grundzüge eines Qualitätssicherungssystems für die Anwendung von Blutprodukten sind im Dritten Abschnitt des TFG geregelt und werden in diesen Richtlinien berücksichtigt. Sie betreffen:

- Organisationsabläufe, [...]
- alle Mitarbeiter,

die in mittelbarem oder unmittelbarem Zusammenhang mit Lagerung, Transport und Anwendung von Blutprodukten und deren Übertragung stehen. Die organisatorischen Abläufe und die Verantwortlichkeiten für die Lagerung, den Transport und die Übertragung von Blutprodukten einschließlich deren Anforderung durch den zuständigen Arzt sind zu beschreiben und in einem Organigramm darzustellen.
[...]

Im Labor- und Depotbereich sind die transfusionssichernden Untersuchungsabläufe wie z.B. Bestimmungen von Blutgruppen, Verträglichkeitsproben und andere immunhämatologische Untersuchungen einschließlich der Probenannahme und Präparateausgabe zu beschreiben und die Verantwortlichkeiten schriftlich festzulegen. Arbeitsplatzbeschreibungen und Arbeitsanweisungen für jeden Arbeitsplatz sind zu erstellen.
[...]

Diese Inhalte sind in den Krankenversorgungseinrichtungen durch eine schriftliche Dienstanweisung in Einzelheiten zu regeln.

Die einschlägigen Arbeitsschutzbestimmungen sind einzuhalten.

Literatur

Arbeitskreis Blut Votum 10 (V10), Verantwortlichkeit von fort- oder weitergebildeten Ärzten für transfusionsrelevante Immunhämatologie, BgesBl 11/1995, 452; R. Dörner, Musterverfahrensanweisungen (Teil II), Arbeitsplatzbeschreibung Kreuzprobenlabor/Notfall-Labor (Anlage 8) und Immunhämatologie (Anlage 9), in: Muster-Qualitätsmanagementhandbuch für die Klinische Anwendung von Blutkomponenten und Plasmaderivaten, Berufsverband der Deutschen Transfusionsmediziner, Köln 2000.

I. Die Bedeutung der Norm

Das MTA-Gesetz legt die Bedingungen fest, um die geschützte Berufsbezeichnung **1** zu erlangen und um die vorbehaltenen, im Gesetz näher festgelegten Tätigkeiten u.a. auf dem Gebiet der Humanmedizin ausüben zu dürfen. Natürlich lässt die Norm ausdrücklich zu, dass auch andere Personen diese Tätigkeiten ausüben dürfen, sofern sie über die notwendige oder weitergehende Qualifikation verfügen, was z.B. durch ein einschlägiges Hochschulstudium belegt werden kann.

II. Verantwortlichkeit der ärztlichen Personen

2   Die Verantwortlichkeit von fort- oder weitergebildeten Ärzten für transfusionsrelevante Immunhämatologie wurde vom Arbeitskreis Blut bereits 1995 ausformuliert[2]. Bei Problemen, die typischerweise und regelmäßig im Rahmen von immunhämatologischen Untersuchungen zur Vorbereitung und Durchführung von Bluttransfusionen auftreten, muss die Verantwortung bei entsprechend fort- und weitergebildeten ärztlichen Personen bleiben. Die Einzelheiten sind z.B. in Dienstanweisungen für die jeweilige Einrichtung der Krankenversorgung oder auch Spendeeinrichtung zu regeln.

III. Arbeitsplatzbeschreibungen und Verfahrensanweisungen

3   Den Anforderungen des TFG unter Berücksichtigung des MTA-Gesetzes und der einschlägigen Vorschriften der Hämotherapie-Richtlinien soll in detaillierten Stellenbeschreibungen und Verfahrensanweisungen für das eingesetzte medizinisch-technische und das ärztliche Personal Rechnung getragen werden. Dabei sollen in schriftlichen Dienstanweisungen die Schnittstellen und Befundparameter geregelt werden, die z.B. die Hinzuziehung des ärztlichen Personals bedingen.

Diese Dokumente sind typischer Bestandteil eines QM-Handbuchs und bilden, falls sie vollständig ausgearbeitet sind, alle Organisationsabläufe und alle daran beteiligten Mitarbeiter und deren Aufgaben auf ihren jeweiligen Arbeitsplätzen ab.

4   Es erübrigt sich, den Aufwand und die Kosten zu betonen, der mit der Etablierung eines kompletten Systems solcher Verfahrensanweisungen verbunden ist. In den Spendeeinrichtungen sind solche QM-Systeme seit Mitte der 1990er Jahre auf Be-

---

[2]   Arbeitskreis Blut Votum 10: „Mit dem neuen MTA-Gesetz (gültig seit 01.01.1994) haben MTA die Erlaubnis zur selbständigen und eigenverantwortlichen Durchführung von Untersuchungsgängen in der Immunhämatologie einschließlich Ergebniserstellung, Qualitäts- und Plausibilitätskontrolle. Soweit es sich dabei um Tätigkeiten handelt, deren Ergebnisse der Erkennung einer Krankheit oder der Beurteilung ihres Verlaufs dienen, dürfen diese von MTA nur auf ärztliche Anforderung ausgeübt werden.
Diese durch das neue MTA-Gesetz vorgegebene selbständige und eigenverantwortliche Tätigkeit von MTA im Rahmen bisheriger sogenannter „Vorbehaltstätigkeiten der MTA" ist auch für den Bereich der Immunhämatologie grundsätzlich zu akzeptieren. Allerdings treten im Rahmen von immunhämatologischen Untersuchungen zur Vorbereitung und Durchführung von Bluttransfusionen in einem Prozentsatz von etwa 5 bis 10 % der Fälle Probleme auf, die v.a. durch die zugrundeliegenden Krankheiten oder durchgeführten Therapien bedingt sind. Häufig müssen wegen der Dringlichkeit der Bluttransfusionen schnelle Entscheidungen gefällt werden. Verzögerungen oder Fehlentscheidungen können zur Schädigung des Patienten und im schlimmsten Falle zum Tode führen. Daher erfordert die zeitgerechte Bearbeitung solcher transfusionsrelevanten, immunhämatologischen Probleme neben der immunhämatologischen Erfahrung auch ärztliche Kenntnisse und Erfahrungen. Diese Voraussetzungen können MTA auch nach der neuen, erweiterten Ausbildung nicht erfüllen. Daher ist es notwendig, daß im Bereich der transfusionsrelevanten Immunhämatologie die Verantwortung weiterhin bei entsprechend fort- und weitergebildeten Ärzten bleibt."

treiben der Aufsichtsbehörden etabliert worden und inzwischen im großen Umfang und weitgehend vollständig vorhanden. Eine Verbesserung der Qualität lässt sich nicht von der Hand weisen. Zudem wird nur nach Etablierung eines solchen QM-Systems die erreichte Qualität objektiv überprüfbar.

VIERTER ABSCHNITT
RÜCKVERFOLGUNG

Vorbemerkungen vor §§ 19 f.

1   Zweck des Transfusionsgesetzes ist es unter anderem, für eine sichere Versorgung der Bevölkerung mit Blutprodukten zu sorgen[1]. Der Vierte Abschnitt des Gesetzes enthält die hierzu erforderlichen Kernvorschrift, die die notwendigen Rückverfolgungsverfahren bei Verdacht auf eine Infektionsübertragung durch Transfusion betrifft.

2   § 19 Abs. 1 regelt das Verfahren der Rückverfolgung des Weges, den Blut oder ein Blutprodukt genommen hat vom Spender über den Anwender bis zum Transfusionsempfänger. Ergibt sich bei einem Spender, z.B. im Rahmen einer erneuten Spendenentnahme, der begründete Verdacht, dass die spendende Person infiziert sein könnte, so muss die Möglichkeit bestehen, die Transfusionsempfänger von früheren Blutprodukten des betreffenden Blutspenders ausfindig zu machen. Auch muss eine frühere, jetzt als infektiös verdächtige Spende eines solchen Blutspenders gesperrt werden und dies schnellstmöglich.

3   § 19 Abs. 2 regelt das Verfahren der Rückverfolgung des Weges, den Blut oder ein Blutprodukt genommen hat vom Anwender zurück bis zum Spender. Ergibt sich bei einem Transfusionsempfänger der begründete Verdacht, dass die behandelte Person durch ein Blutprodukt infiziert worden ist, so muss gewährleistet werden, bis an die mögliche Quelle der Infektion, also bis zum Spender zurückgehen zu können.

4   Das Verfahren der Überprüfung des Verdachts und der Rückverfolgung ist an den „Stand der wissenschaftlichen Erkenntnisse"[2] gekoppelt und unterliegt damit einem dynamischen Entwicklungsprozess. Der Stand der wissenschaftlichen Erkenntnisse, der für Verfahren nach § 19 anzuwenden ist, orientiert sich an den Hämotherapie-Richtlinien sowie den Voten des Arbeitskreises Blut.

5   Durch die Verordnungsermächtigung nach § 20 hat sich der Gesetzgeber wohl eher eine letzte Maßnahme offen gehalten, um das Rückverfolgungsverfahren auch durch eine Rechtsverordnung regeln zu können. So auch die Gesetzesbegründung zu § 20.

---

[1]   Vgl. § 1 TFG.
[2]   Nicht: „allgemein anerkannter Stand der medizinischen Wissenschaft und Technik", der in §§ 12 und 18 TFG sowie den dafür einschlägigen Hämotherapie-Richtlinien festgestellt wird.

§ 19
Verfahren

(1) Wird von einer Spendeeinrichtung festgestellt oder hat sie begründeten Verdacht, daß eine spendende Person mit HIV, mit Hepatitis-Viren oder anderen Erregern, die zu schwerwiegenden Krankheitsverläufen führen können, infiziert ist, ist die entnommene Spende auszusondern und dem Verbleib vorangegangener Spenden nachzugehen. Das Verfahren zur Überprüfung des Verdachts und zur Rückverfolgung richtet sich nach dem Stand der wissenschaftlichen Erkenntnisse. Es sind insbesondere folgende Sorgfaltspflichten zu beachten:

1. der Rückverfolgungszeitraum für vorangegangene Spenden zum Schutz vor den jeweiligen Übertragungsrisiken muß angemessen sein,
2. eine als infektiös verdächtige Spende muß gesperrt werden, bis durch Wiederholungs- oder Bestätigungstestergebnisse über das weitere Vorgehen entschieden worden ist,
3. es muß unverzüglich Klarheit über den Infektionsstatus der spendenden Person und über ihre infektionsverdächtigen Spenden gewonnen werden,
4. eine nachweislich infektiöse Spende muß sicher ausgesondert werden,
5. die notwendigen Informationsverfahren müssen eingehalten werden, wobei § 16 Abs. 2 Satz 3 entsprechend gilt, und
6. die Einleitung des Rückverfolgungsverfahrens ist unverzüglich der zuständigen Behörde anzuzeigen, wenn die Bestätigungstestergebnisse die Infektiosität bestätigen, fraglich sind oder eine Nachtestung nicht möglich ist; § 16 Abs. 2 Satz 3 gilt entsprechend.

Die verantwortliche ärztliche Person der Spendeeinrichtung hat die spendende Person unverzüglich über den anläßlich der Spende gesichert festgestellten Infektionsstatus zu unterrichten. Sie hat die spendende Person eingehend aufzuklären und zu beraten. Sind Blutprodukte, bei denen der begründete Verdacht besteht, daß sie Infektionserreger übertragen, angewendet worden, so sind die Einrichtungen der Krankenversorgung verpflichtet, die behandelten Personen unverzüglich zu unterrichten und ihnen eine Testung zu empfehlen. Vor der Testung ist die schriftliche Einwilligung der behandelten Person einzuholen. Die behandelte Person ist eingehend zu beraten.

(2) Wird in einer Einrichtung der Krankenversorgung bei einer zu behandelnden oder behandelten Person festgestellt oder besteht der begründete Verdacht, daß sie durch ein Blutprodukt gemäß Absatz 1 Satz 1 infiziert worden ist, muß die Einrichtung der Krankenversorgung der Ursache der Infektion unverzüglich nachgehen. Sie hat das für die Infektion oder den Verdacht in Betracht kommende Blutprodukt zu ermitteln und die Unterrichtungen entsprechend § 16 Abs. 2 vorzunehmen. Der pharmazeutische Unternehmer hat zu veranlassen, daß die spendende Person ermittelt und eine Nachuntersuchung empfohlen wird. Absatz 1 Satz 8 gilt entsprechend. Wird die Infektiosität der spendenden Person bei der Nachuntersuchung bestätigt oder nicht

ausgeschlossen oder ist eine Nachuntersuchung nicht durchführbar, so findet das Verfahren nach Absatz 1 entsprechend Anwendung.

(3) Die Einrichtungen der Krankenversorgung, die Spendeeinrichtungen und die pharmazeutischen Unternehmer haben mit den zuständigen Behörden des Bundes und der Länder zusammenzuarbeiten, um die Ursache der Infektion nach Absatz 2 zu ermitteln. Sie sind insbesondere verpflichtet, die für diesen Zweck erforderlichen Auskünfte zu erteilen. § 16 Abs. 2 Satz 3 gilt entsprechend.

(4) Die nach Absatz 1 bis 3 durchgeführten Maßnahmen sind für Zwecke weiterer Rückverfolgungsverfahren und der Risikoerfassung nach dem Arzneimittelgesetz zu dokumentieren.

Zugehörige Richtlinien:

4 Anwendung von Blutprodukten

4.3 Anwendung von Blutkomponenten und Plasmaderivaten

4.3.4 Aufgaben des transfundierenden Arztes

[...] Eine generelle Testung des Empfängers auf Infektionsmarker (Hepatitis B, Hepatitis C und HIV) vor der Transfusion oder eine Asservierung von entsprechenden Untersuchungsproben ist nach dem derzeitigen Stand der Wissenschaft und Technik nicht erforderlich. Nach Beendigung der Transfusion ist das Behältnis mit dem Restblut und dem Transfusionsbesteck steril abzuklemmen und 24 Stunden bei +4 °C ± 2 °C aufzubewahren.

Bevor ein ambulanter Empfänger entlassen wird, ist sorgfältig auf Symptome zu achten, die auf eine unerwünschte Reaktion hinweisen können. Der Empfänger ist über mögliche später eintretende Symptome aufzuklären.

4.3.10 Dokumentation

Die Annahme nach Transport, die Transfusion sowie die anwendungsbezogenen Wirkungen und Nebenwirkungen der Blutprodukte sind lückenlos zu dokumentieren, ebenso die nicht angewendeten Blutprodukte und deren ordnungsgemäße Entsorgung. Die Einrichtung der Krankenversorgung hat sicherzustellen, dass die Daten der Dokumentation patienten- und produktbezogen genutzt werden können (§ 14 Abs. 2 TFG). Die Aufzeichnungen sind mindestens fünfzehn Jahre aufzubewahren (§ 14 Abs. 3 TFG). [...]

4.3.11 Entsorgung der nicht angewendeten Blutprodukte

Die ordnungsgemäße Entsorgung von nicht verwendeten Blutprodukten ist zu dokumentieren (siehe 4.1). Hierfür ist eine Dienstanweisung im Rahmen des Qualitätssicherungssystems zu erstellen (vgl. § 17 Abs. 1 Satz 2 TFG).

Hinsichtlich der Dokumentationspflicht für Laboratoriumsbefunde wird auf Abschnitt 4.2.5.11 verwiesen.

4.5 Unerwünschte Wirkungen nach Anwendung von Blutprodukten

Die Zeichen unerwünschter Wirkungen nach Anwendung von Blutprodukten sind vielgestaltig und oft uncharakteristisch. Sie erfordern eine differenzierte Diagnostik, Ursachenermittlung und ggf. Therapie. In jedem Falle ist auch der gesamte organisatorische Ablauf zu überprüfen (vgl. Abschnitt 1.4.1.3).

4.5.4.2 Erregerbedingte unerwünschte Wirkungen

Bei Verdacht auf erregerbedingte Nebenwirkungen ist eine mikrobielle Untersuchung des Empfängers (Blutkultur) und des in Frage kommenden Präparates zu veranlassen. Die Zuständigkeiten für die Untersuchung, die Lagerung der verwendeten Bestecke und Behältnisse und die unverzügliche Meldung sind in einer Dienstanweisung zu regeln (s. Abschnitt 1.4.1.3). Alle weiteren Schritte zur Abklärung einer Transfusionsreaktion anderer Ursache sind gleichzeitig einzuleiten, da sich die Symptome einer kontaminationsbedingten Transfusionsreaktion in der Regel nicht von Nebenwirkungen anderer Ursache abgrenzen lassen (s. Abschnitt 4.5.3).

4.5.4.3 Andere unerwünschte Wirkungen

Bei unerwünschten Wirkungen, die durch die in 4.5.4.1 und 4.5.4.2 genannten Untersuchungen nicht geklärt werden konnten (z.B. bei Verdacht auf Immunreaktionen gegen Thrombozyten oder Leukozyten bzw. gegen Plasmaproteine), sind immunhämatologische Spezialuntersuchungen in Zusammenarbeit mit der zuständigen transfusionsmedizinischen Einrichtung durchzuführen.

4.5.8 Dokumentation, Meldewege, Rückverfolgung (Look back)

[...]

Besteht der begründete Verdacht, dass Empfänger von Blutprodukten mit HI-, HC- oder HB-Viren oder anderen Erregern, die zu schwerwiegenden Krankheitsverläufen führen können, durch ein Blutprodukt infiziert wurden, ist eine Rückverfolgung möglicherweise mitbetroffener Empfänger bzw. dem in Frage kommenden Spender zu veranlassen (§ 19 Abs. 2 TFG). Auf die Meldepflicht an die zuständige Landesbehörde durch den Hersteller wird hingewiesen (§ 19 Abs. 1 Nr. 6 TFG). Dieses Rückverfolgungsverfahren (Look back) ist entsprechend den „Empfehlungen des Arbeitskreises Blut" durchzuführen (vgl. Abschnitt 2.3.4, Fußnote 8).

Literatur

Arbeitskreis Blut, Verfahren zur Rückverfolgung (Look Back) gemäß § 19 Transfusionsgesetz, BgesBl 44(2001)305 – 316[1] und die darin zitierten weiteren Voten; BfArM und PEI, 3. Bekanntmachung zur Anzeige von Nebenwirkungen, Wechselwirkungen mit anderen Mitteln und Arzneimittelmißbrauch nach § 29 Abs. 1 Satz 2 bis 8 AMG, Bundesanzeiger 97(1996)[2]; T. Bozzo, Blood component recalls, Trans-

---

[1]   Bekanntmachung des Arbeitskreises Blut des Bundesministeriums für Gesundheit: Bei der 40. Sitzung des Arbeitskreises Blut am 8. November 2000 wurde das Votum (V 24) verabschiedet; siehe auch <http://www.rki.de/GESUND/AKBLUT/Votum24.PDF>.

[2]   Im weiteren „3. Bekanntmachung zur Anzeige von Nebenwirkungen [...]" genannt.

fusion 39(1999)439 - 441; M. da Silva Cardoso, K. Koerner, S. Epple, T. Dengler, M. Kerowgan, B. Kubanek, Identification of the source of infection through HCV genotyping: HCV look-back II, Vox Sang 69(1995)155 – 157; R. Dörner, Unterrichtungspflichten nach § 19 TFG/Rückverfolgung (Kapitel 9.1.2, Seite 41) und Musterverfahrensanweisung Rückverfolgung (Kapitel VA8, Seiten 93 – 96), in: Muster-Qualitätsmanagmenthandbuch für die Klinische Anwendung von Blutkomponenten und Plasmaderivaten, Berufsverband der Deutschen Transfusionsmediziner, Köln 2000; W.K. Hoots, C. Abrams, D. Tankersleydagger, The impact of Creutzfeldt-Jakob disease and variant Creutzfeldt-Jakob disease on plasma safety, Transfus Med Rev 15, Suppl 1(2001)45 – 59; A. Humpe, T.J. Legler, C.M. Nubling, J. Riggert, G. Unger, C. Wolf, K.H. Heermann, M. Köhler, Hepatitis C virus transmission through quarantine fresh-frozen plasma, Thromb Haemost 84(2000)784 – 788; D. Menozzi, T. Udulutch, A.E. Llosa, S.A. Galel, HCV lookback in the United States: effectiveness of an extended lookback program, Transfusion 40(2000)1393 - 1398; W.K. Roth, E. Seifried, Yield and future issues of nucleic acid testing, Transfus Clin Biol 8(2001)282 - 284.

I. Die Bedeutung der Norm

1   § 19 regelt in groben Zügen das Verfahren, das einzuhalten ist, wenn bei einem Spender eine Infektion mit bestimmten Erregern beobachtet wird oder wenn bei einem transfundierten Patienten eine Infektion beobachtet wird, die durch ein Blutprodukt verursacht sein kann (Tabelle 19.1). Das Verfahren der Überprüfung des Verdachts und der Rückverfolgung ist an den „Stand der wissenschaftlichen Erkenntnisse"[3] gekoppelt.

---

[3] Nicht: „allgemein anerkannter Stand der medizinischen Wissenschaft und Technik", der in §§ 12 und 18 TFG sowie den dafür einschlägigen Hämotherapie-Richtlinien festgestellt wird.

Tabelle 19.1. Rückverfolgungsverfahren

	Art des Rückverfolgungsverfahrens	
	„Look back"-Untersuchung	„Trace back"-Untersuchung
Synonym	Spender-bezogene „Look back"-Untersuchung	Empfänger-bezogene „Look back"-Untersuchung
TFG	§ 19 Abs. 1	§ 19 Abs. 2
Vorgehen	Nachuntersuchung der Empfänger von möglicherweise infektiösen Blutprodukten	Versuch der Identifizierung eines infektiösen Spenders, nachdem bei einem Transfusionsempfänger eine Infektion beobachtet wurde
Zuständige Aufsichtsbehörde	Landesrecht	Bundesrecht
Meldepflicht an	Zuständiges Regierungspräsidium	Paul-Ehrlich-Institut (PEI)
Meldepflichtiger	Pharmazeutischer Unternehmen	Einrichtung der Krankenversorgung nach TFG pharmazeutischer Unternehmer nach AMG

Genau genommen regelt die vorliegende Norm drei unterschiedlich zu behandelnde Fallgestaltungen: Zunächst den Fall eines infizierten Spenders und den Verbleib seiner aktuellen Spende, dann den Fall früherer Spenden, die in den Verkehr gebracht wurden, aber möglicherweise (unerkannt) infiziert waren, und schließlich den Fall der Anwendung eines Blutprodukts, das möglicherweise (unerkannt) infiziert war, in einer Einrichtung der Krankenversorgung.

Das Rückverfolgungsverfahren ist Teil des Sicherungssystems, mit dem vermieden werden soll, dass Patienten durch fehlerhafte, hier infektiöse Blutprodukte geschädigt werden.   **2**

II. Stand der wissenschaftlichen Erkenntnisse

Das Verfahren der Überprüfung des Verdachts und der Rückverfolgung unterliegt einem dynamischen Entwicklungsprozess und ist deswegen an den „Stand der wissenschaftlichen Erkenntnisse" gekoppelt. Dies im Unterschied zu §§ 12 und 18 TFG, in denen der "allgemein anerkannte Stand der medizinischen Wissenschaft und Technik zugrunde gelegt bzw. definiert wird.   **3**

Der „Stand der wissenschaftlichen Erkenntnisse", der für Verfahren nach § 19 anzuwenden ist, ist vielmehr breiter definiert und kann, wenn der Stand der wissenschaftlichen Erkenntnis rasch fortschreitet, es erforderlich machen, von den Hämotherapie-Richtlinien abzuweichen und insbesondere Maßnahmen zu ergreifen, die über die in den Hämotherapie-Richtlinien festgelegten Verfahren hinausgehen.

4   Andererseits ist dem praktische tätigen Arzt als Anwender der Norm („Normadressat") durchaus nicht zuzumuten, sich aus einer Unzahl nicht selten apokryph bekannt gemachter Regeln, Meinungen oder etwa einzelner wissenschaftlicher Veröffentlichungen herauszusuchen, was er zum aktuellen Zeitpunkt seiner ärztlichen Tätigkeit zu beachten hat und was nicht. Deswegen wird man akzeptieren müssen, wenn der Normadressat sich an die Hämotherapie-Richtlinien und die Voten des Arbeitskreises Blut hält und als abschließende Feststellung des Standes der wissenschaftlichen Erkenntnisse betrachtet. Gerade in den Voten des Arbeitskreises Blut könnte, falls eine zeitliche Dringlichkeit besteht, diese festgestellt werden. Erfolgt keine solche Feststellung, wird man auch nach Veröffentlichung eines Votums eine gewisse Übergangzeit bis zur Umsetzung akzeptieren müssen.

Z.Z. wird der Stand der wissenschaftlichen Erkenntnisse abschließend beschrieben durch das Votum 24 des Arbeitskreises Blut, die Hämotherapie-Richtlinien und ggf. in den darin genannten Verweisen. So auch die Gesetzesbegründung. Eine von diesem aktuellen Vorgehen zur Feststellung des Stands der wissenschaftlichen Erkenntnisse abweichende Regelung könnte in einer Verordnung nach § 20 TFG festgelegt werden.

III. Normadressaten

5   Einbezogen in das Rückverfolgungsverfahren ist sowohl die Spendeeinrichtung, die die Spende gewinnt, der pharmazeutische Unternehmer, der das Blutprodukt herstellt, als auch die Einrichtung der Krankenversorgung, die es am Patienten anwendet.

§ 19 Abs. 2 spricht die Einrichtung der Krankenversorgung an. Damit obliegt es dem Träger dieser Einrichtung, z.B. im QM-System seiner Einrichtung, eine für diese Aufgabe verantwortliche ärztliche Person zu benennen. In der Regel wird der Transfusionsverantwortliche benannt werden. Solange keine Person benannt ist, bleibt die Verantwortung beim Träger der Einrichtung.

Wird ein Rückverfolgungsverfahren nach § 19 Abs. 2 Satz 1 durch die Einrichtung der Krankenversorgung ausgelöst, ist die Spendeeinrichtung nach § 19 Abs. 2 Satz 3 gehalten, eine Rückverfolgung durchzuführen. Dem nach dem QM-System zuständigen klinisch tätigen Arzt in der Einrichtung der Krankenversorgung kommt deshalb erhebliche Bedeutung zu, um nach dem TFG und seinen Ausführungsbestimmungen nicht erforderliche Rückverfolgungsverfahren zu vermeiden.

IV. Der begründete Verdacht einer Infektion

6   Im Votum 24 wird sehr genau definiert, dass „der begründete Verdacht einer Infektion besteht, wenn eine Probe mit reproduzierbar reaktivem Screeningtest in ergänzenden Tests bestätigt positiv oder unbestimmt reagiert." Diese Definition und die weiteren im Votum festgelegten Verfahrensschritte sollten jeden Zweifel beseitigen, wann ein Rückverfolgungsverfahren nach § 19 Abs. 1 auszulösen ist.

Schwieriger ist der auslösende Tatbestand des § 19 Abs. 2 zu greifen. Sicher ist **7** nicht gemeint, dass nur Blutprodukte eine Rückverfolgung nach § 19 Abs. 2 auslösen können, die bereits bei der Spendeeinrichtung nach § 19 Abs. 1 Satz 1 aufgefallen sind[4]. Vielmehr wird im Votum 24 definiert, dass „der begründete Verdacht einer HIV-, HBV- oder HCV-Infektion beim Empfänger durch Blut und Blutprodukte [sich ergibt], wenn beim Empfänger eine Infektion nachgewiesen ist und ernstzunehmende Anhaltspunkte bestehen, dass die Infektion durch verabreichte Blutprodukte übertragen wurde." Offensichtlich reicht es nicht aus, dass bei einem Empfänger nach Transfusion eine Infektion nachgewiesen wird; es müssen zusätzliche ernstzunehmende Anhaltspunkte bestehen, dass diese Infektion durch Blutprodukte übertragen wurde. Worin diese ernstzunehmenden Anhaltspunkte praktisch bestehen könnten, ist allerdings den Veröffentlichungen, die den Stand der wissenschaftlichen Erkenntnisse definieren, bisher nicht zu entnehmen.

Dem Ermessen des klinisch tätigen Arztes kommt deshalb erhebliche Bedeutung **8** zu. Im Wesentlichen müssen andere Infektionsquellen unwahrscheinlich sein. Grundsätzlich wird man dies bei einer HIV-Infektion voraussetzen können. Anders verhält es sich bei HBV- und HCV-Infektionen, deren nicht-iatrogene Ursache auch bei leerer Anamnese möglich ist. Ein ernstzunehmender Anhaltspunkt i.S.d. Votum 24 kann z.B. eine kurzzeitig zurückliegende Transfusion sein. Und dies gilt erst recht, wenn kurzfristig vor der Transfusion eine negative Virusserologie bekannt war oder aus einer allfälligen Rückstellprobe nachträglich zu bestimmen ist. Andererseits werden bei Transfusionen, die viele Jahre zurückliegen, im Allgemeinen mehr ernstzunehmende Anhaltspunkte gegen als für die Möglichkeit sprechen, dass die Infektion durch verabreichte Blutprodukte übertragen wurde.

Ist ein Rückverfolgungsverfahren nach § 19 Abs. 2 Satz 1 durch die Einrichtung der **9** Krankenversorgung erst einmal ausgelöst, kann die Spendeeinrichtung nur in sehr gut begründeten Ausnahmefällen in Absprache mit dem PEI auf die der Spendeeinrichtung vorgeschriebenen Nachuntersuchungen verzichten. Gerade wenn viele Blutprodukte involviert waren und die Transfusionen lange zurückliegen, kann ein Rückverfolgungsverfahren außerordentlich aufwendig und kostenintensiv sein.

V. Sperrung einer Spende

Stellt eine Spendeeinrichtung bei Gewinnung einer Spende fest, dass bei der spen- **10** denden Person eine Infektion nach § 5 Abs. 3 TFG oder anderer Erreger nach § 19 Abs. 1 Satz 1 vorliegt, so würde es sich bei dem aus der Spende resultierenden Blutprodukt um ein bedenkliches Arzneimittel i.S.d. § 5 AMG handeln, das nicht in den Verkehr gelangen darf. Die Spende ist auszusondern und zu prüfen, ob sich der Verdacht der Infektion bestätigt. Ist dies der Fall, muss die Spende endgültig ausgesondert werden. Bestätigt sich der Verdacht nicht, ist nach den Vorschriften des Votum 24 vorzugehen.

---

[4] Gemeint ist im § 19 Abs. 2 Satz 1: „... dass sie gemäß Absatz 1 Satz 1 durch ein Blutprodukt infiziert worden ist, ..."

VI. Rückverfolgung einer Spende („Look back"-Verfahren)

11 Hat ein infektiöser Spender i.S.d. § 19 Abs. 1 Satz 1 zu einem früheren Zeitpunkt Blut gespendet, so ist ein Rückverfolgungsverfahren bezüglich dieser Blutprodukte einzuleiten. In diesem Fall muss das Verfahren nicht um jeden Preis und über jeden Zeitraum durchgeführt werden. Vielmehr muss das Verfahren angemessen sein im Hinblick auf den Schutz vor den entsprechenden Übertragungsrisiken. Der erforderliche Aufwand kann je nach Erreger und Gefahr einer Übertragung unterschiedlich sein. Die Details sind in den Vorschriften des Votum 24 festgestellt.

VII. Vom Empfänger ausgehende Rückverfolgung („Trace back"-Verfahren)

12 Besteht bei einem Patienten der begründete Verdacht, dass die Infektion i.S.d. § 19 Abs. 1 Satz 1 durch ein Blutprodukt erfolgt ist, so geht es darum, möglichst rasch den Spender zu ermitteln, eine Nachuntersuchung durchzuführen und dadurch den Verdacht zu klären.

Hierzu hat zunächst einmal die Einrichtung der Krankenversorgung nach § 19 Abs. 2 Satz 2 alle für die Infektion in Betracht kommenden Blutprodukte zu ermitteln. Dies sollte bei ordnungsgemäßer Dokumentation nach § 14 TFG nicht allzu schwer fallen. Allerdings können auch weitere Einrichtungen der Krankenversorgung betroffen sein, was zumindest die Kostenfrage der allfälligen Datenerfassung offen lässt.

13 Anschließend ist unverzüglich, also ohne schuldhaftes Zögern, die Unterrichtung des betroffenen pharmazeutischen Herstellers vorzunehmen, der nach dem Votum 24 im Rahmen des TFG und der Vorschriften des AMG und z.B. der „3. Bekanntmachung zur Anzeige von Nebenwirkungen [...]" die Rückverfolgung durchführen wird. Ist der pharmazeutische Unternehmer nicht identisch mit der Spendeeinrichtung, so ist auch diese über den Vorgang zu informieren.

VIII. Unterrichtungspflicht gegenüber Spender und Patient

14 Stellt sich bei der Spende oder bei einem Trace back-Verfahren heraus, dass die spendende Person infiziert ist, ist sie eingehend aufzuklären und zu beraten.

Stellt sich bei oder nach der Behandlung eines Patienten mit Blutprodukten heraus, dass diese zu einer Infektion beim Patienten geführt haben können, so ist die Einrichtung der Krankenversorgung verpflichtet, die behandelte Person unverzüglich, also ohne schuldhaftes Zögern, darüber zu unterrichten und eine Testung zu empfehlen.

Wenn auch nicht ausdrücklich erwähnt, wird auch der infizierte Patient eingehend aufzuklären und zu beraten sein, zumal bei frischen Virusinfektionen durchaus therapeutische Optionen bestehen.

IX. Informationsverfahren nach § 19 Abs. 3

Da bei den in § 19 Abs. 2 angesprochenen Erregern grundsätzlich der Verdacht ei-   **15**
ner schwerwiegenden Nebenwirkung vorliegt, muss die Einrichtung der Krankenversorgung auch das PEI informieren[5].

Jede externe Unterrichtung muss die in § 16 Abs. 2 genannten Angaben enthalten.
Diese gesetzlichen Vorgaben gehen der ärztlichen Schweigepflicht vor. Die genannten Angaben stimmen mit den Minimalkriterien überein, die beim pharmazeutischen Unternehmer vorliegen müssen, um die 15-Tage-Frist nach PharmBetrV und
der „3. Bekanntmachung zur Anzeige von Nebenwirkungen [...]" auszulösen[6].

Das TFG sieht ausdrücklich nur die Angabe von Geburtsdatum und Geschlecht vor,   **17**
dies wohl aus Datenschutzgründen; daran sollte man sich halten, auch wenn die zitierten amtlichen Verlautbarungen (siehe „3. Bekanntmachung zur Anzeige von Nebenwirkungen [...]") die Mitteilung weiterer Erkennungsmerkmale suggerieren.

Das TFG regelt die Pflicht zur Zusammenarbeit mit den Behörden, lässt aber die
Frage offen, wie die Zusammenarbeit zwischen den verschiedenen Einrichtungen
der Krankenversorgung, Spendeeinrichtungen und pharmazeutischen Unterneh-
mern ablaufen soll. Der Text des TFG vermittelt den Eindruck und zweifellos besteht auch das Recht, dass die Behörden die erforderlichen Maßnahmen koordinieren. In der Praxis regeln allerdings die beteiligten Kreise die Rückverfolgung
weitgehend reibungslos unter sich und präsentieren das Ergebnis ihrer Rückverfolgung der zuständigen Behörde.

X. Unterrichtungspflicht nach § 16 TFG

Die Unterrichtungspflicht bleibt unabhängig von § 19 bestehen. Die Meldebögen   **18**
nach § 16 TFG können verwendet werden einschließlich der Bewertungskriterien
der AKdÄ (Tabelle 19.2). Grundsätzlich wird man den begründeten Verdacht einer
Infektion durch ein Blutprodukt als schwerwiegende Nebenwirkung i.S.d. § 16 Abs.
2 Satz 1 TFG einstufen müssen und zwar auch dann, wenn die Infektion ausgeheilt
wäre, was z.B. bei HBV- und HCV-Infektionen durchaus vorkommen kann.

---

[5]   nach § 16 Abs. 2 TFG.
[6]   § 14 (Beanstandungen) PharmBetrV und Punkt 4.1 (Allgemeine Regeln der Anzeige) der
      „3. Bekanntmachung zur Anzeige von Nebenwirkungen [...]": „[...] Dabei gelten die fol-
      genden Informationen als Minimalkriterien einer Einzelfalldokumentation: (1) ein identi-
      fizierbarer Patient (2) ein verdächtiges Arzneimittel (3) eine beobachtete schwerwie-
      gende Nebenwirkung [...] (4) eine identifizierbare Datenquelle. Die Identifizierbarkeit
      des Patienten bedeutet, daß in der Regel zwei Angaben aus der nachfolgenden Aufzäh-
      lung ausreichend sind: Initialen, Geburtdatum oder Alter, Geschlecht."

Tabelle 19.2. Kriterien der AKdÄ zur Bewertung des Ausgangs einer unerwünschten Arzneimittelwirkung (UAW-Verdachtsfall) nach Anwendung von Blutprodukten *

1. wiederhergestellt
2. wiederhergestellt mit Defekt
3. noch nicht wiederhergestellt
4. unbekannt
5. Exitus, Sektion: ja/nein

* entsprechend den aktuellen Meldebogen der AKdÄ

XI. Kriterien zur Kausalitätsbewertung

19 Ggf. im Verlauf, insbesondere aber nach Abschluss aller Untersuchungen im Rahmen einer Rückverfolgung nach § 19 hat der Stufenplanbeauftragte nach § 14 PharmBetrV „alle bekanntgewordenen Meldungen über Arzneimittelrisiken [...] daraufhin zu bewerten, ob ein Arzneimittelrisiko vorliegt, wie schwerwiegend es ist und welche Maßnahmen zur Risikoabwehr geboten sind." Bestehen die Voraussetzungen nach § 19, wird insbesondere der Kausalzusammenhang zwischen Infektion und Transfusion zu bewerten sein. Das PEI hat hierfür Kriterien definiert, die der Stufenplanbeauftragte zumindest in seiner Abschlussmeldung eines Rückverfolgungsverfahren anwenden kann (Tabelle 19.3).

Tabelle 19.3. Die Kriterien des PEI zur Kausalitätsbewertung bei UAW-Verdachtsfällen nach Anwendung von Blutprodukten

1. Gesichert (certain)
Ein klinisches Ereignis, einschließlich Veränderungen von Laborparametern, gilt als gesicherte UAW, wenn ein plausibler zeitlicher Rahmen vorliegt und keine anderen Ursachen in Frage kommen. Des weiteren muss die Reaktion bekannt und pathophysiologisch erklärbar sein, wobei ein positiver Reexpositionsversuch nicht zwangsläufig gefordert wird, in der Regel aber vorhanden sein sollte.

2. Wahrscheinlich (probable/likely)
Ein klinisches Ereignis, einschließlich Veränderungen von Laborparametern, gilt als wahrscheinliche UAW, wenn ein plausibler zeitlicher Rahmen vorliegt und wahrscheinlich nicht durch andere Ursachen ausgelöst ist. Die Reaktion sollte bekannt und pathophysiologisch erklärbar sein, wobei ein positiver Reexpositionsversuch nicht gefordert wird. Positives Look-back-Verfahren.

3. Möglich (possible)
Ein klinisches Ereignis, einschließlich Veränderungen von Laborparametern, gilt als mögliche UAW, wenn ein plausibler zeitlicher Rahmen vorliegt, aber auch andere Ursachen wie koinzidierende Erkrankungen oder Medikamente in Frage kommen. Nicht zu ermittelnder Spender.

4. Unwahrscheinlich (unlikely)
Ein klinisches Ereignis, einschließlich Veränderungen von Laborparametern, gilt als unwahrscheinliche UAW, wenn eine zweifelhafte zeitliche Korrelation besteht und insgesamt mehr Aspekte gegen einen Kausalzusammenhang sprechen. Negatives Look-back-Verfahren.

5. Unvollständig (conditional/unclassified)
Die Datenlage ist zur Beurteilung insuffizient, weitere Daten sind angekündigt oder angefordert.

Tabelle 19.3. *(Fortsetzung)*

6. Nicht zu beurteilen (unassessible/unclassificable)
Die Datenlage ist zur Beurteilung insuffizient, keine weiteren Daten sind zu erwarten. Die Chargennummer des Blutproduktes ist nicht zu ermitteln.

XII. Pflicht zur Dokumentation nach § 19 Abs. 4

Die beteiligten Institutionen sind zur Dokumentation der durchgeführten Maßnahmen verpflichtet. Die Dokumentation soll weitere Rückverfolgungsverfahren erleichtern und vor allem klar legen, welche Schritte unternommen worden sind. Die Dauer der Aufbewahrung richtet sich nach § 14 Abs. 3 TFG und beträgt auch für die Unterlagen des Stufenplanbeauftragten mindestens 15 Jahre.   **20**

XIII. Risikoerfassung

Blutprodukte sind Arzneimittel i.S.d. AMG. Folglich ist auf sie das AMG anzuwenden. Neben dem Rückverfolgungsverfahren nach der vorliegenden Norm sind daher auch die im Zehnten Abschnitt des AMG aufgeführten Maßnahmen zu ergreifen[7]. Das Stufenplanverfahren nimmt dabei den pharmazeutischen Unternehmer in die Pflicht, nicht die Einrichtung der Krankenversorgung.   **21**

XIV. Zur Epidemiologie von Virusübertragungen durch Blutprodukte

Zwar definiert § 19 Abs. 1 - 3 im Verbund mit § 16 Abs. 2 TFG ausführliche Informationspflichten an die zuständigen Behörden des Bundes und der Länder, offen bleibt allerdings, wie, wann und in welchem Umfang die Öffentlichkeit über die gewonnen Ergebnisse informiert wird. Ein solcher Anspruch ergibt sich nicht zuletzt aus § 3 Abs. 4 TFG. Die nach § 27 Abs. 3 TFG für die gesundheitliche Aufklärung zuständige Bundesoberbehörde (BZgA) könnte neben dem PEI selbst bzw. dem RKI, das nach § 27 Abs. 2 für die Epidemiologie zuständig ist, für die regelmäßige Information der Öffentlichkeit sorgen. Das BZgA hätte auch Zugang zu den Daten, da nach § 25 TFG eine Mitteilungspflicht der Behörden für die im TFG geregelten Zwecke besteht. Zu diesen Zwecken gehört nun einmal die Aufklärung der Bevölkerung über die Blut- und Plasmaspende, deren Infektionssicherheit allemal von großem öffentlichem Interesse bleiben wird.   **22**

Bisher ist die Epidemiologie von Virusübertragungen durch Blutprodukte überwiegend wissenschaftlichen Veröffentlichungen[8] oder Berichten der Spendeeinrichtun-

---

[7]   §§ 62 bis 63a AMG, Zehnter Abschnitt des AMG: Beobachtung, Sammlung und Auswertung von Arzneimittelrisiken.

[8]   G.B. Schreiber, S.A. Glynn, M.P. Busch, U.K. Sharma, D.J. Wright, S.H. Kleinman, Retrovirus Epidemiology Donor Study, Incidence rates of viral infections among repeat donors: are frequent donors safer? Transfusion 41(2001)730 - 735; S. Kleinman, M.P. Busch, J.J. Korelitz, G.B. Schreiber, The incidence/window period model and its use to assess the risk of transfusion-transmitted human immunodeficiency virus and hepatitis C virus infection, Transfus Med Rev 11(1997)155 – 172.

gen bzw. pharmazeutischen Hersteller[9] zu entnehmen, die allerdings nur sporadisch berichten können (Tabelle 19.4).

Tabelle 19.4. Inzidenzraten und geschätzte verbleibende Gefahr einer Virusübertragung durch Blutprodukte

| Virus | Inzidenz-Fälle * | Personenjahre * | Fensterphase in Tagen (Bereich) | Verbleibende Gefahr einer Infektionsübertragung | | Gesamte Spenderpopulation |
| | | | | Mehrfachspender | | |
				Mittlere Abschätzung	95 % Vertrauensintervall	Mittlere Abschätzung
HCV	16	1.177.958	70 (37 – 175)	1:380.000	1:90.000 – 1:1.400.000	1:325.000
HBV	5	1.181.355	56 (24 – 128)	1:600.000	1:120.000 – 1:10.000.000	1:550.000
HIV	8	1.178.234	22 (6 – 38)	1:2.400.000	1:750.000 – 1:30.000.000	1:2.000.000

* Serokonversionen und Personenjahre unter Mehrfachspendern im Zeitraum 1997 – 2000 beim DRK Blutspendedienst Baden-Württemberg. Die Daten und Tabelle wurden freundlicherweise zur Verfügung gestellt von K. Koerner, Ulm.

[9] K. Koerner, M. Cardoso, T. Dengler, M. Kerowgan, B. Kubanek, Estimated risk of transmission of hepatitis C virus by blood transfusion, Vox Sang 74(1998)213 – 216; W.A. Flegel, K. Koerner, F.F. Wagner, B. Kubanek, Zehn Jahre HIV-Testung in den Blutspendediensten, DÄ 93(1996)A-816 – 821.

Insgesamt bleibt festzustellen, dass in der ganz überwiegenden Zahl der Rückverfolgungsverfahren für HIV, HBV und HCV ein ursächlicher Zusammenhang mit einer Bluttransfusion ausgeschlossen werden kann. Eher wird der ursächliche Zusammenhang durch die nur sehr selten erforderlichen Rückverfolgungsverfahren für solche Viren wie HAV gefunden, für die in Deutschland nach § 5 Abs. 3 Satz 1 TFG keine Testung vorgeschrieben ist. **23**

Eine Betrachtung des Verlaufs der HIV-Epidemie bei Transfusionsempfängern und Hämophilen im europäischen Vergleich belegt, dass Deutschland geringere Infektionsraten zu beklagen hat als manches andere europäische Land[10]. **24**

XV. Aufbewahrungsdauer

Die über die Spendenentnahmen, die Anwendung von Blutprodukten und die Rückverfolgung gemachten Aufzeichnungen (Dokumentation) sind mindestens 15 Jahre aufzubewahren. Obwohl die Dokumentation der Anwendung natürlich in der Patientenakte erfolgt, die in der Regel länger als 15 Jahre und bis zu 30 Jahre aufbewahrt wird, macht es Sinn, die Unterlagen zu Rückverfolgungsverfahren zentral in einer Einrichtung der Krankenversorgung zu sammeln, was in einer Dienstanweisung zu regeln wäre. **25**

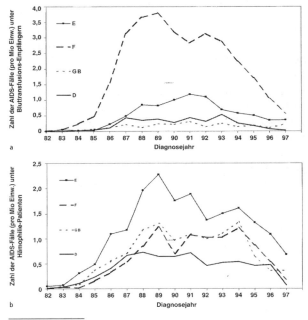

Abb. 1a, b ◄ **Verlauf der HIV-Epidemie bei** (a) **Transfusionsempfängern und** (b) **Hämophilen im europäischen Vergleich. Dargestellt ist die Zahl der AIDS-Fälle pro Millionen Einwohner im zeitlichen Verlauf in Spanien** (E)**, Frankreich** (F)**, Großbritannien** (GB) **und Deutschland** (D)**. Auffällig ist v.a. die im Vergleich zu anderen Ländern höhere Zahl von durch Bluttransfusionen infizierten Personen in Frankreich. Da die Testung von Blutspendern in den verschiedenen Ländern jedoch nahezu zeitgleich vorgeschrieben wurde, ist zu vermuten, daß die hohe Zahl der Transfusions-assoziierten HIV-Infektionen in Frankreich eher auf die fehlende Spendervorauswahl zurückzuführen ist. Während in Deutschland und England seit Mitte 1983 eine Spenderauswahl durchgeführt wurde, um „AIDS-Risikogruppen" von der Spende auszuschließen, wurde eine entsprechende Auswahl in Frankreich 1983 zwar ebenfalls vorgeschlagen, aber nicht in die Praxis umgesetzt (so war z.B. bis 1987 die Sammlung von Blutspenden in Haftanstalten üblich)**

---

[10] R.E. Schneider, Ja zur Verantwortung, nein zur Schuldfrage, Ein Schuldspruch ohne Strafe und zwei Freisprüche im Prozess gegen drei französische Minister wegen AIDS-verseuchter Blutprodukte, BgesBl 42(1999)657 – 660, Abbildung 1; siehe auch <http://link.springer.de/link/service/journals/00103/papers/9042008/90420657.pdf>.

26   Bisher galt nach § 15 PharmBetrV eine 5jährige Aufbewahrungszeit für die Unterlagen des Stufenplanbeauftragten, jedoch mindestens 1 Jahr nach Ablauf des Verfalldatums des Blutprodukts. Entsprechend dem TFG besteht seit Juli 1998 auch für
die Unterlagen des Stufenplanbeauftragten beim pharmazeutischen Hersteller generell eine Aufbewahrungsdauer von 15 Jahre und zwar nicht nur für die neu dokumentierten Unterlagen, sondern auch für solche, die seit Juli 1983 dokumentiert und
bei in Kraft treten des TFG noch vorhanden waren.

27   Ist ihre Aufbewahrung nicht mehr erforderlich, ist die Aufzeichnung zu löschen
oder zu vernichten, je nachdem, in welcher Form sie vorgenommen wurde. Nach
spätestens 30 Jahren müssen die Daten gelöscht oder anonymisiert werden. Total
anonymisierte Daten können nach Ablauf der Aufbewahrungsfrist für Forschungszwecke verwendet werden. Eine Reidentifizierung der ehemaligen Spender muss
dabei völlig ausgeschlossen sein[11].

§ 11 Abs. 4 ÖstblutSiG 1999 begnügt sich mit einer 10jährigen Aufbewahrungsfrist.

XVI. Zugehörige Richtlinien

28   Die Hämotherapie-Richtlinien machen nur wenige Vorgaben, die im Zusammenhang mit einem Rückverfolgungsverfahren zu beachten sind.

1. Aufgaben des transfundierenden Arztes (Kapitel 4.3.4)

§ 13 Abs. 1 Satz 2 TFG fordert die Bildung von Rückstellproben. Dabei handelt es
sich um eine anlässlich eines Krankenhausaufenthalts oder einer Transfusion entnommene Blutprobe eines Transfusionsempfängers, die im Rahmen eines Rückverfolgungsverfahrens die Nachuntersuchung der Ausgangssituation auf Infektionsmarker ermöglicht. Wegen der außerordentlich aufwendigen Logistik und den
damit verbundenen hohen Kosten wird in den Hämotherpie-Richtlinien festgestellt,
dass diese Rückstellproben z.Z. nach dem derzeitigen Stand der medizinischen Wissenschaft und Technik nicht erforderlich sind. Dies ist zwar eine äußerst sinnvolle,
praxisnahe und auch international übliche Regelung, die aber insofern bemerkenswert ist, als sie eine im Gesetz vorgesehene Maßnahme, nämlich die Bildung von
Rückstellproben, nicht in den Details regelt, sondern vielmehr außer Kraft setzt.

29   Auch in den Voten des Arbeitskreises Blut wird keine „Asservierung von entsprechenden Untersuchungsproben" gefordert, vielmehr werden „Rückstellproben"
ausschließlich im Zusammenhang mit der Herstellung von Plasmaderivaten definiert[12].

---

[11] W. van Eimeren, M. Beckmann, C. Wolter, Anonymes unverknüpftes Testen (AUT), DÄ
90(1993)233 - 238.

[12] Arbeitskreis Blut, Votum 24: „**Rückstellproben:** Rückstellproben aus Plasmapools sind
Proben aus den zur Herstellung von SD-Plasma und Plasmaderivaten bereitgestellten
Plasmapools. Sie sind Muster von Ausgangsstoffen im Sinne der PharmBetrV."

2. Dokumentation (Kapitel 4.3.10)

Zumindest alle Nebenwirkungen müssen 15 Jahre dokumentiert werden. Eine **30** Pflicht zur Dokumentation der Rückverfolgungsverfahren ergibt sich aus diesem Kapitel nicht. Die Vorgabe, dass die Daten der Dokumentation Patienten-, aber auch Produktbezogen genutzt werden können, wiederholt § 14 Abs. 2 Satz 3 TFG.

3. Entsorgung der nicht angewendeten Blutprodukte (Kapitel 4.3.11)

Die Hämotherapie-Richtlinien verlangen jetzt gleichlautend mit dem TFG aus- **31** drücklich eine Dokumentation des Verbleibs von nicht angewendeten Blutproduk- ten und Eigenblutspenden. Die Einzelheiten has die jeweilige Einrichtung der Krankenversorgung durch Dienstanweisungen (i.S.d. Hämotherapie-Richtlinien) zu regeln[13].

4. Erregerbedingte und andere unerwünschte Wirkungen (Kapitel 4.5.4.2 und 4.5.4.3)

Aus der Zusammenschau dieser Kapitel muss abgeleitet werden, dass hier aus- **32** schließlich auf nicht-virale Ursachen von unerwünschten Wirkungen Bezug ge- nommen wird. Insofern es sich um Infektionserreger handelt, „die zu schwerwie- genden Krankheitsverläufen führen können"[14], wären diese Kapitel anwendbar.

5. Rückverfolgung (Look back) (Kapitel 4.5.8)

Dieses Kapitel enthält die Kernaussage der Hämotherapie-Richtlinien im Zusam- **33** menhang mit einem Rückverfolgungsverfahren – und wiederholt dabei § 19 Abs. 2 Satz 1. Der Verweis auf die „Empfehlungen des Arbeitskreises Blut" bezieht sich auf die Voten, dessen aktuellstes einschlägiges Votum erst nach Veröffentlichung der Hämotherapie-Richtlinien abgegeben wurde und die in der Fußnote zitierten Voten ersetzt.

XVII. Rechtsfolgen

Im Zivilrecht: **34**

§ 19 ist auch Schutzgesetz im Sinne von § 823 Abs. 2 BGB zugunsten der Empfän- ger von Blutprodukten.

XVIII. Sanktionen

Im Berufsrecht: **35**

§ 6 MBOÄ verpflichtet den Arzt zur Mitteilung von unerwünschten Arzneimittel- wirkungen an die Arzneimittelkommission der deutschen Ärzteschaft. Kommt ein Arzt als Anwender von Blut und Blutprodukten dieser Meldeverpflichtung nicht nach, so verhält er sich standeswidrig. Diese Standeswidrigkeit kann mit den Sank- tionen des berufsgerichtlichen Verfahrens geahndet werden.

---

[13] Vgl. Kommentar zu § 17 TFG insbesondere § 17 TFG Rz. 14.
[14] § 19 Abs. 1 Satz 1.

§ 20
Verordnungsermächtigung

Das Bundesministerium für Gesundheit wird ermächtigt, nach Anhörung von Sachverständigen eine Rechtsverordnung mit Zustimmung des Bundesrates zur Regelung der Einzelheiten des Verfahrens der Rückverfolgung zu erlassen, sofern dies zur Abwehr von Gefahren für die Gesundheit von Menschen oder zur Risikovorsorge erforderlich ist. Mit der Verordnung können insbesondere Regelungen zu einer gesicherten Erkennung des Infektionsstatus der spendenden und der zu behandelnden Personen, zur Dokumentation und Übermittlung von Daten zu Zwecken der Rückverfolgung, zum Zeitraum der Rückverfolgung sowie zu Sperrung und Lagerung von Blutprodukten erlassen werden.

I. Die Bedeutung der Norm

1 Das TFG sieht nur im Zusammenhang mit den Sachverhalten nach dem Vierten Abschnitt des TFG (entsprechend der vorliegenden Norm) und nach dem Fünften Abschnitt des TFG[1] die Möglichkeit des Erlasses von Rechtsverordnungen vor. Für den Fall, dass die beteiligten Verkehrskreise, insbesondere die Ärzte, nicht dafür sorgen, dass das Verfahren der Rückverfolgung reibungslos funktioniert, behält sich der Gesetzgeber die Regelung dieses Verfahrens durch Rechtsverordnung vor. Eine solche Regelung wird nur im Rahmen der Abwehr von Gefahren für die Gesundheit der Menschen und für die Risikovorsorge für erforderlich gehalten.

II. Verfahren zum Erlass der Rechtsverordnung

2 Die Rechtsverordnung kann erst nach Anhörung von Sachverständigen ergehen. Nach § 24 TFG ist hier der Arbeitskreis Blut anzuhören. Im Gegensatz zum AMG enthält das TFG keine Vorschrift, die analog § 53 AMG die Einrichtung von Sachverständigen-Ausschüssen vorsieht, wenn Verordnungsermächtigungen erst nach Anhörung von Sachverständigen ausgefüllt werden können[2].

Zuständig für den Erlass der Rechtsverordnung selbst ist das BMG.

III. Sanktionen

3 Verstöße gegen die Rechtsverordnung können nur dann geahndet werden, wenn sie in der Rechtsverordnung als Ordnungswidrigkeiten verankert sind. Das TFG sieht für Verstöße gegen § 19 TFG keine Sanktionen vor.

---

[1] Vgl. § 23 TFG.

[2] Vgl. §§ 45 Abs. 1, 36 Abs. 1 und 47 Abs. 1 AMG sowie § 23 TFG, aber auch §§ 18 und 12 TFG.

§ 21
Koordiniertes Meldeweisen

(1) Die Träger der Spendeeinrichtungen, die pharmazeutischen Unternehmer und die Einrichtungen der Krankenversorgung haben jährlich die Zahlen zu dem Umfang der Gewinnung von Blut und Blutbestandteilen, der Herstellung, des Imports und Exports und des Verbrauchs von Blutprodukten und Plasmaproteinen im Sinne von § 14 Abs. 1 sowie die Anzahl der behandelten Personen mit angeborenen Hämostasestörungen der zuständigen Bundesoberbehörde zu melden. Die Meldungen haben nach Abschluß des Kalenderjahres, spätestens zum 1. März des folgenden Jahres, zu erfolgen.

(2) Die zuständige Bundesoberbehörde stellt die gemeldeten Daten anonymisiert in einem Bericht zusammen und macht diesen bekannt. Sie hat spenderbezogene Daten streng vertraulich zu behandeln.

Literatur

Paul-Ehrlich-Institut, Bericht zur Meldung nach § 21 Transfusionsgesetz für das Jahr 1998, BgesBl 44(2001)238 – 245.

I. Die Bedeutung der Norm

Der fünfte Abschnitt des TFG regelt das Meldewesen. Er ist für die staatliche Einsichtnahme in das Transfusionswesen der bedeutendste Abschnitt und zusammen mit den Vorschriften des AMG über die behördliche Überwachung, die neben der vorliegenden Norm des TFG ebenfalls gelten, zu beachten. § 21 und so auch § 22 TFG verfügen eine gesetzliche Meldepflicht. **1**

II. Empfänger der Daten

Anders als im AMG und im MPG ist nicht das Deutsche Institut für Medizinische Dokumentation und Information (DIMDI), Köln, für das Sammeln der Informationen zuständig. Die Auskünfte nach § 21 sind dem Paul-Ehrlich-Institut (PEI), Langen, gegenüber abzugeben, die epidemiologischen Daten nach § 22 TFG dagegen an das Robert-Koch-Institut (RKI), Berlin zu melden. **2**

III. Adressat der Meldepflicht

Daten nach § 21 haben der Träger der Spendeeinrichtung, pharmazeutische Unternehmer und Einrichtungen der Krankenversorgung zu melden und zwar im Nachhinein für das abgelaufene Kalenderjahr. Unabhängig hiervon und zusätzlich sind die Spendeeinrichtungen nach § 22 TFG verpflichtet, epidemiologische Daten zu melden. **3**

Warum das Gesetz an dieser Stelle vom „Träger der Spendeeinrichtung" spricht, bleibt unerfindlich. In § 22 TFG wird wieder der Begriff der „Spendeeinrichtung" benutzt, wie er durch § 2 Satz 2 TFG selbst festgelegt wurde.

IV. Inhalt der Meldung

4   Die in § 21 Abs. 1 Satz 1 genannten Einrichtungen und Personen haben unabhängig von der jeweiligen Rechtsform, in der sie betrieben werden, die Meldung zu erstatten.

5   Zweck des Gesetzes ist es unter anderem[1], eine gesicherte Versorgung der Bevölkerung mit Blutprodukten zu schaffen. Hierzu ist es notwendig, Informationen darüber zu erhalten, in welchem Umfang Blut und Blutprodukte gewonnen, hergestellt, exportiert und importiert werden. Unter die meldepflichtigen Sachverhalte fallen auch die Eigenblutentnahmen. Aus den Angaben soll – so die Gesetzesbegründung – der Grad der Selbstversorgung entnommen werden können.

6   Eine gesonderte Meldepflicht besteht für Personen, die an angeborenen Hämostasestörungen leiden. Meldepflichtig sind die Einrichtungen der Krankenversorgung, in denen sie behandelt werden. Zu melden ist nur die Anzahl der behandelten Personen. Nach der Änderung von § 47 Abs. 1 Ziff. 2a AMG dürfen Blut und Blutprodukte zur Behandlung von Hämostasestörungen anders als andere Arzneimittel vom pharmazeutischen Unternehmer und Großhändler unter Umgehung der Apotheken direkt an den diese Patienten behandelnden Arzt liefern[2]. Vertragsärzte, die diese Behandlungen durchführen, fallen daher auch unter den Begriff „Einrichtung der Krankenversorgung" und sind daher ihrerseits zur Meldung verpflichtet.

V. Anonymisierung

7   § 21 Abs. 2 legt fest, dass das Paul-Ehrlich-Institut als zuständige Bundesoberbehörde die gemeldeten Daten anonymisiert in einem Bericht zusammenstellt. Dies könnte den Eindruck erwecken, als ob die Träger der Spendeeinrichtungen, die pharmazeutischen Unternehmer und die Einrichtungen der Krankenversorgung nicht anonymisierte Daten an die Bundesoberbehörde zu melden hätten.

8   § 21 Abs. 1 sieht jedoch lediglich vor, dass entsprechendes Zahlenmaterial zu den genannten Komplexen zu liefern ist. Eine Anonymisierung beim Empfänger der Daten, dem PEI, ist demnach jedenfalls nicht generell möglich, sondern wohl nur in so weit notwendig und vorgeschrieben, als die Adressaten der Meldepflicht, zum Beispiel die Träger der Spendeeinrichtungen und die behandelnden Ärzte, im Bericht des Paul-Ehrlich-Instituts nicht benannt werden dürfen[3].

---

[1]   Vgl. § 1 TFG.
[2]   Siehe § 34 Ziffer 7 TFG.
[3]   Bzgl. der „streng vertraulichen" Behandlung melderbezogener Daten vgl. das zu § 22 Abs. 2 TFG Gesagte.

IV. Praktische Umsetzung

Im Gegensatz zu § 22 TFG („Epidemiologische Daten") trat § 21 mit Veröffentli- **9**
chung des Gesetzes am 7. Juli 1998 ohne Übergangsfrist in Kraft. Deshalb mussten
die Meldebögen innerhalb kürzester Zeit entwickelt und zur Verfügung gestellt werden. Selbst das PEI räumte ein, dass die Einrichtungen der Krankenversorgung über
das TFG und die daraus resultierenden Pflichten vielfach nicht rechtzeitig informiert waren und es deshalb zu Verzögerungen kam. Erste Daten hat das PEI Ende
des Jahres 2000 im Internet vorgelegt[4], aber betont, dass die erstmalig erhobenen
Daten für 1998 nicht geeignet waren, verlässliche Aussagen über den Grad der
Selbstversorgung zu treffen und allenfalls als Anhaltspunkte für die Auswertung der
nächsten Jahre dienen könnten.

---

[4] Paul-Ehrlich-Institut 2001, <http://www.pei.de/zulass/21tfg_bericht_1998.pdf> und weitere Webseiten des PEI.

Verordnung
über das Meldewesen nach §§ 21 und 22 des Transfusionsgesetzes
(Transfusionsgesetz-Meldeverordnung – TFGMV)
Vom 13. Dezember 2001 (BGBl. I S. 3737)

Auf Grund des § 23 des Transfusionsgesetzes vom 1. Juli 1998 (BGBl. 1 S.- 1752) verordnet das Bundesministerium für Gesundheit nach Anhörung von Sachverständigen:

§ 1

Zweck und
Anwendungsbereich der Verordnung

Zweck der Regelungen dieser Verordnung ist es, das Meldewesen nach dem Fünften Abschnitt des Transfusionsgesetzes übersichtlich und einheitlich zu gestalten, um effiziente Meldungen zu erhalten und die Voraussetzungen für eine optimale Auswertung der Daten für den Bericht der zuständigen Bundesoberbehörde nach § 21 Abs. 2 des Transfusionsgesetzes zu schaffen. Die Verordnung regelt die Erfassung der zu meldenden Angaben nach Art, Umfang und Darstellungsweise.

§2

Angaben im Rahmen
des koordinierten Meldewesens

(1) Die Angaben nach § 21 Abs. 1 Satz 1 des Transfusionsgesetzes zu dem Umfang der Gewinnung von Blut und Blutbestandteilen, der Herstellung, des Imports und Exports und des Verbrauchs von Blutprodukten und Plasmaproteinen im Sinne von § 14 Abs. 1 des Transfusionsgesetzes sind auf den von der zuständigen Bundesoberbehörde (Paul-Ehrlich-Institut) für diese Zwecke herausgegebenen und im Bundesanzeiger bekannt gemachten Formblättern zu meiden. Dasselbe gilt für die Angaben über die Anzahl der behandelten Personen mit angebotenen Hämostasestörungen. Andere Datenträger sind den Formblättern gleichgestellt, wenn sie inhaltlich mit diesen Formblättern übereinstimmen.

(2) Die Formblätter nach Absatz 1 müssen die folgenden Abfrageelemente enthalten:
– Name und Adresse der meldenden Spendeeinrichtung sowie der Organisation, der die meldende Stelle angehört, oder Name und Adresse des meldenden pharmazeutischen Unternehmers,
– Name und Adresse der meldenden Einrichtung der Krankenversorgung, Angabe des Jahres, für das gemeldet wird,
– Produkte,
– Maßeinheit der Produkte,
– Gesamtmenge der Gewinnung, Herstellung, Verluste und des Verfalls der Produkte,

Flegel

– Gesamtmenge von Import und Export der Produkte, einschließlich Herkunfts- und Ausfuhrland,
– Gesamtmenge von Anwendung und Verfall der Produkte,
– Anzahl der Patienten mit angebotenen Hämostasestörungen, differenziert nach Schweregrad der Erkrankung und Altersgruppen, und Gesamtmenge der bei diesen Personengruppen angewendeten Produkte.

§3

Epidemiologische Daten

(1) Die Liste nach § 22 Abs. 1 Satz 1 des Transfusionsgesetzes mit den Angaben über die Anzahl der spendewilligen und spendenden Personen, die in der Spendeeinrichtung auf einen Infektionsmarker bestätigt positiv getestet worden sind, über Alter und Geschlecht dieser Personen, die verschiedenen Infektionsmarker und über die Gesamtzahl der in der Spendeeinrichtung getesteten Personen ist auf dem von der für die Epidemiologie zuständigen Bundesoberbehörde (Robert Koch-Institut) für diese Zwecke herausgegebenen und im Bundesanzeiger bekannt gemachten Formblatt zu erstellen. Andere Datenträger sind dem Formblatt gleichgestellt, wenn sie inhaltlich mit diesem Formblatt übereinstirnmen.

(2) Das Formblatt nach Absatz 1 muss folgende Abfrageelemente enthalten:
– Name und Adresse der meldenden Spendeeinrichtung sowie der Organisation, der die meidende Spendeeinrichtung angehört,
– Quartal und Jahr für die Meldung,
– Anzahl der Erstspendewilligen mit Testung auf Infektionsmarker. differenziert nach Infektionsmarkern, Geschlecht und Altersgruppe,
– Anzahl der Erstspender mit und ohne vorangegangene Testung auf Infektionsmarker, differenziert nach Infektionsmarkern, Geschlecht und Altersgruppe,
– Anzahl der Mehrfachspender, differenziert nach Infektionsmarkern, Geschlecht und Altersgruppe,
– Mehrfachinfektionen,
– Spendeintervalle bei den gemeldeten Mehrfachspendern,
– Gesamtzahl aller spendewilligen und spendenden Personen in der Spendeeinrichtung.

(3) Die Bestätigung eines positiven Testergebnisses im Sinne von Absatz 1 hat nach dem Stand der medizinischen Wissenschaft und Technik zu erfolgen. Die Spendeeinrichtung hat auf einem Formblatt, das von der für die Epidemiologie zuständigen Bundesoberbehörde herausgegeben und im Bundesanzeiger bekannt gemacht wird, mitzuteilen, welche Teste mit weichen Ergebnissen bei den als bestätigt positiv gemeldeten spendewilligen und spendenden Personen angewendet worden sind.

§ 4

Inkrafttreten

Die Verordnung tritt am Tage nach der Verkündung in Kraft.

Flegel

§ 22
Epidemiologische Daten

(1) Die Spendeeinrichtungen erstellen vierteljährlich unter Angabe der Gesamtzahl der getesteten Personen eine Liste über die Anzahl der spendenden Personen, die auf einen Infektionsmarker bestätigt positiv getestet worden sind. Personen, denen Eigenblut entnommen worden ist, sind ausgenommen. Die Zahlenangaben sind nach den verschiedenen Infektionsmarkern, auf die getestet wird, nach Erstspendewilligen, Erst- und Wiederholungsspendern, nach Geschlecht und Alter zu differenzieren. Die Liste ist quartalsweise der für die Epidemiologie zuständigen Bundesoberbehörde zuzuleiten.

(2) Die für die Epidemiologie zuständige Bundesoberbehörde stellt die Angaben in anonymisierter Form übersichtlich zusammen und übersendet eine jährliche Gesamtübersicht bis zum 15. März des folgenden Jahres an die zuständige Bundesoberbehörde. Diese nimmt die Statistik in den Bericht nach § 21 Abs. 2 auf. Melderbezogene Daten sind streng vertraulich zu behandeln.

I. Die Bedeutung der Norm

1   § 22 sieht eine gesetzliche Meldepflicht für epidemiologische Daten vor, die im Rahmen der Testung von Spendern auf Infektionsmarker erhoben werden.

II. Empfänger der Daten

2   Empfänger der Daten ist das Robert-Koch-Institut (RKI) als „für die Epidemiologie zuständige Bundesoberbehörde"[1]. Das RKI bereitet die Daten auf und gibt die Gesamtübersicht zum 15. März eines jeden Jahres an das Paul-Ehrlich-Institut (PEI) als „zuständige Bundesoberbehörde"[2] weiter. Das PEI wiederum soll die Daten in seinem Bericht nach § 21 Abs. 2 TFG aufnehmen.

3   Beide Bundesoberbehörden haben dabei die melderbezogenen Daten vertraulich zu behandeln[3]. Warum das Gesetz sie „streng vertraulich" behandelt wissen will, bleibt unklar. Sie vertraulich behandeln zu müssen, hätte ausgereicht und sollte bei einem behördlichen Meldeverfahren die Selbstverständlichkeit sein. Vertraulicher als vertraulich ist wohl nicht möglich, auch nicht streng vertraulich.

4   Aus der Sicht behördlicher Abläufe und Kompetenzen mag es Sinn machen, die spenderbezogene Epidemiologie getrennt von Herstellung, Import und Export der Blutprodukte zu erfassen. Dass die Spendeeinrichtungen allerdings nicht zentral an das PEI melden dürfen, analog ihrer ohnehin bestehenden umfangreichen Meldepflichten an das PEI nach §§ 16, 19 und 21 TFG, trägt nicht zur Vereinfachung und Vereinheitlichung der Verfahren bei.

---

[1] Vgl. § 27 Abs. 2 TFG.
[2] Vgl. § 27 Abs. 1 TFG.
[3] Siehe auch § 21 Abs. 2 Satz 2 TFG.

III. Adressat der Meldepflicht

Normadressat ist die Spendeeinrichtung, in welcher die Testung erfolgt und in der   **5**
die für die Meldung verwendeten Daten anfallen.

IV. Inkrafttreten und praktische Umsetzung

Abweichend vom Inkrafttreten des Gesetzes am 7. Juli 1998 ist § 22 erst am   **6**
1. Januar 2000 in Kraft getreten. Diese Übergangsfrist wurde für ausreichend erachtet, damit die Spendeeinrichtungen als Normadressaten die entsprechenden Verpflichtungen aus § 22 erfüllen können. Diesem Anspruch des Normgebers darf man
mit einer gehörigen Portion Skepsis gegenübertreten. Die von den Spendeeinrichtungen erstellten Listen der epidemiologischen Daten nach § 22 werden erstmalig
im Laufe des Jahres 2000 nach der Bereitstellung geeigneter Meldebögen durch die
für die Epidemiologie zuständige Bundesoberbehörde (RKI) weitergeleitet. Bisher
wurden noch keine Daten dieser Erhebung veröffentlicht.

§ 23
Verordnungsermächtigung

Das Bundesministerium für Gesundheit wird ermächtigt, nach Anhörung von Sachverständigen eine Rechtsverordnung mit Zustimmung des Bundesrates zur Regelung von Art, Umfang und Darstellungsweise der Angaben nach diesem Abschnitt zu erlassen.

I. Die Bedeutung der Norm

1   Für den Fall, dass die beteiligten Verkehrskreise, insbesondere die Ärzte und die pharmazeutischen Unternehmer, nicht dafür sorgen, dass die vorgeschriebenen Verfahren zum koordinierten Meldewesen und zur Erfassung epidemiologischer Daten reibungslos funktionieren, behält sich der Gesetzgeber die Regelung dieser Verfahren durch Rechtsverordnung vor. Die Norm ist analog dem § 20 TFG[1], setzt jedoch anders als dieser keinen besonderen Anlass voraus.

Das TFG sieht nur im Zusammenhang mit den Sachverhalten nach dem Fünften Abschnitt des TFG (entsprechend der vorliegenden Norm) und nach dem Vierten Abschnitt des TFG[2] die Möglichkeit von Rechtsverordnungen vor.

II. Verfahren zum Erlass der Rechtsverordnung

2   Die Rechtsverordnung kann erst nach Anhörung von Sachverständigen ergehen, die nach § 24 TFG der Arbeitskreis Blut durchführen muss. Zuständig für den Erlass selbst ist das BMG.

III. Sanktionen

3   Sanktionen können selbst nach Erlass einer Rechtsverordnung nur dann erfolgen, wenn sie in dieser Rechtsverordnung als Verstöße verankert würden. Das TFG sieht im Zusammenhang mit §§ 21 und 22 TFG keine Sanktionen vor.

---

[1]   Vgl. das dort Gesagte.
[2]   Vgl. § 20 TFG.

Lippert

SECHSTER ABSCHNITT
SACHVERSTÄNDIGE

§ 24
Arbeitskreis Blut

Das Bundesministerium für Gesundheit richtet einen Arbeitskreis von Sachverständigen für Blutprodukte und das Blutspende- und Transfusionswesen ein (Arbeitskreis Blut). Der Arbeitskreis berät die zuständigen Behörden des Bundes und der Länder. Er nimmt die nach diesem Gesetz vorgesehenen Anhörungen von Sachverständigen bei Erlaß von Verordnungen wahr. Das Bundesministerium für Gesundheit beruft die Mitglieder des Arbeitskreises auf Vorschlag der Berufs- und Fachgesellschaften, Standesorganisationen der Ärzteschaft, der Fachverbände der pharmazeutischen Unternehmer, einschließlich der staatlichen und kommunalen Bluttransfusionsdienste, der Arbeitsgemeinschaft Plasmapherese und der Blutspendedienste des Deutschen Roten Kreuzes, überregionaler Patientenverbände, insbesondere der Hämophilieverbände, des Bundesministeriums der Verteidigung und der Länder. Der Arbeitskreis gibt sich im Einvernehmen mit dem Bundesministerium für Gesundheit eine Geschäftsordnung. Das Bundesministerium für Gesundheit bestimmt und beruft die leitende Person des Arbeitskreises. Es kann eine Bundesoberbehörde mit der Geschäftsführung des Arbeitskreises beauftragen.

Literatur

Arbeitskreis Blut, Wissenschaftlicher Beirat der Bundesärztekammer, Was bedeutet die neue Variante der Creutzfeldt-Jakob-Krankheit für die Sicherheit von Blutprodukten? DÄ 95(1998)A-1627 - 1628; R. Burger, Blutspenden, Erfahrungen mit dem p24-Test bei HIV, DÄ 94(1997)A-490.

I. Die Bedeutung der Norm

Mit § 24 wird der bisher bereits ohne Rechtsgrundlage existierende „Arbeitskreis Blut" beim Bundesministerium der Gesundheit auf gesetzlicher Grundlage als Beratungsgremium eingerichtet. Es entspricht wohl einem Zug der Zeit, in Spezialgesetzen die Einrichtung von Beratungsgremien vorzusehen. Die Aufgabe des Arbeitskreises Blut besteht darin, die Behörden des Bundes und der Länder zu beraten. **1**

II. Zusammensetzung und Arbeitsweise

Der Bundesminister für Gesundheit beruft die Mitglieder und die leitende Person des Arbeitskreises Blut. In ihm sind die wesentlichen Verkehrskreise von den Produzenten von Blutprodukten bis hin zu den Patientenverbänden vertreten. Die Geschäftsstelle mit dem Vorsitzenden und dem Geschäftsführer ist am Robert Koch-Institut (RKI), Berlin, als einer der nach § 27 TFG festgelegten Bundesoberbehör- **2** den angesiedelt. Der Arbeitskreis Blut arbeitet weitgehend selbständig nach einer Geschäftsordnung, die er sich selbst geben kann.

3   Die konstituierende Sitzung des Arbeitskreises Blut fand am 15.11.1993 – damals noch ohne rechtliche Grundlage – statt. Seit der ersten Sitzung werden Voten, seit der Sitzung am 16. September 1998 auch Stellungnahmen verabschiedet. Aus den Mitgliedern des Arbeitskreis Blut wurde im Jahr 1998 eine Untergruppe „Bewertung Blut-assoziierter Krankheitserreger" zur Erarbeitung derartiger Empfehlungen etabliert, die als Stellungnahmen veröffentlicht werden. Auch nimmt der Vorsitzende des Arbeitskreises Blut an der öffentlichen Diskussion, z.B. um das Votum Nr. 2 zum HIV-p24-Antigen-Test, teil.[1]

III. Zuständigkeiten

4   Die nach dem TFG ausschließlich vorgesehene Aufgabe des Arbeitskreises Blut ist es, die für Blutprodukte, das Blutspende- und das Transfusionswesen zuständigen Behörden des Bundes und der Länder (fachlich) zu beraten.

5   Daher haben die Voten und Stellungnahmen des Arbeitskreises rechtlich keine Bedeutung, so lange sie nicht in die Richtlinien nach §§ 12 und 18 TFG (zu deren Erlass der Arbeitskreis Blut keine Zuständigkeit besitzt) oder in die gesetzlichen Vorschriften Eingang finden. Auch Ausprägungen des vom Anwender oder pharmazeutischen Unternehmer anzuwendenden Sorgfaltsmaßstabes sind sie nicht.

Eine gewisse (faktische) Verbindlichkeit können die Voten und Stellungnahmen des Arbeitskreises Blut lediglich dadurch erlangen, dass sich die betroffenen Fachkreise geschlossen daran gebunden halten und danach verfahren. Dieser Regelungsmechanismus lässt sich etwa bei der Empfehlung der Europäischen Union „Gute Klinische Praxis" beobachten, an die sich die Pharmazeutischen Hersteller gebunden halten wollen. Eine rechtliche Verbindlichkeit wird damit aber nicht begründet, weil der Sanktionsmechanismus fehlt.

6   Eine faktische Verbindlichkeit kann vor allem dann gegeben sein, wenn und solange die vom Arbeitskreis Blut vorgeschlagenen Verfahren sinngemäß oder wörtlich in die Dienstanweisungen der Spendeeinrichtungen oder der Einrichtungen der Krankenhäuser übernommen werden. Grundsätzlich bestünde auch die Möglichkeit, dass die Aufsichtsbehörden der Länder die Anwendung der vorgeschlagenen Verfahren in ihrem Zuständigkeitsbereich anordnen. Dies müsste mit ausreichenden Umsetzungsfristen geschehen.

7   Daneben obliegt dem Arbeitskreis Blut die nach dem TFG vor dem Erlass von Rechtsverordnungen vorgesehene Anhörung von Sachverständigen. Dies betrifft die Rechtsverordnungen nach § 20 TFG (Verfahren der Rückverfolgung entsprechend § 19 TFG) und nach § 23 TFG (Art, Umfang und Darstellungsweise der ent-

---

[1]   Vgl. R. Burger 1997.

Lippert

sprechend §§ 21 und 22 TFG zu erstellenden epidemiologischen Daten).

IV. Informationsmöglichkeiten

Als Möglichkeit zur Information über die Voten und Stellungnahmen des Arbeits-   **8**
kreises bieten sich die Internet-Seiten des Arbeitskreises Blut an[2]. Authentisch sind
allerdings nur die entsprechenden Abdrucke im Bundesgesundheitsblatt.

Bis Mitte 2001 wurden 25 Voten[3] und mehr als 5 Stellungnahmen abgegeben. Ins-   **9**
besondere veröffentlichte die Untergruppe „Bewertung Blut-assoziierter Krankheitserreger" eine Reihe von Stellungnahmen als Zusammenfassung des aktuellen
Wissensstandes zu einzelnen Erregern, speziell unter transfusionsmedizinisch relevanten Aspekten[4].

---

[2] Die Adressen der Internet-Seiten finden sich im Register.
[3] Z.B. Votum Nr. 24 (V24), Sitzung am 8. November 2000: Verfahren zur Rückverfol-
     gung (Look Back) – gemäß § 19 Transfusionsgesetz, BgesBl 5/2001, 545 ff., siehe
     auch <http://www.rki.de/GESUND/AKBLUT/Votum24.PDF>.
[4] Vgl. z.B. Arbeitskreis Blut, Wissenschaftlicher Beirat der Bundesärztekammer, 1998.

SIEBTER ABSCHNITT
PFLICHTEN DER BEHÖRDEN

§ 25
Mitteilungspflichten der Behörden

Die für die Durchführung des Gesetzes zuständigen Behörden des Bundes und der Länder teilen sich für die in diesem Gesetz geregelten Zwecke gegenseitig ihnen bekanntgewordene Verdachtsfälle schwerwiegender Nebenwirkungen von Blutprodukten unverzüglich mit. § 16 Abs. 2 Satz 3 gilt entsprechend.

I. Die Bedeutung der Norm

1   Die Norm begründet für den Bereich der Behörden des Bundes und der Länder eine Pflicht, sich gegenseitig Verdachtsfälle schwerwiegender Natur bei Blutprodukten mitzuteilen.

II. Die Mitteilungspflicht

2   Es handelt sich bei der Pflicht nach § 25 um einen ganz speziellen Fall, nämlich den der Mitteilung von Verdachtsfällen schwerwiegender Nebenwirkungen[1] von Blutprodukten. § 25 Satz 2 schreibt die Weitergabe von Geburtsdatum und Geschlecht des betroffenen Patienten zwischen den Behörden vor.

3   Unabhängig davon verpflichtet § 16 TFG die behandelnden ärztlichen Personen beim Vorliegen des Verdachts einer schwerwiegenden Nebenwirkung zur unverzüglichen Unterrichtung der zuständigen Bundesoberbehörde (PEI) im Rahmen des Qualitätssicherungssystems der Einrichtung der Krankenversorgung. In der Praxis erfordert also die vorliegende Norm, dass das PEI die für die Einrichtung der Krankenversorgung zuständige Landesbehörde, z.B. das zuständige Regierungspräsidium oder das Sozialministerium, informieren muss. Sollte die Verdachtsmeldung in Abweichung von § 16 TFG zunächst nur einer Landesbehörde mitgeteilt werden, so ist es die Pflicht dieser Landesbehörde, unverzüglich das PEI zu informieren.

4   Daneben gilt für die Behörden des Bundes und der Länder die allgemeine Mitteilungspflicht nach § 68 AMG, die die Mitteilung im Falle von Zuwiderhandlungen gegen Vorschriften des AMG regelt[2]. Diese und vor allem auch die grenzüberschreitende Mitteilungs- und Unterrichtungspflicht nach dem AMG ist auch auf das TFG anzuwenden.

---

[1]   Vgl. § 16 Abs. 2 Satz 1 TFG „Unterrichtungspflichten".
[2]   § 68 Abs. 1 Nr. 2 AMG.

ACHTER ABSCHNITT
SONDERVORSCHRIFTEN

§ 26
Bundeswehr

(1) Die Vorschriften dieses Gesetzes finden auf Einrichtungen der Bundeswehr entsprechende Anwendung.

(2) Im Geschäftsbereich des Bundesministeriums der Verteidigung obliegt der Vollzug dieses Gesetzes bei der Überwachung den zuständigen Stellen und Sachverständigen der Bundeswehr.

(3) Das Bundesministerium der Verteidigung kann für seinen Geschäftsbereich im Einvernehmen mit dem Bundesministerium für Gesundheit in Einzelfällen Ausnahmen von diesem Gesetz und aufgrund dieses Gesetzes erlassenen Rechtsverordnungen zulassen, wenn dies zur Durchführung der besonderen Aufgaben gerechtfertigt ist und der Schutz der Gesundheit gewahrt bleibt.

I. Die Bedeutung der Norm

Das Gesetz findet auch in Einrichtungen der Bundeswehr Anwendung. Damit steht   **1** es im Gegensatz zum Apothekengesetz, welches gemäß § 15 ApG für den Bereich der Bundeswehr nicht gilt. Der Bundesminister für Verteidigung hat jedoch dafür Sorge zu tragen, dass in der Arzneimittelversorgung der Bundeswehr eine Gleichbehandlung von Soldaten und Zivilpersonen stattfindet[1].

II. Möglichkeit zur Einschränkung des TFG

Das AMG enthält keine Vorschrift über die Anwendung auf Einrichtungen der Bun-   **2** deswehr. Also ist es voll anwendbar. Obwohl das TFG auf Einrichtungen der Bundeswehr entsprechend anwendbar ist, besteht die Möglichkeit, vom TFG auch abzuweichen, wenn dies zur Durchführung besonderer Aufgaben der Bundeswehr gerechtfertigt (nicht erforderlich) ist.

Die Vorschrift trägt insgesamt den besonderen Belangen in der Bundeswehr Rechnung.

---

[1]   § 15 Abs. 2 ApG.

NEUNTER ABSCHNITT
BESTIMMUNG DER ZUSTÄNDIGEN BUNDESOBERBEHÖRDEN
UND SONSTIGE BESTIMMUNGEN

Vorbemerkungen vor § 27[1]

Unter der Dienst- und Fachaufsicht des Bundesministeriums für Gesundheit arbeiten sechs Institute:

Bundesinstitut für Arzneimittel und Medizinprodukte in Bonn

1　Zu den Hauptaufgaben des BfArM gehört die Zulassung von Arzneimitteln, die Registrierung von homöopathischen Arzneimitteln, die Risikobewertung von Arzneimitteln und Medizinprodukten (etwa Herzschrittmacher, Computertomographen, Implantate) sowie die Überwachung des legalen Verkehrs mit Betäubungsmitteln und Grundstoffen.

Robert-Koch-Institut in Berlin

2　Das RKI ist die zentrale Einrichtung des Bundes im Bereich der Öffentlichen Gesundheit zur Erkennung, Verhütung und Bekämpfung von Krankheiten. Es bewertet, analysiert und erforscht dabei Krankheiten von hoher Gefährlichkeit, weitem Verbreitungsgrad oder großer öffentlicher oder gesundheitspolitischer Bedeutung. Außerdem werden gesetzliche und wissenschaftliche Aufgaben auf den Gebieten Gentechnologie und biologische Sicherheit vom RKI wahrgenommen.

Bundesinstitut für gesundheitlichen Verbraucherschutz und Veterinärmedizin in Berlin

3　Das BgVV unterstützt Bund und Länder beim Verbraucherschutz. Es entwickelt z.B. Grenzwerte für Schadstoffe in Lebensmitteln, Kosmetika und sonstigen Bedarfsgegenständen. Zu seinen Aufgaben gehört auch die Zulassung und Risikoüberwachung bei Tierarzneimitteln.

Paul-Ehrlich-Institut, Bundesamt für Sera und Impfstoffe in Langen

4　Das PEI ist verantwortlich für die Arzneimittelsicherheit (immun-)biologischer Präparate im Human- und Veterinärbereich. Diese Aufgabe umfasst die Zulassung und regelmäßige Überprüfung (Chargenprüfung) von Impfstoffen, Sera, Immundiagnostika und Blutprodukten sowie die damit verbundene prüfungsbegleitende Forschung. Auch Grundlagenforschung und angewandte Forschung sind ein Anliegen des PEI, dazu zählen u.a. die AIDS-Forschung und die Entwicklung von Alternativen zum Tierversuch.

---

[1]　Aus: E. Deutsch et al. 2001b, Vorbemerkungen vor §§ 77 ff.

Deutsches Institut für medizinische Dokumentation und Information in Köln

Das DIMDI hat die Aufgabe, Informationen aus dem gesamten Gebiet der Biowis-   **5**
senschaften durch elektronische Informationssysteme zugänglich zu machen. Es
betreibt dazu Datenbanken für die medizinische Forschung und Praxis, das Gesund-
heitswesen und die interessierte Öffentlichkeit.

Bundeszentrale für gesundheitliche Aufklärung in Köln

Die BZgA hat die Aufgabe, die Bereitschaft der Bürgerinnen und Bürger zu einem   **6**
verantwortungsbewussten, gesundheitsgerechten Verhalten und zur sachgerechten
Nutzung des Gesundheitssystems zu fördern. Sie führt dazu bundesweite Aufklä-
rungskampagnen durch und stärkt durch Qualitätssicherungsmaßnahmen die Effek-
tivität und Effizienz gesundheitlicher Aufklärung.

§ 27
Zuständige Bundesoberbehörden

(1) Zuständige Bundesoberbehörde ist das Paul-Ehrlich-Institut.

(2) Die für die Epidemiologie zuständige Bundesoberbehörde ist das Robert Koch-Institut.

(3) Die für die gesundheitliche Aufklärung zuständige Bundesoberbehörde ist die Bundeszentrale für gesundheitliche Aufklärung.

I. Die Bedeutung der Norm

1   Wie in allen Gesetzen üblich, legt die Norm fest, welches genau die zuständige(n) Bundesoberbehörde(n) sein soll(en), wenn dieser Begriff im Gesetz verwendet wird – und dies kommt an den verschiedensten Stellen im TFG nicht ganz selten vor.

II. Informationsmöglichkeiten

2   Das Paul-Ehrlich-Institut (PEI), Langen, das Robert-Koch-Institut (RKI), Berlin und die Bundeszentrale für gesundheitliche Aufklärung (BZgA), Bonn bieten umfangreiche Informationen an[1]. Im RKI ist der Arbeitskreis Blut angesiedelt[2], der regelmäßig aktuelle Verlautbarungen und Voten zum Blutspende- und Transfusionswesen veröffentlicht.

III. Bedeutung für die Hersteller von Blutprodukten

3   Das PEI ist zuständig für die Zulassung und Überwachung der Hersteller von Blutprodukten nach §§ 13ff. AMG, Zulassung von Blutprodukten nach §§ 21ff. AMG und die Beobachtung, Sammlung und Auswertung von Arzneimittelrisiken nach § 62 AMG, hier insbesondere für Maßnahmen im Rahmen des Stufenplans nach § 63 AMG und als Ansprechpartner für die Stufenplanbeauftragten nach § 63a AMG bei den Herstellern von Blutprodukten.

Beim RKI werden die epidemiologischen Daten der Spendeeinrichtungen ohne Berücksichtigung der Eigenblutabnahmen erfasst[3].

4   Die BZgA soll zusammen mit den nach Landesrecht zuständigen Stellen – es handelt sich hier um die Regierungspräsidien/Bezirksregierungen – die Aufklärung der Bevölkerung über Blut- und Plasmaspenden fördern[4].

---

[1]   Die Adressen für die Internetseiten finden sich bei der Literatur.
[2]   Vgl. Kommentierung zu § 24 TFG.
[3]   Vgl. Kommentierung zu § 22 TFG.
[4]   Vgl. § 3 Abs. 4 TFG.

Flegel

IV. Bedeutung für die praktische Krankenversorgung

Für die klinisch tätigen Ärzte besteht im Wesentlichen eine Unterrichtungspflicht   **5**
an das PEI[5] im Fall des Verdachts einer schwerwiegenden Nebenwirkung eines
Blutprodukts oder eines Plasmaproteinpräparats (Plasmaderivats)[6] zusätzlich zur
Unterrichtungspflicht an den Hersteller des Blutprodukts (dort zu Händen des Stufenplanbeauftragten) und an die Arzneimittelkommission der deutschen Ärzteschaft (AKdÄ), Köln[7].

---

[5]   Siehe Adresse des Referats Arzneimittelsicherheit beim PEI im Register.
[6]   Vgl. § 16 Abs. 2 TFG.
[7]   Nach § 6 MBOÄ; siehe auch § 16 Abs. 3 TFG und Kommentierung zu § 16 TFG Rz.
    27 ff.

§ 28
Ausnahmen vom Anwendungsbereich

Dieses Gesetz findet auf homöopathische Eigenblutprodukte und auf Eigenblutprodukte zur Immuntherapie keine Anwendung.

I. Die Bedeutung der Norm

1   Die Norm präzisiert den Geltungsbereich des TFG in Bezug auf homöopathische Eigenblutprodukte und Eigenblutprodukte zur Immuntherapie, auf die das TFG nicht anwendbar sein soll. Die Herausnahme aus dem Geltungsbereich des TFG ist nur dann und so lange zu vertreten, als das homöopathische Eigenblutprodukt zur individuellen Heilbehandlung desjenigen Patienten bestimmt ist, von dem das Blut entnommen worden ist.

II. Homöopathische Eigenblutprodukte

2   Homöopathische Eigenblutprodukte sind Arzneimittel im Sinne von § 4 Abs. 2 AMG. Weder das TFG noch das AMG gibt indes eine Definition dessen, was ein homöopathisches Arzneimittel sein soll. Auch Art. 1 RiLi 92/73/EWG gibt sie nicht, sondern verweist auf das Europäische Arzneibuch, in welchem es als solches aufgeführt sein muss. Eine Herstellungserlaubnis ist allerdings nicht erforderlich, weil das Eigenblutprodukt schon per definitionem nicht im Voraus hergestellt und an andere abgegeben wird. Auch eine Registrierung als homöopathisches Arzneimittel kommt nicht in Betracht, weil es sich um kein Fertigarzneimittel handelt.

§ 29
Verhältnis zu anderen Rechtsbereichen

Die Vorschriften des Arzneimittelrechts, des Medizinprodukterechts und des Seuchenrechts bleiben unberührt, soweit in diesem Gesetz nicht etwas anderes vorgeschrieben ist. Das Transplantationsrecht findet keine Anwendung.

Literatur

A. Bender, Organtransplantation und AMG, VersR 1999, 419 ff.; E. Deutsch, Sicherheit bei Blut und Blutprodukten – das TFG von 1998, NJW 1998, 3377; H. Haindl, Medizinproduktegesetz und Betreiberverordnung: Welche Änderungen für die Ärzte wichtig sind, DÄ 95(1998)A-3048; S. Bales, N. Schnitzler, Neues Infektionsschutzgesetz: Melde- und Aufzeichnungspflicht für Krankheiten und Krankheitserreger, DÄ 97(2000)A-3501; G. Wolfslast, H. Rosenau, Zur Anwendbarkeit des Arzneimittelgesetzes auf die Entnahme von Organ- und Gewebetransplantaten, NJW 1993, 2348 ff.

I. Die Bedeutung der Norm

Über dieser Vorschrift könnte als Überschrift auch „doppelt genäht hält besser" stehen. In einer – wie Deutsch zu Recht hervorhebt[1] – überperfekten Manier tut der Gesetzgeber in § 29 kund, welche anderen Gesetze vom TFG unberührt bleiben sollen.   **1**

II. Zur Geltung des Arzneimittelgesetzes

Das TFG ist ein Spezialgesetz zweiter Generation. Es ist Spezialgesetz in erster Linie zum Arzneimittelgesetz (AMG), wohl auch zum Medizinproduktegesetz (MPG), sofern dies überhaupt betroffen sein kann. Das AMG wiederum ist Spezialgesetz für den Verkehr mit Arzneimitteln und geht somit den allgemeinen Gesetzen vor, die aber gelten, soweit nicht das AMG und das TFG Sonderregelungen vorsehen.   **2**

So stellt sich über die Gesetzesbegründung hinaus zum Beispiel durchaus die Frage, welche Haftungsvorschriften gelten sollen. Das Transfusionsgesetz schweigt sich hierzu (zu Recht) aus. Wenn das TFG ein Spezialgesetz zum AMG ist, dann liegt es nahe zu sagen, dass die dort getroffenen Haftungsregelungen (die ihrerseits wiederum spezialgesetzliche Regelungen zu den allgemeinen Haftungsvorschriften darstellen) der §§ 84 ff. AMG Anwendung finden sollen. Die Sperrwirkung von § 15 ProdhaftG gilt also auch für die Haftung für fehlerhafte Blutprodukte. Daneben gelten aber auch die allgemeinen Haftungsvorschriften des BGB über die Verschuldenshaftung (z.B. Produzentenhaftung).   **3**

Soweit also das TFG keine Sonderregelungen für die Gewinnung und Anwendung von Blutprodukten trifft, gelten die Regelungen des Arzneimittelgesetzes. Dies gilt   **4**

---

[1] E. Deutsch 1998, 3377.

z.B. für die Abgabe von Blutprodukten (§§ 43 ff. AMG), die Anwendbarkeit der Betriebsverordnungen (§ 54 AMG) und die Überwachung (§§ 69 ff. AMG), aber auch für die Anforderungen von Arzneimitteln (§§ 5 ff. AMG) und die klinischen Prüfungen (§§ 40 ff. AMG).

5   Von Bedeutung für Ärzte in Einrichtungen der Krankenversorgung sind §§ 62 ff. AMG, die das Verfahren zur Beobachtung, Sammlung und Anwendung von Arzneimittelrisiken festlegen. Die im TFG definierten Unterrichtungspflichten[2] und Verfahren der Rückverfolgung[3] erfordern von den klinisch tätigen Ärzten die Zusammenarbeit mit der Spendeeinrichtung. Und dort ist der Stufenplanbeauftragte ihr Ansprechpartner. Dessen Aufgaben sind in § 63a AMG und in § 14 PharmBetrV beschrieben.

III. Zur Geltung des Medizinproduktegesetzes

6   Nach § 29 bleiben auch die Vorschriften des Medizinproduktegesetzes unberührt. Eindeutig sind Blut und Blutprodukte Arzneimittel und unterliegen, sofern nicht das TFG einschlägig ist, den Vorschriften des AMG. Medizinprodukte können sie demnach nicht sein. Dies regelt im übrigen § 2 Abs. 5 Ziff. 3 MPG nunmehr nach der Novelle eindeutig.

Für Ärzte in Einrichtungen der Krankenversorgung hat folglich das MPG im Zusammenhang mit dem eigentlichen Blutprodukt, das sie z.B. von einer Blutzentrale beziehen, praktisch geringe Bedeutung.

7   Medizinprodukte im Sinne des MPG sind allerdings die Behältnisse für Blutprodukte, sowie die Entnahme- und die Transfusionssysteme. Diese Medizinprodukte gehören nicht zu den früher im Arzneimittelgesetz als fiktive Arzneimittel bezeichneten Arzneimittel, die nunmehr dem MPG unterliegen. Sie sind nach Gruppe IIa (Anhang IX der Medizinprodukte Richtlinie 93/43 EWG) klassifiziert.

8   Ärzte in Einrichtungen der Krankenversorgung müssen allerdings die Vorschriften des MPG in Bezug auf die eingesetzten Transfusionssysteme, Blutprodukte-Kühlschränke, -Wärmegeräte o.ä. beachten. Die Vorschriften des MPG[4] sind analog zum AMG aufgebaut und beziehen sich im Wesentlichen auf den Hersteller der Medizinprodukte (z.B. Blutbeutel) jedoch nicht auf die Spendeeinrichtung, die einen Blutbeutel für ihr Blutprodukt eingesetzt hat.

9   Beobachten transfundierende Ärzte in Einrichtungen der Krankenversorgung z.B. bei Transfusionssystemen oder der Herstellungsleiter in Spendeeinrichtungen z.B.

---

[2]   § 16 Abs. 2 TFG.
[3]   § 19 Abs. 2 und Abs. 3 TFG.
[4]   § 29 MPG „Medizinprodukte-Beobachtungs- und -Meldesystem"; § 31 MPG „Sicherheitsbeauftragter für Medizinprodukte; Verordnung über das Errichten, Betreiben und Anwenden von Medizinprodukten (Medizinprodukte-Betreiberverordnung – MPBetreibV)" und § 3 MPG „Meldungen über Vorkommnisse".

bei den Entnahmesystemen/Blutbeuteln „Vorkommnisse", so sind sie als Anwender verpflichtet, Meldung nach den Vorschriften des MPG bzw. der einschlägigen Medizinprodukte-Betreiberverordnung[5] zu machen. Die im MPG definierten Meldepflichten erfordern von den Anwendern die Meldung an das Bundesinstitut für Arzneimittel und Medizinprodukte (BfArM). Ansprechpartner beim Hersteller des Transfusionssystems oder des Blutbeutels ist der Sicherheitsbeauftragte für Medizinprodukte.

Der Stufenplanbeauftragte in der Spendeeinrichtung hat eine Funktion ausschließlich im Rahmen des AMG wahrzunehmen und im Zusammenhang mit der Durchführung des MPG keinerlei Aufgaben.   **10**

IV. Zur Geltung des Infektionsschutzgesetzes

Warum die Geltung des Bundesseuchengesetzes (jetzt: Infektionsschutzgesetz[6]) besonders hervorgehoben wird, lässt sich auch aus der Gesetzesbegründung zu § 29 sowie aus dem allgemeinen Teil der Begründung zum Gesetz nicht entnehmen. Das Gesetz würde auch ohne besondere Erwähnung beim Vorliegen eines entsprechenden Sachverhaltes anzuwenden sein.   **11**

V. Keine Anwendung des Transplantationsrechts

Damit auch ja niemand auf die Idee verfällt, etwa das Transplantationsgesetz (TPG) für einschlägig zu halten, wird dessen Geltung ausdrücklich ausgeschlossen. Die „doppelte Naht" findet sich zudem in § 1 Abs. 2 TPG, wonach das TPG nicht für Blut, Knochenmark, embryonale und fetale Organe und Gewebe gilt.   **12**

---

[5] „§ 3 MPG „Meldungen über Vorkommnisse"
Der Betreiber oder Anwender hat
1. jede Funktionsstörung,
2. jede Änderung der Merkmale oder Leistungen sowie
3. jede Unsachgemäßheit der Kennzeichnung oder der Gebrauchsanweisung eines Medizinproduktes, die zum Tode oder zu einer schwerwiegenden Verschlechterung des Gesundheitszustandes eines Patienten, eines Beschäftigten oder eines Dritten geführt hat oder hätte führen können, unverzüglich dem Bundesinstitut für Arzneimittel und Medizinprodukte zu melden."
[6] Gesetz vom 20. Juli 2000 (BGBl I, 1045); offenbar hat der Gesetzgeber beim Erlass des Infektionsschutzgesetzes übersehen, dass auch der Begriff „Seuchenrecht" im TFG hätte geändert werden müssen.

§ 30
Angleichung an Gemeinschaftsrecht

(1) Rechtsverordnungen nach diesem Gesetz können auch zum Zwecke der Angleichung der Rechtsvorschriften der Mitgliedstaaten der Europäischen Union erlassen werden, soweit dies zur Durchführung von Verordnungen oder zur Umsetzung von Richtlinien oder Entscheidungen des Rates der Europäischen Union oder der Kommission der Europäischen Gemeinschaften, die Sachbereiche dieses Gesetzes betreffen, erforderlich ist.

(2) Rechtsverordnungen nach diesem Gesetz, die ausschließlich der Umsetzung von Richtlinien oder Entscheidungen des Rates der Europäischen Union oder der Kommission der Europäischen Gemeinschaften in nationales Recht dienen, bedürfen nicht der Zustimmung des Bundesrates.

I. Die Bedeutung der Norm

1   § 30 enthält die heute in Gesetzen schon fast üblichen Vorbehalte einer vereinfachten Anpassung des Gesetzesrechtes an Rechtsnormen des Gemeinschaftsrechtes der Europäischen Union, deren Gremien im Bereich der Transfusionsmedizin ohnehin recht aktiv sind. Anders als noch in § 39 MPG, der die Zustimmung des Bundesrates und das Einvernehmen mit anderen Bundesministerien vorsieht, wird jedoch die Zustimmung des Bundesrates ausgeschlossen.

II. Zuständigkeiten

2   § 30 dient ausschließlich der erleichterten Umsetzung europarechtlicher Vorschriften; die innerstaatlichen Zuständigkeiten nach dem Grundgesetz werden nicht verändert.

Die Zuständigkeit für die Durchführung des Gesetzes verbleibt bei den Ländern. Hieran ändert sich auch dadurch nichts, dass das PEI und das RKI als Bundesoberbehörden umgrenzte Aufgaben nach §§ 21, 22 und 27 TFG übertragen bekommen haben. Diese Verteilung der Zuständigkeiten schließt insbesondere aus, dass die Bundesoberbehörden den Landesbehörden, den Spendeeinrichtungen sowie den Einrichtungen der Krankenversorgung Weisungen erteilen.

Lippert

ZEHNTER ABSCHNITT
STRAF- UND BUSSGELDVORSCHRIFTEN

§ 31
Strafvorschriften

Mit Freiheitsstrafe bis zu einem Jahr oder mit Geldstrafe wird bestraft, wer
entgegen § 5 Abs. 3 Satz 1 nicht dafür sorgt, daß die spendende Person vor der
Freigabe der Spende auf die dort genannten Infektionsmarker untersucht
wird.

§ 32
Bußgeldvorschriften

(1) Ordnungswidrig handelt, wer eine in § 31 bezeichnete Handlung fahrlässig
begeht.

(2) Ordnungswidrig handelt, wer vorsätzlich oder fahrlässig
1. entgegen § 4 Satz 1 Nr. 2 eine Spendeeinrichtung betreibt oder
2. entgegen § 8 Abs. 2 Satz 1 Nr. 4 oder 6, jeweils auch in Verbindung mit § 9
   Satz 2, ein Immunisierungsprogramm oder eine Vorbehandlung durchführt.

(3) Die Ordnungswidrigkeit kann im Falle des Absatzes 1 mit einer Geldbuße
bis zu fünfzigzwanzigtausend Euro und in den Fällen des Absatzes 2 mit einer
Geldbuße bis zu zehntausend Euro geahndet werden.

Literatur

G. Erbs, M. Kohlhaas, Strafrechtliche Nebengesetze, 5. Aufl., 1988; E. Horn, Das
Inverkehrbringen als Zentralbegriff des Nebenstrafrechts, NJW 1977, 2329; R. Ratzel, H.-D. Lippert, Musterberufsordnung der Deutschen Ärzte, 2. Auflage, 1998,

2329; J. Schmidt-Salzer, Produkthaftung, Band 1, 1988; ders., Strafrechtliche Verantwortung von Herstellungsleitern, Vorgesetzten und Mitarbeitern für das Inverkehrbringen fehlerhafter Arzneimittel, PharmaR 1989, 20; B. Schünemann, Unternehmenskriminalität und Strafrecht, 1979; G. Stratenwerth, Arbeitsteilung und ärztliche Sorgfaltspflicht in: FS für E. Schmidt, 1961, 383; H. Taschner, E. Friesch, Produkthaftungsgesetz und EG-Produkthaftungsrichtlinie, 2. Aufl., 1990; K. Ulsenheimer, Arztstrafrecht in der Praxis, 2. Aufl., 1998; W. Weißauer, Arbeitsteilung und Abgrenzung der Verantwortung zwischen Anästhesist und Operateur, Der Anästhesist, 1962, 239; W. Weißauer, H.-D. Lippert, Das Rettungswesen, 1984.

I. Die Bedeutung der Normen

1 § 31 enthält die für ein Gesetz wie das TFG typischen Strafbewehrungen, sofern gegen § 5 Abs. 3 Satz 1 TFG verstoßen wird. Der Gesetzgeber bringt mit diesen Normen zum Ausdruck, dass er die Verletzung gegen der darin genannten Pflichten aus Einzelvorschriften des TFG als kriminelles Unrecht werten und den Täter entsprechend bestraft sehen will.

2 Ergänzt und abgerundet wird der Kreis der Strafvorschriften des § 31 und der §§ 95 f. AMG durch die Ordnungswidrigkeiten des § 32 und des § 97 AMG. Sanktioniert wird durch sie ein Verstoß gegen Pflichten aus dem AMG, die zwar kein kriminalstrafrechtliches Verhalten darstellen. Mit der Sanktionierung als Ordnungswidrigkeiten will der Gesetzgeber den Normadressaten aber dazu anhalten, auch Verwaltungsvorschriften nach dem TFG einzuhalten und Verstöße hiergegen durch Bußgeld geahndet wissen. Normtechnisch erklärt § 32 Abs. 1 zunächst den Straftatbestand des § 31, wenn dieser fahrlässig begangen worden ist, zur Ordnungswidrigkeit.

II. Verhältnis von TFG zu StGB

3 Bei dem Straftatbestand des § 31 handelt es sich nicht um einen des Kernstrafrechts, also des StGB, sondern um einen typischen Straftatbestand des Nebenstrafrechts.

Wird der Kerntatbestand erfüllt, wenn durch Blut, ein Blutprodukt oder ein Arzneimittel ein Mensch verletzt oder getötet wird, so bleibt es bei der Bestrafung nach den hierfür einschlägigen Tatbeständen des Strafgesetzbuches (§§ 211, 223 ff. StGB).

III. Die Straftat nach § 31

4 Auch Straftaten aus dem Bereich des Nebenstrafrechts müssen grundsätzlich den allgemeinen Vorschriften entsprechen, wie sie für Straftaten des Kernstrafrechts nach dem Strafgesetzbuch erfüllt sein müssen.

Eine Straftat liegt nur dann vor, wenn die Strafbarkeit gesetzlich bestimmt war, ehe die Straftat begangen wurde. Eine Straftat ist eine rechtswidrige und vorwerfbare Handlung, die den Tatbestand eines Gesetzes verwirklicht, das die Ahndung mit Strafe zulässt. Eine Handlung ist tatbestandsmäßig, wenn sie der abstrakten Beschreibung der Vorschrift entspricht. Handlung ist dabei nicht nur ein aktives Tun, sondern kann auch in einem Unterlassen bestehen. Ein Unterlassen kann dann strafbar sein, wenn der Täter rechtlich dafür einzustehen hat, dass ein bestimmter Erfolg nicht eintritt (Garantenstellung) und wenn das Unterlassen der Verwirklichung des gesetzlichen Tatbestandes durch ein Tun entspricht (§ 13 StGB)[1].

Die Tat ist auch rechtswidrig, sofern die Rechtswidrigkeit nicht durch das Eingreifen eines Rechtfertigungsgrundes entfällt. In Betracht zu ziehen sind hier insbesondere die Notwehr oder der rechtfertigende Notstand[2]. Der Einwilligung des durch den Straftatbestand des TFG Geschützten wird keine wesentliche Bedeutung zukommen, da der Einwilligende über die Schutznormen und Rechtsgüter keine Dispositionsbefugnis besitzt[3]. Es handelt sich um eine öffentlich-rechtliche Pflicht, die einzuhalten ist.   **5**

Die Tat muss auch schuldhaft, also vorsätzlich begangen worden sein. Vorsätzlich handelt, wer die objektiven Merkmale des Tatbestandes kennt und ihre Verwirklichung will. Wer bei der Begehung der Tat die Umstände nicht kannte, die zum gesetzlichen Tatbestand gehören, handelt zwar nicht vorsätzlich, kann sich aber fahrlässigen Handelns schuldig gemacht haben[4].   **6**

Nur fahrlässig – und daher nicht strafbar nach § 31 – handelt dagegen, wer die Sorgfalt, zu der er nach den Umständen und seinen persönlichen Kenntnissen und Fähigkeiten entsprechend verpflichtet und im Stande ist, außer Acht lässt und deshalb den Erfolg nicht voraussieht.   **7**

Fehlt dem Täter bei Begehung der Tat die Einsicht, Unerlaubtes zu tun, etwa weil er die entsprechende Rechtsvorschrift nicht kannte, so handelt er nicht schuldhaft, wenn er diesen Irrtum nicht vermeiden konnte, ansonsten bleibt die Tat schuldhaft, kann aber mit einer geringeren Strafe geahndet werden. Die Rechtsprechung verlangt vom Rechtsanwender, dass er sich über geltende Schutzvorschriften unterrichtet. Hat er sich nicht unterrichtet, so wird er sich auf das fehlende Unrechtsbewusstsein nicht berufen können.   **8**

IV. Normadressat von § 31

Strafbar machen kann sich nach § 31 wie auch nach allgemeinem Strafrecht nur der Normadressat. Im allgemeinen Strafrecht ist dies jede strafmündige natürliche Person. Juristische Personen können sich per se nicht strafbar machen. § 14 StGB er-   **9**

---

[1] Vgl. A. Sander, AMG § 95 Anm. 3; G. Erbs, M. Kohlhaas, H. Pelchen, Strafrechtliche Nebengesetze, § 95 AMG Anm. 4.

[2] §§ 33 und 34 StGB.

[3] Vgl. T. Lenckner in: A. Schönke, H. Schröder, StGB, vor § 32 ff. Rz 29 ff., 35; vgl. zur nahezu identischen Strafvorschrift der §§ 43, 44 MPG, M. Nöthlichs, H. Weber, MPG, § 43, 2.

[4] § 16 StGB.

weitert den Kreis derjenigen, die sich unter weiteren Umständen strafbar machen können, auf Personen, die für einen anderen handeln, wie z.B. Organe juristischer Personen und gesetzliche Vertreter. Aber auch Personen, die vom Inhaber oder Leiter eines Betriebes beauftragt worden sind, können sich (zusätzlich zum Beauftragenden) strafbar machen. Normadressat des § 5 Abs. 3 TFG ist, wer nach der PharmBetrV mit der Untersuchung des Blutes auf Infektionsmarker betraut ist. Neben § 31 treten als Straftatbestände auch die der §§ 95 f. AMG, so weit das AMG neben dem TFG gilt und gegen entsprechende, strafbewehrte Pflichten aus dem AMG verstoßen wird.

10   Die Strafnorm des § 31 soll helfen, den Zweck des Gesetzes zu erfüllen, nämlich die Sicherheit im Verkehr mit Blutprodukten herzustellen und für die sichere Gewinnung von Blut und Blutbestandteilen von Menschen und für ihre sichere Anwendung sowie eine gesicherte und sichere Versorgung der Bevölkerung mit Blutprodukten zu sorgen[5].

11   Die einzelnen Stufen der Produktion von der Entwicklung bis zum Vertrieb, sind arbeitsteilig gegliedert. Nicht nur ein bestimmter Mensch handelt, sondern viele. Strafrechtlich gesehen ist die Berücksichtigung von Arbeitsteilung nichts Neues. Die Probleme der strafrechtlichen Verantwortung für ein industriell hergestelltes Produkt sind daher weniger im dogmatischen Bereich als vielmehr im tatsächlichen Erfassen der im Einzelfall gegebenen Verantwortungsgrenzen zu suchen[6]. Typisch für die strafrechtliche Verantwortlichkeit in diesem Bereich der Arbeitsteilung ist die Verteilung der Tatbeiträge auf mehrere Personen. Es verbleibt auch hierbei bei dem Grundsatz, dass auch in einer betrieblichen Organisation strafrechtlich jeder nur für seinen innerbetrieblichen Verantwortungsbereich einzustehen hat. Das Kernproblem besteht daher in arbeitsteiligen Produktionsbetrieben in der Ermittlung und Abgrenzung der jeweiligen Pflichten und Verantwortungsbereiche. Sie folgt dabei der innerbetrieblichen, hierarchisch übernommenen Tätigkeit des einzelnen Mitarbeiters. Daran orientiert sich die strafrechtliche Sorgfaltspflicht und ihr folgend die strafrechtliche Verantwortlichkeit[7]. Einerlei, wie das Unternehmen im Einzelnen organisiert ist, verbleibt es strafrechtlich bei der Generalverantwortung und der Allzuständigkeit der Geschäftsführung für die Erfüllung betriebsbezogener Pflichten[8]. Zu den Pflichten der Geschäftsleitung gehört es vor allem, dafür zu sorgen, dass Aufgaben, welche nicht von ihr persönlich wahrgenommen werden, durch ausreichend qualifiziertes und angeleitetes Personal erfüllt werden. Die Pflicht zu eigenem Handeln wandelt sich in eine solche zur zweckmäßigen Organisation und zur Überwachung der zur Erfüllung delegierten Aufgaben[9].

---

[5] Vgl. § 1 TFG.
[6] Vgl. J. Schmidt-Salzer, Produkthaftung, Bd. I, 1988, 1.117 m.w.N.; LG Aachen, JZ 1971, 507 (Contergan).
[7] Vgl. G. Stratenwerth 1961.
[8] Vgl. J. Schmidt-Salzer 1988, 1.146; BGH NJW 1990, 2560 (2565) (Lederspray).
[9] Vgl. E. Goll, Produkthaftungshandbuch, Bd. II, § 46 Rz 13; B. Schünemann 1979, 107 f.

Das AMG findet auf die Spendeeinrichtungen Anwendung, jedoch nicht auf Ein- **12**
richtungen der Krankenversorgung ohne Spendeeinrichtung. Das AMG sieht für die
betriebliche Organisation der Spendeeinrichtung bereits von Gesetzes wegen eine
bestimmte Form vor. So haben Arzneimittelhersteller ausreichend qualifizierte Personen zum Herstellungsleiter, zum Kontroll- und zum Vertriebsleiter sowie zum
Stufenplanbeauftragten formell zu ernennen. In § 19 AMG legt das Gesetz auch die
entsprechenden Verantwortungsbereiche fest. Allerdings geht das Gesetz nicht so
weit, auch zu bestimmten, auf welchen Hierarchieebenen diese Verantwortungsträ-
ger angesiedelt sein sollen. Die arzneimittelrechtlich erforderliche formelle Benennung von Verantwortlichen für die Bereiche Herstellung, Kontrolle und Vertrieb
und für die nach dem Stufenplan erforderlichen Maßnahmen verändert nichts am innerbetrieblichen Entscheidungsprozess und damit an den Verantwortlichkeiten. Sie
individualisiert lediglich die innerbetrieblichen Verantwortlichkeiten und stellt klar,
dass diese Positionen vorhanden und mit geeignetem Personal besetzt sein müssen.
Eine Mitverantwortung von Vorgesetzten und Kollegen bleibt nach wie vor möglich[10].

Hat ein Kollegialorgan eine strafrechtswidrige Maßnahme beschlossen und durch- **13**
geführt, ist grundsätzlich jedes Mitglied des Kollegiums strafrechtlich dafür verantwortlich[11]. Doch gilt es hier, den Vertrauensgrundsatz zu beachten. Jedes Mitglied
des Kollegiums führt sein Ressort eigenverantwortlich und darf sich bis zum Beweis des Gegenteils bei seiner Tätigkeit darauf verlassen, dass die Kollegen ihre
Ressorts ebenfalls verantwortungsbewusst wahrnehmen[12].

Fachleute haben allerdings Nichtfachleuten eine objektive Sachstands- und Bewer- **14**
tungsanalyse für die anstehenden Entscheidungen zu geben, um diesen eine sachgerechte Mitsprache, ggf. auch eine Risikobewertung, zu ermöglichen, damit sie sich
ggf. auch qualifiziert gegen eine Entscheidung aussprechen können[13]. Es kann
durchaus auch eine Pflicht der Fachleute zum Widerspruch geben[14].

V. Strafverschärfung von § 95 Abs. 3 AMG

Die Strafverschärfung des § 95 Abs. 3 AMG gilt auch für Sachverhalte aus dem **15**
TFG. § 95 Abs. 3 AMG bietet drei Varianten, aus denen sich besonders schwere
Fälle eines Vergehens nach § 95 AMG ergeben, mit der Folge einer Strafverschär-
fung. In den Fällen der Nr. 1 reicht eine abstrakte Gefährdung nicht aus. Es muss der
Nachweis erbracht sein, dass den Umständen nach tatsächlich eine große Anzahl
von Menschen einen Gesundheitsschaden, der nicht wie in den Fällen der Nr. 2

[10] Vgl. J. Schmidt-Salzer 1988, 1.157; E. Goll a.a.O., § 46 Rz 22 ff.
[11] Vgl. J. Schmidt-Salzer 1988, 1.273; P. Cramer in: A. Schönke, H. Schröder, StGB, § 15
    Rz. 223; E. Goll a.a.O., § 46 Rz. 22.
[12] Vgl. zum Vertrauensgrundsatz: P. Cramer in: A. Schönke, H. Schröder, StGB, § 15 Rz.
    211 ff.; J. Schmidt-Salzer 1988, 1.287 ff.
[13] Vgl. J. Schmidt-Salzer 1988, 1.299.
[14] Vgl. J. Schmidt-Salzer 1988, 1.298.

schwer zu sein braucht, hätten erleiden können. Der Schaden braucht aber nicht tatsächlich eingetreten zu sein[15].

Bei Nr. 1 - 3 handelt es sich um Regelbeispiele. Daher kann auch bei einem anders gelagerten Sachverhalt das Vorliegen eines schweren Falles angenommen werden[16].

VI. Verhältnis zum Ordnungswidrigkeitengesetz

16　　Bei den Tatbeständen von Ordnungswidrigkeiten nach § 32 bzw. § 97 AMG handelt es sich um Sondervorschriften zum Ordnungswidrigkeitengesetz. Für die Beschreibung der Tatbestände der einzelnen Ordnungswidrigkeiten sind zunächst § 32 und die in ihm genannten weiteren Vorschriften des TFG (sowie des AMG) maßgeblich. Unter welchen näheren Voraussetzungen ein normwidriges Verhalten den Tatbestand einer Ordnungswidrigkeit erfüllt, ergibt sich allerdings aus dem Ordnungswidrigkeitengesetz.

VII. Ordnungswidrigkeiten nach § 32

17　　Ordnungswidrig ist eine rechtswidrige und vorwerfbare Handlung, die den Tatbestand einer Ordnungswidrigkeit nach dem OwiG oder einem anderen, gesetzlich bestimmten Tatbestand einer Ordnungswidrigkeit verwirklicht und der die Ahndung mit Geldbuße zulässt. Eine Handlung ist tatbestandsmäßig, wenn sie der abstrakten Beschreibung einer Vorschrift des TFG bzw. des AMG entspricht. Unter der Handlung ist nicht nur jedes aktive Tun, sondern auch jedes Unterlassen zu verstehen. Ordnungswidrig handelt allerdings nur derjenige, der zum aktiven Handeln verpflichtet ein aktives Tun unterlässt, wenn er dafür einzutreten hat, dass ein vom Gesetz missbilligter Erfolg nicht eintritt. Das Unterlassen muss nach § 8 OwiG dem aktiven Tun entsprechen.

18　　Wer durch eine Handlung den Tatbestand einer Bußgeldvorschrift verwirklicht, handelt rechtswidrig, wenn ihm kein Rechtfertigungsgrund zur Seite steht. Dies können wie bei der Straftat etwa die Notwehr oder der rechtfertigende Notstand sein.

Die Einwilligung des durch das TFG bzw. das AMG Geschützten ist im Regelfall unbeachtlich, weil die entsprechenden Schutznormen und Rechtsgüter öffentlich-rechtliche Pflichten normieren, die nicht dessen Dispositionsbefugnis unterliegen. Gegen eine Bußgeldvorschrift kann normalerweise nur vorsätzlich verstoßen werden. Fahrlässige Verstöße werden nur geahndet, sofern das Gesetz dies ausdrücklich vorsieht.

19　　Vorsatz ist Kenntnis der Tatumstände, die zum gesetzlichen Tatbestand einer Ordnungswidrigkeit gehören. Zum Tatbestand der Ordnungswidrigkeit gehört nicht das

---

[15] Vgl. wie hier: M. Nöthlichs, H. Weber, MPG, § 43 Anm. 6.

[16] Vgl. zur Zulässigkeit A. Eser in: A. Schönke, H. Schröder, StGB, § 1 Rz. 29; § 12 Rz. 29 ff. m.w.Nachw. Es handelt sich um eine Änderung des Strafrahmens, nicht des Deliktcharakters. Ein Verstoß gegen das Analogieverbot ist daher nicht gegeben.

Bewusstsein, ordnungswidrig gehandelt zu haben. Wer bei der Begehung der Ordnungswidrigkeit die Tatumstände nicht kannte, die zum gesetzlichen Tatbestand gehören, handelt nicht vorsätzlich. Hier kommt nur eine Ahndung wegen fahrlässiger Handlung in Betracht.

Fahrlässig handelt, wer die Sorgfalt, zu der er nach den Umständen und seinen persönlichen Kenntnissen und Fähigkeiten entsprechend verpflichtet und im Stande ist, außer Acht lässt und deshalb den Erfolg nicht voraussieht.   **20**

Fehlt dem Täter bei Begehung der Handlung die Einsicht, etwas Unerlaubtes zu tun, handelt er nicht schuldhaft, wenn er diesen Irrtum nicht vermeiden konnte. Konnte er den Irrtum vermeiden, bleibt die Tat schuldhaft; die Geldbuße kann jedoch gemindert werden.

VIII. Normadressat der Ordnungswidrigkeit

Einer Ordnungswidrigkeit schuldig machen kann sich nach § 32 in Verbindung mit   **21**
der entsprechenden Norm des TFG oder des AMG nur, wer Normadressat des Tatbestandes der Pflicht aus dem TFG bzw. AMG ist. Im allgemeinen Ordnungswidrigkeitenrecht ist dies jede natürliche, mündige Person. Juristische Personen können per se keine Ordnungswidrigkeiten begehen. § 9 OwiG erweitert den Kreis derjenige Personen, die unter weiteren Umständen eine Ordnungswidrigkeit begehen können, auf Personen, die für einen anderen handeln, wie z.B. Organe juristischer Personen oder gesetzliche Vertreter. Aber auch Personen, die vom Inhaber oder Leiter eines Betriebes beauftragt worden sind, können (zusätzlich zu diesem) eine Ordnungswidrigkeit verwirklichen. Die bußgeldrechtlichen Vorschriften des TFG sollen zusätzlich zu den Strafvorschriften des TFG sicherstellen, dass der Zweck des TFG auch dort, wo er durch verwaltungsrechtliches Handeln umgesetzt werden soll, erfüllt wird.

Die Verantwortlichkeit für arbeitsteiliges Handeln ist im Recht der Ordnungswid-   **22**
rigkeiten wie im Strafrecht nichts Neues. Die Probleme der ordnungswidrigkeitsrechtlichen Verantwortung für ein industriell hergestelltes Produkt sind daher wie im strafrechtlichen Bereich weniger im dogmatischen Bereich als vielmehr im tatsächlichen Erfassen der im Einzelfall gegebenen Verantwortungsgrenzen zu suchen. Typisch ist dabei die Verteilung der Verantwortlichkeit und der Tatbeiträge auf mehrere Personen. Dabei bleibt es ebenfalls beim Grundsatz, dass ordnungswidrigkeitenrechtlich auch in einer betrieblichen Organisation jeder nur für seinen innerbetrieblichen Verantwortungsbereich einzustehen hat.

Das Kernproblem besteht daher in arbeitsteiligen Produktionsbetrieben in der Er-   **23**
mittlung und Abgrenzung der jeweiligen Pflichten und Verantwortungsbereiche. Sie erfolgt dabei entsprechend der innerbetrieblichen, hierarchisch übernommenen Tätigkeit des einzelnen Mitarbeiters. Daran orientiert sich die ordnungswidrigkeitsrechtliche Sorgfaltspflicht und damit auch die ordnungswidrigkeitenrechtliche Verantwortlichkeit. Einerlei, wie letztlich das Unternehmen organisiert ist, verbleibt es

ordnungswidrigkeitenrechtlich bei der Generalverantwortung und der Generalzuständigkeit der Geschäftsführung für die Erfüllung betriebsbezogener Pflichten. Zu den Pflichten der Geschäftsleitung gehört es vor allem, dafür zu sorgen, dass Aufgaben, welche nicht von ihr persönlich wahrgenommen werden, durch ausreichend qualifiziertes und angeleitetes Personal erfüllt werden. Die Pflicht zum eigenen Handeln wandelt sich in eine solche zur zweckmäßigen Organisation und zur Überwachung der zur Erfüllung delegierten Aufgaben.

24   Hat ein Kollegialorgan eine ordnungswidrige Maßnahme beschlossen und durchgeführt, so ist grundsätzlich jedes Mitglied des Kollegiums dafür verantwortlich. Doch gilt es hier, den Vertrauensgrundsatz zu beachten. Jedes Mitglied des Kollegiums führt sein Ressort eigenverantwortlich und darf sich bei seiner Tätigkeit bis zum Beweis des Gegenteils auch darauf verlassen, dass die Kollegen ihre Ressorts verantwortungsbewusst wahrnehmen.

IX. Bedeutung in der praktischen Krankenversorgung

25   In Spendeeinrichtungen kann es bei der Herstellung von Blutprodukten, die nicht gelagert werden, sei es wegen der seltenen Indikation, der kurzen Laufzeit oder einer dringenden Patientenversorgung, regelmäßig vorkommen, dass bestimmte, im normalen Herstellungsprozess vorgesehene Infektionsteste, vor allem die zeit- und kostenaufwendigen PCR-Techniken, nicht angewendet werden können. Dies ist unproblematisch, falls bestimmte Blutprodukte von der Zulassungsbehörde etwa aus diesem Grund von der PCR-Testung ausgenommen sind. In anderen Fällen ist dieses Vorgehen nur statthaft, wenn ein rechtfertigender Notstand vorliegt. Es ist dringend anzuraten, den Verfahrensablauf zur Freigabe ohne vollständige Infektionsteste und die Zuständigkeiten für diese besondere Freigabe vorab schriftlich festzulegen. Weiterhin sollte der Einzelfall exakt dokumentiert werden, um den rechtfertigenden Notstand im Einzelfall belegen zu können.

26   Frischblutprogramme wären, würden sie heute noch durchgeführt, sicher als Verstoß gegen § 31 und in der Regel auch gegen § 32 Abs. 2 Nr. 1 anzusehen. Bis in die 1990er Jahre hinein haben solche Frischblutspenden zur Versorgung im Notfall vereinzelt in Einrichtungen der Krankenversorgung stattgefunden. Unter Berufung auf einen vermeintlichen Engpass in der Versorgung mit zellulären Blutprodukten wurde Vollblut von Spendern kurzfristig nach der Spende transfundiert, bevor die vorgeschriebenen Infektionsteste vorlagen. Wäre der Versorgungsengpass tatsächlich gegeben und trotz geeigneter organisatorischer Maßnahmen im Vorfeld unvermeidbar gewesen, hätte wohl ein rechtfertigender Notstand vorgelegen. Dieser muss bei der aktuellen Versorgungslage in Deutschland jedoch generell verneint werden.

X. Sanktionen

Im Strafrecht: **27**
Als Strafe kann für Verstöße gegen Strafvorschriften nach dem TFG entweder eine Freiheits- oder eine Geldstrafe verhängt werden. Wird jemand wegen einer rechtswidrigen Straftat, die er unter Missbrauch seines Berufes oder Gewerbes oder grober Verletzung der mit ihnen verbundenen Pflichten begangen hat, verurteilt oder nur deshalb nicht verurteilt, weil er zur Tatzeit schuldunfähig war oder dies nicht auszuschließen ist, so kann das Gericht die Ausübung des Berufszweiges, des Berufes, des Gewerbes oder des Gewerbezweiges für die Dauer von einem bis zu fünf Jahren verbieten. Voraussetzung ist, dass der Täter die Ausübung des Berufes oder Gewerbes zur Begehung weiterer Straftaten nutzen wird. Ist das Verbot ausgesprochen, so darf der Täter den Beruf oder Berufszweig, das Gewerbe oder den Gewerbezweig auch nicht für einen anderen ausüben oder für sich durch eine weisungsabhängige Person ausüben lassen.

Im Ordnungswidrigkeitenrecht:
Für Verstöße gegen Ordnungswidrigkeittatbestände nach dem TFG bzw. AMG kann eine Geldbuße verhängt werden.

Im Berufsrecht: **28**
Verbleibt nach der strafrechtlichen Ahndung einer Straftat nach dem StGB, AMG oder TFG noch ein berufsrechtlicher Überhang bestehen, so kann auch die Ärztekammer das Verhalten eines Arztes noch mit den Mitteln der Berufsgerichtsbarkeit sühnen.

XII. Verjährung

Die Straftaten nach § 31 bzw. § 95 AMG verjähren nach fünf Jahren (§ 78 Abs. 3 **29**
Nr. 4 StGB), solche nach § 96 AMG nach drei Jahren (§ 78 Abs. 3 Nr. 5 StGB).

Ordnungswidrigkeiten nach § 32 bzw. § 97 AMG verjähren nach drei Jahren (§ 31 Abs. 2 Nr. 1 OwiG).

ELFTER ABSCHNITT
ÜBERGANGSVORSCHRIFTEN

§ 33 [1]

Wer bei Inkrafttreten dieses Gesetzes die Tätigkeit der Anwendung von Blutprodukten ausübt und die Voraussetzungen der in diesem Zeitpunkt geltenden Vorschriften erfüllt, darf diese Tätigkeit weiter ausüben.

I. Die Bedeutung der Norm

1   § 33 ist Bestandsschutznorm für diejenigen Personen, die bereits bei Inkrafttreten des TFG Blut und Blutprodukte angewendet haben. Die Korrespondenzvorschrift für die Hersteller von Blutprodukten findet sich in § 134 AMG[2]. Ansonsten schreibt § 13 Abs. 2 TFG vor, dass ärztliche Personen, die eigenverantwortlich Blutprodukte anwenden, ausreichend Erfahrungen in dieser Tätigkeit besitzen müssen.

II. Personenkreis und Anforderungen

2   Die Vorschrift gilt für alle Personen, die bereits bei Inkrafttreten des TFG Blutprodukte angewendet haben. Sie differenziert also nicht danach, ob die Personen Transfusionsverantwortliche, Transfusionsbeauftragte oder Anwender von Blut und Blutprodukten waren und sind. Wer diese Funktionen entsprechend den Hämotherapie-Richtlinien i.d.F. von 1996 bereits bisher erfüllte, darf dies auch nach den nun geltenden neuen Vorschriften tun.

3   Welche Vorschriften für die Qualifikation erfüllt sein müssen, sagt das Gesetz nicht ausdrücklich. Gemeint sind aber die Hämotherapie-Richtlinien i.d.F. von 1996. Diese leg(t)en in Ziffer 1.5 die qualifizierenden Voraussetzungen für Transfusionsverantwortliche, Transfusionsbeauftragte und transfundierende Ärzte fest.

4   Wer etwa nach den Hämotherapie-Richtlinien i.d.F. von 1996 zum Transfusionsverantwortlichen oder zum Transfusionsbeauftragten bestellt worden ist, darf diese Funktion auch nach neuer Rechtslage weiter ausüben. Nur Personen, bei denen dies unter Geltung der alten Rechtslage nicht der Fall war, müssen nun die formalen Qualifikationen der Hämotherapie-Richtlinien i.d.F. von 2000 erfüllen, also nachweisen.

III. Erweiterte Anforderungen durch die Hämotherapie-Richtlinien

5   Die sicherlich sinnvolle Präzisierung der Anforderungen für die transfusionsverantwortliche und die transfusionsbeauftragte Person erfolgte durch die Bundesärzte-

---

[1]   Aus nicht nachvollziehbaren Gründen wurde für diese Norm – als einzige im ganzen TFG – keine Überschrift angegeben.

[2]   Vgl. hierzu E. Deutsch et al. 2001b, § 134 Rz. 1 ff.

kammer und das PEI mit den einschlägigen Vorschriften der Hämotherapie-Richtlinien i.d.F. von 2000[3]. Für die praktische Tätigkeit bedeutet dies jedoch auch, dass für die beim Inkrafttreten des TFG bereits tätigen Personen die theoretische Fortbildung als auch die Hospitation nicht vorgeschrieben sind. Nur solche ärztlichen Personen, die nach dem Erscheinen der Hämotherapie-Richtlinien 2000 erstmalig die entsprechende Tätigkeit aufnehmen, unterliegen diesen erweiterten Anforderungen.

Praktische Bedeutung hat die vorliegende Norm zumal für die niedergelassenen   **6**
Ärzte, die nur Plasmaderivate – wie im Rahmen mancher passiver Immunisierung – anwenden. Hier ist die 8stündige theoretische Fortbildung nur erforderlich, wenn diese Anwendung in eigener Praxis erstmalig nach dem Erscheinen der Hämotherapie-Richtlinien 2000 erfolgte bzw. zukünftig erstmalig erfolgen soll.

IV. Anforderung an die Weiterbildung in der Transfusionsmedizin

Wie die im Bereich des Bluttransfusionwesens weitergebildeten Ärzte die erforder-   **7**
lichen Kenntnisse und Fähigkeiten erwerben, ist dagegen in den Hämotherapie-Richtlinien nicht geregelt, sondern in den Weiterbildungsordnungen der jeweiligen Landesärztekammern. Es handelt sich um die Facharztbezeichnung „Transfusionsmedizin" und die Zusatzbezeichnung „Bluttransfusionswesen".

Ob für den Erwerb der hierfür für den Anwender von Blutprodukten erforderlichen   **8**
Kenntnisse und Fähigkeiten nach den einschlägigen Weiterbildungsordnungen der Landesärztekammern noch Übergangsvorschriften anwendbar sind, die einen erleichterten Erwerb der erforderlichen Kenntnisse und Fähigkeiten vorsehen oder nicht, muss jeder Betroffene im jeweiligen Einzelfall an Hand dieser Vorschriften abklären.

---

[3] Siehe auch § 15 TFG Rz. 23 ff.: vergleichende Zusammenstellung der Qualifikationsvoraussetzungen für das ärztliche Personal in der Anwendung von Blutprodukten nach den Hämotherapie-Richtlinien. Stichzeitpunkte waren hierbei 31.12.1993, Dezember 1996 (Erscheinen der Richtlinien 1996) und Juli 2000 (Erscheinen der aktuellen Hämotherapie-Richtlinien). Das Inkrafttreten des TFG selbst hat in Bezug auf die Qualifikationsvoraussetzungen zur Ausübung der in der Tabelle angegebenen Funktionen keine Änderung der Anforderungen gebracht, die nicht ohnehin in der Praxis erfüllt wurden.

ZWÖLFTER ABSCHNITT
SCHLUSSVORSCHRIFTEN

§ 34
Änderung des Arzneimittelgesetzes

Das Arzneimittelgesetz in der Fassung der Bekanntmachung vom 19. Oktober 1994 (BGBl. I S. 3018), zuletzt geändert durch das Gesetz vom 25. Februar 1998 (BGBl. I S.374), wird wie folgt geändert:

1. Dem § 10 Abs. 8 wird folgender Satz angefügt:
„Bei Frischplasmazubereitungen und Zubereitungen aus Blutzellen müssen mindestens die Angaben nach Absatz 1 Nr. 1 bis 4, 6, 7 und 9 gemacht sowie die Blutgruppe und bei Zubereitungen aus roten Blutkörperchen zusätzlich die Rhesusformel angegeben werden."

2. In § 11 Abs. 1 wird nach Nummer 14 folgende Nummer 14a eingefügt:
„14a. bei Arzneimitteln aus humanem Blutplasma zur Fraktionierung die Angabe des Herkunftslandes des Blutplasmas,".

3. In § 11a Abs. 1 Satz 2 wird nach Nummer 17 folgende Nummer 17a eingefügt:
„17a. bei Arzneimitteln aus humanem Blutplasma zur Fraktionierung die Angabe des Herkunftslandes des *Blutplasmas,*".

4. In § 14 Abs. 1 werden das Wort "oder" nach Nummer 5a durch ein Komma ersetzt und folgende Nummern 5b und 5c eingefügt:
„5b. der Arzt, in dessen Verantwortung eine Vorbehandlung der spendenden Person zur Separation von Blutstammzellen oder anderen Blutbestandteilen durchgeführt wird, nicht die erforderliche Sachkenntnis besitzt,
5c. entgegen § 4 Satz 1 Nr. 2 des Transfusionsgesetzes keine leitende ärztliche Person bestellt worden ist, diese Person keine approbierte Ärztin oder kein approbierter Arzt ist oder nicht die erforderliche Sachkunde nach dem Stand der medizinischen Wissenschaft besitzt oder".

5. Dem § 14 Abs. 2 werden folgende Sätze 3 und 4 angefügt:
„Die leitende ärztliche Person nach § 4 Satz 1 Nr. 2 des Transfusionsgesetzes kann zugleich Herstellungs- oder Kontrolleiter sein. Werden ausschließlich autologe Blutzubereitungen hergestellt und geprüft und finden Herstellung, Prüfung und Anwendung im Verantwortungsbereich einer Abteilung eines Krankenhauses oder einer anderen ärztlichen Einrichtung statt, kann der Herstellungsleiter zugleich Kontrolleiter sein."

6. In § 15 Abs. 3 wird Satz 2 durch die folgenden Sätze 2 bis 4 ersetzt:
„An Stelle der praktischen Tätigkeit nach Absatz 1 muß eine mindestens dreijährige Tätigkeit auf dem Gebiet der medizinischen Serologie oder medizinischen Mikrobiologie nachgewiesen werden. Abweichend von Satz 2 müssen anstelle der praktischen Tätigkeit nach Absatz 1

1. für Blutzubereitungen aus Blutplasma zur Fraktionierung eine mindestens dreijährige Tätigkeit in der Herstellung oder Prüfung in plasmaverarbeitenden Betrieben mit Herstellungserlaubnis und zusätzlich eine mindestens sechsmonatige Erfahrung in der Transfusionsmedizin oder der medizinischen Mikrobiologie, Virologie, Hygiene oder Analytik,

2. für Blutzubereitungen aus Blutzellen, Zubereitungen aus Frischplasma und für Wirkstoffe zur Herstellung von Blutzubereitungen eine mindestens zweijährige transfusionsmedizinische Erfahrung, die sich auf alle Bereiche der Herstellung und Prüfung erstreckt, oder im Falle eines Kontrolleiters, der Arzt für Laboratoriumsmedizin oder Facharzt für Mikrobiologie und Infektionsepidemiologie ist, eine mindestens sechsmonatige transfusionsmedizinische Erfahrung,

3. für autologe Blutzubereitungen eine mindestens sechsmonatige transfusionsmedizinische Erfahrung oder eine einjährige Tätigkeit in der Herstellung autologer Blutzubereitungen,

4. für Blutstammzellzubereitungen zusätzlich zu ausreichenden Kenntnissen mindestens ein Jahr Erfahrungen in dieser Tätigkeit, insbesondere in der zugrunde liegenden Technik,

nachgewiesen werden. Zur Vorbehandlung von Personen zur Separation von Blutstammzellen oder anderen Blutbestandteilen muß die verantwortliche ärztliche Person ausreichende Kenntnisse und eine mindestens zweijährige Erfahrung in dieser Tätigkeit nachweisen.
Der bisherige Satz 3 wird Satz 5.

7. In § 47 Abs. 1 Nr. 2 Buchstabe a wird folgender Halbsatz angefügt:
„die, soweit es sich um Gerinnungsfaktorenzubereitungen handelt, von dem hämostaseologisch qualifizierten Arzt im Rahmen der ärztlich kontrollierten Selbstbehandlung von Blutern an seine Patienten abgegeben werden dürfen,".

8. Nach § 133 wird folgende Zwischenüberschrift angefügt:

„Sechster Unterabschnitt
Übergangsvorschriften aus Anlaß des Transfusionsgesetzes".

9. Es wird folgender § 134 angefügt:

„§ 134

Wer bei Inkrafttreten des Transfusionsgesetzes vom 1. Juli 1998 (BGBl. I S. 1752) die Tätigkeit als Herstellungsleiter für die Herstellung oder als Kontrolleiter für die Prüfung von Blutzubereitungen oder Sera aus menschlichem Blut ausübt und die Voraussetzungen des § 15 Abs. 3 in der bis zu dem genannten Zeitpunkt geltenden Fassung erfüllt, darf diese Tätigkeit weiter ausüben. Wer zu dem in Satz 1 genannten Zeitpunkt die Tätigkeit der Vorbehandlung von Personen zur Separation von Blutstammzellen oder anderen Blutbestandteilen nach dem Stand von Wissenschaft und Technik ausübt, darf diese Tätigkeit weiter ausüben."

Soweit der Wortlaut nicht aus sich heraus selbst verständlich ist, haben die durch § 34 geänderten Vorschriften im AMG folgenden neuen Wortlaut, wobei die geänderten bzw. ergänzten Passagen kursiv hervorgehoben sind:

§ 14 Abs. 1 Nr. 5a - 5c AMG:

5a. in Betrieben, die Fütterungsarzneimittel aus Arzneimittel-Vormischungen herstellen, die Person, der die Beaufsichtigung des technischen Ablaufs der Herstellung übertragen ist, nicht ausreichende Kenntnisse und Erfahrungen auf dem Gebiete der Mischtechnik besitzt,

5b. *der Arzt, in dessen Verantwortung eine Vorbehandlung der spendenden Person zur Separation von Blutstammzellen oder anderen Blutbestandteilen durchgeführt wird, nicht die erforderliche Sachkenntnis besitzt,*

5c. *entgegen § 4 Satz 1 Nr. 2 des Transfusionsgesetzes keine leitende ärztliche Person bestellt worden ist, diese Person keine approbierte Ärztin oder kein approbierter Arzt ist oder nicht die erforderliche Sachkunde nach dem Stand der medizinischen Wissenschaft besitzt oder*

§ 14 Abs. 2 AMG:

(2) Der Vertriebsleiter kann zugleich Herstellungsleiter sein. In Betrieben, die ausschließlich die Erlaubnis für das Umfüllen, Abpacken oder Kennzeichnen von Arzneimitteln oder für das Herstellen von Fütterungsarzneimitteln aus Arzneimittel-Vormischungen beantragen, kann der Herstellungsleiter gleichzeitig Kontroll- und Vertriebsleiter sein. *Die leitende ärztliche Person nach § 4 Satz 1 Nr. 2 des Transfusionsgesetzes kann zugleich Herstellungs- oder Kontrolleiter sein. Werden ausschließlich autologe Blutzubereitungen hergestellt und geprüft und finden Herstellung, Prüfung und Anwendung im Verantwortungsbereich einer Abteilung eines Krankenhauses oder einer anderen ärztlichen Einrichtung statt, kann der Herstellungsleiter zugleich Kontrolleiter sein.*

§ 15 Abs. 3 AMG:

(3) Für die Herstellung und Prüfung von Blutzubereitungen, Sera, Impfstoffen, Testallergenen, Testsera und Testantigenen findet Absatz 2 keine Anwendung. *An Stelle der praktischen Tätigkeit nach Absatz 1 muß eine mindestens dreijährige Tätigkeit auf dem Gebiet der medizinischen Serologie oder medizinischen Mikrobiologie nachgewiesen werden. Abweichend von Satz 2 müssen anstelle der praktischen Tätigkeit nach Absatz 1*

1. *für Blutzubereitungen aus Blutplasma zur Fraktionierung eine mindestens dreijährige Tätigkeit in der Herstellung oder Prüfung in plasmaverarbeitenden Betrieben mit Herstellungserlaubnis und zusätzlich eine mindestens sechsmonatige Erfahrung in der Transfusionsmedizin oder der medizinischen Mikrobiologie, Virologie, Hygiene oder Analytik,*

2. *für Blutzubereitungen aus Blutzellen, Zubereitungen aus Frischplasma und für Wirkstoffe zur Herstellung von Blutzubereitungen eine mindestens zweijährige*

Lippert

transfusionsmedizinische Erfahrung, die sich auf alle Bereiche der Herstellung und Prüfung erstreckt, oder im Falle eines Kontrolleiters, der Arzt für Laboratoriumsmedizin oder Facharzt für Mikrobiologie und Infektionsepidemiologie ist, eine mindestens sechsmonatige transfusionsmedizinische Erfahrung,

3. *für autologe Blutzubereitungen eine mindestens sechsmonatige transfusionsmedizinische Erfahrung oder eine einjährige Tätigkeit in der Herstellung autologer Blutzubereitungen,*

4. *für Blutstammzellzubereitungen zusätzlich zu ausreichenden Kenntnissen mindestens ein Jahr Erfahrungen in dieser Tätigkeit, insbesondere in der zugrunde liegenden Technik, nachgewiesen werden. Zur Vorbehandlung von Personen zur Separation von Blutstammzellen oder anderen Blutbestandteilen muß die verantwortliche ärztliche Person ausreichende Kenntnisse und eine mindestens zweijährige Erfahrung in dieser Tätigkeit nachweisen.* Für das Abpacken und Kennzeichnen verbleibt es bei den Voraussetzungen des Absatzes 1.

§ 47 Abs. 1 AMG:

(1) Pharmazeutische Unternehmer und Großhändler dürfen Arzneimittel, deren Abgabe den Apotheken vorbehalten ist, außer an Apotheken nur abgeben an
1. andere pharmazeutische Unternehmer und Großhändler,
2. Krankenhäuser und Ärzte, soweit es sich handelt um
   a) aus menschlichem Blut gewonnene Blutzubereitungen oder gentechnologisch hergestellte Blutbestandteile, *die, soweit es sich um Gerinnungsfaktorenzubereitungen handelt, von dem hämostaseologisch qualifizierten Arzt im Rahmen der ärztlich kontrollierten Selbstbehandlung von Blutern an seine Patienten abgegeben werden dürfen,*
   b) menschliches oder tierisches Gewebe,
   c) Infusionslösungen in Behältnissen mit mindestens 500 ml, die zum Ersatz oder zur Korrektur von Körperflüssigkeit bestimmt sind, sowie Lösungen zur Hämodialyse und Peritonealdialyse,

I. Die Bedeutung der Norm

§ 34 enthält diejenigen Änderungen, die sich im AMG durch die Verabschiedung des TFG ergeben.   **1**

II. Kennzeichnung

Blutprodukte sind Arzneimittel im Sinne des AMG. Daher sind dessen Vorschriften auch auf Blutprodukte anwendbar, soweit das TFG keine spezielleren Vorschriften vorsieht. Als Fertigarzneimittel müssen Blutprodukte ausreichend im Sinne von § 10 AMG gekennzeichnet sein. Die Ergänzung von § 10 Abs. 8 AMG legt fest, welche Kennzeichnung auf den Behältnissen für Blutprodukte angebracht sein muss. Dabei wird der besonderen Situation der Blutprodukte Rechnung getragen und die Kennzeichnung auf das unbedingt Notwendige beschränkt.   **2**

Bei Arzneimitteln aus humanem Blutplasma muss zusätzlich zu den nach § 11 AMG erforderlichen Angaben in der Packungsbeilage auch das Land angegeben werden, aus welchem das Blutplasma stammt. In die Fachinformationen für Ärzte und Apotheker ist ein identischer Hinweis aufzunehmen.

3   Der Gesetzgeber verspricht sich davon einen Vorteil für den zu behandelnden Patienten, wenn der behandelnde Arzt der Packungsbeilage das Herkunftsland entnehmen kann. Der Umgang mit der Packungsbeilage in der täglichen ärztlichen Praxis scheint dieser Argumentation eher zu widersprechen. Jedoch kann nur durch diese Angaben einem bestehenden Informationsbedürfnis Rechnung getragen werden, das aufgrund der unterschiedlichen Spenderepidemiologie in den Herkunftsländern sehr wohl von Bedeutung ist wie das Beispiel der HIV-verseuchten Plasmaderivate Anfang der 1980er Jahre erschreckend belegt. Möglicherweise wird gerade durch die Kennzeichnungspflicht eine Sensibilität für die Herkunft der Blutprodukte, jedoch insbesondere der Plasmaderivate bei Ärzten und Patienten geweckt, was zeitgemäß und ausdrücklich zu begrüßen ist.

III. Herstellungserlaubnis

4   Wer Arzneimittel herstellen will, bedarf hierzu einer behördlichen Erlaubnis. Die Erteilung dieser Erlaubnis setzt voraus, dass der Herstellungsleiter (wie im Übrigen auch der Kontroll- und Vertriebsleiter) die erforderliche Sachkenntnis und Zuverlässigkeit nachweist.

5   Bei der Herstellung von Blutprodukten ist die erforderliche Herstellungserlaubnis zu versagen wenn:
- dem Arzt bei der Vorbehandlung der spendenden Personen die Sachkenntnis fehlt[1],
- dem Ärztlichen Leiter die Sachkenntnis des Leiters einer Spendeeinrichtung fehlt[2],
- kein Leiter der Spendeeinrichtung bestellt ist[3].

6   In § 14 Abs. 2 AMG wird nach der Änderung zweierlei geregelt: Zum einen wird bestimmt, dass der Ärztliche Leiter einer Spendeeinrichtung Herstellungs- und Kontrollleiter sein kann. Die Formulierung könnte missverstanden werden: Es wird festgelegt, dass der Ärztliche Leiter einer Spendeeinrichtung gleichzeitig Herstellungsleiter sein kann bzw. dass der Ärztliche Leiter einer Spendeeinrichtung gleichzeitig Kontrollleiter sein kann. Es ist aber nicht erlaubt, dass eine Person in Personalunion die Funktionen des Ärztlichen Leiters einer Spendeeinrichtung und des Herstellungsleiters und des Kontrollleiters wahrnimmt. Diese verteilten Kompetenzen sind sachlich begründet und können sicherlich z.B. zur Qualitätssicherung beitragen. Angesichts der Stellensituation in den meisten Spendeeinrichtungen wird

---

[1]   § 14 Abs. 1 Nr. 5b AMG.
[2]   § 14 Abs. 1 Nr. 5c AMG.
[3]   § 14 Abs. 1 Nr. 5c AMG.

diese begründete Verteilung der Funktionen auf mehrere Mitarbeiter nicht selten zu erheblichen Problemen führen, diese Funktionen tatsächlich mit dem ausreichend fachlich qualifizierten Personal zu besetzen und dies nicht nur im Vertretungsfall, sondern auch während allfälligem Personalwechsel und den damit verbundenen Stellenvakanzen.

Zum anderen wird geregelt, was bei der autologen Blutzubereitung gelten soll. Da- **7** mit wird der lange, schwelende Streit bezüglich der Eigenblutzubereitung zugunsten einer Herstellungserlaubnis entschieden, wenn Hersteller der Eigenblutzubereitung und der Anwender personenverschieden sind und unterschiedlichen Abteilungen (eines Krankenhauses etc.) angehören[4]. Bei der Eigenblutherstellung können Herstellungs- und Kontrollleiter identische Personen sein.

IV. Sachkenntnis

Die Ergänzung von § 15 Abs. 3 AMG legt nunmehr die speziellen fachlichen An- **8** forderungen fest, die der Herstellungs- oder Kontrollleiter einer Spendeeinrichtung nachzuweisen hat. Die Abweichung zur Grundvoraussetzung in § 15 Abs. 1 AMG besteht im Wesentlichen in spezifischen Anforderungen an die praktische Tätigkeit, die fachliche Voraussetzung für eine Bestellung zum Herstellungs- oder Kontrollleiter sein soll. Es handelt sich hierbei um Mindestvoraussetzungen, die durch Richtlinien der Bundesärztekammer oder auch in den Weiterbildungsordnungen der Ärztekammern noch verstärkt und verändert werden könnten. Für die Eigenblutzubereitung wird eine gesonderte Sachkenntnis gefordert.

V. Vertriebsweg

§ 47 AMG bestimmt, dass pharmazeutische Unternehmer und Großhändler Fertig- **9** arzneimittel, die nur über die Apotheken abgegeben werden dürfen, ausnahmsweise auch an Krankenhäuser und Ärzte direkt abgeben dürfen. Für Hämophiliepatienten wird eine solche Ausnahme ebenfalls vorgesehen, sofern die Abgabe von Blutprodukten für die Selbstbehandlung der Bluter erfolgt. Die erprobte Behandlungsform der Bluter wollte der Gesetzgeber mit dieser Ausnahmeregelung erhalten und insoweit Klarheit schaffen.

VI. Bestandsschutz

Über § 134 AMG kommt eine Bestandsschutzregelung in das Gesetz für diejenigen **10** Personen, die entweder als Herstellungsleiter für die Herstellung von Blutprodukten oder als Kontrollleiter für die Prüfung von Blutzubereitungen oder Sera aus menschlichem Blut tätig waren und die die bisher geltenden Anforderungen an die Sachkenntnis erfüllt haben. Diese Personen dürfen auch weiterhin tätig werden. Gleiches gilt für diejenigen Personen, die die Vorbehandlung von Personen zur Separation von Blutstammzellen oder anderen Blutbestandteilen nach dem Stand der Wissenschaft und Technik ausgeübt haben.

---

[4]   Wie hier: R. Ratzel in: E. Deutsch et al. 2001b, § 13 Rz. 3 m.w.N.

11   Die Bestandsschutzvorschrift des § 33 TFG betrifft dagegen diejenigen Personen, die vor Inkrafttreten des TFG in der Anwendung von Blutprodukten tätig waren. Beide Vorschriften zusammen decken den Bestandsschutz für Personen ab, die bei Inkrafttreten des Transfusionsgesetzes in der Gewinnung, Herstellung und Anwendung von Blutprodukten bereits tätig waren.

§ 35
Änderung der Betriebsverordnung für pharmazeutische Unternehmer

Die Betriebsverordnung für pharmazeutische Unternehmer vom 8. März 1985 (BGBl. I S. 546), die zuletzt durch Artikel 2 des Gesetzes vom 25. Februar 1998 (BGBl. I S. 374) geändert worden ist, wird wie folgt geändert:

1. In § 5 Abs. 4 wird nach Satz 2 folgender Satz 3 eingefügt:
„Es können Personen gleicher Qualifikation zu ihrer Stellvertretung bestellt werden."

2. In § 15 wird nach Absatz 1 folgender Absatz 1a eingefügt:
„(1a) Bei Blutzubereitungen, Sera aus menschlichem Blut und gentechnisch hergestellten Plasmaproteinen zur Behandlung von Hämostasestörungen sind zusätzlich zum Zwecke der Rückverfolgung die Bezeichnung des Arzneimittels, die Chargenbezeichnung, das Datum der Abgabe und der Name oder die Firma des Empfängers aufzuzeichnen. Die Aufzeichnungen sind mindestens fünfzehn Jahre aufzubewahren oder zu speichern und müssen gelöscht werden, wenn die Aufbewahrung oder Speicherung nicht mehr erforderlich ist. Werden die Aufzeichnungen länger als dreißig Jahre aufbewahrt oder gespeichert, sind sie zu anonymisieren."

3. In § 17 Abs. 1 Nr. 5 wird in Buchstabe e das Wort „oder" am Ende gestrichen, in Buchstabe f der Punkt am Ende durch das Wort „oder" ersetzt und folgender Buchstabe g angefügt:
„g) entgegen § 15 Abs. 1a Satz 2 eine Aufzeichnung nicht oder nicht mindestens fünfzehn Jahre aufbewahrt und nicht oder nicht mindestens fünfzehn Jahre speichert."

§ 36
Änderung der Apothekenbetriebsordnung

Die Apothekenbetriebsordnung in der Fassung der Bekanntmachung vom 26. September 1995 (BGBl. I S. 1195), zuletzt geändert durch Artikel 6 des Gesetzes vom 30. Juli 1996 (BGBl. I S. 1186), wird wie folgt geändert:

1. In § 17 wird nach Abs. 6 folgender Abs. 6a eingefügt:
„(6a) Bei dem Erwerb und der Abgabe von Blutzubereitungen, Sera aus menschlichem Blut und gentechnisch hergestellten Plasmaproteinen zur Behandlung von Hämostasestörungen sind zum Zwecke der Rückverfolgung folgende Angaben aufzuzeichnen:
1. die Bezeichnung des Arzneimittels,
2. die Chargenbezeichnung,
3. das Datum der Abgabe,
4. Name und Anschrift des verschreibenden Arztes und
5. Name, Vorname, Geburtsdatum und Adresse des Patienten oder bei der für die Arztpraxis bestimmten Abgabe der Name und die Anschrift des verschreibenden Arztes."

2. In § 22 wird nach Absatz 3 folgender Absatz 4 angefügt:
„(4) Abweichend von Absatz 1 sind die Aufzeichnungen nach § 17 Abs. 6a mindestens fünfzehn Jahre aufzubewahren oder zu speichern und zu vernichten oder zu löschen, wenn die Aufbewahrung oder Speicherung nicht mehr erforderlich ist. Werden die Aufzeichnungen länger als dreißig Jahre aufbewahrt oder gespeichert, sind sie zu anonymisieren."

3. In § 31 Abs. 4 wird nach der Angabe „Satz 2 und 3" die Angabe „und Absatz 6a" eingefügt.

4.In § 34 Nr. 3 wird in Buchstabe j das Wort „oder" am Ende durch ein Komma ersetzt und folgender Buchstabe k angefügt:
„k) entgegen § 22 Abs. 4 Satz 1 eine Aufzeichnung nicht oder nicht mindestens fünfzehn Jahre aufbewahrt und nicht oder nicht mindestens fünfzehn Jahre speichert oder".

§ 37
Änderung der Betriebsverordnung für Arzneimittelgroßhandelsbetriebe

Die Betriebsverordnung für Arzneimittelgroßhandelsbetriebe vom 10. November 1987 (BGBl. I S. 2370), zuletzt geändert durch die Verordnung vom 16. Juli 1996 (BGBl. I S.1003), wird wie folgt geändert:

1. In § 7 wird nach Absatz 1 folgender Absatz 1a eingefügt:
„(1a) Bei Blutzubereitungen, Sera aus menschlichem Blut und gentechnisch hergestellten Blutbestandteilen, die fehlende Blutbestandteile ersetzen, ist zusätzlich zu den Angaben nach Absatz 1 zum Zwecke der Rückverfolgung die Chargenbezeichnung und das Datum der Abgabe aufzuzeichnen. Die Aufzeichnung ist mindestens fünfzehn Jahre aufzubewahren oder zu speichern. Sie ist zu vernichten oder zu löschen, wenn die Aufbewahrung oder Speicherung nicht mehr erforderlich ist. Werden die Aufzeichnungen länger als dreißig Jahre aufbewahrt oder gespeichert, sind sie zu anonymisieren."

2. In § 10 Nr. 2 wird in Buchstabe d das Wort „oder" am Ende durch ein Komma ersetzt und ein neuer Buchstabe e eingefügt:
„e) entgegen § 7 Abs. 1a Satz 2 eine Aufzeichnung nicht oder nicht mindestens fünfzehn Jahre aufbewahrt und nicht oder nicht mindestens fünfzehn Jahre speichert oder".
Der bisherige Buchstabe e wird zum neuen Buchstaben f.

Soweit der Wortlaut nicht aus sich heraus selbst verständlich ist, haben die durch § 35 in der PharmBetrV, durch § 36 in der ApBetrO und durch § 37 in der Betriebsverordnung für Arzneimittelgroßhandelsabetriebe geänderten Vorschriften folgenden neuen Wortlaut, wobei die geänderten bzw. ergänzten Passagen kursiv hervorgehoben sind:

§ 5 Abs. 4 Betriebsverordnung für Pharmazeutische Unternehmer:

(4) Die Herstellung jeder Charge eines Arzneimittels einschließlich der Verpackung ist vollständig zu protokollieren (Herstellungsprotokoll). Die für die Herstellung verantwortliche Person hat im Herstellungsprotokoll mit Datum und eigenhändiger Unterschrift zu bestätigen, daß das Arzneimittel entsprechend der Herstellungsanweisung hergestellt und mit der vorgeschriebenen Packungsbeilage versehen worden ist. *Es können Personen gleicher Qualifikation zu ihrer Stellvertretung bestellt werden.* In Fällen kurzfristiger Verhinderung, insbesondere durch Krankheit oder Urlaub, kann an Stelle der für die Herstellung verantwortlichen Person ein Beauftragter, der über ausreichende Ausbildung und Kenntnisse verfügt, die Bestätigung vornehmen. Das Herstellungsprotokoll ist der für die Herstellung verantwortlichen Person nach ihrer Rückkehr unverzüglich zur Bestätigung vorzulegen. Soweit das Arzneimittel nicht in Chargen hergestellt wird, gelten die Sätze 1 bis 4 entsprechend.

§ 17 Abs. 1 Nr. 5 Betriebsverordnung für Pharmazeutische Unternehmer:

5. als pharmazeutischer Unternehmer
a) nicht dafür sorgt, daß die Quarantänevorschriften des § 9 Abs. 2 Satz 1 bis 3 eingehalten werden,
b) entgegen § 9 Abs. 4 Aufzeichnungen nicht, nicht richtig oder nicht vollständig führt,
c) entgegen § 13 Abs. 1 oder 6 Arzneimittel in den Verkehr bringt,
d) entgegen § 13 Abs. 5 Satz 1 Rückstellmuster nicht zur Verfügung hält,
e) entgegen § 14 Abs. 2 Satz 1 eine Person nicht beauftragt oder entgegen § 14 Abs. 3 nicht dafür sorgt, daß Meldungen rechtzeitig mitgeteilt werden,
f) Aufzeichnungen nicht entsprechend § 15 Abs. 1 Satz 1 aufbewahrt oder entgegen § 15 Abs. 1 Salz 3 oder 4 Aufzeichnungen unleserlich macht oder Veränderungen vornimmt oder
g) *entgegen § 15 Abs. 1a Satz 2 eine Aufzeichnung nicht oder nicht mindestens fünfzehn Jahre aufbewahrt und nicht oder nicht mindestens fünfzehn Jahre speichert.*

§ 10 Nr. 2 Betriebsverordnung für Arzneimittelgroßhandelsbetriebe:

2. als nach § 2 Abs. 1 bestellte Person
a) entgegen § 4 Abs. 1 oder 3 Arzneimittel umfüllt oder abpackt,
b) entgegen § 5 Abs. 1 Arzneimittel nicht in der vorgeschriebenen Weise lagert,
c) entgegen § 5 Abs. 3 Satz 1 Arzneimittel nicht kenntlich macht oder nicht absondert,
d) entgegen § 7 Abs. 1 Satz 1 oder Abs. 2 Satz 1 oder § 7 a Abs. 2 Satz 2 Aufzeichnungen nicht, nicht richtig oder nicht vollständig führt,
e) *entgegen § 7 Abs. 1a Satz 2 eine Aufzeichnung nicht oder nicht mindestens fünfzehn Jahre aufbewahrt und nicht oder nicht mindestens fünfzehn Jahre speichert oder*
f) Aufzeichnungen oder Nachweise nicht entsprechend § 7 Abs. 3 Satz 1, auch in Verbindung mit § 7 a Abs. 2 Satz 3, aufbewahrt oder entgegen § 7 Abs. 3 Satz 2

oder 3, jeweils auch in Verbindung mit § 7 a Abs. 2 Satz 3, Aufzeichnungen oder Nachweise unleserlich macht oder Veränderungen vornimmt,

I. Die Bedeutung der Norm

1   Die §§ 35 bis 37 enthalten diejenigen Änderungen, die sich in den Betriebsverordnungen nach dem Arzneimittelgesetz (AMG) und nach dem Apothekengesetz (ApoG) bezüglich der Apothekenbetriebsordnung (ApBetrO) durch die Verabschiedung des TFG ergeben.

II. Änderung der Betriebsverordnung für pharmazeutische Unternehmer

2   1. Herstellung

§ 5 Abs. 4 PharmBetrV regelt die Protokollierung des Herstellungsvorganges eines Arzneimittels. Diese Protokollierung hat der Herstellungsleiter vorzunehmen. Für ihn kann im Fall kurzfristiger Verhinderung ein Beauftragter diese Tätigkeit übernehmen. Die Ergänzung stellt klar, dass nun auch ständige Stellvertreter des Herstellungsleiters bestellt werden können, sofern dies erforderlich ist und sofern sie über dieselbe Qualifikation verfügen wie der Herstellungsleiter.

3   2. Dokumentation

Für die Rückverfolgung des Herstellungsvorganges bis zum Spender wird für Blutzubereitungen, Sera aus menschlichem Blut und gentechnisch hergestellte Plasmaproteine eine chargenbezogene, spezifische Dokumentation vorgeschrieben und ihre Aufbewahrung oder Speicherung für 15 Jahre angeordnet. Werden die Aufzeichnungen länger als 30 Jahre aufbewahrt, so sind sie aus Gründen des Datenschutzes zu anonymisieren.

4   3. Ordnungswidrigkeiten

Die Bedeutung der Dokumentationspflicht wird dadurch unterstrichen, dass ein Verstoß gegen sie als Ordnungswidrigkeit nach § 17 PharmBetrV geahndet werden kann.

III. Änderungen der Apothekenbetriebsordnung

5   1. Dokumentation

Für Erwerb und Abgabe von Blutzubereitungen, Sera aus menschlichem Blut und gentechnisch hergestellten Plasmaproteinen zur Behandlung von Hämostasestörungen wird eine chargenbezogene Dokumentation eingeführt, damit die Rückverfolgung und ein Rückruf durchgeführt werden können.

Die Aufzeichnungen sind mindestens 15 Jahre aufzubewahren oder zu speichern. Werden sie länger als 30 Jahre aufbewahrt, sind sie aus Gründen des Datenschutzes zu anonymisieren.

2. Ordnungswidrigkeiten   **6**

Die Bedeutung der Dokumentationspflicht wird dadurch unterstrichen, dass ein
Verstoß gegen sie als Ordnungswidrigkeit nach § 34 Nr. 3 ApBetrO geahndet werden kann.

IV. Änderungen der Betriebsordnung für Arzneimittelgroßhandelsbetriebe

1. Dokumentation   **7**

Für Blutzubereitungen wird eine spezielle Vorschrift über die chargenbezogene Dokumentation eingeführt und ihre Aufbewahrung oder Speicherung für die Dauer
von mindestens 15 Jahren verlangt. Werden die Aufzeichnungen länger als 30 Jahre
aufbewahrt, so sind die Angaben aus Gründen des Datenschutzes zu anonymisieren.

2. Ordnungswidrigkeit   **8**

Die Bedeutung der Dokumentationspflicht wird dadurch unterstrichen, dass ein
Verstoß gegen sie als Ordnungswidrigkeit nach § 10 Nr. 2 Betriebsverordnung für
Großhandelsbetriebe geahndet werden kann.

§ 38
Rückkehr zum einheitlichen Verordnungsrang

Die auf den §§ 35 bis 37 beruhenden Teile der dort geänderten Rechtsverordnungen können aufgrund der jeweils einschlägigen Ermächtigung durch Rechtsverordnung geändert werden.

Die Bedeutung der Norm

1 Die Vorschrift enthält die übliche „Entsteinerungsklausel". Durch §§ 35 bis 37 TFG werden unmittelbar Rechtsverordnungen geändert, die auf der Ermächtigungsgrundlage des AMG bzw. Apothekengesetzes beruhen.

2 Diese Rechtsverordnungen sind damit formal in den Gesetzesrang erhoben worden. In der Folge wäre eine Veränderung durch gewöhnliche Rechtsverordnung nicht mehr möglich. Deshalb wird durch die vorliegende Norm eine entsprechende Entsperrung der betroffenen Rechtsverordnungen vorgesehen. Die Klausel stellt einheitlich den Rang als Rechtsverordnung wieder her und die Änderung durch Rechtsverordnung wird wieder möglich.

§ 39
Inkrafttreten

(1) Dieses Gesetz tritt am Tage nach der Verkündung in Kraft.

(2) Abweichend von Absatz 1 tritt § 15 am ersten Tage des dritten, § 22 am ersten Tage des zweiten auf den Tag der Verkündung folgenden Jahres in Kraft.

I. Die Bedeutung der Norm

Abweichend vom Inkrafttreten des Gesetzes am 7. Juli 1998 sind die Vorschriften nach § 22 TFG (Epidemiologische Daten) am 1. Januar 2000 und nach § 15 TFG (Qualitätssicherung) am 1. Januar 2001 in Kraft getreten. **1**

II. Praktische Umsetzung

Die jeweilige Übergangsfrist wurde als ausreichend für die Normadressaten, d. h. für die Einrichtungen der Krankenversorgung und Spendeeinrichtungen, angesehen, um die entsprechenden Verpflichtungen aus §§ 15 und 22 TFG erfüllen zu können. Diesem Anspruch des Normgebers darf man mit einer gehörigen Portion Skepsis gegenübertreten. **2**

Kapitel 1.4 der Hämotherapie-Richtlinien spezifiziert die Anforderungen nach § 15 TFG[1]. Selbst diese Hämotherapie-Richtlinien, die den anerkannten Standard ausformulieren, sind erst im Juli 2000 veröffentlicht worden. So wird man wohl akzeptieren müssen, dass die meisten Einrichtungen der Krankenversorgung diese Frist haben verstreichen lassen. **3**

Die von den Spendeeinrichtungen erstellten Listen der epidemiologischen Daten nach § 22 TFG wurden überhaupt erstmalig im Laufe des Jahres 2000 nach der Bereitstellung geeigneter Meldebögen durch die für die Epidemiologie zuständige Bundesoberbehörde (RKI) dieser zugeleitet. **4**

---

[1] Vgl. Kommentierung zu § 15 TFG.

Sachregister

Reihenfolge: (fett) §§ bzw. Kapitel + Nr., Rz.

Druck: Strauss Offsetdruck, Mörlenbach
Verarbeitung: Schäffer, Grünstadt